"十一五"国家重点图书出版规划项目
国家出版基金资助项目

20世纪
中国知名科学家
学术成就概览

总 主 编　钱伟长

本卷主编　孙鸿烈

地学卷

地理学分册

科学出版社
北　京

内 容 简 介

国家"十一五"重大出版工程《20世纪中国知名科学家学术成就概览》，以纪传文体记述中国20世纪在各学术专业领域取得突出成就的数千位华人科学技术和人文社会科学专家学者，展示他们的求学经历、学术成就、治学方略和价值观念，彰显他们为促进中国和世界科技发展、经济和社会进步所做出的贡献。

全书按学科分别结集卷册，并于卷首简要回顾学科发展简史，卷末另附学科发展大事记。这与传文两相映照，从而反映出中国各学术专业领域的百年发展脉络。

书中着力勾画出这些知名专家学者的研究路径和学术生涯，力求对学界同行的学术探索有所镜鉴，对青年学生的学术成长有所启迪。

《20世纪中国知名科学家学术成就概览·地学卷》记述了约300位地学家，分别见于地质学、地理学、古生物学、地球物理学、大气科学与海洋科学等分册。其中，地理学分册收录了56位地理学家。

图书在版编目(CIP) 数据

20世纪中国知名科学家学术成就概览·地学卷·地理学分册/孙鸿烈主编. —北京：科学出版社，2010

（20世纪中国知名科学家学术成就概览/总主编钱伟长）

ISBN 978-7-03-023944-0

Ⅰ.2… Ⅱ.孙… Ⅲ.①科学家-列传-中国-20世纪 ②地理学家-列传-中国-20世纪 Ⅳ.K826.1

中国版本图书馆CIP数据核字（2009）第007335号

责任编辑：吴三保 张 尉/责任校对：林青梅
责任印制：钱玉芬/封面设计：黄华斌

科 学 出 版 社 出版
北京东黄城根北街16号
邮政编码：100717
http://www.sciencep.com

中 国 科 学 院 印 刷 厂 印刷
科学出版社发行 各地新华书店经销

*

2010年9月第 一 版 开本：889×1194 1/16
2010年9月第一次印刷 印张：41
印数：1—2 500 字数：753 000

定价：108.00元
（如有印装质量问题，我社负责调换〈科印〉）

《20世纪中国知名科学家学术成就概览》

总　序

　　记得早在21世纪的新世纪之初，中国科学院、中国工程院和中国社会科学院的一些老同志给我写信，邀我牵头来一起编一套书，书名就叫《20世纪中国知名科学家学术成就概览》（以下简称《概览》）。主要目的就是想以此来记录近代中国科技历史、铭记新中国科技成就，同时也使之成为科技创新的基础人文平台，将老一辈科技工作者爱国奉献、不断创新、追求卓越的精神传承并激励后人。我国是一个高速发展中的大国，世界上的影响力不断增强，编写出版这样一套史料性文献，还可以总结中华民族对人类科技、文化、经济与社会所做出的巨大成就与贡献，从而最广泛地凝聚民族精神与所有炎黄子孙的"中华魂"，让中国的科技工作者能团结奋进，为共建和谐的祖国多做贡献，更可以激发年轻一代奋发图强，积极投身祖国"科教兴国"战略的伟大实践中。

　　在党和政府的高度重视和长期大力支持下，酝酿已久的《概览》项目终于被列为国家"十一五"重大出版工程，并由科学出版社承担实施。

　　《概览》总体工程包括纸书出版、资料数据库与光盘、网络传播三大部分。全套纸书计划由数学、力学、天文学、物理学、化学、地学、生物学、农学、医学，机械与运载工程学、信息与电子工程学、化工冶金与材料工程学、能源与矿业工程学、环境与轻纺工程学、土木水利与建筑工程学，以及哲学、法学、考古学、历史学、经济学、教育学、军事学、管理学和索引等卷组成。

　　《概览》纸书预计收录数千名海内外知名华人科学技术和人文社会科学专家学者，展示他们的求学经历、学术成就、治学方略、价值观念，彰显他们为促进中国和世界科技发展、经济和社会进步所做出的贡献，秉承他们在百年内忧外患中坚韧不拔、追求真理的科学精神和执著、赤诚的爱国传统，激励后人见贤思齐、知耻后勇，在新世纪的大繁荣大发展时期，为中华民族的伟大复兴和全人类的知识创新而奋发有为。

　　在搜集整理和研究利用已有各类学术人物传记资料的基础上，《概览》试图突出以对学术成就的归纳和总结为主要特色。在整理传主所取得的学术成就的基础上，分析并总结他们所以可能取得这些学术成就的情境和他们得以取得这些学术成就的路径,如实评介这些学术成就对学术发展的承前启后的贡献和影响,以及这些学术成就给人类社会所带来的改变。从知识发生、发展的脉络上揭示他们创新、创造的过程,从而给当前的教育界在培养创新型人才方面,以及给年轻科技工作者自我成长方面有诸多启示。同时,《概览》还力求剖析这些海内外知名华人科学技术和人文社会科学专家学者之所以成才成家的内外促因,提供他们对当前科技和学术后继人才培养的独到见解,试图得出在科学史和方法论方面具有普遍性意义的结论,进而对后学诸生的个人成长和科技人才培育体系的优化完善有所裨益。

在世纪转型的战略机遇期,编写出版《概览》图书,可以荟萃知名专家学者宝贵的治学思想、学术轨迹和具有整体性的科技史料,为科研、教学、生产建设、科研管理和人才培养等多方面的用途提供一个精要的蓝本。

他们的英名和成就将光耀中华,垂范青史。

钱伟长

2009 年 1 月 9 日

《20世纪中国知名科学家学术成就概览·地学卷》

前　　言

　　《20世纪中国知名科学家学术成就概览》是一部反映20世纪中国科学家传记的鸿篇巨著，是国家"十一五"重大出版工程。《概览·地学卷》是《概览》的其中一卷。

　　地球科学是涵盖地质学、地理学、古生物学、地球物理学、大气科学和海洋科学等学科的总称，简称地学。

　　地球是人类生存和发展的家园。地球科学是人类认识、利用改造和保护我们目前唯一生存环境——地球的基础科学。同时，也是一门与数学、物理、化学、天文、信息、生物以及人文社会科学交叉的综合科学。自人类在地球上诞生、繁衍和发展以来，就对自己赖以生存的地球进行了不倦的探索。

　　20世纪地球科学突飞猛进，空前地加强了对日地空间、地球深部、海洋和极区的探索，形成了较为完整的以"上天、入地、下海、登极"作为时代特征的内容丰富的学科知识体系，大大提高了对地球的认识；开创了以解决重大科学问题为导向、时空尺度复杂多样、多学科交叉综合和广泛应用高新技术的研究格局。

　　地球科学及其各分支学科的成就，为人类社会的进步创造了辉煌的业绩，不仅在保证资源供给及其持续利用，减轻自然灾害损失，保护与改善环境，促进生态系统良性循环等方面，取得了长足的进展，为经济和社会的发展、人类生活质量的提高、政府科学决策管理能力的增强做出了重大贡献；而且揭示了人类活动对自然环境的深刻影响以至于威胁人类自身生存的事实，从而日益关注人类与自然的协调发展。毋庸置疑，对地球系统的整体性研究已经成为人类社会可持续发展的科学支柱。回顾20世纪，诸如板块构造理论等地球科学重大成果，已经对整个科学技术的发展做出了重大贡献。展望21世纪，地球系统科学新思维与地球观测新技术的产生，将对地球科学的发展和人类管理地球能力的提高，产生革命性的影响。

　　中国不仅是行星地球表面地域的重要而独特的一部分，而且拥有一支在世界上具有较强实力的地球科学研究队伍。在20世纪的100年里，我国几代地学工作者付出了艰辛的劳动和智慧，奉献了青春和年华，为国家、为民族做出了重大贡献。《20

世纪中国知名科学家学术成就概览·地学卷》即是真实地记载我国和世界华人著名地学科学家精彩人生、学术轨迹、学术成就以及治学思想、治学理论和治学方法的一个载体和平台。它将展现我国地学界在国内、国际上的学术地位，对我国当代和未来科研、教学和人才培养，继承和发扬优良传统，以及国内外学术交流具有重要意义，对推进祖国完成统一大业也将产生积极的影响和作用。

为了保证《20 世纪中国知名科学家学术成就概览·地学卷》的顺利实施，于 2007 年 1 月组建了《概览·地学卷》编委会，确定了主编和副主编，2007 年 3 月在科学出版社召开了第一次编委会会议。会议认为，根据《概览·地学卷》的具体情况和学科发展历史，《概览》传主的遴选原则和标准，门槛要高，条件要严，与《概览》名称和宗旨相符。具体标准是：①中国科学院、中国工程院地学领域的院士，含已故院士和 2007 年当选院士；②对地学某一学科领域有开创性突出贡献的老一辈科学家。按此原则标准，在征求地学界各有关单位、学会、专家学者意见并参考已出版传记类文献资料和人物的基础上，确定地学入选传主共 320 人，包括在大陆工作的科学家、港澳台科学家和海外华人科学家。在 320 名传主中，地质学 142 名、地理学 58 名、古生物学 38 名、地球物理学 39 名、大气科学 30 名、海洋科学 13 名。其中院士 197 名，非院士 123 名。这些传主分布于大陆 19 个省区市、香港、台湾以及美国、瑞士的 116 家科研院所和高等院校。根据有的入选传主的意愿；有的一时无法联系；有的难以请到撰写人等情况，本卷实际收入传文约 300 篇。可以说这是我国有史以来，一部具广泛代表性、时代性和权威性的传记类图书，具有划时代、里程碑意义。

《概览·地学卷》各篇传文的主要内容包括：摘要、简历（或成长历程、成才之路）、学术成就和学术思想、传主主要论著、撰写参考文献、撰写者 6 个部分。每篇约 8000～12 000 字，其中学术成就和学术思想约 6000 字，约占篇幅的 1/2，可以较为详尽地介绍该科学家的成才历程，取得的主要成就及其研究的理论、方法和途径，对于承前启后，传播科学，具有重要的现实意义和深远意义。传文由传主本人、同仁、学生或亲属执笔撰写，具有真实性和可读性。文章深入浅出，通俗易懂，可供地学界科技工作者、教师、学生以及其他广大传记爱好者阅读、参考和使用。

为了便于读者阅读使用，《概览·地学卷》分为地质学、地理学、古生物学、地球物理学、大气科学与海洋科学等分册。每一分册由本学科发展史、大事记和传文等部分组成，形成传中有史，史中有传，相互呼应，相得益彰。这也是《概览》特色之一。同时，为方便读者了解我国地学发展历程和科学家之间的联系，传文按传主生年先后排列。

　　《概览·地学卷》在筹备、遴选人物、物色作者、撰写和审稿过程中，得到中国科协及所属各相关学会、中国科学院地学部、各有关科研院所、高等院校以及专家学者们的热情支持。在此，谨向他们致以崇高的敬意和衷心的感谢。

　　盛世修典。值此《概览·地学卷》付梓之际，期望这项文化工程能为我国杰出的地学科学家们树立一座丰碑。功在当代，利在千秋。这也是实施党和国家人才强国战略的一项伟大工程。与此同时，《概览·地学卷》将帮助读者了解过去、认识现在、展望未来我国地学发展的轨迹。期盼青年一代沐浴在《概览·地学卷》知识的海洋中，不畏艰险，勇攀科学高峰，创造出我国地学新的辉煌！

《20 世纪中国知名科学家学术成就概览· 地学卷》编委会

主编：

2009 年 1 月 10 日

目　　录

《20 世纪中国知名科学家学术成就概览》总序 …………………… 钱伟长 （ i ）

《20 世纪中国知名科学家学术成就概览·地学卷》前言 …………… 孙鸿烈 （ iii ）

20 世纪的中国地理学 …………………………………………… （ 1 ）

20 世纪中国知名地理学家 ……………………………………… （ 31 ）

　张相文 （1866～1933） ………………………………………… （ 33 ）

　竺可桢 （1890～1974） ………………………………………… （ 42 ）

　黄国璋 （1896～1966） ………………………………………… （ 55 ）

　曾世英 （1899～1994） ………………………………………… （ 65 ）

　张其昀 （1901～1985） ………………………………………… （ 79 ）

　胡焕庸 （1901～1998） ………………………………………… （ 88 ）

　吕　炯 （1902～1985） ………………………………………… （ 98 ）

　夏坚白 （1903～1977） ………………………………………… （ 110 ）

　吴尚时 （1904～1947） ………………………………………… （ 124 ）

　曹廷藩 （1907～1990） ………………………………………… （ 134 ）

　马溶之 （1908～1976） ………………………………………… （ 145 ）

　周廷儒 （1909～1989） ………………………………………… （ 155 ）

　王德基 （1909～1968） ………………………………………… （ 163 ）

　林　超 （1909～1991） ………………………………………… （ 174 ）

　周立三 （1910～1998） ………………………………………… （ 184 ）

　谭其骧 （1911～1992） ………………………………………… （ 196 ）

　李旭旦 （1911～1985） ………………………………………… （ 205 ）

　侯仁之 （1911～） ……………………………………………… （ 214 ）

　冯绳武 （1912～1991） ………………………………………… （ 228 ）

　李春芬 （1912～1996） ………………………………………… （ 237 ）

　黄秉维 （1913～2000） ………………………………………… （ 248 ）

　任美锷 （1913～2008） ………………………………………… （ 258 ）

　席承藩 （1915～2002） ………………………………………… （ 268 ）

　朱显谟 （1915～） ……………………………………………… （ 280 ）

　丁锡祉 （1916～2008） ………………………………………… （ 291 ）

王乃樑 （1916～1995） ……………………………………………………（ 299 ）

刘培桐 （1916～1994） ……………………………………………………（ 312 ）

沈玉昌 （1916～1996） ……………………………………………………（ 323 ）

严钦尚 （1917～1992） ……………………………………………………（ 331 ）

钟功甫 （1917～） ……………………………………………………（ 339 ）

杨怀仁 （1917～） ……………………………………………………（ 349 ）

吴传钧 （1918～2009） ……………………………………………………（ 357 ）

施雅风 （1919～） ……………………………………………………（ 371 ）

唐永銮 （1919～2006） ……………………………………………………（ 389 ）

赵松乔 （1919～1995） ……………………………………………………（ 399 ）

陈述彭 （1920～2008） ……………………………………………………（ 409 ）

邓静中 （1920～1994） ……………………………………………………（ 418 ）

曾昭璇 （1921～2007） ……………………………………………………（ 430 ）

左大康 （1925～1992） ……………………………………………………（ 440 ）

张荣祖 （1925～） ……………………………………………………（ 448 ）

朱震达 （1930～2006） ……………………………………………………（ 457 ）

赵其国 （1930～） ……………………………………………………（ 466 ）

孙鸿烈 （1932～） ……………………………………………………（ 473 ）

李吉均 （1933～） ……………………………………………………（ 483 ）

章　申 （1933～2002） ……………………………………………………（ 496 ）

刘昌明 （1934～） ……………………………………………………（ 504 ）

王　颖 （1935～） ……………………………………………………（ 514 ）

童庆禧 （1935～） ……………………………………………………（ 525 ）

郑　度 （1936～） ……………………………………………………（ 539 ）

李德仁 （1939～） ……………………………………………………（ 549 ）

陆大道 （1940～） ……………………………………………………（ 564 ）

程国栋 （1943～） ……………………………………………………（ 575 ）

秦大河 （1947～） ……………………………………………………（ 587 ）

李小文 （1947～） ……………………………………………………（ 600 ）

叶嘉安 （1952～ ） ……………………………………………………（ 612 ）

姚檀栋 （1954～） ……………………………………………………（ 622 ）

20 世纪中国地理学大事记 ………………………………………………（ 632 ）

20 世纪的中国地理学

引　言

地理学是一门研究地球表层自然要素与人文要素相互关系与作用的科学，是融自然科学与社会科学于一体的综合性科学。地理学的发展历史久远，至今已经历古代、近代与现代三个发展阶段。

古代地理学源起于我国的春秋战国或欧洲的古希腊时代，基本上是资料收集和对地理现象的描述。自 19 世纪中后期，在欧洲大学开设地理专业课程，随着社会分化与科学发展，人们的视野不断扩大，地理学分化为自然地理学与人文地理学两大学科领域，一直延续到第二次世界大战结束，是为近代地理学阶段。其后，随着科学技术进步与社会经济的发展，人口、资源、环境与发展问题日益突出，促进了现代地理学的发展。地理学研究不断深入与提高，相邻学科交叉、渗透与融合，加强了自然地理与人文地理的联系和综合研究。

中国近代地理学是在 19 世纪末 20 世纪初西方近代地理学思想影响下形成和发展的。由于张相文、竺可桢、翁文灏、丁文江等的辛勤缔造，近代地理学已初具规模，而竺可桢自 20 世纪 20 年代起在极其困难的条件下，为发展地理学，披荆斩棘，锐意经营，贡献尤多。中国地学会的成立，各大学地理系的创设，西方近代地理学理论和方法的引进与传播，地理学研究领域的开拓与人才的培育，以及中国地理研究所的建立，都是中国近代地理学形成与发展的里程碑事件。

在竺可桢的推动下，1950～1953 年以中国地理研究所为基础筹建成立了中国科学院地理研究所，1956 年组建了中国科学院综合考察委员会。20 世纪 50 年代以来，在全国成立了多个地理研究机构，促进了中国现代地理学的全面发展。许多大学地理系的建立和壮大，为现代地理学思想的传播与地理人才的培育做出了重要的贡献。1950 年以后，国家建设事业蓬勃发展，迫切需要了解全国各地自然条件、国土资源、经济与社会状况，地理学家结合国家需求与学科发展，开展了区域综合科学考察与国土规划研究，基础地理工作与研究，定位观测试验与地理模拟实验研究，遥感与地理信息系统研究等。

20 世纪 50 年代，苏联地理学思想的引入，一方面促进了自然地理学的发展，综合自然地理学和部门自然地理学得到长足的进步。但另一方面受到地理学二元论的影响，人文地理学除了经济地理学有一定进展外，其他学科领域受到压制，步履维艰。直到 70 年代末以后，人文地理学及其相关分支学科才得以加快发展，取得令人瞩目的成就。自 1979 年恢复研究生制度以来，自然地理学、人文－经济地理学、地图学与地理信息系统硕士、博士培养点的设立，以及地理学一级学科博士点与博士后科研流动站的设立，大大加快了地理学研究人才的培养。

随着研究工作的深入开展，地理学研究方法和技术手段的进步，遥感与地理信息系统技术得到普遍应用。地理实验分析、定位实验观测和模拟以及社会经济空间结构分析发展迅速，从静态空间现象和类型的定性描述，发展为动态过程机理及定性与定量研究相结合，地理学已不再是纯经验的科学，开始进入了实验科学的阶段。研究对象亦由单个要素发展为多个要素，从部门研究逐步发展为学科交叉和综合研究。

中国地理学的影响力逐步扩大，特别是在决策应用方面的价值已大大提高。地理学家的工作促进了中国自然条件的合理利用，地理学的方法逐步为社会所了解和应用，地理学的成就在越来越大的程度上为社会所认同。我们可以有充分的理由认为：20 世纪后半叶，就为国家自然条件利用和经济发展研究的规模和在国家建设发挥的作用来说，世界上没有哪一个国家的地理学能够与中国相比。中国地理学界积极参与国际学术交流与合作，很多研究工作已和国际接轨，并得到了国外同行的赞许和好评。

第一章　中国近代地理学的孕育阶段

鸦片战争前，中国是一个封闭的封建社会，由欧洲人于 15 世纪末开始的地理大发现，虽然有利玛窦（Matteo Ricci）等传教士向中国传播，但在中国真正了解地理大发现的人很少，欧洲和世界对中国的了解更少。A. 洪堡（Alexander von Humboldt）1799～1804 年对美洲的地理探险，以及 1808～1828 年陆续写作的《新大陆热带地理旅行记》（*Voyage aux régions équinoxiales du Nouveau Continent*），完成了对美洲的初步考察。然而对旧大陆，特别是亚洲东部，欧洲地理界仍知之甚少。19 世纪上半叶，A. 洪堡的《宇宙》和 K. 李特尔（Karl Ritter）的《地学通论》两书的问世，奠定了近代地理学的基础。近代地理学是产业革命的产物，它起源于德国，继而从欧洲向全世界传布，形成具有各国特色的近代地理学。近代地理学时期从 19 世纪初至 20 世纪前半叶，是学说纷呈、学派林立的时期，也是地理学内部分化，部门地理学蓬勃发展的时期。

一、西方近代地理学思想的引入

鸦片战争后，西方资本主义国家有一些地质地理学家对中国进行探险考察。近代地理学第一代创建人 F. v 李希霍芬（Ferdinand von Richthofen）的代表作《中国：个人旅行的成果和在这个基础上的研究》（*China：Ergebnisse eigener Reisen und darauf gegründete Studien*），共五集，于 1877～1912 年先后出版，对中国的地理研究就此成为全球近代地理学创建的重要组成部分。其他如俄国近代地理学的创建者 П. П. 谢苗诺夫-天山斯基（П. П. Семёнов-Тян-Щанский）、美国近代地理学创建人之一 E. 亨廷顿（Ellsworth Huntington），以及斯文·赫定（Sven Anders Hedin）、P. M. 罗士培（Percy M. Roxby）和 В. А. 奥勃鲁契夫（Владимир Афанасьевич Обручев）等曾先后来华探险或考察，发表了不少关于中国的著作，对中国地理研究都产生很大影响。

19 世纪末和 20 世纪初，西方资本主义国家又有不少地质地理学家对中国进行考察。美国地质学家 R. 庞佩利（Raphael Pumpelly）曾两度来华，著有《1862～1865 年在中国、蒙古、日本的地质调查》和《穿过美洲和亚洲》；1903～1904 年美国地质学家 B. 维利斯（Bailgy Willis）考察中国七省区，1907 年出版了《中国地质研究》。俄国则有 H. M. 普尔热瓦尔斯基（Н. М. Пржевальский）、科兹洛夫先后多次对中国的东北、华北、西北进行考察，著有一系列著作，但由于中国地学学者很少有人精通俄文，故他们对中国地学发展的影响相对较小。法国在攫取中南半岛作为其殖民地后，对毗邻的中国西南，尤其是云南进行了一系列的考察，如 M. A. 勒克莱尔（M. A. Leclere）、H. 兰登诺（H. Lantenois）、J. 戴普拉（J. Deprat）。英国对西藏和云南，也进行了一系列的考察，如 1903 年 D. 麦克唐纳（D. Macdonald）对西藏的考察，1907～1910 年 J. C. 布朗（J. C. Brown）对云南的多次考察，H. H. 海登（H. H. Hayden）和 S. G. 布拉德（S. G. Burrard）合著的《西藏地理地质志》。许多日本学者到中国进行考察，地区范围和考察内容均非常广泛。日本驻俄外交官西德二郎 1886 年到新疆考察，著有《中亚纪事》。1896 年福岛安正到阿尔泰山考察。《马关条约》签订后，1902 年日本净土真宗西本愿寺长老大吉光瑞在英国伦敦组织了考察团，获取了我国西北和西藏地区许多情报和极珍贵的文物。日俄战争之前，京都大学著名学者小川琢治已对东北南部进行地质调查。日俄战争之后至 1910 年的 5 年间，横山又次郎、小藤文次郎等先后到东北进行地质考察；1910～1931 年间以小仓名为主，对东北进行了系统的地质调查，等等。

与此同时，还有一批外国学者受聘来华任教，如美国学者 A. W. 葛利普（Amadeus William Grabau）担任北京大学教授和北平地质调查所古生物学研究室主任达 26 年之久。中山大学于 1929 年创办地理学系，聘任德国学者 W. 克勒脱纳（Wilhelm Credner）为第一位系主任，1931 年又聘请 W. 卞莎（Wolfgang Panzer）任教 3 年，他们带来了德国地理学的传统和风格，以区域地理和重视野外工作见长。1923～1929 年美国学者 G. B. 葛德石（George B. Cressey）受聘执教于上海沪江大学，并著有在国内外影响广泛的《中国的地理基础》一书。奥地利籍德裔学者 H. v. 费思孟（H. von Wissmann）于 20 世纪 30 年代担任中央大学教授等。他们的许多学生后来都成为我国当代知名的地理学家。总之，在 20 世纪前后约 60 年间，美、欧、日等国家一些近代地理学的创建者和开拓者来华虽然动机不一，却撰述了一些高水平的地质地理学著作，传授了近代地理学的理论与方法，培养了一批地理学者，促进了近代地理学在中国的形成和发展，对现代中国地理学也产生很大影响。

二、张相文与竺可桢等人的贡献

中日甲午战争失败后，中国的一些先知人物开始认识到地理学在国外资本主义产生、形成中的巨大作用，中国要摆脱列强的侵略和掠夺，必须走富国强兵之路，了解世界各国的发展态势，调查清楚国内的资源和配置，探讨经济发展的战略，这种爱国思想为中国近代地理学奠定了产生和发展的思想基础。作为中国近代地理学奠基人的张相文亦因此走上终生致力于地理学研究的道路。他以教育为职业，积极引进西方近代地理学，推动了我国以现象描述为主的旧地理学向以探求规律、成因为主的现代地理学的转型，敦促了综合地理学思想的形成与发展，倡议并贯彻了"学以致用"的地理学思想。他于 1901 年编著出版《初等地理教科书》（2 册）和《中等本国地理教科书》（4 册），1908 年编著出版中国最早的自然地理教科书《地文学》。他作为中国第一位地理教师和第一个出版从中学到大学地理教科书的作者，开拓了中国地理教育，为培养地理人才和促进中国近代地理学的兴起做出了重要贡献。《地文学》一书包括星界、陆界、水界、气界、生物界五篇，与世界近代地理学第二代创建人之一的 E. d. 马东南（E. de Martonne）所著的《自然地理专论》（*Traite de Geographie Physique*）相比较，在时间上早一年问世，在内容上马氏只有无机 4 个界，而张氏则增加了有机生物界，这是 20 世纪初自然地理学上的一个重要创举。该书将全国划分为 18 个地文区，是中国近代的第一个自然区划方案。除了教育和著述外，张相文还于 1909 年在天津创立了中国第一个地学学术团体——中国地学会，并被选为首任会长。1910 年创办了中国地学第一个学术刊物——《地学杂志》。

西方近代地理学说逐渐引入我国时，国内地理著作仍以描述自然环境和人文景观的传统地方志撰写为主要内容。中国近代地理学的一代宗师竺可桢于 1921 年创办了我国第一个大学地学系（南京高等师范学校地学系，地理、地质、气象合为一个系），并出任系主任。他 1928 年创办气象研究所并任所长，1935 年出任浙江大学校长，创办史地学系和史地研究所。他系统讲授近代地理学，培养地理专业人才，至此，中国地理学开始跨入近代科学发展阶段。竺可桢亲自讲授地学通论、气象学、世界地理、世界气候等课程。他的《地学通论》是我国第一部近代地理学教科书。20 世纪 50 年代后，他领导我国地理科学研究事业长达 1/4 个世纪，成为中国现代地理学的主要开拓者。

1921 年以后，北平师范大学地理系（1928）、清华大学地理系（1929）、中山大学地理系（1929）、金陵女子文理学院地理系（1933）、浙江大学史地系（1936）等先后创设。其间，一批著名国外地理学家来华任教，讲授自然地理学、地貌学和区域地理等。E. 亨廷顿等《人文地理学原理》、J. 白吕纳（J. Brunhes）《人地学原理》等论著的翻译出版，德、法、美、英等国近代地理学思想、理论和方法的传播，对中国近代地理学的发展有着重大影响。此时，在各大学内分散地对自然环境、人口、土地利用、农业、水利、城市以及人地关系等方面进行了研究，发表了一些较重要的文章。翁文灏发表《中国山脉考》（1925），科学地论述中国的山脉，对我国地貌学发展有重要意义。丁文江、翁文灏、曾世英共同编制《中华民国新地图》（1934），是中国近代地理学发展初期的重要成果。

第二章　中国近代地理学的奠基阶段

一、近代地理学研究领域的开拓

20 世纪上半叶中国地理学的研究，大多在各大学以教学和科研相结合的形式进行。其中，中央大学、中山大学、浙江大学和北平师范大学是地理教育和科学研究的中心。黄国璋、胡焕庸、张其昀、吴尚时等是继张相文、竺可桢等人之后，我国近代地理学的第二代创建人。胡焕庸、黄国璋、张其昀于 1929 年在中央大学理学院共同创办第一个地理系；他们还与翁文灏、竺可桢等一起创建中国地理学会，出版《地理学报》。黄国璋于 30 年代初积极参与和领导中国地学会，出任北平师范大学地理系主任，抗战时在陕西出任西北联合大学地理系主任。他在学术研究上以人文地理学见长，特别重视边疆地理的研究。胡焕庸、张其昀、吴尚时都推崇法国近代地理学的学术思想，倾向于法国的人地相关论并加以传扬，使中国近代地理学避免走两个极端的弯路。

中山大学地理系于 1930 年组织"云南地理调查团",在点苍山主峰 4122m 处发现第四纪古冰川地形,后定名为"大理冰期"冰川地形。这是我国地理学界有组织的地理考察活动之始。1934 年南京中央大学也组织"云南地理考察团",赴西双版纳考察。抗战时期中山大学西迁云南澄江,后又回迁粤北坪石,其间组织多次考察,发表了云南中部、广东和粤北的区域地理研究成果。

叶良辅是中国地貌学的奠基人,十分重视各种地貌成因、发展规律和地文期的研究。20 世纪 20 年代初,中国开始建立气象机构和气象台站,竺可桢等研究中国气候特点及其与世界气候的关系,揭示了中国气压场、季风、降水及其相互关系的规律性,奠定了中国近代气候学研究的基础。竺可桢发表《中国气候区域论》(1930),开创了中国的气候区划研究。水文地理学研究在我国始于 30 年代,吴尚时开拓了这一领域的研究工作。1930 年在中央地质调查所内建立土壤研究室,同年广东成立土壤调查所,开展了土壤分类、制图和区划等研究工作。美国土壤地理学家 J. 梭颇 (J. Thorp) 1936 年发表《中国之土壤》,对早期中国土壤地理学发展有深刻影响。胡先骕、刘慎谔、钱崇澍、李继侗等自 20 世纪 20～40 年代对中国植物区系的性质、分布、植被类型等开展研究。30 年代中后期起,黄秉维从事自然地理的综合研究工作,他的《自然地理原理》内容丰富,力图将各种自然现象互相贯通。周廷儒在 30～40 年代开创对历史时期环境变化的研究,是历史地理学研究的开拓者。

中国人口众多,耕地资源不足,人地关系成为中国近代地理学的重要研究领域。竺可桢是开拓人文地理研究的先驱,《地理与文化之关系》与《论江浙两省之人口密度》是他早年对人地关系的论述。丁文江的《关于中国人文地理》、翁文灏的《中国人口分布与土地利用》、张其昀的《中国土地人口新统计》等围绕人地相关理论,抓住人口与土地资源的关系开展地理学研究。胡焕庸的《中国人口之分布》(1935) 一文,特别注意地形、气候、水文和农业要素对中国人口分布及区域人口容纳量的相互关系;他首创了以等值线密度表现的"中国人口分布图",并提出北起黑龙江瑷珲(今作爱辉),南到云南腾冲的人口分布线,即著名的"胡焕庸线"。他在《地理学报》发表的《江苏省之农业区域》(1934) 和《中国之农业区域》(1936),成为中国农业地理学的首创之作。此后,李旭旦的《白龙江中游人生地理观察》、周立三的《成都平原东北部农业地理》、吴传钧的《中国粮食地理》和《中国稻作经济》、林超的《四川盐业地理》、任美锷的《建设地理新论》等对人地关系研究和人文地理学建设做出了重要贡献。

二、中国地理研究所的成立与发展

中国地理学会于 1934 年在南京成立，翁文灏任会长，张其昀任出版委员会主任，《地理学报》于当年创刊。顾颉刚筹办的禹贡学会于 1936 年成立。1940 年由中英庚款董事会拨款建立的中国地理研究所在重庆北碚成立，由人文地理学家黄国璋、地质学家李承三、自然地理学家林超先后担任所长，吸纳了一批地理学家在该所任职，有员工五六十人，设自然地理、人生地理、大地测量和海洋 4 个学科组。中国地理研究所成立后，第一次开始组织多专业的嘉陵江流域和汉中盆地区域的综合性地理考察研究，还曾组织过对大巴山区和川东地区的地理考察以及北碚东南、北川铁路沿线的煤田调查等。上述考察报告都以专刊形式出版，内容有嘉陵江在四川盆地丘陵区曲流发育形成 9 级阶地过程的论述，嘉陵江溯源侵蚀袭夺汉水上游的发现，汉中盆地自然与人生关系区域地理研究等。王德基主持汉中盆地的考察，编写出版的《汉中盆地地理考察报告》是近代国内区域地理的经典之作。此外，小型分散考察有对青海祁连山区至河西、成都平原东北部以及涪江流域的地理考察与土壤调查等，调查结果大多发表在所内编辑、公开发行的《地理》杂志及《地理集刊》上。周立三等详细搜集抗战时期四川各地的经济资料和数据，编印出版了《四川经济地图集》。抗战胜利后，1947 年中国地理研究所迁至南京。这些都记录着中国近代地理学的发展轨迹。

直至 1949 年，全国约有十余种地理学术期刊，高等学校有 9 所设地理系，7 所设史地系，一个地理研究所，两个地理学会，会员二三百人。中央研究院、经济部地质调查所、资源委员会、内政部方舆司、国立编译馆、测量局，以及一些书局、银行，亦曾进行与地理有关的工作。如 40 年代中央研究院西北史地考察团对新疆天山南北和阿尔泰山的考察，发表了《新疆地理与国防》、《新疆自然区划》等成果；资源委员会组织的水库损失调查、川西水力经济调查、川东鄂西三峡工程水库区经济调查、三峡水力发电计划与规划等。

第三章　中国现代地理学的研究成就

中国现代地理学的发展大致可以概括为 1950～1977 年的开拓时期和 1978 年以后的发展时期。

中华人民共和国建国之初，承接过去的历史，地理学者绝大多数仍集中在高等学校。中国科学院在筹建期间，竺可桢力主设置地理研究所，主要研究与农业有关的地理问题，旋即接收民国时期教育部中国地理研究所留在南京的人员与设备，在南京筹备建立专业地理研究机构，由竺可桢任筹备处主任，黄秉维任筹备处副主任。1953 年建成中国科学院地理研究所，黄秉维先后任第一副所长、代所长、所长。1956 年中国科学院组建以竺可桢为主任的综合考察委员会，地理学队伍进一步扩大，考察工作的组织也更有效地开展。根据为社会主义生产建设服务的方针和客观形势的需要，先后有计划地开展了一些较有影响的工作。但是，由于种种原因，原苏联地理学的理论、方法和主要研究方向在 1950 年后的相当一段时间内占据着我国地理学研究的统治地位。尤其是把地理学分割成自然地理学和经济地理学两门独立的学科，割裂了自然和人文现象的客观联系，把人文现象的研究局限在经济上的生产力配置这一狭窄的范畴，同时还出现了经济地理学和人文地理学的分割及人文地理学发展受到严重阻碍的局面。

　　1950～1958 年 8 年的工作，在规模上远远超过以往的 30 年，研究考察的足迹遍及全国大多数省区。大部分研究工作是着眼于解决生产与建设中的问题，在参加各地区综合考察及其他考察研究中获得了涉及国内许多地方的大量第一手资料，提出了不少对经济建设有意义的意见和建议。1958 年后的一段时间，地理研究机构迅速发展。这一时期，部分研究包括在较大地区考察和全国性工作内，而相当多是短期而分散的研究课题。全国性的工作有《中华人民共和国自然地图集》与"中国农业区划"。1958～1966 年间，地理学各分支学科都在实际工作中得到应用和发展。过去未曾开展的领域，如冰川、冻土、沙漠、湖泊、沼泽、泥石流、滑坡等成为经常研究的对象。地表水分热量平衡与化学元素迁移变化的研究也已建立了工作基础。传统的自然地理研究取得资料的方法是野外考察、收集常规记录和统计，对自然过程的了解往往比较肤浅。20 世纪 50 年代已认识到实验的重要性，但直到 60 年代才开展这一方向的研究。1966～1977 年的 10 年间，研究工作大多停顿。只有珠穆朗玛峰地区科学考察和西藏综合科学考察继续进行。新开展的有中国自然地理、中国农业地理、喀喇昆仑山巴托拉冰川、若干地区的冻土问题、泥石流、季风气候与南亚气候、地区工业条件和布局、地图与外国地理等方面研究。还有克山病、大骨节病的地理环境、水体污染、海洋气候、小流域最大洪峰径流估算方法、天山公路雪害、土面增温剂的应用、遥感资料的收集和应用等。

　　1978 年以来，各国地理学的先进理论、方法逐渐引入国内，加之计量数学方法、计算机和航空航天遥感等新技术逐步推广应用，中国现代地理学进入了一个新阶段。除大型全国性的研究工作外，许多区域性和专题性的研究工作全面展开。1950 年以后的半个世纪，大学地理系增加到 40 多个，专业地理研究所发展到 10 多所，中国地理学会会员扩展到 17 000 多人；地理学术核心期刊 20 余种，还有与地理学关系较密切的学术期刊 60 多种。与此同时，地理学本身发生了专业分化，地理学各分支学科得到较好的发展。

1978 年中国地理代表团首次访美，建立起了中美地理学界学术交流的桥梁。中国地理学家陆续开始了与世界上一系列主要国家的学术交流。1984 年在巴黎召开的国际地理学大会上，恢复了中华人民共和国在国际地理联合会中的席位。1988 年，吴传钧当选为国际地理联合会的副主席。这也是中国地理学家第一次担任这个重要职务。自 90 年代开始，祖国大陆与台湾之间、内地与港澳之间地理学界的往来和学术交流也蓬勃发展。

自 1950 年起，地理学结合国家与地方建设的需求和学科发展，开展的研究工作和取得的主要成就如下。

一、区域综合科学考察与资源开发研究

（一）区域自然环境与资源考察和区域开发研究

20 世纪 50 年代初期占国土总面积 50％以上的边疆各省区，自然条件和自然资源方面的科学资料几乎是空白。为了满足国家与地方国民经济发展长期规划与五年计划的需要，中国科学院组织了对黑龙江流域、新疆、青甘、西藏、蒙宁和西南等地区的综合科学考察，积累了丰富的第一手资料，改变了过去科学空白的状况。20 世纪 80 年代又先后组织对南方山区、黄土高原、新疆和西南 4 大区域的综合科学考察。这些区域地理的综合考察工作，在评价各地自然条件和自然资源的基础上，提出了不少对资源开发和建设布局有益的建议。同时撰写了一系列区域地理专著，是区域发展战略和规划制订的重要参考依据。

为了解决特定自然资源的评价与开发，或了解与建设相关的重大问题，50～60 年代先后组织了对黄河中游水土保持、云南与华南热带生物资源、南水北调、沙漠治理、宜农荒地与天然草地资源的综合科学考察。这些考察分别为黄土高原水土保持土地合理利用区划，以橡胶树为主的热带作物宜林地的选择，西部地区南水北调的可能引水路线，了解我国沙漠的基本情况和有关治理措施，以及西北和东北农牧业资源的合理利用等提供了重要的科学依据。

20 世纪 50 年代起进入了我国科学家独立自主对青藏高原开展考察的新时期。在 50～70 年代对珠穆朗玛峰地区、西藏自治区的综合科学考察之后，80 年代起又先后对横断山区、喀喇昆仑山—昆仑山区和青海可可西里地区进行综合科学考察研究。70 年代以来先后出版珠穆朗玛峰、西藏、横断山区、喀喇昆仑山—昆仑山、可

可西里等地区科学考察丛书共计 80 余卷（册）。1992～1997 年开展国家攀登计划项目"青藏高原形成演化、环境变迁与生态系统研究"，出版了《青藏高原研究丛书》（5 卷）。在高原隆升与环境演化，高原气候，高原生物多样性，高原自然环境及其地域分异，资源、环境、灾害与区域发展等领域取得许多重要进展。其后又相继组织实施了国家重点基础研究发展（"973"）计划项目"青藏高原形成演化及其环境资源效应"和"青藏高原环境变化及其对全球变化的响应与适应对策"的研究，取得新的显著进展。

（二）极地冰冻圈考察研究

南极地区的冰冻圈主要为冰盖、冰川和海冰。北极地区主要为格陵兰冰盖以及 Svalbard 群岛等岛屿上的冰川、冰帽和北冰洋海冰。20 世纪 80 年代初我国由政府派遣科学家参加澳大利亚南极冰盖考察可算作我国极地冰冻圈研究的开端。随着 1984 年我国在南极建立科学考察站，由我国自己组织的极地冰川学考察持续开展。按时间顺序，大体可分为 90 年代初期以前以长城站为基地的南设得兰群岛冰川学考察，90 年代中期以来以中山站为基地的东南极冰盖内陆考察和近几年才开始的以北极黄河站为基地的 Svalbard 群岛新奥尔松冰川变化监测。

20 年来，中国在南极洲开展气象、生物、生态考察和监测，开展冰川、地质、地貌、海洋等研究，取得一系列为世界瞩目的成就。南极洲无冰区地貌与晚第四纪环境变化的研究表明，南极洲地区晚第四纪气候与环境变化规律同世界各地一致，都是对全球变化的响应；研究表明，在上次间冰期和全新世暖期，南极冰盖是稳定的。南设得兰群岛纬度较低，与南极大陆相比气候较为温暖湿润，冰川（帽）的温度较高，融水渗透作用强烈。中国冰川学家对离长城站较近的 Nelson 冰帽和 Collins 冰帽进行了详细的观测研究，系统地揭示了亚南极地区冰川的物理特征，并明确该地区冰川不适合于冰芯记录研究。以中山站为基地的冰川学研究主要围绕中山站－Dome A 断面 1230km 的路线考察展开。Dome A 是南极冰盖最高的冰丘，也是地球表面温度最低的地方。通过沿考察路线的现场观测和浅冰芯（几十米至上百米深度）研究，恢复了该研究区域数百年至数千年气候变化的记录，获得了冰盖表面物质平衡分布以及冰体厚度、运动速度等数据，特别是基本明确了 Dome A 表面和冰下地形、年平均温度、雪积累过程等，认为这里是突破百万年尺度冰芯记录的希望之地。

中国科学家在徒步横穿南极大陆的科学考察中，获得横贯东西南极冰盖表层雪样成分以及雪层剖面和冰面地貌等资料，在冰雪稳定同位素比率与气候等方面提出了新的见解。我国冰川学者在国际上率先成功地钻取 300 多米连续完整的冰芯样品，完成埃默里冰架综合断面的调查和冰架前缘断面海水温度、盐度、深度和流场的观测工作。在世界上首次对南极海冰厚度变化进行跟踪监测，在海冰生长消融整体过程研究方面填补了国际空白，并率先对南极洲格罗夫山进行大范围全面遥感测图工作。

1995 年我国北极考察队首次远征北极点，对海冰表面特征、雪层物理和化学进行了实地观测和采样分析。北极黄河站的冰川变化监测系统目前尚处于起步阶段。

（三）国土开发、整治及其规划研究

我国国土辽阔，自然环境和资源的地域差异明显，经济发展不平衡。因此合理开发利用国土资源，对退化土地进行整治、修复，是地理学研究的重要领域。在黄淮海平原的治理与开发工作中，对该区地貌、气候、水文、土地类型与农业生产的关系进行了深入的研究。重点对黄土高原地区综合治理开发的重大问题开展研究，完成了该地区资源与环境的遥感调查与制图，建立了国土资源数据库及信息系统。同时，在京津唐渤地区的国土开发与环境研究、东北三江平原的开发与治理问题等工作中，地理学家均发挥了重要的作用。随着区域经济的快速发展，受不合理人类活动的影响，我国土地退化日趋严重，包括土地沙漠化、土壤盐渍化、草地退化、土壤水蚀为主的水土流失和土地石漠化等。地理学家在土地退化过程及其恢复整治的工作中发挥了优势，提出了整治与修复的技术路线和措施，为水土保持与生态建设做出了积极的贡献。

20 世纪 80 年代以来，地理学家直接参与了《全国国土规划纲要》的起草及部分省区国土规划的研究和编写。在国土资源评价、国土开发战略、国土开发整治区划等方面起到骨干作用。地理学家最先开展我国国情研究，发表国情分析系列报告，提出了建立我国资源节约型的社会经济体系，引起中央领导和学术界的高度重视。地理学家还先后承担了辽中南、京津唐、苏锡常、湘东与长春等城市体系以及宜昌、烟台、济宁、合肥等不同类型特征的城市体系的研究，开展对沿海开放城市的调查研究，并对珠江三角洲、长江三角洲等经济发达地区的城市化问题进行深入分析，对中国特色的城市化道路，进行了理论上的探索。在社会经济空间结构研究方面，提出了"点－轴系统"理论和我国国土开发、经济布局的"T"字型战略，对国家相关规划与决策产生了重要影响。从全国角度进行了中国工业发展与布局的研究，对新疆、大西南、黄土高原、东部沿海等不同类型地区发展战略的研究分析与论证，提出了综合、系统的研究成果以及对区域发展规划有重要参考价值的建议。

二、基础地理工作与研究

（一）编纂了一系列大型学术著作

以我国著名地理学家领衔组织编纂了一系列大型学术著作。20世纪50年代投入大量人力编写中华地理志，先后完成了《中华经济地理志》（8册）。全面阐述了各大区和省的工农业与交通，为第一套区域地理丛书；出版了《区域自然地理资料》（3册），积累了较为系统的资料。1973年中国科学院建立了以竺可桢为主任的《中国自然地理》编辑委员会，组织院内外30多个单位，200多位专家学者，于1979～1988年编纂出版了总论、地貌、气候、地表水、地下水、土壤地理、植物地理（上、下册）、动物地理、古地理（上、下册）、历史自然地理和海洋地理等共13个分册，是我国自然地理研究的一次大总结，在教学、科研和实践应用上发挥了重要的作用。70年代由中国科学院倡议，组织编写一套《中国农业地理丛书》，已先后出版了《中国农业地理总论》以及21个省、区、市的农业地理分论共22册。80年代以后还编辑出版了《中国工业地理》、《中国交通运输地理》，以及分省经济地理与分省人文地理两套丛书。60年代以后，特别是80年代以来，改变50年代多数为编译外国教材的状况，几乎所有地理系的大学教科书都是结合实际自主编写的，具有中国特色。

上述一系列大型学术著作的编纂，在建立我国地理学理论体系、积累地理学研究资料和向社会宣传大量研究成果方面起到了重要的作用。

（二）自然区划与农业区划的研究

1956年中国科学院成立以竺可桢为主任的自然区划工作委员会，分别对地貌、气候、水文、潜水、土壤、植被、动物和昆虫8大要素进行区划，连同综合自然区划一起，分9册于1959年出版，一直为相关部门查询、应用和研究的科学依据。其后，综合自然区划更多地融入了生态系统的观点，发展成生态地理区域系统的研究。

1953年国家农业部要求各省区农业部门组织开展农业区划工作。1960年出版了邓静中的《中国农业区划方法论研究》。60年代地理学家进行农业区划的试点工作。1980年，全国大规模地开展农业资源调查和农业区划工作。自然地理工作者主要参加农业自然条件区划，经济地理和农业地理工作者主要参加综合农业区划。1981年周立三等主持完成的《中国综合农业区划》成果，是农业区划工作的主体部分。

（三）编制各种综合图集和专题图集

地图是地理研究的开始与归结，也是地理学与其他相关学科联系的纽带。《中华人民共和国自然地图集》（1965）是全面系统地反映我国复杂自然条件与自然资源的第一部大型综合地理图集。属于这类大型综合地图集的还有 80 年代完成的《中华人民共和国国家农业地图集》等。70 年代后期开始，编制出版了许多全国性的专题地图集与区域性的综合地图集，内容涉及长江三峡生态与环境、全国地方病与环境以及自然保护等。《中国人口地图集》全面反映中国人口特征与分布规律，并采用计算机制图技术与自主的软件系统，达到了世界先进水平。

三、定位观测试验与地理模拟实验研究

通过长期的定点试验观测、实验分析与模拟实验研究，揭示各种地理现象的形成与演化过程，进而构建地理模型，预测地理环境的变化趋势，开拓和发展实验地理学，已是现代地理学研究的重要领域。

（一）野外定位观测试验研究

1956 年在宁夏沙坡头建立我国第一个野外定位观测试验站，主要任务是研究包兰铁路沿线流动沙丘的治理问题，取得显著的社会经济效果。相同类型的还有甘肃民勤治沙站（1959）、甘肃临泽治沙试验站（1975）、内蒙古奈曼沙漠化研究站（1985）等，开展沙漠化过程及其治理的观测试验研究工作。以研究高山冰川为主的综合试验站在新疆天山乌鲁木齐河源 1 号冰川建立（1959）；为积雪及其融水利用，为山区道路雪害治理服务，在巩乃斯河上游建立了天山积雪雪崩定位研究站（1967）；在山地灾害方面还建立了云南东川蒋家沟泥石流野外定位观测实验站（1980）和四川金龙山滑坡观测站（1985）；在湖泊湿地方面，在江苏和黑龙江分别建立了太湖湖泊科学研究站与洪河沼泽定位观测实验站；在黄土高原的陕西和山西建立了多个土壤侵蚀与水土保持的定位观测试验站。

20 世纪 60 年代开展水热平衡及其在地理环境中作用的观测试验研究工作，曾在德州和石家庄建立水热平衡观测站。1979 年在黄淮海平原建立禹城综合试验站，1988 年转为中国科学院首批开放的重点野外试验站，为农田水循环和水平衡的研究打下坚实基础。农业生态定位观测试验，是地理学为农业服务的重要方面。1980 年在广东顺德开展（桑）基（渔）塘的定位观测试验研究，1981 年在北京建立农业生态系统综合试验站，1982 年在江西九连山建立森林生态研究站，1984 年在江苏东山

建立水体农业试验站等。以后推广到多要素的农田、草地、荒漠和森林等生态系统的定位观测试验研究。这些野外定位观测试验站的建立与发展，表明现代地理学正逐步从静态现象的定性描述，转入动态过程的定量研究，深入了解各种自然过程的变化及影响因素，物质迁移和能量转化的机制、速率和强度，为实现地理预测提供可靠依据。

1988 年中国科学院组建"中国生态系统研究网络"（CERN），要求网络内的生态站要具备长期观测、试验研究和示范推广的功能，最终实现服务于国家生态建设并为区域可持续发展提供科学基础的目标。2005 年在科技部领导和组织下，开始了国家生态系统观测研究网络的组建工作，将隶属于中国科学院、农业部、国家林业局和教育部等各个部门、分布在我国不同生态区、代表不同生态系统类型的 53 个生态站组成国家生态系统研究网络。

（二）室内地理模拟实验与分析

作为地理过程的实验研究，从 20 世纪 60 年代初开始便相继建立了水热平衡实验室、化学地理分析室，以及风洞、流水地貌、地表径流、坡地实验、孢粉分析等室内实验室。80 年代起，新建了微量元素分析、古地理与古环境（^{14}C 实验室、树木年轮实验室、沉积环境实验室等）、泥石流地理学模型等实验室，以及涉及到资源与环境信息系统、河口海岸、冻土工程、冰冻圈过程、沙漠与沙漠化、湖泊沉积与环境、地表过程分析与模拟、山地灾害等诸多领域的实验室。地理模拟试验的范围不断扩大，实验技术不断革新，测试的项目与试验对象也越加复杂。如河川径流、坡地侵蚀与径流形成等，都可以通过模拟人工降雨、土壤入渗、坡面径流与流水冲刷等过程，再现某些自然过程的变化规律。古地理与古环境的实验研究，则使古环境变迁研究的可靠性与精确性大大提高。而建立地理信息系统，可以通过计算机的数值模拟来建立各种地理模型，发展地理科学理论。这些实验室提供了大量可靠的科学数据，为现代地理科学建设做出了不可磨灭的贡献。

从 70 年代末到 80 年代初，我国地理学家开始采用数量方法和建立地理模型，逐步成为室内地理模拟分析的一个重要方向。其中，提出了区域可持续发展指标体系及对区域可持续发展的进程进行控制的政策模拟。各种统计分析方法得到广泛而深入的运用。建立在数据库和计算机运用基础上的空间分析的应用越来越普遍，已经成为揭示人文-经济地理过程、格局以及进行相应的预测、规划工作的主要手段。地理学方法论的发展，使地理学家在一系列战略研究和规划中发挥了自己的特长和作用。

四、遥感与地理信息系统研究

20 世纪 50 年代始，我国已有了规模化的航空摄影并同时组织开展了航空相片判读分析的综合研究。70 年代末中国科学院组织了腾冲航空遥感综合试验，取得显著进展，为中国遥感发展发挥了奠基的作用。80 年代中、后期建立在中国科学院的遥感卫星接收站和遥感飞机系统，稳定地提供各类航天航空对地观测数据，为地学研究和国土、农、林、水、环境、测绘等行业的应用奠定了信息基础。在此基础上，遥感应用和地理信息系统研究得到很大发展，开展了全国资源环境遥感调查和动态监测研究，为建立国家资源环境，特别是土地资源动态数据库和信息系统提供了完整的技术路线。在区域研究方面，建立了区域信息系统模型，在农业资源调查、水库淹没损失、库区背景分析和自动制图等方面得到了深入应用。遥感、地理信息系统和全球卫星导航定位系统的应用，是地理学研究现代化的重要标志。继 1985 年我国建立资源环境信息系统国家重点实验室之后，又相继建成了测绘遥感信息工程国家重点实验室和遥感科学国家重点实验室，研究基地不断扩大，队伍不断壮大，研究领域不断拓展，技术水平日益提高。在重大自然灾害监测与评价、重点产粮区主要农作物估产、国家基础地理信息系统建设、数字城市建设与应用等方面发挥了重要作用，为国民经济重大问题提供分析和决策依据，促进了现代地理学的发展。

第四章　现代地理学的学科发展

一、自然地理学

自然地理学是研究地理环境各种要素及其相互关系，阐明其结构、功能、物质迁移、能量转换、动态演变及地域分异的学科。按研究对象可分为综合自然地理学、部门自然地理学和专门自然地理学。

（一）综合自然地理学

综合自然地理学从区域、类型及过程三个不同角度与层次研究自然综合体。

自然区划研究。黄秉维主编完成的《中国综合自然区划（初稿）》(1959)，以部门自然区划为基础，强调主要为利用土地与水的事业服务。他拟订了适合中国特点又便于与国外比较的区划原则与方法，采用地理相关法，按照生物气候原则，在复杂的自然条件下揭示了自然地带性规律，依次表达温度、水分条件和地貌的差别，在理论和方法上均有很大的创新和突破，并系统地说明其科学意义及实践应用的前景。此后提出了多个不同的全国自然区划方案。20 世纪 60 年代，中国地理学会多次组织召开全国性的自然区划学术讨论会，对自然区划的若干基本问题，如地带性与非地带性规律、区划原则与方法、等级单位系统、指标与界线、全国和区域性自然区划方案和工作经验等进行了充分的讨论与交流，初步形成了自然区划的理论体系，在相应的方法和技术上都有创新和突破。从 1957 年竺可桢发表《中国的亚热带》一文以来，讨论最多、成绩也最大的首推对亚热带的划分。为了解决温带和热带之间连续过渡所产生的划界困难，在其间分出一个亚热带可以说明许多自然地理现象，能更确切地反映自然界的过渡特性。中国亚热带划分标准的研究纠正了原苏联某些学者关于亚热带的不全面的看法。此外，从比较地理学角度建立了适用于山地与高原的自然区划原则和方法，以及确定山地区划界线的途径等。

区域自然地理研究。区域自然地理与社会实践联系紧密，20 世纪 80 年代中期以前多以农业为主要应用领域，其后则多涉及国土整治、区域开发与可持续发展等主题。从综合观点分析阐明所研究区域的全部自然要素及其相互联系，探讨其形成、发展、结构和分布等规律；分析和评价自然资源，提出开发利用的途径，分析不利的自然条件，探讨减缓灾害和整治改造的途径和措施；综合分析区域之间的相互作用和联系，为发展规划提供科学依据。这些研究成果，对于认识我国自然环境分异规律，掌握我国自然资源质量数量及建立资源开发体系，合理布局我国的产业和进行自然环境保护，起到了良好的保障作用。全国性的自然地理研究成果主要有：《中国自然地理·总论》（1985）和《中国自然区域及开发整治》（1992）等。区域性自然地理研究成果涉及面广，几乎包括了我国三大自然区内自然的或行政的不同地理单元。90 年代区域自然地理研究与全球环境变化相联系，开展生态环境脆弱带的研究，划分出不同成因类型的脆弱区。

土地系统研究。20 世纪 70 年代起，以土地类型为基础进行土地资源评价，确定土地利用结构并开展农业区划的应用研究有较大的发展。土地研究吸取了德、苏景观学派和英、澳土地学派的长处，以土地类型为基础的土地资源、土地评价、土地利用、土地规划和土地管理决策的系统研究，已经全面发展为土地科学的系统研究。在认识我国中小尺度地理分异规律、土地类型形成条件、分级标准及其结构功能的基础研究，以及在国土规划、区域整治、农业布局和资源合理利用等应用方面均取得显著的进展。应用土地类型结构理论进行自下而上自然区划途径的探讨和研究，对于丰富自然区划理论、深化区域单元的综合研究有重要的意义。90 年代以来结合全球环境变化开展土地利用/土地覆被变化研究，土地空间格局变化和土地动态的驱动作用分析已成明显的特色。

古地理学，主要研究新生代以来的地理环境演变。1962 年北京师范大学开设古地理学课程，《中国自然地理·古地理》和《古地理学》，分别为国内古地理研究的第一部区域与原理性专著。古地理学研究的突出成果可概括为以下几方面：中国第四纪以来环境演变过程与全球变化过程在总体格局上一致；青藏高原的隆起导致现代季风环流系统的建立与加强，强化了我国西北内陆地区的干旱程度；第三纪是我国自然环境格局形成的关键时期，该时期我国气候普遍比现代温暖；第四纪时期，随着全球性冷暖期的交替变化，我国自然地带发生多次推移；全新世暖期盛期，我国东部地区平均温度较现代高 2.5℃ 左右，增温幅度北方大于南方；气候干湿程度变化对我国的影响，不亚于冷暖变化所带来的影响，中国西部和华北的干旱化趋势得到认证；第四纪时期，海面随冰期—间冰期的交替而有升降变化，最后冰期时海面低于现代海平面 130～150m，与此相应，大规模的海陆变迁成为第四纪东亚地区最显著的地理变化之一。

现代自然地理过程研究。早在 20 世纪 50 年代黄秉维就提出自然地理学要分别研究地表物理的、化学的和生物的自然过程，然后加以综合。他指出，从更广阔的视野看，三个方向存在着外延部分叠合的关系，可以将不同尺度的研究结合在一个统一的体系之中，并将导致对地理环境中现代过程及其地域分异秩序的全面了解。物理过程包括风力作用、水力作用、地表水分和热量平衡；化学过程原以盐分平衡开端，水盐动态着手，后来转向与人体健康有关的地方病和环境保护研究；生物过程则与农业生产潜力相联系，后来发展为土壤-植物-大气连续体的综合研究。70 年代黄秉维提出了农田自然生产潜力的理论和基本研究方法，他还对中国各地的光合潜力及作物环境因素的限制性进行分析研究。此后，农业生产潜力研究便被广泛应用到不同自然区域的综合研究工作中。80 年代以来自然地理学又成为全球环境变化研究的重要基础。

综合自然地理学的研究工作还包括资源的合理开发利用、退化土地的整治与恢复、坡地的改良与利用、景观生态规划与设计、自然灾害的综合研究等领域。

（二）部门自然地理学

自然地理学各分支一般都走在综合工作的前面，但进度参差不齐。地貌学、气候学均居于领先地位，后者主要在大气科学中得到发展。水文学、土壤地理学、植物地理学、动物地理学是自然地理学中比较年轻的分支，多数工作仍然扎根于各有关邻近科学。

地貌学。20 世纪 50 年代以前，研究工作以区域地貌和地貌发育历史为主；50

年代以后，加强了地貌现代过程的观测与分析。地貌学各分支学科的研究都有长足进展。由多位地貌学家编写的《中国地貌区划》（1959）反映了中国地貌学早期研究的成就。在河流地貌领域，对长江上游金沙江的袭夺、长江三峡成因和黄河发育史进行了研究。倡导将地貌与第四纪研究紧密结合，从第四纪沉积中提取有关地貌发育的信息，并用构造活动和气候演变的观点来探讨地貌发育过程与原因。开展了我国喀斯特地貌的地带性、深部岩溶的发育规律和形成机制等理论问题研究。提出了黄土沟谷地貌分类系统，对黄土高原土壤侵蚀状况进行分析计算；根据黄土地层学研究，推论黄土高原至少有 4 个侵蚀期。开展了风成地貌类型划分、形成条件和发育过程的研究，总结了我国风沙运动、风沙地貌、沙漠形成与演化方面的基础理论研究成果；沙漠化过程研究在理论与实践上均取得重要成就。在冰川地貌方面，对早、中更新世以来的冰川作用遗迹及冰期进行划分，对古冰川规模及演化进行了深入研究。在海岸地貌方面，根据海岸组成物质、地貌特征、海岸动力条件、全球海平面变化和新构造运动等因素对中国海岸发育的影响，进行了海岸类型划分。此外，还开展了长江、黄河和珠江等河口三角洲形成过程、演变规律、沉积模式及沿岸泥沙运动规律等的研究。

20 世纪 80 年代以来地貌学研究取得一些新进展。如青藏高原隆起导致大气环流演变，对黄土、黄河形成的影响；现代河流地貌过程研究，探讨河型形成条件，提出河型分类新方案，发现游荡河型和江心洲河型皆有地带性分布规律；喀斯特地貌中论证了峰丛和峰林间的演化关系并建立演化模式；深入研究黄土高原地区侵蚀强度的定量等级、侵蚀方式和类型，推算出侵蚀产沙量，查明了粗颗粒泥沙来源区及其输沙量；冰川地貌研究认为在第四纪青藏高原不存在大冰盖，中国东部也不曾发育过古冰川，否定青藏高原第四纪大冰盖的假说；风沙地貌中对沙漠化的新认识以及古风成沙的研究；海岸地貌中有关海平面升降变化对地球表面环境影响研究等。地貌实验与模拟研究，提出流水地貌过程响应模型，河道随机成因假设，金字塔沙丘的成因机制，研究黏性泥石流的特性，侵蚀地貌实验，获得降雨入渗、产流、产沙的临界关系及过程，探讨了表土结皮抑制产沙的机理等。中国 1：100 万地貌图制图规范的制订及第一批图幅的出版，反映了地貌制图的水平。1：400 万全国地貌图、专题地貌图及部门地貌图的编制与出版，集中体现了地貌学研究的成果。

气候学。区域气候和气候区划方面，探讨了中国季风气候的特点；深入开展区域气候研究，特别是对西部及高原地区的气候特征进行较详细的研究；系统地阐述了我国各气候要素的时空分布特征及其形成机制；出版中国气候、中国季风气候、中国气候系列丛书以及《中国气候区划》等专著；海洋气候研究也取得新成果，出版了《中国近海及西太平洋气候》等专著。历史气候与气候变迁方面，初步重建我国近 5000 年来气温变化序列；全面整理和摘录了我国古文献资料，同时采用物候、树轮分析、孢粉分析、冰芯分析、考古等古气候重建手段，定量化地重建一批分辨率较高的历史气候变化序列；比较全面地阐明我国历史时期气候变化概况，初步论述其与世界气候变化的关系。对气候变迁的原因及影响因子也进行了初步探讨。开拓了太阳辐射研究，探讨了中国地区的太阳辐射特征，确定了中国地区全年和各月晴天太阳辐射的纬度带值，绘制了太阳总辐射分布图，讨论了它的时空分布规律。

水文学。20 世纪 50～60 年代，先以河流水文为主，包括边远地区河流水文调查与全国水文区划的研究；后逐渐扩大到其他陆地水体，包括冰川、湖泊与沼泽水文及水文过程的研究，并相继开展水文实验及定位、半定位试验研究；70～80 年代以来，水资源问题与环境水文研究发展迅速。水文学的地理方向成为水文地理学发展的主要趋势，强调水文地理学与普通水文学、水文工程学、水文地质学的科学分工。其间，还深入研究了全国、长江及黄河流域的水量平衡，研究喀斯特地区、干旱区、平原地区与高寒地区的水文，并完成了新的全国水文区划。在宏观尺度上，得出比较完整的中国水量平衡与水循环理论和过程。在微观方面，结合中国科学院生态台站网络的建立，开展不同地理地带水循环过程的实验，揭示界面过程中水分、热量交换规律。深入研究冰川的水量平衡与融水径流形成过程的机制，并出版了中国冰川水文研究专著。开展了水文过程研究，着重产流、汇流的模型和降水、地表水、地下水、土壤水和植物叶面水的水量转化，提出了水分循环蒸发计算数学模型。在农业节水研究中，开展以土壤水为中心的华北平原农田水循环及节水调控机理研究，为华北平原实施节水农业提供重要的科学依据。

土壤地理学。在土壤发生与分类、土壤调查与制图、土地资源评价与土壤生产力研究等方面取得不少成果。明确了我国土壤形成的主要过程和特点，总结出我国土壤形成的 10 种基本过程，提出以成土条件、成土过程、剖面形态和属性（理化、生物特性）作为划分土壤类型的综合依据，发展并建立我国的土壤分类体系。1995 年又提出了一个新的土壤分类，其特点是以诊断层和诊断特性作为分类的基础；充分体现我国的特色，提出了人为土纲等，并面向世界与国际研究接轨。20 世纪 70 年代以来，土壤调查与制图工作更加规范化和实用化，如在黄淮海平原、黄土高原、黑龙江、新疆、甘肃河西、江西吉泰等地区编制中、大比例尺的土壤图。阐述了中国土壤地理分布规律，率先提出欧亚大陆土壤地理分布的一般图式，对土壤区划理论有较系统的论述，并拟订了土壤区划系统。

植物地理学。在植被研究、植物区系地理方面有很大进展。全面系统研究中国植物区系，从全球角度将中国种子植物按属划分为 15 个分布区类型；详述了各分布区类型的特点、起源和关系；拟订中国植物区系分区的新系统，将东亚划成一独立的植物区；初步提出被子植物多源系统学说，认为中国现代植物区系主要是就地发生的，其起源可追溯到联合古陆；论述华夏植物区系和被子植物的起源与发展，认为亚洲热带-亚热带植物区系是一个整体；总结了已有的植被分类和分区的原则方法；建立了全国统一的植被分类体系；基本查清中国植被的类型、特征和地理分布；建立各主要山系的植被垂直带谱，阐明其三维空间分布规律，拟订了全国区划系统与方案；植物群落的研究方法也由定性描述，发展为定量的数值统计分析和模式分析。

动物地理学。在动物区系、动物地理区划、生态动物地理学等方面取得开拓性成果。我国陆栖脊椎动物可划分出季风区耐湿动物群、蒙新区耐旱动物群、青藏区耐寒动物群 3 大群，其下可再分 9 个主要类型：北方型、东北型、中亚型、高地型、旧大陆热带-亚热带型、东南亚热带-亚热带型、喜马拉雅-横断山型、南中国型和岛屿型。陆栖脊椎动物生态地理学研究，针对啮齿类和鸟类，以群落结构和数量调查为主要内容。

化学地理学和环境地理学。研究地理环境中化学元素（或物质）迁移的地域分异规律。20 世纪 70 年代地理学家提出开展"官厅水系的污染与水源保护"的综合研究，开启了环境地理研究的先河。以大量元素化学地理和元素水迁移为主体，在解决盐碱地改良方面取得突出进展。北京大学、北京师范大学、中山大学等相继开设有关环境保护的专业。开展了环境背景值与环境容量研究、污染物在地理环境中迁移转化规律研究、区域环境质量的综合研究、环境质量评价与预测等。污染化学地理也取得较多成果，开展了无机污染物与有机污染物在环境中迁移转化的研究，为污染物的控制与环境质量的改善提供重要的科学依据。开拓了地理环境与人类健康关系的医学地理学研究，在地方病地理流行规律、环境病因和医学地理制图等方面的研究取得显著进展。全国生命元素的生态化学地理研究，初步划分出硒的 3 个生态化学地理区带；提出了地方病环境病因学说，认为发生于从我国东北到西南的大骨节病与克山病，与该区域自然环境的含硒量较少密切相关。在上述研究中发展起来的生态化学地理理论体系、低硒带分布与成因论、地理生态系统生命元素平衡概念，以及关于鼠疫疫源地成因和分类的新进展，是我国医学地理学特色的体现。

（三）专门自然地理学

20 世纪 50 年代以后才开始的以冰川、冻土和雪、沙漠、湖泊、沼泽湿地以及山地泥石流和滑坡等为对象的专门自然地理学研究发展迅速，取得突出的成就，已成为具有强大生命力的分支。

在冰川学方面，开展现代冰川发育条件、冰川类型及其分布、成冰作用、物质平衡以及冰川运动等研究。冰川类型研究提出多项指标，将我国冰川划分为西风海洋型、季风海洋型、季风大陆型和内陆大陆型，明确体现了冰川类型与发育环境的依存关系。成冰作用研究表明，我国大陆型冰川具有消融带、附加冰带、渗浸带和冷渗带 4 个成冰带，并以附加冰带为特征成冰带；而海洋型冰川则以暖渗浸带为特征带，并取代附加冰带和渗浸带。物质平衡理论研究，提出冰川稳定系数概念，对物质平衡或平衡线高度与夏季气温和降水的关系进行探索。冰川运动研究表明，我国大陆型冰川流速明显低于海洋型冰川，极大陆型冰川低于亚大陆型冰川。冰芯分析研究取得极地以外冰川区信息量最丰富的气候与环境变化记录，详细揭示了过去 2000 年以来气候与环境变化的特征和序列。第四纪冰川与环境的研究认为，整个青藏高原不可能发育统一的大冰盖，冷期气候远未达到东部中低山发育冰川的程度。近 20 多年，关于中国冰冻圈与全球变化、冰雪地球化学等领域的研究，也取得了重要进展。

在冻土学方面，开展了对东北和青藏高原地区多年冻土分布特征的研究，全面论述了我国多年冻土的基本特征和分布发育的地带性、区域性规律，编制了中国冻土分布图，明确划分出高纬度多年冻土和高海拔多年冻土。提出了北半球高海拔多年冻土分布的三向地带性理论，深化了对高海拔冻土分布发育规律的认识。对广泛分布的多年冻土上限附近厚层地下冰的成因研究，除提出分凝、胶结-分凝成因和重力水胶结成因外，又提出近地面厚层地下冰形成的重复分凝机制学说。测试技术的进步推动了冻土物理力学性质和冻土工程等研究领域的进展，在高原冻土地区交通工程建设中发挥了积极作用。

在沙漠研究方面，对塔克拉玛干沙漠进行了深入的考察和观测，揭示了复杂的沙丘类型分布及制约其发生发展的自然因素，掌握了沙丘移动规律，探讨沙害及其防治问题，在国际上是严谨而罕见的。1956 年就开始在包兰铁路沙害最大的沙坡头研究植物固沙的可能性，通过定位试验和观测，所设计的草方格沙障及栅栏等获得巨大成效，其成果获 1988 年度国家科技进步奖特等奖。同时，综述了中国沙漠分布及其特征，形成发育规律，并探讨了沙漠的治理途径；对半干旱地区土地沙漠化的分布、演变和治理等进行了总结。90 年代以来，在风沙气固两相流体动力学、风成基面形态运动、土壤风蚀、风沙实验相似理论和风沙工程学等方面的研究有很好的进展。应用遥感和 GIS 技术，开展了我国北方大范围的沙漠化土地分布与发展、沙漠化及其灾害发生和过程的研究，进入了定量分析与经济评价阶段。

湖泊研究方面，基本完成了各主要湖区不同类型湖泊的调查，对主要湖泊的水量平衡、补给系数、换水周期做了比较翔实的计算，开展了物理湖泊学、湖泊水文学、湖泊环境学、湖泊沉积学、湖泊沉积与全球变化、湖泊生物生态学等基础研究工作。在湖泊水环境保护、湖泊富营养化机理及其防治技术研究方面也取得了显著进展。

通过全面考察和调查，掌握全国沼泽的分布、自然条件及开发利用的可能性；系统论述了沼泽形成规律、分类、分布，生态系统的结构功能及其合理开发利用与保护。对若尔盖高原沼泽和三江平原沼泽的分布、类型、特征、形成与发育，发展趋势及改造利用做了系统论述，在区域开发、自然保护与生态建设中发挥了重要作用。20 世纪 90 年代以来继续开展湿地资源动态考察，对湿地的环境功能与生物多样性价值进行研究，分析湿地的物理、化学、生物过程及其与功能之间的关系；初步查明了我国内陆湿地的高等动物、高等植物种类；对海岸潮间带湿地的红树林类型及其环境功能和效应开展了全面系统的研究。

山地环境与灾害研究方面，在我国占有重要地位。山地的地貌、气候、植被和土壤等的垂直分异研究，揭示了我国三大自然区山地垂直自然带谱的基本特征和地域分异规律。揭示了山地环境动态变化及其对全球气候变化的响应。通过云南东川蒋家沟等的定位试验观测，基本掌握了泥石流的形成机制、力学性质、运动规律和冲淤过程，建立起泥石流流速、流量、冲击力等参数的计算公式。在泥石流预测、预报和治理等方面取得较突出的进展。滑坡研究方面，对我国西南地区滑坡的基本情况有较清楚的了解，四川二滩金龙山定位观测得到成层滑动和深层变形的数据，可计算坡体深层变形的速度。目前已初步建立了中国泥石流、滑坡数据库和信息系统的基本框架，揭示了中国山地泥石流与滑坡灾害的区域规律和活动特征，探明了它们的形成机制和成灾规律，提出了主要山地灾害运动和堆积模式，制订了重点地区主要山地灾害的危险度区划，为正确地预测、预报和有效地治理山地灾害奠定了理论基础。

海洋地理是地理学与海洋学之间结合点的一个新分支学科。20 世纪 80 年代开展了全国海岸带与海涂资源、全国海岛资源环境综合调查研究，获取了系统的科学资料，出版了中国海岸带土地利用专著。中国地理学会海洋地理专业委员会组织编写的《中国海洋地理》，填补了学科领域的空白。系统论述了南沙群岛自然地理各要素，提出了低纬热带海陆自然区划方案，对发展自然地理学和热带海洋地理学具有重要意义。

二、人文-经济地理学

人文-经济地理学是阐明人地关系地域系统功能和结构、研究人类活动地域分异格局及其动态演变过程的学科。按照学科分类，人文地理学包括经济地理学。我国已形成比较成熟的部门人文地理学分支学科有：经济地理学、城市地理学、旅游地理学、人口地理学、政治地理学、社会与文化地理学、军事地理学等。由于学科历史发展因素，在我国具体称谓时，经济地理学往往与人文地理学并提。

（一）经济地理学

20 世纪 50～70 年代，中国经济地理学体系遵循原苏联模式逐步建立并得到发展，尤其是部门经济地理取得显著的进展。各高等院校开始建立经济地理教研室，中国科学院地理研究所组建了经济地理研究室，1979 年扩建为经济地理研究部。

针对原苏联经济地理学存在的片面性，《经济地理学——生产布局的科学》（1960）一文认为，经济地理学是具有自然-经济-技术综合特点的边缘科学。1979 年吴传钧提出地理学的核心领域是"研究人地关系的地域系统"。80 年代以来，经济地理学发展以面向国家和地方可持续发展战略需求为导向，重视吸收发达国家经济地理学的前沿理念与研究方法，在国土开发整治和区域发展等领域，加强了理论方法建设和综合集成应用。80 年代中期，地理学家参与完成了《全国国土规划纲要（草案）》的编制。随后中国经济地理学进入蓬勃兴盛、多元发展的阶段，包括经济全球化的区域响应、经济区划、公司地理和产业集群、农业基地布局、交通运输体系与物流、商业区位、地域空间规划和区域政策等学科领域开始出现并逐步成为学科的主流。《现代经济地理学》、《中国经济地理》、《区域发展及其空间结构》是全国经济地理数十年研究成果的结晶。陆续出版了《中国区域发展报告》多册，科学诊断我国区域发展问题，持续系统地为政府决策提供科学咨询。

20 世纪 70 年代以后，经济地理学以区域发展为主题，对国家宏观经济的布局和调控，起了重要的作用。《国情研究系列报告》在充分调查研究和深入分析国情的基础上提出的建立资源节约型国民经济体系、走非传统的现代化模式、大力开发人力资源和经济发展的持久战思想，触及国家经济与社会发展的重大问题，对可持续发展有重要的指导作用。在人文地理学领域提出了"人-地关系地域系统"理论，对学科发展及实践应用产生了重要作用。

农业地理学。20 世纪 50 年代以后，中国农业地理学逐渐成为一门学科，研究内容涉及农业自然资源、农业社会经济条件、农作物布局、农业类型、农业基地、农业区划、农业地带、区域农业地理和农业土地利用等。中国农业区划和中国农业经济区划的初步方案，将全国划分为 6 个农业地带和 16 个农业区。对甘青农牧交错地区农业区划及其形成演变、内部结构与区划体系进行研究。1981 年完成的中国综合农业区划将全国划分为 10 个农业一级区和 38 个农业二级区，揭示了全国农业自然条件和农业生产最基本的地域差异。对农业区划工作的理论和方法进行了比较系统的探讨。80 年代以来，开展中国土地利用、农业生产结构与布局以及乡村地理研究，取得了明显的进展。

工业地理学。自 20 世纪 70 年代起在山东、两淮、冀东、辽宁以及"三线地区"，进行了工业和城镇调查与建设布局研究。主要内容包括主导矿种资源评价、合理的资源开发规模与产品加工方向、大规模工业开发的水资源合理利用、重大交通基础设施建设以及重点工业项目选址与工矿城镇建设等。总结了中国工业布局的分散与集中、矿产资源与工业布局等基本特点及其影响因素。80～90 年代，对工业布局基本原理和规划技术经济问题进行了理论研究，编著出版了《中国工业地理》及有关工业布局的诸多著作。同时，以原苏联和西方新老古典区位等理论为基础，探讨了我国 40 多年政府工业发展政策所产生的空间效果，系统阐明了影响我国工业布局的因素及其作用，揭示了我国工业地理的变化及规律。通过上述工作，初步建立了中国工业地理学的理论体系。

交通运输地理学。在 20 世纪中叶以前主要体现在经济地理的综合性研究中。1957 年《中华地理志——经济地理丛书》系统地对我国的交通进行了总结；80～90 年代是交通运输地理学快速发展并形成学科体系的时期。《交通运输地理学》系统总结了建国后交通运输研究的理论与实践经验，深刻影响了我国交通运输地理学的发展。90 年代中国科学院地理研究所编著出版了《中国交通运输地理》（1993）、《空间运输联系》（1992）和《中国交通地理》（2000），系统总结了我国交通运输的发展历程、地理总图和发展机理，是 1949 年新中国建立以来较为完整的中国交通运输地理论著。

（二）人文地理学

20 世纪 70 年代特别是 80 年代以来，人文地理学一些新的分支学科，如城市地理学、旅游地理学和文化地理学，得到蓬勃发展。在综合人文地理学方面，70 年代末，《人文地理概论》、《人文地理学论丛》等著作面世。在城市地理学中，城市空间结构、城镇体系与城市带，以及城市化一直是重点研究领域。"城市地理学"已被指定为高校城市规划专业的核心课。中国旅游地理学开展了旅游资源、区域旅游开发与规划、旅游者行为及旅游市场、旅游环境容量、旅游区划及生态旅游等的研究。80 年代中期在北京大学开设文化地理课,《文化地理学导论》的出版促进了文化地理学的发展。开展了对黄河流域、广东和湖南等不同尺度的区域文化地理研究。

城市地理学。20 世纪 60 年代初围绕着城市发展的区域条件、小城市发展的基本途径等问题,在冀南和晋中南、苏沪地区等区域开展了实证研究。70 年代结合山东、两淮、冀东、鄂西以及"三线"地区的工业布局,进行了工矿城镇调查与建设布局研究,并积极开展中小城市总体规划以及新唐山重建规划工作。80 年代以来,城市地理研究在多方面取得进展。研究了不同类型城市的合理规模问题,阐述了中国特有的城镇化模式,总结了城镇体系规划的理论与方法;系统地探讨了我国沿海五大城镇密集地区人口、经济集聚与扩散的机理;完成了全国设市预测与规划工作;并在城市经济区组织、城市内部空间结构及半城市化地区演变、城镇化的资源环境效益等方面取得重要成果。此外,借鉴国外城市地理学理论成果,广泛开展了中国的实证研究,并参与大量的城市规划实践工作。先后出版了《城市地理学》、《沿海城镇密集地区空间集聚与扩散研究》、《中国城镇化道路初探》、《中国城镇体系》、《大城市边缘区研究》等。

旅游地理学。20 世纪 70 年代末发展的新兴分支学科。早期以旅游资源、客源的流向以及旅游区建设为研究内容,探讨其分布特征及形成规律。研制了全国旅游资源分类与评价规范并上升为国家标准,推动了各地区旅游资源的普查工作;探讨了长线旅游以及都市近郊游客的出行规律及影响因素;系统总结了区域旅游规划理论与方法,全面推动了国家、省、地市旅游资源开发与旅游产业发展规划工作;基于旅游行为与生态环境关系的研究,探讨了旅游区环境容量测算、生态旅游发展模式构建以及旅游生态保护功能区划分等方法;此外,还在旅游区演变、区域旅游合作、可持续旅游以及城市旅游、观光休闲农业旅游等方面取得重要进展,出版了《旅游资源分类与评价》等成果。

人口地理学。20 世纪 50 年代由胡焕庸倡导成立人口地理研究室。80 年代结合全国人口普查,开展了我国区域人口分布特征、人口增长与经济发展以及人口政策等方面的研究,重新编制了全国人口分布图和人口密度图,出版了《中国人口地理》和《世界人口地理》。90 年代围绕着城乡人口结构变化与人口区域流动,着重开展了人口省际迁移特征、农村剩余劳动力流出动因,以及小城镇人口迁移规律的研究;揭示了人口增长与区域资源环境的关系;并对全国流动人口规模测算、农民工生存状况评估以及城市边缘区外来人口特征等方面取得重要成果。

历史地理学。《中国自然地理·历史地理》(1982)系统总结了 50 年代以来我国历史自然地理的研究进展。历史气候对 5000 年来的气候变迁做了科学论述，研究工作多结合历史灾害开展。80 年代以来，对海河、黄河、淮河、长江等河流的历史洪水进行史料整理，并探讨了洪水灾害的发生规律。开展了对河道变迁、湖泊变迁、海岸变迁、沙漠变迁以及珍稀动物地理分布变迁的研究和探讨。自 80 年代初期起，历史人文地理得到较快的发展。侯仁之在北京城市历史地理研究方法上的建树，促进了西安、开封、南京、天津、广州等城市历史地理的研究。

政治地理学。20 世纪 30～40 年代，地理学者翻译介绍了西方主要地缘政治著作。80 年代，政治地理学在一部分大学开始讲授，陆续有关于中国地缘政治地理和世界大国间的地缘政治关系等著作问世。

三、地图、遥感与地理信息科学

20 世纪 50 年代后地图制图与地图学研究取得了长足的进步。地图制图工艺和手段有了根本性变革，取得了丰硕成果，形成了普通地图制图和专题地图制图等。80 年代以来，遥感技术、计算机技术、专家系统及自动化制图等得到广泛的应用，中国学者研制出了电子地图集、统计制图专家系统、地图设计专家系统等先进技术和系统。代表性成果有国家经济地图集、国家普通地图集和国家自然地图集等。中国的地图集编制水平已位居世界的前列。在地图投影、普通地图、专题地图与综合制图等方面进行了理论和方法的研究。

在国际上卫星和航空对地观测快速发展的形势下，我国科技工作者一方面加速了我国航天航空遥感技术的发展，同时将先进的遥感观测数据用于国土、地理和生态研究。在腾冲航空遥感基础上完成的《腾冲航空遥感图集》反映了 80 年代初期我国遥感应用与遥感制图的科学技术水平。在遥感技术系统综合发展、多层次遥感数据获取、遥感数据分析处理及遥感数据综合应用中显示出较强的能力，遥感已进入初步应用阶段。80 年代中期开展了一系列全国性和区域性的资源与环境领域遥感应用工作，从单向应用走向系统化集成和区域性综合，从静态研究到动态监测阶段，在土地资源、森林资源、地质矿产、海洋资源调查、工程环境、城市环境及洪水、林火等自然灾害监测与评价、农作物估产与资源遥感动态监测和测绘制图等方面取得显著成效。

1978 年陈述彭主张将地理信息系统（GIS）作为一个新学科和技术分支领域，标志着中国地理信息系统的启蒙，随后在 80 年代得到了较快发展，在应用和技术队伍培训等方面也取得了进展。90 年代中期以来以遥感、地理信息系统和卫星导航定位系统技术的综合集成为特征的地理空间信息应用已进入实用化阶段，在我国已建立了资源环境宏观信息服务体系和重大灾害监测评估运行系统、面向粮食安全的主要农作物估产系统、数字城市、电子政务和公众服务、土地监管、统计、国家安全以及数字化测绘等系统，为国家经济社会发展和辅助决策提供了卓有成效的服务。随着我国卫星和航空遥感数据获取、处理和分析应用能力的提高，地理信息系统在理论探索、软件研制、系统发展、区域试验研究中得到发展，卫星导航定位技术的普及与发展，地理空间信息与技术的产业化在我国也已初具规模。

结　语

20 世纪我国地理学研究取得了辉煌成就。地理学家组织和参与完成了国家一系列重大的关于我国自然条件、自然资源、农业发展方面的调查研究任务，包括大规模的地区综合考察、综合自然区划、农业区划、黄淮海平原的综合治理、国土规划和发展研究等。在这个过程中，大大提高了地理学的应用价值和科学水平，也是大量分支学科发展和形成的基本动力。与此同时，为政府和社会提供了大量的建议和科学资料，在生产实践中产生了巨大的经济效益和社会效益。

在由自然因素引发的环境变化转变为由人类因素引发的环境变化的大背景下，大规模的社会生产和强大技术手段的运用正在使全球范围内的自然结构和社会经济结构发生剧烈的变化。这种变化正在给地理学家提出一系列重大的理论和实践问题。作为可持续发展战略科学基础的地球系统科学，跨越一系列自然科学、社会科学和技术科学，将全球尺度和区域尺度研究相融合，地理学传统的地球整体观被赋予全新的内涵。

现代地理学有如下一些明显的动态和趋势：和相邻学科的交叉、渗透与融合。学科的汇合、理论和方法的移植，开拓新的领域，形成新的边缘学科；加强地理学内部的综合研究，各分支和专门学科的发展为在深入分析基础上的综合集成打下了更坚实的基础；地理过程的微观研究进一步深化，由静态、类型和结构的研究转变为动态、过程和机制的研究以及动态监测、优势调控及预测预报等；结合实践，拓宽应用研究领域，传统上地理研究的主要服务对象为农业，现在非农业应用领域受到越来越多的重视，为社会服务的应用研究领域更趋多元化；实验地理与技术手段现代化，为地理学研究带来新的契机，必将取得新的突破；理论思维模式的转变，有更强的整体观念，注意发展从理论假设出发进行演绎，综合的内容更加深广，综合的方法更具有逻辑性和精确性，并且可能以图解模式、数学模式等来表达综合的结果。

中国现代地理学发展中还存在若干问题和差距。在服务于国家需求和区域发展的同时，在学科基础研究方面明显不足，对地理学整体发展方向的把握不够。多数地理学机构第一手科学数据获取的能力偏弱，实地野外调查以及定位、半定位观测试验工作得不到应有的重视。高等学校的地理教育在地理学基础课程、野外调查和实验技能训练等方面被弱化。

科研体制和绩效评价指标注重科学家的个人成果，研究单元小型化，研究目标片面指向论文发表。跨学科跨专业的协作比较困难，学科间互相渗透和融合不够，不利于比较分析和综合论证。科学研究的超前性与独立性受到削弱，缺乏敏锐揭示隐患、对重要实践问题做出迅速反应的能力。

中国地理学与国际地理学发展存在明显的差距。如对全球问题的研究相当少，地理学家还没有走出去，以便在把握世界性重大问题的基础上开展工作并将研究成果推向国际。我们对国家发展的重大问题及相关决策的关注和研究薄弱，对地理学发展的理论和发展方向重视不够，对世界一流的高级理论性综合性人才和区域专家的培养缺乏应有的关注。

无论从学科发展角度，还是经济建设与社会进步的国家需求来看，地理学面临着不少困难和新的挑战，同时也迎来发展的有利契机。在进入 21 世纪初叶的时候，人类社会面临着全球环境变化和区域可持续发展的一系列问题。中国地理学家在了解评价自然条件（环境与资源）、协调人地关系、促进区域发展和改善生存环境等方面都将做出积极的贡献。我们应发挥现代地理学的综合优势，将自然地理、人文地理和地理信息科学技术冶为一炉，进行综合集成，力图在以下前沿领域取得创新和突破：

（1）陆地表层过程、格局及环境变化的研究。将陆地表层系统中界面过程的研究以及对地表过程和格局相互关系的研究结合起来，发展微观深化和宏观综合两个方向。在全球环境变化及其区域响应方面：包括古地理环境演变、土地利用和土地覆被变化、减轻自然灾害以及全球环境变化的适应对策等众多领域。青藏高原和黄土高原是地理学可以发挥特长、显示才干的关键区域。

（2）自然资源保障与生态建设。综合研究各类自然资源的格局、过程、组合特征和演变规律；不同地域土地退化类型、成因机制、动态过程及发展趋势，提出宏观整治战略及生态建设的途径与措施。

（3）区域可持续发展及人地系统的机理与调控。要将区域尺度人口、资源、环境与发展作为整体，以协调人地关系为目标，研究"区域环境-社会动力学"及区域发展的结构、趋势与调控管理对策，提出不同类型区域可持续发展的优化模型及对区域发展态势进行预测预报。

（4）地球信息科学和"数字地球"研究。以信息流为手段研究地球系统的物质流、能量流和人口流的运动状态和方式。"数字地球"用数字化的手段，重演地球整体各圈层的演变与相互作用的历史，评价现状，预测未来。

我国若干具有全球意义的区域，特色鲜明，是地理学与国际接轨的窗口和桥梁。从源头创新角度看，在充分利用卫星数据和信息系统的同时，特别要重视和加强野外实地考察调查和定位试验观测等第一手科学数据资料收集和分析的基础性工作。要进一步建设和完善不同类型区野外定位观测基地、精密分析测试和实验模拟等研究支撑系统，提高地理学自身的信息化和现代化水平。

地理学兼有自然科学、社会科学和技术科学的性质，但要实现自然与人文领域的交叉还有相当大的距离。需要通过组织有关综合性研究计划的实施，建立跨学科的研究组织，促成相互渗透、多学科融合，努力达到综合集成。加强信息网络建设，以促进卫星数据、定位观测与社会经济统计资料的综合利用，提高战略分析与咨询工作的现代化水平。

当今世界面对着人口、资源、环境与区域发展等一系列问题。如何协调人与自然的关系给地理学的发展提供了机遇，同时也面临着严峻的挑战。地理学要以地球陆地系统科学与人地关系地域系统为指导，促进地理学各分支学科的交叉与渗透，加强综合和跨学科研究，将中国现代地理学提高到国际地理学研究的新水平。

主要参考文献

杨吾扬. 1988. 地理学思想简史. 北京：高等教育出版社.

刘盛佳. 1990. 地理学思想史. 武汉：华中师范大学出版社：1-517.

《中国大百科全书・地理学》编辑委员会. 1990. 中国大百科全书・地理学. 北京：中国大百科全书出版社.

国家自然科学基金委员会. 1995. 自然科学学科发展战略调研报告・地理科学. 北京：科学出版社：1-193.

中国地理学会. 1997. 面向 21 世纪的中国地理学. 上海：上海教育出版社：1-342.

吴传钧，施雅风主编. 1999. 中国地理学 90 年发展回忆录. 北京：学苑出版社：1-826.

吴传钧，刘昌明，吴履平. 1999. 世纪之交的中国地理学. 北京：人民教育出版社：1-539.

吴传钧主编. 2002. 20 世纪中国学术大典・地理学. 福州：福建教育出版社：1-310.

黄秉维. 2003. 地理学（1994）//《黄秉维文集》编辑小组. 地理学综合研究——黄秉维文集. 北京：商务印书馆：195-213.

中国地理学会. 2004. 地理学发展方略和理论建设——世纪之初的回顾与展望. 北京：商务印书馆：1-410.

中国地理学会. 2007. 地理科学学科发展报告. 北京：中国科学技术出版社：1-170.

主要撰写者

郑度(1936~)，广东揭西人，中国科学院院士，中国科学院地理科学与资源研究所研究员，曾任中国科学院地
　　理研究所所长。长期从事自然地理综合研究、区域自然地理研究。

杨勤业(1940~)，湖北武汉人，中国科学院地理科学与资源研究所研究员。长期从事自然地理综合研究、区域
　　自然地理研究。

20世纪
中国知名地理学家

张相文

张相文（1866～1933），江苏泗阳人。地理学家和地理教育家，中国近代地学和地理学的开拓者和先驱，中国近代地理学第一位职业地理教育家。1901年撰写出版了最早、影响最大的《初等地理教科书》和《中等本国地理教科书》两书，累计印数达200万册。随后又相继出版了《地文学》和《地质学教科书》。等于他一人完成了从初等至高等的比较完整的地理学教科书的编写工程。1909年9月28日，他在天津河北蒙养院创建中国地学会，成为我国第一个学术团体，并被选为首任会长。此后他专职于中国地学会，领导中国地学会达20年之久。1910年他创办中国第一个地学学术刊物《地学杂志》，共出版了181期，刊发学术论文1600余篇，全面、真实地反映了中国地学初期的发展状况，后因抗日战争爆发而停刊。他为中国近代地学发展所做的奠基性贡献，对推动中国地理学的发展具有重大的历史意义和学术价值。因此，他被称为20世纪中国地理学家第一人，中国科学地理学的奠基人。

一、简　　历

张相文，字蔚西，号沌谷。1866年（清同治五年）2月3日生于江苏省桃源（现泗阳）县，1933年1月6日卒于北平（现北京），享年67岁。

他的故乡江苏省泗阳县，位于大运河之滨，历史上正是废黄河岸边，与淮河也结下不解之缘，与洪泽湖相距20km，正是旧中国水灾最频繁发生之地。他出生在这里的贫穷之家，父亲张鸿疆以农为业，因为家境贫寒，9岁才入私塾读书，勤奋好学。在私塾读书10年左右，22岁在淮安的淮滨书院任教，成为著名的国文教员。

1894年的中日甲午战争，泱泱大国的中国竟被弹丸之地的日本打败，并签订了丧权辱国的马关条约，使热血青年的张相文萌生了科学救国的宏愿。为了了解战局，他因爱国而自学地理学和外语。传教士林乐知（Young J. Allen）创办的《万国公报》，从头至尾报道了甲午战争的整个过程，他用郑兆相译绘的《世界地图》阅读战况新闻，逐渐发现地理学正是实现他科学救国愿望很有用的科学，从而开始了他的地理人生。战时，他还在桃源老家，最初只能买到由传教士泊来的格致书院的《格致汇编》和徐家汇天主堂出版的《地理备说》，不仅数量少，还不易买到，这对自学地理学不利。他在淮安的淮滨书院任教两年后，离家到苏南当了一段家庭教师。1899 年受聘南洋公学任教，这是一所留学预备学校，图书资料丰富，还有一批留学欧、美、日的同事。他知道以往自学的地理学，并非地理学家的著作，又加上翻译的不确切，难以真正学到科学的地理学。于是他如饥似渴的学习外语，他拜同为教员的口人栗林孝太郎和藤田丰八为师，学习日语。明治维新后的日本翻译出版了一系列西方近代地理学的科学著作，使他得以研习西方近代以来地理学的原理和方法，终以地理教育、地理研究、地理工作，书写着自己的地理人生。

1901 年他在南洋公学的两份讲稿，以《初等地理教科书》和《中等本国地理教科书》为名，由南洋公学印刷出版，开创了两个全国第一，即中国近代首部地理著作，和中国近代首部教科书，风靡全国，多次印刷，总发行量超过 200 万册，成为全国最著名的地理学家。1903 年离开上海后曾回到淮阴任寿州阜丰和阜财商业学校校长，中间曾去广州任教于两广师范讲习所，1906 年再回故乡任桃源教育会会长和淮阴的江北师范学堂教务长。1908 年出版《地文学》，1909 年出版《地质学教科书》，到天津任北洋女子高等学校校长，兼北洋师范学校教师。宣统元年八月十五日（1909 年 9 月 28 日）中秋节在天津河北蒙养院创建中国地学会，并被选为首任会长，此后他专职于中国地学会，领导中国地学会长达 20 年之久。后应实业部和农工商部邀请进行地理考察，写作了一系列考察报告、论文，直到他逝世时为止。

1934 年中国地理学会在南京成立，竺可桢的老师柳怡征奉学会同仁之命，为张相文撰写别传，郭秉和写了英文张相文纪念词，以表彰他创建中国地学会的功绩和为中国近代地理学奠基的历史功勋。1922 年成立的中国地质学会和 1934 年成立的中国地理学会均承认中国地学会是其前身！1983 年 1 月 6 日张相文逝世 50 周年，京、津地理、地质学界，云集北京大学举行了纪念他的大会。

二、主要成就和影响

（一）主要成就

1. 开创中国地理教育第一人，创编地理教科书

张相文只受过中国传统普通教育，是私塾培养的中国小知识分子。私塾读的是《四书五经》，既未专门学习过传统的舆地之学，更不可能学习西方近代地理学，在中国地理学近代创建人中，他是唯一通过自学学习地理学而成名的地理学家，而且

还是中国科学地理学的奠基人！

在中国五千年文明史上，中国一直是世界上富强文明的大国，是影响世界的一支重要力量！只是在 1840 年鸦片战争至 1949 年中华人民共和国成立这 100 多年间，沦为半封建半殖民地社会，中华民族到了最危急的时候。张相文的一生，恰恰处于这一时期中。他是一位伟大的爱国者，他认识到只有科学能救中国，地理学便是这样的科学，于是他学地理学，教地理学，研究地理学，从事地理学工作，谱写了他的地理人生。

当他 27 岁时，清光绪二十年（甲午年）（1894 年）爆发了中日战争，结果泱泱大国的中国被弹丸小国的日本打败，签订了丧权辱国的马关条约。他先是关注战争的进程，对照地图看新闻，并向他的学生们宣讲，以唤起广大青年的觉醒，十分有效。渐渐地自觉地钻研起地理学，发现地理学不仅对唤起民众保家卫国十分有用，而且地理学经世致用，对富国强兵也蕴藏着无限魅力；正由于地理学如此有用，他开始用自己绵薄之力，将尽可能多的地理学人组织起来。他 1909 年创建中国地学会，1910 年创办《地学杂志》，并终生为之奋斗！

张相文是自学地理学，然后边学边教，他学和教的目的都是科学救国，他将自己的学和教统一起来，建成一个系统，即首先解决何谓地理学？《初等地理教科书》便围绕这一问题，深入浅出地将地理学的基础知识、基本方法和基本技能阐述清楚，既不像"四书五经"般深奥难懂，又没有将西方学问生搬硬套地拿来，而是以看得见、摸得着的现实，尤其是与当时形势联系起来，激发学生的兴趣，爱读爱看，自然地形成广大的读者群体。第二是专讲中国的国情，《中等本国地理教科书》便是国情教科书，大约相当于时下的高中阶段，学习者刚步入青年时期，他们对生他养他的祖国，了解多少？祖国有整个欧洲一样大小的广袤国土，有占世界 1/4 的人口，有五千年灿烂的文明历史，为什么在 19 世纪下半叶，中国会被一些蕞尔小国打败？这主要是因为政治腐败，经济不发达，军事力量不强大。怎样救中国？学习中国地理后，答案便跃然纸上。

《地文学》（*Physical Geography*），也称地文地理学。阐明地理现象，地理事物产生、形成、发展过程的规律，故又称自然地理学或普通自然地理学。1908 年张相文所著的《地文学》一书，由上海文明书局出版。内容包括星界、陆界、气界、水界、生物界五篇，较世界自然地理学权威学者马东南（Emmanuel de Martonne，1873～1955）的《自然地理专论》（*Fraite de geographie physique*）早一年问世，而且马氏只有无机四界，而张著则增加有机的生物界，较马东南更为全面、先进，是一个难得的创举。虽然张相文早在 1908 年的《地文学》中，便把有机的生物界提到与无机四界等量齐观的地位，但在当时的旧中国他的创举并没有产生应有的影响，不能不是 20 世纪中国地理学界的一个遗憾。

　　1909 年张相文出版了第四部教科书——《最新地质学教科书》。他编撰这部教科书的"潜意识"的基本出发点有二：一是"国情原则"，要根据中国的基本自然地理环境特别是地质和地貌环境的显著特点进行编写；二是"地貌原则"，即讲授岩石分类和地质作用等基础知识，目的是为了让学生理解和掌握作为自然地理要素之一的地貌问题。从"国情原则"看，该教科书将山岳的形成与岩石的分类作为重点，比较符合中国的实际。中国是个多山的国家，超过 500m 的山地、丘陵、高原和盆地的面积，占国土总面积的 85％，这是中国陆地的一大特征。从"地貌原则"看，由于山岳地貌等是由岩石组成的，要科学地认识祖国的大好河山和秀丽多姿的形态，就必须知道岩石和地质作用等方面的知识。目前，地理科学专业中的"普通自然地理"或"部门自然地理"课程，科学地处理了地质与地貌的关系、气象与气候的关系、土壤与土壤地理的关系和生物与生物地理的关系。这充分认识到自然地理要素与其基础的关系。这在张相文的《地文学》中亦有创新的闪光点。

　　张相文编纂的系列地理学教科书，就其在当时的社会经济与教育条件而言，所发挥的作用主要表现在国民科学素质的提高上。他将"地理科学素质"确定为"国民基本科学素质"的教育观念，是超越时代的，是与"地理教育国际宪章"精神高度吻合的。国民素质随教育程度的不同，可以区别为初、中、高三个等级。初等地理相当今天的义务教育，奠定的是基础；中等地理相当今天的高中阶段，着重的是确定方向，学好地理学能否实现科学救国的目的？他坚信地理学是一门极有用的科学；高等地理，相当今天的高校，受高等教育者，今天人们普遍认为是专门人才的培养，而张相文则认为也有一个综合素质的要求，地理学也是大学生综合素质的组成部分。他的这些理念，对今天的教育改革是很有参考价值的。他的系统教科书非常受读者欢迎，初等和中等地理教科书发行 200 余万册；《地文学》和《最新地质学教科书》也都三次再版，在 20 世纪初年都是奇迹。

2. 地理研究的开拓者

　　20 世纪初年，张相文是第一位被称为地理学家的中国人。他不仅是中国第一位地理教师，第一位编纂了系统教科书的作者，还是第一位地理学研究的专家。他研究的课题一是国计民生最迫切需要研究的问题。他的故乡江苏省泗阳县，濒临淮河和运河，原本是一个富庶的鱼米之乡，自从黄河溃口夺淮之后，这里便成为水灾频发的地方。治理淮河成为极重要的课题，他投入这一研究，著有《论导淮不宜全淮入江》和《导淮一夕谈》等文。当时主张全淮入江的占主导地位，他则主张分注江、海，尽量保护里下河与长江沿江地区汛期安全。后来淮河单独入海，汛期分洪入江方案，便是他的主张，只是当时未被采纳，否则淮河下游地区人民便会少受数十年的水灾之苦。

1914 年农商部长张謇委托他调查西北的农田水利。西北干旱少雨，水土流失和沙漠化威胁严重，多旱灾和风灾，这些皆是千古不变的历史。作为地理学家的张相文，对此当有相当了解。他从北京出发向西北一路跋涉，在燕山山脉和黄土高原，提出了一系列治理水土流失的真知灼见，表现了一个极具素养的地理学家的应用地理学水平。他的最大功绩是在黄河后套创办西通垦牧公司。自古以来流传的"天下黄河富宁夏"，从汉代开始，实施引黄河灌溉，使土地肥沃、日照充足的宁夏平原，改变成"塞外江南"的鱼米之乡。张相文通过考察，确定在黄河从磴口至托克托之间作为引黄灌溉区，使乌拉特与土默特联成一体，形成"黄河百害，惟富一套"的米粮川。该灌区长逾 400km，较之宁夏平原灌区长了 3 倍之多。当时，他说"地特肥沃，饶水草，……如能引黄灌溉，……疆理得宜，可与内地之两省相埒。"五原县农业会长王同春捐出土地，他与张謇各自捐出 2000 元，从江苏桃源招募来十名农民，与当地民众共同创办西通垦牧公司，一举成功，获利丰厚，但后为军阀强占而去。

张相文足迹几乎遍天下，写了许多科普性地理文章，用地理学理论，解释地理事物和地理现象，这在当时起了很大的科普宣传作用。1917～1919 年他任北京大学国史馆编纂并讲授中国地理沿革史课程。并自编讲义，自远古论述到清代，共分 33 章，后来全部收入他的文集《南园丛稿》。这是第一部《中国地理沿革史》著作，开了中国现代历史地理学的先河。他还撰写了《长城考》、《冀北游览记》、《成吉思汗陵寝辨证书》等高水平历史地理学术论文。长城在秦以前便有修筑，秦以后各个朝代又多有修筑，所以长城变迁历史悠久，具体情况少有人真正弄清。张相文既从文献学角度，又进行关键地段的实地考察，终于弄清了其变迁的过程。成吉思汗即元太祖铁木真（1162～1227），他死于西夏境内，但蒙古族丧葬制度，埋入地下后，由千军万马将坟墓踩平，踪迹难寻，坟墓究竟在何地，众说纷纭，他经过考证，确定在内蒙古伊克昭盟的埃锦赫洛（今伊金霍洛），从而结束了长期争论不休的问题。

3. 创办中国地学会和《地学杂志》

甲午战争时，27 岁的张相文开始学习、教授和研究地理学，7 年后《初等地理教科书》和《中等本国地理教科书》问世，一举成名；等到《地文学》和《最新地质学教科书》出版之后，应该说他通过自学，已成为著名的地理学家，殊为不易。不过他学地理学的初衷是要科学救国，是要唤醒民众，开发资源，发展经济，达到富国强兵的目的。但仅凭个人的力量是不行的，如是他借鉴欧美发达国家通过创办学会、出版刊物的方法，组织起仁人志士，共同地来完成自己的夙愿。他与好友，曾先后担任北洋政府实业部和农工商部部长的张謇商量，希望得到他的支持，不料张非但不支持，还劝张相文也打消这个念头，对他说道："邹代钧（1854～1908）曾为翻印地图，倾家荡产，炊烟几绝，办地学会谈何容易，君家财力何如邹代钧？"（邹代钧，湖南新化人，1890 年在汉口创办亚新舆地社，出版了一批中国近代最早的地图。亚新舆地社是私营企业，又是文化企业，为了维持其运营，以致倾家荡产，最后连家人日常生活也无法维持，于 20 世纪初期破产停办，邹以 54 岁的年纪告别人世）。张謇的劝说并没有打消张相文的坚定信念。张相文克服重重困难，仍然邀约国学大师章太炎，地理学家白眉初，地质学家章鸿钊，水利学家武同举，历史学家陈垣、张星烺，教育学家蔡元培、张伯苓，行政院院长傅增湘等进行谋划，争取他们的支持。最终于清宣统元年八月十五日（1909 年 9 月 28 日）在天津河北第一蒙养院成立中国地学会，成立大会上推举张相文为首任会长。

中国地学会是中国近代成立最早的三个学术团体之一，有许多成功经验，至今值得借鉴。首先，学会的宗旨是爱国，经世致用，富国强兵，作为办会的理念，才能集合当时一代学术巨子，较之今天，也能发人深省。

第二，志同道合，克服万难，成就斐然。中国地学会在 1909 年至 1937 年的 29 年间，既无经费，又没有馆舍房屋，全赖社会各界和会员捐助得以维持，尤其是张相文，全身心地投入，使中国地学会成就斐然。章鸿钊任干事长时，曾写作《地学会应行事务之商榷》一文，于 1912 年发表在《地学杂志》三、四合期上，提出研究、讲演、旅行、编辑四个方面。林超在《中国地学会（1909～1937 年）》一文中写道："研究方面包括：①纯学术性研究。②有关行政的地理问题，如开港、治河、交通设备、行政区域和城市兴废等问题。③关于实业问题，如商、矿、农林等。讲演方面，他建议在春秋两季举行地学讲演会，聘请专家讲演，会后印行刊物。旅行方面，他建议在招集会员之前，应做好准备，选择地点，提出研究考察事项及方法。编辑方面，除了刊行杂志之外，他还提出编辑地学丛书和教科书，审订名词等项工作。"当时虽因时局动荡和种种条件的限制，未能如预期一样做得尽善尽美，但人们在回眸这段历史时，仍然为其成就斐然而折服。林超在《中国地学会》一文开首写道："中国地学会的成立和发展，是我国现代地理学发展史上的一件大事。它是和张相文的活动分不开的。但更重要的是，它标志着我国现代地理学的发展，已经从个人的学术研究，发展成为有组织的学术活动。"

张相文于 1910 年创建《地学杂志》，这是我国包括地理和地质的整个地学的最早学术刊物。尽管由于是初创，加以条件限制，水平不是很高，但从 1910 年至 1937 年的 29 年间，总共印行 181 期，刊登了 1600 多篇文章，基本上反映了这一时期我国地学的总体水平。1936 年 11 月中国地学会改组后，《地学杂志》的内容改以刊登研究论文、图书评论和地理消息为主，并附西文提要。与新创办的《地理学报》相当了。值得特别指出的是，没有经费保障，许多作者和编辑人员非但没有稿费和编辑费，还得捐助出版，崇高的事业精神十分可嘉。

（二）深远影响

张相文的一生，正处于中国近代时期，这是有五千年灿烂历史的中国，最腐败、黑暗的时代，外有东、西列强的侵略，内有军阀混战，中华民族到了最危险的时候，他和他的同仁们积极参加辛亥革命。如中国地学会创建人之一，曾任地学会编辑部部长、《地学杂志》主编的白雅雨（毓昆），曾出任北方革命军参谋长，领导滦州起义，不幸被捕牺牲；白雅雨牺牲后，他的学生李大钊遇害，张相文又一战友——中国地学会第二任编辑部部长、《地学杂志》主编、北京师范大学史地系教授白眉初，不仅主持收殓安葬，并对李大钊的遗属关怀备至，如同至亲。可以说，中国地学会创建人中，不少人都是辛亥革命的志士。他们的事迹，深深打动了社会。如当时曾担任民国总统的黎元洪，为购买北京中国地学会会址，捐资 400 元，还手书《中国地学会》会牌，表现出对中国地学会的极大支持。

不同凡响的是，张相文在甲午战争中，由关注战况进展，引发了他学习地理学的兴趣，为了自学地理学引发了他学习日语，大约 4 年左右，也即今天大学的学习时间，他已锻炼成为一位出色的地理学教师，他的两份讲稿出版后，成为我国历史上首部地理教科书，并且风靡全国，创造了教科书出版数量的新纪录！41 岁写作了《地文学》一书，首创星、陆、气、水、生物五界，创成完整的地理学体系，在当时世界达到了很高的水平！

受时局和条件限制，他的地理学研究，没有在地理教育中成绩辉煌！但仅从其三项课题而论，也足以说明与他同时期的地理学家中，他仍是最高水平的代表者。如他的治淮、治黄、长城考和成吉思汗陵陵址考。黄河、淮河水灾持续 3000 年之久，一直是中华民族的心腹大患，作为他选择为科学救国的地理学，能在治黄、治淮中发挥作用吗？治淮他重视的是分洪，即淮河单独入海，汛期分洪入江，彻底解决淮河水灾问题；治黄，也在于汛期水量的科学分配，引黄灌溉，本是历史上"塞外江南"——宁夏平原的成功经验，他力主将这一经验推广到今内蒙古的河套平原。上游黄河之水引去灌溉，便减少了中、下游水灾发生的可能。河套地区历史上是"天苍苍，野莽莽，风吹草低见牛羊"的牧区，他创办"西通垦牧公司"，让牧区改变成农区，这是地理学才能解决的问题，他获得了成功。

长城和成吉思汗陵，这是中国历史上一直存在的农耕民族与游牧民族之间矛盾的焦点，长城变迁史折射了中国历史的波澜画面。成吉思汗是游牧民族最值得骄傲的杰出儿子，他创立了横跨亚、欧两大洲的帝国，不论中国，还是世界，没有任何人可以与他相比！他最后魂归何处？经张相文考察论证，生他养他的是中华大地伊克昭盟的埃锦赫洛（今伊金霍洛）。这在当时，意义重大。

当然，中国地学会和《地学杂志》的创建，也是他彪炳千秋的功勋和最大亮点。尽管 1922 年中国地质学会和 1934 年中国地理学会先后创立，但是 1909 年中秋节（9 月 28 日）却是他们共同的缔造之日，也即张相文创建的中国地学会成立纪念日。靠着赤诚的救国信念，披荆斩棘地探索，终于在没有经费支持，由同仁们和社会各界捐赠条件下，建起了中国地学的宏大队伍，为祖国的繁荣富强，和伟大中华民族的复兴，做出了不可磨灭的贡献。中国地学界不会忘记张相文，一位倾其毕生聪明才智，铸造中国地理科学事业的先驱和奠基人。

三、张相文主要论著

张相文. 1901. 初等地理教科书. 上海：南洋公学.

张相文. 1901. 中等本国地理教科书. 上海：南洋公学.

张相文. 1908. 地文学. 上海：文明书局.

张相文. 1909. 地质学教科书. 上海：文明书局.

张相文. 1935. 南园丛稿. 北平：中华书局.

主要参考文献

张星烺. 1933. 泗阳张沌谷居士年谱. 北京：地学杂志：1-50.

林　超. 1982. 中国现代地理学萌芽时期的张相文和中国地学会. 自然科学史研究，1（2）：150-159.

刘盛佳. 1990. 地理学思想史. 武汉：华中师范大学出版社：255-258.

曹婉如. 1994. 张相文//《科学家传记大辞典》编辑组组编，卢嘉锡主编. 中国现代科学家传记（第六集）. 北京：科学出版社：289-295.

张天麟. 1999. 20 世纪我国第一位地理学家——张相文//中国地理学 90 年发展回忆录. 北京：学苑出版社：1-16.

撰写者

刘盛佳（1938～），湖北团风人，华中师范大学城市与环境科学学院教授。长期从事地理学思想史研究，著有《地理学思想史》等著作。

潘玉君（1965～），黑龙江齐齐哈尔人，云南师范大学旅游与地理科学学院教授。从事地理教学和地理学思想史等研究，著有《地理学基础》等著作。

竺可桢

竺可桢（1890～1974），浙江上虞市东关镇（原属绍兴县）人。气象气候学家，地理学家，中国近代气象事业的奠基人，我国自然资源综合研究的倡导者和奠基人。1948 年当选为中央研究院院士。1955 年当选为中国科学院学部委员（院士）。竺可桢于 1918 年在美国获得博士学位后，立即返回祖国，矢志于科教兴国，振兴中华。他自 1921 年开始，主要做了 4 项推动我国科技教育事业发展的工作：1921 年起，在东南大学创办了我国第一个地学系，担任系主任，成为我国地理学界和气象学界的一代宗师；1927 年起筹建中央研究院气象研究所并担任所长，中国从此有了近代气象研究事业，开始独立自主的气象预报业务；1936 年起，任浙江大学校长，以"求是"为校训，为国家培养了大批建设人才；1949 年 11 月出任中国科学院副院长，推动新中国的科学事业全面发展，特别是开创了自然资源综合研究事业，开始了可持续发展思想的萌动。竺可桢作为一个科学家，毕生坚持进行科学研究。从 1916 年他发表的第一篇学术论文《中国之雨量及风暴说》开始，到 1972 年发表《中国近五千年来气候变迁的初步研究》作为结束，共发表各类论文 232 篇，内容主要涉及气象气候、地理、科学发展史、自然资源和科学家评论等研究领域，其中有许多科学结论，至今仍具有经典意义。他还撰写了几十篇科普著作，是 20 世纪前期我国重要的科普工作者。

一、简 历

竺可桢（字藕航）1890 年 3 月 7 日诞生于浙江绍兴，1974 年 2 月 7 日在北京谢世，终年 84 岁。

他 1935 年起担任国立中央研究院评议会的评议员，1948 年当选为中央研究院院士，1955 年当选为中国科学院学部委员（院士）；1960 年被授予国际科学史研究院院士，1965 年当选为罗马尼亚科学院院士；1927 年当选为中国天文学会副会长，1929 年起，曾经长期担任中国气象学会理事长、名誉理事长，中国地理学会理事长。

竺可桢诞生在富庶的浙东平原的一个商人家庭里。当地不仅物产丰富，悠久的历史培育了不少学术传世的文化名人，从历史上的王充、王守仁和黄宗羲，到近代的蔡元培和鲁迅等；更有革命志士在当地乡土的孕育下成长，例如历史上卧薪尝胆的勾践和近代为国捐躯的秋瑾等。这些历史人物的爱国激情和唯物主义史观给竺可桢留下了深刻的印象。从童年时代起，丰富的地域文化就哺育了他幼小的心灵。父母希望他读书成才，光宗耀祖；竺可桢却勉励自己为国家的繁荣富强贡献力量。1905 年他在当地的毓菁学堂（小学）毕业后，考入上海澄衷学堂中学部，以后又转到复旦公学和唐山路矿学堂。由于他学习刻苦，成绩一直名列前茅。

1910 年，竺可桢考取第二批庚款留学美国的资格。他先到伊利诺伊大学农学院学习农学，毕业后，随即进哈佛大学研究院攻读与农学密切相关的气象学，相继得到硕士和博士（1916 年）学位，并于 1918 年回国。在学习期间，竺可桢积极参加由中国留美学生创办的以"增进中国人科学知识和发展科学研究能力，共图科学之发达"为宗旨的科学社（后改名为中国科学社）的活动，成为该社的骨干之一，开始担任该社主编的《科学》月刊的编辑工作，为近代科学知识在中国的传播贡献力量。

竺可桢回国后，先后在武昌高等师范学校（武汉大学前身）和南京高等师范学校（南京大学前身）执教。1921 年他在东南大学（由南京高等师范学校改名）创办了中国第一个地学系，编写了中国第一部有关地学的大学教材《地学通论》，亲自讲授地学通论、气象学、世界地理、世界气候等课程。在他的培养下，当时在东南大学受业的胡焕庸、张其昀、王庸、朱炳海等我国近代地理学、气象学第一代传人，都对我国现代地学的发展做出过重要的贡献。据此，竺可桢被公认为我国地理学界和气象学界的一代宗师。

1927 年，竺可桢接受中央研究院院长蔡元培的委托，开始筹建气象研究所并担任第一任所长，登上了在我国开创近代气象事业的艰难历程。他以南京北极阁作为气象观测基地，克服了经费和人员缺乏的困难，在全国先后兴建了包括四川峨眉山和西藏拉萨在内的 40 几个气象观测台站，统一观测标准，积累气象基础资料，由此开始了我国最早的独立自主的天气预报业务。为了适应气象事业发展的需要，自1929 年起，到 1935 年止，气象研究所先后举办了 4 期气象训练班，竺可桢亲自主持招生并授课，虽然参加学习的学员总数不足 100 人，但是对于培养我国气象观察人员，进而从事气象科学的教学和研究，推动我国近代气象事业的发展，起到了重要的作用，其中少数当时的学员，至今仍以耄耋之年，奋斗在我国气象学教育和研究工作岗位上。竺可桢作为气象研究所的所长，除了繁重的行政事务工作以外，还以其旺盛的精力，投身于气象学的研究工作中。他于 1927～1936 年间，在科学杂志上公开发表的学术论文或专门文章达 50 余篇。其中像《中国气候区域论》（1930年）《论新月令》（1931 年）、《中国历史上气候之变迁》（1933 年）和《东南季风与中国之雨量》（1934 年），都是我国近代气象学研究的经典著作。其中的一些研究方法，主要学术观点，一直被学术界所沿用，在相关的学术领域做出了开拓性的贡献。1936 年 4 月起，竺可桢出任国立浙江大学校长。在当时的行政体制下，大学的领导层只有校长一个人。校长的办学方针和教育思想，在很大程度上决定学校的兴衰和成败。竺可桢担任校长后，按照他比较熟习的哈佛大学的模式来办学：以"求是"精神作为校训，大力延聘优秀教授，不断扩充图书和仪器设备，提倡通才教育，推进科学研究。竺可桢身体力行，以身示范，很快得到全校师生员工的爱戴，即便在当时日寇大举进犯，学校被迫，从浙江经江西、广西到贵州，一路搬迁，一路教学，科研不辍，被后人称为"文军长征"的情况下，依靠校长和全校师生员工的共同努力，浙江大学不但没有被削弱，反而在逆境中崛起，从一个地方性大学，跃为全国著名的高等学府。竺可桢因此功勋卓著，被载入中国近代教育史的光荣史册。竺可桢在校长事务十分繁忙的情况下，仍然不失科学家的责任，坚持进行科学研究。研究内容除了气象学和教育学外，更以科学史和科学研究方法论为突出。例如《科学之方法与精神》（1941 年）、《二十八宿起源之时代与地点》（1944 年）、《为什么中国古代没有产生自然科学?》（1946 年）等。这些论文从当时的国情出发，按照实事求是的唯物主义精神，以大量翔实的论据，阐明了作者的爱国主义立场，以及他对于在中国如何发展科学事业的具体看法。这些论文的发表，对于促进浙江大学和其他高校的科学研究有一定影响。中华人民共和国成立后，竺可桢出任中国科学院副院长，协助郭沫若院长，为发展新中国的科学事业做了大量工作。在建院初期，除了繁琐的院务工作外，他的工作精力主要集中在调整研究机构和吸纳科研人才两件大事上。首先是根据国民经济发展的需要，结合当时学科发展的特点，在原中央研究院和北平研究院各研究单位的基础上，对研究所的设置进行调整。竺可桢在主持这项工作过程中，摒弃狭隘的专业观点，以发展新中国科学事业的大局为重，通盘安排研究所的布局。典型的事例是，考虑当时固体地球物理学发展很快，又有广泛的应用前景，对于新中国发展国民经济具有实际意义，应该予以重点扶持；而气象学的发展在一定程度上和地球物理学的发展相关。因此，根据竺可桢的建议，中国科学院把竺可桢曾经担任了十几年所长的独立的气象研究所，设置在新成立的地球物理研究所内，作为其中的一个研究室，一直到 1966 年才独立成为大气物理研究所。

　　竺可桢高瞻远瞩，根据需要和可能，又规划成立新的研究机构。例如顺应世界各国开展海洋学研究的热潮，我国第一个海洋研究机构在他的主持下，于 20 世纪

50 年代初期迅速建立起来；他一贯重视自然科学史的研究，在他的倡导和组织下，地球科学家和历史学家联手，汇编出版了《中国地震资料年表》和《中国地震目录》，作为地震学研究的参考。在这项工作的基础上，正式成立了自然科学史研究室。关于吸纳研究人才，竺可桢做了大量细致的工作，争取到国内外一批有相当学术成就的科学家，来中国科学院担任所长级的领导职务，成为科学研究的领军人物，例如童第周、曾呈奎、贝时璋、叶渚沛等。对于新分配来的大学生，他要亲自与之谈话，了解情况，给予鼓励；研究人员升级考核，他也到场参加答辩，指出努力方向。总之，竺可桢把浙江大学办学过程中发现人才、培养人才的思路，移植到中国科学院建院初期的人事工作中，对于中国科学院壮大队伍，迅速开展研究工作，起到了积极的作用。1956 年以后，竺可桢在中国科学院领导工作的重点，逐步转移到地学和生物学领域的研究方面来，特别是中国科学院建立了以竺可桢为主任的自然资源综合考察委员会，在全国范围内开展以调查自然资源，进行资源综合开发利用为目的自然资源综合考察研究以后，竺可桢以极大的热情，饱满的精力投入到崭新的认识自然、合理利用自然的科学研究事业中来。从此，竺可桢参加自然资源和自然条件的野外考察更为广泛，每年有二三次投身到野外，足迹遍及除了西藏和台湾以外的千山万水。在实践的基础上，他提出自然资源必须通过综合研究，加强合理利用与保护；综合考察必须密切联系国民经济建设和生产实际的主张，也就是当今成为国策的科学发展观初期理念的萌动。这个时期他所发表的论文，集中体现这些学术观点的有：《要开发自然必须了解自然》（1957 年）、《论南水北调》（1959 年）、《改造沙漠是我们的历史任务》（1959 年）、《综合考察是建设计划的计划》（1959 年）等。竺可桢是我国卓越的科学家，在学术研究领域曾经有过众口交赞的一系列成就。他作为我国科技界的统帅人物，直接组织并部分参与了许多科学研究项目，在他的学术思想指导下，有些研究项目得到了国家的奖励，例如《中国自然区划》、《国家大地图集》等。限于当时的历史条件和他的工作地位，竺可桢个人坚持的研究项目，虽然没有获得相应的奖励，但是在学术界以至于整个社会都给予高度的评价。例如，他在晚年发表的《论我国气候的几个特点及其与粮食作物生产的关系》（1964 年）、《中国近五千年来气候变迁的初步研究》（1972 年）、《物候学》（1973 年）等。

竺可桢自新中国建立以来，长期参加国务活动，他是全国人民代表大会一、二、三届常务委员会委员；他又是科技界德高望重的领导人，一直担任中国科学技术协会的副主席；竺可桢还是社会活动家，曾经担任中德友好协会理事长等职。

二、主要研究领域和学术成就

　　竺可桢在学校里攻读的是农学和气象专业。离开学校以后，他在教学和研究工作中，跳出气象学的专业圈子，面向整个自然界，特别是 1921 年，他在东南大学建立了地学系，编纂《地学通论》，认为"调查全国之地形、气候、人种及动植物、矿产"是"今日我国地学家之责任也"（《我国地学家之责任》，1921 年）。从那时候起，竺可桢虽然立足于气象学，对气象气候学不断进行深化研究，但是他始终注意地球表面的各项自然要素的相互联系，在研究方法上强调综合研究。他认为："地理学是一门面向各个自然要素和整个地理环境，综合性和地区性都很强的科学。"由于地理环境是人类赖以生存的重要场所，因此竺可桢强调地理学研究必须密切联系民生问题的实际，"一定要利用这一特点来开展为农业生产服务的研究工作"（《中国地理学会第三次全国代表大会及 1963 年综合性学术年会开幕词》，1963 年）。由此可以窥视到竺可桢的专业研究变化轨迹和人生志愿所向：①中国长期以来以农立国，竺可桢出国留学，以农学作为自己的专业方向，目的是为了振兴中华；②在学习过程中，意识到中国农业的发展，必须以先进的科学技术作基础，要充分吸收西方的数理化研究成果，决定选择气象学作为自己新的学习方向；③气象是组成综合自然环境的重要因素，但是和地貌、水文、植被等其他自然条件有着密切的联系，必须通过综合性的研究，才能探索其变化的规律；④对自然环境综合研究的成果，应该回到为农业服务的道路上来。竺可桢按照自己的学术思维，在晚年发表了《论我国气候的几个特点及其与粮食作物生产的关系》（1964 年）和《物候学》（1973 年），可以看做是竺可桢研究经历的归纳和缩影。

　　竺可桢在学术上的贡献，按 8 个方面分别叙述如下：

1. 季风是影响中国气候变化的重要因素

　　季风是竺可桢早期从事的研究领域之一，他是中国季风研究的创始人，曾经发表有关的学术论文 20 余篇，代表作有《中国之雨量及风暴说》（1916 年）、《中国气流之运行》（1933 年）、《东南季风与中国之雨量》（1934 年）等。中国位于欧亚大陆的东部，濒临太平洋。由于海陆的地理分布，决定了中国是个受季风控制的国家，季风活动的频率和强弱对气候变化的影响很大。就整体来说，中国夏季多雨，冬季干燥，其根本原因，就在于季风的影响。竺可桢认为：季风是由于陆地和海水的比热不同引起的。陆地的比热小，较海洋易热也易冷，夏季大陆比海洋热，冬季则相反。夏季水面冷于陆地,陆地的热空气上升,海面稍冷的空气就流动过来,因此夏季多海风;冬季则相反,比较多的盛行陆风。这就是竺可桢坚持的海陆分布形成季风的学说。他指出"季风对于中国气候之影响——因冬季风来自干燥之内陆,夏季风来自润湿之热带海洋,故全国雨泽因有显著之周期性,夏季最多,冬季最少。"(《中国气候概论》,1935 年)但是,竺可桢又强调指出,形成雨量不但需要季风带来水汽,还需要上升运动,两者不可缺一。"——空中水汽之所以凝结而成为雨泽者,乃由空气上升膨胀所致。"所以,单纯的季风,如果没有地形的抬举,促使空气上升,不仅不能形成降水,而且可能出现大范围的大气下沉,以至造成烈日当空,酷暑炎热。虽然夏季季风带来的水汽是中国雨量的主要来源,但由于上述的原因,当夏季东南季风强盛时,可能会出现长江流域干旱,华北一带主涝的现象;反之,如果东南季风不强,则长江流域主涝,华北一带可能出现旱象。竺可桢的这些学术观点,为今天的长期天气预报奠定了理论基础。

2. 台风的分类

中国是受台风影响比较大的国家之一。出于对农业生产的关注,竺可桢很早就开始有关台风的研究,他在哈佛大学的博士学位论文《远东台风的新分类》即以台风为题。他在这个研究领域共发表论文 7 篇,代表作还有《关于台风眼的若干新事实》和《台风的源地与转向》。

竺可桢根据风速对台风进行了分类:凡风力不足 6 级的称之为热带低气压或者热带风暴,6 级至 12 级称为台风,12 级以上被称为强台风。据此,他把东亚台风分为三类:风速达到 12 级的统称为 A 类台风,6~12 级的统称为 B 类台风,6 级以下的概称为热带风暴。这个分类标准在我国一直被沿用到 1988 年为止。他又根据 1904~1915 年资料的统计,按台风行径的不同,把东亚盛行的台风分为 6 个主类,21 个副类。6 个主类包括中国台风、日本台风、印度支那台风、菲律宾台风、太平洋台风和南海台风。所谓中国台风、日本台风等,说明该台风影响所及,对于这个国家或地区的影响比较严重。他对中国台风进行了统计,其中 7,8,9,10 月四个月的台风占全年台风总数的近 70%。

对于台风的结构,竺可桢在 1918 年发表的《关于台风眼的若干新事实》中进行了探索。他认为:"台风中心,温度多突然增高,湿度则激烈递减,故必有缓和之下沉气流存在。云雨之消散与风速之衰减即系于此。"随着大气探测工具的不断改进,特别是电子技术和遥感技术的创新,竺可桢当年的科学推断,已经被今日新技术的应用所证明。

3. 地理学和自然区划研究为农业服务

竺可桢曾经指出："地理学乃研究地面上各种事物之分配及其对于人类影响之一种科学"（《地理教学法之商榷》，1922 年）。因此，地理学不仅要客观描述地理要素的分布和差异，重要的是要在认识自然的基础上，应该如何利用和改造自然，为发展国民经济服务。竺可桢这个重要学术观点，一以贯之，坚持不移。特别是在新中国成立以后，他更明确提出地理学要为发展农业生产服务，得到全国地理学界的广泛响应。在这个学术思想的指导下，新中国的地理学走出了单纯描述的困境，走上了与国民经济发展，特别是与农业生产密切结合的道路，充满了蓬勃向上的生机。

地理学是一门区域性和综合性很强的科学。自然区划研究就是根据客观自然条件的差异，把两者完整地结合在一起。竺可桢在研究实践中，把农业气候分析、气候区划和自然区划三者有机地结合起来。他认为，对于农业气候分析，关键是气候资源的充分利用；气候区划的根据，首先要考虑热量和水量的分布；至于自然区划，作为基础的第一、二级应以热量和湿润程度作为主要根据。1930 年，竺可桢在《地理杂志》上发表了《中国气候区域论》，这是我国科学家对自然区划研究的最早成果之一。他把中国气候分成 8 个气候区域：①中国南部；②中国中部或长江流域；③中国北部；④满洲（即今东北三省和内蒙古东北部）；⑤云南高原；⑥草原；⑦西藏；⑧蒙古（包括现内蒙古、新疆等地区）。这项研究是在资料十分缺乏的情况下完成的，显得相当粗糙，但是它奠定了我国以后的气候区划和自然区划都把全国分成 8 个地区的基本轮廓，所以具有相当的学术价值。

竺可桢对于自然区划的研究，一再强调必须从实际出发，要切合我国农业生产现状。20 世纪 50 年代，他力排国内外科学家的意见，把亚热带的北界确定在北纬 34°，即淮河、秦岭、白龙江一线，直到东经 104°，而南界则横贯台湾中部和雷州半岛南部，即北纬 22°30′到 21°30′左右（《中国的亚热带》，1958 年）。他的理由是：温度带的划分，主要根据温度及湿度同植物生长的关系。亚热带处于温带和热带之间，属于过渡地带，自然地理现象具有过渡性，既不能过宽，也不能太窄。竺可桢这项研究成为我国自然区划研究的经典著作，得到中外地理学家的公认。

竺可桢对于地理学的另一重要贡献，是一再强调地理学"一定要摆脱单纯描述的阶段"（《1960 年全国地理学术会议总结》，1960 年）。他认为，从事科学研究的正确方法，除了必要的归纳法以外，演绎法更为重要。地理学的研究，必须从传统的定性分析，逐步走向定量分析乃至进行模拟预测。20 世纪 60 年代以后中国地理学的发展，正是沿着这个方向前进。竺可桢提出，地理学的研究方法大体上有三种：

一是对比不同地理现象在空间和时间上的分布，做出对比分析，探讨其相互关系；二是根据不同自然现象在出现先后时间上的相随，追溯其因果关系；三是追踪自然界中物质或能量，由一个客体到另一个客体，由这个位置到另一位置，由这一时间到另一时间的转变演化过程，探求它们在数量上或者性质上的关系。竺可桢在 1963 年发表的《论我国气候的几个特点及其与粮食作物生产的关系》一文，不仅是地理学研究为农业生产服务的优秀杰作，也是讨论地理学研究方法的一个范例。

4. 物候学

物候学是研究自然界的动植物和环境条件的周期变化之间相互关系的科学。如果说，气候学研究可以指导农业生产，强调必须因地制宜；那么物候学研究则有助于农业生产因时制宜，提醒人们不违农时。所以，竺可桢认为这是一对姐妹学科，而在中国，物候学的研究更要引起学术界的重视。

物候学是竺可桢终身研究的学术方向。他作为这个学科在中国的创始人，从 20 世纪 20 年代开始，直到终年，始终坚持不懈：他亲自观察物候，在他的日记里，记录了大量的物候资料；他从浩瀚的古籍史料中，整理出古代人民对于物候的观察和认识，从而得到一个地区物候古今的差异，为研究气候变化寻找根据；在他的推动下，建立了全国性的物候观测网络，制定了我国物候季节划分标准和物候季的划分方案，在部分地区完成了当地的物候历的拟订，对于指导当地的农业生产发挥了良好的作用；20 世纪 60 年代起，他集毕生研究的大成，和宛敏渭合作，对物候学进行了理论性的总结。为了普及物候学知识，他们把理论性著作《物候学》写成为科普性的读物，1987 年获得第二届"全国优秀科普作品奖"的最高奖——荣誉奖，又被评为 20 世纪 90 年代《中国科普佳作精选》之一。

竺可桢在《物候学》里的研究创新主要有两方面：一是在大量观测资料的基础上，通过对比和分析，认识到物候存在着南北、东西、高下、古今的差异，同意美国学者霍普金斯（A. D. Hopkins）提出的物候定律；但是又认为世界各地应该按照各自的气候特点，根据一定时间内积温的实际情况作出具体分析。他以亲自观测的南京和北京的记录为例，北京和南京纬度相差 7°多一点，3～4 月间，桃李盛开，南京比北京早 19 天，但到了 4～5 月间，柳絮飞、洋槐花开时，南北只差 9 天了。这是由于中国是大陆性气候，在冬季南北温差较大，到了夏季，温差相对较小，因此物候出现时间也相应缩小。这就弥补了霍普金斯物候定律的不足。竺可桢另一创新是揭示了物候变化的原动力。他应用辩证唯物主义观点，论述了生物个体内因和外因的关系，认为内因是物候变化的根据。他以候鸟如燕子、雁鹅等每年的南来北往为例，认为除了积温外，昼夜长短和雨量多少也是影响它们迁徙的重要因素，因为候鸟内部生殖腺会随着昼夜和光照的变化而变化，引起候鸟的南北迁徙。竺可桢在《物候学》中，专门列出"一年中生物物候推动的原动力"一章，是对物候学机理性的新认识。

5. 气候变迁研究

今天全球在讨论生态环境问题时，气候变化已经是全世界挥之不去的大课题。但是在 20 世纪 20 年代，国人对于气候变迁这个事实还鲜为人知，特别是对历史气候变迁的研究更是无人问津，直到 60 年代才在实际生活中开始被人们注意。竺可桢是在这样的历史条件下，从 1925 年发表了《南宋时代我国气候之揣测》，开始了他毕生研究气候变化的道路，直到 1972 年公开发表《中国近五千年来气候变迁的初步研究》为止，虽然论著的数量只有六七篇，但是这个研究领域成为他终身关心、积累资料、不断探索、提出论断的科学问题。

竺可桢在气候变迁研究领域，为后人留下了丰厚的科学遗产，其一是研究过程，其二是研究结论。竺可桢是通过浩瀚的古籍资料来从事这方面的研究工作的。他以渊博的古籍知识，利用"我国古代文献中有着台风、旱灾、冰冻等一系列自然灾害的记载，以及太阳黑子、极光和彗星等不平常的现象的记录"，创造性地开拓出一条探索我国历史气候变化的道路。竺可桢把我国近 5000 年的气候变化划分成 4 个不同的历史阶段：考古时期（约公元前 3000～前 1100 年）、物候时期（公元前 1100～公元 1400 年）、方志时期（公元 1400～1900 年）和仪器观测时期（公元 1900 年开始）。他认为：5000 年来的前 2000 年，黄河流域平均温度比现在高 2℃，冬季温度高 3～5℃，与当今的长江流域相似；后 3000 年气温有一系列冷暖波动，最低温度出现在公元前 1000 年、公元 400 年、1200 年和 1700 年前后，大体上每隔 400～800 年发生一次波动，年平均温度变化范围为 0.1～0.5℃。竺可桢认为，这种变迁是全球性的。这个结论和西方学者提出的，以稳定同位素比率变化的方法和孢子花粉分析测定格陵兰冰盖和北美大陆古土壤沉积物形成时的温度的结论基本一致。竺可桢以 50 年左右的时间，逐步地敲开了研究中国近 5000 年气候变化的大门。但是，他仍然认为自己是个"小学生"，只是在这方面进行了"初步研究"。在他谢世 30 年以后，气候变化问题已经摆上了各国首脑讨论重要问题的会议桌了。

6. 自然资源的综合考察和研究

竺可桢认为："要开发自然必须了解自然"。我国自然资源大规模的综合考察，开始于第一个五年计划初期，特别是 1957 年成立了以竺可桢为主任的中国科学院自然资源综合考察委员会，我国自然资源的考察工作进入了综合研究新阶段。竺可桢是这项研究事业的奠基人。

竺可桢明确提出，"综合考察工作只有积极地配合和围绕国家（建设）的重要中心任务，才能得到顺利地进行"。所以，综合考察工作不仅要到边缘地区去取得第一手资料，填补空白，重要的是按照任务的需要，组织科学家对取得的资料进行系统的分析研究，为国民经济建设提供科学依据；同时根据以任务带学科的要求，对自然资源科学在理论上不断有新的建树。在竺可桢的具体领导下，中国科学院自 20 世纪 50 年代起曾经组织全国的科研力量，先后成立了 23 个规模不同、任务各异的综合考察队，为摸清我国自然资源状况，为国家建设提供科学依据，做出了积极而重要的贡献。

竺可桢从领导自然资源综合考察工作起，就有着可持续发展思想的萌动。他提出考察工作必须贯彻"远近结合"和"点面结合"的方针。"远近结合"是根据发展国民经济的需要，在开发利用自然资源过程中，把当前的重大建设计划的需要，与远景展望结合起来，而不应把两者截然分开；"点面结合"是在大面积开展考察工作的同时，选取典型，深入地进行多学科的科学试验，以期系统地掌握自然规律，进一步指导和推动面上的科学考察。

竺可桢还强调，必须把自然界作为一个整体通过综合研究，在统一的规划下进行有序的开发。这包含两个要求：一是自然资源是有机联系的统一整体，各种自然要素互相制约，有着内在的规律，如果违背了规律，大自然就会走下坡路，甚至走向退化，森林会变成草原，草原又可以成为沙荒，必将招致自然资源的破坏，造成生态环境的恶化，必然违背了科学发展的要求。他在 20 世纪 60 年代全国大办农业、大力扩大耕地的时候，曾经激烈反对在 35° 以上的陡坡上开垦、发展种植业；在干旱地区，如果没有相当的灌溉条件，他也不同意盲目地扩大耕地。另一方面，自然资源的综合考察，是由许多学科共同参与下进行的，调查和研究工作一定要发挥这个优势，各个专业不仅需要深入的考察，更需要围绕中心要求进行综合研究。竺可桢在 1964 年发表的《论我国气候的几个特点及其与粮食作物生产的关系》，就是他在积累大量考察资料的基础上，潜心进行综合研究的结果，为自然资源综合研究提供了范例。

7. 科学史研究要古为今用

竺可桢毕生致力于自然科学史的研究。他认为："历史上的科学资料不但可以为经济建设服务，而且还可以帮助基础科学的理论研究。"从1916年学生时代起，他开始发表这方面的论文，累加起来达30篇以上，研究内容涉及天文学史、气象学史、地理学史、中外科学家评传和历法的沿革和改良等方面，天文学史研究的代表作有《论以岁差定〈尚书. 尧典〉四仲中星之年代》（1927年）和《二十八宿起源之时代与地点》（1944年）。在他的主持下，在20世纪50年代初期就成立了全国性的中国科学史委员会，中国科学院设置了自然科学史研究室，于1954年开始整理历史上的地震记录，于1956年公开出版《中国地震资料年表》。从此，我国有组织地开始了自然科学史的研究。

竺可桢开创了以现代科学方法研究我国古代史料的道路，他以强烈的爱国主义的热情，传承和宣传中国古代文化对于人类文明所做出的贡献。竺可桢更以很大的精力，对于一些中国古代科学家，例如沈括、徐霞客、徐光启等的学术思想和成就进行了系统的研究，特别赞扬他们不求个人名利，为科学献身的伟大精神。关于明朝徐光启的研究，他曾经于20世纪30年代和60年代先后发表3篇论文予以评述，认为徐光启善于从一般原理中推导出个别的结论，即应用演绎法进行科学研究，因而他的科学造诣胜过同时代的西方科学家。

8. 科学普及——科学家的责任

竺可桢在他的物候学专著《物候学》中，以显著的位置介绍了我国华北一带农民口传的"九九歌"：一九二九不出手，三九四九冰上走，五九六九沿河看柳，七九河开，八九雁来，九九加一九，耕牛遍地走。

在这首民歌中，包含了丰富的物候知识。竺可桢以此为切入点，开始论述我国古代的物候知识。他的科学专著，并不是从理论到理论，而是从人民群众喜闻乐见的歌谣中，阐明其中的科学道理。除了《物候学》外，竺可桢曾经撰写了大量的科普文章，从1917年的《食素与食荤之利害论》到1963年的《谈阳历和阴历的合理化》，发表的和未发表的共有七八十篇之多，许多问题都涉及到国计民生关心的大事，有的文章例如《向沙漠进军》，被收入中小学教科书，在青年学生中广为流传。

竺可桢认为，科学普及和科学提高是科学事业的两翼，"是分不开的，互为因果的，只有在科学普及的基础上，科学水平才容易提高"。他曾经亲自担任《科学大众》杂志的主编，为筹建我国第一个天文馆和自然博物馆——北京天文馆和北京自然博物馆而四处奔走，对全民的科学普及事业做出了很大的贡献，成为真正献身中国科学事业的科学家的榜样。

竺可桢身后为我们留下了丰硕的科学遗产。除了许多科学论文和众口皆碑的学术观点（属于硬件）外，他的治学理念和工作态度（属于软件），更值得后人认真思索和借鉴：作为地球科学家，竺可桢 60 年如一日以大自然为实验室，或者在室外坚持亲自观测，或者认真分析调查资料，把科学研究建筑在可靠的客观基础上；他传承和宣传中国古代丰厚的文化，去伪存真，从中开发出大量有价值的科学信息，把当今的科学研究和古代的文化记录有机地结合在一起；他科学研究选题的宗旨明确，立意清晰，或有利于国计民生，或宣传爱国主义，或推动科学研究。为了科学兴国，努力尽到自己的责任。他在几十年的科学生涯中，对于同一个科学命题，连续研究，不断进取，从不浅尝辄止，努力攀登科学高峰；他在研究方法上，推崇演绎法，强调逻辑推理。所有这些，也许可以成为我们今天进行创新性研究的必要条件。

1978 年党中央召开全国科学大会之际，新闻媒体赞誉竺可桢是科技界和教育界的"一面旗帜"。竺可桢丰厚的科学遗产，包括出版 20 卷以上，超过 1300 万字的《竺可桢全集》，是对"一面旗帜"的最好诠释。

三、竺可桢主要论著

竺可桢. 2004. A New Classification of the Typhoons of the far East（1918）//竺可桢全集，第 5 卷. 上海：上海科技教育出版社：33-84.

竺可桢. 2004. 论我国应多设气象台（1921）//竺可桢全集，第 1 卷. 上海：上海科技教育出版社：342-345.

竺可桢. 2004. 南宋时代我国气候之揣测（1924）//竺可桢全集，第 1 卷. 上海：上海科技教育出版社：457-465.

竺可桢. 2004. 论以岁差定《尚书·尧典》四仲中星之年代（1926）//竺可桢全集第 1 卷. 上海：上海科技教育出版社：552-560.

竺可桢. 2004. 中国气候区域论（1929）//竺可桢全集，第 2 卷. 上海：上海科技教育出版社：8-17.

竺可桢. 2004. 论新月令（1931）//竺可桢全集，第 2 卷. 上海：上海科技教育出版社：66-73.

竺可桢. 2004. 中国气流之运行（1934）//竺可桢全集，第 2 卷. 上海：上海科技教育出版社：165-184.

竺可桢. 2004. 中国气候概论（1936）//竺可桢全集，第 2 卷. 上海：上海科技教育出版社：287-314.

竺可桢. 2004. 大学教育之主要方针（1936）//竺可桢全集，第 2 卷. 上海：上海科技教育出版社：332-338.

竺可桢. 2004. 毕业后要做什么样的人（1936）//竺可桢全集，第 2 卷. 上海：上海科技教育出版社：371-338.

竺可桢. 2004. 科学之方法与精神（1941）//竺可桢全集，第 2 卷. 上海：上海科技教育出版社：539-544.

竺可桢. 2004. 二十八宿起源之时代与地点（1944）//竺可桢全集，第 2 卷. 上海：上海科技教育出版社：590-613.

竺可桢. 2004. 为什么要研究我国古代科学史（1954）//竺可桢全集，第 3 卷. 上海：上海科技教育出版社：180-183.

竺可桢. 2004. 东南季风与中国之雨量（1955）//竺可桢全集，第 3 卷. 上海：上海科技教育出版社：254-268.

竺可桢. 2004. 要开发自然必须了解自然（1957）//竺可桢全集，第 3 卷. 上海：上海科技教育出版社：

369-376.

竺可桢. 2004. 中国的亚热带（1958）//竺可桢全集，第 3 卷. 上海：上海科技教育出版社：464-471.

竺可桢. 2004. 论我国气候的几个特点及其与粮食作物生产的关系（1963）//竺可桢全集，第 4 卷. 上海：上海
　　科技教育出版社：239-252.

竺可桢. 2004.《徐光启纪念论文集》序言（1963）//竺可桢全集，第 4 卷. 上海：上海科技教育出版社：
　　258-262.

竺可桢. 2004. 中国近五千年来气候变迁的初步研究（1973）//竺可桢全集，第 4 卷. 上海：上海科技教育出版
　　社：444-473.

竺可桢，宛敏渭. 物候学（1973）//竺可桢全集，第 4 卷. 上海：上海科技教育出版社：481-562.

主要参考文献

《竺可桢传》编辑组. 1990. 竺可桢传. 北京：科学出版社.

竺可桢. 2004. 竺可桢全集，1～5 卷. 上海：上海科技教育出版社.

撰写者

沈文雄（1936～），国家自然科学基金委员会原副秘书长，1962～1974 年间担任竺可桢的秘书。

黄国璋

黄国璋（1896～1966），湖南湘乡人。地理学家，中国近代地理学的开拓者和奠基人。1919年毕业于长沙雅礼大学，1928年硕士毕业于美国芝加哥大学地理系，为我国出国学习人文地理学、并获得地理学硕士学位的第一人。回国后历任南京中央大学、北平清华大学、北平师范大学地理系教授、系主任，后又创办西北联合大学、西北大学、西北师范学院、陕西师范大学地理系，成为我国担任地理系主任时间最长、创办大学地理系最多的人。1940年创办中国地理研究所，大力倡导综合考察研究，组织了嘉陵江流域、汉中盆地、大巴山区、成都平原等野外考察研究，均获得开创性成果。他是中国地理学会（1934年成立）的发起人之一，又曾担任中国地学会（1909年成立）的总干事。1950年，他力促两个地理学术团体合并，并被推举为合并后的中国地理学会首任理事长。他参与发起并创办我国最具权威的《地理学报》，在北师大创办首个论述地理教育的《地理教育》杂志。在中国地理研究所创办学术性期刊《地理》及《地理专刊》。他重视地理教育的普及与发展，培养了大批杰出的人才，为中国现代地理学的发展做出重大贡献。

一、人 生 经 历

黄国璋，字海平，祖籍湖南湘乡黄泥坪，1896年8月5日生于上海，1966年9月6日去世，享年70岁。

黄国璋父亲黄抚九曾在上海谋事，目睹帝国主义列强欺压中国人民的种种暴行，决心培养自己的子女发愤图强，掌握先进的科学技术，为国家的建设做出贡献。他聘请家庭教师，教子女从小学习英语，为学习科学知识打好基础。黄国璋自幼受到良好的家庭教育，严于律己，努力上进。

少年时就读于湘乡东山高等小学堂，1911年进入湘乡驻省中学本科班。小学、中学两度与毛泽东同学。17岁考入长沙雅礼（耶鲁）大学学习，四年后以优异的成绩获得文学学士学位。毕业后留校任中学部地理、英语教师，兼教务长。

　　黄国璋的青年时代，正值军阀混战，民不聊生的时期，许多青年都在寻找报国救民之路，一批青年出走欧美，把拯救国家的希望寄托在西方先进的科学技术上。这时，黄国璋也抱有科学救国的理念。1926 年他获得美国耶鲁大学校友会奖学金，赴美国学习。

　　黄国璋先就读于耶鲁大学，一年后转入芝加哥大学理科研究院学习，攻读地理科学。师从美国著名地理学家亨丁顿（E. Huntington 1876～1941）。在美国学习期间，黄国璋全面地接受了近代地理学知识与系统的地理学理论。他特别重视经济地理的学习，认为这是一门直接关系国计民生的科学。后以《上海港地理位置的择决因素》为题目撰写了硕士毕业论文。在美国学习期间还到一些港口、不同地理景观类型地区参观学习，仅用两年就学完硕士学位课程，并获得了理科硕士学位。20 世纪 20 年代，中国在国外专攻地理学的人数很少，黄国璋是中国获得地理学硕士学位的第一人。

　　1928 年黄国璋受聘任南京中央大学地理系副教授，讲授《人生地理》、《北美地理》等课程。他讲课内容丰富，语言生动，教法得当，深受学生的欢迎。不久晋升为教授，兼任系主任。1930 年受翁文灏之邀，任清华大学地学系主任，同时在北平师大地理系任教。一年后又返回南京中央大学任教。

　　1936 年北平师范大学邀请黄国璋来北师大地理系任教，但未能得到中央大学的同意。时任北师大地理系系主任的王益厓专程到南京，"三顾茅庐"，恳请黄国璋北上。黄国璋感其至诚，同意到北师大任教。他认为，在北师大可以更好地实现为国家培养地理教育人才的夙愿。在征得中央大学校方的同意后，黄国璋于 1936 年 9 月到北师大任教，担任地理系主任。他到北师大后，雷厉风行，进行一系列的改革，决心把这个系办成全国有影响的教学研究单位。在他的努力下，在很短的时间内，北师大地理系在教学质量、学术研究、人才培养、基础设施等方面都有了显著进展。20 世纪 30 年代地理界就有"南胡北黄"之说，江南以中央大学胡焕庸为首，北方以北师大黄国璋为首，胡黄二人本来就是同事、挚友，尔后分掌南北学坛，同样蜚声国内外，为一代宗师。

　　1937 年 7 月，抗日战争爆发后，黄国璋与北师大师生西迁至陕西城固，在艰难困苦的条件下，他受命组建西北联合大学地理系，克服困难，在很短的时间就开学上课。此后又受命创办西北大学地理系与西北师范学院史地系。他努力完成所有的建系任务，为西北地区培养地理工作者、地理教师做出重要贡献。

　　1939 年，以朱家骅为董事长的中英庚款董事会拟拨款筹建中国地理研究所，聘黄国璋负责筹建。1940 年 8 月，在重庆北碚成立中国第一个地理研究机构，由黄国璋任首任所长，他延聘了众多著名的地理学家以及测量制图、地质学家。该所成立不久，即分头开展嘉陵江流域、汉中盆地、大巴山地等多项考察研究，完成了一批高质量的研究成果。

从 1943 年起，黄国璋又兼任民国政府中央设计局设计委员，负责区域设计组的工作。

抗日战争结束后，黄国璋辞去中国地理研究所所长职务，回到北平继续执掌北平师范大学地理系，并兼任理学院院长。1946 年黄国璋兼任中国地学会副理事长兼总干事，团结广大地学工作者，积极开展学术活动。

第二次世界大战期间，反法西斯阵营的进步科学家李约瑟、居里夫妇等成立国际科学工作者协会。1944 年春，在中国共产党的支持下，潘菽、黄国璋等 40 多位科学工作者，共同发起筹组中国科学工作者协会。1948 年，黄国璋与钱伟长、马大猷等发起组织世界科学工作者协会北平分会，团结广大科学工作者，在民主与科学的旗帜下，为争取人民民主而奋斗。1948 年 3 月 28 日，黄国璋在《大公报》发表《科学工作者要联合起来——庆祝中国科学工作者协会北平分会成立》一文，指出"科学的成果被少数的资本家和野心家所垄断收买，当作了个人致富的法宝，这样科学乃遭遇了空前的大危机，而大多数的人民便躬逢了目前的大迫害。只有为大众的科学才算真正的科学。……科学与民主，这只有科学工作者联合起来去争取，才能达到目的。"

1943 年，黄国璋与许德珩、梁希、潘菽、金宝善等一起座谈民主与抗战问题，大家对林伯渠在参政会上提出"立即结束国民党一党专政，成立民主联合政府"的主张深表赞同。在许德珩倡议下，决定将座谈会固定下来，取名"民主科学座谈会"。1945 年 9 月 2 日日本签字投降，次日民主科学座谈会开会庆祝，定名"九三座谈会"，进而成立九三学社筹委会。1946 年 5 月 4 日，九三学社在重庆开成立会，黄国璋被选为常务理事兼总干事，协助许德珩积极参与反独裁、反内战、反暴力的民主运动。

1949 年，黄国璋继续担任北京师范大学地理系主任兼理学院院长。1949 年 5 月，毛泽东曾到北京师大教工宿舍看望汤璟真、黎锦熙、黄国璋等，邀请他们积极参加新政协的筹备工作，为新中国的教育事业和经济社会建设继续服务。1951～1952 年知识分子思想改造运动中，有人抓住黄国璋曾任民国政府设计委员会委员、区域设计组组长等"历史"问题，认为他站在反动政府一边，给予严厉批判，撤销其九三学社、中国地理学会一切领导职务。1952 年黄国璋被调离北京，分配到西北大学任教。1953 年黄国璋受聘筹建西安师范学院地理系。后经高校院系调整，1960

年西安师范学院与其他院系合并，组建陕西师范大学，黄国璋被任命为地理学系主任。他不计个人得失，努力工作。除担任教学、行政工作外，还带领学生进行野外考察。在 70 高龄时，他又申请去农村参加社会主义教育运动，与贫下中农"三同"。不久，"文化大革命"爆发，黄国璋又因"历史"问题而被批斗，9 月 6 日含冤逝世。1978 年 6 月 17 日，陕西师范大学隆重举行黄国璋追悼会，为其平反昭雪。1979 年，在广州举行的中国地理学会全国代表大会，为黄国璋恢复名誉。

二、主要学术成就

1. 开拓推进中国近代地理学的发展

地理学在中国的兴起远远早于欧美，但在近代却落后于国外，"后人不能继承前人的遗绪，怎不令人扼腕叹息"。黄国璋了解了国外地理学的发展成就，深入学习了国外地理学的理论、先进的野外考察方法与地理制图技术，深知传播近代地理学的理论、技术方法的重要性。几年之内连续发表论著，强调地理事物的成因分析，推求人地相关之理，改革原有的偏重记述及描述性教学内容。

1930 年，黄国璋发表《社会的地理基础》一书，编写此书的目的，"一是把人与地理环境间各种相互关系作为有系统的叙述；二是说明这种关系的性质并非永久不变的。人群支配环境的方法是随地而异，亦是随时而变。"这部著作论述的环境的类别、环境的变迁、位置与社会、气候与社会、地形与社会、矿藏与社会、土壤与社会、水与社会、生物与社会以及人口的分布。辩证地论证了人地关系的性质、原由、结果，可以认为这是中国近代地理学家最早最全面的论述人地关系的著作，这部著作对于改造传统的记述地理学起了重要作用。

黄国璋认为"近代地理学推求人地相关之论，不但是一门理论的科学，同时也是一门实用的学问"，他在传播近代地理学的理论、方法时，还特别强调：（1）强调地理知识的实用性，他认为地理学的实用价值最大在于知己知彼。"人类对于自然，不仅消极地适应，而且积极的改变，以适应人类的需要，不全是适应，而是利用。"而利用自然的基础，就是人们对于生存环境的了解。（2）强调环境利用方式的可鉴性。他分析了美国加州葡萄干生产区地理环境与葡萄干生产的相互关系后，着重指出，盛产葡萄干的沙那圭河中游地带，五十年前还是人口稀少的偏僻牧场，现在竟成为美国最富饶的农业区。而我国如果能将那些尚未开辟的土地，如加州一样，使有自然利益者，人民能利用之，有自然障碍者，能设计战胜之，如是，不唯能谋实业之发展，人民生计亦可根本改良。（3）强调学习地理的必要性。黄国璋在青少年时期，目睹了帝国主义列强在华暴行。归国不久，日本帝国主义就侵占东北，面对国难临头，黄国璋尤感宣传祖国的山川自然，激发人们爱国激情的必要。他多次发表文章指出："学习本国的第一要义是什么呢？简单的回答，就是为着要明瞭我们国家的伟大，我们国家的可爱，唤起一般国民共同的国家观念。"又说"一个近代公民，对自己国家以内的山川气候等自然形势、人口聚落物产交通等人文现象及其相关之理，总该有一个比较深刻的了解。因为只有这样才能培养出共同的国家观念，才能激发出爱国的激情。"

2. 创办多个大学地理系

黄国璋于 1928 年底到南京中央大学地理系任教，到 1966 年 9 月逝世，大多时间在大学地理系任教。先后主持过 7 所知名大学地理系，而且有 4 所是有黄国璋首创，成为创办大学地理系最多、担任系主任时间最长的人。

1936 年，1946 年黄国璋两度任北平师大地理系系主任，他针对师大培养目标和教学任务，大力进行改革，积极进行开拓。他治系的一大特点是公而忘私，不存门户之见，只要有利于充实师资力量，便千方百计延揽各路名师来系任教。他认为，办好一个系，很重要的一条就是必须要有一支兵强马壮的师资队伍。他对学生要求严格，学习期间必须要打好基础，要了解和掌握各种自然变化的规律，特别要重视地理环境与经济社会发展的关系，重视加强地理基础学习和野外实践，要求师生要根据形势变化，不断更新自己的思想和知识，"地理学家的思想应随着人类对地球的活动范围而与时共进"。他要求学生必须学好外语。他英语水平很高，曾亲自给学生讲专业英语课，学生人手一册英文原版地理专著，要求学生能读、翻译英文专业书刊。

黄国璋是一位不畏艰辛、专心敬业的好系主任，他思维敏捷，办事果断，而且以系为家。"为培植未来良好师资及促进地理高深研究，积极充实系中图书、仪器之设备，改善研究之环境，充实课程之内容，指定考题之研究，藉以提高学生之程度；而于学生研究习惯之养成以及研究之训练，尤特加注意，冀学生出校之后，得以自行研究，日图进取。"北师大曾从中英庚款董事会获得二万元补助金，黄国璋全部用来购置图书仪器，改善办学条件。

黄国璋先后讲授过人生地理，北美地理、地理学原理、外国经济地理、中国经济地理等课程。他业务精深、语言风趣、理论联系实际、广征博引、深入浅出，讲课深受学生欢迎。他讲外国地理强调"研讨列邦之立国地理基础，从而求其兴盛衰败之因，以作我国之鉴，知彼知己，审查国情，以研讨适应之对策"。从他的讲课中，学生不仅学习地理知识，更重要的是学习分析问题，解决问题的方法。

黄国璋尊重知识，爱惜人才，关心年轻教师和学生的成长。他经常把一些学生叫到自己家中座谈，有时把一些新书或外界请他评审的书籍介绍给学生，让参加座谈的学生读后发表意见。学生从参加座谈会可以学到很多活的知识与读书方法。从座谈中他可以比较深入地了解学生的情况。对于一些有培养前途的青年教师、学生、他亲自联系送到国外大学深造，对一些没有条件出国深造的，他也能根据个人条件精心指导，帮助他们选择方向、务使成才。从 1933 年开始，中英庚款董事会开始有选拔出国学习地理名额之规定。20 世纪 30～40 年代，考取出国深造的地理学者大多与黄国璋的推荐有关。我国许多著名的地理学家，诸如任美锷、李旭旦、王德基、徐近之、刘培桐、薛贻源、郑象铣、褚亚平、王树声等都曾受教于黄国璋。

3. 创办中国地理研究所

1937 年初，中央研究院一度准备建立中国地理研究所，委托李四光筹备，后因抗日战争爆发而停顿。1939 年由中英庚款董事会拨款筹建中国地理研究所，1940 年 8 月在重庆北碚成立，由黄国璋任所长。黄国璋延聘了许多著名地学方面的优秀人才到地理所工作，分为人生地理、自然地理、大地测量、海洋四组。人生地理组由林超任组长，组内人员有周立三、楼桐茂、杨曾威、冯绳武、钟功甫、谢觉民等；自然地理组组长为李承三，组员有周廷儒、王德基、陈恩凤、郭令智、施雅风、刘培桐等；大地测量组有曹谟（组长）、陈永龄、夏坚白、王之卓、方俊等；海洋组有马廷英（组长）、唐世风等。

地理所成立伊始，"受战事的影响，国内外交通困难，图书设备一时难期完备，室内研究工作进行诸感不便……就确定实地考察为中心工作"。黄国璋认为"有计划的实地考察工作，迄未大规模的举办……可靠的地理资料至属难得，在这种情势下，欲想对本国地理有所研究、有所贡献，除了实地考察工作以外，也没有其他更为妥善的途径"。

中国地理所组织了广泛的实地考察，主要有嘉陵江流域地理考察，汉中盆地区域地理考察，川东地区考察，大巴山区考察等。其中李承三、周廷儒等对嘉陵江在四川盆地曲流发育先后形成 9 级阶地过程的论述，嘉陵江溯源侵蚀袭夺汉江上游的发现，王德基、薛贻源等对江中盆地自然与人生关系区域地理研究等都是经典之作。小型分散考察还有李承三、林超、周立三对新疆的考察。李承三、周廷儒对青海、祁连山区至河西地区的考察，周立三对成都平原的考察，杨曾威、王成敬等对涪江流域的经济地理考察，陈恩凤等对青海大河坝的考察，施雅风等参加的川西水利经济调查，三峡工程水库区经济调查等。上述各种考察研究成果均以地理研究所专刊集刊发表，或者以论文的形式刊登在所内编辑的《地理》杂志上。此外，还出版了由周立三、侯学焘编印的《四川经济地图集》、林超主持的《北碚志·地理篇》。

黄国璋在中国地理研究所任所长 5 年，在困难的条件下，组织全所人员完成了多项高水平的实地考察，成果丰硕。黄国璋又将地理研究所的部分人员送到欧美访问深造。中国地理研究所聚集的地理学家有高度的爱国心，强烈的发展地理学的责任感，通过艰苦努力，在以后的地理事业振兴中发挥了骨干、带头作用，多人被选为中国科学院院士。

4. 开展边疆地理考察与国防地理研究

20 世纪 30 年代到 40 年代初，黄国璋除了从事地理教育工作外，曾组织两次西南边疆考察，为我国边疆地理的发展做出了重要贡献。

1934 年由中央大学组织了"云南边疆地理考察团"，考察团一行五人，由黄国璋与奥籍学者费斯曼（H. V. Wissman）为领队。考察团与 1934 年 11 月出发，由于当时交通受阻，取道上海、香港、河内、河口、昆明，到达西双版纳，为了取得对滇南地区全面认识，考察团跋山涉水，深入边防要塞，进行了为期 8 个月的考察。考察团出发之际，正值日本侵华战争全面爆发之前夜，英国又在缅甸与云南边境攫取我国班洪银矿。在这困难当头之际，黄国璋深知责任之重，将考察重点全部放在边疆地理形势及边疆经济地理两方面。考察归来，黄国璋撰写了《滇南人生与自然》、《滇南边疆局势与今后应注意之点》，文中明确指出滇南地区"关系我国目前抗战及未来国防"。他在文中从"边疆形势"、"边区情况"、"边民特性"、"边防要点"四个方面论述了滇南边疆在地理上的重要性及打通滇缅交通，发展边疆经济，巩固边防的重要意义。

黄国璋等所进行的"云南边疆地理考察"具有重要意义。这次考察一方面提供了研究 20 世纪 30 年代滇南地区地理，人文经济的第一手资料，另一方面为抗战期间打通滇缅通道提供了基础数据。抗日战争爆发后，当年考察团成员严德一就因为有了滇南考察经验，后来担任了滇缅公路路线的勘察设计工作，为打通西南通道做出了贡献。

1939 年黄国璋参加"川康科学考察团"，担任副团长，考察历时 8 个月。考察归来，黄国璋发表了《西康在我国国防上之位置》，《西康边防问题及其解决途径》。在论文中详细强调了康滇缅交通对抗战之意义，并指出发展西康地区经济的必要性。他依据自然地理特征的差异，将西康分为康属高原、雅属丘陵、宁属谷地三个自然区，分别论证了不同地区适宜发展的产业，精辟地概括了西康地区的自然、经济特征，奠定了西康地区地理研究的雏形。黄国璋等人带回来的资料翔实，论述生动，令学术界耳目一新，学术界称这是全方位的综合考察，除地理学外，还丰富了民族学、社会科学的研究内容。

结合边疆考察经验，黄国璋曾在黄埔军校发表演讲，论述《我国国防与地理》，阐述我国国防线的今昔比较，并说明陆上与海上的国防线与国防区，为巩固国防提供依据。

5. 建立地理学会组织

建立地理学会组织是黄国璋多年奋力奔走的事业之一，黄国璋认为"学术的研究与进展，非仅少数人的事情，也非少数人所能做到的，苟非广立基础，难期收取宏效。少数人的见识终究有限，须有同道的人相互研讨，交换意见，以收集思广益之效。"基于这种认识，黄国璋多方组织地理学会活动，他在美国留学时就参加美国地理学会，归国后，立即发表《纽约美国地理学会概况》，详细介绍了美国地理学会章程，作用，主要研究领域等一系列问题，为国内组建地理学会做舆论准备。1934年由翁文灏、竺可桢、黄国璋、胡焕庸、张其昀等40人发起，在南京成立中国地理学会，黄国璋当选为九位理事之一。新中国成立前的中国地理学会由翁文灏、竺可桢等前辈掌舵，具体工作则推黄国璋、胡焕庸、张其昀三位出力最多。1936年黄国璋到北师大任教后，又被推选为中国地学会总干事。中国地学会由地理学界老前辈张相文创办于1909年，是中国成立最早的三个学术团体之一，抗战期间曾一度中断活动，1946年黄国璋回到北平后，黄国璋与张星烺（张相文之子）合力恢复中国地学会的活动，黄再次被推选为总干事，负责中国地学会的全面工作。1950年夏，全国各学科知名学者在北京开会，旨在加强科学界的团结，筹建全国科学联合会，我国成立最早、影响最大的地理学术组织，即1909年成立的中国地学会和1934年成立的中国地理学会各有代表参加会议。会议期间，竺可桢，黄国璋，王成组，任美锷，李春芬，李旭旦等倡议合并两个地理组织，建立一个全国性的地理学会，会议推举黄国璋为合并后的首任理事长。新学会成立之后，积极开展学术交流活动，扩大了地理学会的影响，在中国近代地理学的发展过程中，地理学会这个专业学术团体的出现，对于科学的发展起了重大的作用。

黄国璋西安工作期间，担任陕西省地理学会理事长。

6. 创办多种主要的地理刊物

黄国璋在20世纪30、40年代，创办了多种重要的地理刊物，1934年他参与发起创刊中国最具权威的《地理学报》。

为了促进地理教育的发展，1937年创办《地理教育》杂志，这是我国专门研讨地理教育的第一种刊物，内容涉及介绍地理新知，供给地理教材，讨论教学方法，解答教学疑问等，黄国璋约请全国地理界知名学者写稿，任美锷、李旭旦、周廷儒、周立三、徐近之、王德基、洪思齐、张印堂等都纷纷发表文章，由于内容新颖，栏目多样，研讨问题切中地理教育的关键，因此受到广大读者欢迎。

1940~1946年，黄国璋主持中国地理研究所时，创办了《地理》，《地理集刊》杂志，《地理集刊》主要刊行中国地理研究所各种考察报告及地理专题研究结果，《地理》则刊登地理研究最新成果，"其中心目的，则在于广立我国地理学的基础，谋我国地学长足进步"。该杂志共出版6卷，刊登136篇文章，多为经典之作。

7. 推动中学地理教育事业发展

黄国璋十分重视中学地理教育的改革，1936年任北师大地理系主任时，首先确定地理系的目标和任务有三：改进各中等学校的地理教学，培养中学优秀地理教师，开展地理科学研究。他认为"中学地理教师的素养，直接影响中学生的地理程度，间接影响小学生的地理程度及社会一般对于地理的认识和兴趣，中国地理学术的基础能否广立，将来能否有长足的进展，中学地理教师是负最大责任的"。有鉴于此，他力主创立地理丛刊委员会，中小学地理教学研究会，编辑地理教学用图，编辑出版《地理教学》杂志，成立地理教学咨询处，"凡有利于中等学校地理教育之事项而本系人力物力所及者，无不规划周详，亟图充实"。

为了能够指导中学地理教师业务水平，他经常到中学了解情况，指导教育实习，亲自编写教案，编辑出版《初中外国地理纲要》，发表《初中自然地理教学问题研究》。即使在中国地理所任职期间，他也经常关心中学地理教师的提高，"对于一般中学地理教师，我们愿尽最大的力量，给他们较大的帮助，使其在进修上有所裨益"。黄国璋的一生为推动全国中小学地理教育做出了重大贡献。

三、黄国璋主要论著

黄国璋. 1910. 美国加州葡萄干产区之位置与地理环境之关系. 地学杂志，1 (3)：19.

黄国璋. 1929. 上海港地理位置的择决因素（英文）. 第四次太平洋科学会议合刊，2 (1)：351-355.

黄国璋. 1930. 社会的地理基础. 上海：世界书局.

黄国璋. 1932. 爪哇——低纬度农业之研究. 地学杂志，(1).

黄国璋. 1935. 中国地文区域. 中华民国统计提要.

黄国璋. 1937.《地理教学》发刊词. 地理教育,（1）：2-3.

黄国璋. 1937. 学习本国地理的第一要义.（1）：44-49.

黄国璋. 1941.《地理》发刊词. 地理,（1）：1-4.

黄国璋. 1941. 西康在我国国防上之位置. 边政公论，1（1）.

黄国璋. 1942. 西康边防问题及其解决途径. 边政公论，1（11/12）.

黄国璋. 1944. 滇南之边疆地理形势及今后应注意之点. 边政公论.

黄国璋. 1947. 第二次世界大战以后地理教育应有的趋势. 地理教学,（4）：1-4.

主要参考文献

韩茂莉. 1993. 黄国璋//历代地理学家评传③. 济南：山东教育出版社：464-472.

吴传钧. 1996. 发展中国近代地理学的先驱. 人文地理,（3）：1-2.

宋春青. 2002. 现代地理学家黄国璋//王淑芳, 邵红英主编. 师大之光——北京师范大学百杰人物. 北京：北京师范大学出版社：205-212.

撰写者

赵济（1930～），教授，北京师范大学地理学与遥感科学学院。

邬翊光（1931～），教授，北京师范大学地理学与遥感科学学院。

曾世英

曾世英（1899～1994），江苏常熟人。地图学家和地名学家，中国现代地图学与地名学的重要奠基人与开拓者，新中国地图出版事业的领导者。1918年毕业于苏州工业专门学校土木科，长期从事地图测绘、舆地图编纂和地名学的研究与实践。20世纪30年代主持编纂《中华民国新地图》及其缩编本《中国分省新图》（统称"申报地图"），广泛收集天文测定的经纬度数值纠正当时流行图上的方位，充分利用水准测量成果，首次在舆地图上采用等高线分层设色法表示中国地形，阐明中国地势三大台阶的概念，破除了传统的"龙脉"旧说，开创了中国地图集设计的新体例，由此向国人传播了科学的地理观念，并为解放后出版的中国地图上划定国家边界线提供了依据。20世纪50年代起又致力于地名学研究，倡导中国地名学的建立；依据"名从主人"原则，纠正了中国边疆和沿海地区的外来地名，清除了近代殖民主义文化侵略对中国地名的影响，维护了国家尊严；积极促进外国地名汉字译写的统一，消除一名多译的混乱；大力推进我国少数民族语地名的汉字规范译写与罗马字母音译转写法的研究和应用，为实现中国地名的单一罗马化奠定了理论基础；作为第一提案人向全国政协提出"国家大地图集应继续编纂和公开出版"的提案，获得主管部门的大力支持，本人也积极参与其中。他为地图学和地名学的发展，做出了开创性的重大贡献。

一、简　　历

曾世英，字俊千，1899年6月13日生于江苏常熟，1994年7月11日在北京逝世，享年95岁。

曾世英出生于一个没落的书香门第。父亲曾治华为喜欢钻研算术和格致（物理）的秀才，曾在我国著名铁路工程先驱詹天佑开创的京奉、京张铁路部门任职。曾世英12岁时父亲病故。

1914年8月～1918年6月，就读于苏州工业专门学校土木科。1919年8月～1928年8月，自荐到天津顺直水利委员会（北洋政府管辖）工作，先后任练习技师、副技师，主持绘图室工作。1928 年该会改组为华北水利委员会（国民党政府管辖），任绘图室主任。

1929 年 8 月，经华北水利委员会测量处吴思远主任介绍，拜访地质学家丁文江先生。此后随丁文江进入四川、贵州，踏勘预想中从重庆经贵阳至广州湾出海的"川广铁路"。

1930 年完成"川广铁路"勘测任务后，转入北平实业部地质调查所（后为中央地质调查所）从事地图编绘工作，在丁文江、翁文灏的领导下，主持编纂《中华民国新地图》及其缩编本《中国分省新图》，由此开启了中国现代舆地图编纂的新纪元。1935 年 8 月～1936 年 7 月，曾世英被资源委员会和地质调查所联合派遣，先去美国 Syracuse 大学短期学习，随后考察美、加、英、法、德、苏、瑞（士）、瑞（典）、意等国的测绘制图情况。1936 年 7 月～1937 年 6 月，回中央地质调查所工作。1937 年 6 月～1937 年 12 月，任经济委员会水利处航测队副队长。1938 年 1 月～1944 年 9 月，任地质调查所制图室主任、技正、简任技正。编辑《中国实测经纬度成果汇编》、《中国舆图用亚尔勃斯投影表》。1939 年出版《中国分省新图》第四版，以及与方俊、周宗浚合编的《中华民国地形挂图》。

1944 年 9 月～1945 年 9 月，奉经济部指派前往华盛顿，任美国陆军制图局顾问。1945 年 9 月改任资源委员会驻美技术团成员，收集到一批美制中国地图 。1946 年 9 月～1947 年 9 月，返回上海筹建华夏印刷公司。1947 年 9 月～1949 年 6 月，受申报馆委托，与方俊合作在南京编绘 1：300 万申报馆新版《中国分省新图》（解放后内称《人民地图集》）。

1949 年 6 月～1950 年 4 月，担任《解放日报》舆图部负责人，续编《中国人民地图集》。

1950 年 5 月～1953 年 3 月，舆图部改属出版总署领导，并改称新华地图社，曾世英任社长。同时应中国科学院竺可桢副院长邀请，兼任中国科学院地理研究所制图组组长，开展中国 1：100 万地理图的编辑准备工作。《人民地图集》已基本印刷成图，因国界资料陈旧，未能出版。编绘多种教学地图、组织制作 1：600 万球面的中国立体模型等。

1953 年 3 月～1959 年 6 月，新华地图社奉命由南京迁至北京。1954 年 12 月与上海私营地图社实行公私合营，改称地图出版社。曾世英任副总编辑，主持《中华人民共和国地图集》（1957 年出版）总体设计，参与《国家大地图集（普通地图集）》的设计。他主持完成了上级交办的在 1：250 万地图上量测全国面积的任务，主编出版了《外国地名手册》。

1959 年 6 月～1994 年 7 月，他历任国家测绘局测绘科学研究所（1993 年改为中国测绘科学研究院）研究员、副所长，兼任国家测绘局地名研究所名誉所长。曾世英先后当选为第二、三届全国人大代表，第五、六届全国政协委员。担任《国家地图集普通地图卷》总设计。自 1950 年代末，又致力于地名学基础理论和中国地名拼写规范化的研究。在他 70 多年的学术生涯中，撰写了近百篇（部）学术论著，对地图学和地名学的发展做出了重大贡献。

二、主要研究领域和学术成就

（一）编制《中华民国新地图》——中国第一本根据新测资料绘制并用等高线分层设色法表示中国地形的现代地图集

1872 年 4 月 30 日在上海创刊的《申报》，是清末民国时期具有重要影响的报纸。1930 年秋，申报馆总经理史量才在筹划《申报》创刊 60 周年（1932 年 4 月 30 日）纪念的若干方案中，采纳了丁文江关于编纂一部中国地图集的建议，由丁文江、翁文灏、曾世英负责编纂《中华民国新地图》。他们三人商定了图集编纂原则后，具体事宜由曾世英负责。翁文灏在图集序言中说："编辑制绘则曾世英先生实任其工作"。同年冬，曾世英邀请方俊襄助，并物色了安炳昆、王锡光等十余位绘图员，在北平地质调查所夜以继日地编绘。1932 年春完成编制任务后，在黄炎培先生的支持下，交日本小林株式会社印刷，于次年 4 月 22 日出版。为了向青年和社会上的广大读者普及，经丁文江、史量才同意，曾世英与方俊在《中华民国新地图》的基础上删繁就简，1932 年冬又编成一个缩编本《中国分省新图》，由中华印刷厂印刷，于 1933 年 8 月 16 日出版。这两部地图集统称《申报地图》。地图制图界公认，《申报地图》是中国现代地图集编纂的里程碑，是曾世英及其合作者对地图学最重要的贡献，从四个主要方面实现了对传统地图学的变革与超越。

1. 采用最新实测经纬度成果纠正地图方位误差

《申报地图》在地图学上的主要成就之一，是广泛搜集天文测定的经纬点最新数据，纠正此前地图上的方位误差。曾世英供职的地质调查所，收藏了各省测量局和水利机关绘制的 7700 多幅实测地图，还有俄、英、德、日等国绘制的 1500 多幅中国各地的实测地图。这些地图尽管可以作为编制 44 幅普通地图的依据，但它们来源各异、精粗不一、体例混杂，再加上缺少精确的实测经纬度和三角网控制，彼此之间难以拼接。为了纠正这些被称为"阿米巴"（变形虫）的原始图件上的方位差错，曾世英上溯清初旧书，博考近时游记，征引地质调查所和印度测量局等尚未出版的新材料，获得了 1000 多个天文测定的精度不一的经纬点，在经过去伪存真的详细考证之后，获得了不同地点之间距离和方向的准确数据，用最新成果消除了原图的错误，再由合作者把它们缩成同一比例进行套合对比。在曾世英主持下，《申报地图》广泛利用水准测量成果，订正各地的海拔高程。为了便于在不同地区之间进行面积、地文要素、人文要素的对比，该图集除蒙、藏、新、康几个幅员辽阔的边远省区采用 1∶500 万比例尺外，其他省区统一采用 1∶200 万比例尺，从而极大地提高了地图的准确性和实用性。图集后附有 36 000 条地名索引，尤其是以不同字体区分各个地点经纬度数值的精确程度，这在国内外均属首创。

2. 首次以等高线分层设色法表示中国地形

《申报地图》在表示中国地形时，首次采用了等高线分层设色法，这是曾世英在丁文江支持下所作的创新和变革。我国 20 世纪 30 年代之前的舆地图，在表示山脉时大都采用笔架式或毛毛虫等示意符号，这些符号遍布图上却无法反映地势高低和川原广狭。采用等高线分层设色法之后，由绿色至棕色，显示不同高度带地势由低到高的变化，海平面以下则用蓝色表示，深度愈大，色调愈浓，并以数字注明重要地点的高度和深度，各类地貌因此变得一目了然。旧时在地学界一直流行着"我国山岭脉络相通，起于一祖（葱岭），分为支派，五大山系横贯东西"的错误观点。《申报地图》这次成功的制图技术革命，促使国人更新了地理观念，从根本上推翻了千余年来堪舆家提出的龙脉说，第一次形象地展现了中国地势西高东低的特征，从而在地学界开始形成我国地貌划分为三级阶梯的科学概念。1935 年在《申报年鉴》中，曾世英与翁文灏合写《中国自然之地势》一文，再次阐明了这个观点。

3. 精心选择投影方法，精确量测国土面积

我国传统的"计里画方"制图法虽然影响久远，但存在着图上距离、方向、面积同实际状况相差过大的弊端。清代康熙年间在外国传教士帮助下，采用梯形投影和圆柱投影编绘《皇舆全览图》，尽管弥补了传统制图法的若干缺陷，却依然不能从根本上解决问题。曾世英在方俊协助下，精心比较各种投影方法的优劣，确定全国总图采用亚尔勃斯投影法（即双标准纬线等积圆锥投影），在分幅图中采用变形程度较小的多圆锥投影。根据中国疆域的位置，选定标准纬线，从而使图上所示面积与实地面积相等，各点之间在方向和形状上的失真也减至最低程度，实际地域（如青藏高原）的平面形状和面积，都在图上得到了准确的表示。在上述基础上，曾世英

指导有关人员，依据我国东部百万分之一和西部四百万分之一地图（原稿图），采取先用求积仪在图上量测，再回归到球面上的办法，第一次接近实际地得出了全国各省区的面积，基本上解决了当时学术界和社会上对这一问题的争论。1932 年在《申报月刊》1 卷 2 号上，曾世英发表了《中国各省区的面积》一文。我国现在的省区界线已与过去不同，但那时求得的全国陆地总面积却与近年来的量算值大体一致。1955 年，根据内务部的要求，曾世英指导陈潮等人，进行了以 1∶166 万底图为基础的国土陆地面积量测，所得数据后来用于中国分省图的文字说明及 1958 年和 1959 年的《中华人民共和国行政区划简册》中。1993 年，针对多种中外辞书关于我国国土面积的分歧和混乱，曾世英进行了深入细致的比较研究，发表了《我国国家面积的数值亟待统一》论文，以期引起有关方面的重视。

4. 创新地图集的结构体例

清末至民国初期，坊间流行的地图基本上以《大清一统舆图》为蓝本，各地的方位和距离一直沿用旧有数据，山高水深的概念无所表示，有些地图甚至回到了"计里画方"乃至绘画描摹的老路上。为了改变地图编绘和印刷技术徘徊不前的状况，在丁文江领导下，曾世英确定《中华民国新地图》由全国总图（即专题图）、普通地图（即分幅图）、城市图和地名索引四个系列组成。专题图部分，邀请赵元任、竺可桢、张心一、谢家荣、侯德封等著名学者，利用各学科的调查研究成果，编制了语言、气象、农产、矿产等专题图。在普通地图中，按经纬度划分图区，每一图区编绘人文图和地文图各一幅。人文图表示政区界线、城镇分布、交通路线，地文图表示山岳高下、水体深浅，便于同一区域内人文与地文状况的相互对照。全国总图（即专题地图）、普通地图（人文图与地文图）、城市图、地名索引无不具备，由此创立了中国地图集结构的新体例，构成了当代国家地图集的雏形。《中国分省新图》则将人文图与地文图合二为一，分别选择其中的重要内容绘在同一幅地图上，不以经纬度切块而以省分幅，并以专题性地图为先导。直到今天，大多数普通地图集仍在采用这样的做法。

《中华民国新地图》出版后，获得了学术界的高度评价。当时的评论指出："《中华民国新地图》之完成，为一绝大贡献，可与世界进步之地图并列而无愧色"。"在中国地图史上是空前巨制"。"确已划了一个新纪元"。英国皇家地理学会《地理杂志》（*Geographical Journal*）和美国纽约地理学会《地理论评》（*Geographical Review*）等多次刊登书评，认为两图"全部制作技术都是高水平的"，"是迄今为止最可靠的"中国地图。适合普通读者尤其是青年学生购买的缩编本《中国分省新图》，更是风行海内外，在 1933 年至 1939 年间先后印刷 4 版，行销约 20 万册，与当时一般图书一两千册的销量相比，简直是天文数字了。据统计，国内外以《申报地图》为蓝本或受它影响的中国地图，多达 40 余种版本。解放初期出版的中国地图，都注明"国界根据抗日战争前申报地图绘制"。《申报地图》出版之际，适逢抗日救亡运动兴起，成千上万的中国人从中"览此美丽河山，因而益激发其爱国心，奋袂以图桑榆之复"（史量才《中华民国新地图序》），这部图集成了弘扬爱国主义精神的好教材。1936 年 4 月，张学良将军到延安，将《中华民国新地图》赠送给周恩来同志，意味深长地说"共同保卫中国"。今天的人们依然可以看到，在南京梅园新村纪念馆周恩来同志办公桌上，放着《中国分省新图》；在河北平山县西柏坡纪念馆毛泽东主席办公室，挂着曾世英、方俊、周宗浚以《申报地图》为基础编制的《中华民国地形挂图》。所有这一切，都是历史对曾世英呕心沥血编绘《申报地图》所做出的充分肯定。

（二）推进地理制图与地图出版事业的发展

1. 开展经纬度测量、深入松潘草地测绘

为编制 1∶100 万地质图，地质调查所在图籍缺乏的情况下，做了广泛的经纬度测量工作。1931 年，曾世英在北平等地进行了经纬度观测。此后在编绘《申报地图》期间，他广泛搜集实测经纬度成果。1942 年，发表《经纬度测量与十八世纪以来之中国舆地图》一文，以翔实的数据论证了二者之间的关系，并将其发展过程划分为三个时期，指出《大清一统舆图》与二百年后英国绘制的《泰晤士地图》相比，在确定各地的位置方面并不逊色。1943 年地质调查所在重庆北碚出版的《制图汇刊》第一号，就是曾世英编辑的《中国实测经纬度成果汇编》这个历史性的文件。

20 世纪 30 年代，曾世英在《摄影测绘与地理研究》、《陆地测量工作检讨》、《我国测绘事业的检讨》等论文中，以自己二十余年的体验，就测绘工作的意义、从前的误差、现今的疵弊、今后的改革等问题，提出了不少真知灼见，期待着在抗日战争胜利后，在国家建设中充分发挥测绘工作的作用。他从当时被视为卖苦力的测量员做起，对艰苦的工作勤勉求实，而且具有大无畏的献身精神。曾世英在中央地质调查所任职期间，赵亚曾等四位同事先后在野外工作中被土匪杀害。他怀着强烈的悲愤，不顾亲友劝阻，于 1941 年毅然率队深入人迹罕至、环境恶劣的松潘草地，出色地完成了测定黄河上游方位，并配合地质、土壤调查的任务。竺可桢《送俊千先生序》称："俊千先生，今之裴、贾也。其所制图，早已人手一篇。所以松潘草地为地学家罕到之处，河流山谷之形势，绘制未精。民二十二年夏松潘地震，叠溪顿

成湖沼，沧海桑田之变尤众，故不避艰险，入虎穴而探虎子，其能有造于地学界可以预卜"。竺可桢将曾世英比作晋代裴秀、唐代贾耽两位制图名家，对他的制图学成就和献身科学的勇气给予极高评价。

2. 开创中国模型地图的设计制作

曾世英是中国地理学会的发起人之一，一直强调地图的地理性。1936年他在《摄影测绘与地理研究》中指出："中外地理学名家莫不视地图为研究地理的基本工具"。从20世纪40年代起，他就注意吸收地理人员参加地图编制工作，关心技术人员的成长，对他们总是热情指导、放手使用，培养了一批地图科研、编绘和教学的骨干力量。他在主持编辑《申报地图》的过程中感觉到，用分层设色法表示地形的高低，固然已比从前使用的晕渲线有显著改进，但普通读者若没有经过相当的训练，仍难获得真切的认识。为普及地球知识，他于1933年冬开始设计制造中国模型地图，从而把平面的描摹变为立体的模拟，使读者能够深刻体会中国地形的概貌，进而了解地理环境与交通状况、人民生活之间的关系。1934年12月，曾世英撰文《正在制造中之中国模型地图》，详细介绍其制作方法及主要特点。1936年和1939年出版的《中国分省新图》第三版、第四版上，已附有用红绿眼镜观看的中国立体地形模型图。1953年，曾世英在新华地图社编辑《新华小学地图册》时，又为孩子们设计了用红绿眼镜观看的球体的世界大洲图和中国地形的球面立体模型图。把地球的曲面通过地图投影展绘为平面，在距离、面积、形状方面不可能与球面相同，而会产生不同程度的变形。为此，球面模型制作之后，他根据视差原理摄影成有一定视差角的左右两幅图像，分别用红色和绿色叠印在平面图纸上；再按红绿为互补色的原理，用红绿眼镜使左眼观看到左图像，右眼观看到右图像，从而形成三维的球面立体图形。借助于这样的处理，使读者获得了更真实的地球表面形态。此外，图册价格低廉、开本适中、携带方便，有利于在校学生使用并向社会普及地球球体知识。所有这些探索，无疑具有开创性的意义。

3. 推进中国地图制印水平的提高

由于地图边幅较大、多色印刷，如何准确套印，在20世纪上半叶是一大技术难点。作为地图学家，曾世英非常重视地图制印水平的提高，尤其致力于培养中国自己的印刷力量，这是他数十年间一直贯之的方针。在顺直水利委员会工作时，曾世英被同事们称为"工作起来不知疲倦的人"。1928年，为了印刷一批实测缩绘的五万分之一地图，他长驻上海商务印书馆指导地图印刷。后来又与天津一家设备简陋的小厂合作，经过反复试验，成功地解决了多色套印的技术问题，从而阻止了该会英籍总工程师将这批地图远运伦敦付印的图谋，印出的地图质量优良，所需费用只有英商索价的四分之一。1933 年，《中国分省新图》编成后，为加快出版进度、降低成本，曾世英主张在国内印刷，获得了史量才和黄炎培的支持。该图集交上海中华印刷厂后，不但印刷质量出人意外地精美，一批技术骨干也同时成长起来。1946年，曾世英在上海组建华夏印刷公司，致力于发展中国的地图印刷力量。那时购置的国外印刷设备，解放后移交北京新华印刷厂，并承印了因故未能出版的《中国人民地图集》，在新中国的地图制印事业中发挥了重要作用。20 世纪 80 年代以后，《国家大地图集》重新上马，曾世英多次强调为图集的编纂制印赶超国际水平而努力，还对具体的印刷技术问题，提出了许多切实可行的改进意见。

4. 领导新中国早期的地图出版事业

从 1949 年到 1959 年，曾世英相继担任《解放日报》舆图部负责人、新华地图社社长、地图出版社副总编辑等职，成为新中国早期地图出版事业的领导者之一。他是《中华人民共和国地图集》的主编和总设计、《国家地图集普通地图卷》的总设计，领导编绘了多种中小学教学地图，首次使地图成为我国中小学生学习地理课程时的必备课本。《中华人民共和国国家地图集》（通称《国家大地图集》）是 1956 年周恩来总理领导制定的全国科学技术发展规划中的重点任务之一，它的编纂工作因"文化大革命"而被迫中断。1980 年 9 月在全国政协五届三次会议上，曾世英作为第一提案人，与其他 16 位委员提出了"国家大地图集应列入国家规划，继续编纂和公开出版"的提案，受到国务院和国家科委的高度重视。这项工作重新成为国家重点科研项目后，曾世英担任总编委和普通地图卷分编委副主任委员。从图集的设计、出版到印刷事宜，他都做出了重要贡献。

5. 积极倡导建立地图持续更新机制

在长期的编绘实践中，曾世英形成了建立地图持续更新机制的卓越见解。他坚定地认为，地图应不断再版更新，只有保持内容的现势性和真实性，才能反映不断变化的自然地理和人文地理状况，更好地为社会服务。1937 年在《中国分省新图》第四版自序中指出："科学工作贵于长期持续进行，舆图编纂亦无二致也"。他进一步分析说，为了避免沿袭讹误，唯有依赖于对地物及地名的系统记录；一地数名或一字数写等问题，也需要通过仿效欧美各国成立地名审查委员会，持续进行大量的调查详考来解决；在长期工作中积累起来的丰富经验，对于勘校地图上的旧有讹误与免除新的讹误，有事半功倍之效。因此，世界上许多著名的地图集，其不断修订再版的历史已有 200 年之久，这些都值得国人提倡和借鉴。从 1933 年到 1939 年《中国分省新图》先后印行了四版，1948 年又出版了"战后订正版"，每一版都有修订或改编，这正是上述思想的实际体现。

1947 年 3 月至 1949 年 3 月，曾世英在方俊等人协助下，在南京基本完成了申报馆新版《中国分省新图》的编绘，又一次大面积地使用了包括 1∶5 万等新测地图资料进行更新。图稿半成品交上海申报馆保存。上海解放后此图内称《人民地图集》，继续开展工作，至 1951 年 3 月基本印刷完毕，因国界资料陈旧未能出版。但此图在结构设计、地图投影、高程数据、定位精度、地名考核等方面，其精审新颖程度都堪称前所未有。1957 年 8 月，由地图出版社出版、曾世英担任总设计兼主编的《中华人民共和国地图集》，就是在《人民地图集》的基础上完成的，总算多少弥补了当年的遗憾，也为后人留下了一个地图更新的精品。

（三）开拓地名标准化研究新领域，奠定中国地名罗马化的理论基础

曾世英在中华人民共和国成立后最主要的学术成就，是关于中国地名标准化的研究。他在地名译写、地名正名、地名土俗字规范、地名罗马化以及建立中国的现代地名学等方面，做出了大量开拓性的贡献。

1. 促进外国地名与国内少数民族语地名汉字译写的统一

在长期从事地图测绘与编纂工作的过程中，曾世英很早就注意到用汉字翻译外国地名时出现的一名多译等不符合规范化要求的现象。1950 年代初，由于翻译方法的分歧与若干技术问题尚未解决，外国地名的汉字译写非常混乱，一个地名在 10 本书中曾有过 11 种汉字译法。曾世英在 1956 年提出，"名从主人"是翻译外国地名的最高原则，一般地名应按主人的称谓和读音、按统一的译音表译写，惯用已久的少数地名可按约定俗称的原则处理。他还就统一译写的必要性、可行性及实施步骤，作了多方面的学术探讨。在第二届全国人大二次会议上，他与叶圣陶、夏坚白联名提出了"成立地名译音统一委员会"的提案。1965 年，在国务院文教办公室主任张际春主持下，成立了"人名地名译写统一委员会"，曾世英组织有关专家，仅用半年就修订了英、俄、德、法、西（班牙）、阿（拉伯）6 种语言的地名汉字译音表，为社会各界提供了用汉字译写外国地名的科学依据。

在我国内蒙古、新疆、西藏、青海等少数民族集中分布的省区，许多地名起源于那里的少数民族语。新中国成立后，开始在这些地区测绘国家基本地图（1∶5

万），需要把大量的少数民族语地名译写为汉字再注记到图上。长于表意的汉字在表音方面具有很大的局限性，测绘人员在依据地名读音选择汉字时，又不免受到自身方言的影响，这就给少数民族语地名的汉字译名造成了严重混乱。曾世英在分析新疆实测地图的地名调查资料时发现，在仅占全区面积 3% 的范围内，维吾尔语"溪沟"一词的译法竟达 92 种之多，其他地名常见词也有类似的问题。这一情况引起主管部门的重视，译名的分歧在地图出版时得到了统一。《汉语拼音方案》公布后，曾世英积极倡议用汉语拼音字母作为野外地名调查时的记音工具，再依照汉语拼音译写汉字。在外业测量队年终修整期间，组织举办汉语拼音学习班，并根据具体的测绘任务学习蒙古语、维吾尔语、藏语的拼音知识，以提高他们译写地名的业务水平。1959 年，曾世英受命在国家测绘总局测绘科学研究所筹建我国第一个地名研究室，主持制定了维吾尔语、蒙古语、藏语、柯尔克孜语、西双版纳傣语等多种地名译音规则，由国家测绘总局与总参测绘局联合发布，有力地促进了地图测绘工作中少数民族语地名的汉字译写规范化。

2. 清除外来地名，维护祖国尊严

地名的语源和含义往往与国家主权、民族尊严密切相关，在边疆地区尤其如此。曾世英以高度的爱国主义热忱，在大量调查研究的基础上，对残留在我国西部地区和东南沿海地图上的外来地名，作了认真的清理。1976 年初，他和杜祥明查找核对了我国出版的地图以及西文、俄文图书后发现，在藏北高原及其附近地区，19 世纪末至 20 世纪初，外国的所谓"考察者"以西方人名或地名擅自命名的山岭、河湖等自然地物名称竟达 100 余个，我国制图工作者因不明底细而用之于中国地图上的尚有 54 个。1985 年，曾世英将西方出版的海图和我国自己的地图相对照，查出东南沿海岛礁名称中译自英语称说的达 961 处，其中以西人姓氏或外国地名命名的有 236 处。这些地名不仅曾被我国早年出版的地图照搬，现在也仍有其残余，如福建马祖列岛中的"高登岛"，旧籍原作"戈登岛"，后改"哥登岛"，显系译自英国海图，因纪念镇压太平天国起义的英国刽子手戈登而得名。曾世英认为，这些经外人肆意篡改后强加于我国的地名，带有强烈的殖民主义色彩，是帝国主义文化侵略的产物。在我国领土上存在上述各类地名，有损中国的国格，必须予以彻底废止，恢复其本来面目。他的研究成果得到了国家有关部门的充分肯定。现在，西部地区的外来地名已被革除，东南沿海地区也在逐步清理之中。1992 年，曾世英发表《关于地名的正名——由额非尔士峰谈到第二松花江及其他》一文，阐述了必须更改有损中国民族尊严的"第二松花江"这一名称的科学依据。当时他已届 93 岁高龄，不顾

年迈体弱，争分夺秒，即使在住院治病的间隙，也还在研究有关资料，关注着这个问题的解决。

3. 积极扶持中国地名学的建立

曾世英对地名问题的关注，至少可以追溯到编纂《申报地图》的20世纪30年代。在长期的地图学实践中，他深切体会到在我国开展地名研究、建立和发展地名学的必要性。1960年，在第二届全国人大二次会议上，曾世英作了《地名学应作为一个空白学科来建设》的书面发言，积极倡导顺应世界学术潮流，建立中国的地名学，为提高地名译音的质量奠定坚实的理论基础。1962年他又与杜祥明合作，在中国地理学会年会上提交了《地名学的国际现状与研究方向》一文，引起了国内对这门新兴学科的关注。20世纪60年代以来，曾世英潜心研究地名学理论，发表了数十篇学术论文，不遗余力地扶持学科建设。1979年《地名知识》杂志公开发行和1989年创刊10周年之际，他分别撰文祝贺。80年代初，多次与年轻同志一道，深入东南沿海和西北内陆调查地名的地方用字，还担任了31卷本《中华人民共和国地名辞典》总编委会副主任委员。1982年，北京师范学院（现北京师范大学）地理系开设了"地名学讲座"，曾世英以83岁高龄登上讲坛，向青年学生传播地名学知识。1983年，曾世英和林超、褚亚平、陈桥驿等20余位学者，共同倡议成立中国地名学会，他作为筹备者之一而为之奔波操劳。1988年，中国地名学研究会成立后，他被推举为名誉理事长。曾世英非常重视地名学人才的培养。1992年5月，国家测绘局地名研究所成立，他担任了名誉所长。当南京大学地名专业班的毕业论文结集出版时，他欣然应邀作序，庆贺地名研究新人辈出。在1993年中国地名学研究会第二届大会上，曾世英又号召选拔优秀青年人才，搞好理事会的梯队建设，端正学风，以保持学术团体的活力，促进学科的发展。

4. 大力倡导少数民族语地名的汉语拼音字母音译转写法，努力推进中国地名的国际标准化

为了便于地名在全球的交流和使用，联合国地名标准化会议要求世界各国，任何一个地名在罗马字母文字中都只能有一种作为国际标准的拼写形式；采用非罗马字母文字的国家，要提供一套罗马字母拼写方案，作为拼写该国地名的国际标准，这就是地名的国际标准化或称单一罗马化。中国地名的单一罗马化包括汉语地名与少数民族语地名两个方面，但以往没有统一的国际标准，致使同一个中国地名在不同的罗马字母文字里拼法各异。曾世英在20世纪50年代后期的研究工作中，就已经致力于消除这种混乱，在大力倡导少数民族语地名的汉语拼音字母音译转写法、

努力推进中国地名的国际标准化方面，做出了突出贡献。

经过多年的深入研究，曾世英指出：威妥玛式拼法虽然在国内外已沿用了一百多年，却并不完全符合汉语的读音规律。1958年《汉语拼音方案》公布后，就应当用来取代包括威妥玛式在内的各种外来拼法，扫除半殖民地时期遗留下来的文化侵略的残迹，从而正确地、统一地拼写我国的地名。汉字译名与少数民族语地名原音之间的出入，可以借助《汉语拼音方案》来弥补。我国少数民族的文字大多由字母组成，这些字母和汉语拼音字母都代表音素，依据国际习惯，在分析两者的对应关系后，可以采用字母对字母的转换方法，如同斯拉夫字母拼写的地名可用罗马字母转写一样。有些文字虽然也由字母组成，但地名的书面形式和口语脱节，则只宜从音（即所谓音译）而不宜转写，即使这样，也比用汉字译音准确。因此，需要根据不同情况，将音译和转写有机地结合起来，这就是少数民族语地名的音译转写法。曾世英大力倡导按照《汉语拼音方案》拼写汉语地名，依据音译转写法拼写蒙、维、藏语地名，这两个部分构成了中国地名国际标准化的基本内容。1981年出版的《中国地名拼写法研究》一书，总结了曾世英20多年研究地名罗马化问题的成果，进一步丰富了我国地名标准化工作的理论基础。

曾世英在中国文字改革委员会胡愈之和民族事务委员会萨空了帮助下，组织少数民族语言研究、教学、出版部门的学者和专家，制定了《少数民族语地名的汉语拼音字母音译转写法（草案）》，由国家测绘总局和中国文字改革委员会在1965年联合颁发（1976年修订）。在曾世英的大力支持下，地图出版社1974年和1977年相继出版了汉语拼音版《中华人民共和国地图》和《中华人民共和国分省地图集》，维吾尔语、蒙古语、藏语地名采用音译转写法，受到了国内各兄弟民族的热诚欢迎和国际上的高度重视，成为我国地名国际标准化的重要组成部分。1977年，联合国第三届国际地名标准化会议以绝对多数通过了我国的提案："以汉语拼音字母拼写的中国地名作为罗马字母拼写法的国际标准"。有人认为威妥玛式至少在英语中根深蒂固，如果中国地名放弃这种拼法，会给国际交流造成很大困难。曾世英针对这种看法，撰写了《中国地名的罗马化》一文，分析了在欧美颇有盛誉的《泰晤士世界地图集》对中国地名的拼写情况，以翔实的统计数字，有力地阐明了废弃威妥玛式拼法的历史必然性。该文由我国代表在1977年2月纽约举行的联合国地名专家组会议上散发，进一步增强了国际上对我国确定的地名罗马化方针的支持。

在我国出版的为外语读者服务的中国地图上，关于如何拼写地名通名，存在着按外语意译和按《汉语拼音方案》拼音两种主张。1987年，曾世英发表《试论我国地名的罗马化》一文，强调只有采取本国法定的拼写形式，按照《汉语拼音方案》

拼写，才符合推行单一罗马化的要求。他还根据对多种外国地图的统计，证明了通名从音符合欧美制图习惯。针对"外交文件中见过的通名意译写法不宜改变"之说，在 1988 年 7 月的中国地名学研究会成立大会上，曾世英又宣读了论文《再论我国地名的罗马化》（其后发表在《测绘学报》18 卷 2 期），以中国与缅甸、巴基斯坦、阿富汗、蒙古四国边界地图上出现的通名统计证实，按原语拼音是主流，以外文意译则是例外，力主在代表国家版图的地图上，通名采取拼音而不从外文意译，以维护国家主权和尊严。

曾世英在特定的历史条件和社会环境下，勇于探索，勤于创新，以孜孜不倦、兢兢业业的奉献精神，一丝不苟、精益求精的科学态度，在中国现代舆地图的编纂、中国地名标准化研究以及测绘制图和地图出版等领域，做出了大量开拓性的贡献，在中国地图学和地名学发展史上留下了不可磨灭的足迹。他以身作则、循循善诱、平易近人的工作作风，谦虚谨慎、生活简朴、甘于奉献的道德风范，影响了我国从事地图学和地名学研究的后来者。

三、曾世英主要论著

丁文江，曾世英. 1931. 川广铁道路线初勘报告. 地质专报（乙种 4 号）.

曾世英. 1932. 中国各省区的面积. 申报月刊，(2)：52-60.

丁文江，翁文灏，曾世英. 1933. 中国分省新图. 上海：申报馆.

丁文江，翁文灏，曾世英. 1934. 中华民国新地图. 上海：申报馆.

曾世英，方俊，周宗浚. 1939. 中华民国地形挂图. 上海：申报馆.

曾世英. 1943. 中国实测经纬度成果汇编. 重庆：中央地质调查所.

曾世英，方俊. 1948. 中国分省新图战后订正版. 上海：申报馆.

曾世英. 1956. 统一外国地名翻译的商榷. 地理学报，(4)：373-395.

曾世英等. 1957. 中华人民共和国地图集. 北京：地图出版社.

曾世英. 1959. 从制图学的角度来看"麦克马洪线"是非法的. 测绘通报，(14)：13-15.

曾世英. 1959. 地名译音在测绘科学上所占的位置及其发展方向. 测量制图学报，(3)：143-158.

曾世英. 1964. 展开地名学的研究为地图生产服务//1962 年制图学术年会论文选集. 北京：中国工业出版社：61-69.

曾世英. 1979. 谈谈民族语地名音译转写法及其表音深度. 民族语文，(1)：40-47.

曾世英. 1981. 中国地名拼写法研究. 北京：测绘出版社.

曾世英，杜祥明. 1985. 我国西部地区的外来地名//地名学论稿：247-272.

曾世英. 1985. 地名拼写规范化的矛盾//汉语拼音正词法论文选：257-269.

曾世英. 1985. 关于我国地图上岛礁名称的正名和通名规范化问题. 地名知识，(4)：3-7.

曾世英. 1987. 试论我国地名的罗马化. 地理学报，(3)：221-230.

曾世英. 1989. 再论我国地名的罗马化. 测绘学报,（2）：132-140.

曾世英. 1992. 关于地名的正名——从额非尔士峰谈到第二松花江及其他. 地名知识,（3）：1-4.

主要参考文献

江晓. 1986. 万里江山入新图——记地图学家曾世英. 人物,（2）：62-68.

杜祥明. 1989. 曾世英先生在中国地图学和地名学方面的贡献——祝贺曾世英先生 90 寿辰. 测绘科技动态,
　　（4）：2-5.

孙关龙. 1990.《中华民国新地图》及其编制者之一曾世英先生. 中国科技史料,（2）：45-52.

陈潮. 1994-12-02. 追念良师曾世英先生. 中国测绘报.

撰写者

杜祥明（1932～），江苏扬中人，研究员。原国家测绘局地名研究所所长，长期从事地图测绘和地名学研究。
　　《曾世英论文选》、《曾世英纪念文集》编辑组成员。

孙冬虎（1961～），河北雄县人，研究员。主要从事历史地理与地名学研究。《曾世英论文选》、《曾世英纪念文
　　集》编辑组成员。

张其昀

张其昀（1901～1985），浙江鄞县人。地理学家，中国科学地理学第二代创建人之一。他将地理学与哲学、史学和文学进行融汇，在自然科学与社会科学间开创了地理学的新天地，把国魂、国史、国土、国力和国防结合起来，开创了国家学并毕生为之奋斗不已。1923年毕业于南京高等师范学校。旋赴商务印书馆任编辑，后回母校任教，成为国立中央大学名教授；1935年当选为中央研究院首届评议会评议员；1936年后去浙江大学创建史地系、史地研究部和史地教育研究室，师范学院史地系，任主任和文学院院长。1949年去台湾，1962年创办中国文化学院（后改为大学），是台湾著名高等学府。一生勤于著述，发表著作2045种，其中学术专著和教科书31种，译著4部。他是中国近代地理学教育的开拓者之一，在中央大学任教10年，培养了一大批中国地理学第三代创建人；浙大13年又培养了一批杰出人物。他是中国近代地理学研究的大师，尤其是人文地理学及一系列分支学科由他开创。

一、简　　历

张其昀，字晓峰。1901年11月9日出生于浙江鄞县西南乡里仁堂，1985年10月10日于台北逝世，享年84岁。

张其昀曾祖父默人和祖父朴园皆为举人，父亲兆林在乡间办教育和水利，尤重乡土文献的收集与整理。他在位于桓溪的清代史学家、文学家全祖望（1701～1755）故居念完高小，1915年考入省立四中，受到陈庸黼、洪允祥和蔡和铿三位老师文、史、地教育，使他对此兴趣盎然，终身不改。他于1919年在宁波参加"五四"运动，代表宁波参加了上海的全国学生总会。同年考上南京高等师范学校史地系。

南京高等师范学校1921年改名为东南大学，1928年又改名为中央大学，解放后定名为南京大学，是我国著名的高等学府。张其昀所在的文史地部，更是名师荟萃。其中对其影响最大的三位老师，即著名哲学史学家、美国西北大学哲学博士刘经庶（字伯明，1877～1923）教授，是著名学术刊物《学衡》的创办人，主张哲学与史学互为表里，文化史应以思想史为核心；著名史学家柳诒征（字翼谋，1880～1956）教授，在传统史学中，以倡导顾炎武（1613～1682）和顾祖禹（1631～1692）的史地之学著名于世；著名地理学和气象学家竺可桢（字藕舫，1890～1974）教授，美国哈佛大学科学博士，尤其关注气候与人生，提倡人地关系研究。三位老师的教育，影响了张其昀一生的学术历程，他将其归纳为国魂、国史、国土、国力和国防融汇为一体，统名之中国文化。所谓国魂即百折不挠的爱国主义精神；国史指中国文化之渊源，及其对人类文化之贡献；国土指中国在世界地略和政略中之地位；国力指经济建设对国计民生之关系；国防为国家防务之战略与策略。晚年他全力创办中国文化大学，便以此为宗旨。

张其昀是一个很优秀的学生，他在大三、大四两年间，分别发表论文 13 篇、译文 14 篇，使他以第一名毕业的优势走上商务印书馆编辑的岗位。在此工作四年，除完成中学地理教科书的编纂外，还发表论文和译文 13 篇。1927 年由柳诒征老师推荐，回母校中央大学任教，10 年间由讲师、副教授晋升为教授。1935 年当选为中央研究院首届评议会评议员。除教学外发表和出版论著译文 180 多篇册。1936 年应浙江大学校长竺可桢之邀，赴浙大创建史地系、史地研究部和史地教育研究室，和师范学院史地系，皆任主任。1943 年应美国国务院的邀请赴美讲学考察，历时两年回国，接替梅迪生任浙大文学院院长，并增设哲学和人类学两系。

他生命最后的 20 多年间，一是写作《中华五千年史》这一学术巨著，二是创办私立中国文化大学这一学府。《中华五千年史》计划分 32 册，最后只完成前 9 册的写作，不得不于 1985 年 10 月 10 日撒手人寰，终成未竟之作。后一创举，在他逝世时，已成知名的台湾高等学府，也是他人生最大的丰碑！

二、主要学术成就和学术思想

（一）主要学术领域和成就

张其昀一生著作 2045 种，是一位著作等身的大学者。其学术领域十分广泛，涵盖了自然科学和社会科学的广泛领域；他还是跨越两大科学的学术大师，他名之文化；他也是弘扬中国五千年传统最有力的学者，所以要弄清张其昀的主要学术领域，殊为不易。只能根据他的论著分类略述于下。

1. 中国近代地理教育的开拓者

张其昀在 1923～1949 年，从事地理教育工作，包括 1923～1926 年在上海商务印书馆任中学地理教科书的编辑，1927～1935 年任教于中央大学地理系，1936～1949 年任教于浙江大学，皆以地理教育为业。张氏编纂《高中本国地理》、《高中外国地理》（与胡焕庸、李汉晨合作）、《初中地理教科书》、《中国地理》、《中等本国地图集》、《中国地形图分图》等，将地理教育作为传统教育和爱国主义教育的主体形式，采取图文并茂、文字清新、理论阐述与实证检验相结合的方法，不仅普及了地理知识，还使一些很优秀的青少年，从此走上了终生从事地理学教学与研究的道路，成为职业的地理学工作者。

张其昀在中央大学和浙江大学两大学执教 23 年，以培养地理学杰出人才著称，积累了宝贵的经验。

首先，他将教学式研究和研究式教学相结合。在中央大学 10 年，发表论著 181 种；在浙江大学 13 年，发表论著 223 种，许多论著皆是他的讲稿，事实上他的未出版发表的讲稿，皆可发表成论著。

第二是将世界上水平最高的学术著作引入教学之中，让学生接受最高水平的教育。如他撰写的《人生地理教科书》，便融汇了鲍曼（Bow-man，Lsaiah，1878～1950）的 *The New World*（《新世界》），白吕纳（Brunhes，Jean，1869～1930）的 *Geographie Humaine*（《人生地理学》），以及其他欧美著名人文地理学家的论著，采取译述的形式，撰成《新地学》一书；还有他自己悉心研究写成的学术论文，汇集成《人地学论丛》。因此，他的教学和教材，始终处于高水平线上，也即拥有高水平的教育机制，把研究领先和教学领先结合起来，造就高水平的学生。

第三是理论与实践结合，着重研究中国的实际问题，培育学生爱国主义精神和创新技能。张其昀课堂教学内容充实，观点新颖，极受学生欢迎；又非常重视野外实习与考察，最著名的三次考察是 1931 年的东北，1934 年的浙江；1935～1936 年的西北。考察之后，立即进行总结，并写出高水平的考察报告和学术论文。对东北的 55 天考察，写出 5 篇论文，由于刚一结束，爆发了"九・一八"事变，不失时机地写了一批有关抗日的地理学论文，并直接地引发了政治地理学和地缘政治学在中国的创建；浙江考察 43 天，除发表 4 篇文章外，也为旅游地理学的创建开了先河；西北考察历时近 11 个月，应是综合性的地理学考察，还在人文地理及其文化地理、经济地理、商业地理、民族宗教地理等一系列分支学科的创立上，奠定了基础。在浙江大学期间，由于四迁校址，适应流亡大学特点，采取课堂与实地观察结合的形式，最后以《遵义新志》加以总体概括。他认为理论与实践结合的教学模式，由课堂教学、实验模拟、野外实习组成，并概括为"行万里路，读万卷书"这一座右铭。

第四是创办一系列期刊，提供学术园地，塑造研究型人才。他非常重视学生写作和翻译能力的培养，鼓励学生写作学习心得，引进国外创新性的学术发展，对周围环境进行定位观察，撰写乡土地理报告，然后在他创办的期刊上发表。他在中央大学创办《地理杂志》(1928)、《方志月刊》(1929)、《地理学报》(1934)；在浙江大学创办《史地杂志》(1937)。为学者们提供了出版阵地。如任美锷、李旭旦合译白吕纳的《人地学原理》，即在由他与校友合办的钟山书局出版；朱炳海翻译威列特的《雾与航空》，施雅风获教育部嘉奖的毕业论文《遵义附近之地形》，陈述彭受到学术界好评的毕业论文《螳螂川的地文与人生》等，也都在他创办的出版单位和学术刊物上发表。这些人后来成为大师级的地理学家，都与此有关系。

2. 中国近代人文地理学的开拓者

人文地理学（human geography）是由西方传入我国的近代地理学科，张其昀便是最主要的传入者。1926 年《人生地理学教科书》、1932 年《人地学论丛》和 1933 年《新地学》等著作，采取译述的形式，将西方人文地理学及其主要流派的理论和方法引入我国；他将法国白吕纳的《人生地理学》和美国学者鲍曼的《战后新世界》翻译出版；还指导其学生任美锷和李旭旦翻译白吕纳的《人地学原理》，他亲自校对，由钟山书局加以出版发行，产生了很大的影响。

之后，他结合中国的实际，开始了有中国特色的人文地理学创建工作，将地学与哲学、史学和文学结合起来，形成一个完全崭新的学科，他统称为文化，并以国魂、国史、国土、国力和国防融为一体，建构他认为的中国人文地理学，也即中国文化。由此产生了历史地理学、文化地理学、政治地理学和地缘政治学、经济地理学、旅游地理学分支学科。

在他的论著中，史学大约占 7 成。但他是用人地关系来写史。如他的代表作《中华五千年史》，人们认为他开拓了史学地理化的新风尚。他也写了许多哲学论著，与一般不同的是，他用地理学的视角剖析哲学问题，使其更具空间感。他的论著文字优美，生动活泼，极具穿透力，读来妙趣丛生，又有文学的陶冶。他以哲、史、文、地四者融汇，建成为中国文化大学，完全可称为中国人文地理大学，因为他和其子张镜湖都是人文地理学家，是按人文地理学理念创建这一私立大学的。

历史地理学是对人类参与下地理环境变迁规律的研究，主要包括人类建造的文化景观，以及由于人类作用改变了的自然景观，因此，它包括原始景观、历史景观、景观现状和未来景观，构成一个统一的过程，在其发展中显现的规律可以预测景观未来的变化趋势，为人类调控变化提供依据。与我国以往将其作为史学的辅助工具，只局限于政区沿革，有本质的不同。张其昀毕业于南京高等师范学校史地系，研究历史地理学本应是天经地义的事情，但他摒弃了传统的沿革地理学，转向近代时期历史地理学的发源地法国近代地理学创建人维达尔（Paul Vidal dela Blache，1845～1918）及其学生白吕纳的学说，于1923年发表了《历史地理学》（见《史地学报》）一文。

政治地理学（political geography）和地缘政治学（geopolitics）都是张其昀引入中国的人文地理学分支科学。张其昀引进了鲍曼的理论，翻译了他的《新世界》。并将此理论与中国的抗日战争实际结合起来，阐发其战略与地略，积极地为抗战出谋划策，受到广泛的重视。他的2045种论著是围绕政治地理及地缘政治学说展开的，并衍生到军事地理学、民族地理学、历史地理学、经济地理学、城市地理学、社会地理学等广泛的人文地理学范畴。其代表作是1965年出版的《政治地理学》和1962年出版的《地略学》。

区域地理学是张其昀重点耕耘的又一领域。他在浙大迁入黔北遵义后，率领全体师生通过实地考察，写作了《遵义新志》一书，按地质、地形、气候、土壤、人口、聚落、土地利用、产业、交通、民族与史迹等要素论述，还附有23幅插图，完全改变了传统志书的面貌。此书1948年在杭州出版。去台后他又精心修改完善，以《新方志举隅》为名，予以再版。

张其昀写作了一系列区域地理学著作，涵地区地理学和部门区域地理学。前者的代表作是1963年出版的《中国地理大纲》，后者为1959年出版的《中国经济地理》。他在区域划分和农业区划上都有创建性表现。此前中国区域划分多由国外学者进行，1946年他在《人生地理教科书》中，应用人文因素和自然因素的综合，由于资料丰富，使用要素叠置法，获得成功。因此成为与葛德石（C. B. Cressey，1896～1963）的《中国之地理基础》一书区划齐名。张其昀以气候作为农业区划的出发点，先将全国分为潮湿、次潮湿、半干燥和干燥4个区；再将全国分为6个农业带，即东部4带、西部2带，其中东部4带为春小麦带（长城以北）、冬小麦带（秦岭—淮河以北）、水稻带（南岭以北）和水稻热作带（岭南）。1932年，他在《人地学论丛》中，首次将秦岭—淮河作为农业的重要分界线，并且将气候与农业的界线吻合起来，具有广泛影响。

（二）张其昀的学术思想和影响

他的学术思想与其所处时代密不可分。大体说来可有如下方面：

（1）科学救国为宗旨。张其昀一生，由教育家、科学家等集于一身，但中国积弱长久，怎样恢复历史上的汉唐盛世，振兴中华，贡献自己的全部力量，一直是他追求的目标，"国家兴亡，匹夫有责"，践行一生，未曾稍懈。做学生时，他便探索学有用之学，通过对欧、美近代地理学创建的进展，寻找适于中国国情的理论，创建中国科学地理学，写有《最近欧洲地理学进步之概况》(《史地学报》2 卷 2 期，1922、1923)，《美国之地理学》(《史地学报》，2 卷 3 期，1923) 两文。

明治维新后的日本，一直将对外侵略的矛头对准中国。威胁到中国生死存亡的敌人也是日本，因此从知己知彼角度，对日本进行研究便成为他的首选。从《远东问题之地理背景》和《地理与国际问题》(1923) 两文开始，接着写有《日本地理纪要》(1925)。他已预测到日本对中国侵略会从东北开始，特别是"九·一八"事变后，他立即转入政治地理学和地缘政治学的研究，为抗击日寇，收复东北失地，出谋划策，写出很有价值的谋略，受到高层的重视。

科学救国是中国知识分子百年的主潮流。张其昀将自己一生的志趣，锁定在国魂、国史、国土、国力和国防所构成的国家学这个国富民强的领域，达到殚精竭虑的程度。

(2) 培养世纪学术大师。张其昀去台湾前，一直以教育为业，其中尤以中央大学 (今南京大学) 和浙江大学为主。他办学一是延揽名师。他创办浙大史地系，当时史学有中国通史的张荫麟教授，中国近代史的陈训慈教授，西洋史的顾谷义教授，宋史专家陈乐素教授，历史地理的谭其骧教授等；地学有地质学家叶良辅教授，气象学家涂长望教授，地形学家任美锷教授，自然地理学家黄秉维教授等，为中国地理学的发展，做出了杰出贡献。

(3) 把握科学方向。张其昀大学时读文史地部，以今天来讲是文学、史学、地学三大科学体系，他从中选择人地关系的人文地理学作为方向，毕生循此方向奋斗。人地关系 (man-land relationship) 一般认为是引进的西方学说，殊不知这正是中华五千史的传统，当今西方人地关系的各种流派理论，中国历史上皆有出现。比较了古今中外的诸多理论后，张其昀选择人地相关论作为方向，荀况 (约公元前 313～前 238 年) 在《天论》中的"天有其时，地有其财，人有其治，夫是之谓能参"，清刘继庄 (1648～1692 年) 的"天地之故"等，皆是其源流。西方称为或然论，或可能论，由法人维达尔和其学生白吕纳所提倡，但维达尔的《人生地理学原理》乃死后由其学生整理成书，但以白吕纳《人地学原理》阐释这一理论最为深刻，张的引进不遗余力。

(4) 地缘政治学是基于日本军国主义处心积虑地对中国发动侵略的客观现实，作为一个爱国学者的自发行为。美国学者鲍曼在《战后新世界》一书中，提出民族自决论，比较符合中国的历史与现实，他的许多论著都由此生发。中国抗战胜利和二战后世界范围民族独立运动蓬勃发展，都说明他的选择正确。

（5）创建有中国特色的社会科学体系，为复兴中华民族繁荣富强而奋斗终生。中国是世界文明古国，有五千年文明史，这是中国独有的特色，世界社会发展的规律应从中国的历史中得到科学的总结。然而，中国的历史学却未能得到科学的发展，还不能起到这一独特的作用。张其昀一生以其为志愿，撰写《中华五千年史》，创立中国文化大学。他在《七十自述》中写道："我毕生志愿在于办教育，华风兴学，为要实践我的教育理想，就不顾困难创办这所新的学府。……"

孔子学说是《中华五千年史》第四册春秋史（中篇），包括孔子的世系、师承、生平、游踪、生活、风度、著述；由论道德、论历史、论文化、论教育等篇章构成。他将台湾由文化的沙漠，改变为文化的绿洲，是厥功至伟的。

创办华冈学园，张其昀自述为："华冈学园之创设，其教育宗旨则为德、智、体、群、美五育并重，使通才与专才相融合，理论与实用相并重，期能始于德育，终于美育，而构成完整之大学教育体系，负起教育树人之任务。"他晚年创立中国文化大学，培养建设人才，20 年间居然成功，成为世界闻名的台湾高等学府。五育中德、智、体、美四育属一般教育理念，张氏加上群育，含有普及大众教育、提高人民素质的新理念。

（6）创建华学，誉满环宇。时下国学兴起于国内，孔子学院风起于世界，可以认为其中有张其昀的一份影响。国学与汉学意义相近。但国学有两义：一为国故，指本国固有的学术文化；二指西周设立于王城或诸侯国都的学校。汉学也有两义：一称"朴学"，指汉儒考据训诂之学；二为外国人称中国学问为汉学。张其昀创建华学，突出中华民族这一国民主体，是 56 个民族融合而成，涵人文科学、社会科学、自然科学与应用科学四大部类。部类是国际通行的划分，但由华人主导、研究华人科学，当然不排斥非华人的华学研究。他的中华学术院由国际华学会议、华学协会、华学研究所组成。

华学与国学、汉学的最大不同。一是中华民族科技文化既有辉煌的历史，也要有光辉灿烂的未来。因此，它不能是纯历史的解读与欣赏，如时下的孔子学院，论语热，一些历史题材的诸多热点。

二是引进他民族先进的科技文化，要促进本民族科技文化的发展。他说："中国历史上有过三次文化复兴，可以玄奘法师、徐光启和国父孙中山为三个时期的代表人物。"玄奘法师（602～664）引进佛教经典，并与中国的儒家学说融合，导致贞观之治的太平盛世，从此中国传统文化中融入了佛家思想，实现了文化复兴；徐光启（1562～1633）是明末清初的科学家，他从传教士利玛窦（Matteo Ricci, 1532～

1610）接受了西方先进的科技文化，并直接向中国传入，编著了《农政全书》和《崇祯历书》，导致了清初康乾盛世；孙中山是伟大的革命先行者，他将资产阶级革命理论与中国儒家中庸之道融合，创建三民主义和联俄、联共、扶助农工三大政策，一举结束了延续了 2000 多年的封建王朝统治，建立了中华民国，导致了 20 世纪中国两次旧、新民主主义革命的胜利。导致了中国成为世界的经济、政治、文化大国的复兴。三次文化复兴，与三次文化的大引进，说明华学文化是融合文化的实质。

三、张其昀主要论著

张其昀. 1923. 最近欧洲地理学进步之概况. 史地学报，2（2）：139-146.

张其昀. 1927. 战后新世纪. 上海：商务印书馆.（译著）

张其昀. 1932. 人地学论丛. 南京：钟山书局：1-660.

张其昀. 1933. 本国地理. 南京：钟山书局：上 194，中 222，下 71，下下 182.

张其昀. 1933. 孔子传. 上海：商务印书馆.

张其昀. 1935. 中华民族之地理分布. 地理学报，2（1）：1-32；2（2）：1-38.

张其昀. 1946. 旅美见闻录. 上海：商务印书馆.

张其昀. 1948. 遵义新志. 杭州：浙江大学.

张其昀. 1950. 台湾史纲. 台北：革命实践研究院：1-24.

张其昀. 1951. 东西文化. 台北：正中书局：1-251.

张其昀. 1953. 中国文化论集. 台北：中国新闻出版公司：1-242.

张其昀. 1955. 中国地理学研究. 台北：中华文化出版事业委员会：1-281.

张其昀. 1956. 中国之自然环境. 台北：中华文化出版事业委员会：1-205.

张其昀. 1957. 中国气候与人文. 台北：中国新闻出版公司：1-44.

张其昀. 1958. 中国区域志. 台北：中华文化出版事业委员会：（甲编）611，（乙编）439.

张其昀. 1959. 中国经济地理. 台北：国防研究院：79.

张其昀. 1961-1982. 中华五千年史. 台北：中国文化研究所：一册 162，二册 223，三册 264，四册 214，五册 292，六册 119，七册 226，八册 172，九册 232.

张其昀. 1968. 台湾是中国的台湾. 台北：东西文化，（14）：12.

张其昀. 1972.《中国·琉球·钓鱼岛》序. 台北：华学月刊，(7)：6.

张其昀. 1979. 地理学思想概说. 台北：华夏导报，10，(13).

主要参考文献

石言，木申主编. 1988. 台湾风云人物. 武汉：湖北人民出版社.

刘盛佳. 1990. 中国形成时期的地理学//地理学思想史. 武汉：华中师范大学出版社：273-274.

刘盛佳. 1993. 张其昀的地理思想与学术成就. 地理学报，48（4）.

刘盛佳. 1995. 张其昀//《科学家传记大辞典》编辑组编，卢嘉锡主编. 中国现代科学家传记（第六集）. 北京：

科学出版社.

宋晞. 2000. 张其昀先生传略. 台北：中国文化大学.

撰写者

刘盛佳（1938～），湖北黄冈人，华中师范大学城市与环境科学学院（原地理系）教授。长期从事地理学思想史，人文地理学研究。

胡焕庸

胡焕庸（1901～1998），江苏宜兴人。地理学家，地理教育家。1919年考入南京高等师范学校文史地部，师从竺可桢教授，1926～1928年留学巴黎大学和法兰西学院学习，师从白吕纳、德马东和德芒戎三位地理大师，学习法国学派的人文地理、自然地理和区域地理知识和思想，并赴英国和德国考察；1928年回国任中央大学地理系教授、中央气象研究所研究员，1930年任中央大学地理系主任；1934年参与创建中国地理学会和创办《地理学报》，1943年任中央大学教务长，并继翁文灏当选为中国地理学会第二任理事长，1947年连任。1935年，胡焕庸在地理学报第二卷发表了《中国人口之分布》一文，创制第一幅以县为单元的人口密度图，发现了中国人口分布突变线——瑷珲（爱辉）—腾冲线，奠定了中国人口地理研究的理论基础。这条线也成为中国地理的最重要的分界线之一，被称为胡焕庸线。1949年新中国成立后，胡焕庸先后任职于淮河水利委员会、华东师范大学地理系，1957年创建了国内高校最早的人口研究机构——华东师范大学人口地理研究室，完成了《世界人口地理》、《中国人口地理》、《中国人口八大区的人口密度与人口政策》等重要的人口地理学著作，成为中国人口地理学从而也是人文地理学的奠基人。胡焕庸还在农业区划、自然地理、世界地理等领域有丰富的著述，影响了20世纪中国地理学的发展。胡焕庸也是一位桃李满天下的地理教育家，编写了气候学、世界气候的地带性与非地带性、世界海陆演化、欧洲自然地理等重要著作和教材。

一、简　　历

胡焕庸，字肖堂，1901年11月20日生于江苏宜兴的一户贫苦农民家庭，1998年4月30日逝世于上海，享年97岁。

胡焕庸出生仅一岁零八个月，父亲便一病而亡，全家仰仗母亲黄毓文代人缝纫为生，胡焕庸也在母亲的十指操劳中发奋读书。1912年，胡焕庸读高小，课余在英文教员的帮助下阅读《泰西五十轶事》，为以后学习多种西方语文打下了基础。1915

年，胡焕庸考取江苏省立第五中学（今常州中学），艰苦的生活激发了他勤奋好学的精神，而教师们也给他留下为人师表、诲人不倦的榜样，并且影响了他的一生。在中小学的学习中，史地教师经常讲述近百年来帝国主义如何侵略中国，人民如何贫困等等知识和道理，使他潜移默化地爱上了史地学科。

1919 年，就在胡焕庸即将中学毕业之际，"五四"运动进入高潮。社会剧烈动荡，国家前途未卜，时代呼唤青年人关心国家的命运和世界的未来，青年胡焕庸决心走上地理学和地理教育的道路。但是现实是残酷的，窘迫的家境再也无力支持他继续深造。正当他苦闷无助之时，得知南京高等师范学校（简称南高）招收免费学生，他决心一试。竞争是激烈的，录取率十不足一。最后他凭借优秀的考试成绩，一举中榜，并如愿地选读了文史地部。

1920 年，刚从美国哈佛大学获得博士学位的竺可桢应聘来校工作并着手创办地学系。1921 年南高扩建成国立东南大学（简称东大），地学系正式建立，竺可桢任系主任。在此后几年内，南高班级和东大班级同时存在。1923 年，胡焕庸从南高毕业，赴江苏省立第八中学（今扬州中学）任史地教员。1926 年春，他回到南京补读东大地学系的学分，取得东大的理学士学位，从此开始了他与地理学的终身之缘。大学期间，胡焕庸和张其昀是竺可桢最喜爱的学生，后来他们也都成为中国最有成就的地理学家之一。

1926 年，胡焕庸赴法国巴黎大学和法兰西学院留学，师从白吕纳、德马东和德芒戎三位地理大师，学习法国学派的人文地理、自然地理和区域地理知识和思想，并赴英国和德国考察。

1928 年 9 月胡焕庸回国，就职于国立中央大学，任地学系教授，并担任中央气象研究所研究员，成为竺可桢在这两个单位最得力的助手和学业继承者。1930 年，竺可桢不再担任中央大学教授，他原先讲授的自然地理学和气候学教程由胡焕庸接替；同年，中央大学地学系分立为地理系和地质系，胡焕庸任地理系主任，当年由竺可桢承担的培养地理人才的任务，也全部转移到胡焕庸的身上。

从 1927 年到 1937 年的 10 年，是中央大学地理系蓬勃发展的时期，也是胡焕庸地理教育、研究事业蓬勃发展的时期。

胡焕庸担负起气候学和自然地理学的几乎全部教学任务，包括地学通论、气候学、天气预报以及地图投影、亚洲和欧洲自然地理等骨干课程。此外，他还从事地理教学基本建设，如编写教材，编绘挂图，组建中国地理教育研究会，创刊《地理教育》，等等，有力地推动了地理学科的发展和普及。

虽然胡焕庸的地理教学主要在自然地理学领域，但他的科学研究却是地理学全方位的，尤其对于经济地理、人口地理充满兴趣，开展了对江苏、安徽等省的农业区划和人口分布的研究，并于 1935 年完成了划时代意义的《中国人口之分布》，发现了中国人口分布的瑷珲（爱辉）—腾冲线。

1934 年，胡焕庸参与创建中国地理学会和创办《地理学报》，1943 年任中央大学教务长，并继翁文灏当选为中国地理学会第二任理事长，1947 年连任。

1937 年，正当胡焕庸和中央大学地理系在工作上取得进展的时候，日本帝国主义者发动了"七七事变"，全面侵入中国。战火延烧到上海后，学校决定迁址重庆。重庆时期的中央大学地理系缺乏《中国地理》和《经济地理》的教师，胡焕庸便改教这两门课程，并且结合教学工作编写一系列《中国地理》和《经济地理》著作公开出版。

1941 年，中央大学研究院成立地理研究部，由胡焕庸任主任，开始招收研究生。1946 年胡焕庸赴美国任马里南大学地理系作研究教授。1947 年胡焕庸从美国回国，当时正值解放战争节节胜利之际，南京解放前夕，他拒收国民党当局的赴台飞机票，依然留在大陆，表达了他在政治上追求进步的决心。

1949 新中国成立后，胡焕庸到华北革命大学政治研究院学习 1 年，后在治淮委员会工作 3 年。

1953 年，胡焕庸调入上海华东师范大学地理系，重新走上他酷爱的地理学教学研究岗位。在教学方面，他担任过各洲自然地理教研室主任，他亲自担任大学本科的《亚洲自然地理》和《欧洲自然地理》课程的教学工作，举办过各洲自然地理研究班，招收世界地理的硕士研究生，编写了有关的教材和专著。

1957 年，胡焕庸在地理系建立人口地理研究室，成为我国高校中第一个人口研究机构，但是一年后因为反右斗争扩大化，人口问题成为研究禁区，人口研究室不得不偃旗息鼓。1966 年"文化大革命"开始后，胡焕庸遭受迫害，身陷囹圄，他以坚强的意志、致远的胸怀顽强地支撑下来。直到"文革"结束两年之后的 1978 年，胡焕庸才被释放平反。

重新获得自由后，胡焕庸迅速走上岗位，倍加珍惜时光。1981 年，在胡焕庸的建议下，华东师大恢复建设人口研究室，80 高龄的他亲自出任主任。1983 年人口研究室扩建为人口研究所，胡焕庸任所长。1984 年起胡焕庸招收人文地理学博士研究生，建立了博士后流动站。1986 年起任人口所名誉所长。这一时期是胡焕庸人口地理研究的又一个高峰，在张善余、严正元的帮助下先后出版了《世界人口地理》、《中国人口地理》、《中国八大区的人口密度与人口政策》等经典著作。

1990 年，胡焕庸正式退休后以平生余力亲自编辑《胡焕庸人口地理选集》，完成了自己的学术总结。

1998 年 4 月 30 日，胡焕庸走尽了 97 年波折而辉煌的人生道路，在上海华东医院安然辞世。

二、主要科学研究成就、学术思想及其影响

（一）主要科学研究成就

1. 发现瑷珲（爱辉）—腾冲线，廓清中国人口地理格局

胡焕庸读书的时代，地理学正处于综合向分析发展的时代，国内的地理学还是综合的，甚至还没有和历史学分家；而在西方地理学中，人文地理已经开始自立门庭。大学毕业后，胡焕庸去法国留学，接触到西方的人文地理学，研读拉采尔和白兰士的人文地理著作，对人口问题格外感兴趣。在一次课堂上老师说，地中海是世界上商船密度最大、最繁忙的海域，海面上的人口密度就超过新疆陆地上的人口密度。这样新奇的类比激起了胡焕庸研究人口地理、揭示人口分布规律的强烈欲望。

1928 年回国后，胡焕庸在担当自然地理、气候学的教学任务的同时，把研究工作的主要方向集中在人口问题上。他从区域人口调研起步，研究江苏、安徽两省的人口分布与农业区域，还在南京郊区江宁县做了人口考察，寻找人口分布的区域规律和解释因素。

在作了几个省区和县区的人口地理研究之后，胡焕庸开始着手全国人口地理的研究。当时国家没有做过严格的人口普查，只有内政部汇集的一套不完整的各县人口统计，胡焕庸不得不从各种公报、杂志上逐省逐县地搜集、补充资料，终于获得了一套基本覆盖全国的县级人口统计数据，这在当时是学者们所不可想象的壮举。胡焕庸将这套数据用点子表达在地图上，每点代表 1 万人，共有 47 500 多个点子。作图时不仅参考县级行政边界，而且利用自己的自然地理学学术基础，参考实测地形，将面积广大且地形复杂的县的人口也分出内部差异。根据点子的密度，胡焕庸将全国人口进行密度分等，做出了我国第一张《人口密度图》。

依据这张地图，胡焕庸敏锐地发现一条东北—西南向的直线——瑷珲（爱辉）—腾冲线，这条直线将我国的国土分为东南和西北两部分。按照当时的国家版图，东南部面积占 36％，却集中了全国 96％的人口；而西北部面积占 64％，仅居住了全国 4％的人口，"多、寡之悬殊，有如此者"！

瑷珲（爱辉）—腾冲线是中国人口分布的"切变线"或"突变线"，它的被发现揭示了我国人口分布最本质、最稳定的格局。事实上，70 多年后的今天，这条线的

位置和性质未能稍变，而且后来的研究越来越多地证明，它不仅是人口密度的分界线，而且也是其他人文地理甚至自然地理景观的分界线，被称为"胡焕庸线"，成为中国地理结构中堪与"秦岭—淮河线"并立的最重要的地理界线，也是唯一以人命名的中国地理界线！

《中国人口之分布》一文的发表，在当时引起了国际地理界的关注，不久美国地理学会就译出全文及其中的人口密度图，附在当年出版的《地理学评论》中发行。英、德等国的一些著名地理杂志也介绍或转载了这篇论文。

胡焕庸在论文中不仅宏观地划定了中国人口分布的两分对比，而且将人口密度分成八级，细致地展现了县级甚至县级以下区域的人口分布纹理，首次高分辨率地廓清了中国人口的地理分布格局。

2. 划分中国人口区域，拟定差别人口政策

胡焕庸十分钟爱人口地理学研究，但又总是因为抗战、"文革"等环境变化而不得不中断在研究工作，直到"文革"结束恢复工作，才得以重新回到这一领域。

1980 年代，胡焕庸一方面在张善余的帮助下着手编写《世界人口地理》、《中国人口地理》两部著作，另一方面积极关心中国的计划生育事业和区域人口政策。1983 年出版了《中国八大区人口密度与人口政策》（中英对照），这是第一个中国人口区划方案，这个方案不仅考虑人口密度，而且考虑生态环境、经济条件等因素。胡焕庸将中国人口分为黄河下游区、辽吉黑区、长江中下游区、东南沿海区区、晋陕甘宁、川黔滇区、蒙新区、青藏区等八大区域，各个区域具有独特的人口特征，面临不同的发展问题，胡焕庸为它们拟定了特别的政策导向。比如对于长江中下游区，胡焕庸指出："本区人口虽密，移出的人口不多，……农村劳动力剩余，除大力降低出生率以外，只有发展工副业经营，才能增加收入，维持这样高的人口密度。"对于晋陕甘宁区，胡焕庸认为：本区人口密度虽不算高，但粮食不能自给。"山地原有森林，长期以来采伐殆尽；坡地牧场，也被过度开垦；水土流失十分严重，耕作粗放，产量低下。急需注意水土保持，重视植林植草，才能改善农业生态。"

这样的区域人口形势分析和发展政策指向，不仅在当时具有先导意义，即在 30 年后的今天仍然能感受它如炬的光芒。

3. 关注边疆人口分布，探索国内移民方向

通过合理的国内移民，均衡国家的人口压力，是胡焕庸长期关注的一个问题。早在 1935 年的《中国人口之分布》论文中，胡焕庸就比较分析了移民东北与移民西

北的优劣性，认为移民东北比移民西北更合理、更可行：

"多数不明地理事实之言论家，往往以为我国东南人口虽密，然西北各省，地广人稀，大有移殖开发之可能，不知此乃似是实非也。今西北各地，其现有相当人口之区域，如渭河流域、如河套附近、如宁夏东南、如甘肃中部、以及新疆各地，均属局部之平原或盆地，面积异常狭小，又加气候干燥，仅赖高山之雪水、人工之河渠，以及极深之水井等，聊资灌溉，勉有生产，然即此现有少数之居民，又复灾害频仍，抑亦天工必然之限，此等处所，将来虽欲利用人力，再加经营，然其所容纳之居民，至多亦不过数百万乃至千万而已，与全国人口相比拟，固十分渺小之数字也。"

"今试就国境以内，加以检讨，其犹有地形平坦土壤肥沃，雨量相当充分，而人口亦比较稀少者，殆惟东北北部嫩江流域一带之地，此区现有人口密度，每平方公里尚在二十五人一下，将来如开发使之与辽河流域相当，至少尚可容纳居民一、二千万，是国内唯一可供移民之区；惜暴日入侵以后，继有伪满之独立，其地处于他人治下者，迄今已三、四年，强邻侵略，日进不已，白山黑水，不知何日方能重返故国，以供我华夏民族之移殖经营矣。"

抱着这样的判断，胡焕庸始终不忘对东北、西北等边疆地区的人口形势作细致的考察。1983～1987年，他先后发表了《新疆人口的过去、现在和未来》、《新疆人口地理与人口区划》、《乌鲁木齐－克拉玛依地区经济建设中的水资源和人口问题》、《黑龙江省人口密度和人口区划》、《黑龙江省的人口与经济》等论文，同类的研究还延伸到内蒙古、云南等省区，旨在关注边疆少数民族地区的经济发展和人口问题，深入探索国内移民、均衡人口布局的可行性。

4. 开创中国农业区划，揭示人口—粮食关系

农业和水利是胡焕庸热衷的另一个重要研究领域，盖缘于此两者因乎地理、果乎人口，实乃人口地理研究最切近之中间变量。

胡焕庸是中国农业区划的拓荒者。1936年，胡焕庸在《地理学报》第3卷第1期发表了《中国之农业区域》一文，依据温度、地形、雨量条件及人口密度、农产类别等因素，将我国划分为东北松辽区、黄河下游区、长江下游区、东南丘陵区、西南高地区、黄土高原区、漠南草地区、蒙青宁干燥区、青康藏高原区等九个农业区域。这是我国第一个农业区划方案，是此后我国长期大规模农业区划研究的学术起点。

胡焕庸也积极开展省区及更小区域层面上的农业区划研究，相关的成果包括：

《江苏省之农业区域》（1934），《安徽省之人口密度与农产区域》（1935），《江苏省常熟县的农业生产和人口分布》（1958）等。

胡焕庸对农业问题的关注往往归宿于人口与粮食的关系。他早期对人口分布的研究往往是与农业区划问题互生共长的，这表达了他对中国人口问题的深刻理解，认为解决中国人口问题的本质是解决食物问题，这在农业时代的中国和世界都是朴素而真实的道理。1981年，胡焕庸先后发表了《我国的人口与粮食》、《世界人口和世界粮食》两篇论文，阐释我国和世界的人口与粮食关系的地域差异性，尤其关切贫困国家和地区的人口－粮食关系。

5. 倾心淮河水利事业，新旧社会两种结果

旧中国国弱民贫，水旱是伴随中国历史的永远的灾难。胡焕庸认为，我国水利地理的重点在于黄河和淮河流域。自被黄河袭夺以后，淮河下游成为中国水旱灾害频仍的区域之一。1931年我国的大江大河同时暴发特大洪水，淮河中下游水灾更为严重。1934年，时任中央大学教务长、地理系主任的胡焕庸，亲率一队师生考察淮河水利建设工作，编辑完成了《两淮水利盐肯实录》一书。书中批评了国民党政府的导淮委员会在淤黄故道开挖新淮河的做法，遭到导淮委员会主任陈果夫的怒斥，陈下令将书全部收回焚毁。胡焕庸不畏权势，1948年将书名改为《两淮水利》重新出版。

1949年新中国成立后，淮河又连遇水灾，尤以1950年为甚。毛泽东发出了"根治淮河"的号召，中央领导和水利部专家看到了《两淮水利》一书，邀请胡焕庸到治淮委员会工作，担任技术委员会委员兼任资料室主任。在对淮河中下游两岸进行勘测调查以后，他提出了在苏北开辟苏北灌溉总渠、分引淮水直流入海，并疏通中下游水道、在上游多建山区水库的建议，被水利部和治淮委员会采纳。

为了治淮的需要，胡焕庸殚精竭虑研究淮河。1951～1954年的短短3年中，胡焕庸先后写作了《淮河》、《淮河的改造》、《淮河志初稿》、《祖国的水利》等重要著作，使淮河治理走上科学的道路，为淮河中下游保持60年有利无害、实现两淮地区繁荣兴旺做出了卓越贡献。

6. 普及气象气候知识，引进海陆演化理论

胡焕庸是一位知识渊博的"百科"地理学家，他在自然地理领域也有颇深的造诣。

1928年胡焕庸回国后的第一份工作就是在中央大学地学系和中央气象研究所从

事气象学的教学和科研，编写了我国最早的《气候学》教材之一（1938），发表了《气候变更说述要》（1929）、《天气预告法述要》（1930）、《柯本氏气候分类法述要》等论文，引入和普及西方气象学、气候学理论。此后，胡焕庸开展了我国的气象气候实证研究，发表了《黄河志气象篇》（1935）、《新疆之气候》（1943）等论文。"文革"结束后，他在康淞万等的帮助下出版了《世界气候的地带性与非地带性》（1981），成为他对气候学教学和科研工作的一份总结性文献。

胡焕庸对区域自然地理和海陆演化理论也有所关注，组织编写《亚洲自然地理讲义》、《欧洲自然地理》等著作。胡焕庸十分关心自然地理领域中的新理论，1979年发表《从板块构造看大陆漂移》，1981 年在陈业裕的帮助下，出版了《世界海陆演化》，积极推介板块构造理论。

胡焕庸还在经济地理、地志学、古地理学、行政区划等领域有过不少奠基性的研究工作，学术涉猎之广，实是我辈学人所不能梦见。

（二）学术思想及其影响

1. "胡焕庸线"成为中国人文地理学的一条重要界线

"胡焕庸线"是认识中国人文地理结构的重要工具，已经作为中国最醒目的人文地理标志被写进了我国中学和大学的地理教科书。

"胡焕庸线"也被越来越多地证明是许多自然地理景观的分界线，成为更广义的地理界线，印证了人地关系的统一性。

"胡焕庸线"标志着中国人文地理学有了属于自己的话语体系，使中国的人文地理学无愧于相邻学科，无愧于国际学界。

2. 胡焕庸强调地理学的实证性与实用性

胡焕庸热爱地理学，热爱理论思考，但他从不做脱离实证的虚妄的"理论"研究，他的"理"都是来自"地"，来自实践。胡焕庸发表的论文常常附录大量的数据，配以充足的地图，坚持让事实说话、让数据说话，可信、可靠、可验证。

胡焕庸也强调地理学的实用性，他对中国人口分布的研究，最初的冲动就是关注我国哪里可以容纳更多的移民，如何均衡中国的人口分布。对中国人口区划的研究也是立足于差别化的人口发展政策和区域发展战略。在他的心目中，人口地理这样的社会科学必须有社会利益目标，必须能为民生服务。

3. 胡焕庸强调地理学的综合性与统一性

胡焕庸从不把人口或其他的地理要素孤立起来研究。他认为，地球是一个整体，关注人地关系的地理学就应该是一个综合的、统一的学科。早在 1935 年研究中国人口分布问题时，胡焕庸就曾尖锐批评那些撇开地理环境讨论人口的做法："研究各地人口密度，最好能以自然环境约略相同之区，用作比较，……求如西藏高原之荒漠，诸国境内固无有也，据此而曰我国人口，并不密于英国或比利时者，其人非狂即妄。"

胡焕庸的地理综合观、统一观的贯彻，得助于他广博而坚实的学术基础，而他的广博铸就了他不可复制的中国地理学巨人形象。在 2001 年中国地理学会纪念胡焕庸诞辰 100 周年时，作为学生的笔者曾撰一联以颂师德，今转录于此，供作纪念：

驰骋八方，以地称人谱一线；

宗师百代，沐桃荣李报三春。

三、胡焕庸主要论著

胡焕庸. 1934. 江苏省之农业区域. 地理学报，1（1）.

胡焕庸. 1934. 江宁县耕地与人口密度. 地理学报，1（2）.

胡焕庸. 1934. 法国地志. 南京：钟山书局.

胡焕庸. 1935. 安徽省之人口密度与农产区域. 地理学报，2（1）.

胡焕庸. 1935. 中国人口之分布. 地理学报，2（2）.

胡焕庸. 1935. 江苏图志. 国立中央大学地理系.

胡焕庸，李旭旦等. 1935. 两淮水利盐垦实录. 国立中央大学地理系.

胡焕庸. 气候学. 1936. 香港：商务印书馆.

胡焕庸. 1936. 中国之农业区域. 地理学报，3（2）.

胡焕庸. 1958. 南通地区人口分布. 地理学报，24（1）.

胡焕庸，康淞万，蔡吉. 1981. 世界气候的地带与非地带性. 北京：科学出版社.

胡焕庸，陈业裕. 1981. 世界海陆演化. 北京：商务印书馆.

胡焕庸. 1982. 欧洲自然地理. 北京：商务印书馆.

胡焕庸，张善余. 1982. 世界人口地理. 上海：华东师范大学出版社.

胡焕庸. 1983. 中国八大区人口密度与人口政策（中英文版）. 上海：上海外语教育出版社.

胡焕庸，张善余. 1985. 中国人口地理（上、下册）上海：华东师范大学出版社.

胡焕庸，严正元等. 1987. 我国东、中、西三带的人口、生态经济. 上海：华东师范大学出版社.

胡焕庸. 1990. 胡焕庸人口地理选集. 北京：中国财政经济出版社.

主要参考文献

李旭旦.1982. 解放前中国地理学会记事 . 中国科技史杂志，（2）：83-84.

胡焕庸 .1982. 我和人口地理 . 书林，（3）.

胡焕庸 .1983. 中国八大区人口密度与人口政策（中英文版）. 上海：上海外语教育出版社.

胡焕庸 .1990. 中国人口之分布//胡焕庸 . 胡焕庸人口地理选集 . 北京：中国财政经济出版社：39-81.

金祖孟 .2001. 胡焕庸//中国科学技术协会编 . 中国科学技术专家传略・理学编・地学卷 1. 石家庄：河北教育
出版社：358-369.

撰写者

丁金宏（1963～），生于江苏涟水，1986 年师从胡焕庸研读人文地理学，1989 年获得博士学位，2001～2009 任
华东师范大学人口研究所所长。现任华东师范大学社会发展学院院长、人口研究所教授。长期从事人口学
研究。

刘盛佳（1938～），湖北黄冈人，华中师范大学城市与环境科学学院教授。长期从事地理学思想史、人文地理学
研究。

吕　炯

　　吕炯（1902～1985），江苏无锡人。气象和气候学家，我国现代气候学先驱者之一，农业气象学及海洋气候学的开拓者和奠基人。1928年毕业于中央大学地学系。同年在中央研究院读研究生。1930～1934年赴德国留学，先后在柏林大学、汉堡大学、佛府大学学习气象学、气候学和海洋学等。曾任中央研究院气象研究所所长、中央气象局局长、中国农业科学院农业气象室主任、中国科学院地理研究所气候室主任。曾任世界气象组织常务理事。作为我国现代气象和气候事业的奠基人之一，在竺可桢的领导下，创建了中国第一批气象台站网。在担任中央气象局局长期间，进一步领导加强了业务管理，扩大建立了全国台站网，组织发布气象预报，主动为各行业服务，为中国近代气象事业的发展奠定了基础。同时撰写了一系列高水平的天气、气候学论文。他强调科学研究必须为国家建设服务，并身体力行。作为中国农业气象的奠基人，创建了第一个为农业服务的农业气象研究机构。根据国防和工业发展的需要，连续9年率队深入华南各省区考察橡胶种植，开创了橡胶种植的气象问题研究，为我国橡胶树等热带植物的种植做出了贡献。作为我国海洋气候学的奠基人，开拓了大尺度海气关系和海洋对气候的影响研究，为我国短期气候和灾害预报奠定了物理基础。他的研究成果和学术思想对我国现代气候和气象学的发展有重要指导意义。

一、成 长 经 历

　　吕炯，字蔚光，1902年3月7日生于江苏省无锡县原桥乡塘西村。1985年8月15日在北京逝世，享年83岁。

1. 为祖国的需要而学

　　吕炯出生于知识分子家庭，祖父曾建私塾，父亲和祖父都当塾师，父亲后来当了小学教员。吕炯童年时开始在私塾接受启蒙教育，后转入荡口鸿模高等小学，1918年考入江苏省立苏州中学就读。中学时期爱好文学，常读《新青年》、《小说月报》、《阿 Q 正传》等，受到进步思想的熏陶。"五四"时期曾积极参加学生运动。1922 年考入东南大学（后改为中央大学）竺可桢担任主任的地学系学习气象学。大学期间，吕炯的求知欲极强，对知识如饥似渴。1928 年毕业后，以优异成绩考入中央研究院气象研究所读研究生，在竺可桢所长的直接指导下研究气象学和海洋学。1930～1934 年，在竺可桢所长的推荐下，公费赴德国留学，立志终生从事科学研究，为祖国和振兴中华服务。在德学习期间，他要求自己尽量多学些现代科学知识，先后在柏林大学、汉堡大学、佛府大学等校学习和研究气象学、气候学、海洋学、地震学、乃至弹道风等基础和实用的学科，决心为祖国的需要而学习。

2. 在内忧外患中发展壮大中国的气象科学研究事业

1935 年从德国学成回国，决心大展宏图。1935～1944 年，先后任中央研究院气象研究所专任研究员、中央研究院评议员并兼中央大学气象学教授、浙江大学地理学教授。1936 年，因竺可桢调浙江大学任校长，吕炯被任命为气象研究所代理所长、所长直至 1944 年。在此期间，恰逢抗日战争爆发，研究所虽经几度搬迁，困难重重，但他们始终坚持科学研究。为了发展壮大气象研究所，他亲自训练气象观测人才，筹集经费，在全国扩充并布设了 40 几个观测台站，开展地面、高空观测以及天气预报业务。先后整编出版了《中国之温度》、《天气预告学》、《测风气象观测需知》等大型图书资料，坚持出版《气象月刊》、《气象年报》、《气象学报》、《气象研究所集刊》等刊物，并任编辑和发行人。同时协助竺可桢组织中国气象学会，任总干事和理事，开展学术交流。在竺可桢、吕炯等的积极努力下，使我国气象事业进入了一个新的发展阶段，改变了以往依赖外国的局面。吕炯作为近代气象科学的奠基人之一，不但在极其困难的条件下使中国近代气象研究事业发展壮大，而且带头完成了大量研究工作，在此期间发表论文 30 余篇，许多研究都是开创性的。

3. 为促进中国气象事业的发展呕心沥血

中央气象局建立前，全国没有一个能统辖气象事业的行政机关，全国气象界与实业界的有识之士如竺可桢等强烈要求统一规划、统一管理全国的气象事业。1941 年 10 月，中央气象局在重庆正式宣告成立。1943 年开始，吕炯被任命为中央气象局局长，仍兼气象研究所所长，自此，他全力投入了中国气象事业的组织和领导工作。

中央气象局是全国民用气象的最高领导机关，也是掌理全国气象行政和技术事宜的主管部门。中央气象局成立后，在吕炯的领导下，逐步进行了统一规划、统一建设、统一管理的工作，制定了各级机构的组织条例，加强了业务管理，组织和接收了大批台、站、所，建立了全国台站网。据 1948 年统计，全国总共建立 9 个区台，作为各区预报、测报中心，各区台下设气象站所，全国气象台、站、所共 123个。同时密切横向联系，主动为航空、航海、农林、水利、交通等事业服务。短短的几年时间，为振兴中华民族的气象事业，使我国气象事业逐步走向正轨，为中国近代气象事业的发展奠定了基础。

吕炯曾任国际气象组织（后改为联合国下属的世界气象组织）的常务理事和国际海洋气象专门委员会的委员。1947 年，他作为中国政府代表团的团长率团参加了国际气象组织大会，并代表中国在世界气象组织公约上签字，由此中国成为世界气象组织创始国之一。

早在抗日战争时期，吕炯便与中共地下党多人保持联系，做了一些有益于党和人民的事。解放前夕，作为当时气象局局长的吕炯，拒绝了国民党当局要他去台的指令，并以合法形式支持了地下党领导的上海气象台和中央气象局留沪人员坚持业务、保护气象设备、资料等的活动，完整地保存了全部设备、资料，并在工作毫无间断下迎接了上海、南京的解放。他认为，他的事业寄托在新中国的兴旺发达，他要为新生的祖国贡献一份力量，他怀着解放能给祖国带来美好前程的信心，克服种种阻挠，坚决不去台湾。同时，他给当时早去台湾工作的大儿子写信，要他在上海解放前夕弃职返回大陆工作。他本人也在地下党的帮助下，由广州经香港，回到了解放后的上海。

4. 在科学的春天，扬帆起航

1949 年 6 月上海解放，吕炯从香港回到上海参加接管后的中央研究院气象研究所的工作。1950 年该所改组为中国科学院地球物理研究所，他继续留所任研究员，从事他一生钟爱的科学研究工作。

1953 年，根据国家的需要，他受命筹建了我国第一个农业气象研究机构，并出任中国农业科学院农业气象研究室第一任主任。在他的领导和努力下，克服了重重困难，开拓了中国农业气象事业并使之蓬勃发展起来。在此期间，发表了 20 多篇农业气象方面的学术论文。还不顾年事已高，每年亲自率队去南方各省区考察橡胶树宜林地，开创了我国橡胶种植气象问题的研究，对我国橡胶事业的发展做出了重要贡献，受到农垦部和中国科学院的表扬和巨额奖励。

中国科学院地理研究所成立气候研究室，吕炯出任第一任主任，带领气候室发展壮大，完成了许多国家急需和应用基础方面的研究。与此同时，他还开创建立了海洋气候和气候变化研究组，亲自培养学生开展研究，使海洋气候学、大尺度海洋大气相互作用、旱涝灾害和历史气候变化等研究获得蓬勃发展，取得了长足进步。

作为中国气象事业的奠基人之一和老一辈的科学家，为开创近代气象事业、培养科技人才、做好科技组织管理倾注了心血。他曾兼任中国农业科学院、北京农业大学、中国科学院地球物理研究所、中国科学院地理研究所、华南亚热带作物研究所等单位的学术委员、农业大学的兼职教授、高教部留学考试评卷委员、农业气象学国家考试委员会主席等职。除创办了中国农业气象学术刊物外，还担任《气象学报》、《地理学报》、《天气月刊》、《热带作物研究通讯》等刊物的常务编辑或编委。吕炯非常关心并积极参加学术团体的活动，早在20世纪40年代，吕炯与我国爱国民主人士梁希、涂长望、潘菽等人共同发起组织了"中国科学技术工作者协会"并担任理事。他曾任中国气象学会、中国地理学会、海洋与湖沼学会理事、中国农学会农业气象研究会首届理事会名誉理事长、国家科委气象组成员。

二、主要研究领域和学术成就

在我国现代气象学和气候学的发展历程中，吕炯按照学科本身的特点和规律，强调气象学为农业生产和国家建设服务，并身体力行，不断开拓和指导了气象学和气候学的许多研究工作。他密切关注国际研究动态和趋势，提倡基础研究和学科的相互交叉，不断指引新的方向，为促进中国的气象学和气候学研究水平的提高做出了重要贡献。吕炯深知人才培养是发展气象事业的根本，他惜贤爱才，身先士卒，重视培养人才的成长。

（一）主要科学研究成就

吕炯的主要科学研究成就大致可归纳为如下五个领域，即中国天气和气候、古气候和气候变迁、海洋气候学、农业气象学、橡胶树种植气象等问题。

1. 系统开展了中国天气和气候研究

吕炯是我国现代气候研究的奠基人之一，他协助竺可桢组建气象研究所，在中国创建了第一批气象台站网，并在为数不多的资料基础上写出了一系列高水平的天气、气候学论文。

早在20世纪30年代，吕炯就对中国、区域和地方的天气、气候开展研究，他的《极面学说与长江下游之风暴》（1930）、《平流层与天气》（1936）、《平流层对天气的影响》（1935）、《气压之变动》（1930）、《山东中部春季温度特高之原因》（1937）、《北极阁山顶之地温》（1937）、《控制四川雨量的三个主因》（1940）等论文，首次对天气气候形成、变动，高低空的关系，以及区域和地方气候形成的原因，从海陆分布、土壤、地形、天气系统等的影响进行了详尽的分析研究，是这一学科领域领先性的成果。

为了开展气候研究，必须对系统的气象资料进行细致的收集整编。在吕炯担任气象研究所所长期间，在竺可桢的领导下，他与张宝堃等先后出版了《中国之雨量》和《中国之温度》两本巨著。前者记录达 350 个站，后者达 600 个站，最长记录 65 年。堪称我国当时记录年代最久、站点最多、最完整的珍贵气象资料和图集。利用这些资料，吕炯系统分析研究了中国各地年、月乃至候的平均温度、最高、最低温度和温度较差等时空特征，是我国奠基性的气候研究成果。

2. 古气候和气候变迁

吕炯在古气候和气候变迁的研究中也给我们留下了宝贵遗产。早在 1942 年，他撰写的《关于西域及西蜀之古气候及古地理》，是第一篇阐明我国古洪水发生原因的著作。根据大量古籍考证，指出由于大冰期后高山冰川融化，冰水向下泛滥，造成洪水灾害，并在戈壁沙漠中产生不少湖沼。所以在汉代，昆仑山北麓小国林立，如楼兰、小宛等。以后水源枯竭，这些小国也就变成废墟消失于沙漠之中了。1943 年他曾以西藏高原与今古气候研究（包括论文 7 篇）获前教育部学术奖励金二等奖。研究说明西藏高原在冰川时期为一冰冠，古代洪水即由此冰冠在春夏之交融化而来。其时昆仑山下塔里木盆地中有大江沼泽。此后冰层渐次融解，塔里木盆地中大江沼泽渐次干涸。河西走廊之肃州等地所用灌溉之水，即系昆仑山上古代"化石冰"之残余，由日光融化而来，将来昆仑山上冰雪融化完毕后，河西走廊将更干涸。此后，他还陆续发表了《我国三个历史时期的气候概况》、《冰期气候变化与海洋关系》、《冰川消长与海气关系》等论文，不仅勾画出了不同历史时期的气候变化，而且从更深层次分析了冰期气候变化、冰川消长与海洋、大气之间的关系，有力地推动了我国气候变迁的研究。

3. 开创我国海洋气候学和大尺度海气关系的研究

1936 年，吕炯发表了《中国沿海岛屿上雨量稀少之原因》，这是我国最早有关海洋气候学的学术论文。20 世纪 50 年代初先后发表了《海水温度与水旱问题》（1950）、《西北太平洋及其在东亚气候上的问题》（1950）、《海冰与气候》（1954）等一系列海洋气候论著，研究了海温、海冰、海洋环流因子对我国气候、旱涝、大气环流的影响，从而在我国开创了大尺度海气关系的研究。近代气候学发展的客观事实证明上述科学思想的先进性和正确性，比国际著名的海气相互作用的遥相关理论早了近 20 年。60 年代，他又进一步把黑潮和亲潮的变化与梅雨盈亏，以及对东亚大气环流的影响联系起来，并从能量交换的角度探讨了海气关系，从中寻找海洋环流对大气环流的影响机制。他所提出的海水温度与旱涝关系的观点，为我国长期天气预报、气候变化和海洋气候学研究奠定了物理基础。

4. 中国农业气象学的奠基人

早在 1934 年，吕炯在德国留学期间就代表中国出席在华沙举行的第 14 届国际地理大会，同时参观学习了波兰的农业气象研究。会后在《气象杂志》上撰文介绍了波兰农业气象研究，指出"农业气象，除气象之要素而外，尤须注意于植物之物候现象"。特别介绍了无线电农情气象报告，涉及各种作物、草地、树木的发育状况、气象灾害状况等，这是我国首次对农业气象和物候学较系统的介绍。

吕炯深知农业是国民经济和社会发展的基础，而我国旱涝频繁，对农业生产影响很大。中华人民共和国成立后，国家进入和平建设时期，他十分注重研究旱涝的发生规律、预报途经以及对农业的影响。他是我国第一个农业研究机构的创建人。该机构成立于我国国民经济发展第一个五年计划之初的 1953 年 3 月，并于 1957 年由农业部、中国科学院、中央气象局合作，扩建为中国农业科学院农业气象研究室，吕炯出任第一任主任。上任后，他组织农业气象科研人员分别从作物气象、农业气候、小气候、土壤气候、气象灾害、园艺气象、林业气象、畜牧气候、作物病虫害气象条件等多方面开展研究，以求广泛深入地为农业生产服务。

1953～1954 年，华北地区小麦曾两次遭受大规模的晚霜灾害，生产上遭受到很大损失。他心急如焚，积极研究这个重要的农业气象问题，发表了《关于小麦春冻问题的初步探讨》（1953）、《防霜知识》（1954）等多篇论文和科普图书，表达了一个爱国科学家对人民疾苦的深切关怀。1956 年国家组织制订"1956～1967 年科学技术发展远景规划"，吕炯参与制定了其中农业气象学发展的规划，提出了中国农业气象研究的方向、任务和发展途径，将我国农业气象研究纳入国家科技发展规划，为我国农业气象科研事业的发展奠定了坚实的基础，并产生了深远的影响。

吕炯认为，应深入开展农业气象学的基础研究，并与相关学科交叉。他指出，"农业气象学是一门边缘科学，其深化应当和作物栽培、育种和土壤等学科紧密结合，应当吸收植物生理、生态和生化方面的知识"。因此，他组织进行了"中国小麦的生态气候"研究,对不同生态环境的小麦样本进行生理和生化等方面的分析研究,并从气象变化角度探索小麦蛋白质含量的差异和提高途径,为提高人民的食物质量水平进行了深入探索。他还发表多篇论文,从气象与植物生理、生态、作物引种的关系阐述农业气象与农业生产发展的密切关系,这些论文对后来我国农业气象科学的发展,起了引导作用,并有深远影响。

吕炯是中国农学会农业气象研究(分)会第一届名誉理事长。从 1978 年开始酝酿成立农业气象学会组织,到 1981 年正式成立,他自始至终给予积极的支持和参与。他对创办中国农业气象学术刊物给予了热情的鼓励。在《农业气象》(现为《中国农业气象》)1979 年创刊之际,他已 77 岁高龄,还亲自撰写《农业气象的回顾与前瞻》,作为创刊号首篇论文发表。文中指出:"随着农业科技水平的提高,农业向高度现代化甚至工厂化发展……更须加强农业气象的研究"。他指出"农业气象研究必须既向宏观又向微观方向纵深发展",这一思想为农业气象学的发展指明了方向。

5. 开创我国橡胶树种植气象问题的研究

由于国防及工业发展的需要,我国于 20 世纪 50 年代初期,在海南、广西和云南南部引种巴西三叶橡胶树,但因这些地区冬季不同程度受西伯利亚寒潮的影响,有的年份有的地区橡胶树大片冻死。受中央有关部门的委托,吕炯从 1954 年起,率领一批科研人员连续 9 年深入海南、广东、广西、云南等地考察巴西三叶橡胶树在我国的宜林地,探索橡胶树防风、防寒等问题,每年花费 2~3 个月时间,深入到橡胶树的生长地进行实地考察,且没有因他夫人身患癌症而稍有踌躇,直到圆满完成任务。通过多年的现场考察,吕炯编著了《云南热带亚热带地区气候考察报告》一书,该书共收集了 7 篇论文,吕炯主要撰写了序、前言和 6 篇文章,他在《从生物气候的意义谈云南发展橡胶的前途》一文中,从生物气候的角度分析研究了橡胶种植中的许多气象问题,根据地形和小气候原理,提出防寒植胶的建议,开创了我国橡胶树种植气象问题的研究,为我国橡胶树等热带植物的种植做出了很大贡献。

(二) 学术思想及其影响

吕炯密切关注国际研究的动向和趋势,始终站在学科前沿领域,强调气象研究必须为国家建设和国防服务,强调气象科学研究必须重视观测和数据的收集整理,不断指引海洋气候学的新方向。他以其渊博的学识和辛勤的劳动,为推动我国现代气象学的发展和研究水平的提高做出了卓越的贡献。

1. 强调气象研究必须为国家建设和国防服务

早在 20 世纪 30 年代中，吕炯从德国留学回国后陆续在学报上发表了《气象方面对于国家及社会实际需要之问题》(1936)、《从海洋与国防谈到筹设海洋观象台》(1935)、《气象与航空》(1935)、《气象与航海》(1936)、《军用气象之中心工作》(1936) 等一系列论文，根据当时"农林、水利、航空、航海、国防等的实际需要"，提出了 6 大科学研究领域和事业。其中包括为航空、航海服务的高空和海洋气象；为人民和生产建设服务的天气预报、台风警报；为农业和粮食产量提高服务的农业气象研究、水文预报；为渔业、海上交通服务的海洋观测和海洋观象台的建设等。不仅如此，就在这些论文发表后不久，在他担任中央研究院气象研究所代理所长 (1936～1944 年) 以及任中央气象局局长 (1943～1948 年) 的十几年期间，在内忧外患和困难重重的情势下，以百折不挠的精神带领老一辈中国气象工作者实践了上述思想，使中国的气象研究和气象事业得到发展，做到了更好地为中国的航空、航海、农林、水利、交通等各项事业服务。在此期间吕炯在中国的天气和气候、气候灾害和防治、物理海洋、应用气象、农业气象等研究方面发表了近 30 篇论文。

1949 年之后，吕炯不再担任行政职务，但作为老一辈的科学家仍不断强调科学研究为生产建设服务的思想，并亲自带领年轻人实践。比如从 20 世纪 50 年代初，作为我国现代农业气象事业的奠基人，率领农业气象科研人员广泛开展研究，以求深入地为农业生产服务。同时，开展大尺度海洋、大气相互作用和旱涝灾害的研究，为我国大范围的旱涝灾害预测服务。

2. 强调气象科学研究必须重视观测和数据的收集整理

气象观测，特别是气象台站的建设以及数据的收集整理是气象研究和气象事业发展的基础，它关系到农林、水利、交通、军事等相关行业发展的需要，决定天气预报和气象研究水平的提高。过去数百年来我国的气象事业发展十分缓慢，主要原因是，鸦片战争后国内近代气象设施和观测都操纵在外国人的手中，而我国近代气象事业正是在中央研究院气象研究所筹建中国的测候网开始。早在 1935 年，吕炯去浙江定海选址，建成定海气象研究所，开展渔业气象服务工作。同年，他又随调查团对黄海、渤海进行海洋气象观测，开展海洋气象调查，获得了大量的珍贵数据，开创了我国的海洋气象工作。吕炯担任代理气象研究所长期间，开展了地面、高空、物候、日射、天气现象、微尘、地震等观测、天气预报和气象研究，至 1941 年，约建成各级测候所 50 多个。测候所每天进行逐时地面观测，节假日也不间断，并发送气象电报。此外，定期出版《气象月刊》、《气象季刊》、《气象年报》等观测资料。特别是组织整理出版了《中国之雨量》和《中国之温度》这两本堪称我国当时记录年代最久、站点最多、最完整的气象资料和图集。

吕炯任中央气象局局长后，主持制定了中央气象局所属气象台站观测所及雨量站组织规程。据 1948 年 9 月统计，全国总共有 9 个区台，123 个气象台、站、所，66 个雨量站。除了坚持进行地面和高空观测外，还负责天气情报的传送，出版《雨量旬报》、《气象汇报》（月刊）及《中国气候图集》等。这些工作为我国近代气象事业的发展奠定了基础。

20 世纪 60 年代初，在吕炯的指导下，中国科学院地理研究所成立海洋气候学科组，除了开展海洋对气候的影响研究外，还开始系统汇集整理了中国近海及邻海海区大量原始船舶气象观测记录，首次在我国整编出版了《中国海及邻海气候图集》（3 册）。该图集的基础资料多，分区细致，内容齐全。在图集的基础上撰写《中国海及邻海气候》一书。上述成果初步满足了各方面的需要，1978 年获得了中国科学大会的重大成果奖。

3. 不断指引海洋气候学的新方向

吕炯作为一位气象学家，较早就将现代物理海洋学的基础知识介绍到中国，并用来开展海洋对气候影响的研究。他从 20 世纪 30 年代中开始在《地理学报》、《气象学报》连续发表了《海水之运行》（1935）、《波浪操纵说》（1942）、《渤海之气温与水温及其与海水垂直运行之关系》（1937）、《中国沿海岛屿上雨量稀少之原因》（1936）。从大气运动和海洋的巨大面积、质量、海水的流动性、巨大的热容量等方面，指出了海洋与大气相互依存的关系。

20 世纪 50 年代初，吕炯先后发表了一系列海洋气候的论著，讨论了海温、海流、海冰等海洋因子对我国旱涝、大气环流的影响，从而在我国开创了大尺度海气关系的研究。20 世纪 60 年代初，在吕炯的指导下，中国科学院地理研究所海洋气候组系统开展了中纬度海洋对我国气候，特别是梅雨盈亏的影响。后来，又进一步把黑潮的变化与梅雨盈亏及东亚大气环流的影响联系起来，并从能量交换的角度探讨了海洋的影响，从中寻找出海洋环流对大气环流的影响机制。

20 世纪 70 年代中，在吕炯学术思想的指引下，中国科学院地理研究所海洋气候组在对北太平洋海温场和短期气候过程物理分析的基础上，着重研究了大气运动的主要能源区热带太平洋对西太平洋副热带高压（以下简称副高）的影响，先后发表了《热带海洋对副高长期变化的影响及预报试验》（1976）、《热带海洋对副高长期变化的影响》(1977)，揭示了太平洋热带海区准 3～4 年振荡周期及海温对副高影响的事实。按照副高与热带太平洋海温距平之间的时间滞后的关系，建立了副高与我国东部地区汛期雨带长期预报模式，20 年多年的预报实践证明，效果良好。这是一项研究 ENSO 对中国气候影响的开创性工作。

（三）身先士卒，培养人才成长

吕炯是一位热爱科学、追求真理、虚怀若谷、勤于探索、通晓古今中外学术的科学家。虽然他博学多才，但他常说自己还在某些方面有所不足。1948 年他任前中央气象局局长时，有一位从事气象研究不久的青年，针对某气象问题口头表达了与吕炯不同的观点。吕炯知道后不但未予轻视，反而请这位青年到他家做客，虚心而仔细地听取了这位青年的意见，并和他进行了长时间的讨论，使这位青年很受感动。他在中央气象局担任局长时，曾为我国培养气象人才做出很大贡献。他竭力向当时的政府建议，遴选优秀的国内大学气象系毕业生 10 人去英美深造。由他亲自出题主考。录取后派赴国外学习 3 年后回国，许多成为新中国气象和海洋部门的骨干力量和创始人。如黄仕松、徐尔灏、陈其恭为南京大学气象系教授或兼系主任；谢义炳学部委员为北京大学地球物理系教授兼系主任；程纯枢曾任中央气象局总工程师，全国人大代表；毛汉礼任中国科学院海洋研究所研究员兼副所长；刘好治为海军某部总工程师。

1953 年吕炯筹建中国第一个农业气象研究机构时，为了解决专业人才的匮缺，先后举办了 4 期农林气象学习班，亲自编写教材、授课，为我国培养出大批急需的专业人才，为国内农业气象事业发展打下了扎实的基础。后来，这些人多成为我国农业气象科技教育战线的专家、骨干或领导人。在他领导农业气象科研工作中，非常重视国际上的研究发展与动向，他组织人力翻译了大量农业气象文献，仅在 1955～1960 年就出版了 7 本农业气象专著或文集。他还亲自查阅国外仪器目录，引进先进仪器设备，亲自检查仪器性能，培养使用人员，使农业气象实验工作现代化。

吕炯一生对于发展我国气象科学勤勤恳恳，数十年如一日，直到他晚年健康状况急剧下降，仍坚持进行科学的探索。甚至几次卧病在床，他的助手和学生去看他，吕炯和他们谈的主要还是学术问题，而把疾病置之度外，全身心地贯注在科学事业上。他热心培养青年人，常亲自传授治学之道，这种感情完全是来源于连续不断的观察、分析和纵横连贯的苦思冥想，无论是吃饭或睡觉，只要是想起一点问题，哪怕是深更半夜，也要起来记在本子上，然后再休息。他的科学思路非常开阔，鼓励青年人要有全球视野，要打破学科的框框。早在 20 世纪 60 年代就提出要研究北大西洋涛动对中国气候的影响。他常对晚辈说："一个科学工作者要善于观察和捕捉问题，如同茫茫大森林中的猎人。要勤于思考，充满想象。要敢于去想，去做前人没有想过、没有做过的问题和事。"1978 年吕炯已是 77 岁高龄，在全国科学大会后，我国农业气象科学工作者在邯郸举行农业气象学术讨论会，他不顾年高体弱到会发表了热情洋溢的讲话，谆谆鼓励科技人员说："我们中国人不比外国人差，我们应当树雄心立壮志，有自己的科学见解，形成自己的学派"，给广大的气象工作者以极大的鼓舞和鞭策。

三、吕炯主要论著

吕炯. 1930. 极面学说与长江下游之风暴. 气象研究所集刊，第 2 号.

Lee John. 1932. Die grosse Uherschwemmung des Jangtsegebietes im Juli 1931. Meteor. Zt. Bd，49（6）：234-237.

吕炯. 1936. 中国沿海岛屿上雨量稀少之原因. 气象杂志，12（1）：13-19.

吕炯. 1936. 气象方面对于国家及社会实际需要之问题. 气象杂志，12（11）：597-599.

吕炯. 1938. 中国各地温度逐候平均之年变化. 地理学报，5.

吕炯，竺可桢，张宝堃. 1940. 中国之温度，气象研究所专刊.

吕炯. 1942. 关于西域及西蜀之古气候与古地理. 气象学报，16（3-4）：111-139.

吕炯. 1944. 二十年来我国气象事业之回顾与前瞻. 气象学报，18（1-4）：31-32.

吕炯. 1947. 生物气候学导论. 气象学报，19（1-4）：34-46.

Lee John. 1950. Sea surface temperature and floods and droughts in China. 地球物理学报，2（2）.

吕炯. 1951. 西北太平洋及其在东亚气候上的问题. 地理学报，18（1-2）：69-86.

吕炯. 1953. 关于小麦春冻问题的初步探讨. 科学通报，（8）：63-66.

吕炯. 1954. 海冰与气候. 地理学报，20（1）.

吕炯. 1955. 农业气象的目的和任务及其发展途径. 地理学报，21（2）：149-154.

吕炯. 1955. 华南橡胶幼树区域寒害问题. 地球物理研究所专刊.

吕炯. 1959. 十年来我国的农业气象科学研究工作. 气象学报，（3）.

吕炯. 1963. 论植物的气候生态型. 植物生态学与地植物学丛刊，1（1-2）.

吕炯，王德辉，卫林等. 1964. 云南热带亚热带地区气候考察报告. 北京：科学出版社.

吕炯，张丕远，陈恩久. 1964. 北太平洋温度场变异与长江中下游降水异常. 中国科学，13（9）.

吕炯. 1979. 农业气象的回顾与前瞻. 中国农业气象，发刊号：4-7.

主要参考文献

江爱良. 1996. 吕炯是我国海洋气象学与农业气象学的先驱者//中国科学技术协会编. 中国科学技术专家传略·农学编·综合卷 1. 北京：中国农业科技出版社.

李克让. 2002. 海洋气候研究//20 世纪中国学术大典·地理学. 福州：福建教育出版社.

温克刚主编. 2004. 中国气象史. 北京：气象出版社：902.

崔读昌，徐师华，陶毓汾. 2006. 缅怀我国现代农业气象事业的奠基人——吕炯先生. 中国农业气象，(1).

撰写者

李克让（1936～），山东肥城人，研究员，曾任中国科学院地理研究所气候研究室主任。长期从事海洋气候学、气候变化及其影响等研究。

丘宝剑（1922～2009），广西贺州人，研究员，曾任中国科学院地理研究所气候研究室主任。长期从事自然地理学、气候学和农业气候区划等研究。

夏坚白

夏坚白（1903～1977），江苏常熟人。当代中国测绘事业先驱者之一、中国大地天文学奠基人。1950年任中国科学院专门委员，1955年当选中国科学院学部委员（院士）。1929年清华大学工程学系首届毕业。1934年考取中英庚款第二届公费留学生赴英国、德国，1939年获工学博士学位。回国历任副教授、副研究员、教授、教育处长、处长，同济大学教务长、代校长、校长、校务委员会主任，武汉测绘学院筹委会副主任、首任院长、国家一级教授，中国测绘学会筹委会主任、第一、二届副理事长，中国科学院武汉分院筹委委员，国家科委测量制图组副组长等职。曾著当代中国最早的《应用天文学》专著；与陈永龄、王之卓合著四部测量学丛书，弥补了新中国初测绘教材之奇缺；发起、主持创建武汉测绘学院，建设成中国测绘科教重要基地；主持筹建中国测绘学会；参加中国发展科学远景规划（1956～1967）会议，确定"测量制图新技术研究和中国基本地图绘制"为规划中心课题之一，使测绘成中国科学界公认的一门独立学科；开创中国大地天文学研究；参与制定中国"1963～1972年测量与制图科技发展规划"，决定了16个课题66个重要项目；在中国较早研究卫星大地测量，促进了中国卫星大地测量事业发展；执教40余年，为中国培养大批人才。

一、从木行学徒到院士

（1）走出乡镇木行，求学不停歇。1903年11月20日（清末光绪二十九年农历十月初二），他出生在江苏省常熟县吴市乡贫寒农家。其父夏松涛和其兄素民在外与人小本合贩原木竹料，农忙回乡务农；他随祖母和母亲夏毛氏种田，半农半读启蒙私塾和读小学。那时他名叫"大可"，14岁被父亲送进常熟浒浦乡秦记木行当学徒。

1921年1月，他在木行学徒三年多，出师后何去何从？问题摆在17岁夏大可面前。他历经木行种种艰辛，认识各种原木和毛竹，学到不少生意经，对木行却没兴趣。师傅说他完全可胜任木行老板业务了，父亲说该为家庭挑大梁做木行生意了，他却提出要到上海读中学。因童时看到家里种薄地常遭劣绅地痞欺凌，而四邻无地农户做零工和乞讨度日更惨；学徒时屡见列强军舰撞翻中国渔船，军阀混战民不聊生，觉得世事太不平！繁重劳动之余挤时间自学中学课程，想走出去求得真知！素民佩服弟弟的抱负，说服了父亲并鼎力支持他离开秦记木行求学。1921 年早春 2月，寒风凛冽、雪雨交加、河面浮动薄冰。在兄长帮助下，大可拎着简单行李离开故土，去上海考初中。虽然有如履薄冰之感，但依然步伐坚定……

正是当年 17 岁的他作出走出秦记木行的决定，使得中国多了一位杰出的科学家，中国科学院有了新中国初的专门委员和第一批学部委员中的一位……

（2）助教清华校园，留学赴英德。十年后——1931 年初，他已是清华大学助教。他也不再叫"大可"，而称"坚白"，是他考上海中华公学初中报名时填的：他曾熟读《论语》，子曰："不曰坚乎，磨而不磷；不曰白乎，涅而不缁"，就是说至坚者磨之而不薄，至白者染之于涅而不黑。他以"坚白"为名，要求自己求学干事业坚贞不移，做人正直襟怀坦白！其兄资助他又就读于吴淞中国公学、上海浦东中学。1925 年他考入清华大学刚成立的工程学系，1929 年该系首届毕业获理学学士学位留校任天文学助教。1930 年代初清华工程学系专办土木科，改称为土木工程系，他是最早的助教之一。

在清华大学，他因顽强求知欲和坚贞事业心深得该校名教授施嘉炀、蔡方荫等的器重。他密切注视国内外形势和教育、科技发展信息，广交志同道合朋友——如与编《申报地图》的老乡曾世英和江苏武进人方俊结为挚友。随着学识和阅历增长，他亲身感受到列强瓜分中国，日寇是中华民族最凶恶敌人；鞭策他边教书、边钻研、边参与编著大学丛书，1933 年 8 月升为教员。他看到中国与西方发达国家的差距，决心投考公费留学拯救中华。

1934 年，他考取第二届中英庚款公费留学测量学四名额之一，与同批共 26 名庚款公费生赴英留学。他在伦敦大学帝国学院攻读测量学一年，获 D. I. C（Diplom of Imperial College）文凭；看到德国测绘科学名列世界前茅，就和陈永龄、王之卓要求转赴德国深造；恰逢李四光应邀到英国讲演中国地质学，在李四光帮助下，1935 年 8 月转入德国柏林工业大学。1937 年他获该校特许工程师文凭后在德国著名大地测量学家白莱奈克教授指导下攻读大地测量博士学位，1939 年 4 月获该校工学博士学位，博士论文《双锁内误差传播研究》在柏林出版。陈永龄、王之卓也获该校工学博士学位。他们是中国最早一批获得工学博士学位的测绘学者，被中国学术界誉为"三大贤"、"三杰"。学成之后，相继迅速离开柏林，抢在航路被二战战火阻断之前，远渡重洋回到抗日烽烟的中国，和同胞一起抗战救国。

（3）归国十年奔波，救华寻光明。1939 年 9 月，辗转内迁至云南昆明的同济大学聘他为测量系副教授，讲授普通测量、测量平差、实用天文学等课程。那时，同济大学测量系是中国国立大学唯一的，一直采用德国教科书，教师用德语授课，黑板上整板德文。他初到同济执教便改革课堂教学，黑板写中文，讲略带常熟口音国语，不仅给流亡大学生以国际测绘新知识，还注入了中华民族自强意识。此时，陈永龄、王之卓分别任西南联合大学和中山大学教授；为弥补中国测绘教材的奇缺和落后，三人开始合编一套测量学大学教科书。同年秋日寇狂轰滥炸昆明，同济大学决定第六次迁校，他随该校从昆明北迁四川南溪。此时，中国地理研究所在四川北碚设立，内设大地测量组，把夏坚白、陈永龄、王之卓都调去任副研究员；1940 年8 月，他到四川北碚该组供职。

大地测量组云集中国一批测绘精英。北碚临近重庆常遭日寇空袭，抗日最艰难相持阶段，物资极匮乏；夏坚白等开始研究各种测量方法，比较其优劣，求改进道理和新方法。他"深切地觉得中国测量教育应加以调整"，"希望不久将来，建立起我们测量学术基础，更希望用自己的心血来解决当前的问题，这是研究机关和学校应负的责任。"

为此，1941 年 5 月他重返同济大学测量系任教授。此时该校在四川南溪李庄利用古庙寺堂上课，条件比北碚差得多：没有自来水，照明用油灯，看报只能看四五天前的……但为发展中国测绘教育，他前往开设测量平差法、实用天文学、仪器学等课程，编写了上述课程的教材。他认为测绘教育与测绘科研应密切结合在一起，应集中全国测绘精英和仪器设备向共同方向努力，把中国测绘事业推向新阶段，积极促成大地测量组也迁至李庄，与同济测量系合一，聚集了一批中国顶尖测绘专家，使测绘学术风气盛行一时。

1943 年 7 月，内迁至贵州省宁镇县的中央陆地测量学校聘他为教授、少将教育处长。当时贵州是中国闻名的穷省，大学教师一般不愿前往，他却欣然赴任，促成该校一系列教育改革……那时不少国民党官员利用职权发国难财，他出污泥不染，廉洁清白，致力于测绘教育。当时他的收入仅够一人用，却要养活一家四口！为生计不得不上街摆地摊，卖他在国外留学的衣物。挚友方俊亲眼见他租不起房与家人分居，月尾没有钱，夏太太找小贩赊豆腐……

抗战胜利后，1946 年 10 月国民政府聘他任陆地测量局二处少将处长，主管全国测绘人员业务教育、地图制图事宜及陆地测量学校教育工作。出于对蒋介石打内战不满，到南京他曾赴梅园新村聆听周恩来、董必武的讲演，因此遭国民党特工长期监视。他深居简出，兼任南京中央大学土木系教授，讲授实用天文学；1947 年 5 月与王之卓、陈永龄出版了测量学大学丛书之《测量平差法》。国民党特工一无所获

1948年7月解除监视。回顾归国十年奔波他深思求索，从周恩来、董必武等共产党人身上看到了光明！于是力辞陆地测量局之职，应聘回同济大学任教务长兼测量系教授，这是他第三次到该校供职，在国民党政府全面崩溃1948年11月时毅然接任同济大学代校长、校长……

1949年上海解放前夕，他受中共地下党员鼓励，当国民党军警进校搜捕时不顾个人安危，站在工学院礼堂门口拒绝逮捕令，掩护李国豪等逃脱了缉捕，多方营救被捕进步师生，还把方俊等学者聘到同济大学，保护人才。他联合上海交大、复旦、上海师范和上海医专等共五校长一起与当局周旋，坚持留在上海；并帮助叶雪安躲过被裹胁去台湾之危，由于叶老夫子在同济资格老、影响大，又带动了更多的学者。他临危掌理同济，组织团结应变，将人员（包括家眷）、仪器、设备、图书等安全转移，为新中国奉献出一个完好的同济大学，保留了珍贵的人才。

（4）致力测绘科教，建设新中国。1949年5月27日上海解放！他被任命为同济大学第一届校务委员会主任委员，1949年7月～1956年8月，主持了同济大学复课复业和多次繁重复杂院系调整改革：1950年稳妥解决拟将该校医、理、工三学院分别调东北与中南调整方案，曾率该校8名代表赴京向教育部长马叙伦汇报，最后在毛主席关怀下决定医学院迁武汉，理工两学院仍留上海；旋又领导该校医学院有计划搬迁至武汉，有力地支持了中南地区医教事业（该学院与武汉大学医学院合并建成中南同济医学院，1955年易名武汉医学院，1985年改名同济医科大学，2000年与华中理工大学等联合为华中科技大学）；此后，他依靠人民政府和师生员工，顺利完成屡次院系调整任务，使该校由医工理文法综合大学转变为多科性土建类大学；还兼任该校翻译委员会主任委员，组织该校译出俄文教科书70余种，促进了学科和学校进展；他为同济大学立下汗马功劳！

1950年4月他被任命为华东军政委员会文教委员会委员。同年6月根据中国科学院副院长李四光提名，他又被聘为中国科学院专门委员，专司测绘事宜。1955年他出席中国科学院学部成立大会，被国务院批准为中国科学院自然科学方面第一批172名学部委员之一，是中国高校61名最早的自然科学方面学部委员之一，中国测绘界当时唯一的学部委员。

建国之初大规模经济国防建设急需测绘人才。他多方呼吁："为了满足社会主义建设需要，必须建立一所完整的民用测绘学院。"他的倡议很快得到批准！1955年6月，国务院决定由高等教育部主持集中全国高教测绘专业人力物力筹建我国第一所民用测绘大学——武汉测量制图学院（以下简称武测，1958年改名武汉测绘学院，1985年易名武汉测绘科技大学，2000年与原武大、武水、湖医四校强强联合为新的武汉大学），1956年9月武测首次开学。他历任武测筹委会副主任、国家一级教授、主持全面工作的副院长、首任院长，殚精竭虑建设武测。

他把加入中国共产党作为崇高理想，周总理关于在知识分子中发展党员的指示温暖他心窝。1956年2月10日，其好友中科院学部委员、同济大学教务长李国豪入党，他列席支部大会找差距。1958年5月，武测副院长金通尹教授入党，他引为楷模。不论是在同济还是在武测，他与校党委合作得很好，对自己分管工作敢负责。有一次湖北省副省长孟夫唐问他是否有职有权，他毫不犹豫地说："我有职有权。"

他1953年参加九三学社，是武汉分社第一、第二届副主委，中央科学文教委员会委员。还历任同济大学副校长，上海市首届人大代表、上海市第二届政协常委、武汉市首届人大代表、市人民委员会委员，中国测绘学会筹委会主任、第一、二两届副理事长，湖北省科学委员会委员，湖北省科协委员，中科院武汉分院筹委会委员，中国国家科委测量制图组副组长，第二、三两届全国人大代表等职。

他的业绩得到毛泽东主席的嘉赞。新中国建国初，毛主席每到上海，接见几十位教育科技文化界人士，他是其中之一，曾同毛主席一块儿进晚餐，一块儿看戏……1958年4月6日，毛主席在武汉接见教育科技界代表时，在主席台上见到夏坚白，即与他亲切握手！在全场欢呼声中，夏坚白向毛主席附耳汇报……

（5）心系测绘事业，逆流仍行舟。正当他为中国测绘赶超世界先进水平呕心沥血时，"文化浩劫"中国测绘事业：1969年国家测绘总局及测绘研究所、武测均被撤销，中国科学院测量与地球物理研究所被易名武汉地震大队；他心忧如焚，与教职工被遣散分别时叮嘱大家："不要丢掉测绘专业，不要丢掉外语。"

1971年9月，林彪机毁人亡，周总理在毛主席支持下主持中央日常工作，形势有好转；改行到华中师范学院外语系打印外文教材的他，就用业余时间研究国外测绘新文献资料，自费购买、预订外国期刊中国影印本，不能买的就请图书馆代购，无力购买的就商借。他心系中国测绘事业，1972年春在湖北省召开的高级知识分子座谈会上，呼吁恢复武测、恢复国家测绘总局和测绘研究机构，道出了与会测绘学者心声。

1972年7月16日，他向该校写报告："决定业余时间继续钻研测绘专业"，"了解当前国际整个测绘科技发展情况，学习大地测量学方面的新技术"，"及时编写中国体系、适应当前需要的书"。报告引起强烈反响，在院党委负责人刘介愚支持下，他可以公开钻研测绘业务了。

他废寝忘食博览国外最新期刊文献，十分痛心看到在中国内乱之际，国外测绘科技已突飞猛进！他毅然决定写信给周总理"汇报有关测绘事业科技研究和教育方面的意见"，初稿先后征求方俊、王之卓、纪增觉等测绘学者的意见，修定后设法请教育部刘西尧转呈周总理。

信中简介中国测绘事业发展与被撤销情况，陈述测绘科学重要性，列举各国测绘科研、教育机构设置与变迁、世界测绘科技新发展及新技术应用情况，提出中国应重视发展测绘科学技术，最后建议："一、恢复武汉测绘学院，以期承担测绘专业科技人才的培养和研究工作的展开。二、恢复两个测绘科学研究所，从事测绘业务和基础理论的研究，以期适应我国国民经济建设的需要，并为测绘学科的长远发展树立牢固的基础。三、为了便于全国测绘业务的统一筹划、实施管理和测绘人员的统一使用，以及明确不同时期的测绘学科不同的研究和发展方向，借以适应我国国民经济和国防建设的需要，请及时恢复国家测绘总局。"

信呈后，他又给郭沫若副委员长写了内容相同的信；并写信给北京大学周培源，请其在中央召开的部分高等学校座谈会提出"在高校恢复设置测绘专业及有关研究所"。1973 年初，他将信抄多份找机会呈报。他说："我已古稀之躯，别无所求，为测绘事业恢复愿献出余生。"借出差北京，他拜会了周培源、竺可桢、吴有训等中国科学院副院长，请他们将信转给周总理。他就是这样为振兴中国测绘事业、恢复武测呐喊！

1973 年 3 月 6 日，周总理作了调整测绘部门体制问题的批示。5 月 23 日，国务院和中央军委发布通知：重建国家测绘总局和两个测绘科学研究所，重建武汉测绘学院。闻此讯他热泪流。1973 年 8 月，武测重建领导小组成立；他虽不是其成员，仍为重建武测奔忙，劝原本离汉的测绘专业教师回武测工作，挽留了不少人才。

1974 年 4 月，他回到重建的武测，虽未任领导职务，仍关心学院重建，提出许多建议，带病坚持参加科研与教学工作。听说一位学有专长教师——他早年的学生想调离武测，抱病登门去谈心，告之武测重建来之不易，苦口婆心感召这位教师收回请调报告。

暮年虽遭癌症折磨，他仍壮心不已，尽力争取两部译著早出版。1977 年 6 月中国共产党诞辰 56 周年前夕，他写发言提纲："我要活到老，改造到老，在科技现代化上起螺丝钉的作用。"病危仍惦念武测建设和全国科学大会召开，惦念中国测绘事业，对到医院来看望的人说："我还有许多事没有做，还有新的《大地天文学》和《标准时间系统》两部专著没有完成……"他生活简朴有规律，烟酒茶不沾；1942 年经王之卓介绍，与国民政府教育部中等教育司女职员林静庄成婚，有一女一子。1977 年 10 月 27 日 22 点 15 分，他因患癌症与世长辞，终年 74 岁。临终前他为即将出生的孙女取名"正华"，希望孙女做正派人，继承爷爷遗志，振兴中华……

1993 年 11 月，武测隆重纪念夏坚白诞辰 90 周年，由该校徐兴沛为主要完成人编著、国家测绘局局长金祥文题写书名、测绘出版社出版了《学部委员夏坚白》一书，汇集研究夏坚白学术思想和当代中国测绘史珍贵文献，深受读者欢迎。2003 年 11 月，武汉大学信息学部与江苏省测绘局、常熟市政府在夏坚白故乡常熟市"纪念夏坚白诞辰 100 周年"，测绘出版社再版了《学部委员夏坚白》一书；会上测绘、科教与高新产业界，捐资建立了"夏坚白测绘科技奖励基金"。

1996 年 6 月 20 日，中共中央宣传部办公厅批准武测校园建立夏坚白教授半身塑像；该铜像高 2.8 米，矗立在他长年工作过的武测天文台旁绿化景点上。此后"中国光谷"武汉鲁巷广场也矗立了夏坚白院士雕像，中国邮政出版发行了夏坚白院士的纪念邮票……人们永远怀念着他。

二、主要研究领域与成就

1. 当代中国测绘科学教育先驱者之一

20 世纪 20 年代末，他开始从事应用天文学教学研究，是当代中国测绘科学先驱和测绘高等教育最早的大学教师之一。那时，中国大学用外国教科书，为弥补中文大学教科书之缺，有识之士组成大学丛书委员会，倡导编著出版中文大学教科书，振兴中国高等教育；他任清华大学应用天文学助教即投入其中。他见中国大学土木工程教材主要是英文版，应用天文学仍美国学者赫敖斯曼著，参考书也是外文，均没有中文的。他顽强自学读通赫敖斯曼教科书，并多次到中国各处实地观测计算，1931 年结合实例编著中国当代最早一部《应用天文学》专著，被列入大学丛书由商务印书馆安排出版。这部专著脱稿时，他不到 28 岁。

继"九·一八"事变后，日寇挑起"一·二八"事变，上海商务印书馆和他的书稿均遭侵略战火焚劫。他义愤填膺，"痛原稿之不存"，凭记忆重写该书，1932 年 10 月再送商务印书馆，并作小序"以慰私怀，并留纪念"。1933 年 10 月该书出版，成为中国这方面第一部大学中文教科书，是 20 世纪 30～40 年代中国重要大学教材和测绘著作。而立之年他从书稿遭焚重著出版悟出"落后就要挨打"的道理，又说服陈永龄合著了大学教科书《养路工程学（又名〈铁路护养工程学〉）》，1935 年 1 月由商务印书馆出版。

留学归来不久，他参与中国地理研究所大地测量组设立北碚测量实验场，主持其中水准测量课题；1941 年 1 月与该组同仁创办中国最早两种测量刊物——《测量》杂志和《测量专刊》。从创刊起用土纸石印共出版《测量》杂志 20 期、《测量专刊》11 册，促进了中国测量学术交流和学科的发展。1941～1943 年，他发表《谈测量事业》、《战时测量》、《我国测量教育管见》、《测量事业之经济观》等 8 篇论文。他为中国测绘事业远远落后于发达国家而痛心，大声疾呼："同在 20 世纪生存，如果我们不迎头赶上去，如何来自解？""我国专门研究测量的人还少，所以测量在抗战救国的过程中应该占什么样的地位，能够了解者不算很多，必须加强对测绘科学的研究，拿出成果来说服大家"。

他认为测绘教育科研应密切结合，全国测绘精英和仪器设备应集中，努力把中国测绘事业推向新阶段。再返同济大学任测量系教授后，促成中国地理研究所大地测量组也迁至李庄，与同济测量系合二为一。当时聚集李庄的测绘学者有夏坚白、叶雪安、王之卓、陈永龄、方俊、曾广梁等教授，测绘学术风气盛行一时，陈、夏、王合著的《测量平差法》就是此时定稿。

1943 年 7 月他应聘任中央陆地测量学校少将教育处长。该校前身是 1904 年在北京创立的京师陆军测绘学堂，1912 年改组为中央陆地测量学校，曾几度停办，1931 年在南京恢复，抗战内迁贵州宁镇。他鼎力促成了该校一系列教育改革：迁条件稍好贵阳；大专体制及训练班性质拓为大学本科，4 个专科发展为大地测量、航测、地形测量、制图和测绘仪器制造等 5 个四年制本科；用"为抗战建国培养测绘人才"团结全校，短短三四年内培养出合格高级测绘人才三四百名，有许多成为中国知名测绘专家，为中华测绘事业作出突出贡献。

2. 开创新中国测绘科教新局面，奠定新中国测绘事业发展基础

1949 年 10 月新中国诞生，夏、王、陈合著的《航空摄影测量学》由商务印书馆出版；他预感到振兴中华理想将实现。同月，他在上海会见军委测绘局筹建人蒲锡文将军，蒲正为筹建军委测绘局到各地调研，两人促膝畅谈，他提出了中肯的建议。翌年，中央军委测绘局成立（蒲任代局长），主管国防测绘业务；将东北民主联军测绘学校改组为解放军测绘学校，培养军事测绘人才，它就是解放军测绘学院（今解放军信息工程大学）前身。这都与他的建议分不开。

新中国初，他力主同济大学测量系与上海、天津两市密切合作，完满实现了两城市大地三角测量，提供了测绘保障。华东水利部疏导沂沭流域测量工作由于设备和技术人员不足，产生许多困难；他派技术骨干携全套天文测量仪器去观测，解决了测量业务部门技术难题，也使测量系师生技术水平大大提高。

新中国急需大批专业人才，他主持同济大学扩大招生，师资不足成主要问题：1949 年末测量系仅 13 名教师（含夏坚白等 5 位教授）。为广收人才他联名写信给当

时在国外的校友，动员他们响应周总理号召回归新中国。陈适（1917～1983）以访问学者身份在奥地利维也纳高等工业学院留学航测专业；其乃国民党要员陈布雷之子，1939年毕业于昆明同济大学测量系，1948年赴奥留学，接到联名信后毅然从该校肄业回国。加拿大新布伦瑞克大学研究生院工程硕士高时浏（1916～　）接到信后，当即辞去加拿大大地测量局工程师之高薪要职，几经周折回国……

在新中国第一次院系调整中，他积极推动同济大学测量系进一步扩大招生，分设了工程测量和航空摄影测量等本科专业；并与清华大学、天津大学、浙江大学、青岛工学院、南京工学院、华南工学院等六所高校设立了两年制工程测量专修科。

为了搞好教学，他与陈永龄、王之卓合编《大地测量学》，1951年由商务印书馆出版。1953年，他又与陈、王合作将20年前自己所著《应用天文学》彻底改编，"以切合实际之需要并能使读者易于领会为原则"，合著《实用天文学》由商务印书馆出版。至此，三人合著的大学丛书《测量平差法》（1947）、《航空摄影测量学》（1949）、《大地测量学》（1951）、《实用天文学》（1953）等四部整套测量学教材全部出版，后又多次再版，深受欢迎；他还主持集体合译前苏联《测量学教程》上下册（龙门书局1953、1954）、《大地测量控制网的建立原理》上下册（高等教育出版社1955）、《高等测量学教程》（高等教育出版社1955）、《地质测量与普查方法指南》（地质出版社1956）等等；弥补了当时中国测绘教材的奇缺，推动了新中国测绘教育和测绘事业发展。

1950年他出任中国科学院专门委员，他深感责任重大，一有机会就宣传测绘工作是国家建设的尖兵！同年，他力陈中国科学院在南京地理研究所恢复了大地测量组，由方俊教授任组长；他动员方俊离开同济大学赴任，并派去了其早年多名学有专长的学生去搞研究。他强调：旧中国留下的测绘人员和成果成图远不能满足国民经济和国防建设需要；中国疆土辽阔、地形复杂，各种工程如雨后春笋，这些又决定了测绘工作技术复杂性和时间紧迫性。因此，仅有总参测绘局管军事测绘是不够的，国家还应设立管理全国经济建设测绘业务的国家测绘总局，加强对全国测绘事业的规划和管理，加快全国基本测绘工作。在他和方俊等呼吁建议下，1956年1月全国人大常委会常委会批准国务院设立国家测绘总局。

1955年2月初，他发起并主持召开了"全国高等测绘教育经验交流座谈会"，倡议集中全国高校已发展的测绘专业人力物力，建立一所完整的民用测绘学院，加速培养高级测绘人才，得到与会学者一致赞同。1955年6月，国务院决定由高等教育部主持筹建中国第一所民用测绘大学——武测，筹建方案是在夏坚白等学者建议基础上制定的。

1956 年他参与制定中国科技 12 年发展规划，与国家测绘总局副局长白敏以及方俊一起积极争取，确定"测量制图新技术研究和中国基本地图绘制"为规划中心课题之一，列为《1956～1967 年国家科学技术发展规划》中第二项，并使测绘成中国科学界公认的一门独立学科。按该规划中科院决定将大地测量组从地理研究所分出建为独立研究机构（1958 年迁至武汉，发展为中科院测量与地球物理研究所。）同年，他还发起创建了中国测量制图学会。至此，新中国测绘体制基本形成；他与其挚友齐心协力开创了新中国测绘科教新局面，奠定了新中国测绘事业发展基础。1962 年，他参与制定中国"1963～1972 年测量与制图科技发展规划"，决定了 16 个课题 66 个重要项目，使中国测绘科技赶超世界先进水平有了明确方向。

3. 全力建设中国测绘教学科研重要基地

1955 年 6 月，根据国务院决定，高等教育部在京主持召开了武测第一次筹备委员会会议，他任筹委会副主任；将当时全国所有测绘专业——同济大学、天津大学、青岛工学院、南京工学院、华南工学院的测绘专业和测绘师资集中，统一调拨高教系统测绘仪器设备等等，建立武测；学制本科五年；有工程测量、航空摄影测量与制图、天文大地测量 3 系，工程测量、航空摄影测量、天文大地测量、制图学 4 专业；1956 年 8 月完成建校与调整计划，9 月 1 日正式开学！

为了确保武测按时开学，一年内必须完成建筑面积 5 万平方米校舍，他几次到武汉督察勘测校址、征地迁坟、地形测量、地质钻探、总体布置、设计施工等进展，和筹建者们加快了建校步伐。1956 年 2 月他主持同济大学安排好院系调整，做好测量系搬迁及教学准备，保证 9 月 1 日在武测如期上课。他的"集中全国高等测绘教育人力物力办一所测绘学院"思想已在测量系师生中扎根，群策群力，院系调整与教学科研两不耽误；当年在同济大学第一次科学讨论会，测量系还提出 5 个高水平学术报告。他统一协调相关大学测绘教师为武测编著教材 40 种，选教材 22 种。1956 年参加全国科学规划会议期间，他还特请全国人大常委会副委员长、中国科学院院长郭沫若题写了"武汉测量制图学院"校名。

1956 年 8 月，他毅然辞别付出大量心血的同济大学，离开优越工作环境，告别生活多年的大上海；率领该校主要测绘师资：11 名正副教授、21 名讲师、39 名助教和测量系学生按时到武测。

1956 年 9 月 1 日武测如期开学。开学式他作报告："由于社会主义建设飞跃发展，需要大量高级测绘人才，因此，国家决定把全国大部分测绘专家和师资集中在一个学校，更好地培养合乎规格测绘专门工程师；集中全国各学校有关重要教学设备，充分发挥现有力量，在现有基础上加强教学与科研阵营，使我国测量与制图科学尽快赶上世界先进水平。"他要求全校师生员工响应院临时党委提出的"艰苦奋斗、团结建校"号召，谱写中国高等测绘教育新篇章。

1956 年 11 月 16 日，国务院任命他为武测主持全面工作的副院长；1958 年 7 月 5 日，国务院又任命他为武测首任院长。他常说："我时常想：我们的学院是专业性的，不但要在中国出名，就是在国际上也要使它崭露头角"，他也是这么做的。为实现宏愿，他依靠党的领导，团结全院师生员工艰苦奋斗，无论是新专业设置、教学内容更新、教材建设、师资队伍组建、青年教师培养、科学研究等方面，他都呕心沥血、鞠躬尽瘁。

为办好武测，1956 年 9 月，他代表中国科学院出席匈牙利科学院测量制图国际学术会议。会后考察了前苏联莫斯科测量制图学院。1957 年 10 月又任中国科技代表团测量制图顾问，参加了中苏科技会谈；得知前苏联莫斯科测量制图学院院长即将访华便特地去会见、邀请其访问武测，促成了两校间的校际合作交往。同年，代表中国测绘学会和武测筹备年底在北京召开的中苏朝蒙越五国测绘科技会议，组织武测向会议提交了 5 篇高水平论文，会后邀请各国代表团访问了武测，扩大了武测影响。他还尽力争取武测派人参加国际学术会议，选拔优秀青年留学，订阅外国测绘刊物，引进外国测绘文献，及时掌握国际测绘界新动向，推动中国测绘事业进展。

为了尽快培养国家急需的测绘人才，他挖潜力多途径办学。1957 年航空摄影测量与制图系分为航测、制图两个系，成立函授部，；1958 年又增设测量仪器制造本科专业和两年制工程测量专修科，成立了中技科（后改称中专部）。武测呈现出以本科教育为中心，多层次的办学格局。

他密切注视着现代科技的发展趋势，随时准备用新理论、新技术来建设武测。20 世纪 50 年代中期他看到电子计算机发展前景，建校初选派青年教师到中国科学院学习电子计算机制造与使用，为开设计算机专业做准备。1958 年 4 月 2 日他主持通过了武测的"光、机、电测发展方向"，即"掌握物理测距、雷达航测、电子计算机及其应用等技术"。同年 6 月 12 日，他在院务会议上要求："尽快建立电子学教研组，外文教师要学会两国或三国文字。"在全国高等院校科研工作会议精神指导下，武测设立了无线电技术和计算技术两个专业；1960 年又增设了计算数学专业；他主持挑选几十名青年教师到京、沪等地进修，很快改变上述专业师资薄弱状况。

他始终坚持"全面发展，因材施教"方针，主张最好的教师到教学第一线，虽身兼数职工作多，仍长期任大地天文学课教学，当研究生导师。在他带动下，武测几位著名一级教授都坚持上课。他常说："想教书总得像样些，科学研究总得得出结论，否则如何交代？"他授课深入浅出密切结合实际，为帮学生弄清所讲内容，经常到学生宿舍去答疑。1958年5月23日武测校刊《我们尊敬的好老师》一文写道："晚饭后在大地系三年级女同学宿舍里，大家正准备上自习，夏院长和他的助教走了进来。夏院长今年担任了该年级大地天文学的课程，今天是特地来给同学们答疑的。同学们很高兴，也感到让夏院长亲自到宿舍来答疑有些过意不去，都赶紧搬凳子让座；但是，夏院长却始终站着耐心地解答每一个同学提出的问题……"

他经常主持系主任联席会议研讨教学问题，发扬民主提高教学质量；常说："必须保证教好学生，把现代最新科学成就传授给学生；""要发动大家的力量，对学生全面负责"。他提出的主张带头去做，坚持教书育人为人师表。新生入学他都谆谆嘱咐："要不怕艰苦，努力学习；要互相尊重，不要闹小圈子；要遵守纪律和制度，尊敬老师和职工；要有组织有计划地开展文体活动"，关心学生的全面发展，深得拥戴。

他强调重视科技信息、强化外语教学提高外语水平，以开阔视野走向世界。他廉洁奉公，严谨办学，与校党委密切合作，主持武测工作十年，至1965年底，武测已发展有5个系8个本科1个专科及中专部函授部，成为中国测绘教学科研重要基地，培养大批测绘专业人才，并已闻名于国际测绘界和科教界！

4. 中国大地天文学奠基人、卫星大地测量研究先行者

他不仅是当代中国杰出的教育家，同时又是大地天文学的奠基人、卫星大地测量研究先行者。在繁重行政领导、社会活动和给学生授课的同时，他积极投身科研工作。他的业务专长是大地测量和大地天文学，严冬酷暑坚持天文观测，对天文方位角精度提高、全能经纬仪T4的检验与应用、大地天文学等方面做了大量开拓性研究，发表了多篇学术论文。

1957年，他领导武测与中科院测地所进行武汉和广州两个天文基本点测定工作。武汉天文基本点是武测天文台1号天文墩。他提出天文经度测定以西安凉马台天文基本点为经度起标点，采用西安——武汉（广州）两地同时按金格尔法观测相同星对和收录相同时号来完成，这样可消去星表的星位识破差和时号改正数误差，并进行人同仪器对调测站再进行同样观测，使求的经度大大地削弱了人仪差影响，精度更高。当时，这样测量天文基本点在国内外属首次。

1963年，为总结新中国大地天文学科研成就和生产经验，他主持编著出版了《大地天文学》专著，融理论与指导实际作业为一体，指导了高质量天文测量工作。1965年，他主编出版了《全能经纬仪T4的检验与应用》一书。1963～1965年，他

主持完成国家科研项目"天文方位角测定精度研究"。1963 年秋冬两季，他亲率武测天文重力教研组教师十余人，赴湖北襄樊在国家大地网边上进行同时对向天文方位角测定精度研究。最长边有 50 多千米，每边观测时间均匀分布在全日四个光段内进行。那时他已年逾花甲，不辞辛劳攀山越岭指导天文作业，1965 年做完成果分析计算和研究报告，主持写出约 20 万字《1963 年天文方位角测定精度研究报告》，系统完整地论述了天文方位角测定精度，有重要参考价值。从实验方案到研究报告，都是针对当时国内外天文方位角测定所存在的仪器误差、大气折光及人差影响三方面来考虑；最后总结出提高天文方位角测定精度种种措施和方法，及天文方位角测定所能达到的实际精度；这对国家天文大地网施测天文方位角有十分重要现实意义。此外，他还计划把经度、纬度、方位角测量各写一本专著，因为当时国际上还没有人这样做过……

他密切注意国际科技动向，1960 年代初国际著名德国《测量全书》陆续新版，他主持翻译了其中第四卷第二分册《球面和椭圆体面上的大地计算》（中国工业出版社，1966）；1961 年与方俊审核出版前苏联 H·伊捷尔松著《位理论及其在地球形状理论和在物理中的应用》；1963 年与宁津生审核出版前苏联 M·K·文采尔著《理论天文学基础》；还发表许多大地天文学方面的论文。他的论著，奠定了中国大地天文学的理论基础。

1970 年代初，他与原武测教师管泽霖、宋成骅组成卫星大地测量研究组，在中国较早进行卫星大地测量研究。他强调实地观测考察，年迈患病不能成行，就让宋成骅、管泽霖带他亲笔信赴陕西天文台、北京天文台、天津纬度站、中科院天文仪器厂、上海天文台等处考察，收集了众多资料，借到国内外这方面不少新版著作。他指出 1970 年中国成功地发射第一颗人造地球卫星，人造卫星在多学科广泛应用，对大地测量亦有深远意义。他决定尽快引进卫星大地测量新技术，请宋成骅邀请分散在武汉的原武测教师宁津生、高时浏等，由他主持编译英文专著《卫星大地测量学概论》、德文专著《卫星大地测量方法》，这是中国卫星大地测量领域翻译得最早的外国文献。他夜以继日以致劳累过度两次因脑缺氧而休克，亲友劝他保重，他回答："新东西我可以做一点，就要做好一点……"他是中国卫星大地测量研究的先行者！

三、夏坚白主要论著

夏坚白. 1933. 应用天文学. 上海：商务印书馆：1-288.

夏坚白，陈永龄. 1935. 养路工程学（又名《铁路护养工程学》）. 上海：商务印书馆：1-483.

夏坚白. 1939. 双锁内误差传播研究（德文博士论文）. 德国：柏林出版社：1-204.

夏坚白. 1941. 谈测量事业. 四川北碚：中国地理研究所《测量》，1（1）：11-15.

夏坚白. 1944. 测量事业的经济观. 四川北碚：中国地理研究所大地测量组、同济大学测量系《测量》，4（1）：48-56.

陈永龄，夏坚白，王之卓. 1947. 测量平差法. 上海：商务印书馆：1-423.

王之卓，陈永龄，夏坚白. 1949. 航空摄影测量学. 上海：商务印书馆：1-304.

陈永龄，夏坚白，王之卓. 1951. 大地测量学. 上海：商务印书馆：1-530.

夏坚白，陈永龄，王之卓. 1953. 实用天文学. 上海：商务印书馆：1-264.

勃拉日哥. 1954. 实用天文学教程. 夏坚白，李春生译. 北京：高等教育出版社：1-227.

夏坚白，韩天芑. 1959. 十年来的中国科学・测量学与制图学・大地天文学（1949～1959）. 北京：科学出版社：1-22.

夏坚白主编. 1960，1963. 大地天文学（上、下册）. 北京：中国工业出版社：上册：1-182；下册：1-326.

夏坚白，宋成骅. 1964. 天文方位角测定精度的分析. 北京：测绘学报，（1）：122-137.

夏坚白，宋成骅，吴家让. 1965. 全能经纬仪 T4 的检验与应用. 北京：中国工业出版社：1-267.

夏坚白，宋成骅. 1965. 全能经纬仪轴颈检测和轴颈误差对天文方位角测定精度的影响. 测绘学报，（3）：145-169.

夏坚白主编. 1965. 1963 年天文方位角测定精度研究报告. 武汉：武汉测绘学院出版：1-142.

夏坚白，管泽霖，宋成骅（卫星大地测量研究组）. 1973. 卫星大地测量问题——卫星大地测量基本原理及应用. 武汉：华中师范学院科技资料专刊，（2）：1-110.

夏坚白等. 1974. 卫星大地测量学概论. 北京：测绘出版社：1-462.

夏坚白主译. 1974. 卫星大地测量学方法. 北京：测绘出版社：1-385.

夏坚白. 1993. 致周恩来总理的信（1973）//学部委员夏坚白. 北京：测绘出版社：153-158.

主要参考文献

徐兴沛. 1989. 湖北省志人物志稿：夏坚白. 北京：光明日报社出版社：920-921.

徐兴沛. 1998. 中国高等学校中的中国科学院院士传略：夏坚白. 北京：高等教育出版社：494-496.

徐兴沛. 2000. 经天纬地，矢志不渝——忆中国科学院院士夏坚白//测绘院士风采录. 北京：测绘出版社：1-24.

宁津生，徐兴沛等. 2003. 学部委员夏坚白（第二版）. 北京：测绘出版社：1-393.

徐兴沛. 2004. 夏坚白//中国科学技术协会编. 中国科学技术专家传略・理学篇・地学卷 3. 北京：中国科学技术出版社：90-108.

撰写者

徐兴沛（1946～），编审. 长期研究中国测绘史、高等教育史、大学校史和科教人物志. 曾专访夏坚白生前好友方俊、陈永龄、王之卓、李国豪等院士，和地图制图先驱曾世英等，以及夏坚白夫人林静庄、子女和众多门生等。

吴尚时

吴尚时（1904～1947），广东开平人。地理学家，地理教育家，中国近代地理学的开拓者之一。1928年毕业于中山大学英文系。1929年起先后就读于法国里昂大学、格朗劳布大学和波尔多大学地理系，获法国国家硕士学位。1934年回国，历任中山大学地理系教授、系主任。1946年任岭南大学历史政治系教授等。他一生致力于我国地理科学研究，在自然地理、区域地理、读图与制图学等领域多有新发现，建树累累。他发现广州七星岗古海岸遗址，论证和肯定珠江三角洲的存在，系统建立珠江三角洲溺谷生成学说。首创中国山脉"一带三弧"分布论、"中华地形对角线"和中国地形"三级阶梯"概念的提出者之一，首次划分广东地形区，第一次提出湛江湖光岩为死火山口、琼州海峡、云南湖泊的地层陷落成因说，以及南岭为一群山地而不是一条山脉等真知灼见。他在大量翻译介绍西方地理学著作之同时，深入研究珠江水文水利，提出治理广州山洪、顺德甘竹滩航道、韶关曲江水患方案，开创我国水文地理新局面。他最早研究广东区域气候，第一次划分广东气候带（区），他精于读图，利用地图发现广州白云山东麓断层崖，正确解释长江三峡成因，主持编绘第一部《广东分县地图册》和大量挂图。他主持中山大学地理系，为我国培养一批地理学栋梁之才。他所撰写的《广州七星岗海蚀遗迹》、《广东南路之地形》、《华南弧》、《广东省之气候》、《珠江三角洲》等论著是地理学经典之作。而他摈弃利禄、终身不仕，走在野外考察荆棘途中研究地理的执著精神，又堪为旧中国知识分子一个楷模。

一、简　　历

吴尚时1904年10月30日生于广东开平县，1947年9月22日病逝于广州，享年43岁。

吴尚时出身于一个有文化教养的家庭，自小聪颖过人，嗜书如命，淡泊明志，人以为奇。1913年就读于广东高等师范学校附小，喜文学、体育，成绩优异，每试辄冠。1924年进入该校英语部，1926年转入中山大学英文系，口语、笔译甚佳，尤致力于研究西洋文学。1929 年毕业，获金奖章，同年被选送法国留学，专攻地理学。先后就读于里昂大学、格朗劳布大学和波尔多大学，师从阿里克斯（Allix）和 R. 白朗霞（R. Richard）教授。1934 年毕业，获法国国家硕士学位。同年归国，受聘为中山大学地理学系教授，讲授地形学、水文学、区域地理学、读图学等，此皆为当时国内学校少见课程。同时开始华南地理科学研究，以不少创见崭露头角，极为同仁注目，逐渐确立了他在华南地理学界的地位。

1938 年 10 月 21 日广州沦陷，吴尚时随中山大学先后迁广东罗定、云南澄江和广东坪石等地，历尽颠沛流离之苦。也是在这个最困难的战乱时期，他出任地理系主任达 6 年半之久，带领师生辗转各地，坚持教学和研究，直到抗战胜利才辞去这个职务，是中山大学地理系建国前历届系主任中任职最长的一位教授。此期间他著述最丰，富有创造性的学术发现、立论、见解源源而出，自成一家，诚为他学术生涯的黄金时期。

1945 年 9 月日寇败亡，10 月吴尚时随校回到广州。年底辞去中山大学地理系主任职，转岭南大学任职。他在战时完成的一些文稿这时得以付梓，学术更趋成熟，声名远播中外。可是长期的艰苦生活和过度劳累，严重损害了他的健康，不幸于 1947 年 9 月 22 日病逝于广州，时年仅 43 岁。临终前，他悲叹："余所写作，未及所愿之万一"，在场师生亲友无不感慨涕零。

二、主要科学成就、学术思想及其影响

吴尚时是一位才华横溢的地理学家，从事地理研究虽然只有 13 年，但取得的成果多属空前创见，蔚然成家，在我国地理学史上占有重要一席之地，也由此奠定他作为中国近代地理学开拓者之一的坚实基础。据不完全统计，吴尚时一生共写出地理专著 4 种，译作 7 种，论文 62 篇，近 200 万言，散佚手稿不算在内。归纳起来，可分为地形学、水文学、区域地理、读图学和制图等，从中可窥见他对我国近代地理"筚路蓝缕，以启山林"之功。

（一）主要科学研究领域

1. 地形学

这是吴尚时学问功底最深厚、建树最多的一个研究领域。他针对过去中国地理学者详于水而略于山的研究倾向，对此用力尤多。特别是当时很少有人问津的华南地形，有赖于他的研究才弄清它的分布规律和格局。他的许多见解至今已成为不刊之论。其主要贡献是：

（1）针对当时在中外学者中流行的珠江河口无三角洲之说，提出珠江三角洲的溺谷生成见解。阐明三角洲系由西、北江三角洲及东江三角洲复合而成，可分为三角洲本部、附近平原及边缘丘陵三部分，并指出三角洲主体范围在三水至石龙一线以南。珠江河口无三角洲之说自此销声匿迹。他的这些论断集中反映在 1947 年与曾昭璇合著《珠江三角洲》论文中。他的这些论断已为后来发现的大量材料所证实。

（2）1937 年 5 月 14 日发现广州七星岗及其附近海蚀和海积地形，证明这是广州古海岸所在，海水曾深入珠江口内，并确定第四纪后期海面高出今日海面约 10m。这一发现有力地支持了他关于珠江三角洲迄今无明显升降之说。这对认识华南海岸地形的发育规律提供了确凿证据，无论在科学研究还是生产实践上都有重要价值。现在七星岗已列为广州市重点文物保护单位，立碑建亭纪念。

（3）提出红岩地貌真相理论。红色岩系在南中国，尤其在粤北分布很普遍，但对其成因、构造、形态、地史等问题，缺乏周详的研究，争议也很多。他与其高足曾昭璇教授经数年工作，提出红色岩系有山麓堆积、沿岸沉积、浅水沉积、静水沉积等正常沉积岩相，和堆积扇构造、三角洲堆积、河谷堆积、洪流沉积，以及湖面变化等特殊沉积形态与环境；红色岩系自沉积以来，未经造山运动影响，故岩层排列水平或倾角和缓，间有断层作用而成陡崖，时代为白垩纪到第三纪，由于其岩性不同，生成页岩构成的低丘和厚砂岩构成的峰林、石柱、石蛋、石针等多种地形景观，这使上述悬而未决的问题得到圆满解释。此后红岩地貌作为专门地貌类型，为地学界认可和广泛应用。

（4）建立中国山脉结构"一带三弧"说。吴尚时在其身后出版的《中国山脉概论》一文中，认为我国中部为一条大致呈东西走向的轴线所横贯，即昆仑山、祁连山、秦岭等山脉。在此线以北为蒙古弧形山脉，多数从北西—南东或北西—东南东，到西—东，再到南西—北东或西南西—东北东的走向排列，中部向南突成弧形；此线以南山脉，在东部是一个向西突出的弧形系统，称为华南弧，从云南到台湾的山岭都属此弧之列；在西部由藏北的大致呈西—东走向，到川滇的大致呈北—南走向，在北纬 28°～34° 一带，形成向东北突出的弧形，称为藏滇弧。对我国山脉做了如此简明扼要、系统的阐述者，吴尚时实为第一人。特别是他对华南弧的研究更为深入，指出华南地区山脉走向，不是震旦走向，而受弧形构造支配。此弧形是由东向西推力造成的，其中轴在北纬 26°～27° 间，自第三纪至今仍在推动中。这一创新学说，当时被人们特别注意，其后亦得地学界的赞同。

（5）首创用频数统计方法决定侵蚀面存在。他在与陈小澄合撰《云南中部地形》

中，即用此法与野外考察及读图相结合，确定云南中部有 2500m、2000m 和 2000m 以下三级侵蚀面。在对该地区地形发育史的很多论述中，他的论文被首推为最有见地者。

（6）"旱峡"成因理论。西、北、东江下游河道，横穿山地形成峡滩，无大水仅有溪流，地形上谓之"旱峡"。世界上时无公认解释，成为地形学上悬案。过去德国地质学家李希霍芬等曾提及，但考察不详而无结果。吴尚时实地考察了北江飞来峡和西江羚羊峡地质构造和形态，指出这是昔日支流所经，且由其侵蚀而成，从而找到了这种特殊地形的成因。

（7）广州市东南郊三级台地及广州北部山地三级侵蚀面的发现。广州附近，外国学者只研究过其地质，而吴尚时则是其地形首先研究者，发现市东南郊从高到低存在有 40～50m 中大台地（今华南理工大学所在地）、20m 岭大台地（今中山大学所在地）和七星岗 10m 台地，以及广州北部山地三级侵蚀面，对它们的演进过程和特征皆作精辟分析，填补了广州附近地形的空白。这一成果早为有关部门采纳和应用。

（8）提出南岭非山脉说。长期以来，中外史地学家深信南岭为一东西延绵的山脉，且比之于秦岭对我国南北分界的意义。吴尚时经过周详的实地调查，再三对比，提出"南岭何在"疑问。指出南岭实为北北东—南南西、北北西—南南东，以及北—西而非东—西排列的一群山地，其间有不少通道，还对其南北气候与人文地理现象的影响，做出合理解释，终使有关南岭为山脉的传统观念被动摇或扫除。此说后来已为越来越多的考察者所理解和接受，且收入有关地理教科书中。此外，他对从广州湾到杭州湾的海岸地形、湖南衡山花岗岩地形、广东台山、清远抢水地形、云南澄江、广东罗定盆地地形，以及广东全省、南路、东江、仁化乃至四川各类地形等，皆有不同程度研究，其中亦不乏真知灼见。例如，他认为东南沿海山地河流放射状排列是受穹窿构造运动影响所致，20 世纪 50 年代苏联专家对此很赞赏。他又提出雷州半岛存在海相地层及海成台地，此即建国后广泛采用的"湛江组"、"北海组"地层。他议论所及，铿锵有力、令人信服，部分论文还用英文写成，因此吴尚时名字，不仅为中国地理学界所熟知，也蜚声海外。

2. 水文学

水文学与地形学有不可分割的联系。吴尚时在水文学领域造诣高深，除从理论上阐明许多水文现象以外，还能与生产和民生相结合，他的许多有关水利建议和措施，至今仍未失去其意义。他的出色成就，计有：

（1）提出广州市东濠整治计划的水文学原理。东濠自清代以来，失其地利，每遇大雨，所过城区尽成泽国，居民损失甚巨。他考察了沿河地形和流水运动规律，提出在上游筑坝，在下游挖河分流的既节省、又可行的治理方案，为广州市政府采纳，潦患渐得控制。

（2）论证甘竹滩存炸意见。西江流经顺德甘竹滩河段，两山夹峙，水流湍急，危及航行安全。存炸与否，众论不一。吴尚时以一个地理学家特有的综合观点，经过实地考察，力陈炸滩势必影响滩上下水文状况，危及沿途数百里居民的安全和生活。由于其否定炸滩的意见非常中肯，众论得以统一。建国后在甘竹滩建立了全国唯一的低水头潮差发电站，这亦有赖于他的正确意见，才使险滩造福于人民。

（3）对韶关潦患原因作精辟分析，并提出预防措施。位于北江浈武二水交汇的韶关常受洪水威胁，民不堪命、治无良策。吴尚时带领他的学生踏遍附近山水，在深刻分析它产生的地质、地形、水文、植被、气候等原因及洪水运动过程，以及预测其流量基础上，提出造林、筑堤蓄水、设立水文预报站等措施，时人无不信服。事隔50余年，现在粤北防洪治水，仍离不开他当年所提建议。

（4）论证粤北水电开发方案。粤北水力资源丰富，惜未能开发利用。吴尚时总结调查考察所得，撰《粤北之水力》一文（与何大章、罗来兴合撰），阐述了水力开发的自然和社会经济条件，宜开发的为武水及其支流连江、翁江，以及浈水支流锦江，还计算出各河段流量。此实为粤北水力开发研究之嚆矢，亦为他将水文学原理应用于流域开发的一个范例。

3. 区域地理

吴尚时深受法国区域地理学派的影响，擅长用近代地理学的理论和方法，有效地进行区域研究，其研究范围主要在华南和云南。他的区域地理研究成就之大，一是认识深刻，切中要害；二是开创区域研究与地理学相结合的先河，并提供了成功范例。吴尚时所研究过的区域，都有其见解的代表论文。在坪石时，即以粤北为区域研究中心，所撰《广东乐昌盆地地理纲要》可谓其区域地理处女作。此后则有《粤北国防根据地》、《粤北四邑与南路》、《乐昌峡》等论文。尤其是后者，不但对乐昌横谷地质地形作精辟讨论，而且对山区地理环境的影响，备述无遗，可算是山区自然、人文相结合的浑然一体的区域地理论文。对粤西，则有1947年与曾昭璇合写《广东南路》一文，文中论述气候时顾及地形、水文，记地形时不失土壤、农作、交通、聚落、居民等要素，熔自然、经济、社会于一炉。南路区域特征，和盘托出，时被誉为区域地理杰作。南京大学徐近之教授读后为之额首，认为是抗战时期我国地理学重要成果之一，至今仍为研究粤西区域地理重要参考文献。在区域地理重新受到重视的今天，重温吴尚时区域地理论著，将会得到许多新的启示。

4. 区域气候

自 20 世纪 30 年代竺可桢对全国气候进行分区，广东热带亚热带气候始进入近代气候学研究阶段。但这个分区对于广东而言很粗略。吴尚时认为，区域气候研究是我国气候学发展的重要方面。而对广东作区域气候研究者，吴尚时实为第一人。1944 年，他与弟子何大章合撰《广东省之气候》专著，运用气候学指标和图形，阐明广东气候共性，包括风向、降雨、气温等时空分布规律，在此基础上，按照气候分析与农业生产习惯相结合的原则，将全省划分为海南岛区、粤北区、粤中过渡区（内分东江区和西江区两个亚区）、东北部粤东沿海及西南部雷阳沿海区。这个分区，具有很高的实用价值，是广东第一次气候区划的成功尝试，也是以地名命名气候区的法国 E·马东男气候分类法引入我国的最早例证。吴尚时对广东气候分区与建国后以选择橡胶热作宜林地为目标之广东气候区划有颇多共同之处，他的分区无疑起了先导作用。

5. 读图学与制图

地图乃是地理学第二语言，吴尚时不但自己精于读图，而且以此作为加强对学生地理考察的基本训练手段。当时教育部颁布的地理系课程中，"读图"未列为必修课程，他认为十分不妥。他在中山大学任教时，即把它列入必修科目，这在当时国内大学还是首创。他多次撰文强调读图的必要性。例如《读图举例——广东防城龙门》（今属广西）与《读图举例——广东梅花街》（与何大章、陈小澄合著）等文，均从读图看出地形、水文、土壤、交通、聚落等各种地理现象的联系和差异。他曾经预言，地理制图和读图学要从空中摄影发展，有"进者乐空"之警句。今日遥感和 GIS 制图的发展，证明吴尚时深有远见。

20 世纪 40 年代初，吴尚时受广东省政府委托，领导和组织了以中山大学地理系师生为主力的广东地图编绘工作。历时两年完成广东省政治经济地图 6 幅，1:20 万分县地图 108 幅，还有 50 万字说明书。此为广东历史上规模最大的一次制图工程，当时在全国也只有少数省份可以相比。虽然这套图件因战乱等原因未能付梓，但凝结着他们大量心血的劳动成果，已赢得地理学界啧啧称赞。有幸的是，据传这套图件至今仍保存在广东省地矿局测绘队中。

6. 译作

吴尚时博闻强记，学贯中西，通晓英、法、德文，故得以在从事著述同时，还大量翻译西方地理著作，对中西文化交流做出重要贡献。当时水文学在国内不受重视，于是他译法国地理学家 M. 巴尔台（Parde）《森林与河流》，E. de. 马东男《自然地理学》中"地形篇"和"水文篇"（与罗开富、罗来兴、梅甸初等合译，未出版），博利（Baulig）《北美洲之水文》，为我国地理学界介绍法文专著的第一本书，至今仍被视为水文学经典著作。此外，还有博利《北美之气候》、阿里克斯（Alix）《北美经济地理》等。

（二）学术思想及其影响

吴尚时在法国受过严格的地理学训练，博采西方地理学各流派之长。特别重视野外考察，突出地理学的综合性和区域性，以及用历史视角观察现时地理现象，不迷信外人，走在实践中研究地理和培养地理人才的道路，故不断有所发现，有所创新。这不但使他成为中国近代地理学一位出色的开拓者，对推动我国地理学发展做出了杰出贡献，而且他培养的学生，也继承了导师的学术思想，并发扬光大，在地理学各个领域成就斐然，长盛不衰。概而言之，吴尚时学术思想和影响主要表现如次：

（1）强调野外考察在地理研究中的重要意义。这也是他成就卓越、高人一筹的奥秘所在。吴尚时长年奔走在野外考察的荆棘途中，认真观察，善于思考，深入对比，透过现象，看清本质，导出规律。广州白云山断层崖发现，肯定珠江三角洲存在和揭露它的一系列特征，粤北潦患防治和水资源利用的结论，举凡他所取得的开拓性成果，几无不浸渍着他野外工作的汗水，而使用参考文献甚少。如他在《珠江三角洲》这篇著名论文中指出："少作野外考察，每以盲从附会"，只要这些人肯到野外考察一番，"则不致有坐井观天之叹"。他还警示世人："未作野外工作而据下断语之房中地理学者，实贻误后学"。他主持中山大学地理系，更把野外考察作为培养学生不可或缺一个环节。这样出来的中山大学地理系毕业生，动手能力很强。吴尚时弟子曾昭璇、罗来兴、罗开富、徐俊鸣等都练就一身过硬野外工作本领，在许多领域有所建树，其中主要根源是深受吴尚时野外实践思想影响，并结出累累硕果。这是后来地理学岭南学派的学术风格一个最大亮点。

（2）高度重视地理学的综合性和区域性，并用于指导地理研究。吴尚时深受法国区域学派影响，在地理研究中，高度重视地理学的综合性和区域性，贯彻在他地理研究的始终。他认为地理学是一门综合性科学，自然、人文一体，应归结于区域、统一于区域，部门地理不能取代区域地理。除上述《广东南路》一文即为区域研究的范例以外，举凡他所进行地理研究，几无不体现地理学的综合性与区域性。如他研究地形所写《乐昌峡》一文，从地形论及气候、聚落、土地利用、交通、工业和发展前景等，将乐昌峡所在区域地理特征和盘托出。上述他对区域气候研究，由主要气候特色起，次论及气候差异性，分区随而产生，亦反映他单个地理要素研究，必须首先指出其特征，次述其区域差异的学术思想。

（3）史地结合的学术思想和方法论。吴尚时具有深厚的中国传统文化基础和历史修养，更接受西方地理学教育，在一个人身上同时具备历史和地理两种学科素养，故能在地理研究中，做到史地结合、时空一体，结论可靠，不由人不信。早在法国留学时，他曾在里昂向法国地理界作关于中国古代地理学家邹衍的"大九州"学术报告，引起轰动。回国后，吴尚时每论及地理现象变迁，几追溯历史。如论及粤北地形对交通运输制约作用，即历数粤北水陆交通历史兴衰、路线分布和客货流运动，提供了粤北交通运输地理的多个纵横剖面。又吴尚时研究广东南路区域地理，发现那里有很多"那"字为起首地名，用汉语无法释其含义，他即追溯这种地名历史渊源，及其当地居民来源、分布关系，指出南路乃古代俚人大本营，俚人后被汉化，但古越语地名保留下来，形成非常有趣的地名文化现象，"那"字地名即为一例。他的这一见解与清初屈大均《广东新语》及后来徐松石关于"那"字地名见解不谋而合。吴尚时这种学术思想和方法，深深地影响到他的学生和中山大学地理系学风。曾昭璇后来把地理研究方法归结于"先分析、后综合、贯历史"，钟衍威论文《武水流域上游之聚落地理》（1943）、《广州市经济地理》（1958）即有很大一部分内容讲它们的历史变迁，徐俊鸣更是岭南历史地理一代大师，他们皆出于吴尚时门下。

（4）不断开拓地理学研究新领域。吴尚时生长在我国地理学草创时期，许多领域还一片荒芜。他在这片园地披荆斩棘，开拓出一个个新领域，推动中国地理学向前发展。他除了在自己的地形、水文、气候、区域研究中提出许多创见以外，还特别在地理教育上开拓创新，增设新课程，扩大学生知识面。中山大学地理系建立后，开设课程之多居全国各大学地理系之首。当时各国大学地理教育，有的偏于人文地理，有的偏于自然地理，而中山大学地理系认为地理学是一门独立科学，自然、人文现象是一个整体，不能孤立、割裂，故自然地理和人文地理课程并重，并突出实习和野外考察。吴尚时执掌地理系时，力主将教育部规定"读图"课改为必修课，并获成功，为全国首创。后又在中山大学率先开设土壤地理学和都市地理学，抗战时又增设"战时地理"课，为其他学校所无。这样训练的学生，知识面广，学术视野高，思想活跃，曾昭璇为其中佼佼者。20 世纪 60 年代，中山大学地理系率先在全国开设水热平衡和环境化学课程，70 年代中期又确定以城市规划为经济地理专业发展一个主要方向，这都是历史传统在新时代的继承和发展。

（5）主张地理学为社会经济发展服务思想。吴尚时不是书斋式学者，而是一位在实践中探讨地理规律的专家。他所从事的研究，很大一个目的是为发展经济、改造民生服务。他关于广州东濠整治方案、甘竹滩存炸意见、粤北潦患防治和水资源利用、南路海岸围垦、扩大水田、绿化荒坡、发展畜牧业，以及开发茂名油页岩等见解，皆为地理学应用于实践的精辟见解。如他在《曲江之潦患与预防》一文所指出："近代地理学为一种研究自然与人生之科学，其富于应用性质，不言而喻"。他的这种科学之应用思想，今已构成岭南文化务实性的一个重要特征而得到肯定和弘扬。

三、吴尚时主要论著

吴尚时. 1934. 白云山东麓地形之研究. 中大理院. 自然科学, 6 (2).

吴尚时. 1935. 羚羊峡及其旱峡地形之研究. 中大理院. 自然科学, 6 (3).

吴尚时, 罗开富. 1935-08-29. 整理广州市东濠意见书. 中山大学日报.

吴尚时. 1937-03-22. 关于甘竹滩炸之意见. 中山大学日报.

吴尚时. 1937-05-14. 广州七星岗海蚀遗迹. 中山大学日报.

吴尚时. 1937. 广州漏斗湾至杭州漏斗湾之地形. 中大理院. 自然科学, 7 (4).

吴尚时. 1937. 中大台地研究. 中大理院. 自然科学, 7 (4).

吴尚时. 1937. 广州附近地形研究. 中大理院. 地理集刊, (1).

吴尚时. 1939. 罗定盆地之地形. 中山大学. 地理与旅行, (2).

吴尚时, 陈小澄, 林嘉秀. 1939. 云南中部之地形. 中大理院. 地理集刊, (4).

Pard'e M. 1940. 江河之水文. 吴尚时译. 上海：商务印书馆.

吴尚时, 陈小澄. 1941. 读图举例 1——"龙门"幅. 中山大学. 地理集刊, (8).

吴尚时. 1941. 广东省之地形. 广东年鉴.

吴尚时, 罗来兴. 1943. 滇武二水之水文. 中山大学. 地理集刊, (3).

吴尚时, 何大章. 1943. 曲江潦患与预防. 中山大学. 地理集刊, (5).

吴尚时, 罗来兴. 1943. 粤北之水力. 中山大学. 地理集刊, (3).

吴尚时, 罗来兴. 1943. 乐昌峡. 中山大学. 地理集刊, (12).

吴尚时, 何大章. 1943. 广东省之气候. 亚新地学社丛书之五.

吴尚时. 1943. 广东省分县地图册 (1：20 万, 108 幅, 附说明书).

吴尚时, 曾昭璇. 1944. 雷州半岛. 地理学报, 11 卷.

吴尚时, 曾昭璇. 1946. 粤北红色岩系（英文稿）. 岭南大学. 岭南学报, 专号.

吴尚时. 1947. 广东南路（英文稿）. 岭南大学. 岭南学报, 7 (1).

吴尚时. 1947. 华南弧 (英文稿). 岭南大学. 岭南学报, 7 (2).

吴尚时. 1947. 中国之山脉概论 (中英文稿). 清华大学. 地学集刊, 5 (3).

吴尚时, 曾昭璇. 1947. 珠江三角洲 (英文稿). 岭南大学. 岭南学报, 9 (1).

吴尚时, 曾昭璇. 1947. 南岭何在 (英文稿). 岭南大学. 历史政治学报, 创刊号.

主要参考文献

司徒尚纪. 1995. 吴尚时. 广州：广东人民出版社.

撰写者

司徒尚纪 (1943～), 广东阳江人、教授、博士生导师。长期从事历史地理、文化地理、经济地理研究。

许桂灵 (1971～), 福建莆田人, 副研究员。主要从事区域文化地理、区域发展与规划研究。

曹廷藩

  曹廷藩（1907～1990），河南舞阳人。地理学家，我国现代经济地理学理论家，地理教育家，经济地理学生产配置论的开拓者和为生产服务的积极倡导者。1935年毕业于武汉大学历史系。1937年起先后就读于英国伦敦大学、牛津大学和利物浦大学地理系，1940年回国。历任湖南大学经济地理系教授、系主任、校副教务长，中山大学地理系系主任、教授、校副教务长，中国地理学会经济地理专业委员会主任委员、广东省地理学会第二届理事会理事长等。他长期致力于经济地理学基本理论研究，坚持经济地理学研究对象是生产配置，结束在这一学科研究对象上我国南北学者的争论，后与他人合著《经济地理学原理》专著面世，成为经济地理学经典之作。他身体力行，探讨和参加经济地理学为生产服务实践，在华南热带生物资源综合考察基础上提出自然条件的经济评价要自然、技术和经济三者相结合的正确方向；在参加广东各级农业区划工作中，总结出从生产任务出发，运用学科理论和方法解决实际问题的途径和经验，是全国农业区划"广东经验"的创始者之一；改革开放以后，他根据变化了的社会经济形势，倡导和支持将城市规划作为经济地理一个方向。他长期主持湖南大学、中山大学地理教育工作，为我国培养大批地理科学工作者，对我国地理学发展和社会主义建设做出了卓越贡献。

一、简　历

  曹廷藩1907年11月23日生于河南省舞阳县姜店乡隆周村，1990年1月22日在广州逝世，享年83岁。

  曹廷藩出身于贫苦农民家庭，父亲是一位小学教师，经常给他讲一些认真读书才能安身立命的道理。少年时由于家庭经济困难，他经常帮助家里做些农活。1921年小学毕业，他考取设在开封的河南省立第一师范，主要依靠公费完成中等教育。1925年至1927年在武昌大学预科就读，毕业后在国民革命军第六军政治部工作一年，曾随军参加讨伐军阀蒋介石、唐生智的战争。1927～1931年先后在河南汉川省立七中、洛阳省立八中任史地教员。1931 年同时被武汉大学、中央大学（今南京大学）和北京大学录取，结果选择武汉大学历史系就读并于 1935 年 7 月毕业。随后在武昌东湖中学任史地教员。1937 年 5 月，参加河南省第三届公费留学考试，被录取入英国伦敦大学地理系学习，1939 年至 1940 年初，转赴牛津大学地理系学习，继而到利物浦大学地理系学习一段时间。旅英期间曾到法国西北地区实习、考察多所大学地理系，系统地接受英法地理教育。

1940 年 5 月回国，任湖南大学地理系教授，主讲经济地理课程，编印经济地理理论、中国和世界经济地理讲义多种。1950 年创办全国唯一的湖南大学经济地理系，任系主任兼校副教务长。1953 年曾被派往朝鲜，担任中国人民志愿军停战委员会观察代表队英语翻译。翌年春回国，旋奉调到中山大学地理系，任校副教务长，1955 年任地理系系主任，直到 1966 年"文化大革命"前夕。1956 年，负责组建中山大学经济地理学专业，并筹建广州地理研究所，兼任副所长。

1958～1965 年，先后在《地理学报》、《地理知识》、《地理》和《中山大学学报》上发表关于经济地理学对象、性质、任务，为生产实践服务等系列论文，指出经济地理学对象是"生产配置"而不是"生产力配置"，这是一项学术创新，奠定了他作为经济地理学理论大师的基础。在此期间，多次带领中山大学地理系师生和广东地理同仁，开展华南热带生物资源综合考察，足迹遍及两广等地，并作为广东省农业区划委员会主要成员，指导并亲自带队开展广东农业区划工作，在此基础上写成《关于农业区划工作中的几个主要问题》、《关于作物布局的一些主要问题》等论文，后成为全国农业区划"广东经验"一个主要组成部分。

20 世纪 70 年代，经济地理学面临着何去何从的出路问题，他本着勇于探索精神，带领中山大学经济地理学专业师生奔赴上海、南京、北京、武汉、长沙、湛江等地调查，最终确定经济地理学走城市规划道路和发展方向，并坚持至今，在实践中不断取得一个又一个研究成果。

改革开放以后，他积极投身经济地理学专业改革，先后出席在长沙、广州、北京举行的经济地理学术会议，发表多篇总结我国经济地理学发展历史经验的论文。1986 年，曹廷藩的 12 篇有关论文，由中山大学出版社以《经济地理学主要理论问题研究》论著面世。

1985 年，他辞去中国地理学会一切兼职，并以高龄和健康原因退休（后改为离休）。此后，他全力投入经济地理理论总结，与南京大学张同铸、华东师范大学杨万钟合作，完成《经济地理学原理》专著定稿。该书 1991 年 5 月由科学出版社出版，而他却于 1990 年 1 月逝世，未能见到专著出版。

曹廷藩长期担任湖南大学、中山大学地理系系主任、中国地理学会理事、中国地理学会经济地理专业委员会主任委员、广东省地理学会理事长、《地理学报》编委，组织和领导《广东省地图集》编纂，参与《中华地理志》调查编写等工作，为我国地理学发展和地理人才培养倾注毕生精力，做出重大贡献。曹廷藩又是一位杰出的党务工作者，多年来担任中山大学党委委员、党委常委、广东省科协党组书记之一等职，肩负着繁重的党政领导工作任务，同时在经济地理科学上取得重大建树，深为党政界、学界人士折服，至今仍为人们交口称誉。

二、主要科学研究成就、学术思想及其影响

经济地理学是现代地理学一个重要组成部分。建国前，我国经济地理学深受欧美地理思想影响，多数人认为经济地理学是研究地理环境与人们经济活动或生产活动之间关系的一门科学。曹廷藩早期也接受经济地理学这个学科性质和定位。建国初，在引进苏联经济地理学过程中，在苏联原来就有分歧的主张经济地理研究"生产配置"的经济学派和主张研究"生产力配置"的区域学派同时被引进我国，并在我国经济地理界引起热烈争鸣。曹廷藩根据马克思主义原理，从生产力和生产关系两个方面研究了生产配置的规律性，并吸收欧美经济地理学的积极成果，结合经济地理学为生产服务的实践，科学、系统、辩证地论证了经济地理学是一门研究生产配置的科学。这一论断已为大多数学者接受，从而结束了我国学者在这一学科理论上的争论，在指导学科建设、为生产服务上具有重大理论和实际意义，为我国经济地理学发展做出卓越建树，产生深远影响。

（一）主要科学研究领域与成就

经济地理学基本理论是倾注曹廷藩毕生精力和实践的研究领域。他以这一问题为核心，开展了与之相关的系统研究，硕果累累。归纳起来，主要包括以下几个方面：

1. 生产配置论

针对建国初从苏联引进经济地理学是研究"生产配置"还是"生产力配置"的争论，曹廷藩旗帜鲜明地指出，经济地理学研究生产配置。生产配置现象，一方面随着生产力的变化而变化，另一方面又随着生产关系的变化而变化，这两方面的结合，支配着生产配置。而生产应理解为生产力和生产关系的统一，不能离开生产关

系来谈生产力的配置，前者恰是经济地理学"生产力配置论"所强调的唯一要素。20 世纪 50 年代初，"生产力配置论"在我国经济地理界占上风，曹廷藩"生产配置论"处于少数派地位，但是随着研究的深入和扩大，他的观点逐渐为同行所接受，成为经济地理学研究对象的主流，从而为学科理论建设指明了正确方向，也为分析当时和预计未来经济发展和生产布局做出重大贡献。他的"生产配置论"，集中反映在 1958 年发表在《地理学报》上的《关于经济地理学当前争论问题的一些初步意见》和 1961 年在上海经济地理专业学术讨论会上发表的《经济地理的对象、性质和任务问题》等论文中。

2. 基本矛盾论

经济地理学研究对象的特殊矛盾和基本矛盾在我国经济地理界向有不同的看法。曹廷藩在深刻理解毛泽东哲学著作《矛盾论》精髓基础上，针对不同意见，提出生产发展对于生产配置的要求和作用于生产配置的自然、技术、劳动力、区位诸条件，是基本矛盾；而我国北方学者认为生产过程中的"生产部门"和"生产地区"之间的不相适应才是研究对象的基本矛盾。曹廷藩的观点，因有深层次的哲学依据，并符合生产配置的客观要求，因此后来不但渐为北方学者所理解和接纳，起到统一经济地理研究对象矛盾的作用，而且成为生产配置的实践的指南。后来广东各级农业区划、作物布局、土地利用、工业布局等经济建设规划和实施，皆以解决上述基本矛盾为主要内容，成绩斐然。全国农业区划的"广东经验"的出现和推广即为一个突出事件，显示曹廷藩在这一学术领域结出的硕果。

3. 学科性质论

基于经济地理学研究生产配置涉及面甚广，这门学科性质也成为学界争论的一个焦点。曹廷藩在 1958 年以前，认为经济地理学的学科性质是边缘学科，是一门介于自然科学和社会科学之间的带有边缘性质的学科，具有明显的跨界性质。后来经过深入探讨，他认为经济地理学是一门特殊的社会经济科学。1961 年他发表《经济地理学的对象、性质和任务问题》论文，指出经济地理学具有经济、技术、自然三结合特点，是一门特殊的经济科学或一门特殊的社会经济科学。这一科学论断，澄清了在学科性质问题上混沌不清的概念，为经济地理发展指明了正确方向，因而得到全国同行的认同。著名经济地理学者吴传钧、张同铸、杨万钟、钟功甫、张维邦等即属其列。钟功甫指出："美国知名地理学家哈特向（Richard Hartshone）先生曾写道：'经济地理学必须作为一个领域群来看待，而不是单一的研究领域'。遗憾的是哈特向先生没有进一步地对研究对象、学科性质等问题进行总结性的研究，因此，曹廷藩先生的结论性论点就比哈特向的理论更加系统而完整，更为鲜明、突出。曹先生不愧为当代著名的经济地理学家之一，曹氏的《经济地理学原理》一书，堪称为富有中国特色的杰作"。晚年，曹廷藩对学科性质又有了新的观点，1978 年中国地理学会在长沙召开经济地理专业学术会议，他发表了《关于学科性质的再认识》一文，认为经济地理学"似应属人地关系系统，带有边缘学科和应用学科的性质"。这一修正使经济地理学作为我国当时复兴中的人文地理学的一个分支起了先河作用，有利于学科发展。

4. 人口和生产发展协调论

我国人口众多，人既是生产者，又是消费者，处理好人口再生产和物质再生产关系，是生产配置中必须解决的一个首要问题。曹廷藩在其一生科学活动中，多次在其论著中分析生产与人口之间的关系，指出生产发展和配置的情况决定着人口和居民点的分布，而人口和居民点的分布又反过来影响着生产的发展和配置。他同时认为，在弄清农业人口和工业人口总量情况下，首先要安排好农业生产劳动力，然后安排工业生产劳动力和其他部门劳动力。为了保持农业生产经常有充足的劳动力和经常保持城乡人口的正确比例关系，应当着重研究人口发展变化的规律。曹廷藩这些精辟论断，既具有深刻科学依据，又具有足够长远的前瞻性。2000 年中国人口已达 13 亿，占全球总人口的 1/5。虽然自 20 世纪 70 年代以来，中国严格实行计划生育政策，取得不少成绩，但农业人口控制仍相当困难。改革开放以来，大量农村人口流入城市，掀起农村城市化高潮，这对建立劳动密集型产业作用匪浅。但过多的人口仍是中国实现现代化面临的首要问题之一。正如曹廷藩预见的那样，生产没有控制人口的变化和发展，那么人口反过来就会影响生产。如此看来，解决中国人口问题，只有集中全力发展生产，使国家富裕起来，人口数量才会减少，人口素质才会大大提高。新中国成立以来 50 多年的社会发展变化历程，证实了曹廷藩关于生产与人口协调发展理论的正确性和预见性。

5. 农业区划因地制宜论

曹廷藩深知地理学是一门应用性很强的学科，特别是研究生产配置的经济地理学更能发挥为经济建设服务的作用。在 20 世纪 50 年代参加华南热带生物资源综合考察基础上，他指出经济地理工作者应当关注生产发展的方向问题、生产各部门的比例问题、生产的地区安排问题等。在当时以农业为基础的背景下，他撰写专文

《关于经济地理如何为生产服务的问题》和《关于经济地理学及其各分支学科为农业生产服务的一些问题》，提出"经济地理的研究必须以农业的生产配置和工业的生产配置为其主要内容"，"必须首先并且以较大的力量来发展农业地理学，其次为工业地理学，再次为运输地理学，更次为人口和居民点地理学"。从 20 世纪 60 年代开始，他多次参加广东中山、东莞、湛江等地农业区划，提出农业区划不要停留在一般的分片划区上，要注意解决各地农业发展上的关键问题，更好地发挥区划的作用。广东以东莞为全国试点农业区划获得很大成功，后被誉为农业区划"广东经验"，曹廷藩功不可没。他后在《经济地理学原理》中总结："研究农业生产在不同地区的立地条件、内在联系状况、地域分异规律，为因地制宜、合理布局提供科学依据"。这是他生平参与经济地理为经济建设服务最多一个领域，其成就和贡献已深深铭刻在广东农业区划的史册上，殊足令人总结和追忆。

6. 高度重视经济地理学教材建设

曹廷藩长期从事经济地理教学，桃李满园，为我国培养了大批经济地理人才，厥功至伟。他深知经济地理教材对培养人才、发展学科的意义，从 20 世纪 40 年代在湖南大学任教开始，即致力于经济地理教材编写，在抗战艰苦环境中先后石印《世界经济地理》、《经济地理》、《中国经济地理》三部教材，凡 100 万言。仅插图达497 幅，这是一项巨大的编写、出版工程，至今仍令人称赞。建国后，他在繁忙行政工作之余，对教材建设仍不遗余力。20 世纪 60 年代，编写了《经济地理学概论》讲义，供新生使用，深得学生满意。1977 年 11 月，他参加教育部在苏州召开的全国理工科各专业教材会议，主持地理科各专业教材编写、修改，及时满足恢复高考后各院校地理系对教材的需要。1987 年，他与他人合作编写的《经济地理学原理》一书杀青付梓，1991 年正式出版。这既是一部经济地理学术性专著，也是经济地理学专业教材，被视为经济地理科学圭臬，影响甚为深远。

7. 在建立社会主义市场经济背景下，寻找经济地理学新的发展方向

新中国成立后，从苏联引进、在我国建立和发展起来的经济地理学，它的经济基础和服务方向，完全服从于计划经济体系，所谓生产配置，也完全服从于国家统一经济计划。改革开放以后，市场规律成为生产配置一个主导因素，这使经济地理学的研究和服务对象面临着崭新的课题。曹廷藩带领中山大学经济地理专业的师生奔赴全国多个城市，在广泛调查和实践基础上，开辟城市规划作为经济地理发展的一个新方向。此后，在经济地理学专业招收这个方向的本科生和研究生，并广泛开

展城市规划，取得丰硕成果。这完全证明经济地理朝着城市规划的方向发展是完全正确、符合时宜的。曹廷藩作为这个学科的学术带头人，在理论和实践上起了开创先河的作用，也是他晚年最主要的一项科研活动。

（二）学术思想及其影响

曹廷藩受过地理学和历史学严格的专业训练，博采中西地理学之长，尤其在地理哲学、地理思想史方面颇有学养，奠定了他经济地理学深厚的功底，加之参与大量的社会实践，不断总结、提升，故能在经济地理学理论上有所创新，成为一代大师。概括起来，他的学术思想和影响主要反映在以下几方面。

1. 深入分析事物矛盾，导出经济地理学对象和性质

曹廷藩独辟蹊径，根据马克思主义政治经济学、唯物辩证法原理和方法，尤其是毛泽东《矛盾论》关于事物矛盾对立统一、主要矛盾和次要矛盾及其转化等学说，分析经济地理学所涉及研究对象性质、任务，以及生产配置所需要解决的生产力和生产关系、生产发展与配置、生产配置与生产条件、地区生产部门结构之间、生产的地区分布或地区安排之间存在的各种矛盾和问题，抓住主要矛盾，一一条分缕析，使经济地理学一系列重大理论问题迎刃而解，并在此基础上建立起自己的经济地理学理论体系，在这个学科领域独树一帜，被誉为经济地理学的旗手。自他的"生产配置"论出来以后，经济地理学研究对象之争基本平息，直到今天也没有掀起波澜。

2. 强调经济地理学研究和应用的区域性特点

区域地理被视为地理研究的高峰，地理研究的开始和终结，应归结于区域。曹廷藩深受英法德等欧洲区域学派影响，在经济地理研究中反复强调区域研究的重大意义。他在《经济地理学原理》一书中指出："经济地理的研究绝不能离开而必须联系到一定地区。对与生产分布有关的各种自然条件和各种社会经济条件的分析，都必须重视地区个性和特点，以利因地制宜配备生产，不仅要研究地区内部的情况，还要研究区与区之间的关系。过去曾有一个时期，过分强调经济地理的经济性，忽视经济活动和一定地区各种条件的依存关系，曾使经济地理缺乏地理味，这个教训应当吸取"。他这种高度重视区域研究的思想，不仅显示出他吸取近现代地理学精髓，深得它的要领，而且他所总结的经验教训，在今天仍在起警示作用。他所参加的华南热带生物资源综合考察、土地利用、农业区划等，范围尺度不同，内容不一，但都在对区域条件透彻了解的基础上进行，故有关成果能为有关地区和部门采用。

这也是他秉承英国地理学强调应用性的表现。后来集成在《经济地理学主要理论问题研究》一书中的一些论文，都集中反映他紧密结合实际，为社会服务、为区域服务的学术研究宗旨与思想。

3. 地理研究紧密联系历史，即史地结合观点

地理学和历史学，一个从空间，一个从时间视角研究事物或现象的过程和结果，史地一家之说长期流行。只是建国后引进苏联地理学模式，历史学与地理学才分成两个体系，各自独立发展。但事物的时空联系又是客观存在，不可分割的。曹廷藩先学历史，后学地理，兼具两种学养及其结合优势，并最大限度地在经济地理研究中加以运用，形成自己的学术思想和风格。细检他的论著，几乎无不发端于历史，归结于现实。如他所编《经济地理学概论》是从"禹贡"九州、《管子·地员》、《史记·货殖列传》讲起，简要介绍中国古代政区、土壤、经济、区域差异，继而追溯其历史原因，由此引出一系列经济地理事实，再介绍各经济部门和区域生产配置。这样使读者得以站在历史时空制高点上，鸟瞰古今生产配置现象，视野更广，道理更明，效果更好。据科学出版社陈宾寅校友回忆，曹廷藩把自己看过的《禹贡》等书的重点内容圈、点、眉批后让她阅读，目的是让学生从中国古代经济地理著作中吸取有用养分，建立起地理研究"贯历史"的思想方法。在他主持区域经济地理研究中，历史地理描述是一个不可或缺的内容，如1956年发表在《地理学报》上的《南雄盆地经济地理》一文，即用相当篇幅介绍南雄盆地历史地理梗概。20世纪50年代末，他出任《广东省地图集》编辑部主任，力主在编纂广东普通地图和自然地图集之同时，也编纂广东历史地图集，并最终竣事。中山大学地理系徐俊鸣教授长期从事历史地理研究，成就斐然，但工作中困难重重，曹廷藩身居系领导职务，给徐教授提供有利条件，使这门学科在中山大学得以延续至今。

1986年他以80岁高龄赴京参加笔者历史地理博士学位论文答辩，也是对历史地理学一种极大支持。1988年，笔者以《简明中国地理学史》书稿征求他的意见，他在视力欠佳状态下阅读全文，提出不少修改意见。他离休以后，曾表示要重振旗鼓，开展历史地理研究和写作，了却当年在武汉大学历史系读书时的凤愿。只是天不假年，他这一愿望未能实现，但从他这一系列历练中看出，无处不昭示他重视地理与历史相结合的学术观和方法论。

4. 高度重视经济地理为经济建设服务的实践观

地理学最大一个特点是它的应用性，而以"生产配置"为研究对象的经济地理

学处处可以发挥它为国家经济建设服务的作用。曹廷藩在自己的学术生涯中，在他的系列著作里，也同样表现了经济地理能够，而且必须为经济建设服务的思想。他在《关于经济地理如何为生产服务的问题》中提出："科学必须为生产服务"的观点，"只要从生产任务出发，然后充分运用经济地理科学的特点，时刻密切注意生产中有关经济地理方面的问题，并千方百计地试图解决这些问题，则经济地理在生产上是可以起作用的。""只要我们能坚决贯彻党的科学为生产服务的方针，积极投入到生产实践中去，虚心向群众学习，全面了解生产情况和生产中所存在的主要问题，然后运用经济地理的观点和知识，千方百计地试图解决这些问题，经济地理学便会很快地得到发展和提高，在较短的时间内，赶上并超过世界的先进水平是完全可能的"。华南热带生物资源综合考察，广东中山、东莞、湛江农业区划，即是经济地理为经济建设服务的范例。20 世纪 70 年代以后，他带领中山大学经济地理专业师生四处调查，最后确定以城市规划作为经济地理学一个发展方向，这其实是在为经济地理学的应用上寻找出路。20 多年来中山大学经济地理学专业在城市规划方面取得骄人成就，不仅是专业的殊荣，也标志着曹廷藩从经济地理的理论研究向应用研究的一个重大转变。

5. 以任务带学科

20 世纪 60 年代初，曹廷藩在谈及经济地理学研究对象与任务关系时，在肯定对象规定任务之同时，提出以任务带学科论点。他指出："只有当人们在社会实践过程中，需要某方面的知识时，这样才促使人们对于某些事物或现象的注意，才促使人们对于某些事物现象的研究。这样，一些学科产生了，一些学科发展了，所谓任务带学科就是这个意思"。当然，这个观点是在当时经济地理学界对学科本身的研究对象、性质、任务争论不已背景下提出的，具有强烈的针对性，对于澄清这三者关系的模糊认识，是很有必要的，也有助于加强在实践中总结经验，推动学科理论建设。他后来指出："实践，总结，再实践，再总结，可以说是中国的经济地理发展和提高的最基本经验"，这是以任务带学科的最好脚注。1980 年，他更坚定地指出："科学的理论来源于社会实践"，"从理论到理论的研究方法是不对的，只注意参加工作实践而不进行理论总结也是不对的"。翌年，他又告诫人们，在每一项工作任务完成后，都要进行更为及时、系统的总结。这样，把工作实践与理论研究的关系说得一清二楚，也说明以任务带学科是正确的。其深层根源在于他深谙知和行、理论和实践的辩证关系。

近 20 多年来，中山大学经济地理专业转为以城市规划为发展方向，做了大量城市和区域规划工作，在此基础上不断总结经验，先后写出不少高水平论文和专著，在国内外同行中享有盛誉。这离不开曹廷藩以任务带学科的思想的指导，也是他所培养的经济地理学子们遵师教导取得的成果。

6. 不断创新的学术品格

曹廷藩在长达半个世纪的科学活动中，勇于实践，大胆探索，不断前进，卓然成家。个中原因，还在于他具有不断创新的学术品格，也是他的人格魅力所在。这种创新贯穿于他的一生。早在 20 世纪 40 年代他在湖南大学任教时，在缺乏现成经济地理教材条件下，他多方收集材料，在困境中编写《世界经济地理》、《经济地理》、《中国经济地理》三大册讲义，涵盖经济地理基本内容，当时无出其右者；1950 年，他在湖南大学成立经济地理系，虽然这个系 1953 年被撤销，但却为我国培养了最早一批经济地理人才，如肖志斌、陈宾寅、张克东等。这比 1956 年前后成立的北京大学、南京大学和中山大学经济地理专业要早 5～6 年。建国初，在没有现成教材可参考背景下，他以马列主义为指导，摆脱西方资产阶级经济地理思想的影响，在中山大学地理系开设"经济地理学概论"课程，这是其他学校尚未开设的，并编写出我国第一部《经济地理概论》讲义，给同行耳目一新之感，使用多年，并为后来我国大学使用《经济地理学导论》的脚本，是一部长命教材。20 世纪 50 年代中叶，他针对从原苏联引进的经济地理学研究对象有"生产配置"和"生产力配置"两大流派分歧，根据马列主义原理，经过深刻思辨，鲜明地提出把生产理解为生产力和生产关系统一概念的"生产配置"论，是一个重大创新。在 1961 年上海全国经济地理专业会议上提出："生产发展对于生产配置的要求与作用于生产配置的生产发展条件之间的矛盾"，是经济地理学研究对象的基本矛盾，也是一个破天荒的结论，是这一学科理论上的重大突破，至今仍未有人提出修正。1978 年在长沙召开全国经济地理专业学术会议上，他作为会议主持人，作了题为"关于我国经济地理学当前发展中的一些问题"长篇报告，总结这门学科基本理论、发展历程和经验教训，带头为经济地理领域拨乱反正，赢得代表们啧啧赞扬。对于外国经济地理学先进理论和经验，他早在 50 年代初就强调"学习苏联和兄弟国家地理方面主要著作，中国自己的主要著作，还要学习资本主义国家的有关著作"。在东西两大阵营对立背景下，他这一主张不仅需要胆识，更有科学的预见性。长沙会议后，他发表《三十年来我国经济地理学的基础理论研究》专题论文，重申他重视对外国学科理论的学习和研究的一贯主张。这在当时也是不容易做到的。以后，外国经济地理理论不断传入我国，开始了以中为主、中外结合的经济地理学发展新时代。其中第一个吃螃蟹者，非曹廷藩莫属。

三、曹廷藩主要论著

曹廷藩. 1942. 世界经济地理（讲义）. 湖南大学地理系石印本.

曹廷藩. 1943. 世界煤炭资源之地理分布，湖南大学经济学会主编. 经济研究. （2）.

曹廷藩. ［时间不详］. 论大西北资源的真相. 桂林《扫荡报》副刊.

曹廷藩. ［时间不详］. 中国人口的康乐数量. 桂林《扫荡报》副刊.

曹廷藩. ［时间不详］. 关于战后国都的位置问题，湖南《中央日报》副刊.

曹廷藩. 1943. 经济地理（讲义）. 湖南大学地理系石印本.

曹廷藩. 1944. 中国经济地理（讲义）. 湖南大学地理系石印本.

梁溥，曹廷藩，杨克毅等. 1956. 南雄盆地经济地理. 地理学报，22（4）.

曹廷藩. 1958. 关于经济地理学当前争论问题的一些初步意见. 地理学报，24（2）.

曹廷藩. 1959. 关于经济地理如何为生产服务的问题. 地理知识，5 月号.

曹廷藩. 1962. 经济地理学的对象、性质、任务问题//中国地理学会经济地理专业委员会. 中国地理学会 1961 年经济地理学术讨论会文集. 北京：科学出版社.

曹廷藩. 1962. 关于经济地理学的研究对象和科学性质问题//中国地理学会经济地理专业委员会. 中国地理学会 1961 年经济地理学术讨论会文集. 北京：科学出版社.

曹廷藩. 1964. 关于地理学范围内的几个主要问题//广东省地理学会. 广东省地理学会 1963 年年会论文集. 广东省地理学会印.

曹廷藩. 1964. 自然条件经济评价中的几个主要问题. 中山大学学报（自然科学版），（1）.

曹廷藩. 1964. 关于经济地理学发展的若干问题//曹廷藩主编. 经济地理学主要理论问题研究. 广州：中山大学出版社.

曹廷藩. 1966. 农业区划工作中的几个主要问题//曹廷藩主编. 经济地理学主要理论问题研究. 广州：中山大学出版社.

曹廷藩，朱云成. 1980. 关于我国经济地理学当前发展中的一些问题//中国地理学会经济地理专业委员会. 中国地理学会 1978 年经济地理专业学术会议论文选集. 北京：商务印书馆.

曹廷藩. 1986. 经济地理学主要理论问题研究（论文集）. 广州：中山大学出版社.

曹廷藩，张同铸，杨万钟等. 1991. 经济地理学原理. 北京：科学出版社.

曹廷藩. 1996. 八十回顾//司徒尚纪主编. 开创·探索·前进. 广州：中山大学出版社.

主要参考文献

司徒尚纪主编. 2001. 曹廷藩教授纪念文集. 广州：广东省地图出版社.

撰写者

司徒尚纪（1943～），广东阳江人，教授，博士生导师. 长期从事历史地理、文化地理、经济地理研究。

马溶之

马溶之（1908～1976），河北定县人。土壤学家、土壤地理学家。1933年毕业于燕京大学地质地理系。1953年起历任中国科学院南京土壤研究所研究员、所长，1965～1976年先后任中国科学院综合考察委员会研究员、副主任和中国科学院地理研究所研究员。马溶之是中国科学院南京土壤研究所创业的首任所长，在我国土壤分类、土壤地理分布规律、土壤制图、土壤区划、黄土高原水土保持、古土壤研究、国际合作等领域成绩卓著，为我国土壤科学事业的发展做出了重大贡献。他不断开创土壤地理新局面的思想、人为土壤发生的学术思想和土壤为国民经济建设服务的思想影响深远，在国内外享有盛誉。他曾先后当选为中国土壤学会理事长，中国土壤学会会志总编辑，中国自然区域工作委员会委员，中国科学院第四纪委员会委员，中国农业科学院土壤肥料学组组长，中华人民共和国科学技术委员会生物学组组员。

一、简　　历

马溶之，字月亭，中共党员。1908年11月25日生于河北省定县西南合村，1976年4月2日于北京逝世，享年68岁。

马溶之1933年毕业于燕京大学地质地理系，受业于第四纪地质学家巴尔博（G. B. Barbou）。1934年，马溶之进入中央地质调查所，受到良师益友的熏陶，学业日益精进，从事土壤地理调查、土壤制图和土壤分类等研究工作，历任调查员、技师、技正、室主任等职。当时，土壤室是我国第一个近代土壤学的研究室，马溶之在这里受到了现代土壤学的训练，由此奠定了他承前启后开拓中国现代土壤学的学术基础。

新中国成立初期，马先生在原中央地质调查所土壤研究室的基础上开始筹建中国科学院土壤研究所。1951年，经中国科学院院务会议通过，被任命为中国科学院土壤研究所筹备处主任。1953年初，中国科学院土壤研究所正式成立，马先生被任命为首任所长（1953～1965），兼土壤研究室（后为土壤地理研究室）主任、研究员。与此同时，他还兼任南京大学教授。1965 年调任中国科学院自然资源综合考察委员会，任研究员、副主任，直至 1972 年。1972～1976 年任中国科学院地理研究所研究员。

解放前，马溶之就参加了梁希、潘菽、涂长望等进步教授组织的中国科学工作者协会。南京解放以后，该协会南京分会举行全体会员大会，扩大吸收会员，按学科分组，马先生被选为土壤学科组组长。他积极组织、开展会员活动。1951 年加入九三学社，1957 年加入中国共产党。1957 年荣获原德意志民主共和国农业科学院通讯院士称号。1949～1976 年期间，先后当选为中国土壤学会理事、常务理事、理事长，中国土壤学会会志总编辑，中国自然区域工作委员会委员，中国科学院第四纪委员会委员，中国农业科学院土壤肥料学组组长，中华人民共和国科学技术委员会生物学组组员。在此期间，还曾任第一、第二届江苏省人大代表，第三届全国人大代表。

1955～1957 年兼任中国科学院黄河中游水土保持综合考察队队长。1958～1960 年，参加并指导了全国第一次土壤普查，同时兼任中国科学院青海、甘肃地区综合考察队副队长。1961～1963 年兼任中国科学院宁夏、内蒙古地区综合考察队队长。

二、主要科学研究成就与学术思想

马溶之教授是我国著名的土壤学家，也是我国第一代杰出的土壤地理学家。他毕生的研究与成就，对我国土壤科学特别是对土壤地理学的发展有着深远的影响。他的科学实践活动、学术思想和著述，不仅对我国土壤学界富有启发性和感染力，而且在国际土壤学界也享有盛誉。

(一) 主要科学研究成就

土壤地理学是马溶之一生孜孜不倦从事的研究领域。他的足迹踏遍全国各地，曾几度深入我国西北内陆黄土高原以及边疆少数民族地区进行土壤考察，并在实践中认真总结、高度概括，从感性认识提高到理性认识，对我国土壤发生分类，土壤地理分布规律，中、小比例尺制图，土壤区划，土壤水土保持，古土壤等众多方面都有重要建树。以下着重阐述他在这几方面的科学研究成就。

1. 我国土壤研究创业的首任所长

马溶之先生从 1933 年就开始致力于土壤学研究工作。新中国成立初期，中国科学院接管了中央地质调查所,在竺可桢副院长的大力支持下,马溶之开始着手筹建中国科学院土壤研究所。1953年5月11日中国科学院土壤研究所正式成立,马溶之被任命为首任所长(1953~1965)。

马溶之任所长后为土壤研究所的建制、研究室组的建设和发展方向做了大量卓有成效的工作。1956年在马溶之所长的领导下,土壤研究所参照原苏联的建制设置了土壤物理与物理化学研究室组(一组)、土壤化学与农业化学研究组(二组)、土壤微生物与生物化学研究组(三组)、土壤地理与改良组(四组),同时建立了图书馆与标本展览室。1961年末,在国家"调整、巩固、充实、提高"八字方针指导下,马溶之领导全所制定了土壤所10年的发展方向,按重点任务和重大措施确定方案,又重新调整了学科室组,设立了土壤物理研究室、土壤物理化学研究室、土壤电化学研究组、土壤植物营养化学研究室、土壤生物化学研究组、土壤微生物研究组、土壤地理研究室、大比例尺研究组及土壤盐渍地球化学研究室。各学科组室,根据国家需要与建所的方向、任务和学科发展要求,重新制定了研究所的多学科分工和优势互补的格局,步入了多学科发展的新阶段。在此期间,土壤研究所在马溶之所长的领导下,开展了大量科研工作,包括黄泛区及黄土区治理调查,东北粮棉增产土壤调查,华南橡胶宜林地调查,黄河中下游水土保持考察,黄河中下游和长江流域土壤调查,甘、新、青、藏综合考察,西部地区南水北调考察等。此外,针对我国黄淮海平原、南方丘陵与长江、珠江三角洲三大主要产粮区土壤和农业生产中存在的问题,进行了长期的定位试验研究。这些为我国农业增产、发展橡胶、水土保持流域规划、区域治理及荒地开垦等建设事业,提供了土壤方面的重要科学依据。

与此同时,在建所初具规模时,马溶之从全局着眼先后派遣多位优秀研究骨干,联合当地的力量组建了东北林业土壤研究所(现为中国科学院沈阳应用生态土壤研究所)、西北生物土壤研究所(现为中国科学院水土保持研究所)和广州土壤研究所(现为中国科学院广州生态环境与土壤研究所),于是全国土壤研究机构从无到有,从小到大地逐步发展起来。显然,马溶之为发展我国的土壤事业做出了巨大贡献。

2. 中国土壤分类的先驱

早在1941年,他与同事们一起,提出了第一个由我国土壤学家自己拟定的土壤分类方案。在梭颇1956年所著的《中国之土壤》一书中,除对有限的地方笼统标明是沙漠或含盐冲积土以外,对我国西北土壤的分类几乎是一片空白。而马溶之在1935~1944年间,对新疆、甘肃等西北干旱地区进行考察时,在国外文献中还没有漠土分类的情况下率先提出了"漠钙土"的概念，并进一步划分出天山南麓极端干旱棕漠钙土和天山北麓半荒漠灰漠钙土。该研究填补了当时国际土壤地理学研究的空白。

在耕作土壤分类方面，马溶之的贡献尤为突出。早在 20 世纪 30 年代，侯光炯和马溶之等一起研究南昌附近水稻土时，已注意到水稻土形成与人为灌水状况的关系，他们不仅在世界上首次将水稻土作为一个独立类型划分出来，而且进一步将它划分为淹育、渗育、潴育和潜育等亚类，至今仍不失其学术意义。鉴于我国幅员辽阔，耕作制度复杂，水稻土分布广泛这一事实，马溶之提出采用与农业气候带相一致的耕作制度与土壤起源相结合的分类原则和相应的分类系统（1959）。这一研究成果曾引起日本土壤学家的重视。他在《谈谈土壤发生分类的原则和系统》（1961）一文中，明确提出人为作用下耕作土壤分类的特殊性，推动了我国耕作土壤的研究。继之，在马溶之的指导下，组织年轻的土壤学者进一步研究了南方水稻土，落实了他的分类思想，先后发表了许多论文。总之，水稻土概念的提出及其分类可说是开创了国际土壤科学界研究人为土壤的先河，是中国土壤地理学对国际土壤地理学发展的重大贡献。

马溶之率先吸收原苏联土壤发生分类的经验，按土壤地带性学说和地理发生学原则，对我国土壤分类做了改进，提出了许多新的土类。其中有西北干旱区的棕色荒漠土和灰棕色荒漠土，东北山前的灰色森林土，华北的褐色土，华南的砖红壤性红壤以及高山荒漠土等。这些土壤类型的确定，丰富了我国土壤分类的内容，从而使我国土壤分类走上发生学分类的道路，至今这一分类仍在发挥作用。

值得一提的是，1964 年 5 月，马溶之所长到古巴进行考察时，当时在古巴科学院得到美国农部编写的一本 *Soil Taxonomy*（《土壤系统分类》）的英文原著本（1961），马先生当时就对赵其国说，"这本书一定要带回所组织翻译，并尽快研究土壤系统分类，以便使我国的土壤分类与美国及国际分类制接轨"。回国后，在土壤所土壤地理室组织了翻译，这对我国建立中国土壤系统分类有重要影响。经过 20 多年的努力，今天我国土壤系统分类已取得明显的进展与成就，这与马溶之先生的远见卓识是分不开的。

3. 我国土壤地理分布规律研究的首创者

马溶之在 20 世纪三四十年代对中国土壤进行调查与研究的基础上，于 1956 年和 1957 年分别利用土壤发生学原理和自然地带性理论，对中国和欧亚大陆土壤的地理分布规律进行了深刻而精辟的分析，从土壤地理学理论的高度进行了概括，首次勾画出了我国和欧亚大陆地带性土类地理分布和土被空间结构的基本模式，并以图示的方式表达了欧亚大陆东部、内部和西部的土壤地带性分布规律。还分析了内陆干旱气候、青藏高原和高大山系对土壤地理分布规律的影响，将我国土壤地理学提高到一个新的水平。迄今，这些成果仍被有关人士奉为欧亚大陆研究土壤地理分布规律的经典之作，同时受到国外土壤科学家的高度评价和重视。

针对我国是一个多山的国家，1963 年马溶之发表了《中国山地土壤的地理分布规律》，总结了山地的地理位置、形态、走向、高低等因素，将全国山地土被按垂直带谱分成 36 种，系统地反映我国复杂的山区土被的差异性，同时按垂直带谱排列的形式作了十分科学的土被分类。经过他的理论概括，进一步充实和发展了中国土壤的地理分布规律，实属国内外首创。

4. 中国土壤制图的奠基者

早在 1941 年马溶之与朱莲青合作，编制了《1∶1000 万中国土壤图》。1955 年在大量区域性制图材料的基础上，马溶之编制的《1∶400 万中国土壤图》，运用地带性学说和发生学观点客观地反映了土壤分布的地带性和隐域性土壤分布规律。此后，陆续发表了 1∶800 万和 1∶400 万土壤图。而 1965 年在《中华人民共和国自然地图集》中的《1∶1000 万土壤图》吸取了土壤普查的研究成果，则更多地反映了我国耕作土壤分布的一些特点。在 129 个制图单元中，其中耕作土壤就占到 27%，这是以往任何土壤图上所没有的。

马溶之毕生从事土壤制图工作，以他为主或与他人合作编制的全国性土壤图至少有 8 幅之多，反映了他不同时期的土壤分类思想和对土壤分布规律的认识。反过来，通过制图又充实和发展了他对土壤分布规律的认识。

5. 中国土壤区划的开拓者

早在 20 世纪 30 年代，中国土壤工作者在实际工作中发现土壤地理分布规律的复杂性，为了在中、小比例尺土壤图上反映客观情况，于是创造性的进行了土壤复区和土壤组合的研究，这是土壤区划的开始。1934 年侯光炯、马溶之在江西地区调查时，提出了"土壤复区"概念，当时命名为"土域"（soil area）。1946~1949 年马溶之编制黄河流域和全国土壤区划时，提出了土壤生物气候区（简称土区）、土壤亚区、土壤复区和土链的区划系统，将全国分成 14 个区。1954 年马溶之等在《中国自然区划草案》中，将全国划分为 7 个土壤带。其后在中国科学院竺可桢副院长的领导下，组织全国自然区划研究工作，马溶之、文振旺承担了全国土壤区划的研究任务，编写了 152 页的《中国土壤区划》（初稿）（1959），并附有《1∶1000 万土壤区划图》，将全国土壤区划系统分为 7 级：0 级区——土壤生物气候带；一级区——土壤生物气候地区；二级区——土壤地带和亚地带；三级区——土壤省；四级区——土壤区；五级区——土组；六级区——土片。这个土壤区划系统完整，推理严谨，逻辑性强，是当时全面反映我国土壤类型及其区域分布的全新著作。该书不仅在自然区划方法论上有所创新，而且对制订全国综合自然区划及农业发展规划都起了重要作用。

6. 黄土高原水土保持研究的组织者

马溶之在研究黄土高原水土保持方面做出了重要贡献。马溶之于 20 世纪 50 年代中后期（1955～1957），任中国科学院黄河中游水土保持考察队队长，组织院内外科学工作者进行农、林、牧、水、地质、地貌、土壤、植被、土壤侵蚀和社会经济等的综合考察，在完成自然区划、农业区划、经济区划的基础上，做出了这一地区水土保持、合理利用土壤资源以及若干小流域土地利用的规划，根据多年经验，提出了一系列以土壤、植物和工程三结合为原则的改土治水的措施，为黄土高原整治提供了科学依据。此后，马溶之任甘青地区土壤资源调查队队长，通过考察土壤资源，提出了甘青地区土地资源开发与农牧业发展的建设性意见。

7. 古土壤研究的带头人

马溶之在第四纪地质和古土壤研究方面有很深的造诣。他正确地指出，第四纪研究应与土壤形成研究相结合，因为陆相沉积物一开始就受成土作用的影响，并逐渐改变其原有性质。基于长期对各地不同气候条件下黄土的分布、特性的考察研究，他在《中国黄土之生成》一文中，提出了"黄土同源"的观点，这是他基于对古土壤的研究，科学地将第四纪研究与土壤形成研究相结合的成功范例。

马溶之早在 1948 年其《土壤剖面之研究及其地文意义》一文中就论及，"古土壤学之研究范围，虽可及于坚硬岩层，但古剖面之保存，以在未凝固之地层中，较为完善。"如今，我们涉及的黄土高原和下属黄土地区的古土壤，安徽淮北平原和黄淮海平原中的古土壤，以及皖、赣、湘等地的第四纪古红土等均证实了他的先见之明。纵观国外，如俄罗斯、美国、加拿大、澳大利亚、新西兰和日本等诸多国家的古土壤亦印证了他的这个观点。后来，马溶之又提及，"……而那些古土壤，有的仍然埋藏在地层中，有的则因为侵蚀而显露在地表，形成现阶段土壤发育母质"。显然，这就是我国古土壤分类的雏形，亦即现在国际古土壤分类四大类型中所指的

"埋藏土"和"裸露埋藏土"两个类型。

1955 年，马溶之等人观看山西离石县王家沟黄土剖面时发现了第三纪中新世晚期的三趾马红黏土层。这里的三趾马红黏土层中虽然化石很少，但地层剖面出露很好，有的地方可以看到赭红色的红黏土层中夹有暗紫红色层，是很厚也更为黏重的黏土层，既看不到沉积层理，也看不到岩性的变化，仅见一些钙结核。马溶之先生指着红黏土中暗紫红色的黏土层明确地说这是"古土壤层"。这句话虽然后来未见诸于文章，但它却传承下来了，启发后来的年青人去探索，去发现，去研究，最终在 20 世纪 80 年代被证实确为古土壤。

8. 国际合作的积极推动者

马溶之是一位国际知名的土壤学家，也是国际合作的积极推动者。早在 1957～1958 年马溶之作为中苏黄土高原考察队队长，与苏联自然地理与水土保持学者 А. Л. 阿尔曼德、土壤学家 А. Н. 罗赞诺夫等都有过很好的合作。1958 年与苏联科学院院士 И. П. 格拉西莫夫联合编制了《1：400 万中国土壤图》，合著了《中国土壤发生类型及其地理分布》一书；同年与苏联科学院通讯院士 В. А. 柯夫达合编了《1：1000 万中国土壤图》，并为柯夫达《中国之土壤与自然条件概论》一书作序。新中国成立后，他首次率团出席在巴黎召开的第 6 届国际土壤学会议，并先后访问了原苏联、古巴、原德意志民主共和国、法国、巴基斯坦、罗马尼亚、加纳、马里和几内亚等国。1957 年原德意志民主共和国农业科学院授予他通讯院士的称号。

马溶之先生胸怀全局、艰苦创业、勇于开拓、善于创新，是一位业绩卓著、受人尊敬的我国第一代土壤学家。他不仅为创建中国科学院土壤研究所、开拓中国土壤科学事业做出了贡献，而且在促进国际学术合作与交流方面也起到了重要的推动作用。

9. 热心培养年轻人的良师益友

中国科学院土壤研究所成立以后，年轻人迅速增加。1952～1956 年共分配来所的大学生有 200 人左右。面对大批的年轻人，所里举办了各种学习班和讲座，以提高他们的业务水平。如举办外语学习班、基础学科的讲习班以及到南京大学听课等，并聘请所外著名土壤学家协助培养年轻人。与此同时，在 20 世纪 50 年代，曾派出 7 位科技人员赴原苏联学习，获得了原苏联副博士学位。他们回国以后，都成为土壤研究主要的学科带头人。

年轻人参加各地考察回来，马溶之常亲自听取汇报，经常询问有什么新想法和新"苗头",鼓励年轻人既要继承,更要创新。年轻人提交的报告和论文他也都加以指点,提出年轻人要博采众长,勇于探索。马溶之不仅注意培养年轻人和研究生,也十分尊重年青人的劳动成果。如他主编的《全国土壤区划图》(1959)中,附有35 个合作者的姓名,其中有不少是刚进所不久的年轻人。

(二)主要学术思想及其影响

马溶之密切注视国际研究的新动向、新趋势,始终站在土壤地理学科研究的前沿。同时,他又把它与国内的发展形势和实际情况有机地结合在一起。因此,他的学术思想新颖,有创新,影响深及国内外。他的学术思想突出表现在不断开创土壤地理新局面、人为土壤发生、土壤为国民经济建设服务等方面。

1. 不断开创土壤地理新局面

马溶之早在 20 世纪三四十年代就对土壤分类做了大量开拓性工作,发现了很多在世界上尚未被命名的土壤类型,如漠钙土、水稻土、紫色土等,为进一步深入研究土壤奠定了基础,有的还填补了我国西北部土壤及其分类的空白。随之与同事们一起,提出了我国土壤学家第一个自己拟定的土壤分类。20 世纪 50 年代,他在我国土壤分类原有工作的基础上,率先吸收原苏联土壤发生分类的经验,按土壤地带性学说和地理发生学原则,对我国土壤分类作了改进,提出了许多新的发生土类名称,丰富了我国土壤分类的内容,并明确了各土类的自然发育规律和发生学含义,从而使我国土壤分类彻底走上发生学分类的道路,至今这一分类仍在发挥作用。随着 1958 年全国开展的耕作土壤普查运动,马溶之学术思想发生明显变化,并作了大胆尝试,不仅力图把耕作土壤的发生演化和土壤分类结合起来,而且甚至把耕作土壤的分类级别提高到应用的水平,强调土壤分类要贯彻生产性、群众性、科学性的思想。在土壤命名方面,他创导了分级命名。基层分类单元命名以精炼的农民命名为主;在高级分类单元划分上,则提出地带性水热条件,同农作物栽培制度、土壤肥力演变规律与定向培育相结合的基本思想。他的这些论点直到目前(2007 年)仍未失去其科学价值。1964 年,他注意引进了美国的土壤系统分类法,这为建立中国土壤系统分类奠定了思想基础。

20 世纪三四十年代,马溶之所提出的土壤复域的概念和土区、亚区的制图单元系统,客观反映了我国土壤分布的概况,这为我国土壤制图,特别是小比例尺土壤制图奠定了基础。到了 20 世纪 50 年代,马溶之运用地带性学说和发生学观点,在土壤制图上清楚地反映出土壤的地带性和隐域性分布规律,重视山地土壤和平地土壤的区分，刻画出隐域性土壤和耕作土壤的地带性烙印，这对我国土壤地理学的发展产生了重大影响。进入 20 世纪 60 年代，他强调耕作土壤在制图上科学性与生产性相结合的指导思想，从而确定了耕作土壤在制图中的地位。

2. 土壤人为发生的学术观点

迄今为止，马溶之等老一辈科学家提出的水稻土是人工水成土的观点仍然具有强大的生命力，并不断为后期的研究实践丰富与发展。与此同时，基于人工水成土观点指导了水稻土肥力演变的研究，提出了"人为定向培育的观点"（1960，1961），并以江苏省里下河地区、太湖地区与珠江三角洲水稻土肥力演变的具体事例，丰富了水稻土研究的内容。在他论述水稻土形成的地域性特征时，明确指出"在同一农业气候带内，地形、母质和水文条件影响着土壤形成发育的肥力演变过程的地域性特点。当然因地制宜的控制和改造地形及水文条件，水稻土也可以定向培育为满足当地轮作复种指数的肥沃水稻土。"基于上述见解，他十分注重肥沃水稻土的培育与低产土壤改良的研究。结合水稻丰产土壤环境的研究，主持组织撰写了《水稻生产土壤环境》一书，他提出了"以水调肥"以及改善农田环境以改良与培育土壤肥力的见解。

3. 土壤为国民经济建设服务的思想

马溶之十分关心祖国的经济建设，为国民经济建设尽心尽力。他领导和参加了黄河中游水土保持、东北、甘青、内蒙古与热带、亚热带地区的综合考察，足迹几乎遍及全国，考察了各种类型的土壤及其利用途径，为不同目的土壤资源开发利用提出了战略性的意见和针对性措施。马溶之作为全国土壤普查办公室副主任参加和领导了全国第一次土壤普查，作为技术领导直接负责江苏省土壤普查，并派员参加粤、桂、滇、赣、皖、鄂和青（海）的土壤普查，总结了农民群众用土、识土和改土的经验，提高了农民科学种田的水平，促进了耕作土壤培肥和改良。作为土壤地理学家，马溶之先生同样十分重视并亲自参加了丰产经验的总结。他亲临土壤研究所在苏、鄂、赣、粤的丰产试验点检查、督促，并和陈家坊等一起组织领导了全国劳模——陈永康丰产经验总结。发挥全所各学科的综合优势，针对生产上存在的实际问题，在广泛定位试验的基础上，总结不同土壤条件下的研究结果，在马溶之的亲自主持下，编著了《水稻丰产的土壤环境》（1961），作为中国科学院农业丰产丛书之一正式出版。该书科学水平高，生产性强，没有任何浮夸和不实之词，具有实际参考价值，深受读者欢迎。

三、马溶之主要论著

Hou K C，Ma Y T. 1941. On the morphological aspects of the podzolic rice paddy soils in Nanchang region，Kiang-si，China. Special Soil Publication，（3）：1-7.

马溶之，席承藩. 1941. 紫色土分类之建议. 土壤季刊，1（4）：62-82.

马溶之. 1944. 中国黄土之生成. 土质论评，9（1-2）：207-224.

马溶之. 1945. 新疆中部之土壤地理. 土壤季刊，4（3-4）：1-78.

Ma Yung Tich. 1956. General Principles of Geographical Soil Distribution of China. The 6th International Congress of Soil Science.

马溶之，林镕. 1957. 山西西部水土保持调查报告摘要//马溶之，林镕之，林镕主编. 山西西部水土保持调查报告. 北京：科学出版社：395-410.

马溶之. 1957. 新编中国土壤图的简略说明（附 1：600 万中国土壤图）. 科学通报，（11）：336-338.

格拉西莫夫 И П，马溶之. 1958. 中国土壤发生类型及其地理分布. 土壤专报，6（3）：157-177.

马溶之. 1958. 对第四纪地层的成因类型和中国第四纪古地理环境的几点意见. 中国第四纪研究，1（1）：70-73.

马溶之. 1959. 关于我国土壤分类问题的商榷. 土壤学报，7（3-4）：115-123.

马溶之. 1960. 十年来的中国科学——土壤学（1949-1959）. 北京：科学出版社.

马溶之，陈家坊，刘芷宇等. 1960. 水稻丰产的土壤环境及其调节. 科学通报，（12）：362-367.

马溶之. 1961. 谈谈土壤发生分类原则和系统. 中国农业科学，（11）：1-6.

马溶之. 1962. 农业土壤学绪论//中国农业科学院土壤肥料研究所，中国农业土壤编著委员会编. 中国农业土壤论文集. 上海：上海科学技术出版社：1-25.

中国科学院土壤研究所（马溶之主编）. 1965. 中国土壤图（1：1000 万）//国家地图集编纂委员会. 中华人民共和国自然地图集. 北京：中国地图出版社：75-76.

马溶之. 1965. 中国山地土壤的地理分布规律. 土壤学报，13（1）：1-7.

主要参考文献

赵其国，石华，龚子同等. 1986. 怀念马溶之教授——纪念马溶之同志逝世十周年. 土壤，18（2）：57-66.

中国科学院南京土壤研究所. 2007. 马溶之与中国土壤科学——纪念马溶之诞辰一百周年. 南京：江苏科学技术出版社.

撰写者

龚子同（1931～），江苏海门人，研究员，博士生导师，早年留学苏联，曾任中国科学院南京土壤研究所土壤地理研究室秘书、主任、所长助理。长期从事土壤地理、中国土壤系统分类和土壤地球化学研究。《马溶之与中国土壤科学——纪念马溶之诞辰一百周年》文集编辑委员会主要成员。

刘良梧（1941～），江苏南京人，研究员。长期从事土壤地理、土壤放射性碳年龄和古土壤研究。马溶之教授的研究生。《马溶之与中国土壤科学——纪念马溶之诞辰一百周年》文集编辑委员会主要成员。

周廷儒

周廷儒（1909～1989），浙江新登（现富阳）人。地理学家，我国新生代古地理学的奠基人、开拓者。1980年当选为中国科学院学部委员（院士）。1933年毕业于国立中山大学地理系。1946年以中英庚欸名额赴美国加利福尼亚大学伯克利分校地理系留学，1948年获硕士学位。1950年回国，任北京师范大学教授，兼任中国科学院地理研究所研究员。1952年至1983年，连任北京师范大学地理系主任。曾任中国地理学会第四届理事会副理事长。终身致力于地貌、自然地理、新生代古地理研究及地理教育事业。对河流地貌、干旱区地貌发育规律的阐发，以及承担中国地形区划研究所提出的地形区划原则、方案，对中国地貌研究工作的开展具有重要影响。基于对第三纪①以来的自然地理演变历史对我国现代自然环境特征形成的重大意义的认识，强调研究中国新生代古地理。80年代初出版《古地理学》、《中国自然地理·古地理》二书，推动了我国新生代古地理的研究工作。他将地貌学与古地理学研究融合到自然地理的综合研究成果中，探索中国自然地域从第三纪进入第四纪的演化和分异规律，做出了开创性的贡献。以统一、综合的观点分析我国东部第四纪冰期环境，提出了"除极少数山峰外，当时均不具备发育冰川的条件"的论断，影响深远。强调"综合自然区划必须考虑到区域发展的历史过程"，所作《新疆综合自然区划纲要》全面论述自然区划的目的、原则与指标，是新疆最早的自然区划成果。周廷儒1987年获国家自然科学奖二等奖一项（合作者之一），省部级奖四项。

一、简　历

周廷儒1909年2月15日出生于浙江新登（现富阳）松溪镇，1989年7月18日病逝于北京友谊医院，享年80岁。

周廷儒出身于小商人家庭，9岁丧父，由母亲与兄长抚养成人。少年好学，以优异成绩在新登读完小学后，到嘉兴求学，毕业于秀州中学。1929年秋考取浙江省

---

① 最新国际地层表（2000）已将"第三纪"更名为"古近纪"与"新近纪"。本文中为保持历史原貌，未作更改。

官费保送进中山大学地理系学习。1933 年毕业,以论文《广州白云山地形》获学士学位,留系担任德籍地貌学教授 Wolfgang Panzer 的助教,奠定了以后的主要学术研究方向。

1935～1937 年任教于浙江杭州高级中学。任教期间所编写的《中国地理》教材,资料虽受时代的局限,立论却极具特色。并且发表了早期的区域地理著作《扬子江下游地景及其区分》等文章。

抗日战争爆发后,辗转至昆明。1938 年任教于西南联合大学史地系,讲授《普通自然地理学》课程。1940 年,中国地理研究所于重庆北碚建立,应聘任助理研究员。1942 年晋升为副研究员,并应复旦大学之聘任史地系兼职副教授,主讲地貌学。在北碚地理研究所任职 6 年,在当时国民政府建设大后方、开发大西北方针下,主要研究工作着眼于对四川、青海、甘肃一带国土、资源等作实地考察、研究。1940 年参加嘉陵江流域考察,参与完成《嘉陵江流域地理考察报告》,并发表多篇论文,对流域内的地貌发育等方面多有阐发。1942 年,作为"西北史地考察团"成员,经由兰州,沿湟水谷地、青海湖进入柴达木盆地,再穿越祁连山至河西走廊,出入于多处当时荒无人烟之地,收集了大量第一手资料,发表《甘肃、青海地理考察纪要》及多篇区域地理、地貌学等方面的论著。1946 年春,获中英庚款名额赴美,就学于加利福尼亚大学伯克利分校(University of California, Berkeley)。在"文化景观"学派创始人美籍德国学者 C. O. Sauer 教授的指导下,以西北考察所收集的资料为基础,融汇自然地理条件与人文现象,完成硕士论文《甘肃走廊和青海地区民族迁移的历史和地理背景》,1948 年通过答辩获得硕士学位。

1950 年回国,应当时北京师范大学地理系主任黄国璋之邀聘,任北京师范大学教授,兼任中国科学院地理研究所研究员及清华大学地学系教授。1952 年接任北京师范大学地理系主任,在任 30 年之久,直至 1983 年离任。在北京师范大学曾先后主讲地形学、中国自然地理、古地理学等课程。1959 年、1961 年主持招收第一、第二届中国自然地理研究生。1963 年在地理系创建古地理研究室,兼任研究室主任。研究室成立伊始即率领全室人员到内蒙古岱海盆地及晋北大同、阳高等地开展第四纪古地理研究工作。此项工作至 1966 年被迫停顿,研究室也随之解体。1976 年古地理研究室重新开展工作,十年前置办的仪器设备已完全报废或散失,面临的是重新招聘人才、重新筹划、重新建设。1981 年经国务院批准,古地理研究室列入全国首批博士点,周廷儒为首批博士生导师,从而开始了古地理学博士生的培养工作。

作为兼职研究员,在执教于北京师范大学的同时,周廷儒参与并完成了一系列中国科学院的国家科学考察和研究任务。20 世纪 50 年代初,地理研究所尚在南京,只派出少数人员来京成立《中华地理志》编辑部，周廷儒任地形研究组组长，参与编著出版了《东北地貌》、《华北地貌》等著作。并参与完成《中国地形区划草案》，此一区划草案后来成为中国第一个长期科技规划纲要中竺可桢所主持的中国自然区划的组成部分。

1956 年，参加规模庞大的中苏合作新疆综合考察，任考察队地貌组组长。连续四年，每年春季出发，秋后方归。1956 考察北疆，从南坡登阿尔泰山，并两度穿越古尔班通古特沙漠，又考察了天山北麓的玛纳斯河地区。1957 年登天山，重点考察伊犁谷地和大小尤尔都斯盆地等水草资源丰美的山间谷地，并到达吐鲁番、焉耆等地。1958 年考察南天山与塔里木盆地，并曾率小分队专门考察塔里木河中游地区。1959 年考察塔里木盆地南缘及昆仑山北坡地区。1960 年开始编制新疆地貌图（1：100 万），撰写《新疆地貌》、《新疆综合自然区划纲要》等论著，以及进行多方面成果的总结。其间，工作虽一度受阻中断，但最终在 1978 年全部完成。

1972 年中国科学院成立《中国自然地理》系列专著编辑委员会，竺可桢为主任。周廷儒受聘为编辑委员会委员，并承担《中国自然地理・古地理》分册的编著任务，在当时仍极为艰难的环境条件下，每日早出晚归赴地质部资料馆收集资料，前后历时 4 年，案头手稿、草图盈尺，近 40 万字的专著方得以脱稿。

周廷儒作为主要研究者之一的"中国自然环境及其地域分异的综合研究"获 1987 年国家自然科学奖二等奖、"中国新生代自然环境演变"获国家教委优秀科技成果奖，"中国自然地理・古地理"获中国科学院科研成果一等奖、"晚更新化以来环境演变及其影响评价研究"获 1992 年国家教委科技进步奖二等奖、"中国新生代古地理研究的理论与实践"获 1997 年国家教委科技进步奖二等奖。

周廷儒曾任中国地理学会第四届理事会副理事长，北京市第五、六届政协委员。

二、主要科学研究成就、学术思想及其影响

在地理学界，周廷儒以地貌学家、自然地理学家、古地理学家与地理教育学家著称，学术成果主要集中在这些领域。

周廷儒研究地貌，打破形态描述的旧格局，着意于地貌的成因分析与发育过程的探索。在 20 世纪 30 年代早期攻读中山大学学士学位时所作的白云山地貌观察以及 40 年代早期嘉陵江流域地貌考察所作的文章中，对此即已有明确表述。如在《嘉陵江上游穿断山之举例》（1943）一文中指出："穿断山（离堆）及阶地之配列，实为重建河道演化情形之理想依据"，从形态特征入手，进而探索阐明在冰期——间冰

期交替、基准升降变化过程中，嘉陵江河道演化的全过程。在后来的《中国地形区划草案》中标明地形区划原则："我们进行地形区划时主要应该根据地面形态……但绝不是忽视地形生成的原因、条件"。

周廷儒一方面将地貌的发育、形成，放在总体的自然条件中来考虑，另一方面又将地貌作为一项重要的自然因素来看待，从而解释了许多自然现象中的"谜团"。新疆各山地地貌形态和沉积物所显示的第四纪冰期规模、次数都存在差别，单纯从气候上来看，难以做出合理的解释。周廷儒根据各山地古夷平面发育及抬升高度参差不齐的地貌特征提出：由于新疆境内"新第三纪构造分异，各山地隆起快慢不一，高度参差，如果第四纪冰期初期，山地最占优势的均夷平面抬升到降雪最多的高度范围内，集冰的面积最大……便会发育首次最大规模的冰川。当后来主要的均夷平面上升超过了降雪最多带……下部降雪丰富带上山坡变陡，集水机会减少……"，冰川作用规模自然减少。这不但解释了疑难，并提出了新疆山地冰川发育过程的独特模式。

新疆塔里木盆地东部罗布泊的位置问题，从 19 世纪末期俄国人普尔热瓦尔斯基考察（1870～1871）以来，就引起国内外许多学者的关注。罗布泊是不是一个"游荡湖"，曾在罗布泊与喀拉和顺两个洼地之间像钟摆一样来回转移，延续近一个世纪难有结论。周廷儒根据新疆考察队东疆分队的考察资料和 ERTS1：100 万卫星照片分析，解释湖区东部大耳朵式环状分层湖堤的成因，做出论断，认为"从地貌分析，罗布泊至少在有史时期，从来也没有倒流到喀拉和顺盆地中去过。罗布泊的湖水受外围层层自然湖堤的包裹，并受内部地堑活动的控制，其水体不可能在平原上任意游荡或和喀拉和顺的湖泊互相交替。只有湖盆内部积水的面积时有扩大和缩小，这当然是和河道水沙的补给及地堑的活动性有密切的关系"。现在，这个著名于中外古今的罗布泊已经完全消失了，并不是"游荡"到喀拉和顺去了，而正是上游"水沙补给"出了问题的结果。

作为自然地理学家，周廷儒将多方面的自然因素综合在一起，考虑它们相互之间的制约、关联和表现。20 世纪 50 年代初期周廷儒已致力于综合自然区划的研究，连续撰文阐明综合自然区划的原则、方法、目的等问题。新疆考察结束后，1960 年发表《新疆综合自然区划纲要》，按照生物气候原则划分全疆为三个自然带，"分析各个区划单位内自然特征的生成和发展及其对生产的有利和不利条件，以便把农业技术措施、土壤改良措施有效地应用到各个单位里来"，"为发展农林牧副渔多种经营必须因地制宜"作为科学依据。1963 年发表《中国自然区域分异规律和区划原则》，以气候——构造为"主导因素"划分全国为五大地域，特别强调了"各地域内自然地带历史发展过程"和"现代过程"。

20 世纪 50 年代，国内地学界曾兴起一股"冰川热"，在不长的时间内，中国东部北起大兴安岭，南至长江流域甚至两广，都有人纷纷声称发现了第四纪冰川遗迹。而且，原本是一个实事求是的学术问题，却出现了泛政治化的倾向。周廷儒没有趋附时尚，对此提出了疑议。从地貌学的角度出发，他提出需要辨别"真冰碛和假冰碛"、"冰蚀和雪蚀地貌"。指出："第四纪冰期，在无冰川作用的高山可以在进行类似冰蚀的雪蚀作用下，使山岭峰脊出现……雪蚀地貌，容易和冰斗、冰槽混淆"；融冻泥石流、暴雨泥石流以及"属于山崩的块体堆积……都有类似冰川冰碛的特征，容易被误认为真冰碛"。更重要的是他从自然地理环境整体性的综合观点，提出了"冰期雪线问题"、"生物证据"等多方面的问题，以澄清局面。通过对欧洲大陆和中国境内现代山地雪线高度和第四纪冰期雪线高度变化的对比，指出"中国东部山地除太白山和台湾玉山外，无一处山峰超过"第四纪大理冰期的雪线高度，永久积雪（多年积雪）都不能存在，更不可能积累成冰川。"太白山雪线高度为 3250m，雪线以上有完整的古冰川地貌……以及各种冰川堆积物。"而"欧美冰期所发现的植物种类主要为北极柳、矮白桦、八瓣仙女木等，动物中有麝牛、北极鹿、猛犸象等。在我国除发现适应性较强的象类外，其他尚无确切记录。相反，在一般所谓典型冰川区的川、鄂边境上，竟还保存着喜暖湿的水杉活化石，在长江下游还残留着对外界气候条件要求很严格的扬子鳄，均未经受考验和淘汰，不能不引起重视"。所以"我国东部有无规模很大的冰川问题议论很多，尚难获得一致的结论"，表示了一种非常婉和的否定。

西北新疆一带地面上存在着许多干涸的水道网和大片废弃的田园、聚落。历史时期是否有气候日益干旱化的趋势，不仅是一个学术问题，而且是直接关系到当前生产发展、开发方向的国计民生现实问题。对此，各家意见分歧。周廷儒通过实地考察认为："绿洲居民砍伐沙丘上的灌木作为燃料，甚至破坏保护绿洲的树木，引起沙丘的移动，增加了沙地的吹蚀作用"，是绿洲田园与灌渠被风沙湮没的主要原因。现今湮没在沙漠里的古城废墟主要是河流改道引起的，正如他所述，"近数百年来，塔里木河分支上的河岸绿洲因为河道淤塞河水不继而放弃耕地的例子比比皆是"，而"山麓扇形地绿洲耕地面积的扩大，灌溉用水增多"，也使"下游河道缩短，胡杨树枯死，风沙侵占旧日的聚落"。以上的论述表明，周廷儒认为新疆的自然旱化趋势并不一定显著，而人类活动却是在导致环境退化。因此可以说，对于维护干旱地区结构脆弱的生态系统平衡的迫切性，以及上下游之间的农业开发必须取得协调问题，早在将近半个世纪以前周廷儒已经提出过警告了。

在 1960 年发表的《中国第三纪以来地带性与非地带性的分化》一文中，周廷儒提出："研究自然综合体的分异规律，必须了解在地质史最后几页中的运动和变化。自然综合体正和所有的物质体系一样，有其空间上和时间上的发展"，"缺少前一部分的研究，就不可能了解综合体的许多问题，特别是那些和现代环境不相协调的残留要素的存在。中国从第三纪第四纪以来，自然界留下不少有意义的痕迹，许多沉积物和埋藏在沉积物中的动植物化石与现今存在着的沉积物和生活着的动植物不尽相同，这些差别都是直接或间接因海陆变迁、气候变化、冰川进退而影响到现代沉积物和动植物区系的组成"。这就是周廷儒创导自然地理学的古地理研究以及在北京师范大学创建国内最早的新生代古地理研究室的初衷。在其后发表的《中国自然区域分异规律和区划原则》、《中国第四纪古地理环境的分异》、《新生代以来中国自然地带的变迁》等文章中，也一再表达了"现代自然环境有它的继承性和演变过程"，"研究过去环境的发展和演变过程是认识现代环境和预测未来环境发展趋势的前提与基础"这样的思想。

根据当年所收集到的其实还很不充分的地质证据，以现今称之为"地球系统科学"的思维逻辑，将陆、水、气各圈层的运动、变化综合起来考虑，周廷儒做出了"中国自然环境早第三纪时在行星风系控制下，进入晚第三纪以后转变为季风环流系统控制"的重大论断，并描述了在这一转变过程中，中国自然环境的变化过程。1982 年出版《古地理学》专著，论述古地理研究的理论、方法、方向、原则；1984 年出版《中国自然地理·古地理》专著，主要是论述新生代以来中国自然环境的演化过程。

周廷儒很重视引进新的实验室测试分析技术，当年建立古地理研究室时，同时筹建了孢粉分析室、^{14}C 实验室、微体古生物分析室、岩矿分析实验室等，这一格局在当时确是称得上国际先进、国内领先，可惜不久就遭到破坏。十年后虽然再次重建，但时不我待，局面已经非比当年。

周廷儒非常重视野外实地考察。从大学毕业论文开始，到后来的嘉陵江考察、青海湖－祁连山、新疆考察等莫非如此。他在撰写《中国地形区划》时，为了确定沅江流域究竟应该归属于贵州高原还是归属两湖盆地，专门到湖南对雪峰山的分界意义进行实地勘察。为了了解塔里木河这样的干旱区河道易于改道摆迁的原因和实况，在新疆考察期间多次乘坐橡皮艇甚至乘"卡朋"（当地用胡杨木制成的独木舟），泛舟河上作实地调查。建立古地理研究室后，随即带领室内青年成员开展对农牧交错带的考察。为了理清长江流域是否有第四纪冰川遗迹，他以 70 岁高龄仍登临庐山、黄山作实地调查。可以说，终其一生，其所有的学术成果莫不是通过踏踏实实的辛勤野外考察而来的。为了培养学生的野外考察能力，周廷儒曾多次亲自带领学生作暑期野外实习，并先后在烟台、大同为地理系建立野外实习站。

执掌地理系 30 年，桃李满天下，周廷儒培育了许多地理学方面的学士、硕士和博士，他们之中许多人现在都是高校、研究所和中等学校的骨干力量。

三、周廷儒主要论著

Chou Tingru. 1934. Morphological observations in the region of Pai Yun Shan (Canton). 地理学季刊，1（4）.

李承三，周廷儒. 1941. "离堆"与"离堆山"考. 地理，1（3）.

周廷儒. 1942. 环青海湖之山牧季移. 地理，2（3-4）.

周廷儒. 1943. 嘉陵江上游穿断山之举例. 地理，3（1-2）.

李承三，周廷儒. 1944. 甘肃青海地理考察纪要. 地理，4（1-2）.

李承三，周廷儒，郭令智等. 1946. 嘉陵江流域地理考察报告. 地理专刊，（1）.

Chou Tingru. 1948. Geographic and Historic foundations of present-day distribution of peoples in the Nan Shan-Koko Nor AREA.（美国加州大学硕士论文）

周廷儒，施雅风，陈述彭. 1956. 中国地形区划草案//中华地理志编辑部. 中国自然区划草案. 北京：科学出版社.

周廷儒执笔. 1956. 中国科学院新疆综合考察队地形考察报告//中国科学院新疆综合考察队. 新疆综合考察报告. 北京：科学出版社.

周廷儒. 1960. 新疆综合自然区划纲要. 地理学报，26（2）.

周廷儒. 1960. 中国第三纪第四纪以来地带性与非地带性的分化. 北京师范大学学报（自然科学版），（2）.

周廷儒. 1963. 中国自然区域分异规律和区划原则. 北京师范大学学报（自然科学版），（1）.

周廷儒. 1978. 论罗布泊的迁移问题. 北京师范大学学报（自然科学版），（3）.

周廷儒，严钦尚，赵济等. 1978. 新疆地貌. 北京：科学出版社.

周廷儒. 1979. 近 30 年来中国第四纪古地理研究的进展. 地理学报，34（4）.

周廷儒. 1982. 古地理学. 北京：北京师范大学出版社.

周廷儒. 1982. 中国东部第四纪冰川作用的探讨//中国第四纪研究委员会. 第三届全国第四纪学术会议论文集. 北京：科学出版社.

周廷儒. 1983. 中国第四纪古地理环境分异. 地理科学，（3）.

周廷儒，任森厚. 1984. 中国自然地理·古地理（上册）. 北京：科学出版社.

周廷儒. 1985. 新生代以来中国自然地带的变迁. 中国第四纪研究，6（2）.

周廷儒. 1988. 环境古地理学的发展方向——开展地理环境学的预测研究. 北京师范大学学报（自然科学版），（1）.

主要参考文献

《周廷儒文集》编辑组. 1992. 周廷儒文集. 北京：北京师范大学出版社.

北京师范大学地理学与遥感科学学院组编. 2006. 周廷儒院士纪念文集. 北京：北京师范大学出版社.

撰写者

张兰生（1928～），浙江浦江人，教授，博士生导师，曾任北京师范大学教务长、地理系主任、中国地理学会理
　　事长。长期从事自然地理、环境演变、环境教育等方面的教学与研究工作。《周廷儒文集》编辑组成员，
　　《周廷儒院士纪念文集》撰稿人之一。

王德基

　　王德基（1909～1968），湖南慈利人。地理学和地貌学家，我国近、现代区域地理学的开拓者。1934 年毕业于中央大学地理系。后考取洪堡奖学金赴德国留学，专攻气候学、地质地貌学，1940 年获博士学位回国。曾任兰州大学地理系主任、《地理学报》编委、中国地理学会理事和甘肃省地理学会理事长。他长期致力于气候学、地貌学和区域地理学的研究。1941 年在德国出版《中国全年干湿期及降雪期持续日数》一文，最早对中国水分气候进行了专题研究。以他为首完成的《汉中盆地地理考察报告》，充分体现了区域特性、区域差异在研究方法上的重要价值，备受称述。他在黄河中上游水库坝址勘测、腾格里沙漠自然地理、小流域水土保持勘测制图、甘肃省地貌、甘肃省农业区划、河西地区草原调查和兰州市土地利用等研究领域，做出了突出的贡献。他治学严谨，博览群书，注重野外考察和理论联系实际。他的研究成果和学术思想对我国近、现代地理学的发展有重要指导意义。他创建的兰州大学地理系，现已成为我国地学研究、人才培养和学术交流的中心之一。

一、简　　历

　　王德基，原名王恩增，1909 年 4 月 2 日生于湖南省慈利县，1968 年 11 月 19 日于兰州逝世，享年 59 岁。

　　王德基出生于农民之家，6 岁进入私塾，10～15 岁在渔浦书院（完小）寄宿就读。1924～1927 年，先后在慈利县县立中学、湖南长沙私立文艺中学读初中。在初中三年级时，他受当时革命浪潮的影响，曾加入中国共产主义青年团。1927 年 5 月 21 日，长沙发生"马日事变"，学生纷纷离校，他返回慈利县家中，遂与革命组织脱离关系。之后，又进入湖南澧县津市九澧平民工厂当学徒一年，后因病返家休养直至 1929 年。是年 8 月，他随其兄王厚基来到南京，准备继续求学。

　　在短暂的一年时间里，王德基凭着顽强的毅力，一方面旁听大学一年级与升学有关的科目，同时自学了以往未曾学过的高中课程。1930 年，他以同等学力考入南京国立中央大学地理系本科，并选修地质系的课程。在这期间，他 3 次参加野外考察，北达济南，南抵香港，西至桂林，东临海滨。1934 年，王德基从南京中央大学地理系毕业，留校任助教。同年秋，参加由著名学者黄国璋教授、奥籍教授费思孟（Herrman von Wissmann）率队的云南边疆地理考察团，与地理学者严德一、滇籍外交家张凤岐结伴同赴云南普洱、思茅一带进行地理调查。考察团入滇后，因中英政府之间已达成协议，暂缓中英双方人员进入未定界区作调查，遂改变原定计划前往与普（洱）思（茅）接壤的西双版纳作自然地理和民族、农业的调查研究，为开发利用热带资源提供基础资料。考察团历时半年，环绕西双版纳一周，沿途摄影绘图做笔记，调查了中老、中越、中缅边界，勘查了澜沧江河谷，搜集了丰富的文字资料和图片。在此次考察活动中，王德基得到黄国璋、费思孟两位名师的指导，受益匪浅。

1936 年冬，王德基考取"洪堡"奖学金，翌年即随费思孟赴德国留学深造，攻读博士学位。在德期间，他继续师从费思孟，除系统地进修地理学基本理论外，还选学地质学、气象学、考古学系的课程，并着重野外实地考察。利用平时课外实习及节假日，他先后考察了北德平原、阿尔卑斯山区、多瑙河谷地的地质构造、冰川沉积与河流地貌等，不仅大开眼界，而且对地貌学的探索达到了一个较高的水平。1940 年上半年，王德基完成博士论文《中国全年干湿期及降雪期持续日数》，准确地阐述了中国水分气候的区域特征，受到业师好评并获博士学位。次年，论文由德国柏林远东协会资助在德国费迪南·劳·霍恩罗厄书店出版社出版。

王德基在德国本可继续领取奖学金，从事学习和研究，但他报国心切，留德毕业后立即踏上了归程。回国途中，因战事影响，海路多阻隔，只得取道东欧（奥、匈、保）、中东（土、叙、伊）、南亚（印）和东南亚（缅），从而对欧亚大陆这一部分地区的干旱气候与地貌类型有了进一步认识。回国后，王德基入重庆中国地理研究所工作，初任副研究员，继任研究员，并兼自然地理组副主任。前中国地理研究所创建（1940 年 8 月）之初，即有分区实地考察计划，于民国 29 年组织汉中盆地考察队，分地理、土壤两组，实地全面调查。考察队由王德基担任队长之职，于 1940 年 11 月从重庆北碚出发，抵达陕西城固。野外考察遍历秦岭、巴山之间的城固、洋县、西乡、南郑、褒城、沔县（今勉县），历时 8 个月。考察内容从自然到人文，偏重路线观测、实地勘察访问、绘制图表等。后根据所获材料编写出《汉中盆地地理考察报告》一书，列为《地理专刊》的第 3 号，于 1946 年 11 月付印。

1946 年秋，王德基应兰州大学首任校长、著名教育家辛树帜的邀请，千里迢迢从重庆来到兰州，筹建兰州大学地理系。1952 年，王德基出席全国地理学会第一次代表大会，并当选为理事，兼任甘肃分会理事长。1955 年他加入九三学社，任兰州大学支社委员。1956 年被教育部评为二级教授。

二、主要研究领域和学术成就

王德基一生刻苦勤奋，治学严谨，学术成就主要集中在气候学、地貌学领域和《汉中盆地地理考察报告》（以下简称《报告》）一书。《报告》凡 3 篇 13 章，详细论述了汉中盆地的自然特征、人文现象与地理区域。第一篇"自然背景"，包括地形、气候、土壤、植物 4 章；第二篇"文化方景"，计有人口、聚落、农业、交通、商业 5 章；第三篇"地理区域"，分汉中盆地为 4 大区及 9 个副区。此外，还有石印的图集一册。该书绪言中虽然说明"地形"与"气候"二章，由王德基执笔，实则他作为考察队领导和第一作者，其贡献当不限于地形和气候部分，而应及于全书。王德基在地理学方面有较深的造诣，得力于他独到的治学方法。他的治学方法有四：一是博览群书。他埋头读书，专心致志，人所共知。二是野外考察。他常说野外考察是更实际的学习，岩层、地质地貌、各地理景观都是摆在野外的书。三是重视积累和整理资料，加以分析研究。他说："此法可应用到各方面"。四是实事求是，理论联系实际，学以致用。他说："研究科学是理性的，而不是从理想出发所能成功的。"他重证据，常在师生们学术性的讨论和谈话中以"有无证据"、"有无化石证明"、"拿出根据来"等语相质疑。

（一）主要科学研究成就

下面从中国区域气候、地貌成因类型与地文期划分、区域地理研究、黄河中上游科学考察和创建兰州大学地理系等方面，略述王德基对我国近代地理学发展做出的突出贡献。

1. 中国及汉中盆地气候研究

王德基深受当时世界上公认最发达的德国地理学思想影响，其博士论文《中国全年干湿期及降雪期持续日数》，无论资料、思维方法和行文方式都是德国式的。作为一篇历史文献，该论文的价值不仅达到了当时对中国气候干湿特征及其成因认识的最高水平，同时还提出了一些划分中国气候的新理论和新方法。他在柯本气候分类系统上，提出了划分干旱、湿润（包括降雪）的双曲线公式及曲线图，为中国气候分类提供了合适的标准。这一富有创新意义的研究，对当时气候资料十分缺乏的中国地区，无疑是十分有用的。

气候要素分析是区域气候研究的基础。没有气温、降水等气候要素的分布、季节变化和组合方面的研究，就无法进行气候类型区的划分，区域气候基本特征的归纳也就成了无源之水。因此，地理学家在研究区域气候时，总是先搜集气候要素资料，再着手分析气候要素特征与形成因素。《报告》中由王德基撰写的气候一章，特别注重汉中盆地与相邻区域之间的比较分析，注重相互关系的地理分布，并说明其不同。《报告》不仅阐明了汉中盆地降水气候的季节特点，而且通过相邻区域的对比，对盆地气候的主导形成因素也多有论及："有盆地之地形，即具盆地之气候。但盆地情形不同，气候亦殊，大如四川盆地，小如汉中盆地，虽为盆地，而气候则有所不同，良以盆地地形各殊，位置有异也"。

汉中盆地在气候类型区上的归属问题，国内外学者的结论颇有出入。柯本（W. Koppen，1846~1940）划属 Df 区（寒冷冬湿气候），桑斯威特（C. W. Thornthwaite，1899~1963）划入 CBW 区（温带润泽冬干气候），我国著名气象学和地理学家竺可桢则将汉中盆地并为云贵高原气候区，费思孟则悉数归为 II TW 区（温暖冬干气候）。王德基根据最新气候资料，引用柯本气候公式，认为汉中盆地属 Cwa 气候，即"温暖冬干气候"；四川盆地应分属 Cwan 区，即"温暖冬干多雾气候"区。有鉴于此，他指出柯本气候分类考虑高度因素不够，关于中国部分失之过简，划汉中盆地为 Df 寒冷冬湿气候，与实地气候不相符合。为进一步讨论所属气候区，王德基根据其博士论文划分中国气候的新理论和新方法，利用自己创立的划分干旱、湿润的双曲线公式，借以判定某地干湿冰寒月份之多少，作为划分气候区的参证。最后得出结论，认为"汉中盆地实为一温暖冬干山间高型盆地气候"，澄清了在这一问题上的混乱概念。

2. 汉中盆地的成因、地文期与地貌类型

汉中盆地的范围，限于勉县、南郑、汉中、城固、洋县等境内，西起勉县武侯镇，东至洋县龙亭铺东之大龙河畔，长 80km，南北宽 10 余公里。《报告》对汉中盆地之地形，举凡盆地的构造与成因、地貌类型与特征、水系与地文期等，皆析而论之。王德基认为，"地形不但为自然景观之主要部分，且为地理科学之基干"。地形的变化各地不同，欲进行"详尽之叙述与完满之解释"，需要"内求诸地质基础，外求诸风化侵蚀等作用"。他指出"地质对地形影响最大，而关系最切者，首推地层与构造"。在这一认识基础上，《报告》分 6 个区论述了盆地各种地貌类型的分布与特征。之后再论及本区的水系，因为"流水为侵蚀作用影响最大之外营力，地貌之刻

割分划全赖流水之功，由水系可以解释地形之演变，而河流之流向与水系之分布又多受地形之影响。明乎地形与水系之关系则地文期之遗迹不难察出"。以上这些论述，无疑是王德基着手实地调查研究的基本思路。

关于汉中盆地的成因探究，他通过考察断层线构造而推及盆地平原相对下沉，由汉水谷地黄金峡切蚀河曲之向西游移推断盆地东部地层抬升较强，继而再根据高、低阶地之分布情况，最后得出其为"构造陷落盆地"的结论。汉中盆地的地文期，即第三纪以来侵蚀轮回，是地质学和地貌学中的一个基本问题。《报告》于此也详加论列，并与前人关于我国北方、四川盆地地文期的划分相比对，将之分为：第三纪上期的秦岭期，第三纪末与第四纪初的汉江期，红色波状地层堆积于断层发生以后、冰川期前的汉中期，冰川期后的阶地期以及现代的泛滥平原期。这一地文期划分方案和大致时代的确定，足可反映汉中盆地地形发育的序列。

上述重要研究结论，是与王德基深入实地调查分不开的。而对于未经深入调查之地貌现象，他并不急于妄下断语，而是持存疑的科学态度。例如，关于巴山砾石的来源问题，认为可有两种解释："其一，巴山砾石与冰川有关，冰碛石经山水冲蚀与滑动，或可造成此种砾石。在高洞子附近所见之砾石，散布地点，虽接近冰川地形，但谯家店后山半坡上，所寻获之砾石，附近一带并无冰川地形之痕迹，此种解说，似难圆满。或谓巴山砾石与陷落或残破之石洞有关，因石灰洞中常有潜流，潜流虽缓，经久摩擦，亦可造成圆滑之砾石。吾人在巴山石灰洞中，并未发现相同之砾石，似此又难解答。故巴山砾石之来源，尚待考察与研究也"。王德基科学求真的精神，由此可见一斑。

3. 区域特性和区域差异研究

区域综合是地理学研究的顶点，在20世纪中期以前这是地理学者几乎共同接受的观点。其研究方法，一是将一整体区域划分成很多小区域，一是分析各小区域并加以整合了解某一整体区域。无论采用何种方法，都需要重视"区域个性"（regional personality）的研究，才能够真正解决自然与人文所产生的"区域差异"（regional difference），并达到综合、概括的目标。然而由于这种工作的难度较大，非一人的知识与能力所能为之，故昔日区域研究的最高境界多止于解释性描述。这一状况，促使晚近越来越多的地理学者对区域综合的价值和效用感到怀疑，而导致20世纪五六十年代区域地理学趋于衰落。不过，王德基在这方面的悉心探求，则给我们提供了一种区域研究的成功范例。

他在《报告》绪言中首先给出了"地理区域"的明确定义："地形对于风向、雨量、气温、土壤及天然植物皆有影响，交互作用，反映其人生经济活动之特性；盖地形可以影响气候之变化，气候影响土壤与天然植物之发育与分布；而人民生活之方式，则为人民利用当地自然环境所表现之景象。不特此也，自然环境的各种因素不仅彼此息息相关，且受人类活动影响甚大。人类在自然景观中所造成之环境，吾人称之为地理环境，根据地理环境所划分之区域，则称之为地理区域"。由此视角，《报告》揭示了汉中盆地"为一完整之地理区域，就其自然背景及文化背景观之，均显示过渡地带之特性，即本区之区域个性"。方之于气候则是："北有寒凉草原性之气候，南有温暖冬雾夏热之气候；依大气候区言，则为一过渡带之气候，兼有南北之长，而无过干过热之短；就小气候区论，实独具一格，尤为山间盆地气候之典型"。由于"区域个性"并非完全由地质、气候等自然因素所产生，人们因为要从自然方面获取其所需，故不惜多方面改变自然，如此一来，一个区就有了个性。所以，"盆地聚落亦复如是，既具有南方散居之型态，复有北方集居之典型"。

汉中盆地虽为一完整地理区域，具有一致性特色，但其内部由于土地利用的不同，仍呈现出规律性的地域分异。他指出："盆地一切人文现象尤以人口与耕地等之分布，多呈向心集中之状态，即越向中心平原区，越形密集，越向边缘山地区，越显稀疏；而林地与荒地之分布，则适得其反"。根据这种分异特点，《报告》把汉中盆地分为 4 大区与 9 个副区，且"每个副区各有其区域特性，自成一单元，合之则成为整个地理区域"。分区综合研究的目的，在于阐明土地利用所反映的人地关系。例如《报告》关于"湑水谷口副区"的说明："平原区之湑水谷部分，以其有特产姜黄与柑橘之分布，故别划地理副区"，即"特产区"，旨在对姜黄、柑橘分布之于地形和气候关系详加论述。

《报告》中的"地理区域图"主要由王德基根据地貌类型所编绘。由于《报告》"插图甚多"，只得"另装成图集一册"。图集皆调查之准确记录，图数凡九十有二，以之与文字部分对照，平均约每 2000 字配图一幅。绘制专业地图是地学工作者最常用的研究手段，但在我国地理学界一向是用得不够的。《报告》附图达 92 幅之多，应该说与王德基善于绘制专业图表有很大关系。据业师冯绳武生前介绍，20 世纪 50 年代他与王德基一起乘马作路线调查，王德基常在行进途中将沿线山川景观素描成图，然后再写文章。《报告》图文并茂，做到了先后联系，层层深入，讲得生动有趣，读来耳目清新，不失为区域地理经典之作。

4. 黄河中上游及河西地区科学考察

王德基在兰州工作和生活达 20 余年，足迹遍及陕、甘、宁、青、内蒙古等省区，6 次承担重大建设的科研任务。

1946 年夏，受学校委派，赴西宁参加"西北工程师学会"的年会，其间到大通河谷与塔尔寺进行了考察与参观。次年夏，陪同来兰州进行史前考古活动的裴文中等人，去洮河谷地（灰咀、辛店、临洮等地）从事陶器采掘工作。1948 年，参加由前西北地质调查所组织、以裴文中为首的"河西调查团"，对河西地区（除民乐、鼎新两县外）作路线调查，为期两个月，有部分图表在《甘肃地理》一书中刊印。

1952～1953 年，王德基受兰州市城市建设局委托，结合教学实习，先后 5 次调查兰州市土地使用、山洪及地下水状况，勘测水库坝址，为兰州市的建设提供了科学依据。1954 年，中央提出了黄河中游综合开发利用规划后，他率兰州大学地理系师生对河南孟津以西至青海境内的黄河中上游区段进行地质地貌、水土保持考察，为拟建的 46 座水库作了地貌勘测，提出了可行性建议。此后两年，又受铁道部科学院第一设计院委托，为配合包兰铁路的修建，先后 6 次深入沙区，对腾格里沙漠地段的自然地理情况进行考察，并写出论文。在此期间，还受中国科学院地理研究所委托，在甘肃省漳县（小井沟）、通渭（下洼沟）和静宁（牛站沟）作小流域水土保持勘测制图和撰写说明书。1957～1964 年，受中国科学院地理研究所委托，研究甘肃省地貌区域问题，同时参加甘肃省农业区划工作，撰写出《兰州地区地貌类型区划》、《甘肃省农业地貌区划》等论文，对地貌区划工作做出较大贡献。1962 年夏，在庆阳西峰镇南小河沟进行水土保持勘测和各种水土保持措施的考察，并指导生产实习。1964 年应邀参加甘肃省畜牧厅草原工作队组织的河西地区草原综合考察，野外工作 3 个多月，执笔撰写了《甘肃省河西地区草原调查综合报告》中的地貌与气候等部分的内容。

5. 创建兰州大学地理系

抗战胜利后，南京国民政府为了开发西北边陲，巩固后方，培植人才，遂于1946 年在原甘肃学院的基础上筹建国立兰州大学。学校设文、理、法、医 4 个学院，新办十几个专业、学系。地理系是其中之一，由王德基主持筹建，此后任地理系主任达 11 年之久。

地理系成立之初，教师仅有他和冯绳武两人。在人员极端缺乏，图书仪器全无的情况下，作为筚路蓝缕的创业者，他竭尽心力，四处奔走延聘教师、购置设备，使地理系逐步达到办学条件。为使学生受到完备的地理科学教育，他不辞辛劳到西北师范学院地理系兼课，以换取该校教师来系讲学，有时无法请到教师，就亲自研习新课，自编讲义，然后上堂讲授。解放后，王德基继续担任系主任之职，积极配合学校进行院系调整、教学改革和学科建设工作。1956 年高教部确定兰州大学 4 个系为副博士研究生培养单位，地理系是其中之一。同年，王德基被教育部评为二级教授，开始担任研究生导师。

他讲课逻辑性强，喜欢用对比的方法讲解。特别是对各地理现象形成的原因、发育演变过程和各地理因素之间相互影响的关系，讲得有理有据，充满了科学性。他讲课经常联系生产建设实际，如讲地形学时，联系陇海铁路天兰段修入兰州市区后如何走法；讲气候学时注重气候的影响和应用问题，往往联系工农业生产、交通、城市建设、军事、文化、健康等进行讲解；讲土壤地理时，把土壤看做一种生产手段，提出要能够利用和改造它。随着地理系教师逐渐充实，王德基教授主要致力于讲授地貌学领域的课程，如地貌学、中国地貌、地貌制图、摄影与素描等。每年寒暑假的教学实习或生产实习，他都亲自带队，辗转野外。他十分重视野外实地考察，擅长用素描的方法显示山川地貌特征，要求学生作地理调查必须"眼到、手到、脚到，缺一不可"，不仅要把观察到的各种景观素材用数字、文字、符号、简图等标记下来，保存好采集的标本，而且回校后还要综合整理，写出考察报告来。在王德基的言传身教影响下，全系师生教学与研究的风气很浓，地理系办得越来越有名气，为国家培养了大批专门人才。

（二）学术思想及其影响

20 世纪初，中国近代地理学不仅理论基础薄弱，而且学科结构残缺，形成不了完整的科学体系。除气候学、地貌学和农业地理较为定型外，区域地理的著作虽多而水平不高，对自然环境以及人地关系的研究，都还存在着不同程度的不足。进入20 世纪 30 年代后，区域地理研究开始有了新的发展。但若论运用近代地理学的理论、方法对区域地理作深入调查研究，应首推《报告》一书。正如王德基的挚友、华东师范大学严德一教授所说："该报告从其调查研究对象、思路与方法以及地理概念和名词，都继承 40 年代德国景观学派，得费思孟教授的指导"。德国是世界近代地理学的发源地，自赫特纳倡导区域研究以来，很多学者皆以区域地理为最重要的研究方向。其特点是从小区域入手，进行典型性的景观研究。王德基在国内外师承费思孟教授达 9 年之期，受影响之深自不待言，因而德国区域学派的观点、理论和方法无疑会反映在《报告》一书中。这应当说是《报告》成为我国近、现代区域地理学奠基之作的学术渊源之一。

鉴于《报告》区域研究体系完整，已故著名地理学家徐近之教授曾认为《报告》是一部不可多得的区域地理著作，把它作为抗战时期我国地理研究的重要成就之一，极力推崇其为"国内区域地理之空前伟著"、"吾国完全区域地理学之第一种",遂使该书引起广大地理学者的注意。新中国成立后,许多到汉中盆地和秦巴山地工作和考察的科学工作者,都把《报告》当做宝贵的科学资料来参考和引用。例如1956年,地貌学家沈玉昌研究"汉江河谷的地貌及其发育史",即引用了《报告》关于秦岭与巴山接触处均有大断层的结论。1958年,西安师范学院(今陕西师范大学)在编写汉中地区地理志时,《报告》是其中的重要参考文献。1961年,由陕西省情报研究所出版的《汉中地区地理志》一书各章节中,均将《报告》排在主要参考文献的突出位置。1983年,刘胤汉教授编著《秦岭水文地理》,也援引《报告》作为参考文献。1987年,鞠继武教授在其《中国地理学发展史》一书中,更将《报告》列为我国近代区域地理研究最重要的成果之一。1994年,新编《城固县志》将王德基领导的汉中盆地考察作为该县地质调查工作的重要组成部分。张九辰在《本世纪上半叶中国近代区域地理学的特色及地位》一文中,指出《报告》是"优秀的专区地理研究论著"之一。时至今日,《报告》在我国区域地理学发展史上的学术地位,仍值得一书。著名地理学家、中国科学院院士施雅风等在《哀念王德基教授》一文中称述:"重读此书,感到此书确实写得细微深入,分析自然与人文关系甚为透彻。……这本书不仅是抗日战争时期我国首屈一指的区域地理研究著作,即使经过几十年的发展,这本书的光辉,依然如明星闪耀"。

王德基身后留有遗作数十篇,1999年兰州大学90周年校庆,由李吉均、张林源主编出版了《王德基教授论文与纪念文集》,以昭彰其在地理科学方面的业绩。特别值得一提的是,王德基曾多次赴祁连山考察,于1959年完成《祁连山东段的古剥蚀面》一文。该文是对祁连山夷平面问题研究最早的论文,具有开创性意义。这份学术遗稿直至1983年经由他的研究生、地貌学家、中国科学院院士李吉均教授推荐,得以在《兰州大学学报》上发表。李吉均院士在后记中对他的学识、人品都给予了很高的评价。

李吉均院士在《先驱者的足迹》一文中对王德基的学术影响,有如下评价:"先生治学严谨,特别重视实地调查。他提倡三勤:腿勤、眼勤、嘴勤,即不怕吃苦爬山、留心多观察、多向老师提问请教。这对地学工作者来说至今仍是至理名言。现在有些学生怕苦,乐于收集现成材料,写文章也就不免炒冷饭,缺乏新意,就像动物园中的老虎,不须自己捕食,也失去了捕食的本领。这样是肯定成不了大学问家的。王德基先生的这种求实精神我是亲有体会的。我是他唯一的、但却又是没有学成毕业的研究生,原因是先生被错划为右派后,我也无法继续念研究生了。但是,我仍然有幸跟随王先生作了一段时期的野外工作。那是在1957年夏天反右派运动已经风云乱滚的时候，王德基先生带着我和牟韵智同志到甘南和陇南考察地貌。他当时已年近五旬，由于劳累明显显得苍老，但跋山涉水仍然是健步如飞，有时我们年轻人也难以赶上。临夏的北塬、武都的高山、徽成盆地的崇山峻岭，都是王先生带领我们不畏艰险亲自去爬上爬下获得亲身体验和认识的。应当说，正是 1957 年夏天我随王德基先生在临夏、甘南和武都一带获得的深刻认识，使我在事隔 30 年之后再度带领新一代学生去那里从事研究工作，也取得了一批较好的成果。王德基先生播下的种子总算有了收获。因此，我们是跟随前辈的足迹走过来的，如果说我们取得了新的成果，那是在前人的基础上获得的。开拓者的功劳不应埋没"。

王德基作为我国近、现代地理学的典型代表学者之一，一生光明磊落。他的敬业精神、治学态度和学术思想，是留给后学的宝贵财富，值得我们认真学习和借鉴。

三、王德基主要论著

王德基. 1941. 中国全年干湿期、降雪期持续日数（德文）//蒂宾根大学地理地质学论文集（第二辑），第 7 期. 费迪南·劳·霍恩罗厄书店出版社.

王德基. 1941. 长江下游的地理问题（译著）. 地理，1（1-4）.

王德基，林超，郑象铣等. 1941. 乡土地理调查手册. 地理，1（2）.

王德基. 1944. 澧水流域之航运与地理环境及其经济建设之刍议. 地理，4（3/4）.

王德基. 1944. 津市至三斗坪. 地理，4（3/4）.

王德基，陈恩凤，薛贻源等. 1946. 汉中盆地地理考察报告（附图一册）. 中国地理研究所地理专刊，（3）：1-200.

王德基. 1958. 兰州地区地貌类型区划. 中国第四纪研究，1（2）.

王德基，徐叔鹰，尹爱光等. 1959. 甘肃省地貌区划//兰州大学第二次科学讨论会论文.

王德基. 1959. 腾格里大沙漠东南部的自然景象//兰州大学第二次科学讨论会论文.

王德基，陈林芳，徐叔鹰等. 1965. 甘肃省农业地貌区划//中国地理学会地貌专业委员会. 中国地理学会 1965 年地貌学术讨论会文集. 北京：科学出版社.

王德基. 1965. 甘肃河西地区的地貌、气候、草场水利//甘肃省河西地区草原调查综合报告.

王德基. 1983. 祁连山东段的古剥蚀面. 兰州大学学报（自然科学版），19（3）：108-114.

主要参考文献

王德基，陈恩凤，薛贻源等. 1946. 汉中盆地地理考察报告. 中国地理研究所地理专刊，（3）：1-200.

徐近之. 1947. 抗战期间我国之重要地理工作地理学报，14（3-4）：31-56.

严德一. 1987. 怀念王德基教授. 地理学报，42（2）：179-181.

李吉均，张林源. 1999. 王德基教授论文与纪念文集. 兰州：兰州大学出版社：3-290.

王乃昂，赵晶. 1999. 王德基教授和《汉中盆地地理考察报告》. 中国科技史料，20（2）：148-157.

撰写者

王乃昂（1962～），山东郓城人，教授、博士生导师，现任兰州大学资源环境学院院长。主要从事气候变化与水文响应、环境变迁与历史地理、资源评价与规划方法研究。

林　超

　　林超（1909～1991），广东揭阳人。地理学家，地理教育家，中国现代人文地理学的开拓者，综合自然地理学的奠基人。1930 年毕业于中山大学地质地理系。1934 年考取中英庚款留学生赴英国，1938 年获得利物浦大学历史上第一个地理学博士学位。回国后相继任中山大学教授、地理系主任、理学院代院长，西南联合大学、复旦大学和金陵女子大学教授。抗日战争时期任中国地理研究所所长，领导了四川盆地、嘉陵江流域、大巴山、新疆北部等地的地理考察。1949 年代表中国赴葡萄牙申请加入国际地理学联合会（IGU）获通过，为中国争得了应有的国际地位。新中国建立后任清华大学教授，后转入北京大学任教授。曾任中国大百科全书总编辑委员会委员兼《地理学》卷编辑委员会主任，全国自然科学名词审定委员会委员兼地理学名词审定委员会主任等学术职务。他早期的人文地理研究成果被誉为"抗战时期中国地理学的代表之作"，后来在综合自然地理区划、土地类型研究、地理学理论概括、地理学方法论凝练、中国地理学史与地名研究、地理教育、中外地理学交流诸方面也做出了卓越贡献。

一、简　历

　　林超，字伯超，乳名杰英。1909 年 4 月 13 日出生于广东省揭阳县（现揭阳市）江夏（现渔江）村，1991 年 6 月 1 日在北京病逝，享年 82 岁。

　　林超出生于一个清贫的知识分子家庭。祖父林奕德曾经是一个健壮、能干的农民，后皈依基督教而成为专职牧师。父亲林建中毕业于岭南学堂，笃信教育救国，数次历经艰辛，游历南洋向华侨募捐，终于在揭阳创办了真理小学、真理中学并任校长。林超作为长子被祖父和父亲寄予厚望，受家风和社会传统的熏陶，自幼对文科有浓厚兴趣，加之本身天资聪颖，幼时作文经常"挂堂"展示。17 岁时考取奖学金入岭南大学修文科，次年转入中山大学哲学系，同时选修了一些外系课程。林超对俄籍教授史禄国（S. M. Shirokogoroff）讲授的人类学和民族学中所涉及的人类与环境关系兴趣极大，开始注意地理学。1929 年中山大学创建地质地理系，林超遂师从瑞士教授汉姆（Ham）学地质学，随德国克勒脱纳（W. Credner）学自然地理学。自此，以研究地理学为己任的目标终生不移。

1930 年林超从中山大学毕业，被聘为时任中山大学地理系教授、德国近代地理学第三代大师克勒脱纳和卞沙（W. Penzer）的助教。1934 年以优异成绩考取中英庚款留学生，前往英国利物浦大学师从世界著名地理学家罗士培（P. Roxby），1938 年获得博士学位，成为利物浦大学历史上第一个地理学博士。随即归国就任中山大学教授和地理系主任，同年又被破格任命为中山大学理学院代院长。1939 年转往昆明，任西南联合大学教授。1940 年在重庆北碚参与筹建中国地理研究所，并先后任副研究员、研究员和人文地理研究组组长，又继黄国璋、李承三之后被任命为所长，且任期最长。抗日战争期间领导并亲自参与了在四川盆地、嘉陵江流域、大巴山、新疆北部的地理考察。抗战胜利后，中国地理研究所由北碚迁南京，林超做了大量卓有成效的工作。1949 年林超赴里斯本出席国际地理学联合会（IGU）第 16届大会，代表中国申请成为国际地理学联合会正式成员获得通过，为中国在国际地理学界争得了应有的地位。林超还曾兼任复旦大学教授（1942 年）和金陵女子大学教授（1947 年）。

中华人民共和国成立后，林超历任清华大学教授（1950～1952 年），后随清华大学地学系转入北京大学任教授（1952～1991 年）。历任中国地理学会理事、名誉理事、中国地理学会自然地理专业委员会副主任，《地理学报》编委，北京市地理学会副理事长、顾问，中国大百科全书总编辑委员会委员兼《地理学》卷编辑委员会主任，全国自然科学名词审定委员会委员兼地理学名词审定委员会主任，中国地名委员会学术顾问，《中华人民共和国地名词典》编纂委员会学术顾问，中国地名研究会顾问，国际地理学联合会景观综合工作组成员，加拿大景观生态和管理学会终身会员，北京市第五、第六届政协委员。

正如曾昭璇教授所言："如以竺可桢先生为中国现代地理学的第一代开山大师，那么，林超师可说是属于发展我国地理学的第二代人物之列。"

林超 1939 年 9 月在昆明与邓国芳女士结为伉俪，直到新中国成立后，才知道自己从未谋面的岳父是中共早期工人运动领袖、中华全国铁路总工会委员长邓培，于1927 年"四·一二"事件时被国民党反动派杀害。林超和邓国芳有三女一子，即云辉、京辉、宁辉、延辉。

二、主要研究领域和学术成就

1. 中国人文地理研究

林超在 20 世纪 30～40 年代主攻人文地理研究。30 年代考察滇西，实地感受到英国以缅甸为基地蚕食中国领土的图谋，写出了《滇缅北段未定边境之地理及政治问题》(1933)，引起国人极大重视；1941 年发表《第二次世界大战之地理基础及其展望》(1941)，预言民主国家"以人力配合其天然之优点，利用其伟大之潜力，以克敌制胜，是在民主诸国自为之耳"，其远见已为历史证实。

在任中国地理研究所所长和人文地理组组长期间，林超组织了大巴山、嘉陵江流域及新疆西北部的地理考察，在人口地理、聚落地理、经济地理等方面做了大量第一手的调查研究。特别是他和李承三领导的四川嘉陵江流域地理考察，在抗战时期的艰苦条件下，历时 8 个半月，步行 4000 余公里，踏遍流域内 17 个县，完成了《嘉陵江流域地理考察报告》(1946)，文字 211 页，附图 344 幅，图文并茂，详细记载了该流域的地形、农业、矿业、航运、人口和聚落。其中的"聚落地理"篇，不仅在聚落分类上有所创新，而且明确提出了"聚落等级"思想，已非常接近克瑞斯泰勒的"中心地"理论。《蜀道考》一文还对历史地理学的性质和研究方法进行了新的探索；对四川盐业地理、三峡煤业地理、秦岭和大巴山的交通地理，也都基于实地考察作了深入研究，开拓了现代中国经济地理学。林超这个时期的人文地理研究成果，被誉为"抗战时期中国地理学的代表之作"。

2. 自然地理区划、土地类型与自然区域研究

新中国建立后，林超更多关注综合自然地理学，开拓并带领一批人发展这门学科，他还最早提出 Integrated Physical Geography（综合自然地理学）的译名，因而被公认为中国综合自然地理学的奠基者之一。

林超留学英国时受业于地理区划研究的先驱罗士培，区划思想的师承渊源深厚。他当时的博士论文——《南岭之地理特征及其在中国地理区划上之意义》，是我国最早用现代地理学观点研究区划的文献之一。1954 年，林超等人为了综合大学地理系教学需要，依据地带性和非地带性因素，把全国分为 4 大部分、10 个大地区、31 个地区和 105 个亚地区。这是第一个完备的全国综合自然地理区划，为以后的自然地理区划研究提供了借鉴。20 世纪 50 年代末，林超领导了由原苏联著名自然地理学家 A. Г. 伊萨钦科主讲的自然地理进修班，借鉴苏联的经验并结合河北省及其附近

地区的实践，对区划方法作了深入的探讨，提出了"自上而下"与"自下而上"相结合的区划方法。林超这一充满辩证思想的方法对我国近30年来的自然区划工作有深刻的影响。界线问题曾经是自然区划中争论的焦点之一，林超对有关争论作了全面的分析，指出区划界线争论的原因是：①由于新的事实和新的资料的发现与补充，使原定界线与新的实际情况不符，应予修改；②区划界线因指标修改而变动；③对某些区划单位概念理解不同而影响到区划界线；④对区划原则理解不同而导致界线划法不同；⑤过渡带处理方法不同造成界线划法不同；⑥山地区划中因采用方法不同而使界线有分歧。这些论述澄清了一些争论，促进了自然区划研究的深入开展。《中国自然地理·总论》获得中国科学院科学技术进步奖一等奖，林超不仅主撰了其中的两章，整个研究的框架——《中国综合自然地理区划的一个新方案》，也是他和赵松乔共同制定的。

20世纪60年代初，林超敏锐地发现区划方法不能胜任地方尺度的地域研究，在"自上而下"划分到低级区划单位时也发生一些困难；另一方面，区域发展规划要求把生产布局落实到具体地段上，这就需要作大比例尺的地域调查制图。于是率先开展了土地类型研究。《北京山区土地类型及自然区划初步研究》是国内最早以土地类型调查制图为基础，"自下而上"进行山地自然区划工作的研究成果。《北京山区土地类型研究的初步总结》是我国最早结合区域土地类型研究的实践，对地势地貌、地表组成物质等中小尺度的土地分异因素，以及山区土地分级、分类等重要理论问题做出的系统论述，为后来在全国范围内开展的土地类型调查制图提供了一个范例。《阴阳坡在山地地理研究中的意义》是国内最早以综合自然地理的观点，系统阐明阴阳坡的概念、分异因素、自然特点、生产实践意义以及对于山区土地类型低级单位划分作用诸问题的论文。林超还花了极大的精力总结、介绍古今中外的土地分类思想和方法，他从浩如烟海的文献中整理出长达20万字的讲义——《国内外土地分类和景观学研究概况》。这是迄今唯一全面系统地阐述各国土地分类的文献，他正式发表的几篇论文只是其论著中的一部分。

3. 地理学理论概括

林超的哲学素养使他能从科学发展和分化规律的高度来概括地理学理论。他注意到，由于客观的需要，地理学迅速分化，以致地理学作为一门科学的性质，以及它在科学和社会中的地位受到忽视和怀疑。他根据长期地理研究和教学经验，并广泛参考有关文献，写成了一系列有关地理学理论问题的论文，深入探讨了诸如地理学的研究对象、地理学的方法论基础、地理学的学科结构、地理学在科学中的地位等问题。

关于地理学的研究对象，他认为最早和最有影响的定义是李希霍芬提出的"地球表层"；其他一些概念，如"表层地圈"、"景观圈"、"景观壳"、"地理环境"等，都可看做是地球表层的同义语。地理学就是研究人类赖以生存和生活的地球表层的科学。地球表层是一个极其复杂的物质综合体，不仅包括自然现象，也包括人文现象。地理学要把地球表层当做一个统一领域来研究。地球表层的各组成成分中，人是最活跃的因素。由于人口的迅速增加，自然资源开采的加速及环境的恶化，已使地球表层不堪重负，危如累卵，这已引起了全世界的关注，以研究地球表层为己任的地理学家在解决这些问题中应发挥重大作用。

林超对现代地理学的发展趋势给予密切注视。在《试论地理学的性质》一文中，他把现代地理学的趋势归纳为：①应用地理学的兴起；②综合与分析并重；③从个人努力到集体协作；④新技术的发展和应用。在《地理学》一文中，他把现代地理学的特点总结为：①逻辑实证派的兴起；②强调地理学的统一性；③理论化和数量化；④行为化和生态化。他预言地理学的发展趋势："地理学将成为一门既有坚实的基本理论、应用理论的基础性学科，又是一门与生产实践进一步紧密联系的应用性学科⋯⋯21 世纪的地理学将是一门在理论化和数量化基础上，进一步综合化、生态化、社会化的理论与应用并举的两栖科学"。

4. 地理学方法论凝练

林超认为：地理学作为一门独立科学不仅决定于其独特的研究对象，也决定于所采用的方法论。只有把地理学的研究主题和研究方法结合起来，才能确立它的科学地位。因此，他不仅在理论研究中，而且在实际的考察中都十分重视地理学方法论的总结和提高。林超认为，地理学方法论具有综合性、区域性和动态性三大特征。

（1）综合研究。林超早年在其《乡土地理调查手册》一文中就明确指出："地理现象，并非独立各不相关，而皆有密切关系。"因此，调查应当包括"观察当地自然环境与人生活动之相互关系。"他在《四川盐业地理》一文中论述道："历来经济地理学者，多偏于经济现象本身之研究，而忽略其与地理现象之关系，甚或自囿于商品产销之研究，流为狭隘之商业地理而不自觉，甚可惜也。此种态度，使经济地理自囿于实利观念之下，范围日窄，且有渐使经济地理成为经济学附庸之趋势⋯⋯如此则与地理学之精神相去日远，对于地理学之发展实为有害"。他在人文地理研究中坚持贯彻综合研究方法，讨论经济现象与自然条件、交通、人口、聚落等的关系，"目的是将经济地理的范围加以扩充，使其成为各种地理现象与经济现象关系之研究，尽量发挥地理学之精神"。他运用这种综合性研究方法，进行了对四川省自然、经济、交通、聚落等的考察。他在自然地理研究中，不仅着重各自然要素的相互关系，对自然条件对于经济建设的作用也给予充分重视，他关于华北、华中和华南以及北京山区自然地理的论著都是这方面的代表作。

按照所涉及要素的多寡和复杂程度，地理学的综合研究具有不同层次。两个要素（如气候与水文，或土壤与植被，等等）相互关系的综合研究，是低层次的综合研究；多个要素（如自然地理学中的地貌、水文、气候、植被和土壤，或者人文地理学中的人口、聚落、经济、交通）的相互关系的综合研究，是中层次的综合研究；地球表层全部地理要素（包括自然、经济、社会、政治、文化等）之间相互关系的综合研究，是高层次的综合研究。层次不同，综合的复杂程度不同；层次越高，复杂程度越大，综合的难度也越大。过去几十年中，自然科学和社会科学曾被认为是没有关系的，自然科学与社会科学的分离反映在地理学中就是自然地理学与经济地理学的分裂。这种观点的基础是哲学二元论，它在自然科学与社会科学之间强加了一条不可逾越的界线。恩格斯在《自然辩证法》中早就批判过哲学二元论，当代地理学家们对地理学二元论也给予了抨击。林超认为，我国地理学界在解放前重人文轻自然，而解放后重自然轻经济甚至取消人文，这些做法都背离了地理学综合研究的宗旨，对于学科发展不利。现在，随着科学的进步和诸如环境、资源、人口等重大问题的出现，越来越多的人已认识到人和自然的统一，坚持统一地理学已成为当代地理学的主要趋势。

在林超负责主编《中国大百科全书·地理学卷》时，曾有人主张将其分为自然地理学和人文地理学二卷，他反对这种割裂地理学的做法，坚持用地理学综合思想来统一编辑方针，顺利完成了该书编辑任务。

（2）区域方法。林超认为，区域方法是地理科学的方法论基础，是研究地球表层各组成部分的主要方法。地球表层作为一个复杂的地理综合体，只有通过研究其各个部分才能把握其总体。这是因为各要素的分布及其相互作用过程在地球表层的不同部分差异极大，所以可以把地球表层划分为一些部分。这里必须考虑尺度问题，一般而言，可以确定三个尺度水平。全球尺度由影响植被类型和土壤组合型的大气候控制，其基本单元是与气候带相应的地带。较低层次是由地形和土壤控制的地方尺度，基本单元是土地单元和土地系统。区域尺度介于全球尺度和地方尺度之间，其划分标准是大地形结构和气候带的再划分，基本单元是省和区。这样就构成土地单位的一种等级结构。所有相关的元素——自然的、生物的和社会经济的——都可以在一定单元内研究，包括研究其相互作用、内部结构和外部关联。各单元的复杂程度随尺度变换而不同，最低水平上的较小单元较为均质，大单元和中单元则较为异质。

通过区划和类型学的特殊方法就可以把这些单元加以分类。区划的结果产生区域单位，它们在地球表层是唯一的、不重复的。类型学方法则产生土地单位，它们具有某些相同的特征，散布在地球表层上并重复出现。区域地理学是地理学的核心，是一种独特的地理研究方法，而不是像地理学的其他分支那样成为地理学的次级领域。

（3）动态研究。林超指出，地球表层处于不断变化之中，这一特点决定了地理研究中必须考虑时间因素，这是地球表层的第四维。在对地球表层各种现象的研究中，必须把空间和时间结合起来。地理现象，不论是自然现象或人文现象，都会变化，这些变化可能是长期的或短期的、周期性的或非周期性的，因此地理研究必须有动态观点。动态观点要求地理学把现象当做历史发展的结果和未来发展的基础来研究。地理学是在不同历史阶段上研究地理现象的，包括研究现象的发生、发展和未来变化。这不仅对于认识地理现象至关重要，对于地理学的应用，尤其是在经济建设和区域发展、规划中的应用意义深远。对地理现象作动态研究的手段和技术有观测、实验和数学模拟等。地理研究必须置于空间和时间的关联域内。

5. 中国地理学史与地名研究

林超关于《管子·地员篇》、《张相文》和《珠穆朗玛峰的发现与命名》的研究，对中国地理学史和地名研究做出了重要贡献。

历来研究《地员篇》的学者，由于不了解区划与土地分类的区别，对它的研究并未抓到本质，认识很不一致，因此《地员篇》对中国地理学的影响远不如《禹贡》。林超从近代地理学土地分类的思想出发，分析了管子对土地分类思想的贡献，认为《地员篇》的土地概念是综合的，其土地分类代表了中国古代土地研究的一个重要方向或流派，其土地分类是有等级的、科学的和系统的，是中国古代地理学的杰出成就，在世界地理学史上也占有重要地位，对当代的土地分类研究仍有参考价值。这样，林超发掘出了中国地理学史上的一块瑰宝。

张相文是中国近现代地理学史上一位颇有争议的人物。林超按照历史唯物主义观点，经过细心考证，对他做出了实事求是的评价。既肯定张相文在中国现代地理学萌芽时期所起的重要作用和对中国地理学的巨大贡献，又指出张相文著作中掺杂着一些旧观念，对西方地理学也未能批判地吸收，而是全部照搬且传播了一些错误观点和理论，而这在旧传统地理学向新现代地理学过渡时代也是难免的。

林超受竺可桢委托，对珠穆朗玛峰的发现与命名进行了考证。他前后花费了两个多月时间，翻阅了大量中外资料，进行了周密细致的分析研究，以确凿的证据驳斥了英国人发现并命名埃拂勒斯峰（即珠穆朗玛峰）的错误结论，在地名学研究和地理学史上都做出很大贡献。这篇论文曾受到竺可桢和黄炎培的赞赏。黄炎培在给林超的信中说此文是"有益于世道之作"。此事在褚亚平主编的《地名学论稿》一书（1985）中被列为地名学研究的重要实例。

6. 地理教育

林超非常重视地理教育对于学科发展和提高人民思想文化素质的重要性。他在《关于高等学校的地理教育》中论述道："高等学校要为国家培养出符合于社会主义建设所需要的经济的、科学的、文化的人才。专业设置与教学计划都要反映国家的需要。同时也要反映地理学的理论及其在科学文化方面的地位"。他认为我国现代的地理教育，既要吸收资本主义国家和原苏联的先进经验，也要重视新中国建立前的地理教育经验。必须在学制、培养目标、专业设置和教学计划诸方面进行调整。调整中应正确处理好基础学科与应用学科的关系、综合与分析的关系、新技术新方法与地理学主旨的关系，并要考虑学生出路问题。林超还认为，提高高等学校地理教学质量的关键在于提高教师水平。他建议由有经验的中年教师讲授基础课，注意教员的知识更新，尽量提供让他们出国或在国内进修的机会。

林超也十分关心中、小学地理教育和地理知识在人民中的普及。他在"极左思潮"肆虐的年代里，曾为增加中、小学地理课时和加强师资力量进行了艰苦的努力。他还亲自参加地理科普教育，发表了若干地理科普著作。

林超是一位贡献卓著的地理教育家。他先后任 6 所大学的教授，开设了自然地理、中国自然地理、欧洲地理、土地类型和综合自然区划等多门课程。他备课认真细致，广征博引，讲课条理清晰，深入浅出，并充分利用各种教学手段和工具，教学效果甚佳。他对学生热情关怀，严格要求，循循善诱，诲人不倦。他教育学生要树立攀登地理研究高峰的志向，为此必须具备脚踏实地的苦干精神，同时要有坚实的理论基础，掌握地理研究的先进手段和先进方法，而且要培养敏锐捕捉问题、大胆提出问题和圆满解决问题的能力。林超重视野外考察，北京大学地理系 20 世纪 50 年代的毕业生实地考察能力都很强，这与林超的培养很有关系。80 年代林超很重视介绍国外地理学的进展，使北京大学地理系的毕业生也很重视国外的研究动态。在林超的心血浇灌下，一批又一批的学生走向社会，无论在国内还是海外，无论在科研机关、政府部门和军队，还是在大、中学校，都成为骨干。

7. 推进中外地理学交流

林超认为科学是没有国界的，地理科学是积累了世界各国的地理研究成就而发展起来的，因此各国的地理学必须相互交流，取长补短，共同为地理科学的繁荣做出贡献。由于历史原因，我国地理学比世界先进水平落后了许多，尤其迫切地需要学习国外的先进经验。林超的地理学素养融贯英国学派、德奥学派和中国传统，这使他能在中外交流中发挥特殊的作用。

1949年林超代表中国申请加入国际地理学联合会获得通过，是对中国地理学的一大贡献。林超熟知国外地理学进展，并积极地将其成就和重要人物介绍给中国地理学界；同时也不断地把中国地理学的成就介绍给世界。

我国实行对外开放政策以来，中外地理学交流经历了一个黄金时代，林超更加积极地参与这种交流，他利用自己在国外的名望和关系，邀请世界知名地理学家来华讲学，促使北京大学地理系与若干世界著名地理系建立了校际交流关系；他热情地推荐中青年地理学者到国外留学、进修，为我国培养更多的人才。

8. 治学之道

林超历来主张，科学应尊重事实、尊重历史。他在长期的地理研究中，旁征博引、周详考证、细致分析、严密推理。严谨是他治学的一大特色，这在我国地理学界有口皆碑。

林超非常重视实地考察，他的足迹遍及中国和西欧。他早年协助克勒脱纳考察云南，并发表了《云南地理考察报告》和《云南地质地貌》，颇受国内外学者注意。其中点苍山第四纪末冰川遗迹的发现，已被地学界命名为"大理冰期"，至今仍广泛引用。他在英国留学期间，利用假期考察了阿尔卑斯山、法国、瑞士、摩纳哥、荷兰、比利时、卢森堡和德国。归国后，他踏遍千山万水。他的区域地理著作，都是在实地考察掌握第一手资料的基础上写成的。

"学而不厌"是林超治学的另一宗旨。他博览群书，对地理学的新老文献都非常熟悉。

每有外宾讲学或国内重要学术活动，他都积极参加，虚心聆听，笔录不懈。在不倦的学习之中，他特别注重于寻求新思想、新方法，加以严谨的态度，故能在渊博的基础上，时有创新。

林超治学讲究致用，他早年的政治地理论著适应了当时国家利益的需要，后来的研究也力求有助于国家经济建设。例如，他在1964~1965年北京怀柔县山区的调查研究，就是受北京市科委的委托，为探索北京山区的建设和发展而进行的。

三、林超主要论著

林超. 1933. 滇缅北段未定界边境之地理及政治问题. 地理学季刊，1（2）.

林超. 1941. 第二次大战之地理基础及其展望. 地理，1（3）.

林超，王德基，郑象铣等. 1941. 乡土地理调查手册. 地理，1（2）.

林超，陈泗桥. 1945. 四川盐业地理. 地理，5（1，2）.

林超，楼同茂，王成敬等. 1946. 嘉陵江流域地理考察报告（下卷）. 地理专号，（1）.

林超. 1958. 珠穆朗玛的发现与名称. 北京大学学报，1958（4）.

林超. 1960. 河北省及其附近地区自然区划工作的一些经验. 地理学报，26（1）：52-60.

林超. 1962. 中国综合自然区划界限问题. 地理，（3）：81-89.

林超，李昌文. 1965. 北京山区土地类型及自然区划初步研究//中国地理学会编. 中国地理学会 1963 年会议论
　　文集（自然地理）. 北京：科学出版社：1-18.

林超，李昌文. 1980. 北京山区土地类型研究的初步总结. 地理学报，35（3）：187-199.

林超. 1981. 试论地理学的性质. 地理科学，1（2）：97-104.

林超. 1982. 中国现代地理学萌芽时期的张相文和中国地学会. 自然科学史研究，1（2）.

林超. 1982. 关于高等学校的地理教育. 地理科学，2（3）：284-288.

Lin Chao. 1984. Development of Regional Geography in China//Wu Chuanjun, et al., eds. Geography in China.
　　Beijing：Science Press.

林超，李昌文. 1985. 阳坡在山地地理研究中的意义. 地理学报，40（1）：20-28.

林超. 1986. 国外土地类型研究的发展//中国 1：100 万土地类型图编辑委员会文集编辑组编. 中国土地类型研
　　究. 北京：科学出版社：29-42.

林超. 1990. 中国古代土地分类思想——对《管子・地员篇》的研究//杜石然主编. 第三届国际中国科学史研讨
　　会论文集. 北京：科学出版社.

林超，杨吾扬. 1990. 地理学//中国大百科全书编辑委员会编. 中国大百科全书・地理学卷. 北京：中国大百科
　　全书出版社：97-104.

Lin Chao. 1991. Geography in the Chinese Universities：1919-1949. Journal of Chinese Geography，2（3）.

林超. 1992. 世界各国土地分类单位等级系统对比//高校综合自然地理学教学研究会等编. 土地科学与区域开
　　发. 上海：上海科学技术文献出版社：24-44.

主要参考文献

李昌文，牛文元. 1985. 征途处处乐无垠——访北京大学林超教授. 地理知识，(1)：24-25.

Mitchell C W. 1992. Obituary：Lin Chao，1909～1991. Geographical Journal，(3)：123.

蔡运龙. 1993. 林超的学术思想与成就. 地理学报，48（3）：272-281.

蔡运龙，王恩涌. 1996. 林超//北京潮人人物志. 北京：中国物资出版社：426-429.

蔡运龙，王恩涌，林云辉. 1998. 林超先生传略//万安丛书・科技名家. 北京：中国社会出版社：107-130.

撰写者

蔡运龙（1948～），贵州贵阳人，北京大学教授。林超弟子。

周立三

周立三（1910~1998），浙江杭州人。经济地理学家。1980年当选为中国科学院学部委员（院士）。1933年毕业于中山大学地理系。1946~1947年在美国威斯康星大学进修。1949年以前曾任中国地理研究所研究员。1949年后历任中国科学院地理研究所研究员，副所长，中国科学院新疆综合考察队队长，中国科学院南京地理与湖泊研究所副所长、所长，名誉所长。主要从事地理学研究，先后在新疆综合考察、农业区划、国情研究等方面做出重大成果。他通过所承担的科研项目在国民经济主战场上提出了一系列具有前瞻性、战略性的科学建议，充分发挥了地理学的综合性、区域性的特性。抗战时期周立三主要在重庆从事地理学研究，参加当时国父实业计划"西北科学考察团"，前往甘肃河西走廊和新疆考察。正由于这次考察所见，20世纪50年代他积极倡议和承担了新疆综合考察的重大任务，对西北干旱地区的自然资源和地理环境作了全面系统的研究，特别对水土资源平衡、生产力布局、商品农产品基地选建等提出建议，受到当地领导部门的高度重视和采纳。针对我国农业的宏观布局问题，从50年代起进行农业区划研究，承担江苏和全国农业区划任务，为国家调整不合理的农业生产布局、规划农业发展做出了贡献。1987年起主持国情研究，开创了国家战略决策思想库的成功案例，首次提出建立节约型国民经济体系和非传统的现代化发展模式及战略思想。

一、简　　历

周立三，1910年出生于浙江杭州市，1998年5月27日逝世于南京，享年88岁。

周立三4岁时，在北洋军阀政府担任职员的父亲迁居北京工作，他仍留在杭州跟随祖母生活。幼年时期先后就读于私塾和小学，父亲希望他将来有一个像银行、海关等稳定的职业。14岁秉承父意进入江南商科中学，但并非兴趣所在。1929年毕业时正值浙江建设厅代为中山大学招收首届开班的地理系新生，周立三报考并被录取。中山大学地理系先后聘请德国的 W. 克勒脱纳（Credner）和 W. 卞沙（Panzer）教授，他们引入德国地理学术思想，重视实地考察，将野外考察与室内教学相结合，周立三深受其益。

大学毕业后周立三谋职于陆地测量总局边疆地图编纂委员会技士，编著初中教科书《中国地理》，由正中书局出版（1935），1936 年转至国立编辑馆担任编辑，审查中小学地理教科书及编译地理名词，编著出版的《日本地理大纲》由中华书局出版（1937）。1939 年 4 月被推荐到广西大学任文史地科副教授，颇得校方赞赏，但因人事变动仅维持到年底。1940 年当时的教育部长朱家骅决定建立地理研究所，周立三于 4 月到达重庆北碚，协助黄国璋筹建。中国地理研究所于当年 9 月正式成立，这是中国第一个地理学研究机构，黄国璋任所长，周立三为助理研究员，负责人生地理组资料室，后升为副研究员。他于 1943 年主持《四川省经济地图集》的编制，和侯学焘、陈泗桥等人共同努力，1945 年在所内石印出版，图集还附有说明书，这是我国较早出版的省级经济地图，周立三是我国编制经济地图的先驱者。在重庆期间他发表了《成都平原东北部农业地理》、《战时移民地理之一例——北碚附近移民之分布及其特征》、《新疆经济建设之刍议》等论文。1943 年周立三参加国父实业计划"西北科学考察团"，考察了甘肃河西走廊、新疆等地区，半年多的时间行程数千里。他看到西北的大好河山与丰富的自然资源，也目睹边疆经济文化落后、交通艰难险阻、人民贫穷困苦的情景。正由于这次考察所见，他于 20 世纪 50 年代积极倡议组织新疆综合考察队。1946 年周立三前往美国威斯康星大学进修，1947 年回所，晋升为研究员，1948 年发表干旱区研究的著名论文《哈密——一个典型的沙漠沃洲》。

1949 年初，国民党当局决定将大批科研和文化单位搬迁，中国地理研究所亦有部分人员搬迁至广州。周立三和地下党员施雅风团结留所人员，抵制了将该所全部迁往广州和台湾的打算，为保存新中国地理研究机构和力量做出了历史性贡献。

建国初期，为了地理学的发展，周立三认为地理所应归属中国科学院，和在南京的地理学家共同向有关领导及中国科学院汇报，得到上级支持，1950 年春中国科学院接收原中国地理研究所。此后周立三协助竺可桢筹建新所，承担了许多日常事务工作。1953 年中国科学院地理研究所成立，周立三任副所长，除了管理研究所的日常事务外，还重视研究我国经济发展中的地理问题。应农业部的要求配合"一五"计划，参加全国农业区划研究。1953 年完成《中国农业区划的初步意见》，将中国划分为 6 个农业地带和 16 个农业区。1955 年组织本所的力量，对划分农业区难度较大的甘青农牧交错地区进行考察，主编完成《甘青农牧交错地区农业区划研究》

(1958)。

　　1956～1961 年期间周立三倡议并先后担任中国科学院新疆综合考察队副队长、队长，团结全队 200 余人做了大量考察工作，取得了丰富的新疆考察科研成果。1958 年中国科学院决定地理研究所搬迁北京，留周立三和部分科技人员成立南京地理研究所（1988 年改名南京地理与湖泊研究所），周立三先后任副所长、所长、名誉所长。

　　1963 年全国科技大会期间，针对我国农业受到的严重挫折和问题，周立三和许多科学家联名建议开展农业区划研究，被国家列为农业科技规划第一项任务。此后他积极推动农业区划研究，担任江苏省农业区划委员会副主任，一年多的时间内完成江苏省综合农业区划报告，后又开展市县级农业区划试点。这些研究对于调整农业布局、合理规划农业生产效果显著，江苏的经验很快推广到其他许多省区市。紧接着又接受当时华东局农委、科委的委托，开展华东农业区划调研，后因"文化大革命"而中断。

　　十年浩劫，我国农业资源和农业生产又遭破坏，此时周立三亦受迫害。直至 20 世纪 70 年代末周立三再次接受国家农委的任务，主持并完成中国农业区划研究。此后任务不断。他指导第二次新疆综考（1983），主持国家农业地图集（1984）。受国务院农村发展研究中心的委托，领衔承担国情分析研究，1989 年发表《生存与发展》——国情研究第一号报告，在我国较早提出建立节约型国民经济体系和非传统的现代化发展模式，深受中央有关领导的重视并在社会上引起强烈反响。在他的主持和指导下国情研究先后发表了 8 号报告。

　　周立三的主要获奖成果有：《中国综合农业区划》，获国家科学技术进步奖一等奖（1985）；《中华人民共和国国家农业地图集》，获中国科学院科学技术进步奖一等奖（1989）和国家科学技术进步奖二等奖（1991）；《中国农业区划的理论与实践》，获中国科学院自然科学奖二等奖（1995）。1986 年周立三获竺可桢野外科学工作奖，1987 年获香港何梁何利奖。两次被评为江苏省劳动模范（1980，1981）。他是全国第三届人大代表，第五、六、七届全国政协委员。

二、主要科学成就与学术思想

（一）科学成就

　　周立三主要的科学研究生涯都和国民经济发展有密切的联系，尤其体现在农业区划、新疆综考、国情研究三个方面。

1. 农业区划

我国农业区划研究在 20 世纪 50 年代、60 年代和 80 年代对国家农业生产发展都有重大影响。在这三个时期周立三对我国农业区划研究发挥了开创性的作用。20世纪 50 年代正值国家开展大规模的经济建设，作为农业大国应如何规划与发展农业生产，是国家关注的大事。周立三较早就对我国历史上有关农业地域特点和分异的文献有所钻研，又对 20 世纪 30 年代以来有关农业区域的重要著作做了研究，深知中国自然环境复杂，农业发展规划必须重视自然条件的影响和地域差异。他应农业部要求，50 年代配合"一五"参加全国农业区划研究，此后以自己的实践为基础，从理论上对农业区划作了阐述。在多篇论文中指出农业生产具有明显的地域性、严格的节律性、较长的周期性和生产上的不稳定性，阐明现代化农业应实行区域化、专业化生产而又必须结合我国国情、因地制宜地逐步实现。他指出农业生产的地域差异是现实的存在，也是研究农业区划的客观基础，强调自然条件始终作用于农业生产，而且在不同程度上影响劳动地域分工。他认为按地域分布规律，科学地划分农业区，充分利用当地的自然条件和自然资源，扬长避短，发挥地区优势，合理地利用它和正确地改造它，可为农业生产分区规划、分类指导、分级实施提供科学依据。他明确指出较大的行政单位如省、地区乃至大部分县的组合对农业区不具有任何实际意义，提出了农业区划分级单位系统的完整设想。可以说，这些研究为后来开展大规模农业区划工作做了理论准备。

周立三于 1953 年撰写《中国农业区划的初步意见》，提出了全国农业区的划分方案，紧接着组织了对西北干旱区、青藏高原区和黄土高原区三大农牧区交错地带的实地考察，编写出版了《甘青农牧业交错地区农业区划初步研究》一书，明确指出甘肃省的乌鞘岭是三大农业区的接合点，探讨了一级农业区的划分原则。在新疆考察过程中，周立三看到一些农业生产布局不符合自然条件和社会经济条件的问题。如有些地方试种某一品种或技术取得成功，但是不顾条件大面积推广却遭到损失；新疆伊犁地区培育出一种很好的细毛羊，这种羊毛是纺织工业需要的原料，在北疆推广很成功，但拿到南疆和田地区推广却失败了。再如棉花，南疆的棉花质量较好，拿到北疆种因为生长期短也不成功。周立三在 1959 年就和考察队的各方面专家一起，编制了《新疆农业区划》，对新疆不同地区的农业发展方向提出了建议，这是综合考察的重要成果之一。在 1960 年的全国地理学会上他作了《新疆农业区划及其划分原则和方法的探讨》的报告，可以说是农业区划较早在一个省区的探索。

1960 年，是我国农业遭受重大挫折的一年，出现全国性的粮食危机。在江苏，农业上有三个方向性的技术路线是失败的。一是在苏北徐淮地区旱改水，在没有健全的灌溉排水系统和土壤改良的情况下，大面积将旱地改成水田，这些地方很多是盐碱地，第一年种水稻往往可以得到较好的收成，随后土壤大量返盐，农用地被破坏，水稻不能种，旱作物也不能种，损失很大；二是里下河地区，原来的圩田只能种一季水稻，为了达到两熟，实行圩改旱，将原来很好的湿地改成稻麦两熟田，因水利与土壤改良工作跟不上，结果也失败了；三是在苏南太湖地区，粳稻的产量比较高，而在宁镇丘陵推广籼稻改粳稻，因水肥条件跟不上，大面积推广也不成功。这些问题导致了江苏农业的巨大损失。20 世纪 60 年代初，我国粮食和其他农产品供应全面紧张，周立三认为农业发展一定要因地制宜、分类指导。1963 年在全国农业科技工作会议上和其他科学家联名向国家建议，开展综合农业区划研究，受到周恩来总理的重视，农业自然资源调查和农业区划被列为全国农业科技规划的第一项任务。他随即在江苏省积极组织开展省级农业区划研究，担任江苏省农业区划委员会副主任委员，经过一年多的努力，完成了 30 万字的江苏省综合农业区划报告以及多部专业报告，对江苏省的农业发展提出了全面系统的科学建议，受到江苏省委、省政府的高度重视，在农业生产布局调整中发挥了重要作用。省领导采取区划—规划—样板相结合的实施方法，作为指导农业生产的重要手段。当时所划分的江苏 6 大农业区至今仍是江苏省规划农业生产的基本单元。

1964 年 2 月全国农业工作会议期间，国家科委举办了以农业区划为主要内容的展览，范长江副主任陪同李富春、谭震林两位副总理和中央农口的部长廖鲁言、刘型等参观，周立三被指定为总讲解，汇报江苏省级农业区划的完成和应用情况，并建议成立全国农业区划委员会，得到充分肯定。国家科委于当年 5 月专门在无锡召开会议，推广和交流江苏农业区划的经验，竺可桢、丁颖等著名科学家和各省有关农业领导参加了会议，人民日报就此发表了社论，全国许多省成立了专门的农业区划机构，并以农业区划调查研究成果用于指导农业生产。紧接着周立三又应当时的中央华东局农委及科委的要求，组织中国科学院南京地理与湖泊研究所的研究人员进行华东农业区划研究，1965 年江西吉安地区调查，取得初步成果；次年到山东调研，后因十年动乱而停顿。

"文化大革命"期间农业区划被作为反党反社会主义的毒草来批判，周立三身心受到极大的摧残。也正是"十年动乱"，我国农业状况进一步恶化，农业自然资源和农业生产受到严重破坏。1978 年全国农业区划研究再次提到日程，国家农委将主持此项任务又交给周立三，他不计前嫌，长驻北京，和一大批科学家、专业工作者，以实事求是的科学态度，对我国的农业自然资源和农业生产进行认真评估。这是一项十分艰巨复杂的工作，在当时的形势下，各种认识很不相同，他博采众长，虚怀若谷，对所有重大问题都听取各方专家的意见，经过深思熟虑方作结论。他要求研究报告论点鲜明，言之有据。与合作者一道分析，大胆尖锐地指出我国农业生产存在着掠夺式经营、严重破坏自然资源和恶性循环的问题。这些论点一经提出当即遇到一些持有"左"的观点者的强烈反对，认为这种说法是往社会主义脸上抹黑，只有资本主义社会才掠夺式经营。但是周立三与合作者邓静中、孙颔、沈玉清、石玉林几位主编以大无畏的科学精神和勇气，坚持真理，对我国农业发展的许多重大问题做了有力的论述，不仅指出农业上存在的严重问题，还提出了对策，将全国划分为 10 个一级区、34 个二级区，分别就农业生产的条件、发展方向、土地资源开发利用与农业合理布局、农业技术改造等作了论述。农业区划得到中央和有关部门、科技界的高度评价，对于我国农业战线上的拨乱反正，逐步走向良性循环发挥了积极作用。此后，周立三对有关农业生产布局以及资源环境问题在江苏、太湖流域以及许多其他地方进行了考察，并发表了中肯的意见。

2. 新疆综合考察

1956 年期间，中国科学院成立了由竺可桢担当主任委员的综合考察委员会，随着在全国各地组织了若干大型考察队，新疆综合考察队是其中之一。新疆队以自治区的自然资源合理开发和农业生产力布局为主要任务，由李连捷担任队长，周立三任副队长。前两年各专业组对新疆北部准噶尔盆地的自然条件开展了广泛的考察，在全国许多著名科学家的带领下，大家不辞辛劳，认真工作，深受自治区和新疆生产建设兵团领导的重视和关心。但是 1957 年的反右运动中，李连捷受到牵连而被免去队长职务，此后重任便落在周立三的身上。他与考察队的其他领导进一步针对新疆资源开发和农业生产存在的问题拟定考察计划，1958 年在吐鲁番盆地考察中加强了农业的综合开发研究，在焉耆盆地的考察中重点研究了开都河改道问题，在阿克苏沙井子建立了盐碱土改良试验场。1959 年按照全队在南疆昆仑山北麓进行考察的部署，根据需要组织部分力量到阿勒泰地区研究额尔齐斯河的北水南调问题；还分别组织两个小分队沿和田河与罗布泊进行了考察。

新疆综合考察先后由中国科学院的 6 个研究所、7 所高校和 5 个地方生产部门联合组成队伍，成员由初期的 70 余人发展到后期的 200 余人，1957～1959 年还有 10 多位苏联专家参加工作。考察范围包括全新疆从阿勒泰到昆仑山 164 万 km² 的广袤大地。这是一项庞大的科学计划，组织如此规模的考察，既要求结合新疆经济发展的实际需求开展工作，又要求从实地取得各种标本和数据，任务十分艰巨。周立三在党委书记、行政队长于强的有力支持下，和各方面专家团结合作，充分发挥全体队员的智慧和积极性，克服种种困难，通过长达5年的考察，积累了丰富的科学资料。他与苏联专家组组长穆尔扎耶夫的合作关系很好。按原计划，考察结束后中苏双方专家共同总结，编写专著。但是1960年苏联政府撤退专家，为了避免受到影响，于1960年末组织全队进行大总结，首先在多学科多专业的综合研究基础上，完成了《新疆维吾尔自治区农业自然资源的开发利用和生产合理布局的远景设想》报告，全面分析新疆的自然资源和农牧业特点，将新疆划分为8大开发区，分别阐明开发措施，同时以附件形式提出13份专题报告。这一系列科学报告很长时间内成为新疆的计划与生产部门考虑发展的重要参考文献。1961年初考察队向新疆维吾尔自治区领导和各有关部门做了系统汇报，自治区党委王恩茂书记亲自参加会议，连续听取了大会汇报和各个专业组的报告，给予很高的评价。20多年后，他见到笔者谈起新疆队仍有清晰的印象。在结合生产建设问题研究的同时，周立三重视科学总结和理论的提高，完成考察之后，组织各专业组陆续出版了地貌、气候、水文、地下水、土壤、植被、昆虫、南疆鸟类等11部专著以及1/100万土壤图、植被图、1/200万地貌图。这是我国在新疆这一最大省（区）、也是最重要的干旱区的第一套系统科学著作。可以认为，新疆队是成立较早、规模最大、成果最丰富的一支考察队。周立三在考察过程中，身体力行，跑遍了天山南北90%以上的县，以自己的专业造诣研究建设问题，先后对兰新铁路选线问题向铁道部门提出建议。针对当时植棉比重高达40%～50%的问题，向新疆生产建设兵团提出有关玛纳斯河流域农业生产与专门化问题的建议。主编完成了《新疆经济地理》（中华地理志丛书之一）。

20世纪80年代初，根据国家对大西北开发的战略部署，中国科学院再度组织新疆综合科学考察，规模虽然不大，但任务明确，考察队由石玉林负责。周立三年逾70，再度前往指导，根据新的发展形势和问题，协助考察队制订计划，还不辞辛劳多次到实地调查访问。在他的指导下，完成了《关于新疆农业发展的若干建议》，他亲自撰写前言。这项报告对新疆农业发展提出了4个重要观点，即山地与平原的统一性，发展建设与环境保护的密切相关性，合理调整经济结构、发挥综合功能和质量第一位。相应提出了节约与合理用水、发挥耕地潜力等9项建议，同样获得有关领导与业务部门的高度评价，在实践中产生了效果，为新疆建设远景规划提供了科学依据。

3. 国情分析研究

国情分析研究起始于1987年，国务院农村发展研究中心杜润生主任委托中国科学院就我国农村基本国情进行分析研究。这项任务难度较大，既要求知识渊博又善于综合的科学家承担，中国科学院领导请年近八旬的周立三主持，他来往于北京、南京两地，组织以中青年为主的研究小组开展工作。周立三之所以欣然接受任务，和他对我国国情有相当深刻的认识是分不开的。20 世纪 80 年代初期，他考察太湖地区之后，发表了《太湖地区经济发展面临人口、土地和粮食三大问题挑战及其对策》的论文；在中国科学院学部委员大会和全国政协会议上，他根据多年的思考提出我国人口基数大、增长过快、文化素质低、人均资源不足、人地矛盾突出等问题，正面临庞大的人口和恶化的环境这双重压力的严重挑战。国情研究发表的第一号报告《生存与发展》充分体现了他的观点。他在组织研究国情时要求成员了解新情况、研究新问题、提出新观点，以认清国情、分析危机、消除错觉、寻找对策作为研究思路。周立三首先撰写了 2 万字的《中国农村国情的简要分析》，提出生存中求发展、发展中求生存，非传统的现代化模式。他带领研究小组分析工业超前与农业滞后、发达城市与落后农村两个基本矛盾，在我国首次提出建立资源节约型国民经济体系，采取节约资源、适度消费的非传统的现代化模式。研究结论是在当时的经济过热、强调加快资源开发"有水快流"、"快速致富"等背景下提出的，很能切中时弊。《生存与发展》出版后，引起中央领导的重视和社会的强烈反响。此后，周立三指导完成了《开源与节约》、《城市与乡村》、《机遇与挑战》、《农业与发展》、《就业与发展》、《民族与发展》、《两种资源两种市场》等 8 号国情分析研究报告，8 份报告相互衔接又各具特色，均以协调人口、资源、环境以及经济与社会持续发展关系的主线相串联。国情研究的许多重要论点：如针对资源危机提出"必须坚持持久战和有条件的乐观"的观点；要"确立城乡协调发展的基本战略"；粮食问题要采取"立足国内、基本自给、适度进口、促进交换"的方针；针对以石油为重点的能源提出"构建中国资源安全保障体系"等。论据有充分的说服力，都是视野广阔、高瞻远瞩、以国家利益为目标提出的决策性建议。1995 年中国科学院地学部召开"我国资源潜力的趋势—对策研讨会"，周立三代表国情小组作的报告，受到院士们的好评，会上通过了向国务院呈报的"我国资源潜力、趋势与对策——关于建立资源节约型国民经济体系的建议"，这份建议不仅为有关部门所采纳，其重要意义还在于成为国家制定经济发展指导方针的科学依据。在前 4 号国情研究完成后，周立三撰写普及性文章《中国国情的简要分析》，以 12 000 字综合为基本国情与突出矛盾、多重矛盾与战略抉择、基本战略与宏观对策三方面，将十分复杂的科学问题说得清晰明了，产生了很大的社会影响。

2007 年 3 月中国科学院地学部专门召开"周立三学术思想研讨会"，周光召院士在讲话中说"中国国情研究是非常重要的工作，是中国进一步发展必须要先行一步的基础性科学研究，这是十几年甚至几十年中国地学工作者集体努力的结晶，成为今天实行科学发展观的科学基础"；"周立三先生实事求是，坚持真理，在国情研究上做出了非常重要的贡献，中国需要更多的周立三式的科学家"。和周立三共事多年的吴传钧院士评价周立三是"地理界的光辉楷模"，施雅风院士和陈述彭院士分别评价周立三是"超地理的帅才"，"长者风范，学界楷模"。

（二）学术思想

1. 任务带学科，为国民经济服务

地理学是一门实践性与应用性很强的科学。周立三对科学的性质有深刻的理解，他常说"科学是什么？科学就是探索未知，要发现前人尚未发现的事物与规律"。他赞同任务带学科的说法，认为不是仅仅完成任务，而是在完成任务的基础上找出科学规律，形成学术观点，带动学科发展。地理科学和资源开发、区域开发、经济建设有密切的关系，周立三坚持在国民经济的主战场上进行研究，急国家之所急，根据不同时期的建设需要与问题，开辟和拓展研究领域。在承担国家与地方的重大研究项目时，他都是站在国家层面上分析与发现问题，组织有关学科共同攻关，在完成任务的基础上使学科的理论和方法得到提高。

为了开展农业区划，他根据多年的研究撰写了《试论农业区域形成演变、内部结构及其区域体系》，引起当时地学界、农学界学者的很大关注，这篇论文至今仍然具有理论和实践的指导意义。新疆综合考察对新疆的资源开发和经济发展做出了许多贡献，在大总结的基础上，他敦促各专业完成科学总结，出版了约500万字的系列专著，这在中国科学院组织的各个考察队中是出色的。在20世纪80年代完成全国农业区划以后，他又在国家自然科学基金的支持下，组织力量进行全面系统的理论总结，撰写出版了《中国农业区划的理论与实践》一书。该书正是在组织了多学科综合研究基础上，才能破除陈念，得出创新的结论。

在完成全国农业区划的基础上，考虑到研究农业问题应该有一部全面而直观的图集，他抓住机遇，极力促成，亲自主持国家农业地图集的编制。这是我国第一部大型国家农业地图集，具有学术和实践的双重价值。

2. 坚持到实地调研，重视综合研究

周立三认为必须面向自然、面向社会、深入实际，掌握大量第一手资料，从中较快地增长自己的知识和才能，逐步发现地理现象的分布规律和结构演变，做出正

确的判断与结论。他的整个学术生涯都是身体力行、和实地考察联系在一起的，不仅年轻时如此，即使年迈时也不放弃野外考察的机会。1996 年中国科学院地学部组织红壤地区调查研究时，他已 86 岁高龄，仍然主动参加江西、广东、海南等地考察。由于在长期的考察中积累了丰富的资料和经验，又善于及时加以综合，总能敏锐地发现问题，找出解决问题的途径。

周立三具有高超的科研组织本领。像农业区划、新疆综合考察这样庞大的科研计划，他深知必须依靠多部门、多学科联合攻关。在协作中他以全局为重，尊重知识，尊重人才，对确有见解的单位和个人，他都虚心求教，请来共同研究。在布置任务时充分听取意见，营造一种宽松的环境，发挥团队的积极性。综合研究的过程也是集思广益的过程，其中有他自己的独特见解；有时他的工作因为误解，受到责难，但能忍辱负重，气量宽宏，以团结为大局，化解矛盾，所以各方面的学者都愿意和他共事，这是取得成功的关键。

无论巨细，周立三均以满腔的热情投入研究。文革后期，他尚未完全解放，在江苏省仪征县研究高产稳产农田、寻求农业发展途径时，他不辞辛劳，在丘陵山区和平原圩区作调查，针对基本农田建设及农业生产布局的一些问题提出建议。这虽是在一个县的小范围调研，但他仍认真工作，春节前夕还专程去仪征县向当地领导汇报，体现了一位科学家的风范和高度的责任感。

1983 年周立三参加了上海经济区组织的太湖流域规划考察，历时 22 天，在最后的总结会上，他发表了重要意见，认为太湖流域规划涉及自然与经济关系，城乡关系，工业、农业和交通运输关系，必须统筹兼顾、合理安排，力图把自然和人文联系起来，对区域发展问题作为整体来研究。他的这些看法，为进一步开展太湖平原水土资源与农业发展远景"六五"国家科技攻关项目的研究创造了条件。

3. 学风严谨、热情提携青年学者

周立三学风严谨，他带队在外考察告一段落之后，常要求大家不忙于下结论，认真整理原始笔记，计算分析，经过充分讨论，逐渐形成看法，再动手写报告或论文。告诫年轻学者从一点一滴做起，深入分析。在具体问题的探讨上，他一再说不能大题小做，成为空洞无物的东西，而应该"小题大做"，即通过实地调查研究掌握大量第一性资料，进行深入的分析，使论点具有说服力。强调只有深入实际调查，取得有价值的数据，才能得出可信的结论。重大的研究项目更应认真筹划，组织好团队，花大力气去完成。

周立三鼓励后来居上，要求青年学者"青出于蓝而胜于蓝"，同时他又很愿意听

取青年人的各种意见。每当青年学者做出一定成绩后，他充分肯定并委以重任，让他们承担更重的担子。从事科研，周立三从不考虑名利，他的言谈常富于科学哲理。他常说"生活上要知足常乐，业务上要以不知足常乐"，以此来启发青年学者。国情研究到前 4 号时，他已中风长期卧床，生活质量大大下降，即使如此，仍然在病床上和年轻研究人员讨论，真是到了呕心沥血的地步。

周立三不墨守成规，多次强调要加强地理学的计量研究，支持新技术的应用，设法增加经费，添置新的设备。但是反对离开实际，仅仅满足于在电脑上的计算。严肃指出，没有根据的数据只能骗计算机，计算机算出来的结果也只能骗自己，"你骗电脑，电脑骗你"。当 20 世纪 80 年代初期遥感、地理信息系统引入我国时，他从长远方向认为这符合地理学的发展，给予积极支持。

对于一些人研究中的华而不实和夸夸其谈，即使是著名学者的言不由衷，周立三也十分反感。针对不切实际的空洞论文，他一语指出其谬误，要求文章至少"自圆其说"。同样，对于项目的评审，他实事求是，从不夸大。他强烈反对急功近利，不赞成以发表文章作为评价的唯一尺度。当全国农业区划报告已得到各方很高评价之时，为了出版定稿，他和另外几位主编费时三个多月，逐章修改、逐句精炼，一个名词概念也不放过，内容力求删繁就简，文字力求风格一致，全书列名的撰写者达 96 人之多。定稿之后形成联系紧密的完整体系，他学术上的严格、严谨作风得以浑然体现。

三、周立三主要论著

周立三. 1942. 成都平原东北部农业地理. 地理，2（3）.

周立三. 1943. 战时移民地理之一例——北碚附近移民之分布及其特征. 边政公论，4（1）.

周立三. 1948. 哈密——一个典型的沃洲. 地理，6（1）.

周立三. 1955-05-07. 中国农业区划初步意见. 北京日报.

周立三. 1959. 新疆综合考察的主要成就. 人民日报.

周立三. 1962. 新疆农业区划及其划分原则与方法的探讨//中国地理学会经济地理专业委员会. 1960 年全国地理学会学术讨论会文集. 北京：科学出版社.

周立三. 1962. 试论经济地理学的几个基本理论问题//中国地理学会经济地理专业委员会. 中国地理学会 1961 年经济地理学术讨论会文集. 北京：科学出版社.

周立三. 1963. 新疆维吾尔自治区经济地理. 北京：科学出版社.

周立三. 1964. 试论农业区域的形成演变、内部结构及其区划体系. 地理学报，30（1）.

周立三等. 1964. 新疆综合考察的方法与经验. 北京：科学出版社.

周立三. 1981. 农业地理学的性质及其发展方向的探讨. 经济地理，第一卷（创刊号）.

周立三. 1981. 农业区划问题的探讨. 地理科学, 1 (1).

周立三. 1983. 国土整治与新疆农业的发展. 新疆地理, (1).

周立三. 1983. 太湖地区经济发展面临人口、土地和粮食三大问题的挑战//中国科学院南京地理与湖泊研究所. 中国科学院南京地理与湖泊研究所集刊, 第1号. 北京: 科学出版社.

周立三主编. 1989. 中华人民共和国国家农业地图集. 北京: 地图出版社.

周立三. 1989. 认清国情、寻找对策、走出困境, 是时代赋予我们的历史责任. (在全国政协七届二次大会上的发言)

周立三. 1993. 我国农业的现状、发展前景及与地学研究有关的若干重大问题. (在中国科学院地学部会议上的报告)

周立三主持. 1989-1995. 国情报告 1—4 号《生存与发展》等.

主要参考文献

周立三. 1990. 周立三论文选集. 合肥: 中国科学技术大学出版社.

周立三主编. 1993. 中国农业区划的理论与实践. 合肥: 中国科学技术大学出版社.

中国科学院学部联合办公室编. 1996. 中国科学院院士自述, 周立三. 上海: 上海教育出版社: 624-625.

施雅风. 2007. 超地理学的帅才, 科学工作者的楷模——我记忆中的周立三院士. 科学新闻, (1).

石玉林. 2007. 他留下的"财富"影响深远——继承周立三先生的学术思想和优良学风. 科学新闻, (1).

撰写者

佘之祥（1934～），江苏南京人，中国科学院南京地理与湖泊研究所研究员，曾任中国科学院南京分院院长。长期从事经济地理、区域发展、农业生产布局与区划研究。

谭其骧

　　谭其骧（1911～1992），浙江嘉兴人。历史地理学家、历史学家，我国历史地理学的主要奠基人。1980年当选为中国科学院学部委员（院士）。1932年毕业于燕京大学研究院。从事历史地理研究和教学，长期在复旦大学等单位工作。他以毕生精力主编的《中国历史地图集》，是迄今为止世界上最长时段、最完整的国家历史地图集，具有重大的学术贡献和运用价值。他对历史时期中国疆域的形成和演变的研究、对历史上的中国概念的阐述，解决了重要的理论问题。他对历代行政区划演变的研究成果，为我国行政区划的改革提供了有益的经验。他对黄河、海河水系历史地理研究的结论，已为当前的开发方针所证实。他对历史人文地理研究的示范和倡导已形成丰硕的成果。

一、简　　历

　　谭其骧，字季龙，籍贯浙江嘉兴。1911年2月25日出生于奉天（现沈阳市）皇姑屯火车站站长宿舍，1992年8月28日于上海逝世，享年81岁。

　　谭其骧出生时，当时其父谭新润正任站长。但次年谭新润因病去职南归，谭其骧随同其父回到原籍浙江嘉兴。谭氏是一个亦儒亦商的大族，谭其骧的祖父是举人，父亲也中了秀才，清朝废除科举后都曾留学日本。这样的家庭使谭其骧自幼既受传统文化熏陶，又有机会接受新知识和新思想。1926年进上海大学社会系，不久即参加共青团，积极投身革命。1927年"四·一二"后与组织联系断绝，失望之余矢志学术，转入上海暨南大学中文系，次年转入外文系，旋转历史系，1930年毕业。同年进北平燕京大学研究院，师从顾颉刚先生，1932年毕业，获硕士学位。同年春任北平图书馆馆员、辅仁大学兼任讲师，后又兼燕京大学、北京大学讲师。1935年在广州学海书院任导师，次年仍回北平，先后在燕京、清华大学任教。1940年初至贵州浙江大学史地系任副教授、教授，1950年起历任复旦大学教授、历史系主任、中国历史地理研究所所长。自1955年起主持编绘《中国历史地图集》，一度借调北京工作，此期间曾参加国家科学技术规划会议，参与中国科学院地理研究所、历史研究所的规划制订和自然科学史学科的筹建。1992 年 8 月 28 日因病在上海逝世，终年 81 岁。

二、主要学术成就和影响

谭其骧毕生从事中国历史地理和中国史研究，他主编的《中国历史地图集》先后获上海市社会科学优秀成果特等奖、国家教委社会科学优秀成果一等奖、中国社会科学院特别奖等。

历史地理学的研究在中国有悠久的传统，主要表现在沿革地理方面。这门学问关注的重点是行政区划的设置和演变，在此基础上，也研究疆域的盈缩、地名的考证和一些主要水道的变迁。但历史地理不是沿革地理的延续，而是在沿革地理基础上的发展，这不仅表现在研究范围上的扩展，更体现在研究性质的变化。

谭其骧对中国历史地理的研究是从沿革地理入手的，但早在 1935 年，顾颉刚与他所主编的《禹贡半月刊》就开始以 *Historical Geography*（历史地理）作为该刊的英译名称。从 1942 年起，谭其骧就在浙江大学开设了"中国历史地理"课程。数十年孜孜不倦的求索，使他从沿革地理走向历史地理学，为中国历史地理学奠定了坚实的基础。他的成就丰富了中国历史地理学，也使更多的人看到了这门新兴学科的深厚潜力和辉煌前途。

疆域政区是沿革地理最主要的研究领域，早在 20 世纪三四十年代，谭其骧就对历代疆域政区作过较全面的研究，发表过《秦郡新考》、《秦郡界址考》、《新莽职方考》等重要论文。但对中国历史疆域的理论探索和综合研究，还是从 20 世纪 50 年代开始的。从 1955 年主持重编改绘杨守敬《历代舆地图》起，如何理解和确定历史上的中国及其疆域范围就成了谭其骧和同事们一个无法回避的难题。他一直在思考这个问题，并提出过一些自己的想法。经过长期、反复的讨论和实践，谭其骧及同事们最终确定的原则是："18 世纪 50 年代清朝完成统一之后、19 世纪 40 年代帝国主义入侵以前的中国版图，是几千年来历史发展所形成的中国的范围。历史时期所有在这个范围之内活动的民族，都是中国史上的民族；他们所建立的政权，都是历史上中国的一部分。"同时确定："有些政权的辖境可能在有些时期一部分在这个范围以内，一部分在这个范围以外，那就以它的政治中心为转移，中心在范围内则作中国政权处理，在范围外则作邻国处理"（见《中国历史地图集》总编例，《中国历史地图集》第一册，中国地图出版社，1982 年）。对中原王朝超出这一范围的疆域，也保持其完整性。

　　在《中国历史地图集》的编绘工作基本完成以后，谭其骧就在多次学术会议上对这一原则作了理论上的阐述。他指出：某一历史时期的中国边界不等于这一时期中原王朝的边界，这是两个不同的概念，不要混为一谈。中国的边界绝不能仅仅指中原王朝的边界，而应该包括边疆其他少数民族建立的政权的边界，其他少数民族所建立的政权，也是中国的一部分。中国是一个由多民族结合而成的拥有广大人口的国家，是中华民族的各族所共同缔造的。不仅现在的中华人民共和国是由中华民族的各族共同建设的，就是历史时期的中国，也是由各民族共同缔造的。正因为如此，我们应该把中华民族各族人民的祖先都看成是中国史上的成员，各民族的历史都是中国史的一部分，各民族所建立的政权都是中国的政权。1981 年 5 月 27 日，他在中国民族关系史研究学术座谈会上作了长篇讲话，根据讲话整理的记录稿以《历史上的中国和中国历代疆域》为题发表于 1991 年第 1 期《中国边疆史地研究》上。

　　谭其骧的这一理论为《中国历史地图集》的编绘确定了重要的原则，也为中国历史地理的研究确定了空间范围。

　　《中国历史地图集》的初稿完成于 1974 年，后陆续内部发行。1980 年起修订，1982 年起公开出版，至 1988 年出齐。这是我国历史地理学最重大的一项成果，也是谭其骧最杰出的贡献。这部空前巨著共 8 册、20 个图组、304 幅地图，收录了清代以前全部可考的县级和县级以上的行政单位、主要居民点、部族名以及河流、湖泊、山脉、山峰、运河、长城、关隘、海洋、岛屿等约 7 万余地名。除历代中原王朝外，还包括在历史上中国范围内各民族所建立的政权和活动区域。《图集》以历史文献资料为主要依据，吸取了已发表的考古学、地理学、民族学等相关学科的成果，以其内容之完备、考订之精审、绘制之准确赢得了国内外学术界的高度评价，被公认为是同类地图集中最优秀的一种。

　　从 1982 年至逝世，谭其骧又主持了《中华人民共和国国家历史地图集》的编绘，这是一部包括历史人文和自然两方面十多个专题图组上千幅地图的巨型地图集，将在近年出版。

　　长期的深入研究，使谭其骧对中国历史政区演变的内在规律有了深刻的认识，他归纳出的三个主要方面是：①同一种政区，通例都是越划越多，越划越小，到一定程度，它的级别就会降低，其原因主要是经济开发的结果，但也有政治、经济、军事诸方面的因素。②汉武帝后二级制就已不适应需要，多级制又不利于政令民情的上下传达，所以 2000 年来最常用的是三级制，但有时采用虚三级制，有时用实三级制，民国以来的三个阶段则分别采用了不同的虚三级制。③历代最高一级行政区往往由吏治监察区或军务管理区转变而来，最高地方行政长官往往由派遣在外的中央官转变而来。他认为政区的这些演变规律，一方面正好说明了中国自秦汉以来长期在中央集权制统治之下，所以中央的使者能以监督的名义侵夺地方官的权力，终于使中央使者成为最高地方长官，原来的地方长官降而成为他的下级或僚属。但另一方面，因为由这种方式形成的一级政区辖境权力过大，所以一到乱世，这种政区的首长很容易成为破坏统一的割据者，犹如东汉末年的州牧刺史、唐安史之乱后的节度使和民国的督军、省主席。

从总结历史经验出发，谭其骧一直关注着我国现行行政区划的改革。他认为，现行的行政区划制度是 2000 多年来中央集权制度下长期演变发展的产物，有其合理的一面，也有其不合理或不适应时代需要的一面，必要的改革是不可避免的。与其花费很大的人力、物力做划定省、区界线的工作，不如下决心调整省、区的设置，理顺省、县两级政区的关系，从根本上解决问题。所以他在担任全国人大代表期间曾多次向政府提出建议，并提出过具体的改革方案。1989 年 12 月，他在中国行政区划学术讨论会上作了"我国行政区划改革设想"的报告。他的建议主要包括：调整现行政区的名称，避免不同等级的政区使用同一名称，如市、区等。划小省区界，将省级政区调整增加至 50 个，每个平均辖 40 多个市县；在此基础上取消虚三级制（省、地或市、县），实行二级制（省、县）。

还在涉足历史地理之初，谭其骧就注意到了历史自然地理研究的重要性。例如，黄河下游水道在不同历史时期的变迁，不仅是政区沿革的重要原因，也是整个历史地理研究中不可或缺的因素。而要进行历史自然地理研究，特别是要研究各种自然因素演变的规律，只依靠文献资料和历史学手段的传统方法就显得力不从心。

1955 年，在为有关黄河与运河的学术报告的准备过程中，谭其骧把黄河有史以来的变迁分成唐以前和五代以后二期，指出黄河在前期决徙的次数并不很多，基本上利多害少，后期却决徙频仍，害多于利。发生这种变化的原因，是整个流域内森林、草原的逐渐被破坏，沟渠、支津、湖泊的逐渐被淤塞。但同时他也发现，黄河的灾害不是一贯直线发展的，而是在中间有过一个大曲折；前期的灾害不仅比后期少，而且在前期范围内，灾害也不是一个愈演愈烈的过程。过去研究黄河史的学者，习惯于把各个时期黄河灾害轻重的原因，归之于时世的治乱和防治工程的成败，这也与史实不符。乱世未必多灾，治世却常常有决溢泛滥。归之于治理工程的成败更不可思议，难道数千年来工程技术是在退步吗？元明清时的贾鲁、潘季驯、靳辅等人主持的治河工程难道反而不如东汉的王景和传说中的大禹吗？对于这些矛盾，当时他还没有找到有说服力的答案。

1957 年，在编绘西汉河北地区的地图时，谭其骧发现杨守敬《历代舆地图》中西汉河北水道的画法不符合《汉书·地理志》的记载，而《汉书·地理志》的记载又可以证明《说文》、《水经》中有关部分存在错误。将这些史料综合分析，可见西汉时河北平原上的主要河流是分流入海的，还没有像以后那样合流于天津，形成海河水系。直到公元 3 世纪初曹操开白沟和平虏渠以后，才逐渐使各条河的下流淤塞，合流入海。在当年复旦大学校庆学术报告会上，他将这一探索成果在历史系做了一次题为《海河水系的形成与发展》的报告。当时来不及写成论文，只有报告提纲，附上几篇用文言文写的考证几条水道变迁的笔记，印发给听众，事后还寄发了几十份给有关的科研单位和历史地理学界的同行。由于各方面索取者甚多，以后又加印了两次。此后他一直没有时间将提纲写成论文，直到 1984 年才写成《海河水系的形成与发展》（载《历史地理》第 4 辑，上海人民出版社，1986）。这一研究成果已得到广泛运用，治理海河的基本思路，就是通过人工开凿的水道将海河水系众水合流入海变为分流入海。

谭其骧对黄河变迁史的探索终于在 20 世纪 60 年代初找到了新的答案。他从导致黄河决溢改道的地理环境着手，肯定泥沙淤积是关键因素，而黄河泥沙的主要来源是中游泾、渭、北洛河水系流域的黄土高原。在同样的降水条件下，植被保存的好坏会使水土流失量相当悬殊，因此当地人民土地利用的方式是影响水土流失以至黄河灾情的主要因素。从历史事实看，秦汉以前，山陕峡谷流域和泾渭北洛河地区人民还是以畜牧、狩猎为主要生产手段，原始植被未受破坏，水土流失轻微。秦始皇、汉武帝大规模向西北边郡移民的结果，导致该地区不合理的开发，牧地、荒地辟为农田，引起水土严重流失。东汉以后，以牧为主的少数民族逐渐迁入该地区，经营农业的汉人日益减少以至基本退出。此后几个世纪中，该地区重新成为牧区或半农半牧区，天然植被得到恢复，水土流失得到控制。显然，这才是东汉以后黄河长期安流的根本原因。发表于 1962 年第 3 期《学术月刊》的论文《何以黄河在东汉以后会出现长期安流的局面——从历史上论证黄河中游的土地合理利用是消弭下游水害的决定性因素》，就是这一研究成果。

1973 年起，谭其骧承担了《中国自然地理·历史自然地理》的主要编纂任务。除了拟出黄河、长江演变的大纲外，他还在长江中游、黄河中下游进行了广泛的调查考察。这使他对长江、黄河的变迁增加了大量感性认识，特别是对黄河下游河道变迁及其造成的影响所做的实地调查，使他对黄河变迁规律的认识得到了升华，最终构成了关于黄河下游河道变迁的名作，这是谭其骧的历史自然地理研究进入成熟期的标志。

　　西汉以前的文献记载极少，古今学者讲西汉前的黄河故道，都只知道见于《尚书·禹贡》记载的那一条，却没有注意到在《山海经》中还隐藏着相当丰富的有关黄河下游河道的具体资料。1975 年，谭其骧在研究先秦时代黄河下游河道的位置时，发现在《山经·北次山经》中记录了数十条黄河下游的支流。与《汉书·地理志》、《水经》及《水经注》中所载的河北水道作比较，这些支流的终点，即它们流入黄河的地点不同于后世，所以只要将这些支流的终点连接起来，就可以钩稽出一条径流确凿、远比《禹贡》河水详确的古河道，这就证明了西汉以前的黄河水道绝不止《禹贡》这一条。1978 年，他将这一考订过程撰为《〈山经〉河水下游及其支流考》，发表于复刊后的《中华文史论丛》。

　　谭其骧进而考虑另一个重大课题：西汉以前的黄河河道是不是只有已知的几条，也就是说，在西汉以前黄河究竟改道过了多少次？前人只有两种看法：一种认为汉以前只发生过一次改道，那就是《汉书·沟洫志》所载王莽时大司空掾王横所引《周谱》中“定王五年河徙”这一次。从东汉的班固、北魏的郦道元、南宋的程大昌，到清代的阎若璩、胡渭都是如此。另一种认为《周谱》的记载不可信，汉以前黄河根本没有改过道。首先提出这一观点的是清代学者焦循所著《〈禹贡〉郑注释》；史念海《论〈禹贡〉的导河和春秋战国时期的黄河》一文更进一步提出，见于《汉书·武帝纪》元光三年的“河水徙从顿丘，东南流入勃海”，才是历史上的第一次改道。

　　谭其骧认为，从黄河下游的地形特征分析，黄河在汉以前不可能不改道，《周谱》中的记载只是很多次改道中偶然被保留下来的一次，以上两种看法都不正确。他把目光转向考古发现，果然找到了新的论据。因为迄今为止的考古发掘，从新石器时代直到春秋时期，河北平原中部始终存在着一片极为宽广的空白，其间既没有发现过有关的文化遗址，也没有任何城邑聚落的可靠记载。这片空白直到战国时期才逐渐消失。谭其骧指出：由于这片空白正是河北平原相对低平的地区，在战国中期黄河筑堤之前水道经常在这一带摆动。因为没有河堤的约束，每遇汛期，黄河不免漫溢泛滥，河床渐渐淤高，每隔一段时间就会改道，所以人们不会在这里定居。而在筑堤以后，经常性的泛滥和频繁的改道得到控制，两岸的土地才逐渐开发，大小居民点才会形成。因此，他在《西汉以前的黄河下游河道》一文得出了一系列重要结论：汉以前至少可以上推到新石器时代，黄河下游一直是取道河北平原注入渤海的。黄河下游在战国筑堤以前，决溢改道屡见不鲜，只是因为当时人烟稀少，黄河改道对人民生活的影响很小，因而为一般古代文献记载所不及。《汉书·地理志》所载河道始见于公元前 7 世纪中叶，并且是春秋战国时代长期存在的河道，《禹贡》、《山经》二河形成较晚，目前无法决定二者的先后。春秋战国时黄河下游可能有东

（《汉书·地理志》河）、西（《禹贡》、《山经》河）二股长期并存，迭为干流，而以东股为常。战国筑堤以前，黄河下游曾多次改道，但黄河经流每条河道的确切年代已不可考。约公元前 4 世纪 40 年代，齐与赵、魏各自在河的东西两岸筑堤，从此《禹贡》、《山经》河断流，专走《汉书·地理志》河，沿袭至汉代。

为了正确显示历史时期长江流域的地貌和水系的变迁，谭其骧曾与同事一起搜集、整理、研究了大量文献、考古和水文调查资料，对古代的云梦、洞庭湖、鄱阳湖的演变过程得出了与传统说法迥然不同的结论。关于洞庭湖和鄱阳湖的演变由张修桂写成论文，他自己撰写了《云梦与云梦泽》一文。他做出的结论是：古籍中的云梦乃是泛指一个楚王游猎区，包括山、水、湖、平原等多种地貌，范围也极为广阔。云梦泽只是其中一部分，位于大江北岸，主要在江汉之间，与云梦游猎区不可等量齐观。先秦的云梦泽有三部分，但从战国至南朝已先后淤为平原，或被分割为更小的湖泊和陂泽。令人惊喜的是，湖北省的地质工作者通过大量钻探和实地调查得出的结论，与谭其骧不谋而合，即历史上不存在跨大江南北的云梦大泽。

谭其骧对历史时期水系演变和历史地貌的研究成果，不仅开拓了中国历史自然地理的研究领域，而且为中国历史自然的研究提供了可贵的范例，具有重大的理论和方法论的意义。

谭其骧一直认为，历史人文地理应该是中国历史地理研究的一个主要领域，他自己早年的研究就是从政区沿革、人口迁移和民族分布等方面入手的。但从 20 世纪 50 年代开始，由于众所周知的原因，人文地理在中国大陆实际被列为禁区，历史人文地理自然也难逃厄运。

进入 80 年代，尽管他依然忙于国家项目，但只要有可能，都要大力倡导、推动历史人文地理研究的开展。从中国的实际出发，他特别重视研究文化的空间和时间差异。在 1986 年发表的《中国文化的时代差异与地区差异》（《复旦学报》第 2 期）一文中他强调：中国自古以来就是一个多民族的国家，各民族在未完全融合为一体之前，各有本族独特的文化，所以中国文化理应包括历史时期中国各民族的文化。姑以中国文化专指汉族文化，也各有其具体的时代性，同时各个时期也都存在好几个不同的文化区，各区文化不仅有差别，甚至完全不同。在简要列举了中国文化在 6 个历史时期的不同特点后，他着重论述了西汉中期至明代在中原王朝范围内显著的地区性差异。他的结论是：2000 年来既没有一种纵贯各时代的同一文化，更没有一种广被各地区的同一文化。虽然儒家学说一直是 2000 年来中国文化的一个重要组成部分，但却从没有建立起它的一统天下。他指出，历史文化地理的重点是要研究历史时期文化区的界定和演变过程。这几年来历史区域文化的研究方兴未艾，与 20

年前已不可同日而语，这无疑与他的大力倡导有关。

自 1983 年后，由他指导完成的 8 篇博士论文都是以历史人文地理为主题的，其中 5 篇已出版专著，2 篇已纳入葛剑雄主编的 6 卷本《中国移民史》（福建人民出版社，1997）。已出版的几种专著引起了国内外学术界的高度重视，被视为具有开拓性和示范作用的成果。其中卢云的《汉晋文化地理》是我国第一部历史文化地理著作，既吸收了西方的研究理论和方法，又充分发挥了传统文献考证的长处，填补了这方面的空白。

1990 年 11 月，在复旦大学中国历史地理研究所召开的国际学术讨论会上，谭其骧作了题为"积极开展历史人文地理研究"的主题报告。在阐述了积极开展历史人文地理研究的迫切性与必要性后，谭其骧说："尽管现在可能还为时过早，但我还是要大胆地预言：历史人文地理是中国历史地理研究领域中最有希望、最繁荣的分支。在中国实现现代化的过程中，历史人文地理研究必将做出自己的贡献，这是其他学科所无法替代的。"

他觉得不能光提出问题，还应该以自己的积累，对历史人文地理研究提出一些具体的内容，因而决定写一篇《历史人文地理研究发凡与举例》，将此文作为上篇，另外撰写人口、政区、文化各一部分作为下篇。但在人口部分写完后，疾病便夺去了他的工作能力，这篇未完成的文章终成广陵绝响。

谭其骧认为，我们不仅应该注意中国历史文献这个历史人文地理研究的宝库，还要留意发掘古代学者的人文地理研究成就和人文地理学家。他早就发现了明代学者王士性对人文地理学的贡献，认为他是一位杰出的人文地理学家，地位不在徐霞客之下。1985 年 12 月，广西桂林召开纪念徐霞客学术讨论会，谭其骧利用这个机会，介绍了这位"与徐霞客相同时代的杰出的地理学家——王士性"，着重评价了王士性的代表作《广志绎》的价值。他的观点已引起学术界的重视，对王士性的介绍和研究已产生不少成果。

谭其骧对中国的古地图和古代地理名著的研究也取得了显著成就。

1973 年，长沙马王堆三号汉墓出土了三幅汉文帝时代的帛制地图，其中最重要的一幅是长沙国西南部当时的深平防区和相邻地区的地形图。此图发现之前，中国地图史学者对西汉地图的评价只能依照西晋地图学家裴秀的说法，"各不设分率，又不考正准望，亦不备载名山大川，虽有粗形，皆不精审，不可依据"。但在仔细研究了这幅古地图后，谭其骧认为裴秀的说法是完全不可信的。他发现这幅图的主区部分和采用现代测绘技术以前的旧图相比，绝不比任何图差，"它不仅是一幅截至今天为止我们所能看到的最古的地图，同时也是一幅足以显示我国制图学早在 2000 多年前业已达到高度科学水平的地图"。他的研究确立了这幅 2100 多年前的古地图的科学价值和历史地理学意义，国际权威的地图学史著作已经采用了他的结论，重新评价了中国早期的制图学成就。

在我国最早的有关地理著作中，人们对《山海经》一直评价不一。谭其骧认为对《山海经》各部分应该加以区别，其中的《山经》从内容到形式都以叙述山川物产为主，是很有价值的地理书。但《山经》同样掺杂着诡谲荒诞的幻想和臆测，前人注释中的问题也不少，必须去伪存真，才能恢复其本来面目。任何解释都不能离开经文本身，重要的是要具体弄清《山经》中每座山所指，相互间的实际方位和里距，因为《山经》中的 26 经，每经在首山后的第二山开始就记载了方向和里距，如能最大限度地复原出其中一部分，其地域范围就可以大致明白了。在最终完成的《论〈五藏山经〉的地域范围》一文中，他在分析了其中 7 篇所录 140 座可考定确址的山的基础上，推断《山经》所述的范围大致西起新疆东南，东抵山东半岛东端，北至内蒙古阴山以北，南达广东南海。他还断定《山经》成书于秦始皇统一六国（公元前 221 年）之后、完全征服南越（公元前 214 年）之前。

在谭其骧和其他学者的共同努力下，从 20 世纪 30 年代起，沿革地理逐渐向中国历史地理学发展，至 80 年代已形成了比较完整的学科理论和分支体系，取得了以《中国历史地图集》、《中国自然地理·历史自然地理》等为代表的重要成果。这些都离不开他的贡献。谭其骧被公认为中国历史地理学科的主要开创者和奠基人。

三、谭其骧主要论著

谭其骧主编. 1982-1987. 中国历史地图集（1-8 册）. 北京：中国地图出版社.

谭其骧. 1987. 长水集（上、下册）. 北京：人民出版社.

谭其骧主编. 1992. 中国历史地图集简编（图说撰写）. 北京：中国地图出版社.

谭其骧. 1994. 长水集续编. 北京：人民出版社.

谭其骧主编. 1996. 中国历史大辞典·历史地理分册. 上海：上海辞书出版社.

主要参考文献

葛剑雄. 1998. 悠悠长水：谭其骧前传. 上海：华东师范大学出版社.

葛剑雄. 2000. 悠悠长水：谭其骧后传. 上海：华东师范大学出版社.

撰写者

葛剑雄（1945～），复旦大学图书馆馆长、历史地理研究中心教授、博士生导师，中国地理学会历史地理专业委员会主任，曾任复旦大学中国历史地理研究所所长（1996～2007 年）。1980 起担任谭其骧助手。

李旭旦

李旭旦（1911～1985），江苏江阴人。人文地理学家和地理教育家，我国人文地理学发展的倡导者和开拓者之一。1934 年毕业于中央大学地理系。1936 年赴英国剑桥大学留学，1938 年获硕士学位。1939 年被中央大学地理系聘为教授，1943 年起担任中央大学地理系主任，1952 年全国院系调整后到南京师范学院创建地理系，先后担任系主任、名誉系主任。曾任中国地理学会常务理事、江苏省地理学会副理事长、中国地理学会人文地理专业委员会首任主任委员等职务。他长期致力于中国人文地理学科的发展研究，一是积极引进西方现代地理学思想，对促进我国人文地理学的发展产生了长远的影响；二是竭力主张发展具有中国特色的人文地理学，强调人地关系理论是人文地理学的基础和核心，主张协调人地关系是当代人文地理学研究的新课题，分析解决中国的实际问题为其主攻方向，如国土整治、环境保护、资源合理利用、改善人民生活等，这样才能使学科具有生命力。李旭旦还是我国著名的区域地理学家。他认为区域地理学是地理学的核心，应把自然现象和人文现象作为一个地域的统一整体加以分析，并力主把传统的百科全书式的区域描述代之以专题研究和解释性的分析。李旭旦终身致力于发展地理学，他的研究成果与学术思想推动了我国现代地理学，特别是人文地理学的发展，对改革开放以来复兴中国的现代人文地理学起到了重要的引领作用。

一、简　　历

李旭旦，1911 年 9 月 8 日出生于江苏省江阴县（现江阴市）青旸镇，1985 年 7 月 8 日在南京逝世，享年 74 岁。

李旭旦的父亲是民间中医，家庭经济并不宽裕。由于是家中唯一的男孩，因此他受到了比三个妹妹更好的早期教育。清寒的家境对李旭旦青少年时期的成长具有深刻的影响，孕育了他刻苦钻研、勤奋向上的进取心。李旭旦 1924 年就读于颇负盛名的江阴县南菁中学，他的语文、历史、地理、英语的成绩均居全班之首。1930 年高中毕业时以全校第一名的成绩被保送到中央大学（南京），他选读了地理学系。

李旭旦的家乡江阴县是我国明代杰出地理学家兼旅行家徐霞客诞生成长的地方。青旸镇位于锡澄运河的东岸，这条热闹而繁忙的水上通道，南来北往的船只激发了少年时的李旭旦渴望了解远离家乡的异地风光的好奇心。这是他对地理兴趣萌芽的渊源。在中央大学期间（1930～1934），他刻苦勤奋，博览群书，成绩优异，毕业后留系担任助教。1936年他考取中英庚款奖学金，赴英国剑桥大学留学，1938年获得硕士学位。1939年他取道大西洋，横贯美国大陆，经太平洋达上海，经越南进入昆明，到达战时迁到重庆的中央大学，被聘为该校地理系教授，先后讲授《人生地理学》、《英国地理》、《地理学思想史》等课程，深得同学们的爱戴。1942年起，他的老师胡焕庸担任中央大学校长，由李旭旦继任地理系主任。抗战胜利后，他于1946～1947年间应邀到美国马里兰大学地理系，担任访问教授，结合讲学他写了 *Delimitation of the geographic regions of China* 一文，在美国地理学家协会（The Association of American Geographers，简写为 AAG）学术年会上宣读，后发表于该协会会刊 *Annals of AAG* 上（37卷3期，1947），引起国际地理学界的重视。1947年底，他回国后继续担任中央大学地理系教授兼系主任。建国后至1952年，他担任南京大学地理系主任。

1952年，全国进行院系调整，为了发展祖国的教育事业，他主动要求到新成立的南京师范学院创建地理系，并担任系主任，成绩斐然。1958年，由于众所周知的原因，他被错划为"右派"，从此退出行政，致力于地理教学和科研工作。1979年他被重新任命为系主任，并当选为中国地理学会常务理事及江苏省地理学会副理事长。1979年12月28日至1980年1月7日，他在第四届中国地理学会代表大会上，提出了复兴人文地理学的倡议，得到了众多地理学者的支持和响应。从此，他为复兴人文地理学倾注了自己的全部精力，从而使中国的人文地理学走上了蓬勃发展的轨道。

1983年秋，中国地理学会正式成立了人文地理学专业委员会，一致推选李旭旦担任该专业委员会主任委员。他不顾病魔缠身，曾先后三次主持召开了全国人文地理专业学术讨论会，并主编了一系列有关人文地理学的书刊。正当他兴奋地看到人文地理学又得到社会的肯定，还计划进行一系列学术活动来促进这一学科的大发展时，无情的病魔却于1985年7月8日夺去了他的生命。李先生"为把我国人文地理学推上复兴之路而鞠躬尽瘁。他的一生可以说是从钻研近代人文地理学开始，到开创我国现代人文地理学结束，他的所作所为和影响所及，无愧为我国现代地理学的奠基人"（中国科学院吴传钧院士语）。

二、主要科学研究领域和成就

一门学科的发展往往与一些学术思想走在前列的带头人的开创性工作紧密结合在一起。我国近代地理学是从欧美等西方国家引入的，在近代地理学向现代地理学发展的过程中，有许多地理学家在分支学科领域内做了大量卓有成效的工作，在地理学科学发展史上留下了光辉灿烂的一页。李旭旦教授在我国人文地理学和区域地理学发展中是享受这一荣誉的杰出代表。

（一）主要科学研究成就

人地关系的协调和统一，发展中国特色的人文地理学是李旭旦终身致力开展的研究领域。他的主要科学成就大致可归纳为四个主要方面：人文地理学的理论、区域地理学的研究、中国地理区划、国外人文地理学的引进。

1. 人文地理学的理论

李旭旦是我国著名的人文地理学家。长期致力于中国人文地理学科的发展研究。他对人文地理学的研究可以划分为两个阶段，其间又有长达 20 年的间断。

第一阶段是他接受了法国、英国人文地理学派人地关系思想的影响，在中国近代人文地理学的开创工作中发挥了重要作用。但由于众所周知的原因，1957 年他在反右派斗争中被波及，受到了不公正的待遇。同时，我国地理学界在建国后学习苏联，不适当地开展了对人文地理学的批判。人文地理学内除了经济地理学以外，被认为是唯心主义伪科学，从而成为地理科学研究的禁区。

第二阶段是在"文化大革命"以后，科学春天的到来，他大力倡导复兴中国人文地理学的阶段。经过近 20 年的封闭与停滞，我国人文地理学除经济地理学一花独放外，大量的分支学科都缺乏研究，对国外现代人文地理学的理论方法革新，我们知之甚少，而我国"四化"建设却向人文地理学提出了迫切的需要。从学科发展和社会要求两个方面出发，他提出了复兴我国人文地理学的具体主张。认为全面复兴我国人文地理学就是参考现代人文地理的革新方向，运用新技术、新方法，结合我国社会主义建设的实际需要，创立一门中国特色的人文地理学。其内容应在正确的人地相关论的基础上，分析研究如何按照自然规律和社会主义的经济规律利用自然、改造自然，因地制宜地使自然为人类谋福利，而不受自然的惩罚，把自然环境引向有利于提高全民族的物质文化水平的方向，研究在不同民族和文化区内有关人文地理问题等。

2. 区域地理学的研究

李旭旦深受法国地理学派提倡小区域研究的影响，在国外留学期间和以后几十年的教学科研生涯中，区域地理成为他长期研究的中心内容之一。

在英国的硕士论文《江苏北部区域地理》是他早期从事区域地理研究的理论与实践的成果。回国以后，他在《区域图表与地景素描在峨眉山之应用》中介绍了区域图表在区域地理考察中的作用，《白龙江中游人生地理考察》则是一篇区域地理研究的力作。建国以后，他结合教学和科研工作的需要，编写了《世界区域地理通论》教材，撰写了《欧美区域地理研究的传统和革新》等文章，积极探索区域地理研究的发展方向。特别是随着地理学计量运动的革新，对传统的区域地理学产生了巨大的冲击，再加上区域地理学自身在理论与实践方面的贫困，致使区域地理学受到忽视和种种非难。对此，李旭旦认为把地理学分割成许多细小的分支和系统地理学者的过分专业化，都有损于地理学的完整性和综合性。1980 年，第 24 届国际地理联合会（IGU）在日本东京召开，区域地理小组召集人——日本广岛大学石田宽教授致各国地理学家，征求"复兴区域地理"议题的调查表。李旭旦在答复中认为：区域地理学过去曾经是，今后仍将是地理学的核心，并反对把区域地理学分裂成自然和经济两个部门，但区域地理有重新定向的必要。认为现代地理学应该致力于方法论的革新，把传统的百科全书式的区域描述代之以专题研究和解释性的分析。而中国的区域地理学特别要重视对自然资源的评价、农业区域的划分、城市规划和工业布局等工作，才能更好地为社会经济发展服务。

3. 中国地理区划

李旭旦十分重视中国地理区划的研究。20 世纪 40 年代初期，他通过对川北甘南的实地考察，科学地提出了我国南北地理分界的西端应以白龙江为界。通常认为，我国地理的南北分界线是秦岭淮河线，而秦岭以西一直到青藏高原，其间的陇南山区，东西 600 余公里内，崇山峻岭，沟谷分割，无明显地形区作依据。李旭旦通过该区各地之实地观察和地理记录，相互比较南北之间自然条件与农作物之间的过渡现象，明确提出了白龙江是我国南北重要分界线的科学论断，并认为它也是我国东部农区与西部牧区的分界线。这一结论，为建国后国家制定《1956 年到 1967 年全国农业发展纲要》规定不同地域单位面积产量和复种指数地理分界线提供了基本依据。

1946 年，李旭旦被聘为美国马里兰大学地理系访问教授，其间他撰写了《中国地理区域之划分》一文，在美国地理学家协会年会上宣读，并刊发于美国地理学者学会会刊上。这篇论文吸取了当时国外地理学区划的理论方法和经验，并充分运用了国内各方面有关的科研成果，选择地貌、水文、气候、土壤、植物、土地利用和农业 7 项指标，把自然和人文因素综合起来，将中国划分为 12 个大区。这一成果在当时是具有重要理论和实践意义的，受到了国际地理界的重视。

4. 国外人文地理学的引进

李旭旦一生译著很丰富，在引进国外地理学思想、大力开阔国内地理学者的国际视野方面倾注了大量的心血。

早在大学二年级的时候，他就与同学任美锷合译法国近代人文地理学家 J. 白吕纳（J. Brunnes）的《人文地理学原理》。这本巨著长达 50 万字，1935 年由南京钟山书局出版。该书曾长期作为我国大学地理系的教科书。这一译著文笔优美流畅，对引入法国学派近代人文地理学的代表，推动我国人文地理学的起步产生了很大的影响。他还翻译了魏格纳的《海陆的起源》（商务印书馆，1964）一书。在他大力倡导复兴中国人文地理学的阶段，鉴于我国人文地理学经过了近 20 年的封闭与停滞，我国地理学者对国外现代人文地理学的理论方法革新知之甚少，为了掌握国外地理学发展的最新动态，他主编了《国外地理科学文献选译》，撰写了《国外人文地理学流派》等论文。在他最后的几年里，以惊人的毅力，不顾个人的健康条件，翻译了20 世纪 70 年代美国地理学者普雷斯顿·詹姆斯的《地理学思想史》（商务印书馆，1982 年 7 月第 1 版）。他认为，该著作比较完整地介绍了世界主要国家地理学发展和地理学思想的演变过程，"是一部对任何地理专业工作者来说都是值得一读的书"。

（二）学术思想及其影响

1. 倡导人地关系的协调，发展具有中国特色的人文地理学

在近代人文地理学发展的阶段，西方围绕人地关系的理论，各家见解不一。德国地理学家 F. 拉采尔把自然环境作为影响社会发展的决定性因素，而法国学派的"人地相关论"则把人地关系的中心从自然因素转移到人这个积极因素上来，认为人类生活方式不完全是环境统治的产物，人类与自然之间是相互影响的。自然固然能影响人，人类亦能适应和改造自然。与"环境决定论"相比，"人地相关论"在当时是较为积极的理论。李旭旦在大学阶段即对法国学派的人地相关论产生了浓厚的兴趣，留学回国后，他又吸取了英国人文地理学派的"协调论"思想，开始研究我国

的人文地理现象和现实问题。

此后，在其一系列论著中都十分强调人地关系协调的思想。认为人地关系是人文地理学的核心问题，人地关系论是人文地理学的基础理论，地理学的宗旨就是协调人与地之间的关系。

1940 年代，李旭旦参加了中华自然科学社的西北考察团，并任团长，历时 3 月余，掌握了大量第一手资料，在此基础上写出了《白龙江中游人生地理考察》和《西北科学考察纪略》两篇论文，刊登在《地理学报》第 8 卷和第 9 卷上。考察报告指出："高山本多森林，大多砍伐无遗，大概在人口较稠之聚落附近，森林破坏之程度亦愈甚。我国农人但知辟地为田，不知植林蓄草以养其田。故以言白龙江之土地利用，过事农业，忽视林牧，实为一不平衡之发展"。"我国山地面积广大，苟能善加利用，实为无穷利薮。……土壤侵蚀为我国西北山地之普遍现象，造林保土节水当为今后山地土地利用之必要工作"。这些发人深省的论断，闪烁着人类开发与自然之间协调共处的思想，他所提出的合理利用土地的措施，在今天看来仍然具有很大的现实意义。20 世纪 70 年代后期以后，他在许多场合大力倡导人地关系的协调、和谐，"谋求自然环境与人类生活间的和谐，已经成为人文地理学理论的一大革新。……分析并协调人与环境的关系已成为人文地理学的新课题"。这些论断与当今可持续发展的思想是一脉相承的。

2. 强调地理学的统一性

李旭旦一贯强调地理学的统一性。在他早年组织的一些区域地理考察中，都把自然现象和人文现象作为一个地域的统一整体来加以考察。在中国地理区域划分中也采用自然要素和人文要素综合起来进行统一考虑。

建国初期，我国地理学全盘照搬苏联的经验，带来了把自然地理和经济地理截然分开的不良影响。李旭旦反对这种二元论的做法，统一地理学是他地理学思想的重要组成部分。他认为"地球上，人类的每一个物质成就，不论是一间房屋、一个农庄或一个城镇，都代表着自然和人文因素的综合，在组成地区特征的复合统一体中，自然和人类是不能分开的"。他在《人地关系的回顾和展望》一文中明确指出："在人类科学技术迅猛发展的今天，地球上除少数地区外，已没有不受人类活动影响的纯自然环境了。当我们把地球当做人类之家来考虑时，就不能不考虑到人对环境所起的作用，也不能不考虑环境对人所产生的影响。就人类对环境所起的作用来说，既有积极的、建设性的一面，也有消极的、破坏性的一面。发挥环境的建设性作用，避免其破坏性的作用，已成为现代地理学的重要目的。我们不能丢开人来研究自然地理。……另一方面，我们不能丢开了自然环境来说明人类生活。人类居住在地球表面，一切生活都不能超越于地理环境。"这些论断指出了地理学的正确发展道路。

3. 引领中国现代人文地理学复兴的方向

李旭旦把复兴人文地理学作为他晚年努力奋斗的目标，中国人文地理学在 20 世纪 80 年代以来之所以取得迅速发展，与他的不懈努力是分不开的。他非常强调要建立中国特色的人文地理学。认为在学习国外的人文地理学时"既要大胆引进，又要加强分析批判，要有分析地引进，要有批判地吸收。"首先，他着手翻译西方国家的人文地理学理论著作，撰写了《国外人文地理学流派》、《人地关系的回顾和展望》等论文，大力介绍国外人文地理学的最新进展；其次，在吸收国外人文地理学理论和方法的基础上，主编了《中国大百科全书·人文地理学卷》，主持和编辑人民教育出版社的《人文地理学论丛》、科学出版社的《人文地理学概述》，对我国人文地理学的发展起了很大推动作用。通过编撰这些著作，弘扬了人文地理学的基本理论，逐步培养了一批在人文地理学不同领域进行探索的研究人员，带动了我国人文地理学科整体实力的提高。终于促成了在中国地理学会中成立了人文地理专业委员会，为发展这门学科建立了组织保证。以后他主张人文地理学要向深度发展，要发挥科学的生命力，要注意技术手段的创新，要把解决社会主义现代化建设中的实际问题作为主攻方向；要通过加强实地考察，取得第一手资料，根据这些资料进行分析研究才能做出科学的论证，作为政府决策的参考。与此同时，还要向我国目前人文地理学领域内的薄弱环节进军，以填补多年来没有接触的空白和荒废领地，如政治地理学、民族地理学等。这些真知灼见，为中国人文地理学发展引领了发展的思路。

4. 致力于地理人才培养，指引地理教学改革

李旭旦同时又是我国著名的地理教育家。他自 1934 年大学毕业后，就一直在高校地理系工作，始终以培养地理人才为天职。除了培养了一大批优秀的地理工作者外，他在地理教学改革上也有颇多建树。

他一生讲授过多门课程，在多年的教学过程中，他认为要培养新的地理人才，首先要进行教学改革。他要求学生不但具有坚实的理论知识，同时要具有野外工作的实际调查能力。指出"过去教学，多用注入式，今后要注重启发式"。对地理教师提出了明确的要求，"地理教师应通过传授地理知识来培养青年一代具有爱国主义和国际主义思想，鼓励和加强他们为社会主义建设事业出力的信心"。

李旭旦为普及地理知识、推动我国地理事业的发展做了大量的工作。1939 年，

他担任中国地理学会总干事和《地理学报》总编辑，抗战时，虽经费缺乏，但仍坚持年出学报一卷，从未中断。建国后，1950 年，他和南京的几位地理工作者一起，创办了《地理知识》(《中国国家地理》的前身）月刊，亲任主编达 7 年之久。这些地理学的早期园地，都浸透着李旭旦的心血，对地理学的发展起到了不可估量的作用。

三、李旭旦主要论著

白吕纳. 1935. 人地学原理. 任美锷，李旭旦译. 南京：钟山书局.

李旭旦. 1940. 区域图表与地景素描在峨眉山之应用. 地理学报，7 卷：28-34.

李旭旦. 1941. 白龙江中游人生地理考察. 地理学报，8 卷：1-18.

李旭旦. 1942. 西北科学考察纪略. 地理学报，9 卷：1-32.

李旭旦. 1943. 评哈特向著《地理思想史论》. 地理学报，10 卷.

Lee Shu-tan. 1947. Delimitation of geographic regions of China. Annals of the Association of American Geographers，37 (4)：155-168.

李旭旦. 1952. 新沂河完成后六塘河流域的农田水利问题. 地理学报，18 (3/4)：148-159.

李旭旦. 1979. 欧美区域地理学的传统与革新. 南京师范大学学报（自然科学版），(1)：1-7.

李旭旦. 1981. 国际地理学界的一次盛会——参加东京国际地理会议观感. 南京师范大学学报（社会科学版），(1)：5-8.

李旭旦. 1981. 詹姆斯著《地理学思想史》述评//世界地理集刊（第 1 集）. 北京：商务印书馆：115-119.

李旭旦. 1981. 人地关系的回顾与展望——兼论人文地理学的创新//世界地理集刊（第 2 集）. 北京：商务印书馆：3-7.

李旭旦. 1982. 大力开展人地关系与人文地理学的研究. 地理学报，37 (4)：421-423.

普雷斯顿·詹姆斯. 1982. 地理学思想史. 李旭旦译. 北京：商务印书馆：7.

李旭旦，陆诚. 1983. 论十九世纪德国地理学的统一性观点. 地理研究，2 (3)：1-7.

李旭旦，金其铭. 1983. 江苏省农村聚落的整治问题. 经济地理，3 (2)：132-135.

李旭旦. 1984. 翁文灏先生对我国地理学的贡献. 地理学报，39 (3)：244-251.

李旭旦. 1984. 知国·爱国·报国——兼谈地理教育问题. 南京师范大学学报（社会科学版），(2)：83-86.

Li Xu-dan. 1984. Human geography in China//Wu Chuanjun, Wang Nailiang, Lin Chao, et al., eds. Geography in China. Beijing：Science Press：105-116.

李旭旦. 1985. 开展人文地理研究的几点意见. 地理科学，5 (4)：381-383.

李旭旦. 1985. 世界各国人文地理学流派//李旭旦主编. 人文地理学论丛. 北京：人民教育出版社：320-327.

主要参考文献

陆漱芬. 1986. 忆旭旦. 文教资料，(5)：53-63.

宋家泰，吴传钧，金其铭. 1986. 李旭旦先生对我国地理学的贡献. 地理学报，41 (4)：341-349.

李旭旦. 1992. 李旭旦地理文选. 杭州：浙江教育出版社.

吴传钧. 1992. 怀念李旭旦老师//李旭旦地理文选. 杭州：浙江教育出版社.

撰写者

张小林（1966～），江苏南京人，教授，博士生导师，现任南京师范大学区域发展与规划研究中心主任。长期从事人文地理学基础理论与应用研究，重点研究方向为城乡发展与区域规划。

侯仁之

侯仁之（1911～），河北枣强人（原籍山东恩县）。历史地理学家，中国历史地理学的重要开创者之一。在理论和实践两个方面为中国历史地理学的发展做出了重要贡献。1980 年当选为中国科学院学部委员（院士）。1936 年毕业于北京大学。1946 年留学英国利物浦大学。1950 年发表《〈中国沿革地理课程〉商榷》一文，首次论述了传统沿革地理学与历史地理学的区别，为中国历史地理学的建立奠定了理论基础。在城市历史地理学的研究中独树一帜，在北京城市历史地理学的研究中，根据细致的实地调查和文献考证，从河湖水系和地理环境入手，系统揭示了北京城的起源、形成、发展、城址转移的全过程，以及古代北京城的规划和变化特点，将城市历史地理学的研究与首都城市改造和建设任务结合起来，为制订北京的城市发展规划提供了重要参考。从 20 世纪 50 年代末开始，深入西北地区的乌兰布和沙漠、毛乌素沙地、宁夏河东沙区实地考察，对分布于沙漠地区的古代文化遗址开展了系统研究，揭示了历史时期人类活动对当地自然环境的影响过程，从而开辟了沙漠历史地理研究的新方向。侯仁之一贯重视野外实地考察，强调历史地理学与考古学、历史学、生态学、地貌学、孢粉学、遥感科学的综合交叉，他的研究工作跨越了自然科学与社会科学两大领域，构成了中国历史地理学研究领域中一个强调综合交叉、面向社会需要特色的研究方向。

一、简　　历

侯仁之，原籍山东恩县，1911 年 12 月 6 日出生于河北枣强一个普通知识分子家庭。1932 年入燕京大学历史系学习，1936 年获文学士学位，留校读研究生兼系主任助理，1940 年获文硕士学位，留校任教。1946 年夏赴英国利物浦大学地理系，师从历史地理学家达比（Sir H. C. Darby）教授，专攻历史地理学。1949 年夏，获哲学博士学位后立即回国。任燕京大学副教授、教授，兼任清华大学营建系教授，北京市都市计划委员会委员，全国民主青年联合会常委等职。1952 年院系调整后，任北京大学副教务长兼地质地理系主任、地理系主任。曾先后担任过中国地理学会副理事长、历史地理专业委员会主任委员和沙漠分会名誉会长，中国建筑学会城市规划学术委员会副主任委员，国际地理学会联合会及科学史与哲学国际协会所属地理学思想史专业工作委员会常任委员，国务院学位委员会第一届学科评议组成员，北京市政府首都发展战略组顾问，北京市文物古迹保护委员会主任委员，中国建筑学会城市规划学术委员会副主任委员，北京市人民委员会委员和全国政协委员等社会职务。

侯仁之是中国现代历史地理学的重要开创者之一，在理论和实践两个方面为中国历史地理学的发展做出了重要贡献。1950 年发表《〈中国沿革地理课程〉商榷》一文，首次论述了传统沿革地理学与现代历史地理学的区别，为中国现代历史地理学的建立奠定了理论基础。在北京城市历史地理学的研究中，根据细致的实地调查和文献考证，从河湖水系和地理环境入手，系统揭示了北京城的起源、形成、发展、城址转移的全过程，以及古代北京城的规划和变化特点，将城市历史地理学的研究与首都的建设任务结合了起来，从而为制订北京的城市发展规划提供了重要参考。从 20 世纪 50 年代末开始，他多次深入西北地区的乌兰布和沙漠、毛乌素沙地、宁夏河东沙区实地考察，对分布于沙漠地区的古代文化遗址开展了系统研究，揭示了历史时期以来人类活动对当地自然环境的影响过程，开辟了沙漠历史地理研究的新方向，同时也为合理地发展当地的社会经济提供了重要的科学依据。

1980 年侯仁之当选为中国科学院学部委员（院士），1984 年获英国利物浦大学荣誉科学博士学位，1999 年 10 月被授予何梁何利基金科学与技术成就奖，1999 年 11 月获美国地理学会乔治·戴维森勋章（The George Davidson Medal），2001 年 10 月获美国国家地理学会"研究与探险委员会主席奖"。主要代表性著作有《历史地理学的理论与实践》、《历史地理学四论》、《侯仁之文集》、《北京历史地图集》（一、二集）等。

二、主要研究领域和学术成就

（一）主要科学研究成就

1. 从沿革地理学到历史地理学

中国的现代历史地理学，实质上脱胎于中国的传统沿革地理学。从沿革地理学向历史地理学的转变过程中，侯仁之起了重要的作用。1950 年，侯仁之发表了《〈中国沿革地理课程〉商榷》一文，首次论述了沿革地理学与现代历史地理学的区别：

"照我所了解的，以往各大学中关于'中国沿革地理'的讲授，主要是讨论中国历代疆域的消长和地方行政区划的演变，这些问题在一个专修中国历史的学生看来，也许是重要的，但除此之外，在和地理有关系的方面，有没有比这个更重要的问题呢？"

"我以为假如我们要真正了解北京这个大都市的发展，必须先问下列几个问题：

（1）北京最初的聚落是什么时候出现的？它为什么在这块地方出现？

（2）这个聚落最初的性质是什么？什么时候才开始获得了它在政治上的重要性？

（3）它在政治上的重要性如何逐步得到发展以致成为全国的行政中心？

（4）在它成为全国的行政中心之后，它的政治首都的机能又如何得到发展？

这都是一些最基本、最重要的问题，但其中没有一个是传统的以政治区划演变为主的"沿革地理"的研究所能答复的。"

在说明了"沿革地理"与"历史地理"的区别之后，侯仁之继续写道："'历史地理'在我国学术界也并不是一个新的名词，不过在以往大家把它一直和'沿革地理'这个名词相互混用了，以为两者之间根本没有分别，这是一个很大的错误。现在我们不应当再让这样的错误因循下去了。"侯仁之的这篇文章很短小，但对现代历史地理学的发展，影响是深远的。

1962 年，侯仁之对历史地理学的性质和内容做了一个系统的阐述。他认为："历史地理学是现代地理学的一个组成部分，其主要研究对象是人类历史时期地理环境的变化，这种变化主要是由于人的活动和影响产生的。历史地理学的主要工作，不仅要"复原"过去时代的地理环境，而且还须寻找其发展演变的规律，阐明当前地理环境的形成和特点。"

侯仁之对于历史地理学的定义可以归结为两点：一是历史地理学是地理学的一个组成部分；二是历史地理学的主要工作是通过复原过去的地理环境，来发现地理变化的规律，阐明当前地理环境的形成和特点。在这里，侯仁之格外重视地理环境的研究，特别强调历史地理学研究的对象是"人类历史时期地理环境的变化"。这个指导思想在他以后的研究工作中一直是非常突出的。

在新的历史地理学理论的指导下，侯仁之开展了北京、承德、邯郸、淄博、芜湖等城市历史地理的研究，20 世纪 60 年代开始，又开辟了沙漠历史地理研究的新方向。1979 年，侯仁之将有关历史地理研究成果合为一集，定名为《历史地理学的理论与实践》，由上海人民出版社出版（1984 年再版）。这是中国第一部把历史地理学的研究，纳入中国地理学范畴的论文集。

1994 年，侯仁之将关于历史地理学理论的四篇论文：《历史地理学刍议》、《历史地理学的理论与实践》、《再论历史地理学的理论与实践》、《历史地理学研究中的认识问题》，与四篇具体研究工作实例合订为一册，定名《历史地理学四论》，由中国科学技术出版社出版。该书至今仍是中国历史地理学界重要的理论著作。

2. 城市历史地理学研究

在理论上阐述沿革地理学与历史地理学的区别的同时，侯仁之开始着手运用现代历史地理学的理论和方法来解决实际工作中遇到的问题。1951 年，他在《地理学报》发表了研究论文《北京海淀附近的地形、水道与聚落》。这是中国历史地理学界第一篇严格按照现代历史地理学的理论和方法来进行的实证研究，从地理环境这个非常新颖的角度，从海淀周围的"海淀台地"和"巴沟低地"两个地形特点入手，巧妙地结合了当地水系的分布特点，深刻揭示了历史时期当地人类活动与周围环境的相互关系和变化过程及其特点。这是一篇非常出色的区域历史地理研究成果，已经成为中国历史地理学研究的典范之作。

侯仁之关于城市历史地理的研究工作，除了承德、邯郸、淄博、芜湖的研究之外，主要集中在北京。他从地理环境和交通区位的特点入手，揭示了北京城的起源与规划特点。除了文献和实地考察以外，又吸收了考古学、建筑学的理论和方法，从河湖水系、交通区位等地理特点入手，揭示了北京城起源、布局和城址转移的全过程。把古代北京城市规划的特点与地理环境的分析结合起来，把古代的城市规划思想放在地理环境的"地上"和河湖水系的"网"上来分析，并在此基础之上，揭示出古代北京城"中轴线"所体现的"面南而王"思想的地理环境基础。侯仁之关于北京城市历史地理的研究工作主要包括如下几方面：

（1）北京城市水源的开发和利用。青年时代的侯仁之，就极为重视历史上的水利兴废和治河经验的探讨。20 世纪 50 年代初，正是北京城面临大规模发展，对水的需求迅速增长的时候。侯仁之结合实际情况，系统研究了历史上北京城发展过程中与河湖水源的关系。1955 年，发表了《北京都市发展过程中的水源问题》一文，最先明确提出水源在北京城市历史发展过程中的重要作用。50 年代初官厅水库修建以后，侯仁之指出，只靠永定河还不能全部解决未来首都的用水，建议参考元代郭守敬的办法，将西山山前所有泉水，无论巨细，都应当考虑在引水计划之中，其上源可以远达潮白河。他又建议开拓昆明湖，扩大蓄水量，以保证首都市区供水。他预见和提醒人们，"在北京，如何胜利解决水源问题，将是改造首都自然环境的关键之一。"20 世纪 60 年代初，华北地区最大水库密云水库的修建和京密引水渠的开凿，使侯仁之关于从"北京湾"北开辟首都水源的设想完全实现了。

（2）北京城原始城址的起源与城址转移的研究。侯仁之从复原 3000 多年前北京小平原上的地理条件入手，从南北交通道路格局着眼，指出永定河上以卢沟桥所处位置为代表的古渡口正是通过太行山东麓大道与居庸关大道、古北口大道、山海关大道南北往来的交通枢纽，这个交通枢纽位置，与北京城原始聚落——蓟城的形成关系极大，但因古永定河夏季常常洪水泛滥，威胁着人们的安全，为避洪患，蓟城没有兴起在古永定河渡口处，而是出现在距古渡口不远、又有"西湖"（即今莲花池）作为水源的地方，即广安门一带，从而对北京城原始聚落的起源及其发展的根本原因做出了令人信服的科学解释，否定了外国学者认为北京城之所以在今天这个地方发展起来，是因为古代巫师占卜的结果的错误观点。

侯仁之在指出北京城市起源的地理基础之后，又从河湖水系的角度，对历史上的北京城特别是元大都和明清北京城，作了深入独到的研究，揭示出从北京城城址的变迁到城市的规划设计，都充分利用了河湖水系这一地理条件。

（3）古代北京的城市规划研究与三个里程碑理论的提出。侯仁之从历史地理学的角度，结合新中国对北京城的改造和建设，对元大都、明清北京的规划布局特点和规划思想进行了深入系统的研究。他指出，元大都的规划设计，首先依傍积水潭东岸确定了全城的几何中心和南北中轴线，又以积水潭的东西长度确定了大都城的西、东城墙位置。宫城、皇城、大城的正门，以及钟楼、鼓楼等主要建筑，都坐落在全城的中轴线上。明清北京城的规划设计，使全城的南北中轴线更加突出出来，从永定门到钟楼长达 8km 的南北轴线上，依次排列了永定门、正阳门、大明门（大清门）、承天门（天安门）、端门、午门、奉天殿（皇极殿、太和殿）、华盖殿（中极殿、中和殿）、谨身殿（建极殿、保和殿）、玄武门（神武门）、景山、鼓楼、钟楼等宏伟建筑；太庙与社稷坛、天坛与山川坛（先农坛）等重要建筑，也布置在中轴线一线。这种规划设计，就是体现封建帝王"普天之下，唯我独尊"或"皇权至上"的主题思想，并且在明清北京城的规划设计上达到了顶峰。

在详尽分析了古代北京城的规划布局特点之后，侯仁之对新中国北京城的改造和建设，提出了北京城市发展三个里程碑的重要观点。他认为：

第一个里程碑，是历史上北京城的中心建筑紫禁城，所代表的是封建王朝统治时期北京城的建设核心，也是中国传统建筑艺术的一大杰作。今天它依然屹立在南北中轴线及全城空间结构的中心，它不仅仅是中国人民的艺术财富，而且已被联合国教科文组织正式列为"世界文化遗产"，成为属于全人类共享的艺术瑰宝。

第二个里程碑，是新中国建立之后，在紫禁城的南面，出现了经过大规模扩建和改造的天安门广场，东西长安街的开辟。它突出地标志着一个新时代的来临，赋予具有悠久传统的全城中轴线以崭新的意义，显示出在城市建设上"古为今用，推陈出新"的时代特征，在文化传统上有着承前启后的特殊含义。

第三个里程碑，则是在旧日南北中轴线向北延长的端点，为迎接11届亚运会召开而兴建的亚运会主会场，也就是国家奥林匹克体育中心，标志着北京城南北中轴线的北端，已经从旧日钟鼓楼一带，大大向北延伸到北四环一带，显示出北京走向国际性大都市时代的到来。

侯仁之关于北京城市建设发展过程三个里程碑的理论，高度概括了北京城市发展重要阶段在城市规划方面的主要特点，对于新时期北京城的建设和发展，具有重要的指导意义。

（4）主编《北京历史地图集》。三卷本《北京历史地图集》，是侯仁之关于北京历史地理研究的代表性研究成果，在学术界和社会各界具有广泛影响。早在20世纪50年代初，侯仁之兼任北京都市计划委员会委员时，即有编纂《北京历史地图集》的打算。但真正实现他的设想是从1979年6月开始的。在他的主持和指导下，由北京大学、北京市测绘院、北京市社会科学院等6个单位的20余人通力协作，经过8年的辛勤工作，《北京历史地图集》第一集于1988年由北京出版社出版，得到国内外学术界和北京市有关部门的高度重视和评价。复旦大学谭其骧教授认为《北京历史地图集》第一集"研订之精详，编制之得体，印制之精美，皆属上上乘，诚足为历史地图之表率"。英国剑桥大学"中国科学技术史研究中心"主任、多卷本《中国科学技术史》主编李约瑟教授评论说："这部著作给人以深刻的印象，它是十分精心完成的，为北京城在历代中的发展，提供了令人惊异的图画。在未来的长时间里，对我们的研究者将是极为有用的。"

《北京历史地图集》第一集的内容，以历代政区图、金中都以后的城市图和明清园林图为主。侯仁之认为，应以《北京历史地图集》第一集为基础，一方面补充在历史时期由于人类活动所产生的城内以及远近郊区的各种重要地理现象，如历代人口的分布，交通运输的发展，农田水利的开发，地区植被的变化，以及其他人文地理现象的状况等。另一方面，还应该把历史地理研究的上限，推向北京地区原始农业聚落的开始出现，也就是全新世的前期，在考古学上则是新石器时代的开始。侯仁之认为农业的萌芽，也就是人类出现在地球上以来，第一次通过野生植物的"驯化"，开始在自然界中创造出一种赖以生活的新物质，导致了人类原始农业聚落的诞生。这正是人类改造自然的起点，历史地理的研究正是应该从这里开始。

20世纪90年代中期，侯仁之主编出版了《北京历史地图集》第二集。第一次以图集的形式，形象直观地反映了全新世以来，北京地区的自然环境演变和人类活动的空间分布特点和变化规律。展示了历史地理学与考古学、第四纪地貌学、孢粉分析的有机结合，明确区分了"读史地图集"与"历史地理图集"的根本差别，体现了侯仁之的环境变迁学术思想。目前，他继续主编的以反映北京历史人文地理的变迁为主要内容的《北京历史地图集》第三集，得到了北京市政府有关领导和首都规划建设委员会的大力支持，编绘工作已近尾声。

3. 从"沙漠历史地理"到"环境变迁研究"

（1）开辟"沙漠历史地理"新方向。1958 年，侯仁之以北京大学地质地理系主任的身份参加了西北 6 省（内蒙古、宁夏、陕西、甘肃、青海、新疆）治沙工作会议。1960 年六七月间，侯仁之和北大地质地理系的部分师生应当地政府部门的邀请，对宁夏盐池、灵武一带的沙漠化和土壤侵蚀状况做了为时一个多月的实地考察。侯仁之在这次考察的基础上，写出了他的第一篇关于西北沙漠地区历史时期环境变迁的专题论文——《从人类活动的遗迹探索宁夏河东沙区的变迁》，第一次从历史地理学的角度，对宁夏河东沙区的环境变化问题做了系统报道和分析。

20 世纪 70 年代末，当侯仁之回忆起这次考察时，他深有感触地写道：他的学术生活中一个十分重要的转折点，就是"终于走出了安适的小书房，进入了辽阔无际的大沙漠"。宁夏河东沙区的考察，真正打开了他的眼界，"使我认识到沙漠的历史地理考察不仅具有明确的现实意义，而且还充满了无限的科学发现的喜悦，足以抵偿任何困苦艰险的遭遇，我献身于这一考察事业的决心，就再也不动摇了。"侯仁之坚信，沙漠地区的历史地理研究不仅是可行的，而且是大有作为的。他号召"历史地理工作者必须勇敢地打破旧传统，坚决走出小书房，跳出旧书堆，在当前生产任务的要求下，努力开展野外的考察研究工作"。侯仁之强调，历史地理学应该集中"研究沙漠在人类历史时期的变化——特别是由于人类的活动所导致的沙漠的变化"。

通过在宁夏河东沙区的工作，侯仁之清楚地认识到，在沙漠地区的历史地理研究，仅凭历史文献和实地考察是远远不够的，还需要借助其他相邻学科的手段，尤其是考古学的协作。1963 年，侯仁之约请了北大考古系的俞伟超和地理系的李宝田，联合考察了位于乌兰布和沙漠北部的一个汉代垦区遗址，他把文献考证、野外考察、考古调查和历史地理学综合分析结合在一起，成功地揭示了这个地区的环境变化过程。乌兰布和沙漠考察历时一个多月，在这次综合考察的基础上，侯仁之写了《乌兰布和沙漠北部的汉代垦区》、《乌兰布和沙漠的考古发现和地理环境的变迁》两篇文章，引起了学术界和当地政府部门的重视。1964 年 8 月，侯仁之又与有关人员一道，系统考察了位于毛乌素沙地南缘地区的统万城、城川城等遗址，发表了

《从红柳河上的古城废墟看毛乌素沙漠的变迁》等一系列关于当地历史时期环境变迁的论文，在国内外学界产生很大影响。在侯仁之的亲自带动下，西北地区的历史环境变迁研究工作蓬勃开展起来，北京大学的"沙漠历史地理"研究方向也逐渐形成和建立起来，成为一个崭新而充满生机的历史地理学研究新领域。在这个历史地理学研究的新领域，侯仁之认识到仅仅靠文献考证与野外考察是远远不够的，沙漠地区的环境变迁研究还需要与第四纪地质、地貌，以及古气候、古植物等学科相互协作，而历史地理学与考古学的合作显得尤为重要。

（2）环境变迁研究与环境考古研究。1978年，刚刚从"文化大革命"中被解放出来的侯仁之，又义无反顾地投入到被中断了10年的"沙漠历史地理"研究工作中。这一年，他参加了中国科学院沙漠研究所综合考察队，到河西地区的额济纳旗古居延地区和敦煌县古阳关地区做了为时一个半月的野外考察，完成了《居延和阳关地区沙漠化的初步考察》、"我国西北风沙区的历史地理管窥"、《敦煌县南湖绿洲沙漠化蠡测》等研究论文和学术报告。

在西北地区环境变迁研究工作的基础上，1979年，侯仁之提出了同时在北京地区系统开展历史时期环境变迁研究的设想。他提出，首先要"把北京地区作为开展历史地理研究的基地或'实验室'，把重点放在历史时期自然地理的变化上。一方面结合生产实际，力求为首都城市建设和市区的发展解决一些现实问题，从而为北京地区历史地理的综合研究积累资料，开辟道路。另一方面为在更大的范围内开展历史地理的研究，摸索方法，培养干部。"在具体的研究内容上，"初步考虑是从研究历史时期北京附近地区河湖水系的变化入手，包括：①古代河道的废弃与埋藏；②沼泽湖泊的形成与消失的研究。从此进一步探讨原始植被的破坏及其后果，等等。"在这些有关环境变迁的研究工作中，侯仁之认为，"仅仅依靠文献资料是绝对不够的，还必须借助于考古学的发现，更重要的是依靠第四纪孢粉分析的研究以及 C^{14} 测定绝对年龄的工作。"在这个思想指导下，侯仁之组织有关人员成立了北京地区"环境变迁研究小组"，并于1984年创办了《环境变迁研究》杂志，主要发表以北京地区环境变迁研究为主题的学术论文。在侯仁之的主持之下，《环境变迁研究》陆续出版了5辑，发表了一系列有关北京地区环境变迁的文章。20世纪80年代末，侯仁之在《环境变迁研究》上发表的《北京历代城市建设中的河湖水系及其利用》一文，可以说是他几十年关于北京地区环境变迁研究的集大成之作。在这个时候，侯仁之已经把环境变迁的思想，推广到他所从事的整个历史地理学实践中。

在强调环境变迁研究的指导思想下，侯仁之又从环境变迁的角度，提出应该将历史地理学的研究时限上溯到全新世的早期，即原始农业萌芽的时候。他认为，"我们更多的研究工作还是应从全新世开始，因为从此以后，随着社会生产力的不断发展，人类活动对于自然界的影响日益加深。原始的森林逐渐被砍伐，湖泊沼泽逐渐被排干，气候、土壤以及动植物因此都在发生变化。由此而引起的自然环境各个要素的连续反应也日趋复杂。人类为自身的生存开创了一个新的生态环境。"在侯仁之的倡导和带动下，一些历史地理学研究将研究时段扩大到了全新世的早期，研究内容与环境考古、第四纪环境变化研究结合起来，不仅扩大了相邻学科的相互联系，而且也促进了历史地理学科的发展。

1992 年，根据新的客观形势的要求，侯仁之发表了《再论历史地理学的理论和实践》，进一步发展了他的环境变迁思想。基于中国科学院地学部的学科发展规划，他提出了北京大学历史地理学专业在新时期的发展方向和具体研究内容。认为应该选择北京市地表水主要来源的密云水库上游地区的潮河流域，和邻近的滦河流域，即所谓"潮滦链"地带，作为今后一个时期开展地表人地关系综合研究的重点地区。他认为，"选择潮滦两河链来开展多学科的地球表层学的系统研究，那么作为一个子系统的历史地理学，在时间的尺度上所能提供的信息来源，将是其他子系统的学科所急需参考的"。

在侯仁之"潮滦链"思想的指导下，北京大学历史地理研究中心的有关师生，首先在河北承德地区开展了研究工作，继而向东扩大研究领域，进入到内蒙古东部的赤峰地区，组织和完成了国家自然科学基金课题"全新世以来冀辽蒙接壤及毗邻地区人地关系演变过程"。在研究的时段上，将历史时期的人地关系研究，上溯到了全新世早期；在研究的内容上，也从以自然环境变迁研究为主，逐渐转向区域人地关系的综合研究。在研究工作中特别强调了自然科学与社会科学的结合及多学科的综合交叉，尝试从历史地理学的角度，从自然和人文两个方面，深入系统地研究北方生态过渡带地区的人地关系演变过程及相互作用特点。这些在研究内容和研究角度方面的变化，充分体现了侯仁之的环境变迁思想，也极大地促进和推动了中国历史地理学在"环境变迁研究"方向的进一步发展。

4. 历史地理教材编纂

20 世纪 50 年代末，侯仁之应中国科学院地理研究所之约，主编《中国古代地理名著选读》（科学出版社出版，1959）；20 世纪 60 年代初又应中国科学院自然科学史研究室之约，主编《中国古代地理学简史》（科学出版社出版，1962）。

前一部书选了时代不同、性质各异的四部著作，代表了我国传统地理学发展过程中的四个方面，即《禹贡》、《汉书·地理志》、《水经注》和《徐霞客游记》。顾颉刚教授负责撰写《禹贡》全文的注释，谭其骧教授和任美锷教授分别负责《汉书·地理志》和《徐霞客游记》的选释，侯仁之负责《水经注》的选释。该书出版后，社会各界反应很好。该书在出版近 50 年后，于 2005 年由学苑出版社重印，可见其学术价值之持久。《中国古代地理学简史》一书的结构及其大部分内容，是以侯仁之在北京大学地质地理系的讲义为主，由徐兆奎教授和曹婉如研究员分别编写。这部"简史"开创了中国古代地理学史研究的新体例，至今仍有其学术价值。

5. 地理科普著述

构成侯仁之学术生涯的重要内容还包括诸多的地理学科普著述。侯仁之撰写的（包括合著的）许多著作或文集，如《历史上的北京城》、《北京史话》、《北京城的起源与变迁》、《步芳集》、《燕园史话》、《侯仁之燕园问学集》、《奋蹄集》、《晚晴集》等，都是以科普为主要目的的。侯仁之的科普作品，是在严谨学术研究基础上的深入浅出，文字优美而浅显，字里行间充满着爱国主义激情，许多青年读者和学生因此受到强烈的鼓舞和感染。

除了个人科普创作，侯仁之还为组织集体性的科普创作做出了贡献。侯仁之不仅担任《中国历史小丛书》编委会编委，还担任《中国地理小丛书》副主编，与任美锷、丁锡祉、林超、李春芬、曾世英、邹新垓等知名学者共同致力于地理学科普事业。

1984 年 1 月，鉴于在地理学科普事业上的杰出贡献，侯仁之在中国科普创作协会第二次会员代表大会上同华罗庚、茅以升、贾祖璋、钱学森等 17 位对繁荣科普创作卓有贡献的老一代科学家和科普作家一起受到表彰，并被推选为中国科普创作协会的荣誉会员。

侯仁之在科普方面的重要代表性著作有：

（1）《中国历史小丛书》——《徐霞客》。20 世纪 50 年代中，历史学家北京副市长吴晗主持编辑出版《中国历史小丛书》，约稿于侯仁之。促成侯仁之为《中国历史小丛书》写了《徐霞客》。《徐霞客》介绍了徐霞客深受时代的感染，冲破科举制度的牢笼，寄情于祖国的大好河山，以充沛的热情、超人的毅力、锐敏的观察、清新隽永的文字，在坚忍不拔的野外考察中，揭示了若干地理现象的特征以至奥秘，特别是对于云贵高原的石灰岩地貌，做出了科学性的解释，走在了世界的最前列。这本小书于 1961 年 3 月由中华书局出版后，第 1 次印刷 30 000 册，到 1979 年 5 月第 2 版第 5 次印刷，印数已经达到 164 780 册。

（2）《中国地理小丛书》——《历史上的北京城》。继《中国历史小丛书》之后，吴晗决定组织出版《中国地理小丛书》，请侯仁之作副主编。侯仁之即结合关于北京历史地理的研究，写了《历史上的北京城》，由中国青年出版社出版。第一次印数就有 35 000 册，1980 年修订后再版，到 1982 年 4 月第 3 次印刷时印数已经达到 80 000 册，可见该书受到读者欢迎的程度。

1980 年侯仁之和金涛合作的《北京史话》由上海人民出版社出版，1982 年再版，印数达 24 000 册。1984 年 6 月该书被中国史学会和中国出版者协会授予"爱国主义通俗历史读物优秀奖"。同年 11 月，侯仁之被中国科普创作协会评为"荣誉会员"。之后，人民美术出版社和外文出版社以该书为底本，以《古都北京》为名，分别用中、日、英精印出版（1991 年），赢得了国际友人的好评。

1997 年，侯仁之和邓辉合作的《北京城的起源与变迁》，由北京燕山出版社出版。该书以《北京史话》为基础，更加突出地阐述了北京城市发展变化过程与地理环境、河湖水系的关系。这是侯仁之晚年完成的一本系统、全面地介绍北京城市历史地理学研究成果的通俗读物。该书 2001 年、2002 年由中国书店出版社两次印刷出版，在社会各界有较为广泛的影响。

（3）以普及性为主的文集。侯仁之的第一个科普文集是《步芳集》，取"如行锦簇地，举步皆芬芳"之意，1962 年由北京出版社出版。该书收集了侯仁之从 1950 年到 1962 年发表的一些短文，《步芳集》影响很大，1981 再版。

1989 年夏，侯仁之将有关学习和治学心得的短文汇集起来，大约有 100 多篇，题作《侯仁之燕园问学集》一书交上海教育出版社；把有关北京城及其郊区考察研究的写作，汇为另外一册，题作《奋蹄集》，含有"老牛自知黄昏晚，不待扬鞭自奋蹄"的意思，交给了燕山出版社。《侯仁之燕园问学集》于 1991 年出版，《奋蹄集》于 1995 年 5 月出版。

1994 年，侯仁之主编（副主编于希贤、陈梧桐、陶世龙）的《黄河文化》由华艺出版社出版。参加写作的地质学者、地理学者、考古学者、历史学者多至 20 余位。该书为一部大型深层次的科普读物，实现了侯仁之在青年时期就已经产生写一本关于黄河的书的愿望。

6. 首倡中国加入"世界文化和自然遗产保护公约"

20 世纪 80 年代初，侯仁之多次应邀赴美国讲学和访学研究，了解到联合国教科文组织（UNESCO）和《世界文化和自然遗产保护公约》，以及参加《世界文化和自然遗产保护公约》的重要意义。1985 年 4 月，侯仁之在全国政协会议上提交了由他起草，并联合阳含熙、郑孝燮、罗哲文签名的《建议我政府尽早参加〈世界文化和自然遗产保护公约〉提案》。随后又在《文物》杂志发表文章，表达了对我国政府早日批准世界遗产公约，并争取加入世界遗产委员会的殷切希望。该提案被送达全国人大，引起重视。次年 12 月，全国人大常委会批准我国加入《世界文化和自然遗产保护公约》。

1987 年 10 月，侯仁之作为首批中国专家应邀参加国际文物古迹保护大会（由世界遗产委员会的顾问机构 ICOMOS 举办），并做了《新时代的古长城》（*The Ancient Great Wall in a New Era*）的报告。毫无疑问，侯仁之是中国世界遗产工作的先行者。

2005 年 12 月，正值中国加入联合国教科文组织《世界文化和自然遗产公约》20 周年之际，侯仁之被授予政协会徽纪念牌，以表彰其在中国文化和自然遗产保护方面的功绩。

（二）学术思想及其影响

侯仁之是开创和发展中国历史地理学的最重要人物之一，在理论探索和实际研究工作两个方面都做出了突出的贡献。有评论说侯仁之"把古代沿革地理改造更新为科学的历史地理学，并将其纳入近代地理学体系。""将史料收集与考证、野外路线调查、考古发现与鉴定结合起来，并参照了国外有关的理论与方法，对我国的城市兴衰与城址变化，沙漠变迁，水源与水道的兴废，做了大量研究，为城市规划部门，特别是北京，提供了有价值的咨询和建议。"（杨吾扬《地理学思想简史》第144 页。高等教育出版社，1988）

在侯仁之 60 多年的学术历程中，有两个非常突出的指导思想贯穿始终。一个是顾炎武的"经世致用"思想。具体体现在学术研究上，就是要让学术研究为社会现实服务。这个思想在他的学术历程中出现得最早，是促使他的研究兴趣从历史学转向地理学的直接动因，并一直影响到他以后的学术实践活动。侯仁之的另一个指导思想就是所谓的"环境变迁"思想。这个思想从"经世致用"思想发展而来，贯穿于他自 20 世纪 50 年代以来的整个学术实践活动中。无论在他的沙漠地区的研究中，还是在他的城市问题的研究中，都可以强烈地感受到这个"环境变迁"思想的特点。侯仁之从环境变迁的角度研究北京城，研究沙漠地区人类活动对自然环境的影响，从而形成了自己独特的历史地理研究风格。

侯仁之 60 多年的学术历程，与中国历史地理学的创立和发展过程息息相关。在侯仁之漫长的历史地理学理论与实践活动中，他在历史地理学理论、城市历史地理学和沙漠历史地理学方面做出了突出贡献。在系统回顾了侯仁之的学术历程，分析了他的主要学术思想和研究成果之后，可以这样说，"经世致用"思想是侯仁之从历史学向地理学转变的动力，"环境变迁"思想是侯仁之历史地理学实践的指导。除此之外，在侯仁之长期的历史地理学实践中，他还一贯强调野外考察的重要性，强调自然科学和社会科学的综合研究，强调历史地理学与考古学、历史学、生态学、第四纪地貌学、孢粉学、遥感科学的相互交叉。侯仁之的历史地理学理论与实践活动，跨越了自然科学和社会科学两大领域，构成了中国历史地理学领域中一个极富特色、极具潜力的研究方向。

三、侯仁之主要论著

侯仁之. 1936. 靳辅治河始末. 燕京大学史学年报，(3).

侯仁之. 1945. 天津聚落之起源. 天津：天津工商学院.

侯仁之. 1950. "中国沿革地理"课程商榷. 新建设，(11).

侯仁之主编. 1959. 中国古代地理名著选读. 北京：科学出版社.

侯仁之. 1961. 徐霞客. 北京：中华书局.

侯仁之主编. 1962. 中国古代地理学简史. 北京：科学出版社.

侯仁之. 1964. 从人类活动的遗迹探索宁夏河东沙区的变迁. 科学通报，(3).

侯仁之. 1976. 乌兰布和沙漠的考古发现和地理环境的变迁. 考古，(2).

侯仁之. 1979. 城市历史地理的研究与城市规划. 地理学报，34 (4).

侯仁之. 1979. 历史地理学的理论与实践. 上海：上海人民出版社.

侯仁之. 1981. 敦煌县南湖绿洲沙漠化蠡测. 中国沙漠，(1).

侯仁之. 1982. 居延和阳关地区沙漠化的初步考察. 环境研究，(3).

侯仁之. 1983. 论北京旧城的改造. 城市规划，(1).

侯仁之主编. 1987. 北京历史地图集. 北京：北京出版社.

侯仁之. 1989. 北京历代城市建设中的河湖水系及其利用. 环境变迁，(2/3).

侯仁之. 1994. 试论北京城市规划建设中的三个里程碑. 城市规划，(6).

侯仁之. 1994. 历史地理学四论. 北京：中国科学技术出版社.

侯仁之主编. 1995. 北京历史地图集（第二集）. 北京：北京出版社.

侯仁之，邓辉. 1997. 北京城的起源与变迁. 北京：北京燕山出版社.

侯仁之，唐晓峰主编. 2000. 北京城市历史地理. 北京：北京燕山出版社.

主要参考文献

辛德勇. 1990. 侯仁之先生对于我国历史城市地理研究的开拓性贡献. 中国历史地理论丛，(4).

韩光辉. 1991. 侯仁之先生对历史地理学的贡献. 地理与地理信息科学，(4).

尹钧科，韩光辉. 2001. 侯仁之先生对北京城市历史地理研究的重大贡献. 中国历史地理论丛，(4).

邓辉. 2002. 论侯仁之历史地理学的"环境变迁"思想. 北京大学学报（哲学社会科学版），(3).

丁超. 2007. 经世致用——侯仁之学术生涯的思想基调. 中国历史地理论丛, (1).

撰写者

邓辉（1964~），四川成都人，北京大学理学博士，北京大学城市与环境学院副院长，北京大学城市与环境学院
历史地理研究所副教授。历史地理学专业，长期从事历史时期环境变迁方面的研究工作。

冯绳武

冯绳武（1912～1991），甘肃秦安人。地理学和历史地理学家，我国自然地理区划理论和方法研究领域的代表性人物之一，兰州大学地理系主要创建人之一。1940 年毕业于西南联合大学地学系。曾任兰州大学图书馆馆长和甘肃省地理学会理事长。他长期致力于区域地理学的研究，发表和出版了大量学术论文、专著和译著。其中，《中国自然地理》等高等学校教材、《甘肃地理概论》、《区域地理论文集》等著作和有关自然区划问题及历史地理的论文，在地理学界有着广泛的影响。在我国西北高等院校中首开《中国历史地理》专业课。他率先开展我国现代自然地理区划理论和方法研究，探讨干旱半干旱区水系变迁、绿洲形成、我国农业的起源、沙漠化、自然资源开发利用、人地关系等许多领域问题，具有独到的、精辟的学术见解。晚年致力于西北历史地理研究，颇有建树。

一、简　　历

冯绳武，字士吾，1912 年 5 月 28 日（农历四月十二日）生于甘肃秦安县东乡蔚林村，1991 年 11 月于兰州逝世，享年 79 岁。

冯绳武的家乡是渭河上游葫芦河支流的一个河漫滩，由于人多地少，土地瘠薄，有"穷涧滩"之称。他在半岁时失父，14 岁丧母，由祖父母抚养。全家十余口人，仅靠几亩薄田维生，家境异常清贫。祖父把家境转好的希望寄托在孙儿身上，把他送入私塾读书。1928 年，冯绳武以优异成绩考入全县唯一的高等小学。1929 年陕甘大旱，发生大饥荒，他早上经常空腹到校，住校的相好同学总请他吃一顿午饭。就是在这样困苦条件下，他仍坚持学习不辍。1930 年，他以第一名考入县立初级中学，引起老师的注意。后经老师帮助，在校图书馆兼任管理工作并代学校刻印讲义，获得微薄报酬以维持最低生活。1933 年，他参加甘肃省第一届中学生会考，名列第三。1934 年初，在老师的鼓励和资助下，独自从秦安徒步 8 天，行程 560 里（1 里＝0.5km），到达省城兰州。他以第一名考入甘肃学院高中部（兰州大学附中前身），并以甲等成绩，获奖学金 7 元，这够支付当月伙食费及零用。1935 年，获甘肃省第二届高中学生会考第三名，按甘肃省政府规定，高中会考居前十名者均以公费保送升大学。1936 年，他被省政府保送到清华大学地学系，学校按边疆优待条例录取为特别生。

1937 年卢沟桥事变后，日本大举侵华，抗日战争全面爆发。为续中国学术之余脉，受战争威胁的各学校主要是国立大学纷纷向西北、西南等大后方迁移。北京大学、清华大学和天津南开大学在长沙联合办学，组成"长沙临时大学"。1938 年 2 月，由于形势所迫，长沙临时大学分水陆两路统一迁校昆明。冯绳武志愿参加了由 300 多名师生组成的"湘黔滇旅行团"。旅行团按大队、中队、分队编制，他被编在二大队四分队，由湘西经贵州入云南。当时不少著名教授如闻一多、曾昭抡、黄钰生、袁复礼、李继侗等参加了这次徒步长征，地质学家袁复礼教授还被推定为湘黔滇旅行团指导委员会成员之一。地学系参加步行的学生还有白家驹、钱忠尚、梁文郁、曾鼎乾、宋叔和、王鸿祯、王尚文、王乃樑、高文泰、张炳熹、陈庆宣、杨起、胡崇尧等 19 人。他们在教授指导下，沿途观察地质现象，采集化石和岩矿标本，收获很大。旅行团由湘入滇历时两个多月，全程 1671km，是中国教育史上的一次壮举。冯绳武家中至今仍保存有当年 17 个小分队的团体照及沿途拍摄的数十帧照片，弥足珍贵。旅行团的宗旨是"多习民情，考查风土，采集标本，锻炼体魄，务使迁移之举本身即是教育"，要求学生抵昆明后将沿途调查或采集所得做成旅行报告书，成绩特佳者学校予以奖励。1941 年，冯绳武撰写的《黔滇征程记》一文，刊于《西北论衡》9 卷 9 期。

长沙临时大学迁昆明后，改名为"国立西南联合大学"。地学系承清华大学旧制，分地质、地理、气象三组。冯绳武所在的地理组，当时设有地理通论、自然地理、人文地理、地图投影、气候学、中国地理、欧洲地志等 13 门必修课，同时与地质组必修普通地质学、地形测量，与气象组共修气象学与气象观测，选修课有种族地理、西南边疆地理、中国地理区域研究等。二、三、四年级还须修地理实习，其中二年级实习注重自然地理与人文地理调查，三年级实习内容为经济地理，四年级则结合专题研究和毕业论文进行。结合专题研究，当时的助教和四年级学生都练习写作短文，质量较高的就发表在清华大学地学会丛书之一的《地学集刊》上。民国 28 年（1939）7 月 17 日，冯绳武随洪绂（思齐）教授等自昆明乘滇越铁路四等客车前往宜良县境作学术调查，后将沿途所见写成第一篇区域地理论文《宜良坝子小志》，发表在《地学集刊》上。

1940 年，冯绳武自西南联大地学系毕业，经著名地质学家冯景兰教授介绍至重庆北碚国立复旦大学史地系任助教一年,继由地理学家沙学浚教授(1974 年自台湾移居美国)推荐至江津白沙镇国立 17 中学任地理教员。1942 年夏,经林超教授介绍到重庆前中央研究院地理研究所人生地理组任职。前中国地理研究所成立之初(1940 年 8 月),"即有分区实地考察之计划,尤以富有地理意义之自然区域最为合适,期于区域地理有所阐发"。冯绳武未及参加野外考察,遂在室内将大学论文整理成《滇池西北平原之大地景》与《滇池西北水道考》两文,并首次撰写成代表作《中国地理区域》初稿,引起相当反响。1943 年春季,冯绳武借参与中国地质学会后南川地质旅行之便,除对三年前由滇入川、驱车观景之旧地重游外,重点对綦江南川与贵州桐梓等县进行详细考察,写成反映四川盆地与云贵高原过渡带地理特征的《川黔交界区方景纪要》一文,指出两大地理单元以等高线 1000m 为界较为适当。期间还译出 L. D. Stamp 著《亚洲地理》的《南洋地理》(《侨民教育》2 卷 1 期,1942 年)与《中国地理》(湘南亚新地学社,1944 年)二书。当时日本飞机曾多次轰炸重庆,中国地理研究所为防空袭,由北碚街区迁驻北郊的状元碑乡间办公,冯绳武同孙承烈、施雅风、钟功甫、谢觉民、史立常等集中在一个大办公室内,度过近 3 年艰困的战时生活。

冯绳武因久在四川,对于冬春多雾、夏秋湿热、年多夜雨的川东环境及常年吃谷皮、秕子俱多的平价米均不习惯,身体渐差,不幸染上肺结核,长期未能康复。1945 年 8 月,抗日战争胜利,中国地理研究所准备迁往南京之前,他离开巴山蜀水,回到兰州在甘肃学院任讲师兼图书馆主任。1946 年,在甘肃学院基础上设置国立兰州大学,冯绳武旋即转入该校任教,成为兰州大学地理系主要创建人之一。1948 年晋升为副教授,其间曾一度任西北师范大学地理系兼职副教授。

新中国成立后,兰州大学成立首届校务委员会,冯绳武任校务委员兼图书馆馆长,被选为"兰州市各界人民代表大会"代表。1952 年秋晋升为教授,1953 年加入中国民主同盟。1958 年曾一度兼任中国科学院兰州分院地理研究室副主任,并被选为中国地理学会甘肃分会理事长。他满腔热忱地投入教学、科研工作,先后开设中国自然地理、中国经济地理、中国历史地理等多门课程。中国历史地理是西北高等院校中首次开设的专业课,该课从地理科学角度阐发中国历史地理规律,既有深刻的科学内容,又能深入浅出,富有感染力和启发性,具有独特风格,受到学生普遍欢迎。

"文化大革命"初期,冯绳武曾因客观阐述"河流下游一般比上游好"的地理规律,而有违当时"力争上游"的时代精神,一度受到冲击,被定为"资产阶级反动学术权威"、"蜕化变质分子"等,关进牛棚实行统管。他被迫检讨说自己"在私塾和学校读书达 22 年，造成一个典型的资产阶级知识分子"，"培养了资产阶级接班人"。到 1969 年夏，被定为人民内部矛盾，随即下放到平凉农村接收贫下中农再教育。1970 年又去景泰县兰州大学农场劳动。次年春，因教学工作需要，始得返校。1978 年三中全会以后，他已年逾花甲，却精神焕发，努力工作，继续进行野外考察。他不仅培养青年教师，而且亲自带研究生，为他们提供参加各种学术会议和实地考察的学习机会。他诲人不倦，要求严格。数十年来在兰州大学为国家培养了很多专业人才，他们多已成为研究骨干和本专业新学术思想、新研究方向、新方法的开拓者。

冯绳武参加编纂的《中国自然地理图集》，曾获甘肃省科技成果一等奖，并被评为全国优秀地图作品。1991 年，他获原国家教委颁发的"为高等学校教材建设做出贡献"的纪念证书。他逝世后，在学校资助下，出版了遗著《区域地理论文集》。

二、主要研究领域和学术成就

1. 自然地理区划研究

1952 年高等学校院系调整后，区域地理被分解为区域自然地理与区域经济地理，缺乏统一教材，很多课程由任课教师自编讲义。此时，社会上迫切需要一本能够科学地反映我国地理环境面貌的《中国自然地理》。为给综合大学地理系开设本课程，冯绳武与北京大学林超等合作，根据多年积累的教学经验并参考当时国外的同类教材，于 1954 年首次拟定了"中国自然地理教学大纲"及中国自然地理分区方案。

该方案依据非地带性因素，把全国分为东、西二部、4 地方、10 地区、31 区和 105 个亚区。这一区划方案比解放前历次自然区划都跨进了一大步，基本上反映了全国自然地理面貌，为以后的自然地理区划研究提供了借鉴，为各高等院校开设《中国自然地理》课奠定了基础。1957 年教育部在广州召开"综合大学自然地理专业教学大纲"审定会，由中国自然地理小组在上述林超、冯绳武等区划大纲的基础上，根据教学需要，进行精简修订，分全国为 8 大区、39 亚区。在该方案的基础上，冯绳武参考 20 世纪 50 年代末期中国科学院自然区划委员会主编的各项自然区划及综合自然区划，重新修订了原教学大纲与中国自然地理分区方案。1962 年 6 月 5 日至 13 日，他出席在大连召开的中国地理学会自然区划学术讨论会，提出《中国自然地理区划问题》论文，就自然区划的原则、地带性与非地带性、区划的等级单位系统、中国自然区划的界线等作了比较深入的讨论。1964 年，他与地质地理系伍光和、徐德馥等共同编出《中国自然地理讲义》上、中、下三册。该讲义分全国为67 个自然省区，作为重点论述对象，并采取统一编号及系统分级方式编写，未停留在八大自然地区的描述上，这是和现今同类教材的主要不同点。同时确定区域、亚区域、地区、亚地区及省区等多级单位名称，并量算出各级单位的面积，在国内尚属首创。这部讲义在全国有很大影响，1978 年全国综合大学西安会议拟定中国自然地理教材编写大纲，仍决定由冯绳武教授主编本书。但由于种种原因，迟至 1989 年才得以出版。

关于自然区划，在我国主要有两种代表性意见。一是主张以地带性为主，强调生物气候区划；二是强调非地带性，应以划区为主。先划区是我国地理区划的优良传统。从《禹贡》的划分九州到竺可桢的气候区域和罗开富、冯绳武的自然区划，都是首先划区的。他们认为，在季风气候影响广泛而深刻、地貌复杂的中国，非地带性相当突出，纬度地带性没有俄罗斯、美国等土壤母质变化不大的平原国家明显。因此，应以非地带性因素为区划主要标志，而以地带性因素作为辅助，这样更能反映我国的自然地理实际。20 世纪 60 年代后，随着我国自然区划方法的深入研究，先划区还是先划带的分歧已逐渐缩小，多将地带性与非地带性统一考虑。以冯绳武为主完成人的甘肃省自然地理区划，即同时考虑地带性和非地带性因素，将全省分为区域、地区、地带及省区 4 级区划，并对每个地带的范围和特征详加说明。

冯绳武在我国自然地理区划理论和方法研究领域中做出的贡献，集中反映在《甘肃省地理》（商务印书馆，1960）、《中国自然地理》（高等教育出版社，1989）和《甘肃地理概论》（甘肃教育出版社，1989）等著作中，至今在地理学界有着广泛的影响。担任《中国大百科全书 · 中国地理卷 · 西北区》主编期间，还亲自撰写甘肃省及兰州市若干条目，并对全部文稿字斟句酌，逐一审订，直至最后定稿。

2. 环境变迁与历史地理

实地考察是地理学研究的基本方法之一。冯绳武教授自 20 世纪 50 年代以来，曾多次在甘、青两省实地进行调查。1955 年，应老同事周立三、孙承烈、吴传钧、赵松乔等邀约，参加了甘青交界区农牧区划调查队，奔波于沙漠、草原及原始林区。1960 年、1981 年、1985 年先后 3 次赴阿拉善高原南缘民勤盆地进行水系演变、湖泊退缩、沙漠化问题调查研究。考察路线南起民勤坝区的红崖山水库，北至湖区的东镇乡，东出梭梭门子至古猪野泽，西过红崖山至金川河、周家井等地。1973 年，又参加祁连山冰雪资源综合考察队，负责祁连山及其周围地区历史气候资料的编撰、整理工作，编撰出《祁连山及其周围地区历史气候资料的整理》。1979 年 11 月，与鲜肖威等教授登上马啣山顶（3670m）调查高山草甸。1989年，他不顾年老体弱，继续进行野外考察，远赴河西走廊调查番禾、骊靬两城。经多方论证否定了后者。后又应约到永登考察，本拟于1992年春夏之交成行，不幸因患肝硬化与世长辞，此愿未果。

冯绳武在历史地理学领域的突出学术贡献，主要是关于河西走廊与阿拉善高原河湖水系的变迁研究。1963年，他发表在《地理学报》的《民勤绿洲的水系演变》一文，不仅首次系统地说明了石羊河水系演变和猪野泽变迁的历史状况，而且将民勤绿洲水系细分为自然水系、半自然水系和人工水系三个时代序列，阐述河湖变迁的自然原因与人文原因，开创了我国人地关系研究的成功范例，被国内地理学界广为引用。他总结河西水系演变的基本结论，提出除党河自古是内流河外，疏勒河及其以东各河，在史前时期均有可能是外流河。他认为疏勒河东支及黑河干流，可能曾向东北流向黑龙江；石羊河可能是黄河左岸一大支流。关于黑河水系的变迁，认为中更新世气候温暖湿润期，源于祁连山的黑河水量丰沛，深入蒙古高原，造成由居延盆地东北出口直达呼伦贝尔盆地间的"古河道"，从而与黑龙江相贯通。他得出这一结论的主要依据是黑河下游居延盆地东北端拐子湖一带有狭长缺口，该条状缺口南北介于宽窄不等的两条1000m等高线之间，向东北一直延伸到黑龙江上游，明显是一带状凹地，呈现"湖谷"景象。其次是居延盆地干三角洲北缘和东缘的索果诺尔、进素图海子、拐子湖、乌兰套海等均系早期河道湖的遗留部分，它们至今还多属淡水湖或微咸水湖，不具备终端湖的性质，因此湖区无厚层盐壳。嘎顺诺尔（即西居延海，20世纪60年代初干涸）虽具有终端湖的咸水性质，但其近现代湖相沉积仅可追溯到全新世，晚更新世主要为一套洪积砂砾石层。分布于额济纳旗以东、拐子湖南及古鲁乃湖一带沙漠中的一套河湖相堆积或湖相沉积，其时代分属晚更新世早期和晚期，含有多种淡水螺类化石。这种淡水水生生境表明，晚近地质时期黑河下游水流不是以今之居延海为终端湖，必由居延盆地东北端缺口外泄，因此在盆地内未曾积累较多盐分，时至今日也无从形成内流封闭盆地特有的盐湖景观。20世纪90年代末期，美国哈佛大学专家曾就疏勒河水系变迁与黑河水系外流问题专程来河西走廊等地考察。

在野外工作中，冯绳武不仅调查自然地理过程，还十分注意考古文化、古城堡遗址等，因而写出多篇有很高学术价值的论文。1985年，冯绳武教授在甘肃省博物馆考古人员陪同下考察了秦安大地湾新石器文化遗址，根据地貌特征、气候条件、河流水系、环境变迁和历史交通等因素，指出以陇山为中心的甘肃黄土高原东部是中华民族的摇篮之一，以秦安大地湾为中心的清水河谷地是中国农业文化起源地之一。他还依据古人类的活动特点，石器、陶器及河谷阶地的分布情况，对中国农业传播路线进行了推测。这一研究成果对解决我国新石器早期农业发展源流等问题提供了新的思路，为中华文化多元一体、农业起源多元论等提供了新证据。关于石羊河下游民勤绿洲的古城遗址，经实地考察与室内文献考证，基本厘清了三角城、连城、古城和红砂堡等 4 座古城的时代与名称，开河西走廊城市历史地理研究之先河。

冯绳武不仅注重野外调查工作，对文献资料的考证也用功颇深。关于唐代的碎叶城，近代著名历史地理学家顾颉刚主编的《中国历史地图集》曾出现两个碎叶城，不仅在今新疆焉耆绘出又一个碎叶城，同时将碎水（今楚河）南之碎叶城误移绘于北岸。1972 年，郭沫若著《李白与杜甫》一书，说："考碎叶城在唐代有两处，其一即中亚碎叶，又其一为焉耆。其城为王方翼所筑，筑于高宗调露元年"。冯绳武教授认为这些说法都是错误的，须加以辨清。他根据《元和郡县志》、《钦定皇舆西域图志》等古籍记载，论证方翼所筑之碎叶城是在原城址基础上重新修筑，在碎叶水南而不在焉耆。这一考证结果曾在 1973 年抄寄郭沫若先生，不久即接到郭老回函表示感谢。此历史性错误，至 1975 年终由谭其骧教授主编的《中国历史地图集》第五册"陇右道西部图"中完全更正，彻底否定了两个碎叶城的误说。

3. 博学多识，学以致用

除地理学家外，冯绳武还是一位诗人。1936 年赴北平途经秦安，回家看望祖父，曾有诗记家事云："王父卧床褥，多年逾古稀"。"亲至苦无餐，肯乞邻米为，百计存甘旨，备为王父炊"。1952 年在武都参加土改，他与一起工作的水天同教授有诗唱和，曾作《雨宿武都透防乡六村袁家沟》诗："斜风细雨袁家沟，柴火驱寒烟满楼。谷窄云沉春已暮，地高天冷气如秋。山田比得坝田好，荞麦胜于玉米优。三陇龙江开蜀道，六村烟景冠阶州"。1985 年 6 月应民勤县政府邀请，他再次到石羊河终端湖区白亭海（今名白碱湖）遗址考察，提出石羊河下游早期可能经吉兰泰盐池等河道湖流向黄河。他感慨沧桑之巨变，即兴赋《到白亭》，诗云："潴野白亭何处寻，郭河北去又东浸。此来不见马王庙，漠漠黄沙盖古今"。1988 年，《戊辰年重九登皋兰山》诗云："身老病多志未衰，重阳登上阁三台。兰州盆地群楼起，黄土梁坡万木栽。绿树成荫车马集，时人雅会茶亭排。景观生态源于水，如带大河自西来"。诗句清淡，诗境高雅。他身后留有诗作 80 余篇，惜未能结集出版，堪为憾事。

冯绳武对国家经济建设和故乡陇原大地充满强烈的挚爱，其论著绝不局限于学术理论的探讨，而是力图与经济建设相结合。他身兼多种社会职务，非常热心社会工作，不辞辛劳，热情工作。发表的《引洮济渭议》一文，从洮河丰富的水资源到渭河的地势地貌、气候条件、水文特征、耕作制度、社会经济等方面，提出可由 3 条路线引洮河水至渭河谷地造福陕、甘两省，受到当地政府及水利部门的高度重视，目前已正式开工。担任省政协委员期间，提出许多建设性的建议。如 1982 年提出"办好教育是基础"；1986 年提出"关键在教育"；1987 年提出"建议将我省（甘肃）农业发展由河西移向河东"、"建议迅速邀请专业人员拟出甘肃经济发展的远景规划"等提案。甘肃省地方志编纂委员会成立，他被聘为委员，热情提出"编纂方案的建议意见"。1988 年他被聘为兰州市地方志编纂委员会学术顾问，又对兰州市志的编纂工作提出了许多很好的建议。

他一生淡泊名利，潜心治学，甘于奉献。他为人真诚坦率，敢于直言，作风正派，严于律己。他治学严谨，无据不言，所撰著述都是经过实地调查取得大量第一手资料或根据历史文献记载写成的。他在学术上从不以权威自居，相反却认真听取别人意见，对于正确意见都能接受并加以肯定。在他那里求教过的人，无不赞叹先生博学，钦佩他待人诚恳。他在兰州大学当了 40 多年教授，家中除图书外，别无长物。他兼职很多，热情为地方、单位服务，从不计较报酬，只靠薪金生活，非常朴素，自奉甚俭。仅有的一点积蓄，都用以支援家乡经济、文化建设，曾向原籍秦安县捐资千元，并赠书三批。他还将自己珍藏多年的"陇上铁汉"安维峻等人的书画赠给临夏州档案馆，将自己珍藏的 1860 年中国行政区划图、中俄边界图复制件及他精心编制的中国区划图等赠送给甘肃省文史馆，将中华民国新地图、甘肃省沿革地理图表和甘肃省县总分图赠送给兰州大学地理科学系收藏。去世后，其长子冯志毅又捐赠 30 万元人民币设立"冯绳武奖学金"，支援家乡教育事业，并表示要增加到百万，加倍实现先父的遗愿。冯绳武教授的一生，表现了老一代知识分子的高尚情操，值得我辈后学永远景仰。

三、冯绳武主要论著

冯绳武. 1943. 滇池西北平原之大地景. 地理，3（1/2）.

冯绳武. 1943. 滇池西北水道考. 地理集刊，1（4）.

冯绳武. 1946. 中国地理区域. 地学集刊，4（1/2）.

冯绳武. 1947. 西北之地与人及其协调步骤. 地学集刊，5（3）：174-180.

冯绳武. 1957. 读"景观概念是否正确"之后. 地理学报. 23（3）：325-328.

冯绳武. 1963. 民勤绿洲的水系演变. 地理学报，29（3）：241-249.

冯绳武. 1964. 自然地理区划问题//中国地理学会. 中国地理学会 1962 年自然区划讨论会论文集. 北京：科学出版社：39-45.

冯绳武. 1981. 甘肃河西的水系特征和演变. 兰州大学学报（自然科学版），17（1）：125-129.

冯绳武. 1981. 疏勒河水系的变迁. 兰州大学学报（自然科学版），17（4）：138-143.

冯绳武. 1982. 祁连山及其周围地区历史气候资料的整理. 西北史地，（1）：1-18.

冯绳武. 1984. 罗布泊的几个地理问题. 兰州大学学报（社会科学版），12（4）：117-124.

冯绳武. 1985. 河西荒漠绿洲区的生成和特征. 兰州大学学报（社会科学版），13（3）：30-38.

冯绳武. 1985. 从大地湾的遗存试论我国农业的源流. 地理学报，3：207-214.

冯绳武. 1986. 民勤绿洲区划与几个历史地理问题. 西北史地，（3）：1-6.

冯绳武. 1987. 论甘肃历史地理的特色. 兰州大学学报（社会科学版），15（2）：110-116.

冯绳武. 1988. 河西黑河（弱水）水系的变迁. 地理研究，7（1）：18-26.

冯绳武. 1989. 甘肃地理概论. 兰州：甘肃教育出版社.

冯绳武. 1990. 兰州政区城关考. 兰州大学学报（社会科学版），18（1）：153-160.

冯绳武. 1990. 中国自然地理. 北京：高等教育出版社.

冯绳武. 1992. 区域地理论文集. 兰州：甘肃教育出版社.

主要参考文献

冯绳武. 1992. 区域地理论文集. 兰州：甘肃教育出版社.

王乃昂. 1999. 从区域地理到历史地理——记冯绳武教授的治学道路//20 世纪中国地理学发展回忆录. 北京：学苑出版社：138-146.

王乃昂，张天俊. 2006. 地学华章. 兰州：甘肃人民出版社：13-19.

撰写者

王乃昂（1962～），山东郓城人，教授、博士生导师，现任兰州大学资源环境学院院长。主要从事气候变化与水文响应、环境变迁与历史地理、资源评价与规划方法研究。

李春芬

李春芬（1912～1996），江苏大丰人。地理学家，我国区域地理学理论研究的开拓者和现代世界地理的奠基人，毕生从事地理教学和研究。1937 年毕业于中央大学，1943 年在多伦多大学获加拿大第一个地理学博士学位，后赴美国哈佛大学从事博士后研究。历任中国地理学会副理事长（1980～1985）、世界地理专业委员会主任（1965～1996）、地理教育工作委员会主任（1978～1985）、自然地理专业委员会副主任（1978～1985）。他长期从事区域地理研究，撰写的《南美洲地理环境的结构》和《北美洲地理环境的结构》两部著作，提出了地理环境结构理论，揭示了地理环境的整体性和差异性规律。鉴于两部著作在学术上的重要价值，1991 年荣获国家教委科技进步一等奖。他还在土地利用、自然区划、城市地理、地理教育等众多研究领域作出了重要贡献。他在加拿大做博士论文时，就将研究区划分成 10 种土地类型，并详细说明各类型的自然性质和利用特点，成为国际上土地类型研究的先行者之一。他认为，"在自然区划中必须强调人类活动的影响，这特别对低级单元尤具有重要意义。"他积极参与国际学术交流，1965 年曾任中国科学代表团团长出访伊拉克；1980 年曾以 Fulbright Scholar 身份访问过美国 MSU 等大学。他与加拿大地理学家的联系尤为紧密，1988 年荣获加拿大地理学家协会颁发的特别荣誉奖，这是第一个获此殊荣的外籍地理学家。

一、光 辉 人 生

李春芬 1912 年 10 月 10 日生于江苏省兴化县白驹镇（现大丰县），1996 年 3 月 3 日于上海逝世，享年 84 岁。

（1）立志做一流学生。李春芬出身于耕读世家。父亲李拱长，因科举废，乃业医，并附设一中药铺。李春芬兄弟四人，他居长。1917 年入私塾。按传统风俗，子承父业。父命其习医，先读中医典籍《难经》，文句深奥难懂，问塾师，亦茫然。坐桌"唸经"7 年，苦不堪言，最后他瞒着家长自往小学报名，父母被迫同意，犹如出笼小鸟，庆幸身心解放。初进学堂，事事新鲜，课堂认真听讲，回家很少自修，学习成绩优秀，除第一学期名列全班第二外，以后都高居榜首。初中阶段，个性获得全面发展。初二起，全校举行国文和数学竞赛，他都名列优胜者之列。由于各科成绩都很优秀，初二大考时，他是全班唯一享受免试待遇的学生。除正课外，他的课外兴趣十分广泛。他是班级篮球队队长，参加全校演讲竞赛，对外公开演出、在话剧中担任主角，还喜欢拉风琴。初中三年，他不但获总平均分第一名，而且在文艺、体育等方面都全面发展。他把这一阶段的求学心得归结为三点：一是上课时注意力集中，要求基本上能当堂巩固；二是学习方法对头，主要是拙中求巧，先化整为零，逐段吃透，再加以汇总，整体掌握；三是兴趣广泛，有利于触类旁通，多参加文体活动，使大脑得到休息，提高学习效果。初中毕业典礼上，他拉着风琴领唱毕业歌，并代表毕业生致词，感谢老师的培育之恩和奋发前进为母校争光。当时，南通在清末状元张謇兴实业办教育等务实精神倡导下，成为苏北首屈一指的全国模范县。因此，初中升高中时，他决定报考省立南通中学。考后自我感觉较好，录取把握可达 60％以上，但不敢奢望有较高名次。因此，在看榜时从后往前看，看到中间还不见自己的名字，已按捺不住，改为从头看起。蓦然一见，第一名写的是李春芳，他估计"芳"是"芬"的笔误，于是就去招生办公室核对，果然如此，招生办马上用毛笔更正，并加盖图章。但是，考取了名校却改变了他的性格。初中阶段那个奔放开朗的李春芬在高中阶段变得内向而沉稳。一方面，高中阶段学习任务重，各省立中学之间无形中形成一股竞争暗流，特别是以他这一届学生为开端，酝酿实施高中毕业会考制度。各重点中学就对学生加压，以致课业压力很重。例如，高中的数理化采用英文课本，并要求用英文写实验报告。于是，除晚自修外，学生中开夜车习以为常，不到 11 点很少有人回寝室。在这种氛围下，他也一心向着书本，几乎与课外活动绝缘，只偶尔去钢琴室转转，周末下午去南通剧场过过戏瘾。在这"老夫子"成群的班级里，校运动会均无一人报名。他实在看不下去了，独自报名参加了一项铅球比赛，还为班上拿回了一块铜牌。在学习上，他依然成绩优秀，还参加了除国文外的各科征文竞赛，其中英文征文名列第一，其余也都在前 5 名。在老师的鼓励下，高中阶段他对英语学习情有独钟，以致老师建议他升大学时报考英语系。

　　高考时，他同时考取了两所国立大学的外国文学系，最后选读了中央大学。通过一年的大学英语学习，虽然成绩不差，但有感于以古典诗歌为主的"英文名著选"和"英国文学史"两门课，读起来犹如囫囵吞枣，伤害了学习英语的积极性，于是，第二年就转读地理系。李春芬半路出家学地理，仅用了三年时间修完了四年的学分。

1937 年毕业于中央大学地理系，并被留任为助教。

（2）加拿大第一个地理学博士。1937 年国难当头，日军大举侵华，中央大学被迫迁址重庆沙坪坝。尽管日机经常空袭，李春芬仍把留校看成是大展宏图的极好机遇。他一方面认真完成系里交办的工作，担任一年级的部分实习课，编写了相关讲义，整理了由南京迁运过来的图书资料；另一方面，积极进行业务提升和准备，他白天上班，晚上和假日抓紧自学，先练一刻钟打字，然后进行阅读。期间，翻译了杂志上除非洲以外的各大洲农业区域论文，阅读了中外地理名著 20 部左右，并对其中几部名著作了详细笔记。"功夫不负有心人"，1939 年中英庚款出国留学考试时，在全国 13 个学科、24 个名额中，李春芬以地理科第一名的成绩考取了公费生。旋因欧战爆发，暂缓出国。待命期间，庚款董事会指定李四光和黄国璋教授作为其导师，指导其业务准备。1940 年 7 月转往多伦多大学研究生院留学，受教于国际知名地理学家泰勒（G•Talar）教授。

李春芬的博士论文题为 *The Middle Grand River Valley of Western Ontario, Canada：A Study in Regional Geography*（《加拿大西安大略格兰德河中游河谷的区域地理研究》）。他前后花费了两个暑假的野外工作和一个寒假的调查访问，耗时两年撰写了博士论文。这也是中国留学生第一次对外国地区进行系统实地调查的区域地理研究。在论文调研期间，其认真的工作态度曾多次引起警方的关注。他在布朗特堡（Brantford）访问填图时，有一辆警车朝他开来，走下一位警局督察员对他说："今天上午居民多次来电说有一身份不明的东方人（分不清是中国人还是日本人），身背布袋，手持地图，不时用铅笔点画，还拍摄照片。"当李春芬出示证件并说明工作性质和目的后，方才冰释。为此，当地报社记者还采访了他，第二天该报在头版以相当大的篇幅介绍了李春芬的情况，附了他伏案工作的照片，并加上"一位中国学生被证明并非日本间谍"的标题。另一次，当李春芬在农村填土地利用图时，又是那位督察员开车过来，对他说："你老是给我添麻烦，附近有一个训练机场。"李春芬事先不知道，只好另选工作地点。

论文答辩时，多伦多大学研究生院组织了由 1 位教务长、2 位地质系教授、3 位地理系教授组成的答辩委员会。由于他准备充分，答辩结束后，导师泰勒教授面带笑容向他祝贺，并说"You did unexpectedly well（你的答辩出乎意料的好）。"1943 年 6 月，多伦多大学 90 多岁的老校长将加拿大第一个地理学博士学位授予年轻的中国地理学家——李春芬先生。多伦多市明星报还为此刊登了李先生的照片。该论文现已被多伦多大学图书馆制成缩微胶卷，以便出借与收藏。1983 年，在麦克马斯特大学举行的中加学术会议上，该校副校长 L. King 代表加方致开幕词时提到："在地理学领域内，象征我们亲切关系的一个佳例就是加拿大第一个（地理学）博士学位在 1943 年由多伦多授予李春芬博士。他现任上海华东师大地理系主任。"

　　1943 年秋，李春芬转往美国哈佛大学从事博士后研究，就教于知名区域地理学家惠特莱锡教授（Derwent Whittlesey）。期间，通过整理博士论文，他在"*Economic Geography*"杂志上发表了《西安大略格兰德河中游河谷的土地利用》一文，这是国际上较早运用土地类型的方法研究土地利用的学术成果。

　　1944 年秋，公费停止。李春芬应聘美国内政部地名局工作，任专业 4 级区域地理学家（相当于州立大学教授）。1945 年 8 月抗战胜利，他毅然放弃优越的工作条件和优厚的待遇，于 9 月提出辞呈，受浙江大学竺可桢校长之邀，准备回国执教。当年 12 月结束手头工作，办理回国手续。其间，他向美国国会图书馆接洽并收集该馆向国外知名大学机构赠送的复本书约 2000 册。1946 年 5 月下旬离开华盛顿，经旧金山，搭乘横越太平洋的海轮回国。抵沪当晚，即往戏院购票，以解熬了 6 年之久的京剧瘾，看的是童芷苓的《锁麟囊》。

　　（3）主持创办了三个大学地理系。受聘浙大之时，正值内迁至贵州遵义、湄潭、永兴的师生陆续东返，杭州校区大兴土木之际，办公、教学设施简陋。1946 年年底前，他开设了《地学通论》、《北美地理》、《名著选读》等课。由于认真备课，所授各课均获学生好评。

　　1949 年 5 月 3 日，杭州解放。在之前 10 天左右，张其昀教授在离校的当天上午，当着另一教师的面，把史地系主任的钥匙交给李春芬，并嘱其代理系务。1949年 8 月，浙大在原文学院史地系的基础上成立地理系，属理学院，叶良辅先生任系主任。约 2 周后，叶先生旧疾复发，于 9 月中旬病逝。10 月校部正式任命李春芬为系主任。在 1952 年院系调整之前，他的主要工作是主持和创建浙大地理系，并把主要精力放在夯实学生的专业基础，提高学生的业务素养和培养学生的独立工作能力上。他在全系实施了三项措施：教授执教一年级的基础课；加强对学生的专业外语辅导；增强学生实习机会。除强化内业的训练外，还组织学生参加教师承担的野外调查任务，学生的专业素养迅速提高。在他的指导和帮助下，学生的研究成果相继发表在国内一流学术刊物，如《中国港市之发展》（《地理学报》）和《河流发育之力学分析》（《地质学报》）。

　　1951 年，浙江文教厅与浙江大学合办浙江师范专科学校，内设地理科。李春芬兼任科主任，除负责筹建工作外，还每周讲授 3 节课。由于地理科开办时遴选了一批有真才实学的教师，后发展成杭州大学地理系（现已并入浙江大学）。

　　1952 年院系调整，浙江大学地理系调进华东师范大学。李春芬先行至上海，了解师大和地理系情况，得知当时地理系只是一间房子、半架图书，连像样的教学挂图都没有一张时，心里不免惆怅。回浙大后，他争取把相关主要图书和仪器设备调入师大，使师大地理系的图书、设备大幅增加。此后，在浙大地理系师资队伍基础上，又延聘了一些知名专家，充实师资力量。1954 年，保加利亚地理学家毕遂柯夫来系参观后说："在欧洲大陆像这样规模的地理系也是不多见的。"短暂两年时间，华东师大地理系会有如此巨大变化，当归功于他的创业有方。作为华东师大地理系首任系主任，他主持系务直至 20 世纪 80 年代初（"文革"时期除外），为师大地理系的发展壮大殚精竭虑，呕心沥血。在他亲自主持下，华东师大地理系发展成为拥有 2 系 7 所和 200 多名教职工的国内外闻名的一流地理教学和研究机构。他亲自参与教育部直属研究机构河口海岸研究室（现为河口海岸研究所）和西欧北美经济地理研究室（后发展成为西欧北美地理研究所）的筹建工作，并兼任室主任。1962 年、1978 年两度出任华东师范大学副校长，并担任校学术委员会副主任（1979～1984）和校学位委员会副主任（1981～1984）。

（4）人生路上的第二个春天。粉碎"四人帮"后，李春芬进入了其人生路上的第二个春天。

在浙大任教期间，李春芬是一位积极支持学生运动的民主教授。他曾在学生自治会编辑的《求是桥》刊物上发表同情学生民主运动的短文，并被编在教师征文的首篇。当时，国民党面临崩溃，狗急跳墙，疯狂镇压浙大学生运动。李先生此文的发表，令熟识的同事好友为他捏了一把汗。解放初，他就参加了中国民主同盟，曾任民盟上海市委常委和顾问。"文革"结束后，已年逾花甲的他，重新考虑晚年生活方向，1978 年 9 月 18 日，提出了入党申请，第二年支部大会通过其为中共预备党员，找到了其向往已久的政治归宿。

入党以后，李春芬干劲十足，精力充沛地在更广阔的天地里驰骋。尽管他晚年常受高血压和心脏病的困扰，但依然奋力著书立说，并积极参与全国学术组织工作和国际学校交流活动。1978 年，在中国地理学会广州会议上，他当选为中国地理学会副理事长。1981～1985 年，担任国务院学位委员会第一届学科评议组理学组成员和教育部高等学校理工科教材编审委员会地理组副主任。1980 年，应邀赴美国阿克伦大学地理系和以 Fulbright Scholar 身份赴密歇根州立大学作地理学讲学访问。1982 年，应邀参加在加拿大温哥华召开的国际地理学联合会发展中国家城市化会议，会后又应邀访问多伦多大学地理系。1983 年应邀参加中国科学院和联合国大学主办的北京区域规划学术讨论会。其间，还担任《中华人民共和国地名词典》的学术顾问和《上海地名词典》编委会主任。

晚年，他深感"东隅已逝，桑榆非晚"，尽力发挥余热，以其年老病弱之躯，达到了其生命历程中的又一个高峰。改革开放后，他发表了12篇论文，通校了《拉丁美洲地理透视》（63万字，上海译文出版社出版）。该时期成为其平生成果最丰硕的时期。尤为重要的是，《南美洲地理环境的结构》的姐妹篇《北美洲地理环境的结构》一书的出版，丰富了其学术建树和理论体系，了却了其平生之愿。住院医疗期间，在病床上他还完成了收关之作《区域联系——区域地理学的近期前沿》，并发表于《地理学报》。李春芬的学术生涯始于区域地理，终于区域地理，与区域地理结缘之深在我国老一辈地理学家中无出其左。

二、学术成就与治学风范

（一）学术贡献

1. 创建了地理环境结构理论

解放初期，李春芬的学术思想逐渐成熟，形成体系。这与他认真学习对立统一学说，并将学习心得应用于区域地理的教学科研实践分不开。在新的哲学思想指导下，他认为以往的区域地理研究都是零散的，就事论事的，缺乏对区域地理学科提纲挈领的综合性构思，因而缺乏整体感。为此，在他承担各洲自然地理研究生班的南、北美洲自然地理教学任务时，锐意改革教学内容，以对立统一学说为指导，提出了"地理环境结构的整体性与差异性"理论体系。其理论内涵体现了整个地理环境是多样性的统一体，反映了地理学的综合性和区域性两大特点。他认为，地理学的两个特点是不能分割的，而是密切结合、相互依存的。一方面，综合性立足于地区，离开地区就不是地理学的综合；另一方面，区域性也离不开综合性，即离不开区域内部各组成要素的相互联系性。在上述观点统率下，他撰写了《南美洲地理环境的结构》这部独具特色的区域地理学术专著。该书以地理环境的整体性和差异性作为贯穿始终的主线，从整体性着眼，通过分析，认识地理环境各组成要素和组成部分之间的内在联系性，从而揭示南美全洲或分区的总体特征。在此基础上，通过对比洲内各类型区在全球同类型地区中的特殊性，揭示了共性与个性的辩证关系。他在书中精辟指出，"一个洲的独特性，一方面体现了该洲的整体性，同时也是有别于其他各洲的特殊性；这有别于其他各洲的特殊性，又体现整个地理环境的差异性。"同时他还认为，"各个自然地理区域的综合特性，从全局观点看，是全洲差异性在不同部分的具体体现；但从各个区域本身来看，又是他们各自的相对一致性。"书中还通过对厄尔尼诺现象的动态分析，佐证了其主论依据。厄尔尼诺现象例示了地理环境处于动态变化之中，一个要素的变化可导致其他要素的变化，以致地理环境总体特征的变化，从而进一步揭示地理环境内在紧密联系的整体性。书中还对安第斯山东西两侧的地带性和非地带性对立统一的地理环境结构进行了比对，各以赤道附近的地带为轴，分为南北，互呈不同的变化趋势。这就是东西之间存在的既对立，又共处于同一大陆之中的辩证关系。这种对立统一格局，在世界各洲中显示了它的独特性。用地理环境结构理论诠释各大洲的区域地理，对以现象描述为主的传统区域地理研究方法是一次历史性的突破，在地理界引起巨大反响。《地理学报》编委会曾对此书组织专文评介。自此以后，《世界自然地理》高校统编教材就以李春芬的地理环境结构理论作为编书的指导思想。1990 年出版的《北美洲地理环境的结构》深化和拓展了这一理论。由于这两部专著全面阐述了区域地理学的崭新理论体系，具有很高的学术价值，1991 年荣获国家教委科技进步一等奖。

2. 倡导与实践面向问题的研究

20 世纪初，区域地理在地理学中的地位举足轻重。1919 年费尼曼（N. N. Fenneman）在地理学分类体系示意图中把研究地理要素的部门地理环列于图的边缘位置，把区域地理归置于示意图的中心，并提出区域地理学是地理学核心的概念。这一概念为很多地理学家所接受，并在 20 世纪 30～40 年盛极一时。此后，由于部门地理学的蓬勃发展，区域地理明显滞后于部门地理的发展。20 世纪 70 年代初，复兴区域地理学的呼声十分高潮，特别强调面向问题的研究。

李春芬对此深有同感，认为只有面向问题才能振兴区域地理学科。他身体力行地倡导和实践面向问题的研究。1948 年他在上海版《大公报》上发表了《从地理因素看圣地纠纷》一文，明确指出巴勒斯坦问题是由其内在矛盾和外在因素造成的错综复杂的纷争。中东各国彼此之间也存在着矛盾，但在反对犹太人渗入巴勒斯坦上态度一致。巴勒斯坦的动乱并不是宗教和民族的纠纷，而是其重要的战略地位和丰富的石油资源，症结在于土地和经济。这一动乱乃是区域性的问题，也是一个世界性争端。半个多世纪后重读他的文章，就可感受到面向问题的区域地理研究可以透过现象认清本质，洞察事物真相。

20 世界 70 年代，发展中国家为了捍卫国家主权，保护和发展民族经济，纷纷主张各国有权合理确立自己的领海和管辖范围。针对国际海洋权的争夺，李春芬发表了《拉丁美洲国家为保护本国海洋资源而斗争》、《秘鲁 200 海里海洋权的地理分析》等代表性论文。前文是应《人民日报》国际版邀约，紧密配合当时行将举行的国际海洋法会议的形势需要，可谓区域地理面向问题的范文。见报后，随即由《北京周报》译为英文发表。后文不但以问题带动区域地理研究,而且将自然地理与经济地理有机地结合起来。该文首先从经济和空间联系中论证了保护海洋资源以发展民族经济的必要性;然后再用自然地理的实际数据论证了所提 200 海里海洋权的合情合理性。在分析经济空间联系时,从鸟粪层的堆积联系到众多的海鸟、丰富的渔业资源、干旱的气候,以及与之相关的经济作物,从生态链视角把自然和经济要素综合起来,论证保护海洋渔业资源对发展民族经济的重要性。该文对自然地理与经济地理相互隔离,直至 70 年代两者仍不通声息,互不为谋的学科发展现状也具有很强的针对性。

3. 土地类型研究的先行者之一

李春芬在 1944 年发表的《西安大略省格兰德河谷地中部的土地利用》一文中,运用和发展了美国著名学者微奇(J. O. Veatch)的学术思想,通过实地调查,主要依据土壤和地形在研究区划分出 10 个土地类型(land types),并详细说明它们的自然性质和利用特点。可见,他是土地类型研究的先行者之一。他在论文中深刻地指出:"农场通常有几种土地类型,而正是其综合型(pattern)在相当程度上决定了土地利用。"随后,澳大利亚、英国等国学者提出并付诸实践,而且目前正得到广泛应用的"土地系统"(land system)的概念——地形、土壤、植被的重复组合型(recurrent pattern)是与微奇和李春芬的学术思想一脉相承的。

4. 指引区域地理学科发展方向

作为我国区域地理学科的带头人之一,李春芬十分重视学科动态、存在问题和发展方向的研究。他撰写的《区域地理:问题和展望》一文,在总结前人研究的基础上,归纳了区域地理存在的三大问题,并有针对性地提出了树立面向问题意识和加强人地关系研究的学科振兴思路,对区域地理学科建设具有重要指导意义。

世界地理是区域地理学科的重要组成部分,也是李春芬的主要学术领域。李春芬对我国世界地理学科建设倾注了大量的心血。他在《地理学报》、《世界地理研究》登刊物上发表了多篇总结我国世界地理研究现状、指明世界地理发展方向、提高世界地理教学质量等方面的学术论文,指引我国世界地理学的前进方向。他长期担任世界地理专业委员会主任,多次组织全国世界地理工作者,协同完成了《中国大百科全书·世界地理卷》、《辞海·世界地理分册》等大型工具书,以及《世界钢铁地理丛书》、《世界农业地理丛书》等世界地理系列著作。他对我国世界地理学科发展的贡献是有口皆碑的。

除区域地理外，李春芬也很重视整个地理学的发展，发表在《地理学报》上的《地理学的传统和近今发展》一文，切中要害地指出了地理学的发展趋势，提出了三种分析和两大系统的观点。三种分析指空间分析、生态分析和地域综合体分析。通过空间分析，探索地表事物和现象分布模式的形成与变动；通过生态分析，研究人文因素和环境因素的相互关系；通过地域综合体分析，着重研究区域和区际联系与交流。这三个方面的研究，综合起来可归纳为两大系统，即联结人和地的生态系统以及联结区域区际关系的空间系统或地域系统。这两个不可分割并相互联系的系统，结合起来就是人地关系的地域系统。这些都是当代地理学研究的中心课题，他的深刻见解迄今仍对地理学的发展有重要指导意义。

（二）治学风范

李春芬热爱祖国、为人正直、谦虚谨慎、低调做人、刻苦治学，他一生奉献给身教、言教、育才、育德上，为我们树立了立德、立业、立言的典范。

1. 治学严谨

李春芬毕生勤奋治学，严谨务实。他不是一个高产的学者，但对研究过程一丝不苟，行文遣字精益求精。他的手稿总是改了又改，付印之前，反复推敲。即使刊印之后，也没有大功告成之感，在不满意处，还继续圈点修改。他发表的专著和论文几乎没有不被他继续改动的。他在指导青年教师时，曾教授大家如何区分"region，area，district"三个英文地理名词的区别，并找出原文加以引证。其做学问的认真态度可见一斑。

2. 克己奉公

李春芬长期担任校、系领导，还是四、五、六届全国政协委员，但他从不以权谋私。他的大儿子清华大学水利系毕业后一直在外省工作，儿媳是上海郊县医院的医生，长期分居。华东师大因工作需要准备将其儿子调到校内工作，顺便征求他的意见，他坚决不赞成，怕别人议论他利用副校长职权，影响不好。后来，还是儿媳单位用照顾高级职称的调动名额，才把其儿子调入华东师大。

他家是一个大家庭，两个儿子成家后都住在一起，住房十分紧张，但他从不向学校开口。后来，还是同事将其一家三代同堂、孙辈都已成人的情况向学校反映，才解决了他家的住房问题。

3. 尊师重教

李春芬重师道、敦友谊。他对胡焕庸、张其昀等师辈学者敬重备至。1945 年，张其昀、胡焕庸相继赴美讲学、访问，并请李春芬为他们准备在美国地理期刊上发表的论文修改润色，李春芬用两周时间反复斟酌，认真修改，终于都在美国权威地理杂志上发表。他认为，这才是真正的报答师恩。解放初期，胡焕庸在治淮委员会工作，李春芬筹建华东师大地理系时，多方延聘优秀教师。欣闻其恩师的工作单位，他就多次敦请，以心感人，胡老前辈终于欣然同意，辞去治淮工作，到校任教。

《我和老师》一书出版于 20 世纪 80 年代，书中收录的都是著名学者、专家写的回忆自己老师的文章。李春芬被邀写了一篇，许多人很可能认为他会写博士论文指导教师泰勒教授或大学时代的胡焕庸教授，但他写的却是小学的语文教师兼级任导师葛天衢先生，他认为葛老师是教育楷模，令他终生难忘。事后，他还说，这篇未能写全，等以后有空时还要将葛老师为人师表的许多事例写出来，以飨读者，教育后人。

李春芬对学生和晚辈既严格要求，又具体指导。陈吉余院士早期写的论文报告多送李春芬审阅。他对论文要求事实必须翔实，主论需要新颖，内容有骨有肉，文稿图文并茂，并常以其恩师泰勒的治学方法，写作制图能力向陈院士推介。有一次，陈院士的论文先后改写了 9 次方获李春芬允可。但是，这千锤百炼的育人方法，使陈吉余先生迅速成才，并终生难忘。

黄盛璋的历史功底较好，李春芬希望他在历史地理方面有所建树，并鼓励他钻研城市历史地理。黄盛璋的第一篇论文《中国港市之发展》就是在他的启发下写成的，初稿出来后，李春芬亲自为其修改润色和撰写英文摘要，并写信推荐给《地理学报》发表。这对黄盛璋教授毕生从事历史地理研究并取得可喜成绩起到很大作用。

三、李春芬主要论著

Lee Chunfee. 1943. The Middle Grand River Valley of Western Ontario, Canada: A Study in Regional Geography (Doctoral Dissertation). Microfilmed by the Library of the University of Toronto, 1987.

Lee Chunfen. 1944. Land utilization in Middle Grand Valley of Western Ontario. Economic Geography, 20 (2): 130-151.

Lee Chunfen. 1946. Twin cities of Waterloo and Kitchener. Economic Geography, 22 (2): 142-147.

Lee Chunfen, Tang Jianzhong. 1982. Geography in higher education in China. Journal of Geography in Higher Education, 6 (1): 47-55.

李春芬. 1947. 区域规划和 T. V. A. 思想与时代, (44).

李春芬. 1948-05-15. 从地理因素看圣地纠纷. 大公报.

李春芬. 1948. 现代地理学及其展望. 地理学报，15（1）.

李春芬. 1957. 从发展过程中认识地理学的对象、任务和方法. 华东师范大学学报，（1）.

李春芬. 1962. 南美洲地理环境的结构. 北京：科学出版社.

李春芬. 1964. 以江苏省为例探讨平原省区区划中的几个问题//中国地理学会. 中国地理学会 1962 年自然区划讨论会论文集. 北京：科学出版社.

李春芬. 1973-01-04. 拉丁美洲为保护本国海洋资源而斗争. 人民日报（国际版）.

李春芬，王恩涌，张同铸等. 1980. 我国地理教育三十年. 地理学报，35（2）：97-107.

李春芬. 1980. 南美洲气候——植被类型的组成和结构规律. 地理教学，创刊号.

李春芬. 1980. 区域地理：问题与展望. 世界地理集刊，第一集：4-10.

李春芬，汤建中. 1981. 美国的自然资源//当代美国经济. 北京：中国财政经济出版社：21-43.

李春芬. 1982. 地理学传统和近今发展. 地理学报，37（1）：1-7.

李春芬. 1982. 我国世界地理研究的现状和今后的任务. 世界地理集刊，第四集：3-8.

Lee Chunfen, Yan Zhangmin, Tang Jianzhong. 1984. A spatial analysis of Shanghai's economic development//Regional Planning in Different Political System. Bochun, Germany：35-41.

李春芬. 1990. 北美洲地理环境的结构. 北京：高等教育出版社.

李春芬，曾尊固，汤建中. 1994. 世界地理研究的概要回顾与持续发展. 地理学报，49（增刊）：677-682.

主要参考文献

李春芬. 1990. 我的生平和学术思想//华东师范大学. 李春芬生平和学术思想. 4-20.

汤建中. 1991. 李春芬//《科学家大辞典》编辑组编，卢嘉锡主编. 中国现代科学家传记（第二集）. 北京：科学出版社：357-362.

李春芬. 1993. 李春芬地理文献. 杭州：浙江出版社.

汤建中，姜素清. 2002. 三个第一流——访区域地理学家李春芬教授//现代中国地理学家的足迹. 北京：学苑出版社：101-115.

汤建中. 2004. 李春芬//中国科学技术协会编. 中国科学技术专家传略・理学编・地学卷 3. 北京：中国科学技术出版社：267-280.

撰写者

汤建中（1940～），浙江萧山人。华东师范大学资源与环境科学学院教授、博士生导师，曾任华东师大西欧北美地理研究所所长、中国地理学会世界地理专业委员会主任、《世界地理研究》主编。长期从事区域地理和城市地理的教学和研究工作。

黄秉维

黄秉维（1913～2000），广东惠阳（现惠州市）人。地理学家，我国自然地理综合研究和地理实验科学的开拓者与倡导者。1955年当选为中国科学院学部委员（院士）。1934年毕业于中山大学地理系。曾任中国科学院地理研究所所长和中国地理学会理事长。他长期致力于中国资源环境的研究。他主编的《中国综合自然区划（初稿）》，按自然界各种现象的相互关系，揭示中国自然地域分异的地带性规律，着眼于农、林、牧、水事业的发展，是内容详尽而系统的全国自然区划专著。他率先开展地表热量水分平衡试验研究，探讨农业自然生产潜力，支持建立北京农业生态系统试验站。他在黄河中游土壤侵蚀与保持、华北水利与农业发展、坡地改良与利用、全球环境变化及其影响、确切地估计森林的作用、地球系统科学与可持续发展等众多研究领域，做出了卓越的贡献。他作为组织者和主要研究者完成的"中国自然环境及其地域分异的综合研究"项目，于1987年获第三届国家自然科学奖二等奖。他突出地理学的综合性和区域性，提出应探讨地表的物理、化学和生物过程，并加以综合；明确地理学要为农业和建设服务；积极倡导地球系统科学与可持续发展战略研究。他的研究成果和学术思想对我国现代地理学的发展具有重要指导意义。

一、简　　历

黄秉维1913年2月1日生于广东惠阳县（现惠州市），2000年12月8日于北京逝世，享年87岁。

黄秉维出生于知识分子之家。祖父黄长龄曾在清末抗法名将冯子才下任官佐，常以"身打鼓，自扒（划）船，自斩（砍）竹，自围园"四句话勉励后代要发愤图强，自食其力。他父亲黄叔均就读于北京京师大学堂，专攻法律，毕业时名列第一，但毕业后多数时间失业，因此黄秉维少年时期家境清贫。他在惠阳私塾接受启蒙教育，10岁后，断断续续就读于淡水求慊学校，府立第二小学、广州廉伯英文学校。12～15岁，以过人的勤奋自学各门功课，于1928年秋考入中山大学预科，原拟预科毕业后专攻化学。当时适见书刊多次报道外国科学家来华考察，便认为江山是中国人的江山，外人不应越俎代庖，并决定从中山大学预科毕业后即升入理学院地理系学习。在大学期间，黄秉维特别爱好地形学、气候学和植物地理学。他的毕业论文是《广东惠阳西湖与潼湖之间地形研究》。1934 年他以优异成绩毕业于中山大学地理系，获金质优学奖章。

1934 年秋至 1935 年夏，黄秉维获洛克菲勒文教基金奖学金，进北平地质调查研究所做研究生。由翁文灏指导研究山东东部海岸地貌，提出海岸先下降尔后又上升的证据，修正了李希霍芬（F. von Richthofen）关于中国长江以北海岸属上升性质的论点。1935 年应丁文江之邀参加《中国地理》编撰工作。1938 年应竺可桢、张其昀之聘赴浙江大学任教。1939 年编撰《自然地理学原理》（讲义），升为副教授。1942 年，应翁文灏、钱昌照之邀，进资源委员会，在经济研究室负责区域经济研究，先后任专员、专门委员、简任技正和研究委员。承担并支持中国自然资源利用与保护、计划水库调查、长江三峡和黄河中下游多目标流域规划等任务，并先后完成中国资源状况的多种报告。

1949～1953 年，黄秉维曾先后任南京生产建设研究委员会副主任，华东工业部工业经济研究所副所长，华东财政经济委员会工矿普查组主任。先后研究农业问题和南京工业调查，主持华东区工矿普查和华东基本建设计划。1953 年调入地理研究所，历任研究员、第一副所长、代理所长、所长和名誉所长。1955 年，黄秉维被选聘为中国科学院学部委员（院士）。

1953 年黄秉维参加黄河中游水土保持考察团，负责黄河中游水土保持、土壤侵蚀与地形研究。1956～1958 年，他协助竺可桢主持中国自然区划工作，完成《中国综合自然区划（初稿）》。1956 年他参加全国基础学科 12 年发展远景规划制定，提出自然地理应探讨地表的物理、化学和生物过程，并加以综合研究。他率先开展地表热量、水分平衡试验研究。20 世纪 60 年代中期从事全国和地方农业自然区划研究。70 年代他致力于农业生产潜力研究。80 年代初筹建了北京农业生态系统试验站。同时，他继续关注黄土高原和华北平原的农业和水利问题，推动华南坡地改良与利用研究，密切重视全球环境变化的研究。90 年代以后他提出开展地球系统科学及可持续发展战略的研究。

黄秉维作为组织者和主要研究者所完成的"中国自然区划"、"国家大地图集"、《中国自然地理》等三项研究成果，构成了"中国自然环境及其地域分异的综合研究"，于 1987 年获得第三届国家自然科学奖二等奖。他长期担任中国地理学会副理事长、理事长，对我国地理学的发展做出了卓越的贡献。他于 1964 年被罗马尼亚科学院授予名誉通讯院士称号（后改为名誉院士），1979 年被选为美国地理学会会员，1980 年被英国皇家学会授予名誉通讯会员称号，1980 年受聘为国际山地学会顾问。1996 年第 28 届国际地理大会授予黄秉维特别荣誉证书。

黄秉维曾任第三届全国政协委员，第三、五、六届全国人大代表，第五届全国人大常务委员会委员。

二、主要研究领域和学术成就

在我国现代地理学的发展历程中，黄秉维按照学科本身的特点和规律，强调地理学为农业生产服务，并身体力行，不断开拓和指导了地理学的许多综合研究工作。他密切注视国际研究动向和趋势，提倡学科间的相互交叉、渗透和综合研究，积极引入新思想、新技术和新方法，重视理论与实践相结合，为促进中国地理学科学研究水平的提高，做出了重大贡献。

（一）主要科学研究成就

自然地理的综合工作是黄秉维一贯强调并孜孜不倦地致力从事的研究领域，他的主要科学研究成就大致可归纳为如下 9 个领域，即中国综合自然区划、黄河中游的土壤侵蚀与保持、地表热量水分平衡、农业自然生产潜力、华北水利与农业发展、坡地改良与利用、确切地估计森林的作用、全球环境变化及其影响、地球系统科学与可持续发展战略研究。

1. 中国综合自然区划

早在编撰《中国地理》（长篇）的 20 世纪 30 年代中期，黄秉维就对组成自然环境的各个要素作了全国性的区划。他在 20 世纪 40 年代发表了《中国之植物区域》，具有开拓意义。20 世纪 50 年代后期他主持编著《中国综合自然区划（初稿）》（1959），着眼于农林牧水等事业的发展，以部门自然区划为基础，采用地理相关法，按生物气候，即地带性原则，先表现水平地带性，其次反映出垂直地带性，然后再依照下垫面性质来划分；按自然界各种现象的相互关系，侧重于现代特征，揭示中国自然地域分异的地带性规律。概括说明全国自然区划在实践中的用途及在科学认识中的作用。该书为我国最详尽而系统的全国自然区划专著，一直为有关部门应用和研究的重要依据。此后，他不断修改完善，提出新的区划体系和方案。他强调将区域单元作为自然环境和自然资源的整体来认识，将区域与土地类型研究冶为一炉。

以持久地维持、提高及最大限度地发挥一地的自然生产潜力为目的，对自然因素进行综合论证，有利于区划工作的提高和深入。

2. 黄河中游的土壤侵蚀与保持

黄秉维 1953 年首次将黄土高原的土壤侵蚀方式分为水力、重力、风力和洞穴侵蚀等 4 类。结合黄河流域综合治理技术经济规划的拟订，编制了我国第一幅 1∶400 万黄河中游土壤侵蚀分区图，并按照发生侵蚀的自然营力编制了水力和风力侵蚀程度图。上述工作及其结论至今仍是黄河和黄土高原治理的重要参考依据。20 世纪 80 年代，他根据黄土区域的自然和社会经济特点，分析控制面上水力土壤侵蚀的因素后指出保持面上土壤是可能的；他提出陡坡耕地退耕，减弱坡面水力侵蚀，提高土壤有机质含量，改善土壤结构和物理性质等对策措施；主张黄河中游保持土壤的面上措施要与增加农业产量与改善当地群众的物质生活结合起来；认为小流域治理应遵循两个原则：一要使地力长期不下降而提高；二要最大限度地利用自然生产潜力，提高土地生产率。

3. 地表热量水分平衡

20 世纪 60 年代，黄秉维认为热量平衡和水分平衡是自然地理过程中具有决定意义的主要机制。他专门阐述了土壤水分平衡，指出土壤水分对植物生长、发育和产量的形成，对土壤形成、热量平衡、坡面径流、潜水变化，对物质移动、溶蚀、坡面片蚀在内的地貌外营力都有影响，对农、林、牧、水利、道路工程有重要意义。他提出按气候、土壤和作物三方面因素来分析土壤水分状况，并估算了黄河中游土壤侵蚀严重地区不同耕作制度下各年逐旬 1 米土层的水分平衡，提出充分利用降水，发展旱作农业，根据土壤水分状况确定耕作制度和耕作措施的建议。20 世纪 80 年代，他又提出试验工作应围绕土壤—植物—大气系统及其相互作用的方向进行，将热量、水分平衡研究向前推进了一步。

4. 农业自然生产潜力

从地理学为广义的农业服务出发，黄秉维着眼于研究农作物生产的自然条件，考虑农业增产的途径，主张提高单位面积产量应是主要措施。20 世纪 70 年代他提出了农田自然生产潜力的理论和基本研究方法，将自然因素分为实际上人力不能改变和可以改变的因素两类，分别分析其对产量形成的作用，然后按限制因素原理加以综合，提出如何改变其可以改变的因素，预计得到的产量。他认为作物环境包括许多相互制约的因素，经合理简化可分为：阳光、温度、水分、土壤条件和养分条件，并分别进行了探讨。他还指出，地表水及地下水被视为可在一定范围内改变使用地点的资源来与当地降水结合研究，并需参酌基因工程、全球环境变化等来扩充研究视野。除农田外，他又提出要探讨研究林业、牧业的自然生产潜力。

5. 华北水利与农业发展

20世纪70年代，针对华北平原干旱、排水不良和土壤盐渍化的现状，黄秉维认为，只有充分利用本地降水才能从根本上解决华北平原的干旱问题。他指出，用机械方法改善土壤物理性质，使耕层土壤状况得以改变，更多地汲收、储存天然降水，增加构成作物产量的降水系数，是减少干旱的基本途径。根据华北的实际，他不赞成再大规模地发展灌溉，而主张将一部分灌溉农业改为旱作农业；认为西北、华北节水的重要意义不亚于节能。对于黄河下游防洪问题，黄秉维认为，除须加强黄河中游土壤保持工作外，还要认真研究利用高含沙水流特性来输送泥沙，以解决黄河下游淤积问题。

6. 坡地改良与利用

中国东部坡地的生产力很低，且自然条件日益恶化，而土壤侵蚀又危害下坡和下游。在综合坡面径流、坡面水蚀、土壤保持、木本油粮等方面成果，考虑了传统农业与非传统农业的经验教训基础上，黄秉维在20世纪80年代明确指出，中国东部存在着显著提高坡地持续生产力的可能性，而充分改良和利用坡地又是解决我国农业问题的关键之一。坡地改良利用在战略上应以植物措施为主，最大限度地提高一面坡或小流域的持续生产力，最好的途径是凭借速生植物除害兴利。坡地改良和充分利用可以提高经济效益，减少对下坡和下游的危害，有助于扶贫和缩小地区之间的贫富差距，弥补平原农产品的不足。从全球变化角度看，坡地改良利用可以增加对大气中CO_2的吸收，对于未来可以部分抵消因海面上升而丧失的土地。

7. 确切地估计森林的作用

1981年和1982年黄秉维发表《确切地估计森林的作用》和《再谈森林的作用》。他肯定森林有防止土壤侵蚀，调节河水流量，提供木材和其他产品的作用；表示赞成强调保护森林和植树造林，但却不赞成过分夸大森林的作用。针对森林到处都是宝，森林万能，只要有了森林，便万事大吉；搞绿色水库比白色水库的作用还要大，有了森林就可以不再搞农田水利等说法，他以大量的资料和数据阐述森林的气候作用和水文作用；指出影响农业生产的因素很多，森林不是起决定作用的因素；按现有的认识，森林不能使林区邻近地区降水量增加；就多数地方来说，湿润的气候是因，森林的存在是果。他从科学家的责任出发，以他的广博知识，纠正了偏见与夸大，成为科学传播和科学普及的典范。

8. 全球环境变化及其影响

黄秉维是我国全球环境变化和地球系统科学研究的先驱者。他认为，大气中 CO_2 浓度增加的趋势明显，研究的重点应是大气中 CO_2 浓度增加一倍将产生的影响，如地表温度是否增高，其对降水和海面上升的影响等。他指出，北半球高纬地区陆地多，温度增高，且冬季升高较多，将有利于作物复种和越冬。由于海陆差异，内陆升温多于海洋，中亚与太平洋之间夏季温度与气压的差值增大，从而增强夏季季风，中国北纬 34 度以北地区的降水将增加，自然地带会发生位移和变化。他强调应着重研究中国可能出现的变化并提出相应的对策。他撰文阐明中国在农林牧业和能源利用方面对于全球变暖问题必须采取积极的应对措施。

9. 地球系统科学与可持续发展战略研究

20 世纪 90 年代以后，黄秉维考虑到国内外全球环境变化、土地退化与改良、人口问题、可持续发展战略以及地球系统科学的提出，发起组织"陆地系统科学与可持续发展"研讨会，建议开展该领域研究工作。在 1996 年前后发表的文章中，他详细说明提出地球系统科学的客观需要和成熟条件、发展背景、研究对象、涵盖的时间尺度等，将地球系统科学定位为可持续发展战略的科学基础。他讨论了中国地理学家参与此项研究的必要性和可能性；提出了相关研究的理论与方法，以及为此需要较早解决的 5 个难题，包括自然方面的综合、社会经济方面的综合、自然科学与社会科学的综合等；结合中国的实际，提出了开展中国区域可持续发展、中国陆地系统或地球表层研究、中国土地资源与农林牧副渔的可持续发展、中国水资源与流域管理等 4 个领域的研究内容。

（二）学术思想及其影响

黄秉维密切注视国际研究的动向和趋势，始终站在学科的前沿领域，提倡综合研究；不断开拓地理学的深化研究；强调地理学要为农业服务、面向生产建设实践。他以其渊博的学识和辛勤的劳动，为推动我国现代地理学的发展和研究水平的提高，做出了卓越的贡献。

1. 突出地理学的综合性和区域性

黄秉维在把握地理学基础学科性质时，始终坚持地理学的综合性和区域性特点。他认为，综合地研究地理环境是辩证地认识地理环境的形成和发展的根本途径。为了满足社会实践需要，地理学应当发挥它的固有特点，发展综合性工作。综合研究是在综合指导之下分析，又在分析基础之上综合。他指出，自然地理的综合研究如不与经济研究结合起来，仍不能起到为社会和农业出谋划策的作用。地理学应该研究和解决社会发展与自然的矛盾，自然地理综合研究应指向资源和环境。

他指出，地理学应当为地面区域之比较研究；地理学是研究地表上区域的差异之科学。区划是地理学的传统工作和重要研究内容，是区域性的综合工作。区域单位是作为环境和自然资源的整体来认识，在相当大的程度上它们是相互关联、相互交叉的。黄秉维牢牢把握地理学的性质和特点，坚持地理学的综合性和区域性，不断开拓指导地理学的综合工作，同时维持了地理学学科的稳定。

2. 开拓并推动地理学的深化研究

鉴于传统地理学偏重于描述，无力解决实际问题的状况，黄秉维指出应吸收数学、物理学、化学和生物学的知识来建立观测分析、实验的技术。近几十年来，自然地理学一个显著的进展是采用比较完善的仪器、比较精密的分析技术来认识自然现象的性质、动态和年龄，建立定位观测来了解各项自然现象在时间上的变化；设置试验场和实验室来模拟在自然界中的条件和过程，帮助我们更深刻地理解地理环境的形成和发展。

20 世纪 50 年代末以来，根据开展地表自然过程研究的需要，黄秉维先后部署了沙风洞、河流地貌、径流、地理环境化学元素测定、沉积物分析、孢粉分析、碳同位素测年等实验研究；组织开展在民勤、德州、石家庄等地的定位观测，倡导并亲自筹建北京农业生态系统试验站，为同类工作开了先河。70 年代以来，他积极支持遥感应用研究和地理信息系统在资源环境研究中的应用，从而在地理学的研究中，形成了地域考察、遥感应用和试验手段的结合，为揭示地表的物理、化学、生物过程，探求地理系统的物质迁移和能量转换规律，进行空间尺度的转换，提供科学依据和方法，有利于分析和综合。

黄秉维关于积极引入新技术新方法革新地理学的思想，促进了地理学研究的深化，具有开拓意义，导致了实验地理学的建立。

3. 强调地理学为农业和建设服务

黄秉维将为农业服务作为应用基础研究的方向，为中国地理学的发展开拓了广阔的空间。在国际上独树一帜。他于 20 世纪 50 年代末完成的《中国综合自然区划》主要为土地利用与水利服务，对因地制宜发展农业起到宏观的指导作用。70 年代他提出的研究农田自然生产潜力的基本理论与方法，在试验地的部分结果为后来的生产实践所证实，被相关的研究广为借鉴。80 年代以来，他明确指出我国华南存在着显著提高坡地持续生产力的可能性，而充分改良和利用坡地是解决我国农业问题的关键之一。坡地改良利用既要防止土壤侵蚀、防止土壤物理性质变差，也要使土壤养分供应不减少。他提出在战略上主要以植物措施，最大限度地提高一面坡或一小流域的持续生产力。华北平原 90% 水源用于农业。他主张将一部分灌溉农业改为旱作农业，充分利用本地降水从根本上解决华北平原的干旱问题。所以旱作农业高产和节约灌溉用水，都是很重要的问题。

黄秉维长期贯彻地理学为农业服务的思想，以此作为应用基础研究的主方向，在科研实践中，加强了与生产、决策部门的协作，明确了分工，发挥各自的作用，使地理学有了立足之地，在生产、教学、科研三大部门之间鼎足而立，并且长期保持着一定的优势。

4. 不断指引地理学学科发展的新方向

黄秉维密切注视国际科学与地理学研究的动向和趋势，不断指引学科发展的方向。他于 1956 年就指出："根据物质不灭、能量守恒的原理，开展物理的、化学的和生物的过程研究，加以综合。"这一思想比国际上后来得到的共识，即要了解全球变化的主要问题，必须将相互联系的物理的、化学的和生物的过程研究综合起来，早了 25 年。随后，他又指出："关于地理环境中现代过程的综合研究业已发展起来的有三个方向：一是地表热量水分的分布、转化及其在地理环境中的作用的研究；二是化学元素在地理环境中迁移过程的研究（地球化学景观或化学地理）；三是生物群落与其环境间物质、能量交换的研究（生物地理群落学）。"从更广阔的视野看，三个方向存在着外延部分叠合的关系，可以将不同尺度的研究结合在一个统一的体系之中，并将导致对地理环境中的现代过程及其地域分异秩序的全面了解。在黄秉维关于自然地理学三个方向的学术思想指引和推动下，中国地理学研究的描述性现状迅速改变，各个分支学科蓬勃发展。

全球环境变化逐渐成为当今国际科学界瞩目的研究热点。早在 1972 年黄秉维就曾建议将温室气体致暖问题列入地理所科研计划。至 20 世纪 80 年代前期，温室气体浓度持续增加已引起公众和政治家的关注，他积极参与在我国开展国际地圈生物圈计划（IGBP）研究工作的设计。他认为我们对全球环境变化及其影响问题"应当加以重视，认真研究分析，作周到的权衡，在没有把握的问题中寻求可以把握的东西"，并专门撰文阐明中国在农林牧业和能源利用方面对于全球环境变化问题所应采取的对策和措施。他在中国全球环境变化研究的目的、研究尺度和方法等方面有许多精辟论述，为在中国开展该领域研究做出了重要贡献。

90 年代以后，黄秉维认为有必要研究适合中国情况的区域可持续发展战略，以 50 年为主要目标时间，近至 10～20 年，以此带动地球系统科学的建立。他指出大气、海洋与陆地三个子系统中，陆地最重要、最复杂、受人类活动的影响亦最大，目前未知数亦最多。宜先在跨学科的综合工作上多下工夫，积极推动陆地系统科学研究。从中国的实际情况出发，应以陆地系统及其与大气和海洋的外延叠合为工作重点，冶全球环境变化与区域环境变化为一炉。地球系统科学关于圈层联系、过程综合以及实施自然科学与社会科学跨学科研究等基本内容，是黄秉维地理学综合研究思想的延续和发展。他以其自然和社会经济许多方面的渊博学识，娴熟驾驭科学的方法和能力，以综合为纲，指出了填埋界线森严的自然科学与社会科学之间所存在鸿沟的途径，为后来者开辟了深入研究的广阔领域，无疑对当前乃至整个 21 世纪的地理学及相关研究具有深刻的指导意义。

三、黄秉维主要论著

Huang Bingwei. 1935. Some preliminary morphological notes on the N. coast of E. Shantung. Science Journal, 6 (4): 737-753.

黄秉维. 1940. 中国之植物区域（上）. 史地杂志, 1 (3): 19-30.

黄秉维. 1941. 中国之植物区域（下）. 史地杂志, 1 (4): 38-52.

黄秉维. 1953. 陕甘黄土区域土壤侵蚀的因素和方式. 地理学报, 19 (2): 163-186; 科学通报, (9): 63-75.

黄秉维. 1955. 编制黄河中游流域土壤侵蚀分区图的经验教训. 科学通报, 12: 15-21.

黄秉维. 1959. 中国综合自然区划草案. 科学通报, 18: 594-602.

黄秉维. 1960. 自然地理学一些最主要的趋势. 地理学报, 26 (3): 149-154.

Huang Bingwei. 1981. Environmental factors and the potential agricultural productivity of China: an analysis of sunlight, temperature and soil moisture//Ma L J C, Noble A G, eds. The Environment: Chinese and American Views. New York: Methuen and Co. Ltd.: 45-71.

黄秉维. 1981. 确切地估计森林的作用. 地理知识, (1).

黄秉维. 1982. 再谈森林的作用. 地理知识, (2); (3); (4).

黄秉维. 1982. 生态平衡与农业地理研究. 地理研究，1（1）：3-8；（2）：1-7.

黄秉维. 1987. 华南坡地利用与改良：重要性与可行性. 地理研究，6（4）：1-14.

黄秉维. 1989. 中国综合自然区划纲要. 地理集刊（自然区划方法论），（21）：10-20.

黄秉维. 1990. 中国综合自然地理学研究的回顾//中山大学地学院编. 中德地理学发展与地理教育. 广州：中山大学出版社：59-75.

黄秉维. 1991. Climatic division and physico-geographic division of China：retrospects and prospects. Climatological Notes 41，Institute of Geoscience. University of Tsukuba：3-10.

黄秉维. 1992. 关于热带界线问题：1. 国际上的热带、亚热带定义. 地理科学，12（2）：97-107.

黄秉维. 1993. 自然条件与作物生产：光合潜力，温度，水分，土壤水分情况较具体的分析方法（以延安为例），土壤与肥源//《黄秉维文集》编辑小组. 自然地理综合工作六十年——黄秉维文集. 北京：科学出版社：183-256.

黄秉维. 1993. 关于在我国开展全球变化研究问题——在 IGBP 中国国家委员会第二次会议上的发言//《黄秉维文集》编辑小组. 自然地理综合工作六十年——黄秉维文集. 北京：科学出版社：466-469.

黄秉维. 1996. 论地球系统科学与可持续发展战略科学基础. 地理学报，51（4）：350-354.

黄秉维. 1999. 地球系统科学与可持续发展研究//黄秉维主编. 现代自然地理. 北京：科学出版社：1-12.

主要参考文献

黄秉维. 1993. 自述//《黄秉维文集》编辑小组. 自然地理综合工作六十年——黄秉维文集. 北京：科学出版社：v-xxvi.

中国科学院地理研究所. 1993. 自然地理综合研究——黄秉维学术思想探讨. 北京：气象出版社：1-130.

《陆地系统科学与地理综合研究》编辑组. 1999. 陆地系统科学与地理综合研究——黄秉维院士学术思想研讨会文集. 北京：科学出版社：1-123.

《纪念黄秉维先生诞辰 90 周年文集》编辑组. 2003. 高山仰止，风范长存——纪念黄秉维先生诞辰 90 周年文集. 北京：商务印书馆：i-xiii，1-194.

郑度，杨勤业，顾钟雄. 2003. 黄秉维学术思想及其实践//《黄秉维文集》编辑小组. 地理学综合研究——黄秉维文集. 北京：商务印书馆：527-533.

撰写者

郑度（1936~），广东揭西人，院士、研究员，曾任中国科学院地理研究所所长. 长期从事自然地理综合研究、区域自然地理研究.《黄秉维文集》编辑小组组长.

杨勤业（1940~），湖北武汉人，研究员. 长期从事自然地理综合研究、区域自然地理研究.《黄秉维文集》编辑小组成员，黄秉维晚年学术秘书.

任美锷

任美锷（1913～2008），浙江宁波人。地理学家，海洋地质学家。1980 年当选为中国科学院学部委员（院士）。1936 年毕业于中央大学地理学系。1936～1939 年在英国格拉斯哥大学留学并获博士学位。回国后，历任浙江大学、复旦大学、中央大学、南京大学教授，曾任南京大学地理系主任、中国科学院南京地理研究所所长。曾任中国地理学会、中国海洋学会名誉理事长；《地理学报》主编和 *Estuarine, Coastal and Shelf Science* 编委。他致力于资源环境领域的研究，在全球变化的多学科交叉和国际合作研究中做出了积极贡献。1956 年参加了全国 12 年科学规划制定工作。提出"准热带"和"热带山原"理论，并应用于中国自然区域的划分，其成果《中国自然地理纲要》一书被译成多种文字发行。在三峡地区喀斯特研究中，提出"深部喀斯特作用"的新观点并论证了其类型及形成机制，修正了苏联学者索科洛夫的"喀斯特垂直分带图式"理论，出版了《岩溶学概论》专著。他的科研成果被广泛应用于海岸带资源开发和环境管理。提出我国加入国际深海钻探计划的建议，推动了国内的古海洋学研究。获英国皇家地理学会维多利亚奖章（1986）、国家教委首届全国高等学校优秀教材特等奖（1988）、何梁何利基金科学与技术进步奖（2000）、中国地理学会第一届中国地理科学成就奖（2004）。

一、简　　历

任美锷于 1913 年 10 月 7 日生于浙江省宁波市，2008 年 11 月 4 日于南京逝世，享年 95 岁。

任美锷出生于一个普通商人家庭。1928 年考入宁波的浙江省立第四中学。有一次他在书店发现了张其昀编的《高中本国地理》和美国人鲍曼著、竺可桢等译的《战后新世界》，很受吸引，于是高中毕业后报考了中央大学地理系。跟随张其昀先生学习期间，在熟读台维斯（W. M. Davis）的地貌学说的同时，于 1933 年遍游浙江省的名山大川，从雁荡山的峭峰林立到天台山的浑圆无奇，进一步理解了内动力在塑造地貌形态中的作用；1934～1935年，他深入青海、甘肃、陕西、宁夏和绥远（今内蒙古）五省区考察人文地理，在如何能使黄土高原也得黄河之惠、逐渐改变贫穷面貌等问题的思考之中，萌生了长期研究黄河问题的愿望。大学期间，他在《方志月刊》杂志发表了论文《兰州附近地志研究》，还与同窗李旭旦一起翻译了里纳恩的经典著作《人地学原理》，由南京中山书店出版。

1936年大学毕业后以优异成绩被中英庚款录取，公费派送赴英国留学。中英庚款董事会指定中央研究院地质研究所所长李四光教授指导他的留英事项，在李四光教授建议和推荐下，任美锷于1936年赴英国格拉斯哥大学攻读博士学位，他的导师是德高望重的英国著名地质学家、英国皇家学会会员E. B. Bailey教授。在Bailey教授指导下，任美锷选习了地质学基础课，其中包括著名岩石学家G. W. Tyrrell的岩石学。1937年暑假去阿尔卑斯山考察冰川地貌和地质构造。1939年完成了题为《苏格兰Clyde河流地貌发育》的博士论文并获得博士学位。

任美锷于1939年回国，任浙江大学教授。当时正值抗战时期，浙江大学经过几次迁移，1940年到达贵州。任美锷于1940年初到达位于遵义的浙大本部，1943年夏离开，在遵义浙大工作三年多。之后，他于1944～1946年在重庆沙坪坝中央大学任教授。

1956年，任美锷参与了全国12年科学规划制定工作，同时还接受了云南热带生物资源综合考察任务。1957～1960年，他多次赴云南南部考察，根据大量考察资料，提出云南南部25°N以南、海拔1000m以下的盆地能够种植橡胶，为云南南部扩大橡胶种植面积提供了科学依据。任美锷于20世纪50年代中期进行三峡地区喀斯特研究，提出了"深部喀斯特作用"的新观点，继而又进一步研究了喀斯特地貌的地带性问题。1959～1962年，任美锷任中国科学院南京地理研究所所长。

1962年任美锷响应国家召唤进入海洋科学领域。1965年，参加海南岛铁炉港建设研究，根据潮汐汊道理论完成了可行性研究，使铁炉港得以顺利建成。1979年，受国家海洋局委派，作为中方首席科学家与来访的美国伍丝霍尔海洋研究所J. D. Milliman博士一起，促成了中美合作的首个大型研究项目"长江口及东海大陆架海区沉积动力学"。该项目于1980～1983年执行，取得了丰硕成果，成为中国海洋科学走向世界的标志之一。1979年，任美锷又接受了江苏省海岸带和海涂资源综合考察任务，并担任考察队队长，历时5年在国内率先完成了该项任务。

20世纪70年代末，他发表了一系列论文，将"古海洋学"介绍到国内，并积极建议我国加入国际深海钻探计划，推动了国内的古海洋学研究。此后，又进行了江苏潮滩沉积动力学、中国三大三角洲海岸相对海平面变化、人类活动对黄河及其三角洲的影响、流域—海洋相互作用等研究，取得了一系列开创性的成果。他还以自己的沉积学知识，指导了大庆油田、下辽河油田的生产工作。1984 年，他力排众议，根据黄河口潮流和悬沙特征的分析，提出建设胜利油田油港是可行的结论，这一结论得到了石油部的采纳。该港建成后运行良好，1997 年又进一步扩建，对黄河三角洲的发展起了重要作用。他将历史文献与现代科技成果结合，阐明人类活动与自然因素对黄河和黄河三角洲发育与发展的影响，指出地区经济发展所应遵循的规律，对黄河海港建设及黄河三角洲开发提出具体意见，受到当地政府及胜利油田领导的高度评价。1999 年，他撰文讨论黄河下游整治及黄河断流问题，根据多年实地考察及对大量资料的综合分析，认为要改善黄河下游环境及黄河断流问题，必须采取多种措施，这一意见受到国内学术界的广泛重视。

任美锷十分重视学科交叉，在 84 岁高龄，又将自然地理、海岸科学及其他相关科学交叉结合，开拓长江三角洲可持续发展研究。1996～1997 年，他与严东生院士共同主持"长江三角洲可持续发展咨询项目"，提出尽快建设太仓港为上海国际航运中心的副港，以上海港为主港，以浙江北仑港和江苏太仓港为副港建设上海国际航运中心的战略建议，被地方政府部门所采纳。据江苏省计经委和交通厅研究估算，太仓港的投产从 2010 年起每年可节约苏、锡、常腹地至海港间集装箱陆上运费 8.7 亿元人民币，还可节约港口建设费用 25 亿元人民币。

改革开放以后，任美锷在国际学术交流中十分活跃。1978 年，应美国科学促进会的邀请，参加了中国代表团赴美国访问，这是"文革"后中美科学界间的第一次大型交流，访问了世界著名的 Scripps 海洋研究所等学术机构。1986 年夏，接受美国 Fulbright 基金会邀请到美国讲学一年，主要在西伊利诺伊州立大学讲授《中国地理》课程，同时也到美国许多大学和研究所作学术报告及参观访问。1982 年和 1987 年，出席了分别在瑞士苏黎世和美国伍丝霍尔海洋研究所举行的第一、二届国际古海洋学会议。1989 年，出席了联合国海洋环境保护科学委员会在曼谷举行"海平面上升与三角洲沉降"国际学术讨论会。1992 年秋，出席了在瑞典哥德堡市举行的国际海洋研究委员会全体会议。这些活动焕发了他的学术青春。尽管他于 1979 年因患眼疾导致左眼失明，但任美锷认为自己"一生的主要科学成果都是 1981 年以后，即失去左眼视力以后取得的"。

在业余生活中，任美锷喜爱京剧、音乐和唐诗。他认为，科学家"要有比较广博的普通知识，特别是文学、艺术和音乐的修养，它们可以陶冶性情，增进科学家的思维能力"。他在工作之余写作了京剧随笔，还尝试了唐诗英译的工作。

二、主要科学研究成就、学术思想及其影响

任美锷院士在留学期间就奠定了深厚的地球科学基础,使他能够在后来的研究工作中较快地适应不同方向,并吸收新的科学知识。在工作中,他十分重视从国家需求出发,提出理论和应用研究的新问题,在多个领域做出了显著成绩。由于他的杰出贡献,1986 年荣获英国皇家地理学会维多利亚奖章,是迄今获得此奖章的唯一中国地学家。任美锷院士治学严谨,1939 年始在大学任教,培养了大批优秀的地球科学家,1990 年 12 月国家教委和国家科委授予他"全国高等学校先进科技工作者"称号。任美锷院士曾获全国科学大会奖(1978)、何梁何利基金科学与技术进步奖(2000)、中国地理学会第一届中国地理科学成就奖(2004)。

(一)主要科学研究成就

1. 中国自然地理

任美锷擅长于地理学的综合与区域研究。20 世纪 40 年代抗日战争胜利后,在他的《建设地理学》专著中,提出地理学要为工业、农业、交通运输服务,要解决重大经济建设问题。1957～1960 年,他参加中国科学院云南热带生物资源综合考察队,在云南南部热带地区进行野外工作三个季度,调查中发现滇南秋季虽然干燥无雨,但夜里气温低,坝子周围山地上的空气冷却下沉,在坝子里凝结为雾。浓雾的水汽在树叶上凝结成水,顺叶尖滴到地面,因此雨林内即使在干季,地面仍是湿的。据此,任美锷提出这可以解决在滇南坝子种橡胶湿度不足的问题。这项研究后来导致了"准热带"和"热带山原"概念的建立,使橡胶种植得以北推到 25°N、海拔 900～1000 m 的区域,为热带作物北移奠定了理论依据。

他承担过中国自然区划研究工作,在南京大学讲授"中国自然地理"课程,后来总结为《中国自然地理纲要》专著(与杨纫章、包浩生等合著),于 1979 年 7 月由商务印书馆出版(初版)。此前,中国科学院出版了《中国自然区划(初稿)》(科学出版社出版,1956),把全国分为 8 大自然区,而《中国自然地理纲要》将全国分为若干自然带,提出了新的区划原则和方案。这本著作后来被译成英文、西班牙文、日文等发行,在国内外产生巨大影响。1988 年获国家教委首届全国高等学校优秀教材特等奖。

2. 深部喀斯特作用和中国喀斯特地貌发育的地带性

20 世纪 50 年代，任美锷领导一支考察队，围绕三峡大坝工程，重点研究了三峡及周围喀斯特工程问题。当时国内的喀斯特研究深受苏联学者索科洛夫理论的影响，认为河谷基面以下不能形成喀斯特。任美锷分析了大量实际资料，指出受基准面控制的现代喀斯特作用带以下仍有溶洞发育，进而提出"深部喀斯特作用"的新观点，并详细论证了深部喀斯特的类型及形成机制，对三峡工程中的溶蚀基底的确定具有重大的科学指导意义与应用价值。之后，他又进一步研究了我国喀斯特地貌发育的地带性规律，对全国喀斯特类型、组合、作用进行了系统的解释。其中还探讨了北京周口店猿人洞发育与古猿人居住、迁徙的关系。在更大的时空尺度上，他进一步探讨了古喀斯特问题，即第三纪残留的热带喀斯特。他与王飞燕、刘振中等编著的《岩溶学概论》就是这些工作的总结，1979 年此项研究获江苏省重大科技成果三等奖，1985 年获国家教委科技进步奖二等奖，1988 年获国家自然科学奖三等奖。

3. 潮汐汊道和沉积动力理论在海港建设中的应用

潮汐汊道是一种常见的海岸地貌类型。由于港口建设的需要，国外在 20 世纪 30～70 年代对其进行了深入研究，形成了潮汐汊道稳定性理论。任美锷敏锐地觉察到这一进展在我国海岸带开发中的重要意义，首先系统介绍了潮汐汊道理论，包括纳潮量、过水断面面积关系、口门段水道稳定性、涨落潮流三角洲地貌演化、汊道稳定性的地貌和沉积标志等。在此基础上，他与合作者一起将这一理论进一步推广到中小河口水道的整治，建立了港口建设可行性的地貌判据。这一方法在华南港湾海岸的应用收到了很好的效果，现已被国内学术界、工程界接受，广泛应用在港口建设、航道工程。海南岛铁炉港、洋浦港的可行性论证就是在潮汐汊道理论指导下成功进行的。

20 世纪 50 年代之后，沉积动力学成为地质学、工程学和物理海洋学的新兴交叉学科。任美锷积极探索了潮汐环境的沉积动力特征及其在港口建设中的应用，根据水动力条件和悬沙侵蚀、输运、堆积条件确定港口、航道建设方案，为在许多原先认为不适宜于港口建设的地方兴建大型海港提出了新思路。基于新的方法，任美锷提出了黄河泥沙影响的动态变化和潮流流速特征的两条理由，主张可以在老黄河口附近建港，最终使东营港得以成功建设。

4. 潮滩地貌与沉积动力学

改革开放以后，任美锷以中美合作项目"长江口及东海大陆架海区沉积动力学"为契机，开始了海洋地质领域的研究。他抓住沉积动力过程、古海洋学、浊流沉积等前沿问题，积极推进基础和应用研究，如潮滩风暴沉积机制、深海钻探、湖相沉积在油田勘探中的应用等。在全国海岸带和海涂资源综合调查期间，他与合作者对江苏海岸的潮滩沉积作用进行了扎实的现场观测，获取了潮流流速、悬沙浓度、潮间带沉积物分布、潮水沟动态、剖面季节变化和长期变化的系统资料，提出了江苏潮滩沉积的主要物质输运和滩面冲淤过程，识别了层序中的正常潮汐沉积和风暴沉积组分。他的研究成果集中反映在国内外发表的一系列论文和他主编的专著（《江苏省海岸带和海涂资源综合调查报告》和 *Modern Sedimentation in Coastal and Near-shore Zone of China*）之中。1985 年该项工作获江苏省科技进步奖特等奖，1986 年"江苏淤泥质海岸及其开发利用的研究"获国家教委科技进步奖二等奖，1992 年他作为完成人之一的成果"中国海岸带和海涂资源综合调查研究"获国家科技进步奖一等奖。

5. 河流入海通量及其对海洋环境的影响

任美锷长期致力于我国三大河流（长江、黄河、珠江）及其三角洲海岸的研究，早年对黄河流域的环境、资源问题就很关注。20 世纪 80 年代以后对我国大河的沉积物入海通量、海平面变化对河口的影响、人类活动对黄河三角洲的影响、流域—海岸相互作用、长江三角洲可持续发展等问题进行了系统的研究，在国内外发表了许多重要论文，如在 *Journal of Geology*，*Continental Shelf Research*，*Journal of the Geological Society of London*，*Journal of Coastal Research* 等重要学术期刊发表的论文。直到 2006 年，他还在《地球科学进展》上发表了题为《黄河的输沙量：过去、现在和将来——距今 15 万年以来的黄河泥沙收支表》的长篇论文。他对这一领域的科学普及也很重视，出版了科普专著《黄河——我们的母亲河》。这些研究成果在国内外产生了显著的学术影响，被学者们广泛引用。他与合作者的成果"河流-海洋系统研究"1992 年获国家教委科技进步奖三等奖，"中国自然区域及开发"1996 年获国家教委科技进步奖二等奖。

（二）学术思想及其影响

1. 地理科学

任美锷从 22 岁起开始发表地理学论文，对地理学的学科体系、主要理论问题、应用领域等方面进行了长期而深入的思考，提出了许多有价值的思想。他留学英国，对西方国家科技服务于经济和社会的印象极其深刻，回国后不久出版的《建设地理新论》一书是他思考地理学体系及其社会功能的代表作。在经济地理学领域，当时国内的研究水平较为落后，大多以描述物产分布为主；他的专著则完全不同，首先在地理科学的总体框架下界定了经济地理学的性质和范围，提出经济地理学要有一条理论主线，而区位理论就是本学科当时所处阶段的通用理论。他进一步指出，经济地理学应与经济建设紧密相连，其应用可以称为"建设地理学"。他论述了经济地理学的理论体系、土地资源开发利用及其与人类活动的关系等重要科学问题，以及"建设地理"发展方向的重要建议。从构建完整的理论体系出发，最后落实到国家建设中的应用，这种方法在任美锷后来的工作中多次体现出来，如中国自然区划、喀斯特地貌、大型河流三角洲地貌等项研究。

任美锷认为，地理学的自然科学基础以地貌学最为重要。他在攻读博士学位期间打下了扎实的地貌学基础，后来又在回国后详细介绍了地貌学家台维斯的理论，将台维斯的主要学术论文译成中文出版。任美锷在地貌学领域的研究绝不是保守的，他在"文革"之后接触到西方国家在过程和机制研究以及定量方法上的新进展，就立即着手引入新的方法和体系。1978 年他访美归来后，给"文革"后招收的第一届大学生做了前沿的学术报告，他说，经过"文革"的破坏，我国的地理学在定量研究等方面已远远落后了，我们甚至难以看懂西方科学家的论文。随即他在南京大学地理学系的课程体系中强化了数学和物理学课程。他晚年发表的论文（如关于河流入海通量、人类活动对沉积环境的影响等的论文）都体现出他不断加强自然科学基础、追赶国际前沿的不懈努力。长期以来，任美锷倡导的以地貌学为核心、注重自然科学基础的地理学研究，对后辈学子们产生了巨大的影响。他本人在地理学各个领域的杰出成就已成为一个榜样，激励着后人不断追求地理科学的创新。

2. 海洋科学

任美锷的海洋科学研究是从海岸带潮汐作用为主的沉积环境研究开始的。20 世纪 60 年代，国家迫切需要开发海岸带资源，因此他把潮滩、潮汐汊道和潮汐河口研究作为切入点。早期的工作主要是他的地理学方法向海洋的延续，他消化和吸收了国外的潮汐汊道理论，然后用于港口建设。由于他具有深厚的地学基础，因此在进入海洋科学的初期就获得了成功。将地理学方法移植到海洋研究，这种方法对许多自然地理的研究者很有启发意义。

改革开放以后，国家组织了海岸带与海涂资源综合调查，任美锷作为江苏海岸调查工作的领导者，不仅按照调查规范圆满完成了任务，而且还进行了潮滩沉积过程和机制的深入研究，带动了这个领域的基础研究。当时，世界上典型的潮滩研究是在欧洲的北海沿岸进行的，最著名的是德国、荷兰学者对潮滩沉积特征和物质输运机制的研究，后来英国学者也对潮滩沉积过程进行了探讨，使沃什湾成为另一个经典的研究地点。任美锷注意到，欧洲的潮滩位于开敞程度较小的环境，而江苏海岸潮滩位于开敞海岸，其形成演化应与特殊的物质供给和水动力条件有关。他组织了台风过程对潮滩沉积影响的现场观测，以及潮滩在长江、黄河供沙条件下的演化过程，据此总结了开敞性潮滩的一般特征。他对过程和机制的重视对其后继者有很大影响。经过多年的努力，江苏潮滩现在已成为世界知名的典型研究地点。

任美锷并不满足于这些成绩，改革开放后他通过广泛的国际合作，积极引进国外的新思想、新课题、新技术，开拓了新的研究领域。如与美国 J. D. Milliman 教授、英国的 G. Evans、M. B. Collins 和 C. Vincent 等进行的海岸带陆海相互作用研究。过去，由于历史的原因，任美锷较少在国际学术刊物上发表论文，而他自 70 岁高龄开始，却在重要的国际 SCI 刊物上发表了一系列论文，并成为本领域前沿期刊之一的 *Estuarine, Coastal and Shelf Science* 编委。他与英国海洋中心建立的合作关系，按照该中心 M. B. Collins 教授所述，已经延续到第四代，"每一代之间的年龄相差 20 岁"。

任美锷具有海洋科学的广阔国际视野，他在后期的海洋地质研究中并不局限于海岸带。改革开放后，他从国外同行的研究动态中，意识到海洋科学对沉积动力学、气候与环境变化、古海洋学等领域的重要性。对于当时的新兴学科古海洋学，他在学术刊物《黄渤海海洋》上撰写长文，对古海洋的发展历史、学术成就和科学前沿问题进行了全面集成和阐述，指出了我国发展古海洋学的前景，并积极建议我国参加国际深海钻探计划。他的远见卓识，极大地推动了我国古海洋学和大洋钻探领域的进步。

三、任美锷主要论著

任美锷. 1944. 工业区位的理论与中国工业区域. 地理学报，11：15-24.

任美锷. 1946. 建设地理新论. 重庆：商务印书馆.

任美锷. 1950. 四川省农作物生产力的地理分布. 地理学报，16：1-22.

任美锷. 1953. 庐山地形的初步研究. 地理学报，19 (1)：61-73.

Ren M E. 1959. La glaciation du Yulungshan, Yunnan, Chine. Annales de Geographie，69：50-56.

任美锷，包浩生，韩同春等. 1959. 云南西北部金沙江河谷地貌与河流袭夺问题. 地理学报，25 (2)：135-155.

任美锷，杨纫章. 1961. 中国自然区划问题. 地理学报，27：66-74.

任美锷. 1964. 珠江河口动力地貌特征及海滩利用问题. 南京大学学报 (自然科学)，8 (1)：135-147.

任美锷，刘泽纯，金瑾乐等. 1981. 北京周口店洞穴发育及其与古人类生活的关系. 中国科学 (A 辑)，24 (3)：330-337.

任美锷. 1984. 徐霞客对世界岩溶学的贡献. 地理学报，39 (3)：252-258.

Ren M E，Zhang R S，Yang J H. 1985. Effect of typhoon No. 8114 on coastal morphology and sedimentation of Jiangsu province，the People's Republic of China. Journal of Coastal Research，(1)：21-28.

任美锷，杨纫章，包浩生. 1985. 中国自然地理纲要. 北京：商务印书馆.

Ren M E, ed. 1986. Modern Sedimentation in Coastal and Nearshore Zone of China. Berlin：Springer-Verlag；Beijing：China Ocean Press.

Ren M E，Shi Y L. 1986. Sediment discharge of the Yellow River and its effect on the sedimentation of Bohai and the Yellow Sea. Continental Shelf Research，6 (6)：785-810.

Ren M E，Milliman J D. 1987. Man's influence on the erosion and transport of sediment by Asian rivers：the Yellow River example. Journal of Geology，95：751-762.

Ren M E. 1993. Relative sea level changes in China over the last 80 years. Journal of Coastal Research，9：229-241.

Rem M E. 1994. Relative sea level rise in China and its socio-economic implications. Marine Geodesy，17：37-44.

Ren M E，Milliman J D. 1995. River flux to the sea：impact of human intervention in river systems and adjacent coastal areas//Eisma D，ed. Climate Change：Impact on Coastal Habitation. Boca Raton：Lewis Publishers：57-83.

Ren M E. 1996. Effect of sea level rise and human activity on the Yangtze Delta, China//Milliman J D, Haq B U, eds. Sea Level Rise and Coastal Subsidence. London：Kluwer Academic Publishers：205-214.

任美锷. 2006. 黄河的输沙量：过去、现在和将来——距今 15 万年以来的黄河泥沙收支表. 地球科学进展，21 (6)：551-563.

主要参考文献

任美锷编译. 1958. 台维斯地貌学论文选. 北京：科学出版社.

任美锷. 1991. 任美锷地理论文选. 北京：商务印书馆.

张粉琴. 2002. 情满山海——中 (国) 科 (学) 院院士、地理学泰斗的故事//刘纪远主编. 现代中国地理学家的足迹. 北京：学苑出版社：86-100.

任美锷. 2006. 回忆与怀念//韩存志主编. 资深院士回忆录 (第 2 卷). 上海：上海科技教育出版社.

王颖，朱大奎. 2008. 怀念我们的老师任美锷院士. 南 (京) 大 (学) 校友通讯，冬季号：49-50.

撰写者

高抒（1956～），浙江温州人，教授，南京大学地理与海洋科学学院院长。从事海洋沉积动力学、海岸地貌学、
海岸带陆海相互作用研究。

席承藩

席承藩（1915～2002），山西文水人。土壤学家，我国土壤基层分类、详测制图、土壤遥感应用和第二次全国土壤普查的倡导者。1995 年当选为中国科学院院士。1939 年毕业于北平大学农学院农业化学系。同年入中央地质调查所土壤研究室工作。1947 年赴美俄克拉荷马州立大学研究生院学习，获硕士学位，1950 年初回国。1953 年起，历任中国科学院土壤研究所副研究员、研究员、研究室副主任、主任。曾任中国土壤学会理事，发生分类和土壤地理专业委员会副主任、主任，江苏省土壤学会第三、四届理事长，《长江流域资源与环境》（刊）主编等。席承藩长期致力于中国土壤地理、调查制图、分类和区域综合治理与农业开发的研究。完成华北平原、长江流域土壤调查，黄淮海平原区域综合治理科技攻关，亚热带山丘区综合科学考察，全国第二次土壤普查，南方山地利用水土保持，长江三峡工程生态环境建设等国家任务，成绩卓著。研究成果为国家制定国土整治、土地资源利用详查与可持续发展规划提供了决策的科学依据。历时 30 余年潜心研究土壤基层分类，为第二次全国土壤普查建立了以土种为基础单元的 7 级分类体制。学术上多有建树和拓展，为推进土壤地理学为经济建设服务做出了贡献，多项成果获得中国科学院、省（部）级和国家奖励。

一、简 历

席承藩，1915 年 10 月 1 日出生于山西省文水县武村，2002 年 4 月 19 日于南京逝世，享年 87 岁。父亲瑞康，母亲武氏，独生子。父经商，系山西汇票号大德通驻沪人员。后来银行业兴起取代了汇票号业务，席父回家。由于受"五四"新学潮的影响，他鼓励子女外出读书。1928 年席承藩小学毕业入读太谷铭贤中学。该校一向重视数理化教学，逐渐培养了他热爱科学的志向。1935 年高中毕业，考入北平大学农学院农业化学系，1939 年毕业，获学士学位。

1939～1947 年，席承藩入中央地质调查所（重庆），任技士，主要从事土壤调查制图研究，并对 1930 年以来该研究所的土壤标本和拟定土系分类资料进行系统整理。1940~1945 年，先后在四川威远、大巴山区以及闽西闽南和江西部分山丘区开展土壤调查，对闽赣两省的土系作比较研究。1946 年，为配合联合国粮农组织对华援助计划实施，席与 FAO 组织的中外专家在豫皖苏三省黄泛区，对土壤淤积及其复垦进行调查。1947 年获奖学金，赴美国俄克拉荷马州立大学研究生院深造，获硕士学位，并受聘为助教。

1950 年初，席承藩回国，被调入中国科学院地质研究所土壤研究室，从事橡胶草土宜，以及黄泛区、淮河上游、山东滨海区的土壤调查制图。1952~1953 年，参加黄河中游无定河流域水土流失科学考察和三门峡大坝工程论证。

1954~1957 年，中国科学院和水利部共同承担国家任务，委派熊毅、席承藩培训专业人员，日后组成近 600 余人的队伍，对黄河下游华北大平原 13 万多平方公里进行中比例尺（1：5 万）土壤调查制图。他任主持业务的副总队长。此项任务完成，获得对国家有开发利用价值的多项研究成果，同时积累了大量有原创意义的科学研究资料。1958 年，为配合国家开发治理长江流域，中国科学院与长江流域规划办公室合作组建土壤调查总队，席承藩任总队长，开展了长江中游流域地区中比例尺土壤调查制图工作。在他的亲自主持下，为长江流域技术经济发展规划提供了1：20万和1：100 万土壤图和土壤资源改良利用分区专题报告，也为国家培养了一大批土壤调查制图专业人才。

1959 年起，席深感土壤基层分类与详测制图（>1：5000）是土壤地理研究的基础工作，应当特别重视。先后组织人员在河北怀来、山西平遥、浙江金华、江西进贤不同类型区域，选择典型地段，首次采用常规测图与航片解译成图的方法开展土壤基层分类试点研究。1961 年在土壤研究所创建土壤基层分类与详测制图学科组，任学科组长。

1964~1966 年，承担国家下达的南方山地利用与水土保持综合科学考察任务，与赣闽两省合作，组建百余人的多学科考察队。席任队长。完成赣南 18 个县（市）和闽南 4 县 1 市详细调查。

1978 年，国务院托农业部组织有关专家酝酿开展全国土壤普查事宜，席承藩是主要倡导者和积极支持者。1979 年国务院正式签发专门文件，对土壤普查作了统一部署。席出任全国土壤普查办公室副主任、科技顾问副组长兼华东区组长，全国普查系列成果汇编委员会副主任，历时 15 年。

1980~1990 年，他主持中国科学院重大科研项目"亚热带东部丘陵山区自然资源合理利用与治理途径"综合科学考察任务。调查区域涉及南方 9 个省（区、市）的山丘区范围，与各地有关科研、高等院校和生产部门协作组成综合考察队开展工作。席任业务总队长。

1983～1986 年，席被中国科学院聘为"黄淮海平原综合治理""六五"国家科技攻关项目专家顾问组成员，并委托他组织有关专家到野外和试验区现场考察、农村访问，与地方政府生产部门座谈、收集生产发展历史变化资料，向中央写出专题报告，为国家在该地区落实科技攻关选择立项做好前期准备。

国家"六五"至"八五"计划期间，席承藩参与"三峡工程对生态环境影响及其对策"攻关项目的研究。受聘为国家科委和中国科学院项目专家组成员。同时被委任为"三峡水利枢纽环境影响报告书"编写组中国科学院的首席科学家。

1991～1995 年，受全国土壤普查办公室委托，由席承藩主持，组织专业人员近百余人，参与土壤普查全国系列成果汇总编写任务。

席承藩历任中国科学院南京土壤研究所副研究员、研究员、土壤地理研究室副主任、主任、博士生导师，第四、五届中国土壤学会理事兼土壤发生分类和土壤地理专业委员会主任，江苏省土壤学会第三、四届理事长，全国农业区划委员会委员，自然资源委员会委员，人与生物圈（MAB）中国委员会委员，国际土壤分类参比基础（IRB）人为土纲召集人，《中国自然地理》和《中国自然地图集》编委，《中国大百科全书·地理卷》编委，《长江流域资源与环境》主编等。由他主编或合作主编出版的学术专著计有 20 多部，发表论文近 300 篇。主持或参与主持的主要科研成果《中国自然区划概要》和《泰和县自然资源与农业区划》获国家农委农业区划二等奖，《中国自然地理·土壤地理》获中国科学院自然科学奖二等奖，《中国土壤》（第 2 版）获中国科学院自然科学奖一等奖，《黄淮海平原区域综合治理》（"六五"攻关项目）获中国科学院科学技术进步奖特等奖、国家科学技术进步奖二等奖，《三峡工程对生态环境影响及其对策》获中国科学院科技进步奖一等奖等。1998 年获国务院表彰。

二、主要科研成就、学术思想及其影响

（一）主要科研成就

1. 华北平原土壤资源调查

1954～1957 年间，熊毅和席承藩承担国家任务，率领近 600 专业人员开展的黄河中下游 13.2 万 km^2 中比例尺土壤调查制图，是新中国成立后我国土壤学界历史上最大的一次区域调查和填制土壤图及编制系列专题图的研究工作。采集数以万计的土壤标本、样品、水样和部分植物样品，获取大量测试数据和第一手野外素材及景观资料，积累了大量有科研和生产应用储备价值的区域土壤背景资料。

席承藩就主要成果与熊毅合著《华北平原土壤》、《华北平原土壤图集》（1∶20万，1∶150万）。阐明不同河系沉积物属性和沉积规律、土壤地下水位、水质季节变化、植被覆盖变化对平原土壤的生成、特性和演变的影响。首次建立"浅色草甸土"新的土类，对华北盐渍土的形成与改良技术措施进行了深入探讨。根据沉积物不同粒级的质地剖面构型差异，重视不同质地土层的层位和厚度在半干旱地区对平原土壤水、盐、热、气、营养和植物根系活动的影响，科学区分不同情况下引起土壤盐渍化的地下水临界深度，为合理调控水肥和改良盐渍土、调整作物茬口提供了科学依据，也为平原土壤基层分类单元的系统划分和后续深入研究做出了贡献。

通过大范围面和点的实际调查和区域对比分析，明确得出制约华北平原农业发展的障碍因素是旱、涝、盐碱、风沙的科学结论，从宏观上制定以流域规划为前提的土壤综合治理分区规划，并有针对性地选择有代表性典型地区，布局土壤培肥和盐渍土改良试区定位监控研究。该项研究成果为中央 20 世纪 80 年代以来，对黄淮海平原的综合治理与开发做出了重要贡献。

2. 黄淮海平原区域治理与农业发展

1984 年席承藩受中国科学院委托，主持主编《黄淮海平原综合治理与农业发展问题》报告。在总结鉴证近 30 年该地区农业发展变化的基础上，对农业持续发展作出重新评估。认为，该地区盐渍土的面积比 20 世纪 50 年代减少一半左右，粮棉增产幅度也很大，但整个农业生态环境依然脆弱，旱、涝、盐碱、风沙和土地瘠薄的潜在威胁很大。因此，应当开阔思路，重新研究农业发展战略的方向和治理开发利用途径。1985 年 12 月，该专题报告组织专家鉴定，并向中央农村政策研究室作专题汇报，受到高度重视和赞赏。

黄淮海平原是我国最大的农业主产区之一，可持续发展潜力很大。但该地区的开发与黄河的安危和治理紧密相连。席承藩认为，黄河近期仍应以加高培厚堤防为主，中期以设法拦滞伊洛河为目标，远期力争黄土高原水土保持措施收效，减少黄河泥沙，提高除涝、治盐标准，减少洪涝威胁。以治水、用水和改土培肥为重点，发展综合农业。科学调用黄河水沙资源，合理利用地表水和地下水，推广蓄水保墒耕作技术，提高土壤自身抗旱能力，建立节水型农业刻不容缓。他还强调，应当根据区域分异特点，合理调整农业产业结构，分区分片培育和改造基本农田，建设商品粮、畜牧业、平原林（草）业、水产养殖业、干鲜果业、名优特产品，以及加工业的生产基地。促进商品流通，提高农民的经济生活水平。这些论点，为国家对黄淮海地区开展大规模综合治理与农业开发设置宏观研究课题和布局综合试验区，提供了可行性决策依据。

3. 南方山地利用与水土保持

我国江南山丘区，大面积分布花岗岩、紫红色泥（砂）砾岩以及红色黏土的厚层风化土层，岩性疏松，物理性差。在高湿高温而水热季节分配不均的气候条件下，加之受不合理的生产活动影响，极易发生水土流失和地质灾害。

20 世纪 60 年代中期，席承藩率队开展了赣南和闽东南大面积山地利用水土保持科学考察和制图工作。根据南方地区农林业生产周期相对较短和潜力大的特点，先后在兴国、安溪、惠安、仙游等县不同水土流失类型地区布置试验小区，引种适生水保植物与修筑工程配合，树立示范样区，引领群众扩大影响。总结出在严重水土流失区，先"草灌（豆科禾本科为主），后乔木"多层植被覆盖，构建工程与生物配套的综合防治水土流失技术体系。以工程养植物，以植物护工程，最后由植物取而代之。这样可按不同的侵蚀类型、流失强度、地面物的性质和气候变化特点，分别采用相应的治理措施，逐步恢复地力，从根本上控制水土流失。这一套从实践中总结出来的比较完整的水土保持技术，已经获得大面积的推广应用。

4. 综合开发利用亚热带丘陵山区

1980～1990 年中国科学院委任席承藩任队长，组建南方山区综合科学考察队，对我国东部亚热带山区自然资源开展多学科调查，区域范围涉及 9 个省（区、市）。采用区域宏观大面积控制考察，典型类型区重点调查剖析，设置代表性专题深入研究和典型样区实验、示范、推广相结合的点、片、面、专题结合为一体的考察方法开展工作，分省区按专题总结出版近 40 余项考察专著，其中由席承藩等主编的《南方山区的出路》（1990）一书，代表了 10 年来南方山区科考的总体成果。专著中提出立足沟谷，开发山丘，促进由沟谷型和分散型单一农业（粮食）为主，向多层（立体）综合农业转型，以开发带治理，寓治理于开发之中。从小流域入手，逐步扩展，由低部位向高部位，梯级推进，瞄准优势资源，建设具有一定规模的商品生产基地等观点，为国家对南方山区治理开发利用和生态经济建设做出科学评估。这些结论在当时制定韶关市、南宁市和赣江流域国土规划和国民经济发展计划中发挥了重要作用。该项成果 1990 年通过国家计委和中国科学院组织的专家鉴定，同年被列入中国科学院 10 项重大科技成果之一，1991 年获中国科学院科学技术进步奖一等奖。

5. 长江三峡工程对生态环境的影响及其对策

1983 年起，席承藩参加"三峡工程对生态与环境影响及其对策研究"项目，受聘为中国科学院首席科学家和国家科委、中国科学院及水利部组织的专家顾问组成员。

席承藩自 20 世纪 50 年代以来，就重视长江流域土壤及其古环境因素的研究。他在《试论长江流域环境的演化》（1993）一文中，提出青藏高原的抬升是引起长江台阶式地形形成的主因，由此导致长江流域河流网系地表形态的形成，以及对大气环流与干湿交替产生明显影响。通过长江中、下游广泛分布的红色风化壳及黏质黄土沉积物的研究，可以论证第四纪以来的环境历史演变及对流域生态现状的影响。他在《长江流域土壤与生态环境建设》（1994）中，全面论述了流域土壤资源的特点与利用现状，土地承载能力，复合农业生态建设效益，以及流域生态、环境建设等。其中，有关水土流失与泥沙问题，席承藩等认为，三峡以上的广大山丘地区，年土壤侵蚀总量占全流域总侵蚀量（24 亿 t）的一半以上，农耕地是土壤侵蚀的主要源地。他指出，三峡库区及周围地区已成为我国水土流失重点地区之一。这对国家决定提前在长江上游实施水土保持和防护林建设，起了促进作用。对被库区淹没农田的补偿可能性分析中，提出狠抓坡地改梯田，冬水田改造，建设经果与经林基地及规模牧业基地，为合理开发与发挥资源的时空优势展现了前景。通过区域地质、降水量、长江及其支流水位及地下水位的相关性论述，提出三峡工程可能对中游土壤潜育化、沼泽化的不利影响，因此应采取区域排水、建立复合农业生态体系及工程与生物措施结合，改造低湖田。通过长江径流变化对长江河口段水位影响及其与内河水位及地下水位的关系分析，认为三峡建坝后三角洲及河口地区土壤可能受盐渍化的威胁，提出全面调控流域水资源，尤其要加强河口地区骨干涝排工程的建设和管理、健全田间配套工程、重视农业生产技术措施等一整套对策，提高农地排水排盐能力和改土防盐效果，减少三峡工程带来的负面影响。

6. 全国第二次土壤普查

1979 年国务院发布 111 号文件，开展全国第二次土壤普查，这是国家重点科研规划项目之一。席承藩作为全国土壤普查技术主要负责人，从制定技术规程、南北方县级试点培训骨干，直到后期省（区、市）土壤普查成果验收、全国成果汇总，他始终亲临一线指导，把好技术质量关，为全国土壤普查胜利完成做出了巨大贡献。

席承藩是全国第二次土壤普查的倡导者与积极支持者。1978 年农业部在北京召开全国土壤普查工作会议，他应邀参加并作专题报告。他介绍了国际土壤调查、分类及制图工作动态，重视土壤养分的测试及遥感技术应用与电子计算机应用等，同时对全国土壤普查工作提出建议，均为全国土壤普查办公室所采纳。土壤普查由公社（乡）做起，以县为基础编制相应比例尺的土壤系列图件，编写土壤志，然后由地级、省（区、市）级逐级汇总，最后组织班子进行全国普查系统成果汇总。

土壤普查任务重，技术难度大。席承藩亲自主持普查试点，培训技术骨干。在统一全国土壤普查技术规程，组织专题研究与区域性土壤分类专题考察，制订全国土壤分类系统，外业指导等方面，做了大量引领性的工作，有力地推动了全面普查的开展。

全国土壤普查成果汇总由全国第二次土壤普查汇总编辑委员会主持，席承藩任副主任。由他主持编著的《中国土壤》（1998）是土壤普查国家级的重要成果之一，这是我国土壤科学发展史中具有重大意义的科学专著。内容源于省级又高于省级，全面客观而又系统地反映了我国土壤资源形成的条件、类型、分布、面积、性状和改良利用途径。《中国土种志》（1～6 卷），是一部资料十分丰富的基层分类专著，经各省（区、市）土种志选择、评比、提炼统一编汇而成，共计 2473 个土种单元，每个土种都有定性、定量和规范化标准描述。席承藩为该书顾问指导并作序。该两项成果内容全面系统，图文并茂，资料翔实，是科学性和实用性强的土壤专著，为我国《当代科技重要著作·农业领域》丛书之一。全国土壤普查成果，从宏观上对全国范围内土壤资源类型及土壤肥力要素的区域分异，以及分区开发利用特点作了分析和评估，为发挥土壤资源的生产潜力、改造中低产田、配方施肥、因地制宜调整农业结构、综合农业开发、缓解人地矛盾等提供了有力的科学论证。土壤普查一批学术成果已广为国内有关科研、教学和生产部门借鉴应用，同时在国际学术交流中也产生了一定的影响。

7. 中国土壤分类系统

土壤分类是土壤地理学的核心。席承藩对我国土壤高级分类单元的确立及土壤基层单元的划分倾注了毕生精力。早在 20 世纪 40 年代初，他通过已有标本的整理及一些地区的土壤调查与土系比较研究，发表了《缙云寺黄壤及其相关的土壤》处女作，已初显在土壤分类领域中的才华。在对华北平原进行大规模土壤调查基础上，熊毅与席承藩共同主编出版的《华北平原土壤》专著中，对由河流冲积物质形成的浅色草甸土（过去一概称冲积土），阐明其生物作用、人为活动及土壤地下水作用的成土过程，具有深远的理论指导意义。

席承藩多次主持或参与拟订《中国土壤分类系统》。1963年他主持制定了"中国土壤分类的原则与系统"。1986年在第13届国际土壤科学大会上，他的《中国的人为土壤类型》论文，受到好评。他主编的《中国土壤分类系统》（1993），是第二次土壤普查在已有研究基础上总结提炼的重要成果。该系统正式确立由土纲至变种的七级制分类；引进了初育土、干旱土和人为土土纲的概念和定义，改进了用地带性分类和命名模式化的弊端，同时也有利于国际间的参比交流。在分类中，明确了棕红壤亚类及栗褐土土类的过渡带土壤，并将江淮丘陵岗地上由晚更新世黄土母质形成的黄褐土又重新作为一独立土类，与黄棕壤土类并列，充分反映出生物气候带与地质地貌的区域分异和人为活动对土壤性状的综合影响。我国境内积盐土壤分布区域十分广泛，土壤性状和生产性能均有明显差异。根据土壤盐分来源、积盐过程和形式、盐分数量和优势离子组成、积盐厚度及层位高低，以及改良利用难度不同，对多种积盐土壤在土类级的位置上均作了明确的划分。

《中国土壤分类系统》是反映我国土壤分类科学历史发展阶段的研究成果，全国共划分12个土纲、29个亚纲、61个土类、230个亚类。该系统还改变了过去长期以来对高山土土纲中各土类以景观来命名的方式，采用反映主导性质而文字又简练的土壤名称来命名，以便于记忆和识别。《中国土壤分类系统》丰富、继承和发展了我国土壤分类科学，已为各省（区、市）级普查成果汇总统一使用。国家标准局拟出统一的分类分级编码，作为国家级标准已被广为引用。

（二）学术思想及其影响

席承藩一生研究硕果累累。透过其学术成就，可试析取得这些成就的经验和所体现的学术指导思想，及其对本学科和国民经济发展的影响。

1. 理论联系实际，研究工作为经济建设服务

席承藩一生所承担的重要研究课题，无一不与国家经济建设相联系。他在工作中反复强调，实践第一是土壤地理学科发展的生命活力，研究者只有野外区域调查多，实地观测剖面多，感性知识积累多，对本学科研究的开拓和发展才更有针对性的发言权。他善于深入基层，认真吸取农民群众识土、用土和改土培肥的经验，以理论上予以总结提炼和创新。这样的研究成果，就地推广应用效果快，更易于地方政府和群众接受。例如，20世纪60年代，在南方山地利用水土保持调查研究中，通过多点实地调查、植物引种试验和筛选、生物与工程措施效果观测等，总结出辩证运用草灌乔（生物）和谷坊（工程）措施、治理与开发利用结合的生态经济观点

等控制水土流失的科学结论，直至后来 20 世纪 80 年代，国家三北防护林建设，以及在三峡水利工程建设中都得到广泛借鉴。席承藩的这些指导思想，始终贯穿在他所承担的研究课题中，体现了"学科服务于任务，任务促学科发展"的思想。在完成国家任务的同时，还注重培养思路开阔、实践经验丰富又有操作能力的研究人才。

2. 土壤资源开发利用的综合观点

席承藩在研究土壤资源开发利用中，高度重视区域综合开发、整体布局、集中连片，绝不能只顾个体类型的改土培肥，而忽视土壤类群的区域治理。"头痛医头，脚痛医脚"，必然顾此失彼，有时还会得不偿失。根据土壤地理学研究土壤类型、数量、质量及其分布的时空特点，结合适生植物（主要作物）的生物学习性对水、肥、气、光、热诸要素需求的差异，因地、因时、因需发展多样性互补农业，才能促进农村经济快速发展。从战略高度看，保护生态环境、培育土壤资源以增强抗御自然灾害的能力，防治地力衰退，才能实现土壤资源永续利用发展的规模效益和经济效益。如在《黄淮海平原综合治理与农业发展问题》专著中，专章论述了分区治理开发规划，充分体现了席承藩的"总体、区域和综合"利用开发统一的指导思想，展示了该地区域多途径农业持续发展的广阔前景。基于多年的南方山丘区开发利用研究，在群众经验基础上，总结出一套开发利用模式：即山丘顶部营造水保林（含灌草），山腰种混交林（含灌草），山脚（裙部）广泛种植适生果茶药或牧草等，低平地或沟谷地发展特色农业或水产养殖业的利用模式。该模式在南方山区已得到广泛推广应用，获得了巨大的生态经济效益。

席承藩数十年来在研究实践中形成的学术思想，不仅对指导完成课题任务、提高其含金量具有现实意义，而且对发挥多学科互补的综合优势、开拓本学科学术领域的发展方向，也具有深远的影响。

3. 土壤资源利用与生态和经济效益结合

席承藩 10 余年从事南方山丘地区综合科学考察，面对长期不合理的土地利用，造成大面积山丘区生态环境恶化，直接影响到农村经济发展等问题，他认为，必须改变过去多年植树不见林，或简单封山育林，或大搞万亩甚至 10 万亩群众造林运动，而忽视经济效果的倾向。其结果，不少山区 10 年 20 年后，也只是一些"小老头"树存活，根本起不到保护环境的作用。为了缩短土地利用见效快的周期，改善贫困山区人民的生活，必须坚持土壤资源整治利用与保护相结合，发挥生态经济双重效益。

席承藩在主编《南方山区的出路》专著中，曾提出治用结合及农业转型的论点，提倡山水林田路，甚至村落均应全面规划，综合治理。因地制宜处理好林、粮、果、牧业的关系。充分利用资源优势，发展多种商品生产，才能获得预期效果。

例如，在江西泰和红壤丘陵综合开发治理中，以水为突破口，丘、水、田一起抓，通过筑坝蓄水，拦截山洪，保护其下部农田，起到"治"的作用，又有开辟水源，灌溉农田和果园，发展淡水养殖事业，起到"用"的作用；通过人工造林、封丘育林、种植牧草及营造经济林果等措施，既可防治水土流失，又能起到治丘和用丘的效果。又如，在福建安溪水土流失山区，因势利导群众，修筑内侧梯地（便于蓄积雨水），边坡种草灌带截流，梯地畦面因地制宜种植生长周期短、经济效益高的荔枝、杨梅、桂圆、橘子等果木，这种模式已在当地广泛推广应用。

4. 土壤基层分类体现中国特色

席承藩是我国著名的土壤地理学家。作为我国土壤基层分类奠基人之一，他在长达30余年基层分类研究方面，为建立反映中国国情特色的土壤基层分类体系做出了巨大贡献。他认为，过去我们一直引用原苏联发生分类体系，土种自上而下演绎依附于高级分类单元而不能独立存在。土种名称采用连续命名，文字冗长，又不能反映土壤个体的属性。在1985年的全国土壤基层分类学术讨论会上，席承藩提出土种是一组土壤性态相同或相似的土壤剖面归纳的客观实体，是土壤分类的基础单元。每一土种具有一定微域景观条件、近似的水热条件及生产特性。土种命名以词简意明的词汇表达，主张用单名制，也可以从农民群众的土壤语言中提炼以三五个字表达为宜，便于记忆和应用。如黄泥土、青紫泥、腊泥田等等。对不同地区出现的异土同名，可赋予明确的剖面特征与理化性状作依据，在其前缀加典型剖面所在的地名定位加以区别。也可在群众名称前缀加一二土壤属性词汇，构成简单明了、科学概念明确的土种名称。对于山丘地区土壤大都无合适的群众名称，又无合适而简炼的词汇可以缀用，必要时仍可用土系的命名方式——地名命名法。席承藩对我国土种划分的原则，依据命名法以及由形态描述向定性定量规范化、标准化描述方面，从学术上和实际操作上，为建立具有中国特色的土壤基层分类体系和命名体系向前推进了一步。这一套体系已作为汇编《中国土种志》（1～6卷）的指导思想广为应用。土种是土壤分类的实体单元，密切联系生产实际，按土种建立土壤信息系统，长期监测土壤性状动态变化和生产变化，全国计算机联网，可为因土种植、因地施肥和因土改土培肥提供了可靠的科学依据。

在60多年工作中，席承藩不遗余力，全身心地为土壤科学的发展做出了巨大努力，成绩卓著。他再三强调，土壤工作者必须以大量面上的实际调查，客观认识大自然为基础，获得知识的根基源于实践。他勇于承担国家任务，学风民主，言传身教，能团结同仁共事，提倡团队精神，多学科大协作完成重大科研任务。

20 世纪 90 年代中后叶，席承藩虽然年事已高，仍受聘于几项重大科研项目当顾问，为之出谋献策，还参与《中国大百科全书》、《中国地学大事典》的编撰和审稿。1996 年，已过 80 高龄的席承藩还应邀到福建闽南山丘地区考察，"故里重归"，与当地同志共尝 30 年前在该地区科研成果推广应用成功的成果。

他在晚年，深感土壤学作为主要揭示和阐明农林牧业以及一切绿色植物生长繁衍基地的一门基础科学，在不同的社会发展历史时期，永远都有研究不完的新鲜课题。他寄厚望于青年一代，拓宽思路，继续深入创新研究，以促进我国土壤科学取得更多成就和更大的发展。

三、席承藩主要论著

席承藩. 1946. 赣闽主要土系之初步比较. 土壤季刊, 5 (1)：45.

席承藩. 1959. 土壤分类学发展的历史经验和我们的途径. 土壤, (11)：1.

席承藩, 刘文政. 1959. 黄河长江流域土壤调查. 土壤, (10)：10.

熊毅, 席承藩. 1965. 华北平原土壤. 北京：科学出版社.

席承藩等. 1965. 山西省的盐渍土与盆地土壤. 北京：科学出版社.

席承藩, 黄荣金, 龚子同等. 1981. 中国自然地理——土壤地理. 北京：科学出版社.

席承藩. 1983. 我国土壤分类与国际土壤分类评比. 土壤专报, (38)：1.

席承藩, 丘宝剑, 张俊民等. 1984. 中国自然区划概要. 北京：科学出版社.

Xi Chengfan. 1986. Anthropogenic soil types of China. Hamburg：Transactions 13th Congress of the International Society of Soil Science, (3).

席承藩. 1986. 美国土壤分类与土壤系统分类的形成与发展. 土壤学进展, (6)：1-7.

席承藩. 1987. 发展我国的土壤基层分类，建立以土种为基本单元的土壤基层分类体系. 南京：江苏科学技术出版社.

席承藩等. 1990. 南方山区的出路. 北京：科学出版社.

席承藩. 1991. 论华南红色风化壳. 第四纪研究, (1)：1-7.

席承藩主编. 1993. 中国土壤分类系统. 北京：农业出版社.

席承藩. 1994. 土壤分类学. 北京：农业出版社.

席承藩, 唐近春, 章士炎. 1994. 全国土壤普查十五年//席承藩与我国土壤地理. 西安：陕西人民出版社：226-234.

席承藩. 1994. 论我国土壤发生演化的几大问题//席承藩与我国土壤地理. 西安：陕西人民出版社：219-225.

席承藩等. 1994. 长江流域土壤及生态环境建设. 北京：科学出版社.

全国土壤普查办公室编, 席承藩主编. 1998. 中国土壤. 北京：中国农业出版社.

主要参考文献

江苏省科学志编汇委员会. 1988. 江苏科技群众志（续）. 北京：方志出版社：423.

中国科学技术协会编. 1993. 中国科学技术专家传略・农学编土壤卷I. 北京：中国科学技术出版社：319-331.

中国科学院南京土壤研究所. 1994. 席承藩与我国土壤地理. 西安：陕西人民出版社：257-268.

朱显谟. 1994. 席承藩教授对我国土壤科学的贡献//席承藩与我国土壤地理. 西安：陕西人民出版社：7-8.

章士炎. 1994. 席承藩与我国土壤普查及土壤分类研究//席承藩与我国土壤地理. 西安：陕西人民出版社：14-16.

撰写者

杜国华（1933～），江苏张家港人，中国科学院南京土壤研究所研究员。长期从事土壤资源调查、制图、基层分类和区域综合治理与农业开发研究。《席承藩与我国土壤地理》（文集）编辑组成员。

周明枞（1934～），四川隆昌人，中国科学院南京土壤研究所研究员。长期从事土壤资源调查、制图、基层分类和区域综合治理与农业开发研究。《席承藩与我国土壤地理》（文集）编辑组成员。

朱显谟

朱显谟（1915～），上海崇明人。土壤学家。1991 年当选为中国科学院学部委员（院士）。1940 年毕业于中央大学农业化学系。中国科学院、水利部水土保持研究所名誉所长、研究员。早年提出华南红壤主要是古土壤和红色风化壳的残留以及红色冲积物的堆积而不是现代生物地带性土壤的观点，后又从土壤侵蚀和沉积学以及华南的不同时期玄武岩上红色风化壳性征的对比中获得明证。对国内外土壤剖面进行对比研究后认为：风化作用是脱硅过程，而成壤作用又是生物的聚硅过程，由此有力地明确了灰化土中的 A_2 层不是 R_2O_3 的淋溶层而是硅的淀积层。系统地阐明了黄土中土壤和古土壤黏化层的生物起源问题。对黄土和黄土高原的形成提出了风成沉积的新内容和风成黄土是黄尘自重、凝聚、雨淋三种降落方式的融合体。这三种沉积方式赋予黄土高渗透性、高蓄水功能，并被着生生物所巩固和提高。这些都是"整治黄土高原国土和根治黄河水患的 28 字方略"的理论依据。最近从陆地生态的发生发展及其整个地质历史演变过程的研究中发现："土壤水库"的发生发展及其演变是陆地生态发生发展的关键和"动力"，只要维护土壤水库的正常发展就能更好地保护生态环境。

一、简　　历

朱显谟，1915 年 12 月 4 日出生于江苏省崇明县三光镇（现属上海市）。幼年家庭经济中落，小学学习期间曾一度辍学。后考入三乐初中。在节假日回家时，常参加一些农业生产劳动，深感农民劳动繁重，但因技术古老，收获有限，从而萌发了学习农业科学技术，以减轻农业体力劳动，增加生产的思想。

1933 年夏，朱显谟同时考取江苏省立上海中学和同济大学附属中学两所著名中学的高中，受到亲友重视，资助他继续学习。1936 年中学毕业后，又同时考取中央大学农业化学系和浙江大学农学系，他选择了中央大学。1937 年暑期，在他返家期间，发生了"八一三"事变，他和内地的兄长失去联系，经济来源断绝，被迫滞留崇明。幸而得到中央大学教授范存忠的资助，并同他一起由崇明绕道抵达南京，随中央大学内迁重庆。

1940年朱显谟大学毕业后考入江西省地质调查所。7月初先到重庆北碚中央地质调查所报到，并在该所土壤研究室接受培训，7月下旬至9月中旬，他随其指导老师侯光炯赴四川铜梁县调查，这是朱显谟从事土壤工作的开始。10月，他又随侯光炯经贵州、广西、湖南等地抵达江西省泰和县。沿途有赖于侯光炯的热心指导帮助和详细讲解，朱显谟观察了很多土壤，并获得了很多实际知识。其后师从熊毅工作。

他在江西工作期间，前两年得到侯、熊两位的指导，第三年，席承藩由福建来江西参加工作，他们共同对江西的土壤作了普查，进行了分析，并开展了红壤改良试验。朱显谟在江西工作了六七年，除完成土壤调查制图和报告外，还撰写了四五篇论文（分别在江西省地质调查所《土壤专报》和由中国土壤学会主办的《土壤季刊》上发表）。其中，《江西省土壤志》一篇，对红壤的发生、分布提出了新的见解，他认为在改良江西红壤的方法中，以客土和烧土的效果最为显著。以后经过多年研究工作和分析数据证实，他的论点是正确的。

1946年朱显谟应中央地质调查所北平分所所长邀请，去北平工作。6月抵达南京，因铁路中断而留在南京总所工作。9月被派往黄泛区调查，完成中牟1∶5万土壤图。1948年春，又被派往鄂南、赣北一线调查。同年秋，配合农林部粮食增产计划项目赴镇江调查。

1949年春，南京解放后，他留在中央地质调查所土壤室工作。

1950年，地质调查所改由全国地质指导委员会领导，朱显谟被派赴黑龙江调查。他除提出黑龙江土壤分布规律外，还提出黑龙江土壤肥沃而单产不高的原因主要在于耕作粗放，土壤侵蚀比较强烈，建议采取防治措施。

1951～1952年，地质调查所分别成立地质、古生物和土壤三个研究所，并由中国科学院领导，朱显谟转赴西北黄土区工作。1953年参加水利部黄河规划委员会组织的水土保持勘查队，对泾河流域进行了调查。

1954～1958年，朱显谟又参加中国科学院组织的黄河中游水土保持考察队，在队中，他以身作则，严谨治学，带领青年科技工作者在野外艰苦条件下，踏勘了黄河中游水土流失的各类型区，取得了治理黄土高原的第一手资料。

1959年，为支援大西北建设，朱显谟满怀研究和治理黄土高原的信念，从南京来到地处农村的中国科学院西北生物土壤研究所（现中国科学院水土保持研究所）。在他的指导下，先后建立起土壤地理、土壤侵蚀、土壤肥力等研究室和黄土区土壤标本陈列室，开展了大量土壤科研工作，取得了一批重要科研成果，培养出一支从事土壤和土壤侵蚀研究工作的科技队伍。恢复研究生制度以后，已培养出土壤发生、土壤地理、土壤侵蚀、土壤资源评价等硕士生和博士生 8 名，并于 1990 年被评为中国科学院研究生优秀导师。

朱显谟长期从事土壤发生分类、土壤和土地资源以及土壤侵蚀的研究。拟订了黄土区土壤、土地及土壤侵蚀分类系统；提出了黑垆土和塿土新的土类；首次系统研究了原始土壤形成过程；为了有利于揭露黄土区土壤侵蚀的本质，提出将土壤侵蚀分为抗冲性和抗蚀性两种不同情况加以研究。1954 年首次提出黄土剖面中存在古土壤的概念。随着研究工作的不断深入，20 世纪 80 年代，朱显谟根据三种黄尘降落方式进一步阐述了黄土高原的形成。说明 2.5Ma 以来，黄土的沉积是西来尘暴和东来湿气流相遇而产生黄土降落的结果，同时在黄土风沉堆积期间，气候周期性交替变化，使黄土高原呈现红色古土壤与黄色古土壤序列。以上可为黄土地层划分、黄土风成学说以及黄土所具有疏松多孔结构的形成提供了有力的佐证。

朱显谟的研究成果引起国内外同行的兴趣和重视。苏联土壤学家格拉西莫夫、科夫达院士和罗扎诺夫教授在他们的著作中曾大量引用朱显谟关于黄土高原土壤和土壤侵蚀的研究成果。1982 年，联合国环境规划署、联合国粮农组织和联合国教科文组织邀请他参加在罗马召开的国际高级土壤专家会议，讨论有关如何合理利用土壤来满足世界人口日渐增长后的吃穿问题。朱显谟是国际土壤学会会员，曾出席过第 12 届（印度新德里，1982）和第 13 届（联邦德国汉堡，1986）国际土壤学大会，他接受约稿，组织撰写的《中国黄土区土壤》一文，已在国际土壤学会主办的 *Geoderma* 刊物上发表。他多次以中国学者的身份率团出国访问和参加国际学术活动。朱显谟先后发表专著 5 部，论文百余篇，曾两次出席陕西省先进工作者会议，1982 年评为陕西省劳动模范，1984 年荣获中国科学院首届竺可桢野外工作奖。

为促进土壤科学的普及和提高，朱显谟十分重视推动国内学术交流活动。多年来，他一直当选为陕西省土壤学会理事长、中国土壤学会常务理事、中国生态学会和中国自然资源研究会理事。他还是中国科学院农业研究委员会委员、地学部地理学组成员、黄河中游水土保持委员会委员、中国科学院水利部水土保持研究所名誉所长。1991 年当选为中国科学院学部委员（院士）。

朱显谟于 1981 年加入中国共产党，曾当选为陕西省第五、六届人大常委会委员。朱显谟半个世纪的辛勤工作，硕果累累。除上述主要工作外，他还是中国土壤科学界重要著作《中国土壤》的主要编写者并获 1978 年全国科学大会奖和陕西省 1978 年科技成果奖；对陕西省土壤类型及其发生演变的研究，获陕西省 1978 年科技成果三等奖；作为主要研究人员，对新疆托木尔峰综合考察研究，获 1979 年中国科学院科技成果二等奖；他参与编写的《中国土壤图集》，被评为中国科学院 1988 年十大成果之一；他主编的《中国黄土高原土地资源》图片集，获 1989 年中国科学院科技进步三等奖。进入 90 年代，朱显谟不顾年事已高，仍一如既往，致力于科研工作。他提出的以"全部降水就地入渗拦蓄"为核心的整治黄土高原"28 字"方略已为不少流域治理所验证。他一直致力于"专心完成 25 年来尚未进行全面总结的有关黄土高原土壤、土壤侵蚀，以及土地资源及其合理利用（包括水土保持）等工作，并继续进行近几年来不断开展和今后需要开展的工作，以期能为四化建设竭尽绵薄之力"。这充分体现了他壮心不已，萦怀黄土高原，献身土壤科学的崇高思想。

二、主要科学研究成就、学术思想及其影响

朱显谟先生在科研工作中，只要是认定了的事物，总是锲而不舍地坚持，以求得到正确的答案。他认为自然现象总是遵循一定的规律在变化的，只要注意把握感性认识与理性认识的内在联系，由实践经验上升到理论推断，研究工作就能够不断深入并取得预期结果。而正确的关键是要经受住实践的检验。

（一）主要科学研究成就

1. 关于中国南方的红土与红色风化壳研究

朱显谟早在 20 世纪 40 年代就提出了我国华南红壤主要是古土壤、红色风化壳的残留和红色冲积-洪积沉积物，而不是现代生物气候地带性土壤的见解。后来又认为分布于皖南、赣、湘、粤、桂、云、贵等地的红土可能都是以往相近时代的产物。经过几十年实践的检验，旁征博引，他终于从土壤侵蚀和沉积学、生物反馈矿质元素以及华南不同时期玄武岩上土壤与红色风化壳等性征的对比中得到证实，并获得了土壤发生学上的依据，也为南京土壤所后来的研究所佐证。1987 年他的论文 *Red Clay and Red Residuum in South China* 于香港大学召开的"第三纪中期以来的东亚古环境"第二次学术讲座会上宣读，受到与会专家的重视和好评。他当时就认为倘若从风化和成壤两个方向完全相反的过程实质来看，被误认为"死亡的寂静"的红壤类土地在现代科技条件下通过改土培肥完全可以起死回生。

2. 关于我国东北森林植被下的土壤研究

1950 年朱显谟先生被派往黑龙江省进行土壤调查时，明显意识到黑龙江交通方便，土地肥沃，而单产不高的原因主要是耕作粗放，土壤侵蚀较强烈，建议重视这

个问题，采取相应防治措施。在野外调查时，他初次发现灰化土中 A_2 层并非 R_2O_3 的淋失层而是硅的淀积层。由此得出我国东北森林植被下的土壤为棕壤而不是灰壤的结论。他于 1986 年夏在联邦德国参加第 13 届国际土壤学会期间对典型灰壤观察后，断定 A_0 层下的 A_2 层实为硅的淀积层，而不是 R_2O_3 淋失层，不过 SiO_2 在酸性条件下较先地淀积而已。同时还提出部分黑土是由于草甸土或沼泽土脱水而来，后为中国科学院东北林业土壤研究所的实际工作所证实。

3. 关于堘土、黑垆土的研究

20 世纪 50 年代起，朱显谟先生对陕西省主要耕作土壤的发生演变进行了悉心研究，特别是研究了堘土、黑垆土的主要成土过程。他指出堘土主要分布于陕西省关中和山西省西南部汾、渭河谷的阶地上，是长期耕种熟化的土壤。黑垆土主要分布在陕北、晋西北、陇东和陇中一带，宁南亦有分布，其有机质层深厚，而含量较低。20 世纪 60 年代朱显谟先生曾不断提出把黄土高原黑垆土、堘土专门列出建立独立土类的意见，得到国内外同行的确认和应用，纠正了以往将黄土高原黑垆土、堘土划为栗钙土的差错。尤其是他对堘土这一古老耕作土壤的形成及分类的系统研究，为研究耕作土壤创出了新途径。他关于堘土、黑垆土的这些研究成果为黄土高原土壤地理研究奠定了基础。1964 年出版了专著《堘土》。

4. 国家和区域尺度土壤侵蚀调查及理论基础研究

20 世纪 50 年代初期，朱显谟响应党和政府关于根治黄河水患和开发黄河水利的伟大号召，踏上了黄土高原科学考察的艰难旅程。在当时艰苦的野外条件下，朱显谟带领青年科技人员，考察了黄河中游水土流失的各种类型区，对黄土高原有了较完整的感性认识，取得了治理黄土高原系统的第一手资料。

1955 年朱显谟发表了《暂拟黄土区土壤侵蚀分类系统》一文，1956 年又发表了《黄土区土壤侵蚀分类》一文。这是根据黄土地区土壤侵蚀类型、发生演变及其分布规律最先拟定的黄土区土壤侵蚀分类系统。20 世纪 60 年代初，根据黄土高原沟蚀严重的特点将土壤抗侵蚀能力分为土壤抗蚀性和土壤抗冲性两部分分别进行研究，同时指出抗冲性的研究是揭示黄土区土壤侵蚀规律的关键。他根据侵蚀营力的不同，将黄土区的土壤分为水蚀、风蚀和重力侵蚀三大类，并根据水蚀过程发展的不同阶段及其侵蚀土壤在流水中存在的状态，可把水蚀分为溶蚀、片蚀和沟蚀三种类型。该土壤侵蚀分类系统充实了土壤侵蚀学科的内容，对黄土区的土壤侵蚀调查和研究具有重大意义，特别对黄土高原以冲刷为主的观点也提供了理论支持，为黄土高原土地整治提供了依据，并被全国许多科教单位广泛应用。他先后出版了《黄土高原土壤侵蚀系列图》、《中国土壤侵蚀类型图》。1959 年为了支援大西北的建设，他毅然告别了生活和工作条件优越的南京，举家来到当时地处农村的中国科学院西北生物土壤研究所（中国科学院水利部水土保持研究所前身），献身于黄土高原土壤科学的研究。

5. 原始成土过程与黄土－古土壤性征研究

（1）关于原始成土过程学说：朱显谟先生关于原始成土过程的研究，肯定和发展了威廉斯关于土壤形成过程的学说。他从研究风化过程和成壤过程的实质入手，进一步明确了这两个过程在土壤形成中的内在联系和各自的发生范畴，阐明了这两个同时同地进行着而又完全矛盾的过程及其关系，极大地丰富了土壤发生学理论。他认为地质大循环中的风化过程只能是土质的形成过程或称之为"成土过程"，而生物小循环才是真正的土壤形成过程或称之为"成壤过程"。由此推断没有陆生生物的着生就没有土壤的形成；反过来倘若没有土壤的形成和发展，也就没有生物的进化和发展，当然更没有人类的出现。

（2）关于黄土沉降堆积方式的理论：朱显谟先生通过对黄土－古土壤性征的对比及其形成机理以及植被繁生与土壤渗透性和抗冲性的巩固提高等作用的研究，根据孢粉、石器、历史地理以及水土流失的定位观测资料，提出了黄土高原本是黄土物质由西部源地被季风携带至黄河流域上空，通过黄土粉粒自重降落、凝聚降落和雨淋降落三种方式沉降堆积而成，是 2.5Ma 以来高空泥拦水、水截泥而形成的沉积土壤，即西来尘暴和东来湿气相遇交锋的结果。

（3）关于黄土中古土壤的研究：1954 年朱显谟首次公开发表黄土剖面中的"红层"是古土壤的观点。通过研究比较全面地提出了黄土中古土壤的存在以及在黄土堆积期间一些生态环境的交替变化。明确提出"黄土"也是古土壤，并认为黄土高原地区的降尘—成壤—成岩过程是黄土-古土壤剖面形成的特殊过程。它反映了不同的古生物气候环境。因而提出了黄土地区的土壤形成过程是世界上一个新的成壤过程。

6. 提出了"黄土高原国土整治 28 字方略"

"黄土高原国土整治 28 字方略"的内容是"全部降水就地入渗拦蓄，米粮下川上塬、林果下沟上岔、草灌上坡下垯"。它是一个具有系统工程思想，协调人与自然关系的黄土地区水土保持科学新学说（以下简称"28 字方略"）。

朱显谟曾先后"六论"黄土高原国土整治 28 字方略：①《黄土高原的形成与整治对策（一论，1991）》；②《再论黄土高原国土整治 28 字方略（二论，1995）》；③《黄土高原脱贫致富之路（三论，1998）》；④《抢救土壤水库实为黄土高原生态环境综合治理与可持续发展的关键（四论，2000）》；⑤《试论黄土的生态环境与"土壤水库"——重塑黄土地的理论依据（五论，2000）》；⑥《治水之道在于治源的升华（六论，2001）》。这"六论"是一贯的和逐步发展与完善的。

"28 字方略"的重大科学意义在于：①它以黄土的形成和发展的理论为基础；②它反映了用科技促进区域生态经济建设的思想，是黄土高原脱贫致富的科学依据；③这一理论新的发展是从原始土壤演变过程的形成机制上形成了"土壤水库"学说。

（二）学术思想及其影响

朱显谟在致力于土壤发生和土壤侵蚀的科学工作中，以渊博的科学知识，坚实的实践基础，高深的学术造诣，拓荒者的胆识，取得了丰硕的科研成果，受到了国内外学者的密切关注。早在 20 世纪 40 年代，他就力排众议，提出了南方红壤主要是古土壤和古代风化壳的残留和冲积、洪积物，而不是地带性土壤的论点；50 年代又提出了东北地区无灰壤的结论，并对灰化层是淋溶层的观点提出了质疑。他对自己认定的学术观点，锲而不舍，将研究工作不断深化。60 年代，他纠正了以往将黄土高原黑垆土、娄土、褐土划分为栗钙土的分类归属，提出针对黑垆土、娄土层建立独立土类的意见。在步入"花甲"之年，他根据长期观测研究的大量科学资料，提出了以"岩漆"为始发标志的原始成土过程，论证了原苏联土壤学家威廉斯关于成土过程和风化过程同时同地进行的学说。同时也修正了威氏"必须在一定厚度的风化堆积物上才能进行成土过程"的矛盾观点。朱显谟在"古稀"之年，在研究原始土壤的过程中，发现了植生黏土矿物，提出了植物的繁生在某种环境条件下，可促使 SiO_2 和 R_2O_3 等形成较复杂的黏土矿物的观点。近年来他虽已年届耄耋，但仍壮心不已，萦怀黄土高原，潜心土壤与水土保持科学研究，以一个老科学家的责任心和求实、敬业精神，时刻关注并积极参与我国土壤学与水土保持研究的学科发展。他从陆地生态系统的发生发展及其整个地质历史演变过程的研究中发现，"土壤水库"的发生发展及演变是陆地生态系统发生发展的关键和动力，从充分合理利用水资源角度提出了维护和加强"土壤水库"建设，提高以土壤水库为本的"三库"协防效益，确保当地经济与生态系统协调持续发展。

1. 创新需要敢于不同于别人

朱显谟在西北土壤研究所期间的工作和研究成绩斐然，他敏锐的观察力，给他带来了新的思想。他是一个从不人云亦云的人，也是一个尊重别人科学意见的人。他善于在日常生活中抓住自然界的微妙的变化。像他对于黄土颗粒的形成和变化的观察和实验，在国际上也是一位先行者。朱显谟对第四纪沉积物的研究，有超出他人的独到见解。体现了一位科学家的本色，是科学家难得的品质。他在科学生涯中尽到了自己科学历史责任。

2. 科学研究和群众智慧的结合

朱显谟是最为专心致志于水土保持事业的一位科学家。事实证明，在过了许多年以后再看一些研究成果和结论，往往是朱显谟先生总结得出的。如他的关于水土保持的 28 字方略："全部降水就地入渗拦蓄，米粮下川上塬，林果下沟上岔，草灌上坡下坬"，是与他从 20 世纪 50 年代开始的深入调查和注意总结群众经验分不开的，是他 50 多年来对水土保持研究锲而不舍的科学的专注精神的体现。这种专注精神不仅是他一个人一生的专注，是对难解问题的专注，是经过各种复杂条件变化之后的专注，而且也是一个跨世纪的专注，实在是难得。与此同时，他很注意对群众智慧的吸收和经验总结。水土流失严重的地区，老乡们对水土流失防治的经验和知识，像沙子里的金子一样十分宝贵。把老乡们的智慧和现代科学知识合在一起，这是朱显谟一贯重视的科研方向，特别是对水土保持而言。现在大家所常用的描述黄土高原的地貌形态名词概念塬、梁、峁等，就是经过朱显谟总结群众语言和当地称谓之后大力提倡而流行起来的，在国际上已变成为通用的名词。在水土保持方面他自如地掌握了地质学和土壤学是一个可逆反应的关系，把第四纪地质学的研究，一个流域要从分水岭到侵蚀基准面的规律，应用于他的"28 字方略"中，使之能不遗漏地概括整个自然单元。正像他把土壤学的知识应用于解决地质地层问题一样，都浸透了科学和群众经验相结合的智慧。

3. 最早提出黄土区土壤侵蚀分类

早在 1955 年春，朱显谟就提出"暂拟黄土区土壤侵蚀分类系统"，曾在《新黄河》刊登；后于 1956 年又在《土壤学报》第 4 卷第 2 期发表《黄土区土壤侵蚀分类》一文。这是我国最早的比较完整的土壤侵蚀分类制度。朱显谟在详细观察土壤侵蚀过程的基础上，考虑影响土壤侵蚀的各种因素，以及土壤侵蚀的危害程度和发展阶段等所提出的土壤侵蚀分类方案，给出了认识黄土区复杂侵蚀现象及其实质的统一标准，这无疑对黄土区的土壤侵蚀调查和研究具有重大意义。它充实了土壤侵蚀学科的内容，并且也是因地制宜开展水土保持工作的基础。

他的黄土区土壤侵蚀分类系统发表之后，很快得到公认，沿用至今而未作原则上的改动，并且分类的原则和方法已应用到我国其他地区。由此也可以看出，朱先生在土壤侵蚀学科中的学术地位和贡献。

早在 50 所代初朱显谟从事泾河流域土壤侵蚀考察时，就已经提出泾河流域的土壤侵蚀区划，1958 年又提出黄土区土壤侵蚀区划原则和区划系统，并编制了黄河中游黄土高原土壤侵蚀区划图。由于黄土高原的自然条件和人为活动因素以及土壤侵蚀过程的演变阶段和发展趋势，各地都有较大差异。朱显谟采用侵蚀地带、侵蚀区带、侵蚀复区、侵蚀区和侵蚀分区 5 级区划制度，系统性强。他的这项研究成果不仅为全面开展黄土高原的水土保持工作提供了重要科学依据，而且解决了土壤侵蚀区划的方法和各级区划单元的具体分划指标问题，对此后这方面的研究工作有重要指导意义。

4. 开拓了黄土区土壤抗冲性这一新的研究领域

早在 60 年代初，针对黄土区土壤侵蚀的特征及研究结果，他就明确提出，应将土壤抗侵蚀性划分为土壤抗蚀性和抗冲性，分别进行研究。并指出，土壤抗冲性的研究将是揭示黄土区土壤侵蚀规律的关键。最初有些同志对朱先生的这些提法还不完全理解。近 30 年来，有关土壤抗冲性的研究工作证明：黄土区土壤侵蚀的许多特点都与土壤抗冲性密切相关。研究土壤抗冲性可进一步阐明黄土区水蚀的形成和发展过程，使黄土区一些独特的侵蚀问题得到明确解答，因而可更加深入地揭示黄土区的土壤侵蚀规律，这对土壤侵蚀学科的发展具有非常重要的意义。通过近几年的研究发现，不同地区的土壤以及同一土壤不同利用情况下，其抗冲性相差悬殊。通过影响土壤抗冲性因素的分析对比，可找出提高土壤抗冲性的途径，这对黄土高原的水土保持工作具有重要的指导作用。

有关土壤抗冲性方面的研究工作比较艰苦，开展起来有一定困难。因而从事这方面研究的人员不多，从土壤抗冲性这一概念提出来至今，国内有关抗冲性方面的文章还不到 30 篇。虽然已取得一些突破性成果，但还有许多重要问题，如统一的试验研究方法、切合实际的土壤抗冲性指标、植物根系提高土壤抗冲性机理、影响土壤抗冲性因素的系统分析等，都亟待进行研究。这也说明，这一新的研究领域有着广阔的发展前景。

他一贯强调植被防止土壤侵蚀的重要作用，并于 1962 年提出在子午岭东坡的连家砭地区建立野外试验基点，系统研究不同土地利用情况下土壤、土壤侵蚀以及植被的演变过程，研究防止土壤侵蚀和改良植被的途径。朱先生提出一个完整的试验方案，试验分为农地、农地造林、农地种草、林地、林地开垦、林地开垦种草、草地、草地开垦、草地开垦造林 9 种处理，组织了 5 个学科约 30 人进行综合研究。由于试验方案的系统完整并具有重要科学意义，在他的指导下，吸引了一批青年人在极其艰苦的环境下忘我地进行建点和试验研究工作。后来虽然被撤销，但在短短不到 3 年时间，却观测到一些珍贵的第一手资料。如林草地土壤的渗透性和抗冲性大幅度增强，因而侵蚀量显著下降；植被恢复后河流泥沙明显减少，甚至浅沟和小切沟都因淤积而变浅等。这些资料对分析植被防止土壤侵蚀的作用具有非常重要的价值。

5. 提出重建土壤水库，实现三库协防

近年基于黄土高原严重的生态环境问题，朱显谟在分析黄土高原成因机理及结构特点的基础上，探讨了黄土高原"土壤水库"的功能，研究了地表水库、土壤水库、地下水库三库协防在治理黄土高原方面的重要作用。结果表明，重建土壤水库，实现三库协防，可以作为构建和谐黄土高原，再现秀美山川的理论依据和指导方针。而地表径流调控与水土资源持续利用技术研究，可为黄土高原国土整治"28 字方略"理论提供重要的技术支撑。他指出黄土高原生态环境问题的根源，核心是解决该地区生态环境建设面临的干旱与水土流失并存的矛盾。而解决这一矛盾的重要措施就是重建黄土高原"土壤水库"的巨大调节功能，迅速恢复植被。"土壤水库"是生态环境建设的关键和动力。由此"全部降水就地入渗拦蓄"作为方略的核心。

三、朱显谟主要论著

朱显谟等. 1941. 泰和区土壤. 土壤专刊，第 1 号（单行本）.

朱显谟. 1947. 庐山土壤概述. 土壤季刊，6（2）：61-65.

朱显谟. 1948. 江西土壤概要. 土壤季刊，7（1）：1-18.

朱显谟. 1952. 黑龙江省东部主要土壤的性质及其分布. 土壤学报，2（1）.

朱显谟. 1955. 暂拟黄土区土壤侵蚀分类系统. 新黄河，7 月号：29-34.

朱显谟. 1956. 黄土区土壤侵蚀的分类. 土壤学报，4（2）.

朱显谟. 1965. 我国黄土性沉积物中的古土壤. 中国第四纪研究，4（1）：7-19.

朱显谟. 1980. 黄土高原的综合治理. 土壤通报，（2）：11-14.

朱显谟. 1983. 论原始土壤的成土过程. 中国科学（B 辑），（10）：191-927.

朱显谟等. 1984. 黄土高原土地的整治问题. 水土保持通报，（4）.

朱显谟. 1984. 试论黄土地区水土保持战略问题. 水土保持通报，（1）.

朱显谟主编. 1986. 中国黄土高原土地资源. 西安：陕西科学技术出版社.

Zhu Xianmo. 1988. Remarks on land in the loess plateau. Chinese Journal of Aridland Research，1（1）.

朱显谟主编. 1989. 黄土高原土壤与农业. 北京：农业出版社.

朱显谟. 1991. 黄土高原的形成与整治对策. 水土保持通报，（1）.

朱显谟，祝一志. 1992. 试论黄土高原土壤与环境. 土壤学报，（4）.

主要参考文献

侯光炯. 1938. 测定土壤保水率及侵蚀率之捷法. 土壤特刊.

李连捷，何金海. 1946. 嘉陵江流域之土壤侵蚀及防淤问题. 土壤季刊，5（3）.

朱显谟. 1956. 黄土区土壤侵蚀的分类. 土壤学报，4（2）.

朱显谟. 1995. 朱显谟教授与黄土区土壤研究专辑. 水土保持研究，2（4）.

朱显谟. 2004. 土壤学与水土保持. 西安：陕西人民出版社.

撰写者

吕惠明（1953～），陕西南郑人，中国科学院水利部水土保持研究所科研处。从事土壤地理、水土保持研究。朱显谟院士秘书。

丁锡祉

丁锡祉（1916～2008），浙江吴兴（现湖州市）人。地理学家和地貌学家，我国现代地貌学、沼泽学和冰缘地貌学研究的开拓者和领导者。1938年毕业于清华大学理学院。后就读于浙江大学研究院，1942年获硕士学位。1943年升为副教授，1945年晋升为教授。曾任东北师范大学地理系副主任、主任、校副教务长、校长助理，中国科学院长春地理研究所所长，中国科学院成都地理研究所所长。中国地理学会理事、中国地理学会山地研究委员会主任、吉林省地理学会理事长。作为东北地区地理研究的主要领导者和组织者，他系统合理划分东北西部地区地貌类型和第四纪地层，首次提出"白土山组"地层的非冰川成因观点，阐述了辽宁省海岸线是以沉降为主并呈现显著回升现象的复式海岸学术观点。是我国沼泽学与冰缘地貌研究的主要开拓者和奠基者。他首次倡导开展沼泽学研究，并建立了我国第一个沼泽研究室；最早在我国成立冰缘地貌研究组织，撰写了我国第一篇冰缘地貌直接服务于生产建设的论文和报告；率先提出"山地学"概念，强调山地研究的综合观点，提出山地研究的理论与方法、山地资源的合理开发利用、山地灾害与防治及山地生态环境四方面为山地研究的主要内容。在长期的教学和科研中，培养了一大批地理学人才，桃李满天下。

一、个 人 经 历

丁锡祉，中共党员。1916年4月出生于浙江省吴兴县，2008年2月18日于成都逝世，享年92岁。

丁锡祉出生于教员家庭，在中学时代受老师的影响就爱上了地理学。1934年以优异成绩考入清华大学理学院，著名地质学和地貌学教授袁复礼是他步入学习地貌学阶段的良师，1938年毕业并获理学士学位，同年在中央地质调查所任实习员。1940年考入浙江大学研究院史地研究所，成为我国著名地质地貌学开拓者叶良辅教授指导下的地貌研究生，1942年毕业获文学硕士（地形学）学位。先后受聘于贵州大学、西北大学、武昌师范专科学校、上海师范专科学校等任教，1943年在东北大学（现东北师范大学）晋升为副教授，1945 年升为教授。

1949 年丁锡祉受聘到长春东北师范大学开始组建地理系，在学校的 20 多年里，先后担任自然地理教研室主任、沼泽研究室主任、地理系副主任、系主任、校副教务长、校长助理等职，1958 年兼任中国科学院吉林分院长春地理研究所（现中国科学院长春地理与农业生态研究所）所长、长春市科协委员、吉林省和长春地理学会理事长、中国地理学会理事、吉林省民盟常务委员会委员（1953 年）等职。1956 年，丁锡祉光荣地加入了中国共产党，在东北知识分子中产生了较大影响。同年参加中苏黑龙江联合考察队，任中方地貌分队队长。对该流域及东北地区的地貌条件与农业生产的关系进行了科学评价；得出辽宁海岸线是复式海岸的结论；部分研究成果填补了东北北部一些研究区域的空白。由于此次考察的成功，丁锡祉等中苏科学家于 1962 年受到周恩来总理和聂荣臻副总理的亲切接见和郭沫若副委员长的宴请。1959 年参加吉林省市文教群英会，获先进工作者光荣称号。

1960 年，在国内首先倡导开展沼泽学的研究，在东北师范大学建立了我国第一个沼泽研究室（现已发展为学校的泥炭沼泽研究所），为创建我国沼泽学研究做出了贡献；1959～1962 年，丁锡祉集中力量开展了东北地区砂矿床的普查与勘探及砂矿地貌的研究，并查明了独居石、镉英石、砂金矿等砂矿床。1962～1964 年，率队完成东北地貌区划，全面论述了区划地貌分异规律及地貌条件在工农业建设中的利用；1963～1964 年对东北西部地区进行地貌与第四纪、气候、水文、土壤、植被等自然条件的综合考察，初步查明了自然资源的数量与质量，为该区自然资源的合理开发利用和改造提供了科学依据。在有关地貌与第四纪的研究论文中，合理划分了该区地貌类型和第四纪地层，首次提出"白土山组"地层的非冰川成因的观点；1962～1965 年领导中国科学院长春地理研究所和东北师范大学地理系同仁组成冰缘地貌组，在我国最早建立冰缘地貌研究队伍，撰写国内第一篇冰缘地貌直接为生产建设服务的论文和报告。

1978 年，丁锡祉奉调中国科学院成都地理研究所任所长，提出开展横断山的研究，设计并论述了 10 个课题及其研究内容；1984 年提出山地研究的理论与方法、山地资源的开发与保护、山地灾害及其防治、山地生态环境四个方面为山地研究的主要内容，1986 年又提出"山地学"的概念及其研究的内容与方法等；创建了四川省地理学会并任理事长，同时任中国地理学会山地研究委员会主任。他还兼任西南师范大学、重庆师范学院、贵州师范大学和四川师范大学地理系名誉系主任、教授等职。1982 年，丁锡祉因年事已高，要求不再担任所长职务，改任研究所顾问。

丁锡祉长期工作在教学和科研第一线，十分重视研究生、进修教师和青年科技人员的培养，除讲授多门课程外，还亲自率领学生进行野外实习，为国家培养了一大批有用人才。他谦虚谨慎，严于律己，作风正派，平易近人，生活简朴，是一位德高望重的知名地理学家。

二、主要贡献

从中央地质调查所参加工作后近 70 年的时间里，丁锡祉的足迹遍及祖国的华东、东北和西南，把毕生的精力奉献于我国的地理教育和地理科学事业。他认为，地理教育与地理科研本身就是一个统一的整体，地理学中大量的科研成果是地理教学内容的基础，不断涌现的最新科研成果极大地丰富了地理教学的内容，而地理教学中发现的有关问题可以在地理科研中得到解决。他同时认为，高等学校不仅是高等教育的中心，而且还应是科学研究的中心，高等师范如不讲学术性，就没有高质量的师资，当然也不会培养出高质量的学生，也很难吸引高质量的生源，从这个意义上讲，学术性是师范教育的基础和保证。正是这种辩证而正确的认识，以及其繁重的地理教学任务与繁忙的地理科研工作的相互交叉、彼此互补，使得丁锡祉取得了突出的成绩，为发展我国的地理科学事业和培养地理人才做出了重要贡献。

1. 教书育人，桃李满天下

在中华人民共和国刚刚成立的 1949 年，丁锡祉响应党的召唤，风尘仆仆地从上海来到东北师范大学任教。他到校后的第一个任务就是参与组建地理系的工作。他是东北师范大学地理系的主要创始人。在该校执教的 20 多年里，曾先后担任自然地理教研室主任、沼泽研究室主任、地理系副系主任、系主任、学校副教务长、校长助理等职。在地理系，丁锡祉以坚实的基础理论和丰富的实践经验从事教学工作，曾为本科生和函授生讲授自然地理学、地貌学、世界自然地理等多门课程，并亲自率领学生进行野外考察，指导学生撰写学位论文。教学中特别重视对学生能力的培养。他曾领导地理系和有关教研室多次制订和修改教学计划，组织国内师范院校地理系共同编写我国高等师范院校用的《地貌学》教材。

丁锡祉十分重视研究生和进修教师的培养。1959 年在他的领导下，地理系第一次开办自然地理教师进修班，并于 1959 年和 1964 年先后招收了两期共 7 名地貌学研究生。他亲自制订教学计划，编写教学大纲和教材，亲自给进修教师和研究生上课。在教学中，他求实、严谨、创新的精神和理论联系实际的学风，给全体进修教师和研究生以深刻的影响。他们在丁锡祉那里不仅学到了科学知识，学到了科学的工作方法，更学到了他那种孜孜不倦的科学精神。

在丁锡祉担任东北师范大学校系领导工作期间，地理系培养的学生如今几乎遍及祖国各地，可谓桃李满天下。尤其是 20 世纪 50 年代培养的一批学生，被分配到全国许多高等学校、科研单位和重点中学，多已成为地理教育和地理科学事业的骨干力量。在该校教师队伍的成长中，更渗透着他的心血。他虽然校务工作十分繁忙，但还经常找系里的教师谈话，勉励他们发奋读书，指导他们制订规划和把握专业方向，帮助他们提高专业水平。系里的教师都永远铭记他的亲切教诲和正确的引导。

此外，丁锡祉始终贯彻教学与科研相结合的思想，出于老一辈地理学者的历史责任感，积极关心和扶持地方地理事业的发展。他不辞辛劳，奔波于西南多所高等师范院校。在任各校地理系兼职教授期间，对各校地理系的建设与发展提出了许多宝贵意见并被采纳。如支持西南师范大学于 1982 年首次公开招收地貌学硕士研究生，并亲自审订研究生教学计划，保证了培养工作的质量。他与该校地理系同仁共同申请并获国家自然科学基金资助，就城市地貌学的概念、性质、研究内容，以及地貌对城市化的影响、城市化对地貌发育的影响，进行了深入研究；鼓励贵州师范大学在设置地理研究所的同时，开展岩溶地貌及洞穴的研究与应用，并取得了多项有影响的科研成果，这使得该校的喀斯特地貌研究在国内外有了一定地位；在他的建议下，西南师范大学于 1983 年成立了亚热带生物地理研究所，开始了以四川盆地为立足点的亚热带地区的研究，并在我国产生了深远的影响；提出合办《地理教育》杂志并挂靠在重庆师范学院地理系，使该杂志由省内发行发展到国内公开发行。在他的支持下，重庆师范学院成立了城市地理研究室，并为其联系科研课题。丁锡祉还十分重视中学的地学教育，撰写的《加强中学地学教学的几点意见》的文章，1980 年刊登在《地理教学参考资料》中，就普通中学有关地学教育的基本问题提出了多项有益的建议。

2. 用新方法研究区域地貌

丁锡祉在研究生毕业之初，就非常重视新理论、新方法在地貌研究中的应用。1944 年，在清华大学主办的《地学集刊》上发表了《遵义地形发育》的文章，他依据戴维斯（W. M. Davis）地形形成学说中关于侵蚀面和水系发育关系理论，用投射剖面的方法分析侵蚀面存在的可能，然后做认真的野外调查，对各个风口的地形形态和高程做详细的描述、统计和对比，确定侵蚀面的存在，以及利用风口资料分析水系的变化和发育过程。采用此方法来研究区域地貌，是一种新的尝试，因而受到当时国内地学界的重视。

3. 为开发黑龙江流域提供科学依据

1956 年，根据中苏两国关于共同进行调查黑龙江自然资源和生产力发展远景的科学研究的有关协定，中国科学院与有关部门组织了黑龙江流域综合考察队，与原苏联科学院黑龙江综合考察队共同进行黑龙江流域的科学考察工作，丁锡祉任地貌考察队队长。他率领考察队跋山涉水，行程 3 万多公里，在 3 年的野外查勘中，走遍了黑龙江两岸，包括苏联境内的各个支流和我国的乌苏里江沿岸，松辽平原，三江平原，呼伦贝尔高原，大、小兴安岭，长白山和辽西山地，以及苏联的泽雅、布列亚、比罗比詹平原及黑龙江下游等地区。这项工作既丰富了我国区域地貌的研究，又填补了我国东北北部一些研究区域的空白。在他的指导下，首次编绘出黑龙江流域及其毗邻地区（中国一侧）的地貌图。他还亲自撰写了《黑龙江中游（右岸）地貌》、《黑龙江流域地貌特征及其对农业的意义》，以及《黑龙江流域及其毗邻地区自然条件》一书中的"地貌"部分等 9 篇论文。这些成果在理论上和实践上都有很大意义，为开发黑龙江流域提供了可靠的科学依据。1962 年丁锡祉随同中苏双方的学术委员受到周恩来总理、聂荣臻副总理的接见和郭沫若副委员长的宴请。

4. 得出辽宁海岸线是复式岸线的结论

1958 年，在《辽宁海岸的升沉问题》一文中，丁锡祉对辽宁海岸线普遍分布的海蚀崖和隆起海蚀阶地进行了深入研究，并得出辽宁海岸线是以沉降为主而到处呈现着回升现象的复式岸线的结论。其成因是受第四纪世界性的冰期海平面升降的影响，更主要的是由于陆地的构造运动。该研究成果为建设海岸港口和海岸带的开发利用提供了科学依据，也指出了开发整治的方向。

5. 首次提出"白土山组"地层的非冰川成因观点

1963～1964 年，丁锡祉领导中国科学院长春地理研究所的大部分科技人员对东北西部地区进行地貌与第四纪、气候、水文、土壤、植被等自然条件的综合考察，编写了一整套考察报告和 1∶20 万比例尺的图件，初步查明了该区自然资源状况和质量。这些成果为东北西部自然资源合理开发利用提供了科学依据，至今仍然是该区国土自然资源开发利用和整治的重要基础资料。在东北西部地貌与第四纪的研究中，合理地划分了该区地貌类型和第四纪地层，首次提出"白土山组"地层的非冰川成因的观点，将固定沙丘与河流阶地进行了明确的区分，提出嫩江河道的多次变迁遗留下许多古河床成为今日的湖泊等,从理论上阐明了松嫩平原地貌的形成和发育过程。

6. 创建我国最早的冰缘地貌学研究组

丁锡祉具有扎实的理论功底和开阔的思路,对科学前沿新的生长点具有敏锐的洞察力。20 世纪 60 年代以前,我国还没有对冰缘地貌学进行研究,在一次地貌学术讨论会上他认为,这是一个很有发展前途的科学领域,深入的研究可以填补地貌学理论的空白。

1962～1965 年在丁锡祉的直接领导下,由中国科学院长春地理研究所和东北师范大学地理系联合组建了冰缘地貌研究组,这是我国最早成立的冰缘地貌研究队伍。他带领该小组,系统地开展了冰缘地貌的研究工作。一方面研究冰缘地貌的基础理论、国内外动态,以及文献目录的编纂、筹备召开全国的冰缘地貌学术会议;一方面利用出差机会,多次前往各主要科研单位和图书馆查阅文献资料,编纂出英、德、法、俄、波等语种的《冰缘地貌文献目录》、《冰缘地貌资料汇编》、《冰缘地貌译文集》等基础工作,并撰写和编制了《国外冰缘地貌学现状》、《冰缘地貌学——介绍地貌学的一个分支》和《三千万分之一的世界冰缘地貌分布图》等。承担国家科学发展 12 年远景规划中冰川地貌和冰缘地貌课题的冰缘地貌部分。他深入现代冰缘区,结合森林更新和道路工程建设进行实地考察,探索冰缘地貌与森林更新及道路建筑冻害的关系。撰写了《大兴安岭北部冰缘地貌及其与农、林业发展的关系》(后改写为《大兴安岭北部的冰缘现象》,发表在有关刊物上)和《大兴安岭北部冰缘地貌及其与道路建筑的冻害防治》考察报告。这是我国冰缘地貌直接为生产建设服务的第一篇文章和报告,受到当地生产部门的欢迎和好评,填补了学科上的空白。我国冰缘地貌学科的研究虽然起步较晚,但在丁锡祉的带领下,在短短的数年中作了大量的调查研究和资料整理工作,不仅为我国研究冰缘地貌奠定了理论基础,而且为冰缘地貌服务于生产实际探索出了一条可行途径。

7. 填补我国沼泽学研究空白

丁锡祉善于捕捉科学前沿新的生长点的能力,还表现在他开拓了沼泽学的研究。他曾指出,沼泽是景观类型之一,东北有大面积的沼泽地,不同的地貌类型常有不同的沼泽类型,研究沼泽和地貌之间的相互关系是本区的一个重要课题。根据国内地理学发展的状况和东北地区的特点,丁锡祉于 1960 年在我国首先倡导开展沼泽学的研究工作,为填补我国沼泽学研究的空白做出了突出贡献。在他的领导和支持下,东北师范大学地理系建立了我国第一个沼泽研究室，中国科学院长春地理研究所也确定了沼泽的研究方向。丁锡祉开创的沼泽学研究以及由他培养的沼泽研究团队，已成为现代地貌学研究中的一支重要力量，两个单位在沼泽学的研究方面都有了长足的进步，并取得了良好的社会效益、经济效益和生态效益。东北师范大学原来的沼泽研究室已扩建为学校的泥炭沼泽研究所，长春地理研究所的泥炭沼泽研究已成为该所重点发展的优势学科。他积极联系并聘请国内外专家作关于沼泽学的学术报告，召开沼泽学研究的协作会议，为开展泥炭沼泽研究奠定了良好的基础，对我国的沼泽研究起到了积极的推动作用。

8. 率先提出"山地学"概念

1978年，丁锡祉奉命调任中国科学院成都地理研究所所长之后，十分关心该所的前途与发展。他深入实际认真总结以往科研工作中存在的问题，并在此基础上构想了该所发展的基本思路和框架。他虽然于1982年不再担任所长职务，但仍孜孜不倦地为后来更名为中国科学院成都山地灾害与环境研究所的兴旺发达而勤奋耕耘着。

1984年丁锡祉指出，山地是一个自然经济的综合体，含有许多学科的任务，因而必须进行综合研究。该所山地研究的主要内容应体现在以下四个方面：山地研究的理论与方法；山地资源的综合开发利用与保护；山地灾害及其治理；山地生态环境。在1986年《初论山地学》的文章中，他提出了"山地学"概念。1996年发表了《再论山地学》的论文，并就山地学的诞生，山地学研究的对象、内容和方法进行了精辟论述。所有这些，都为成都山地所指明了前进的方向并产生了深刻影响。实践证明，该所在此后的学科结构性调整、体制创新、凝练科技创新目标、加入中国科学院资源环境基地型研究所行列、进入中国科学院知识创新基地，直至跨进创新三期等一系列重大改革中，始终没有脱离丁锡祉提出的关于山地研究的基本内容和治所理念。丁锡祉敏锐的洞察能力和较高的领导艺术水平由此得以充分体现。

丁锡祉学术思想活跃，视野开阔，注重实践，认识问题深刻而明晰。他以丰富的学识和不断进取的精神，在地理学和现代地貌学研究等方面，特别是在区域地貌、农业地貌、气候地貌和城市地貌等方面取得了较大成绩，为我国现代地貌学的发展做出了重要贡献。

丁锡祉在科研工作取得丰硕成果的同时，为国家培养了一批又一批大学生、研究生和青年教师，因而深受广大地理工作者的敬重和爱戴。

三、丁锡祉主要论著

丁锡祉. 1944. 遵义地形发育. 地学集刊，专刊第2号.

丁锡祉. 1945. 黔北湄潭地形. 地学集刊，3（1）.

丁锡祉. 1951. 吉林地形初步观察. 东北师范大学学报：65-68.

丁锡祉. 1958. 辽宁海岸线的升降问题. 中国第四纪研究，1（1）.

丁锡祉. 1958. 第二松花江的河谷阶地. 中国第四纪研究，1（1）：149-157.

丁锡祉，B. B. 尼柯尔斯卡娅. 1959. 黑龙江流域地貌特征及其对农业的意义. 地理学报，25（6）：413-421.

丁锡祉. 1963. 冰缘地貌学——介绍地貌学的一个分支. 地理，4：165-168.

丁锡祉. 1964. 地貌和动植物的关系. 地理，6：257-260.

丁锡祉. 1979. 自然地理学的发展. 四川地理，创刊号.

丁锡祉. 1980. 加强中学地学教学的几点意见. 地理教学参考资料，（5）.

丁锡祉. 1981. 我国泥石流研究现状和今后任务//泥石流文集（1）. 重庆：科学文献出版社重庆分社.

丁锡祉. 1982. 气候地貌学的概念. 西南师范学院学报，4：2-6.

丁锡祉. 1983. 横断山山地研究刍议. 山地研究，1（1）.

丁锡祉. 1983. 科学的继承与发展. 大自然探索，4：3-4.

丁锡祉. 1984. 继承和发扬竺可桢地理学术思想体系. 山地研究，2（2）：64-67.

丁锡祉，郑远昌. 1986. 初论山地学. 山地研究，4（3）.

丁锡祉. 1986. 城市地理学的任务. 重庆师范学院学报，27：13-16.

丁锡祉. 1987. 开展山地学研究促进山区开发建设. 地球科学信息，（5）.

丁锡祉，刘淑珍. 1990. 影响中国城市分布和建设的地貌因素. 西南师范大学学报（自然科学版），15（4）：453-461.

丁锡祉，郑远昌. 1996. 再论山地学. 山地研究，14（2）：83-88.

主要参考文献

《丁锡祉文集》编写组. 1988. 丁锡祉文集. 成都：中国科学院成都山地灾害与环境研究所.

撰写者

秦保芳（1943～），河北广平人，中国科学院成都山地灾害与环境研究所高级工程师。

王乃樑

王乃樑（1916～1995），辽宁安东（现丹东市）人。地理学家，地貌学家，我国地貌学的主要开拓者。1939年7月毕业于西南联大地质地理气象学系。1951年毕业于法国巴黎大学理学院。长期担任北京大学教授、博士生导师。曾担任中国地理学会常务理事、中国地理学会地貌专业委员会主任委员、中国第四纪研究委员会副主任委员、《地理学报》副主编等多项学术职务。1986年被聘为国际地貌学家联合会执委会委员。他在我国倡导通过相关沉积研究地貌的发育与演化历史；用新构造活动和气候演变的共同作用来探讨地貌发育的原因与过程；开创和发展了我国构造地貌学研究方向，他先后发表的《构造地貌》和《中国的基本构造地貌单元》两篇长篇论文是他从事构造地貌研究的代表作，对我国地貌格局的形成、区域构造地貌的主要特征作了专门的总结与论述；并在区域地貌与地貌制图、新生代河流地貌演化、第四纪环境与黄土成因、现代沉积与环境等方面的研究中做出了重要贡献；将基础理论研究与沉积矿床和地下水资源开发、工程地质稳定性、地震危险性预测等重大实际问题相结合，取得显著成绩。在北京大学创建了全国第一个地貌学专业，为国家培养了一大批地貌学与第四纪地质学的专业人才。

一、简　　历

王乃樑，祖籍福建闽侯，1916年10月7日生于辽宁省安东市（现丹东市），1995年4月24日于北京逝世，享年79岁。

王乃樑生于职员家庭，从小随父亲工作变动而迁居，多次辍学在家或念私塾。1928年考入厦门集美中学，初中未读完，1931年又随父迁至天津，就读于南开中学，直至高中毕业。1935年考入清华大学地学系，抗日战争爆发后随校迁至长沙、昆明，1939年7月毕业于西南联大地质地理气象学系。

大学毕业后，1939年8月至1940年7月在重庆国民政府资源委员会昆明办事处经济研究室任职。1940年8月至1945年7月，在西南联合大学师范学院史地系任助教，为专修科讲授自然地理、外国地理、地理教材教法研究等课程。1945 年 8 月至 1946 年 7 月任西南联合大学地质地理气象学系教员。1946 年 8 月至 1948 年 5 月任清华大学地学系教员，讲授《普通自然地理》及三、四年级学生的选修课《太平洋地志》等。1948 年 6 月至 1951 年 12 月，获中法交换生的奖学金，赴法国巴黎大学理学院自然地理与动力地质教研室学习，本拟求教于 Bourcart 教授，但这位教授听到王乃樑的经历和志向（研究地貌学）后，立即推荐 A. Cailleux 作他的副导师，实际指导他的论文。他的论文经过答辩，获得了 Diplôme d'études supeurieares 文凭（高等研究文凭）。1950 年底，中国留法学生会的负责人改选，王乃樑被选为新的学生会主席。

1951 年底，王乃樑怀着拳拳报国之心，放弃了继续攻读博士的机会，偕同夫人回到了祖国，参加新中国建设。1952 年 1 月至 7 月，在清华大学地学系任讲师，1952 年全国高等学校院系调整时调至北京大学地质地理学系任副教授，1962 年任教授，1981 年被聘为我国首批博士生导师，1955～1966 年及 1980～1984 年任地貌教研室主任，1962～1966 年任地质地理学系副系主任，1978～1982 年任地理学系副系主任，1982～1983 年任地理学系主任。

1952 年初于清华大学参加中国民主同盟。1980 年 7 月于北京大学加入中国共产党。

王乃樑在教学工作的同时，进行了大量科学研究活动。1954 年参与陕西甘肃黄土高原的地形调查；1956 年春在山西大同进行地貌第四纪地质调查，同年夏秋参加青铜峡水库的地貌第四纪地质调查，又参加了辽东半岛海岸地貌与滨海砂矿的地貌第四纪地质调查；1957 年在广西平果、富川、贺县、钟山地区为探寻沉积砂矿富集规律进行地貌第四纪地质的调查，又在银川贺兰山进行地貌第四纪地质研究；1958 年为长江三峡水利工程做地貌调查；1959 年在川西为南水北调进行综合考察；1963 年在黄壁庄水库、内蒙古呼伦贝尔盟达赉湖，1965 年在四川安宁河谷和雅砻江水电站进行新构造活动研究。20 世纪 80 年代中后期集中精力对山西构造地貌和新生代沉积进行调查研究，同时在新疆、甘肃指导石油开发的沉积相工作。

王乃樑的教学科研成果获得许多奖励。如 1981 年获北京市地震地质会战研究工作二等奖；1982 年"陆地卫星影像太原幅农业自然条件目视解释系列图"项目获农牧渔业部技术改进科研成果一等奖；1985 年被授予山西省农业区划先进工作者称号；1985 年获山西农业遥感信息在农业区划与农业管理中应用研究系列成果中做出贡献的表彰；1988 年构造地貌研究项目获北京大学第二届科技进步奖二等奖；同年，这一项目获国家教委科技进步奖二等奖；1991 年，因担任高等学校地理教材编审委员会委员期间为教材建设做出突出贡献，受到国家教委的表彰；1993 年"陕甘宁构造地貌机助制图综合研究"课题获国家教委科学技术进步奖二等奖；1993 年在出版《中国大百科全书·地理学卷》中做出重要贡献获荣誉证书。

王乃樑于 1986 年当选为国际地貌学家联合会执委会委员。历任中国地理学会常务理事，中国地理学会地貌学专业委员会主任委员，中国第四纪研究委员会副主任委员，《地理学报》编委、副主编，《地理译报》主编，《沉积学报》编委，《地理科学》（英文版）编委，《海洋学报》编委，《中国大百科全书·地理卷》地貌学主编，《中国 1：100 万地貌图》及《中国 1：100 万地貌图编制理论与方法研究》编委会副主任委员、《1：100 万太原幅地貌图》顾问、《中国地理图片集》编委会科学顾问、教育部高等学校理科地理教材编审委员会委员、国家教委博士点重点学科通讯评议员、北京师范大学学术委员会委员（1985）、国家海洋局第一海洋研究所研究员（1979）等。

王乃樑自大学毕业起，在地理学，特别是地貌学的教学、科研园地，耕耘了 57 个春秋，培养出一批地貌学人才。他深邃开阔的科学视野和造诣，勤学善思、执着开拓、严谨求实、循循善诱、以身作则、甘为人梯的科学风范和崇高精神，广为他的同行、同事和学生们称道。

二、主要研究领域和学术成就

王乃樑在半个多世纪的科学研究生涯中，注重多学科交叉综合、强调理论联系实际、坚持不断创新发展，在地貌学及其与之相关的第四纪科学、沉积学、新构造运动学等诸多学科领域，开展了大量开创性的研究工作，取得了一系列具有创新意义的成果，为我国地貌学的发展做出了突出的贡献。

（一）主要科学研究成就

王乃樑的学术成就以新构造和构造地貌学研究为主，并在区域地貌与地貌制图、地貌过程与沉积、现代与古代沉积学、第四纪沉积与环境等领域都取得了突出的成就。

1. 相关沉积与地貌演化史研究

王乃樑在留法期间看到了把地貌学与沉积学结合起来研究的重要性，并产生了极大的兴趣，在野外考察和实验研究的基础上，完成了《法国罗瓦河下游上新世至更新世沉积与古地理》的研究生论文，受到法国著名地貌学家丁·特里喀尔的重视，并将其刊载于由他主编的《动力地貌学论评》上。回国后一方面致力于介绍国际研究动向，另一方面带领青年学者们在华北等地区进行实践研究。于 1955 年在《地理学报》上发表的《一些沉积学方法在区域地形研究中的应用》一文中指出："一个地区地形的发生、发育过程也就是构造运动与外营力作用矛盾统一的过程。""区域地形研究的任务不但要忠实、准确、定性、定量地记录、描述这一地区的地形现状，而且要阐述这个地形的发生、发育过程。地形发生、发育过程的揭露仅凭地表的侵蚀形态的分析是不够的，其活生生的历史常具体记录在因侵蚀而产生的沉积地层中。要想揭露沉积地层中所保留的历史，就必须应用一些沉积学的方法。"并指出，沉积物的机械组成、磨蚀形态、排列方位潜含着搬运介质、搬运方式和堆积过程的信息。并详细地阐述了颗粒分析（机械分析）、砾石与砂的形态量计、砾石的岩性与砂的矿物组成分析、沉积层的构造等具体研究方法。并以实例阐明区域地形研究中沉积学的重要性。在他的提倡和带领下，我国地貌学研究在通过地貌过程形成的相关沉积来全面揭示地貌形成与演化历史的方面得到了快速发展。

2. 沉积学理论与应用研究

20 世纪 50 年代以来，王乃樑带领同事和学生开展了各种现代沉积过程、沉积相与沉积环境的研究，这方面的研究成果又用来揭示各种古代沉积体或沉积岩相的成因过程与形成环境。在现代沉积过程与古代沉积岩相结合研究的基础上，推动我国沉积学研究的发展，并将这些沉积相特征和沉积过程的原理应用于沉积矿床开发、港区选址与保护等实际问题的研究中。

20 世纪 50 年代初他与苏联专家列别杰夫共同指导研究生、大学生赴辽东半岛与山东半岛从事砂矿地质调查研究，摸清了沉积砂矿的赋存规律和品位，为找寻和评估 C_1 级锆英石砂矿矿床做出了贡献。

为了使海岸地貌与沉积的科学研究直接为港口选址服务，他让研究生带领一批大学生先后参加了"天津新港回淤泥沙来源研究——滦河三角洲研究"、"苏北黄沙港选址研究"等与海港回淤研究有关的项目，提出无需沿岸建堤来拦截滦河与黄河泥沙的科学论断，为我国首次在淤泥质平原海岸建造深水港做出了贡献。

20 世纪 70 年代中期，他带领师生在河北省平原区，依据平原地区古河道沙体的分布规律寻找地下古河道水源获得成功。70 年代后期开始，根据我国石油勘探事业的迫切需要，去新疆克拉玛依油田考察，并举办沉积相学习班，讲授沉积相知识。组织指导年轻教师进行油田开发沉积相的研究，寻找可能的新油源。以后又对甘肃玉门油田工作进行指导，对这个 30 年代开发的老油田挖掘潜力、焕发青春、稳定产量做出了一定贡献。这些研究工作先后获得多项石油部科技成果奖。1981 年，在多年的现代与古代沉积研究的基础上，结合国内外有关沉积学理论，合作出版了《现代沉积环境概论》一书，总结了沉积相研究的理论和方法，系统阐述了沉积环境与沉积相的基本概念、沉积相的分类、沉积物的形成以及沉积相模式建立等基本方法。该著作对石油开发研究、工程地基评价研究、环境变迁和环境考古研究等方面产生了重要影响。

3. 构造地貌学与中国构造地貌研究

王乃樑在半个多世纪的科学研究中，最重要的建树是关于构造地貌学和中国构造地貌的研究。20 世纪 50 年代，王乃樑从北部的怀来盆地到南部的渭河盆地，行程 1000 多公里，穿越了冀晋陕地区的七八个盆地。这时，他深深地认识到这些盆地的形成、排列方式、发育历史与新构造运动有着密切的关系，从而开始建立从新构造运动研究地貌的构造地貌学新方向。

早在 1956 年合作发表的关于南口地区地貌形成与演化的论文中，用实例证实了新构造运动对该地区地貌（南口山地、山前南口河西侧洪积平原和东侧台地）发育的控制作用。1957 年与苏联专家在银川盆地考察时，发现贺兰山山前洪积扇上有一高约 7～10m 的陡坎。苏联专家认为可能为古黄河侵蚀形成。王乃樑则认为该陡坎应是贺兰山山前断层活动所成。事隔 20 年之后，通过大量的地质、地貌和地球物理等工作，证明了这个陡坎不仅是由断层活动形成，而且在全新世期间还有过多次活动。

中国地域广大，不同地区的新构造活动特征差异明显。为了认识和把握全国范围的构造地貌格局、形成机制与演化历史，王乃樑阅读了大量的地质地貌的研究成果、各种大地构造学说（如板块学说、地质力学等）、地球物理研究等相关领域的成果。结合他多年大量的野外考察结果，先后写成《构造地貌》（1982）和《中国的基本构造地貌单元》（1996）两篇长篇论文。这两篇文章思路开阔、高屋建瓴、基础扎实、论述精炼，是关于中国构造地貌研究的纲领性文献，对我国大尺度区域构造地貌及演化历史的研究具有长期的指导意义。

王乃樑还十分关注新构造活动的动力学机制研究。20 世纪 70 年代以来，国外关于大陆构造裂谷的研究逐步成熟，这些裂谷的成因大都与裂谷之下的地幔上涌有关。王乃樑提出，地幔上涌可以部分地解释中国北方裂谷型地堑盆地的动力学成因。1981 年和 1984 年与同事合作研究发表《我国新构造运动研究的回顾与展望》和

《构造地貌学的理论、方法、应用与动向》二文，对我国新构造运动与构造地貌学研究的理论、方法与发展历史进行了全面总结。

4. 新构造研究与工程地质稳定性和地震危险性预测研究

在创建构造地貌学的研究中，王乃樑一方面注重新构造运动方面的理论研究，同时也十分注重与新构造活动有关的实际应用研究。1958 年参加了三峡水库坝区的新构造研究，1965 年参加雅砻江水电站的新构造研究。1966 年邢台地震后，积极倡导构造地貌学要为地震长期预报工作服务，他曾参加和指导了北京地区地震地质会战第七专题研究，研究成果在英国举行的国际地貌学大会上报告后获得好评。此外，在邢台地震、通海地震、昭通地震、海城地震、龙陵地震、唐山地震等大地震区进行的现场调查和新构造研究，为区域地震的长期预报和防治提供了科学的建议，受到我国有关部门和地区的重视和嘉奖。

5. 构造与气候共同影响的地貌动力学研究

王乃樑是我国最重要的构造地貌学家。而在研究某一具体的地貌单元的形成过程和演化历史时，同样十分重视气候变化影响下的外动力过程对地貌发育的影响。60 年代初，国外有的学者把河流阶地的级数简单地当做地壳运动上升的次数，将阶地上沉积物的厚度当做两次上升间的地壳下降幅度。他认为这种简单的对比是不全面的，河流阶地的形成固然和构造运动有关，但气候变化也可导致河流从加积转为下切而形成阶地，河流在正常情况下也能沉积一定厚度的沉积物。1961 年他在中国地理学会地貌学术讨论会上充分阐述了这一科学辩证的论点，并提出了如何从河流阶地的产状与沉积物特征来判断其成因的不同。1956 年合作发表的关于北京南口地区地貌发育的研究论文，即根据地貌和第四纪沉积物特征重建了该地区的构造活动及其气候演变历史，并讨论了二者对该地区地貌演化的影响。1966 年发表的关于陕西蓝田地区灞河中游地貌结构及其发育历史的研究论文，揭示了蓝田灞河中游地区第三纪期间构造运动对沉积地层形成和变动的影响，并指出第四纪时期灞河由于区域抬升而在总的下切趋势中，也有多次的向上加积，认为本区第四纪期间地貌上表现的侵蚀与加积的交替，是由于在全区上升的背景下又叠加着气候干湿变化的影响。

6. 现代与古代湖泊形成与演化研究

1963 年王乃樑参加中国科学院蒙宁综合考察队，对达赉湖的形成、湖区第四纪沉积相与古地理环境、达赉湖的近期涨缩的变迁过程及其原因做了详细的调查研究。

发表的研究论文认为达赉湖扩大的主要原因，一是降雨量增加；二是气温增高，促使周围冻土部分融化，使地下水贮量增加，也促使了湖水的上涨。研究成果为该区域制定建设和发展的决策提供了科学依据。

50 年代，王乃樑在阳原盆地出口的石匣里桑干河峡谷地区、怀来盆地出口的官厅峡谷地区都发现有早于泥河湾沉积的河流阶地，证明远在泥河湾湖形成以前，就有古桑干河自阳原盆地经石匣里峡谷流出，官厅盆地也有河流流出。证明这些湖泊的形成与扩展，同上新世至更新世之交的构造活动关系很大。他还注意到好多地点的湖泊沉积延续到周口店时期（中更新世），而且许多地点的湖泊沉积或者已经产状倾斜（如沁县盆地），或是已经被构造运动抬升（如大同云岗小站所见）。表明中更新世后期可能发生了较为强烈的构造运动，使得这些盆地中的湖泊趋于消亡，并使得之前形成的湖泊地层发生变位。他在《三门系地层的岩性特征及其与新构造运动的关系》（1959）一文中对这些问题进行了总结。

7. 冲洪积扇地貌研究

王乃樑一直十分重视冲洪积扇这一特殊地貌单元的研究。曾研究过大同盆地南北两侧及其他山西地堑盆地两侧、北京南口山前、太行山东麓、秦岭北麓、祁连山北麓及贺兰山东麓等地的冲洪积扇。1985 年他与合作者共同发表《太行山东麓滹沱河出山处新生代沉积与地貌结构》一文，证明上新世至早更新世之间，该地区山体发生了显著抬升，而山麓平原地区发生了显著的下降。研究发现，滹沱河在太行山东麓出山口后形成了自上新世至全新世的 5 期冲洪积扇。同时证明这 5 期冲洪积扇顶点位置发生了向上游和下游的多次迁移，这种迁移不仅同山体与平原之间的差异构造活动相关，也与气候变化引起的沉积速率变化相关。

8. 黄土成因与物质来源研究

20 世纪 50 年代，王乃樑考察过黄土高原的大部分地区，较早对黄土的成因和物质来源做过比较深入的研究，得出了比较严谨和明确的结论。他注意到陕北、陇东的许多分水高地及河间地区（如董志塬等一些黄土塬区），以及比这些黄土塬还高出数百米的分水岭地区（如永寿梁、子午岭一带），都有很厚的黄土分布。他依据黄土高原地区黄土的地貌分布、黄土古土壤的地貌分布和河流的演化历史等，证明黄土沉积时期，从分水岭到坡地、再到谷地的所有地区都有黄土向上加积的过程，而这样的加积过程只能用风力搬运降尘才能解释，而不能用水流沉积来解释。他还根据原苏联学者对环县、平凉与榆中塬面上所采集的黄土的矿物分析结果，以及他自己注意到不同基岩岩性的山地附近的黄土的矿物成分也都十分相似，而与当地的基岩岩性没什么关系的现象，进一步证明了黄土的风成成因和黄土物质来源。于 1956 年在《科学通报》上发表文章，对上述研究和证明进行了详尽的说明。王乃樑 50 年代研究陕西蓝田地区灞河中游地貌结构及其发育历史时还指出，白鹿塬上所见的晚上新世红土为质地较纯净的黏土，夹杂少量粗粒物质，厚度也很大，似乎难以用冲积成因来解释，但又完全没有层理，不像湖相沉积。这实际上在当时就提出了有些第三纪红黏土也可能为风成成因的暗示。

9. 黄河、长江及其他一些河流的演化历史研究

王乃樑通过对全国的构造地貌研究后指出，中国的地貌格局主要是中生代燕山运动奠定的。此后，在喜马拉雅运动中，许多地方可能改变它们的高度，但地貌的轮廓和走向基本不变。虽然这一结论主要指一些较大的山系和盆地的格局，但对河流的演化也必然产生重要的影响。他通过对山西、陕西地区一些河流剖面的观察后指出，山（西）陕（西）间黄河及其支流的形成时代肯定在黄土堆积之前，即第四纪之前的第三纪。他注意到黄河在青铜峡附近切牛首山而过，说明黄河的这一段是先成河。实际上在牛首山山坡上即可见到第三纪时期的古黄河阶地。

王乃樑也十分关注长江的形成与演化历史。他注意到宜昌一带的东湖系红层中含有来自现在长江上游的砾石，认为似乎长江于白垩纪时期就已经穿过巫山山地。东湖系与浦口系的分布大体沿目前长江的流路，南京方山玄武岩之下有中新世的长江砾石层分布，据此推测，中新世时，长江可能已经是一条贯穿四川盆地、巫山山地和中下游平原的大河。虽然这些结论还需要将来的进一步研究证实，但这些研究成果的学术意义将会随着研究的深入而日益显现出来。

10. 创建我国高等学校第一个地貌学专业

由于我国大规模经济建设的开展迫切需要地貌学人才，1955 年北京大学决定在自然地理专业中分设地貌专门化，同年开始招收地貌学方向的研究生。1956 年高等教育部批准设立地貌学专业，当时，作为地貌教研室主任的王乃樑，承担起地貌学专业建设的艰巨任务。他一方面抓教师队伍建设，另一方面身体力行，为大学生开设《普通地貌学》，为研究生讲授《沉积相》、《中国地貌》、《地貌学基本理论与问题》等课程，每年在野外实习或生产任务中为师生、有关工作人员传授知识或开办培训班。他对待教学极其认真，讲稿反复推敲，讲课内容丰富，逻辑严密，语言准确。他经常介绍地貌学等学科国际前沿成果，使人开阔视野。

他十分重视培养学生的野外研究能力。为此他翻阅了许多有关文献，亲自赴实地考察了解。经过众多方案的研究比较后，选定山西大同盆地作为地貌学野外教学实习基地。这一实习基地为北京大学 50 多年来的地貌学野外教学实习发挥了十分重要的作用。他还十分重视学生实验分析能力的训练，在他的建议和指导下，先后建立了沉积物分析室和年代实验室。在他的领导下，北京大学地貌学专业培养了一大批地貌与第四纪科学人才。

（二）学术思想及其影响

王乃樑在学术界享有崇高的威望，不仅是由于他的杰出学术成就，更是由于他高瞻远瞩的学术思想。他的学术思想，影响了一大批地貌与第四纪学者，引领了我国地貌学研究的方向。

1. 倡导通过相关沉积研究地貌过程与演化历史

与地貌发育和演化同时形成的相关沉积，翔实地记录了地貌发育的营力性质、营力强度、侵蚀、搬运和堆积的过程与历史。所以只有深入研究这些相关沉积，才能获取地貌形成过程与演化历史的准确而客观的信息。王乃樑看到了国际地貌学发展的这一具有重要意义的新动向，将通过相关沉积研究地貌过程与演化历史的这一思想带到国内，加以大力提倡，并开展了大量示范性的实践研究，很快被我国学术界所认可和采纳。许多地貌学者根据这一思想和相关研究方法，开展了大量的研究，不仅开创了我国地貌学发展的新阶段，而且促进了地貌学与沉积学、第四纪地层学等相邻学科的交叉融合。

2. 坚持内外动力结合的地貌成因研究

地貌是内外营力共同作用的结果。坚持内外动力结合的地貌成因研究思想，包含两个层次的含义：第一，地貌学研究一定要深入到成因机理和形成过程研究；第二，成因研究一定要坚持内外动力结合。这一思想体现了现代地貌学研究发展趋势的必然要求。王乃樑一方面在自己的学术研究中坚持内外动力相结合的地貌成因研究思想，同时要求同事和学生在学习和研究中坚持这一思想。要坚持内外动力相结合，首先要具有涉及内外动力各个方面的宽阔视野，其次要有坚实的相关学科基础。从王乃樑的研究工作和成果来看，正是由于他坚实的多学科基础和宽阔的学术视野，才很好地真正做到了内外动力结合的地貌成因研究。也正是在他的带领和影响下，中国地貌学在坚持内外动力结合的地貌成因研究方面取得了长足的进步，形成了中国的特色。同样，坚持这一思想的地貌学研究，还促进了我国新构造运动学和第四纪环境演变等学科的发展。

3. 重视区域地貌研究与制图

地貌与地貌学研究同其他许多地球科学一样，具有很强的区域性特点。区域内地貌学的综合研究和不同区域的对比研究，是认识和揭示地貌发育和演化规律的重要途径，因而是地貌学研究的重要方面。王乃樑十分重视区域地貌研究，他的研究总是以一定的区域为研究对象，他花工夫最多的中国构造地貌研究就是以全国范围为研究对象。他指导的学生和研究生论文也都以一定的区域为研究对象。他认为，以区域地貌研究来培养学生可以使学生获得较为全面的培养。

凡是区域的研究，用相关图件体现和表达的内容和学术思想，具有光用文字表达不可替代的优势。所以王乃樑也同样一直重视地貌制图研究。他在很多场合强调过地貌制图的重要性。他的许多地貌学论文和著作中都附有较多的精美图件。他在地貌制图这一领域做过较多的研究和探索。他指导的学生论文也大都包括地貌制图方面的内容。他也参与领导了我国的全国 1∶100 万地貌制图工作，并具体指导了太原幅 1∶100 万地貌图的野外调查和图件的编绘。

4. 关注地貌学的创新发展与相关新技术的应用

王乃樑一直保持着与国际地貌学界的密切联系，密切关注国际地貌学发展的最新动态，坚持广泛收集和阅读大量国外文献，包括各种英文、法文、俄文和日文文献，随时将国际上地貌学、新构造学、沉积学、第四纪环境等方面的新理论、新方法和新的研究成果，应用到我国的地貌学研究中来。如 20 世纪 60 年代以来，他就比较重视将国际上大陆裂谷研究和地球内部物理过程有关理论应用到我国构造地貌的研究当中。20 世纪中期，国际上应用地貌学的研究兴起，并得到较大的发展，王乃樑也及时加以介绍并倡导有关应用地貌学方面的研究。

20 世纪中期，国际上航天技术和计算机技术的快速发展，带动了地球科学观测技术与信息获取和处理技术的快速发展。王乃樑敏锐地注意到这些新的技术手段对地貌学和地球科学各方面广泛而深刻的影响，大力支持许多年轻教师开展相关方面的研究，使得北京大学成为我国最早开展遥感和地理信息系统研究的单位之一。他和几位教师联合指导培养了多名遥感和地理信息系统方面的研究生和博士生。他还和他的学生和同事一起于 1992 年在美国华盛顿举行的第 27 届国际地理学大会上发表了 *Methods and applications of a geomorphological GIS：a case study in the Or-*

dos region of China 的论文。正是由于他的重视与支持，既促进了遥感与地理信息系统学科本身的发展，也促进了这些新技术手段与地貌学及其他地球科学的交叉与发展。

5. 注重基础理论研究与实际应用结合

王乃樑是一位科学的理想主义者，他凭着科学的好奇心，凭着对于追求真理、探索自然奥秘的执着来从事科学研究，没有丝毫的个人功利目的。但他同时又是一位具有高度社会责任感的现实主义者，所以他长期坚持将科学研究与解决国家建设与社会发展实际问题结合，并做出了杰出的贡献。20 世纪 50 年代将地貌过程与沉积学研究同我国海岸带地貌演化与港区选址与保护、沉积砂矿床调查与开发、河流湖泊环境保护等研究结合；将黄土与第四纪研究同黄土高原生态环境治理研究结合；20 世纪 50 年代至 60 年代，将新构造和构造地貌研究与三峡库区、三门峡库区等多座水库、水电站和南水北调等工程的新构造和地质稳定性研究结合；70 年代以来将新构造活动研究与地震危险性评价与预测结合；将平原区河流地貌研究与华北地区地下水资源开发结合；将青藏高原地貌过程研究与青藏铁路选线和环境治理工程结合；80 年代以来将沉积学研究与石油勘探与开发结合。他的基础理论研究与实际应用结合的学术思想，影响了我国地貌学和相关学科的学者，因而促进了我国地貌学及其相关学科的基础理论研究与实际应用两方面的共同健康发展。

6. 淡泊名利甘为人梯

王乃樑帮助年轻人，甘为人梯的精神，有口皆碑。他对于年轻人的支持与帮助，无论校内校外，还是国内国外都一样，向他求教都是有求必应。同年轻同志一起工作，论文发表时总是将自己的名字署在后边，将其他同志的名字署在前边。他生命的最后 10 年是在与疾病的顽强斗争中度过的。从 1986 年开始，不断的腿部疼痛和经常的一时性失去记忆折磨着他；1991 年发现肺癌，又半身不遂，但他坚持锻炼身体，更加紧了工作，并继续指导研究生和博士后，与同事和学生讨论科学问题，用左手打字修改文章。临终前几个月，一位伊朗学者向他请教有关中国地貌制图问题，他在身体十分虚弱的情况下，硬是支撑着把一大摞资料译成英文，用勉强还能动弹的左手打印后寄给了这位学者。在庆祝北京大学地貌学专业建立 30 周年的学术报告会中，当他看见他的学生在祖国各个岗位做出的成绩后欣喜地说："这时我才真正认识到自己的价值"。他还常谈道"回顾这一生最大的快乐，莫过于看见自己的学生宣读精彩的学术报告，那感受如同在听一首优美的交响乐。"

三、王乃樑主要论著

Wang Nailiang. 1951. Lithologie détritigue et paléogéographie céngoigue de la basse loire. Revue de Géomophologie Dynamique，(5)：112-120.

王乃樑. 1956. 一些沉积方法在区域地形研究中的应用. 地理学报，21 (1)：53-61.

王乃樑. 1956. 对于张伯声先生《从黄土线说明黄河河道的发育》一文的意见. 科学通报，(7)：67-72.

王乃樑，潘德杨. 1956. 南口山前平原地貌与第四纪沉积物特征及其对于新构造运动与气候变迁的反映. 北京大学学报（自然科学版），2 (3)：377-399.

王乃樑. 1957. 有关甘肃东部（陇东）新构造运动的一些材料//中国科学院第一次新构造运动座谈会发言记录. 北京：科学出版社：160-163.

王乃樑. 1959. 三门系地层的岩性特征及其与新构造运动的关系//三门峡第四纪地质会议文集. 北京：科学出版社：73-76.

王乃樑，曹家欣，钱宗麟. 1966. 陕西蓝田地区灞河中游地貌结构及其发育历史//陕西蓝田新生界现场会议论文集. 北京：科学出版社：75-88.

王乃樑，郭绍礼，杨绪山. 1966. 呼伦贝尔盟达赉湖的形成及其变迁的初步分析//干旱区地理学术会议论文选集. 北京：科学出版社：151-156.

王乃樑等. 1978. （高等学校试用教材）地貌学（第 1、10、11 章）. 北京：人民教育出版社.

王乃樑. 1980. 构造地貌//中国自然地理·地貌. 北京：科学出版社：11-61.

王乃樑，杨景春. 1981. 我国新构造运动研究回顾与展望. 地理学报，36 (2)：17-24.

任明达，王乃樑. 1981. 现代沉积环境概论. 北京：科学出版社.

王乃樑，杨景春等. 1982. 北京西山山前平原永定河古河道迁移、变形及其和全新世构造活动的关系//第三届全国第四纪学术会议论文集. 北京：科学出版社：179-183.

王乃樑，韩慕康. 1984. 构造地貌学的理论、方法、应用与动向//中国地理学会第一次构造地貌学术讨论会论文选集. 北京：科学出版社：1-9.

Wang Nailiang. 1984. Geompohological Studies in China Geography in China. Beijing：Science Press：17-32.

王乃樑，韩慕康等. 1985. 太行山东麓滹沱河出山处新生代沉积相与地貌结构. 中国第四纪研究，6 (1)：44-59.

王乃樑. 1990. 地貌学部分词条. 北京：中国大百科全书出版社：88-89，111-112，164-165，171-172，337-338，371-372.

王乃樑. 1996. 中国的基本构造地貌单元//地貌与第四纪环境研究文集. 北京：海洋出版社：15-37.

王乃樑，杨景春等. 1996. 山西地堑系新生代沉积与构造地貌. 北京：科学出版社.

王乃樑，赵叔松、崔海亭等. 2002. 人类生存的环境. 南京：江苏科学技术出版社.

主要参考文献

纪念王乃樑先生诞辰 80 周年筹备组编. 1996. 地貌与第四纪环境研究文集. 北京：海洋出版社.

陈公绰. 1999. 建国初期留学生归国纪事·留法中国留学生的活动. 北京：中国文学史出版社：344-349.

杨景春. 2002. 现代中国地理科学家的足迹, 良师益友——记地貌学家王乃樑教授. 北京: 学苑出版社:
307-313.

徐海鹏, 杨景春. 2004. 王乃樑. //中国科学技术专家传略·理学编·地学卷 3. 北京: 中国科学技术出版社:
338-352.

北京大学环境学院《王乃樑文集》编辑组编. 2006. 王乃樑文集. 北京: 学苑出版社.

撰写者

莫多闻（1955～），湖南桃江人，北京大学城市与环境学院教授。从事地貌过程与沉积、第四纪环境与环境考古
研究。学生时代从本科到博士研究生一直师从王乃樑教授。

徐海鹏（1937～），浙江平湖人，北京大学城市与环境学院教授。从事地貌学与第四纪学的教学与研究。曾任北
京大学地理学系副主任。

刘 培 桐

刘培桐（1916～1994），河南浚县人。地理学家，环境科学家和教育家，中国化学地理学和环境地学的开创者与奠基者，环境科学的先驱者。1940年毕业于北京师范大学地理系。1957～1959年在苏联莫斯科大学进修。曾任北京师范大学环境科学研究所首任所长、国家科学技术委员会环境保护专业组成员、国家教育委员会高校环境科学技术规划组组长、国际资源与自然保护联盟（IUCN）环境教育委员会领导小组成员。他长期致力于土壤地理学、化学地理学、环境地学和环境科学的研究与教学工作。他在1962年底召开的全国陆地水文学会议上提出"应及早防治由于工农业生产的发展，对地表水环境的污染问题"。随后他率先参与实施了"官厅水库水源保护研究"、"北京西郊环境污染调查及环境质量评价研究"、"江西永平铜矿环境影响评价"等开拓性科研项目。1978年在联合国教科文组织（UNESCO）的资助下，他负责举办了中国环境教育短期培训班，在广泛的环境科学实践与高层次人才培养过程中，他构建了完整的环境科学理论体系与课程体系，于1981年出版了《环境科学概论》，填补了中国高等学校环境科学领域教材的空白。他的学术思想、研究成果和教学方法对中国环境科学的发展起到了重要的指导作用。

一、简　历

刘培桐1916年12月5日生于河南省浚县，1994年11月11日于北京逝世，享年78岁。

1922～1936年期间，他先后就读于私塾学校、浚县东后街小学、淇县初中和安阳中学。1936年他考入北平师范大学（现北京师范大学）地理系。抗日战争爆发之后，北平多所高校被迫西迁四川（现重庆市）北碚，并成立了西北联合大学。他继续在地理系学习，1940年毕业并留校任教。1941年刘培桐被调往中国地理研究所从事研究工作，任助理研究员，参加了汉中盆地、汉渝公路暨渠江流域土壤与土地利用的调查研究工作，合作发表了《汉渝公路暨渠江流域之土壤与土地利用》（1943）、

《中国气候与土壤之关系》（1942）等论著。1946 年他受著名学者黄国璋教授之聘请，回母校执教。基于对土壤发生学派思想和 *Elements of Geography：Physical and Cultural* 等新学术思想的理解，他敢为人先、勇于探索，开创自然地理学与环境科学研究的新序幕。解放后刘培桐先生一直在北京师范大学工作，历任讲师、副教授、教授，先后担任土壤地理教研室、化学地理教研室、环境学教研室主任，环境科学研究所首任所长等职。主讲课程有：土壤学与土壤地理学、自然地理学、化学地理学、环境学概论和环境规划等。

1952～1957 年间，刘培桐受国家教育部委托，参与制定了全国高等师范院校地理系新教学计划和教学大纲，创办 2 年制土壤地理研究生班，为全国高等师范院校培养了一批土壤地理学骨干教师。与此同时，他率先创建了土壤地理学实验室、土壤标本室和土壤地理学野外实习基地。1956 年他与著名学者周廷儒院士合著的《中国的地形和土壤概述》由三联书店出版，这是他采用土壤地理发生学思想研究中国土壤分布规律的代表作。1957～1959 年刘培桐赴苏联莫斯科大学进修土壤地理学与景观地球化学，掌握了当时该学科的发展前沿。回国后他随即参加"南水北调"西线考察、北京郊区土壤抗旱保墒调查，以及土壤水分状况变化的定位观测研究。

从 1960 年起刘培桐先生积极倡导自然地理学的化学地理研究方向，在北京师范大学建立了化学地理教研室并设置了化学地理专业，创办了 3 年制化学地理研究生班，招收研究生和进修教师。为配合教学与科研工作需要，他带领师生创建了内蒙古岱海盆地化学地理学实验研究基地。在系统的研究过程中编著了《化学地理学》和《化学地理的基本理论与方法》等论著。1962 年他在全国陆地水文学会议上，首先提出要及早防治工农业发展对环境的污染问题，并拟定了防治水污染的建议。

20 世纪 70 年代初刘培桐参加编写了《中国自然地理·地表水》中的河流水化学部分，并编绘了中国河水矿化度图、总硬度图、河水化学组成图及离子径流模数图。1973 年他以第一次全国环境保护会议为契机，带领师生参加了"官厅水库水源保护研究"、"北京西郊环境污染调查及环境质量评价研究"、"北京东南郊环境污染调查及其综合防治途径研究"、"江西永平铜矿环境影响评价"等科学研究项目。上述研究成果分别获得了 1978 年全国科学大会集体奖、北京市科学技术进步奖一等奖和国家科学技术进步奖三等奖，成为中国环境科学研究与开展环境影响评价的典范。

1978 年刘培桐招收与培养了全国首批环境地学硕士研究生，还与联合国教科文组织（UNESCO）联合举办中国环境教育短期培训班，并编著出版相关教材。1981 年刘培桐组织了国内专家以葛洲坝工程为例，开展了"长江三峡水利枢纽工程生态环境影响评价"。1982 年经国家教育委员会批准正式成立北京师范大学环境科学研究所，刘培桐为首任所长（1982～1990）。他根据国际环境科学发展趋势和国家的需求，明确了环境科学基础理论及其应用为其主要研究目标，并形成理论环境学、环境评价与环境规划、环境模拟、水体与土壤环境、遥感技术应用和环境教育等研究方向。1982 年他受国家环境保护局委托，举办环境质量评价进修班并培养研究生 33人。1983 年他指导师生完成了"江西贵溪冶炼厂环境影响评价研究"、"山西平朔露天煤矿环境影响评价研究"等科研项目。1987 年北京师范大学环境科学研究所组织召开了"环境影响评价国际学术研讨会"，刘培桐作为会议主席以"通过环境评价研究，促进人与环境的和谐发展"为题致开幕词。他强调，只有"一个地球"来支持人类的持续生存与发展；解决环境问题必须有全球观点，环境影响评价不仅针对单个建设项目，还应发展为针对整个城市、区域以至全球的发展战略，因此，必须进行国际合作。与会的国内外百余名专家学者对环境影响评价的理论、技术与方法，环境影响评价制度的建立等进行了广泛而深入的研讨。

刘培桐积极关注南极环境与全球变化的研究，从 1986 年起派出青年教师参加中国南极考察队，对中国南极环境科学研究做出了重要的贡献。与此同时，在北京师范大学环境科学研究所建立了极地与环境遥感研究室，为以后继续开展极地研究和环境遥感研究奠定了重要基础。刘培桐还十分重视实验室建设和研究生实验技能的培养，在他指导下北京师范大学于 1983 年接受了世界银行对我国高等教育第一批贷款，装备了环境科学现代化分析测试实验设备与遥感图像计算机处理系统。这为北京师范大学分析测试中心的建立奠定了基础，为北京师范大学创建"环境模拟与污染控制国家重点联合实验室"奠定了基础。

刘培桐作为国际环境科学界的一位泰斗，20 世纪伟大的环境科学缔造者之一，以"仰观宇宙之规律，俯察地物之素质"的治学精神，在发展土壤地理学的过程中开创了化学地理学和环境地学研究的先河，构建了环境科学研究体系和高等环境教育课程体系，创办了北京师范大学环境科学研究所。他还曾兼任多项社会工作，主要有：中国地理学会理事兼化学地理专业委员会主任、中国环境科学学会常务理事兼环境教育专业委员会主任、国家科学技术委员会环境保护专业组成员、国家教育委员会高校理科地理教材编审委员会成员、高校环境科学技术规划组组长、国际地理联合会（IGU）地理与公共管理委员会发起人和委员、国际资源与自然保护联盟（IUCN）环境教育委员会领导小组成员、《地理学报》编委、《环境科学学报》常务编委、*Environmental Management*、*Environmentalist*、*Chinese Geography and Environment* 编委、《中国大百科全书·环境科学》环境地学编写组主编、《当代中国丛书——环境科学》编委、《环境科学大辞典》编辑委员会副主任委员、国家南极科学考察研究学术委员会（第一、二届）委员，河南省科学院地理研究所名誉所长等。

二、主要研究领域和学术成就

刘培桐以他丰富的学习历程、渊博的学识、博采众长的治学精神和敏锐的学术洞察能力，从地理学走向环境科学，使"泰山不让土壤，故能成其大，河海不择细流，故能就其深"得到了应验。他运用地球化学、系统科学、热力学的理论与方法阐述了人-地系统从无机到有机、从无生命到有生命、从还原环境到氧化环境、从自然景观到人文景观的异质化过程，以及人-地系统地域结构的空间分异过程。他从科学发展的角度论述了环境科学的定义与任务、研究对象、内容和方法。他指出"当今世界上存在的重大问题是发展问题"，"从生态平衡观的束缚下解放出来，用生态发展观来指导发展工作，出路在于运用现代化理论体系和技术手段，立足于非平衡系统建立良性生态循环，把有限的物质资源纳入到无限循环的利用之中，从而创造出未来的所谓循环社会、缓解人类发展与环境的矛盾，促使其协调发展"。他还提出了"环境保护应贯穿于生产和消费的全过程而不囿于末端治理"；"为促进人类与环境的相互协调与统一，应改维护生态平衡为促进生态系统的良性循环"等精辟科学论断。

（一）主要科学研究成就

1. 土壤地理学研究、教学与人才培养

土壤地理学是刘培桐潜心研究最早的一门综合性和实用性都很强的部门自然地理基础学科。1941 年他与著名土壤学家陈恩凤对汉中盆地的土壤、渠江流域土壤与土地利用进行了全面的调查与研究，于 1942 年发表了《中国气候与土壤之关系》，阐述了中国主要土壤地理发生类型的形成、发育特征及其地理分布规律与气候之关系。20 世纪中期他在北京师范大学首开土壤地理学课程，创办了土壤地理研究生班，并邀请著名学者马溶之、朱莲青、侯光炯等为研究生班授课，面向全国高等师范院校培养了大批高质量的土壤地理学骨干教师和科研人才。随后在国际著名科学家 И. П. 格拉西莫夫院士和 E. A. 阿法纳谢娃教授的指导下，他于 1961 年发表了《中苏黑钙土基本特征的对比研究》论文，阐明了欧亚大陆黑钙土的形成、发育和空间分布特征，首次将中国黑垆土纳入该系列。1987 年刘培桐强调土壤地理学的理论依据是成土因素学说，其科学基础是土壤生态学，土壤个体和群体发生与发展、土被组成和结构等是其重要内容。这是他对土壤地理学做出的精辟分析和高度概括。

2. 自然地理学研究

刘培桐先生在 20 世纪中期认为"自然地理学是一门综合地全面地研究地球表层的科学"，它以整体的地理外壳为研究对象。地理外壳是一个独特的、巨大而复杂、连续、有相互联系物质体系的自然综合体，其上界应以臭氧层为限，其下界应以沉积岩的一般深度为限，唯有这里才能有自然生物的存在。突出了沉积岩的形成是地球表层诸因素综合作用的产物。随后他在《试论我国综合自然区划原则》中论述了综合自然区划的统一性和共轭性原则。在 1988 年发表的《试论地理环境发生、发展中的异质化和空间分异过程》中，论述了地理环境的发生与演变过程，特别强调了人类活动已对环境产生重大影响，人类对环境的影响已远远超过地理环境的范围，并论述了"人类环境"与"地理环境"两者在概念与范围上的区别，对地理科学与环境科学在研究范畴与范围上也作了明确的划分。

3. 化学地理学研究、教学与人才培养

刘培桐在莫斯科大学进修期间就开始了化学地理学研究。1959 年回国后他率先在地理学界介绍化学地理学领域的论述与研究进展，大力提倡化学地理并延伸到了环境地学研究。随后他相继发表论文阐述化学地理学是研究地理壳中化学元素的迁移过程及其预测、控制、改造和利用的科学，并论述了化学地理的对象、作用、研究途径等基本问题和地理壳中元素迁移过程的内因与外因相互作用；他还指出化学地理学不仅能揭示地表景观中地球化学过程的性质和强度，还能从发生学上揭示景观内部的结构和联系，这样就强化了自然地理学的定量化和动态化研究。1962 年刘培桐主持编著了《化学地理学》，首次比较完整和全面地阐述了化学地理原理，形成了化学地理体系。与此同时，他带领师生以内蒙古岱海盆地为研究单元，从水文化学地理学角度揭示了岱海盆地边缘至其中部矿化度、水文化学类型的空间格局。他在综合研究的基础上，揭示了中国境内从西北荒漠、半荒漠及干草原与华北，向华南湿热地区的地表风化壳与土壤中元素迁移的地理规律，发表了《化学剥蚀与化学径流》，系统地计算了中国主要河流的淋溶率、化学剥蚀力与化学剥蚀率及其空间分布规律。

4. 环境地学研究、教学与人才培养

刘培桐在 20 世纪中期就运用辩证唯物主义与历史唯物主义分析了人类与地球环境的相互关系及其发展。他在《环境地学》中明确指出，环境地学（environmental geoscience）是以人-地系统为对象，研究其发生和发展、组成和结构、调节和控制、改造和利用的科学。他认为：人-地系统就是由人类和地理环境所构成的系统，但随着人类社会的发展，人类活动的范围已远远超过了地理环境，向下已进入地壳深处，向上已进入近地空间，所以，人-地系统可以认为是人类和地球所构成的系统。故他从发展的角度主张运用"环境地学"替代"环境地理学"，并论述了环境地学的学科体系，即环境地学的分支学科包括环境气象学、环境水文学、环境土壤学、环境海洋学、污染生态学、环境地质学、环境地球化学等。

5. 环境科学研究、教学与人才培养

刘培桐是中国地理学界投入环境科学研究的先驱者。在 1962 年底召开的全国陆地水文学会议上，他根据地表水化学离子变化规律的研究，指出了"应及早防治由于工农业生产的发展，对地表水环境的污染问题"，这是他首次发现并关注"水环境污染问题"的论断。随后他在多篇论文中阐述了环境的概念，环境科学的研究对象、任务、内容和研究方法。他 1981 年指出，"环境科学是一个由多学科到跨学科的庞大的科学体系，是介于自然科学、技术科学和社会科学之间的边际科学，是当代科学领域里的新兴的综合性学科"。"环境科学是以'人类-环境系统'为其特定的研究对象，它是研究'人类-环境系统'的发生、发展、预测、调控以及改造和利用的科学"。

1978 年在刘培桐的倡议和主持下，北京师范大学招收与培养了全国第一批环境科学硕士研究生；在联合国教科文组织（UNESCO）资助下，刘培桐主持举办了中国环境教育短期培训班；1982 年受国家环境保护局委托，他负责举办了环境质量评价进修班，招收并培养了环境科学的研究生 33 人。1982 年北京师范大学环境科学研究所成立后，刘培桐作为首任所长不断扩大环境科学高层次人才培养规模。在广泛的环境科学研究与教学过程中，刘培桐主编了《环境科学概论》、《环境学概论》等教科书，填补了中国高等学校环境科学教材的空白。其中《环境学概论》荣获"全国优秀教材奖"。在刘培桐学术思想的指导下，北京师范大学杨志峰教授等 2004 年又编著出版了《环境科学概论》，从而进一步拓宽和发展了环境科学的理论体系。

6. 环境质量评价与环境影响评价

1978 年刘培桐主持完成了中国第一个环境影响评价项目——"冶金部江西铜基地永平铜矿开发与贵溪冶炼厂环境影响评价"。随后他受国家相关机构的委托，组织和实施了"长江三峡水利枢纽工程生态环境影响评价"、"山西平朔露天煤矿环境影

响评价研究"、"长江三峡枢纽工程区生态环境影响评价与移民环境容量"、"南水北调对自然环境影响的分析"、"黄土高原城市及工矿业建设的环境影响评价"等一系列的环境质量评价与环境影响评价研究，并构建了中国环境质量评价、环境影响评价的理论与方法体系。1987 年刘培桐作为"International Symposium on Environmental Impact Assessment"会议主席，发表了"通过环境评价研究促进人与环境的和谐发展"的开幕词，论证了"确立环境影响评价体系，是环境保护和环境管理中十分必要的预防措施，也是一个战略措施"的主张。他和美国著名环境学家 Robert B. Wenger 合作主编了 *Proceedings of the International Symposium on Environmental Impact Assessment*，并奠定了中国环境质量评价与环境影响评价的理论与方法基础。

7. 环境规划、环境与发展研究

刘培桐认为"人类与环境"系统是一个开放系统，系统内部各子系统之间以及系统与外部环境之间都存在着复杂的物质、能量和信息传递网络；开放系统经常有物质、能量和信息自外界输入，经过内部的转变又向外输出，使系统出现熵减的过程，形成内部的有序化。人类与环境系统的特性将为人们通过调控输入、输出、结构来维护，并改善原有系统，为创造新系统提供了理论依据。随后他在开展环境规划、环境与发展的研究过程中，综合分析了人类与环境之间的对立统一关系，提出了调控人类与环境对立统一关系的三个主要途径：一是对人类生产和消费的种类、数量和速度进行调控，以求得环境建设与经济发展同步进行且协调发展；二是改革生产工艺、用生态工艺替代传统工艺的技术调控，把有限的物质纳入无限的循环利用中，以期物尽其用，把"三废"减少到最低程度；三是政策调控，即"在拟定防止环境污染和破坏的对策时，要贯彻防治结合以防为主，环境污染者和破坏者必须承担其活动所引起的全部代价（损害代价、赔偿代价、处理代价）的原则"，其具体措施包括制定污染物排放标准、建立排污收费制和环境影响评价制度等。

8. 环境教育

刘培桐十分重视环境教育事业。早在 20 世纪 70 年代他就指出从环境学与环境问题的发展来看，将来高层次人才的需求量是很大的，依靠"师傅带徒弟"的办法是满足不了要求的；环境科学是文科与理科、理科与技术学科的交叉性学科，如果将数学、物理、化学、生物、医学、地理等专业的优秀毕业生，甚至管理与法律学等专业的优秀毕业生招收来办研究生班，共同围绕环境问题从多学科角度深入研究，应该是一个多快好省的办法。他毕生利用北京师范大学的学科优势举办了土壤地理学、化学地理学、环境地学、环境科学等多期研究生班或师资培训班，为中国环境科学的普及和环境教育事业的发展做出了重要的贡献。

刘培桐历来重视从理论教学与科学研究实践相结合角度培养学生科研能力和创新能力，并逐步建立了土壤地理与水化学测试分析实验室、土壤标本室、野外教学实习与研究基地。这些先进的教学模式随后通过他的学生们推广到其他高等院校地理系，这对促进地理学由定性描述的经验学科向实验与定量分析并重的现代科学发展起到了巨大的作用。刘培桐教授在繁重的教学与科学研究过程中，呕心沥血、艰苦努力、辛勤耕耘，通过申请世界银行贷款筹建规划并建成了北京师范大学环境科学研究所大楼，创建了水环境模拟国家重点实验室、水化学实验室、土壤地理实验室、环境遥感实验室、仪器分析实验室等，为北京师范大学环境科学的发展奠定了坚实的基础。

（二）学术思想及其影响

1. 突出了土壤地理学的综合性和人为因素

刘培桐在综合研究土壤地理发生学理论的基础上，阐述了中国境内地形、气候与土壤形成发育的相互关系，丰富和发展了土壤地理发生学理论。他于 1961 年首次提出了农业土壤地理学的概念，并从土壤发育上分析了自然土壤与农业土壤两者之间的联系与区别，阐明了自然土壤一旦被利用于农业生产，土壤形成发育便进入一个新阶段，土壤内外因之间的矛盾及其所规定的土壤与环境条件之间的物质与能量转化与交换过程，便成为农业土壤地理学研究的主要对象，把握这一过程的规律性并调节与控制该过程使其向适应农业生产的方向转化，便成为农业土壤地理学的中心任务，也是土壤地理学未来发展的主要方向。

2. 开拓了地表化学元素迁移转化规律性研究

1959 年刘培桐率先在中国地理学界系统地介绍了苏联学者在化学地理学领域的论述与研究进展，随后他进一步阐明了化学地理学研究的对象、作用、研究方法，并指出了化学地理学、水热平衡和生物地理群落学同为带动自然地理学前进的主要努力方向。在广泛的科学研究与实践探索的过程中，他还拟定了化学地理学研究应该因时制宜、因地制宜地服务于社会生产实践的基本任务；并指出了化学地理研究可以为制订农业区域规划、农业技术措施和找矿工作提供科学依据；他通过研究区域化学地理特征与人体健康、地方性疾病的相互关系，证实了化学地理学研究也有助于卫生保健事业的发展。

3. 构建了环境地学与环境科学的理论体系

刘培桐密切关注国际科学研究发展的新趋势，不断从科学发展和认识论的高度指引学科发展的方向。他早在 20 世纪 70 年代就指出"自然界是独立于人类之外的，在人类出现很久以前，它已经历了漫长的发展过程。人类则是自然界发展到一定阶段，具备了一定条件，才逐渐从动物中分化出来的，与此同时整个自然界也就进入了一个更高级的、在人类参与和干预下发展的新阶段"。他认为人类所居住的地球自内而外呈现圈层构造，即岩石圈、水圈、土壤圈、生物圈和大气圈组成了地球的自然环境，这为人类的诞生和发展创造了条件。随着人类的产生与发展，又产生了一个技术圈和相应的社会圈（现在统称为智慧圈）。这 6 大圈层之间相互作用的物质与能量过程就构成了环境地学的重要研究内容。刘培桐明确指出"环境科学是以人类-环境系统为其特定的研究对象，它是研究人类-环境系统的发生和发展、调节和控制，以及改造和利用的科学。其目的在于探讨人类社会持续发展对环境的影响及其环境质量的变化规律，从而为改善环境和创造新环境提供科学依据"。他运用现代科学理论和方法对"人类-环境"系统进行了结构性和功能性的剖析，把系统分解为组成因素，把总过程分解成各分过程，把总目标分解成不同的分目标，并确定其在系统中的地位和作用，以寻求具有高效功能的最佳结构。他指出，环境科学是介于自然科学、社会科学和技术科学之间的边际科学，是现代科学技术向深度、广度进军的标志，是人类认识自然、改造自然进一步深化的表现；并勾画出环境科学的学科体系，即环境物理学、环境化学、环境地学、环境生物学、环境工程学、环境医学、环境经济学、环境法学等，并从环境科学的发展阶段和人类认识水平的高度，提出了理论环境学、综合环境学和部门环境学。

4. 筹划了环境与发展的新模式

早在 1984 年刘培桐就高度关注环境与发展问题，并为研究生开设了研讨性的"环境与发展"课程。他指出"环境是发展经济的物质基础，也是它的制约因素。发展经济的各个环节，从生产、分配、交换到消费，都与环境有密切的关系"。并提出了环境与发展研究的 5 个主要议题，即协调人与环境之间的对立统一关系；通过人类自身的发展来改善人与环境之间的关系；促进粗放型经济向集约型经济转变；人类-环境系统的不断发展；解决环境问题必须有全球性的观点。他还明确指出，环境影响评价不仅是针对单个建设项目，而应是针对城市、区域以至针对全球的发展战略，还需要进行国际合作。总之，刘培桐关于环境科学的思想、观点及其研究内容极其丰富，具有创新和超前的意识，对中国环境科学的创建和发展起到了开拓者的作用。他的许多学术思想和观点今天学习起来仍具有重要的启发和指导意义。

5. 倡导从理论与实践相结合角度培养创新人才

刘培桐历来重视理论教学与实践教学的相结合。早在 20 世纪 50 年代他就在北京师范大学创建了以培养学生科研能力为特征的土壤地理与水化学测试分析实验室、土壤标本室、内蒙古岱海化学地理和山西大同盆地土壤地理教学实习与研究基地。这些先进的教学模式通过他的学生们推广到其他高等院校地理系，促进了地理学由定性描述的经验学科向实验与定量分析并重的现代科学的发展。在繁重的教学与科学研究过程中，构建了完整的环境科学体系与研究方法、教材与课程体系、实验装备及其实验室，为中国环境科学的发展奠定了坚实的基础。在刘培桐教授的指导下，北京师范大学创建了国内第一批环境科学硕士点和博士点，为国家培养了一大批环境科学高层次专门人才，为环境科学事业的发展与环境教育的普及做出了突出的贡献。

三、刘培桐主要论著

刘培桐. 1942. 中国气候与土壤之关系. 地理，2（3/4）.

刘培桐. 1943. 汉渝公路暨渠江流域之土壤与土地利用. 地理集刊，（1）.

周廷儒，刘培桐. 1956. 中国的地形和土壤概述. 北京：三联书店.

刘培桐. 1956. 论自然地理学的对象和任务. 北京师范大学学报，（1）.

刘培桐. 1959. 苏联的黑钙土（俄文）. 莫斯科：莫斯科大学.

刘培桐. 1960. 关于在我国开展化学地理研究的几点意见. 地理学报，26（2）.

刘培桐. 1961. 中苏黑钙土的对比研究//自然地理论文集. 北京：科学出版社.

刘培桐. 1962. 我国风化壳及土壤中化学元素迁移的地理规律性. 北京师范大学学报（自然科学版），（1）.

刘培桐. 1963. 化学地理的基本理论与方法. 北京：科学出版社.

刘培桐. 1965. 岱海盆地的水文化学地理. 地理学报，31（1）.

刘培桐. 1979. 河流的水化学//《中国自然地理》编辑委员会. 中国自然地理·地表水. 北京：科学出版社.

刘培桐. 1979. 我国化学地理的三十年. 地理学报，34（3）.

刘培桐. 1980. 环境科学方法论刍议. 环境科学研究与进展：12-15.

刘培桐. 1981. 环境科学概论. 北京：水利出版社.

刘培桐. 1982. 环境地学. 北京：中国大百科全书出版社.

刘培桐，薛纪渝，王华东. 1985. 环境学概论. 北京：高等教育出版社.

刘培桐. 1986-07-03. 发展与环境. 《人民日报》.

刘培桐，Wenger R B. 1987. Proceedings of the international symposium on environmental impact Assessment. Beijing：Publishing House of Beijing Normal University.

刘培桐，王华东. 1991. 黄土高原地区工矿和城市发展的环境影响及其对策. 北京：科学出版社.

刘培桐，许嘉琳，王华东等. 1993. 化学地理学. 北京：北京师范大学出版社.

主要参考文献

Finch V C，Trewartha G T. 1942. Elements of geography：physical and cultural. New York：McGraw-Hill Inc.

李天杰，宁大同，薛纪渝等. 2004. 环境地学原理. 北京：化学工业出版社.

杨志峰，刘静玲. 2004. 环境科学概论. 北京：高等教育出版社.

赵烨. 2007. 环境地学. 北京：高等教育出版社.

北京师范大学环境学院. 2008. 地理学与环境科学的交叉和综合——刘培桐文集. 北京：北京师范大学出版社.

撰写者

赵烨（1963～），北京师范大学环境学院教授，博士生导师，环境学院学术委员会主任。

沈玉昌

沈玉昌（1916～1996），浙江吴兴（现湖州）人。地理学家，地貌学家，我国现代河流地貌、区域地貌与地貌制图学的开拓者和奠基人。1940年毕业于浙江大学史地系。1950年7月起历任中国科学院地理研究所副研究员、研究员，地貌研究室主任直至1987年退休。沈先生曾先后担任中国地理学会理事、中国地理学会地貌专业委员会副主任、中国水利学会泥沙专业委员会副主任等职。他长期致力于河流地貌研究，对三峡成因等长江及其支流汉水河谷发育等展开了系统深入的研究。他还倡导河流地貌研究，地貌学方法与水力学方法相结合。他主编的《中国地貌区划》一书是当时内容最丰富的全国性区域地貌专著。他领导组织编制出版了我国第一部《中国1：100万地貌图制图规范》和首批1：100万地貌图，是我国地貌制图研究科学化、规范化的里程碑。他十分重视与倡导地貌学研究为经济建设服务，为三峡、丹江口大坝和南水北调等重大工程问题的决策、西南铁路的选线、黄淮海平原旱涝碱的综合治理做出了重要贡献。他探索与指引了地貌学发展方向，培育了地貌学人才。

一、简　　历

沈玉昌1916年12月26日生于浙江省吴兴（现湖州市），1996年11月24日于北京病逝，享年80岁。

沈玉昌出生于湖州市郊区一个农村家庭。在家中排行老四，他有三个哥哥和一个妹妹。沈玉昌少年是在素有鱼米之乡和丝绸之府的家乡度过的，7岁时上了村里的小学，村里只有初小，他11岁时就离开了家乡到湖州城里去上寄宿的高小并读完初中，以后他去杭州市里的杭州高中学习。后来，他多次对人提起这段经历，认为这对他的独立生活和独立工作能力的培养非常重要。沈玉昌20岁时（1936年），被浙江大学史地系录取，从此开始了他对地理学长达60年的研究与探索。沈玉昌在浙江大学学习了6年，1936年到1940年念本科，1940年到1942年念研究生，但在这6年之中只有一年半是在杭州的浙大校园里度过的。1937年后因日寇入侵，他随浙大辗转搬迁，先到江西吉安，后又迁到广西宜山，最后在贵州遵义完成了他的本科学业。他是浙江大学史地系首届本科生。1940 年本科毕业后师从我国近代地貌学一代宗师叶良辅先生，攻读硕士学位。叶良辅为中国地理学界培养了一大批人才，他直接指导的研究生有施雅风、陈述彭、陈吉余、杨怀仁等人，沈玉昌有幸成为其中的一员。沈玉昌在叶先生的指引和教育下，选择了河流地貌学作为主要的研究方向，由叶良辅指导研究"湘江及其附近之地形"，集河流地貌和区域地文发育史研究为一体，抓住了当时地貌学研究中常态地貌发育过程的基本问题。他整整作了 11 个月的野外工作，搜集的资料也较丰富，除完成毕业论文外，后来还撰写了《湖南红色岩系之地形》等三篇论文。1942 年夏研究生毕业，获硕士学位。

1942 年毕业后，经张其昀先生介绍到前中央资源委员会任助理研究员（在重庆），二年后，受聘到东北大学任地理系讲师（当时在四川三台），1944 年至 1947 年，调到重庆北碚前国立编译馆统一地名委员会任编辑。1947 年回南京后不久，沈玉昌受林超先生之邀到中国地理研究所任助理研究员。1949 年，沈玉昌到了母校湖州中学任教。虽然只在湖中教了一年书，沈玉昌却给他的学生留下了深刻的印象。20 世纪 80 年代初，当他的学生找到沈家来看望他并邀请他参加同学聚会和校庆时，连他自己都感到有些意外。

1950 年 7 月，沈玉昌应竺可桢副院长之邀，到中国科学院地理研究所工作，先后任副研究员、研究员；1958 年地貌研究室成立，任主任，直到他 1987 年 1 月退休为止（"文革"期间除外）。他曾先后任中国地理学会理事兼地貌专业委员会副主任和中国水利学会泥沙专业委员会副主任。

1950 年沈玉昌到所不久就参加了西南铁路的选线工作，最后圆满完成任务并得到西南军政委员会和交通部的表彰。1952~1954 年，中国科学院地理研究所组织的汉江（水）流域地理综合考察队，沈玉昌任副队长。

1956~1958 年沈玉昌负责中国自然区划中地貌区划部分的工作，沈玉昌与施雅风、严钦尚、陈吉余、杨怀仁、任美锷、王乃樑、周廷儒等著名地貌学家共同努力，在深入研究中国地貌类型、地貌区划原则与方法等问题的基础上，出色地完成了中国地貌区划工作。

1958~1961 年期间，为配合三峡水利枢纽工程和长江上游地区南水北调工程，沈玉昌先后领导三峡地貌工作队和金沙江考察分队，深入高山峡谷，取得了大量的第一手资料，研究结果不仅为三峡水利枢纽工程设计提供了可靠依据，也为探索长江河谷发育史做出了贡献。

1964~1965 年，沈玉昌主要负责南水北调金沙江考察和黄淮海平原地貌图两项国家重点项目的研究，提交了《金沙江考察报告》和《1：50 万黄淮海平原地貌图》。

1976～1977 年重新主持地貌室的工作。1977 年 5 月 61 岁的沈玉昌去宁夏考察回来，因脑血栓急性发作，住进医院。出院后他仍坚持地貌学研究，主持了"六五"全国科学技术发展规划和国家自然科学基金课题中的"中国 1：100 万地貌图编制研究"。

沈玉昌作为主要研究者（负责其中地貌研究）所完成的《中国自然区划》、《国家大地图集》和《中国自然地理》三项成果，构成了"中国自然环境及其地域分异的综合研究"成果，1978 年获全国科技大会奖，并于 1987 年荣获国家自然科学奖二等奖。他主持的"中国 1：100 万地貌图编制研究"于 1989 年荣获中国科学院自然科学奖二等奖。在这一段时间里，沈玉昌仍以惊人的毅力完成了《河流地貌学概论》一书（1986 年出版），并于 1987 年获中国科学院科学技术进步奖二等奖。

1977 年患脑血栓疾病之后，他仍主持地貌研究室工作，坚持地貌学研究。1987 年退休后仍关心中国地貌学发展。这些高尚的道德情操，素为大家所敬仰。

二、主要科学研究成就和学术思想

在我国现代地貌学的发展历程中，沈玉昌按照地貌学科本身的特点和规律，强调地貌学的基础理论研究与国家经济建设相结合，十分重视中国地貌学理论与实践的全面发展，注重国内外研究新动向，提倡地貌学与相邻学科相互交叉联合研究。他治学严谨，为中国地貌学研究孜孜不倦。沈玉昌精于河流地貌、地貌区划与地貌制图研究以及地貌人才的培养，并为此做出了重要贡献。

1. 河流地貌

沈玉昌致力于河流地貌研究 40 余年，是中国现代河流地貌研究的开拓者、奠基人，在若干重要问题上做出了卓越的贡献，逐步形成了具有中国特色的河流地貌研究体系。早在 1942 年，当他进行研究生论文的准备时，即开始接触河流的地貌研究，完成了《湘江附近地形初步研究》论文。这是早期的河流地貌研究，主要是引进西方关于侵蚀循环的理论，运用剥蚀年代学的方法，研究水系发育的历史。

20 世纪 50 年代以来，沈玉昌系统地开展了长江及其重要支流的河谷地貌研究，在我国发展了河谷地貌研究方向，偏重于长江、汉江等河谷发育史及河流与地质构造关系等方面。其研究成果集中体现在 1965 年出版的《长江上游河谷地貌》，代表了我国河谷地貌研究当时的最高水平。该书以大量确凿的证据，解决了若干有争议的问题，首次为长江上游河谷发育的历史勾画出清晰可信的轮廓，为长江河谷贯通年代的确定提供了比较确切的证据。围绕三峡水利枢纽工程，发现了长江三峡河床上一系列低于吴淞零点的槽状洼地，并分析了三峡河床深槽的成因及其分布规律；否定了 G. B. Barbour（巴尔博）等人关于三峡内无河流阶地的错误结论，论证了三斗坪坝区从第四纪以来的地壳运动。这些研究结果不仅为三峡水利枢纽工程设计提供了可靠依据，也为探索长江河谷发育史做出了贡献。这一研究成果对于三峡河段航道整治和大坝清基都有重要意义。为了配合汉江水利枢纽选址，沈玉昌还对汉江河谷地貌进行了系统的研究，阐明了汉江河谷发育的历史。

20 世纪 60 年代中期以后，沈玉昌根据国际河流地貌研究重视现代过程的新趋势，及时地将研究重点转移到河床地貌方面来，拓宽了河流地貌研究方向，主要研究现代河床过程与河型。研究方法上则由原来单纯的地貌学方法，转变为地貌学方法与水力学方法、数理方法及系统论方法相结合；研究手段也由以前单一的野外考察，转变为野外考察、采样与定位观测、物理模型试验与数学模拟相结合。沈玉昌和中国泥沙运动动力学与河流动力学带头人——钱宁先生合作，极力倡导两大学科互相融合，共同发展河流学科中地貌学方法与河流动力学方法相结合的新方向。

沈玉昌随着研究重点由河谷地貌向河床地貌的转移，研究的对象也由山区河流转向平原河流。在他的指导和亲自参与下，中国科学院地理研究所地貌研究室对于长江下游、黄河下游、渭河下游和汉江中下游等河流的现代河床过程进行了深入研究，先后出版了《渭河下游河流地貌》、《长江中下游河道特性及其演变》、《黄河下游河流地貌》等专著。沈玉昌等编著的《河流地貌学概论》一书，系统地总结了现代河床过程即水流与河床相互作用的规律，对我国冲积河流河床过程的研究，起到了重要的指导作用。该书是我国第一本河流地貌学专著，首次建立了河流地貌学的理论体系。沈玉昌等在比较前人分类方案得失的基础上，提出了河型分类的新方案，将河型的转化概括为气候变迁造成的河型转化、地壳构造运动造成的河型转化以及人类活动导致的河型转化等三种类型。这对于河型转化问题的深化研究具有重要的指导意义。

2. 地貌区划与地貌制图

1956 年"中国自然区划"作为重要项目列入国家 12 年科技发展规划，沈玉昌负责其中的中国地貌区划工作。他和施雅风等一起组织南京大学、北京大学、华东师范大学、中山大学等全国有关单位地貌工作者，开展大协作，共同完成此项历史性的任务。沈玉昌等全面系统总结了1958年以前我国地貌研究成果，在深入研究已有国内外资料的基础上发表了由他主编的《中国地貌区划（初稿）》一书。这些集中地反映了他在地貌区划、地貌分类等方面的成就，较系统地论述了地貌区划和地貌分类的理论。根据中国地貌客观实际，按形态成因两方面兼顾的原则，第一次提出了我国现代地貌分类系统，将中国地貌分为5大类，其下分为33个类型以及更多的亚型。对山地地貌类型进行了较原苏联等国更详细的划分，即按海拔高度和相对高度分为丘陵、低山、中山、高山、极高山5类，并进一步按切割深度划分了浅切割、中等切割和深切割3类山地。这一分类既体现了中国地貌特色，又有利于生产建设上的应用，得到国内地貌界和有关生产部门的赞同。该书对于认识我国地貌分异和演化规律及其对自然环境的影响，进而合理利用自然资源、改造和保护自然环境具有重要意义，成为当时我国内容最丰富、学术水平最高的全国性区域地貌专著。1959年出版发行以后，绝大多数人把它视为中国地貌权威性著作，被教育、科研和生产等部门广泛引用。

1963～1965年为给黄淮海平原旱、涝、碱治理提供基本资料（图件），沈玉昌领导组织了我国黄淮海平原地貌图的编制工作。该图对黄淮海平原地貌基本成因类型、次级成因类型和微地貌进行了详细划分，基本上反映了岗、坡、洼等平原地貌分布特点，对地貌组成物质和形成年代亦作了适当的表示，填补了我国平原地貌制图研究的空白。他亲自参加了该图的野外地貌调查、地貌图例的拟订和说明书的撰写，虽因"文革"没能及时出版，有幸的是当时该地貌图蓝图已为中央和有关省区科研、生产单位广泛应用。为黄淮海平原综合治理、自然资源合理开发提供了地貌方面的基础资料。

20世纪70年代后期，根据全国科学发展规划中关于农业自然条件、自然资源和农业区划等的研究要求，决定开展中国1：100万地貌图编制工作，沈玉昌虽然当时已得脑血栓症，但仍挑起了编委会主任的重担，领导和组织全国地貌制图力量开展此项工作，编制出版了我国第一部《中国1：100万地貌图制图规范（试行）》和15幅1：100万地貌图。《规范》对中国1：100万地貌图的性质、内容、图例系统、成图精度要求和编制工艺方法等方面内容作了统一规定，在我国地理与环境制图中尚属首次，在国际上也属少见，可以说这是我国地貌制图研究中科学化、规范化的里程碑。

3. 实践与倡导地貌学为国家经济建设服务

沈玉昌一贯主张把地貌研究工作与国民经济建设相结合，用地貌学的理论去指导、服务于实践，并通过实践，总结经验，再来提高理论。数十年来，他身体力行，为地貌学服务于生产实践做出了贡献。

20 世纪 50 年代初，沈玉昌即参加了汉江流域地理调查，担任副队长。通过 3 年的详细考察，他根据河谷地貌条件、工程地貌条件和社会经济发展状况等各方面优缺点的综合分析，认为丹江口水库最符合多目标开发的原则，对汉江水库的选址和淹没损失进行了调查。选定丹江口为最优库址，就是今天的丹江口水库。同时对引嘉（陵江）济汉（水）和引汉（水）济黄（河）的路线进行了调查，指出引流入黄完全可能，提出第一步应以引汉济黄为宜。沈玉昌提出的这一引水路线基本上是现在的"南水北调"中线方案。作为这一段工作的总结，沈玉昌撰写了《汉江流域地理调查报告（自然地理部分）》一书。1958～1961 年，沈玉昌和周廷儒、王乃樑一起领导三峡地貌工作队围绕长江三峡水利枢纽工程进行了调查、研究，根据三峡河段内河流阶地分布情况，以及大范围内夷平面的存在，论证了三斗坪坝区的地壳运动属于大面积的拱形隆起，第四纪以来无断裂活动，地壳基本稳定，可以修筑高坝。该项成果为三峡水利枢纽工程的设计提供了可靠的根据。

20 世纪 50 年代初，沈玉昌参加了西南铁路选线工作，主要是川黔线和成渝线。根据从地质构造基础、地势高差、地面坡度、地貌结构，以及侵蚀、滑坡等现代地貌活动等多方面的调查分析，在成渝线上，解决了永川大滑坡和黄鳝溪简阳桥等一系列工程地貌问题，受到西南军政委员会交通部的嘉奖。

4. 探索与指引地貌学发展方向，培育地貌人才

沈玉昌作为中国科学院地理研究所地貌研究室学术带头人，始终关注国内外现代地貌学发展，不断指引地貌学科的发展方向。在 20 世纪 60 年代初沈玉昌针对我国当时地貌理论基础薄弱、研究方法简陋、基础科学修养较差，以及空白和薄弱部门多等问题，提出包括地貌水准面、地貌地带性和坡地发育过程等地貌学基本理论的研究；河流动力地貌与水系发育历史的研究；黄土侵蚀地貌的发生、发展规律和侵蚀沉积历史研究；我国喀斯特地貌性质及其发育规律的研究；沙漠的成因与风沙地貌的研究；我国西部山地与重点工程建设地区的构造地貌与新构造运动的研究；海岸与海底地貌的研究；第四纪冰川历史与现代冰川作用和冰缘地貌的研究；区域地貌、地貌分类与地貌制图问题的研究；农业地貌、工程地貌和砂矿地貌等应用地貌学研究等方向，作为我国若干年内地貌研究的中心课题。与此同时，特别强调在研究工作中对外力作用和内力作用、历史过程和现代过程四者应根据具体问题有所侧重；改革和革新地貌研究方法，逐渐由定性过渡到定量；野外考察、定位观察和

实验分析试验，三者必须有机地结合。20 世纪 80 年代初，已是抱病在身的沈玉昌，为了适应改革开放形势，为了地貌学更好地服务于国民经济主战场，他及时地总结了我国现代地貌学研究成就并指出发展趋势，对 20 世纪后半期乃至当前地貌学的研究均具有重要意义。

沈先生任中国科学院地理研究所地貌室研究室主任近 30 年的时间里，他十分关心地貌队伍建设和地貌学科发展，以及研究手段现代化。地貌室从最初的几个人，发展到 50～60 人，先后建立了沉积物实验室、孢粉实验室、河流地貌实验室、^{14}C 实验室、坡地实验室等，在当时国内可称为一流的实验室。

沈玉昌十分注意地貌人才培养，通过多种途径培养地貌英才。对年轻同志，他言传身教，严格要求，帮助他们在实践中提高业务水平。沈玉昌不惜花费精力带研究生，1972 年科研略有转机，便不辞辛劳，刻不容缓地组织队伍。"文革"之后，沈玉昌已年过花甲，重病在身，还培养硕士研究生。对室里的优秀人才，沈先生总是根据国家的需要和他们本人的意愿，妥善安排工作。国内外著名的沙漠与沙漠化专家、第三世界科学院院士朱震达教授是沈先生 20 世纪 50 年代的得力助手。朱震达等立志研究沙漠，得到沈先生的热情支持。地貌室骨干先后去兰州、成都等开创新领域研究，在那里生根开花，成为国内著名的学术带头人。如今，沈玉昌倡导的学风严谨和敬业精神正发扬光大，沈先生指导和培养过的学生在中国地貌和第四纪领域中已成为骨干力量，并结出累累硕果。

三、沈玉昌主要论著

沈玉昌. 1942. 湘江附近地形初步研究. 浙江大学史地学部研究生论文之摘要，(1).

沈玉昌. 1950. 湖南衡山之地文. 地理学报，第 17 卷.

沈玉昌. 1952. 川黔之间的地形与铁路建设. 地理学报，18 (3/4).

沈玉昌. 1956. 汉江河谷的地貌及其发育史. 地理学报，22 (4).

沈玉昌. 1957. 在汉江流域所看到的与新构造运动有关的一些现象//中国科学院第一次新构造运动座谈会发言记录. 北京：科学出版社.

沈玉昌，罗来兴，祁延年. 1957. 汉江流域地理调查报告. 北京：科学出版社.

沈玉昌. 1958. 中国的地貌类型与区划问题的商讨，中国第四纪研究，1 (1).

中国科学院地理研究所（沈玉昌等主编）. 1959. 中国地貌区划（初稿）. 北京：科学出版社.

沈玉昌. 1962. 我国地貌学的任务和方向问题的商讨. 科学通报，(1).

沈玉昌，杨逸畴. 1963. 滇西金沙江袭夺问题的新探讨. 地理学报，29 (2).

沈玉昌. 1963. 云南大理地区农业水利地貌条件的初步研究//中国地理学会 1963 年地貌学术年会论文选集. 北京：科学出版社.

沈玉昌. 1965. 长江上游河谷地貌. 北京：科学出版社.

沈玉昌等. 1965. 中国地貌类型图、区划图和说明书//中国科学院编制. 中华人民共和国自然地图集及其说明书.

沈玉昌，尤联元，阎守邕等. 1976. 黄河下游孟津小浪底至郑州花园口河谷地貌与河道演变初步研究. 地理集刊（地貌），（10）：15-34.

沈玉昌. 1980.（中国）河流地貌//中国科学院《中国自然地理》编辑委员会. 中国自然地理·地貌. 北京：科学出版社：62-118.

沈玉昌. 1980. 30 年来我国地貌学研究的进展. 地理学报，35（1）.

沈玉昌，苏时雨，尹泽生. 1982. 中国地貌分类、区划与制图研究工作的回顾与展望. 地理科学，2（2）.

Shen Yuchang, Gong Guoyuan, Ye Qingchao. 1984. Recent progress of fluvial geomorphology in China. Transactions，Japanese Geomorphological Union，5（1）：13-27.

沈玉昌，龚国元. 1986. 河流地貌学概论. 北京：科学出版社.

中国科学院地理研究所编，沈玉昌主编. 1987. 中国 1：100 万地貌图制图规范（试行）. 北京：科学出版社.

主要参考文献

张青松. 1987. 溯源而进——访地貌学理论与实践专家沈玉昌教授. 地理知识，（4）：25.

《沈玉昌地貌学文选》编辑组. 1997. 沈玉昌地貌学文选. 北京：中国环境科学出版社.

沈小平. 1997. 我的爸爸——为爸爸八十岁寿辰而作//沈玉昌地貌学文选. 北京：中国环境科学出版社：196-204.

撰写者

李炳元（1939～），江苏常熟人，中国科学院地理科学与资源研究所研究员。长期从事地貌与第四纪环境、青藏高原和中国区域地貌环境研究。《沈玉昌地貌学文选》编辑组组长。

严钦尚

　　严钦尚（1917～1992），江苏无锡人。自然地理学家，海洋地质学家，比较沉积学开拓者与倡导者。1940年毕业于原中央大学地理系，1948年获悉尼大学自然地理学硕士学位。曾任浙江大学、华东师范大学和同济大学教授，同济大学海洋地质学系主任、华东师范大学比较沉积学研究所所长、中国地理学会理事、中国沉积学会理事、中国第四纪研究委员会委员、国际沉积学会会员、国际经济古生物学家和矿物学家协会会员。严钦尚先生长期致力于地貌学和沉积学研究。在理论建树方面，他最早提出了中国沙漠化地区的就地起沙观点，提出了长江三角洲发育模式并作为扇形三角洲的普适模型。在区域地理方面，他阐明了大兴安岭地区第四纪冰期地貌的发育历史，对浙江省地貌、新疆地貌做了系统研究和论述。在工程应用方面，他领导进行了对宝成铁路沿线的十余个病害工点的勘查，以及对苏北油田沉积体系的研究，在这个过程中，他领导开拓了中国的重力地貌、比较沉积学研究，创立了中国第一个海洋地质学系和第一个比较沉积研究所。在长期的科学实践中，严钦尚先生形成了自己的学术思想——以地貌学与地质学相结合、地貌学与技术科学经济科学相结合、物质分析与形态分析相结合、定性分析与定量分析相结合的四个结合为基础的"综合性的解释"方法。

一、生　　平

　　严钦尚先生1917年1月13日出生于江苏无锡市，1992年8月22日于上海逝世，享年75岁。

　　严钦尚1936年考入原中央大学地理系。次年抗日烽火起，随校从南京迁至重庆，1940年毕业于原中央大学地理系，进入浙江大学史地研究生部做研究生，师从地质地貌学家叶良辅教授，撰写了题为《贵阳附近地面与水系发育》的毕业论文。1946年4月，先生赴澳大利亚悉尼大学学习，完成硕士论文 *Development of the Nepean River N. S. W, Australia*，获悉尼大学自然地理学硕士学位。严先生于

1948 年回国，历任浙江大学副教授、教授。1950～1952 年我国政府在合并上海光华大学、大夏大学、圣约翰大学等私立和教会大学基础上成立了华东师范大学，浙江大学地理学系除地理教育外，总体调整至华东师范大学，他出任华东师范大学教授，地质地貌教研室主任，系华东师范大学地理学系创始人之一。1972 年华东师范大学地质地貌教研室调同济大学，严先生于 1978 年创立我国第一个海洋地质系，任系主任。1981 年回到华东师范大学地理系任教授，并创办比较沉积研究所，任首任所长。先生去世前一直是华东师范大学自然地理学专业博士点与博士后流动站导师，并任中国地理学会理事、中国沉积学会理事、中国第四纪研究委员会委员、国际沉积学会会员、国际经济古生物学家和矿物学家协会会员。先生于 1992 年 8 月 22 日逝世，从事地学研究、教学事业达 56 年。

严先生生前通过不懈的学术追求成为国内外知名的学者，卓然为学林楷模。由他主持的《现代河流与海洋沉积研究》获 1986 年国家教委科学技术进步奖二等奖和 1987 年国家科学技术进步奖三等奖；他主编的《地貌学》教材获 1987 年国家教委高校优秀教材一等奖。先生的学术贡献不仅见之于各种学术刊物和专著，还体现在他教书育人方面所取得的杰出成就。1953～1958 年，他多次主持普通自然地理研究班、全国高校自然地理教师进修班，培养出 100 多位当时全国高校自然地理学骨干教师。1959～1965 年间，培养了 10 名地理学研究生。1978 年以来，先生在开展比较沉积学研究的同时，还培养了 16 名硕士研究生，4 名博士生和 1 名博士后。先生"传道、授业、解惑"的一生，即使今日英容已逝，然而科学传人蔚然不绝。

二、学术生涯与成就及学术思想

（一）学术生涯与成就

严钦尚先生的学术生涯可以分为三个阶段。

第一阶段，从 1936 年起，到 1949 年止。这是他的学习阶段。

1936 年，先生考入原中央大学地理系，次年抗日烽火起，随校从南京迁至重庆，在后方完成了大学学业。就学期间，他主修地理学外，还副修了地质学，这为他日后的研究工作奠定了良好的基础。1940 年他进入浙江大学史地研究生部读研究生，师从著名学者叶良辅教授，在叶良辅先生带领下考察了贵阳附近的自然地理情况，1944 年，他以《贵阳附近地面与水系发育》为题完成了毕业论文。1946 年 4 月，他赴澳大利亚悉尼大学学习，在澳大利亚做了更细致的地质地貌考察研究，两年后他完成了硕士论文——*Development of the Nepean River N. S. W，Australia*。

在这篇文章中，先生根据大量的考察数据，精辟地分析了澳大利亚新南威尔士邦Nepean河的发育史，论证它的发育早于滨海大断裂而属于先成河的性质，进而提出了河流由先成的滨海河谷形成。这一观点实际上是对戴维斯地貌发育理论的补充。严钦尚先生因此获悉尼大学硕士学位。当年叶良辅先生出任浙江大学地理学系系主任，严钦尚先生受自己导师之约，回到浙江大学任教。

严钦尚先生的学术生涯的第二阶段从1950年起到1966年止。这一个阶段严钦尚先生的工作主要是围绕国家经济建设开展研究，同时关注基础科学问题。

1949年人民革命胜利后，国家进入了一个热火朝天的建设时期。在建国初期的1950～1952年，严钦尚专注于地质地貌学与水库坝址、水利建设的调查研究。为建设浙江黄坛口及金华兰溪一带的水库及淮河中、上游水库等工程作地质地貌调查，写了十余篇研究报告，直接服务于这些工程项目。在基础研究方面，1950年，他考察了大兴安岭地质地貌，分别于1950年、1952年两次撰文提出第四纪时，冰川作用参与了大兴安岭及其邻区的地貌塑造。

1953年严钦尚先生赴陕北榆林—定边一带考察，研究治沙工程，为有计划地营造绿色长城的林带提供了确切的依据。此项研究完成后，1954年先生在中国《科学通报》11月号上发表了《陕北榆林—定边流动沙丘及其改造》一文。在这篇文章中先生根据大量地层的沉积物资料，结合形态分析，提出"就鄂尔多斯而言，沙是就地而起的"。这是中国沙漠形成是"就地起沙"论的最早文献。

1955～1956年，为配合中国自然地理区划专题研究中地貌部分的工作，先生从事了浙江省地貌区划工作。1957～1962年期间，他连续多年参加中苏科学院合作的新疆综合考察队的地貌研究工作。在3年多的时间里，他的足迹遍及了阿尔泰山、准噶尔盆地、伊犁谷地、天山南北麓。考察期间，在总队的支持下组成专题队伍，由他领导先后综合调查了开都河流域和额尔齐斯-乌伦古河流域。在摸清流域内自然资源和经济情况基础上，提出了开发利用的设想，对新疆的开发做出了贡献。在注重应用研究的同时，先生仍然坚持基础科学研究，发表了《中国西部天山冰期的次数和性质问题》及《新疆额尔齐斯河与乌伦古河流域地貌发育》两篇论文，并且与周廷儒等合著《新疆地貌》一书（可惜由于众所周知的原因本书于"文化大革命"后才得以在科学出版社出版）。这些工作是中国冰川学的发展和寒区-旱区开拓性研究的一部分。

1962年后，严先生与华东师大地理系地貌研究室师生开展了对于铁路工程地貌的研究。重点对宝成铁路沿线的十余个病害工点进行了勘查，查明它们的起因，提出了整治途径和措施，并对西坡大滑坡进行重点剖析，写成论文。经过这段研究，

1962 年严先生于《科学通报》3 月号发表题为《我国地貌学研究若干观点的讨论》一文,提出"地貌过去是从地质学的地理学中发展起来的,今后也绝不能减弱与这两门科学的联系,同时更要注意从其他学科部门充实其内容。""注意吸收技术科学和经济科学的材料","进一步掌握定性与定量相结合方法"。并且根据这个思想制定了"坡地发育与工程地貌研究计划",计划从力学分析和物质分析入手,研究具有工程意义的坡面过程。这是一个庞大的计划,需要投入更多的力量。先生为地貌班学生专门开设了坡地发育原理课程,并编写了相关教材。然而 1966 年,"文化大革命"开始了,严钦尚先生被迫停止了科研活动。他提出的"坡地发育与工程地貌研究计划"被迫停止。这个时期国际上地貌过程研究兴起坡地研究,走的正是吸收技术科学材料、应用定性与定量相结合方法的路。1971 年英国利兹大学的 Mike Kirkby 发表了 *Slopes*:*Form and Process*,建立了地貌学研究的一个里程碑。不过,这期间他所培养的一批大学生,毕业后分配到铁道、水利和科学院等有关部门工作,经过多年的锻炼,很多人现在已成为整治滑坡、泥石流的专家。

严钦尚先生研究的第三阶段,是从 1970 年起到 1992 年先生辞世时止。这一阶段中,先生摆脱了传统地貌学方法和观点的局限,汲取了沉积学的方法和新成就,开拓了海洋地质学研究,创造性地进行了比较沉积学研究,在科研、育人两方面都取得了杰出的成就。

1970 年,以严钦尚先生为核心,在华东师范大学成立了海洋地质专业。1972 年 2 月这个专业 30 余名教师迁入同济大学地下工程系。1972～1975 年期间,在他领导下编译季刊《海洋地质译丛》,为我国海洋地质学的研究建立基础。1975 年正式成立海洋地质系。1978 年,他出任海洋地质系第一任系主任,组织开展了海洋地质学的全面研究。这一期间,先生主编了中国第一部《海洋地质学》。该书将海洋地貌学与海洋地质学融为一体,重视沉积过程在海洋地质中的作用和现代沉积研究,介绍了中国近海和世界大洋地质勘探成果。

从 1974 年起,先生在同济大学海洋地质系内组成科研专题组,从事苏北油田沉积相的研究。课题组与地质部门密切配合,联合攻关,选定富含油气层段的第三系阜宁群二段为重点课题。研究过程中,他对全取芯的标本逐个反复观察、讨论、磨片鉴定,采样分析,最后得出结论,认定含有孔虫层段曾受海水浸淹,属海陆过渡相沉积。这一结论对我国东部几个新生代含油盆地相当层段的沉积环境有了进一步的发现,为以后大港和胜利油田、三水盆地的开发提供了理论基础。事实上,当严先生等在苏北油田从事岩相研究时,我国油田地质部门对这方面的研究还限于某些政治争论中。严钦尚先生对苏北下第三系研究的思路和方法,以及对岩石相的研究,澄清了成油环境某些关键性科学问题。1979 年他在《地质学报》一期上发表的论文《苏北金湖凹陷阜宁海侵的沉积环境》，是阐明我国东部地区成油环境的重要论文之一。

在探讨古沉积的同时，严先生又根据英国学者对北海油田特点，与科研组选定浙江舟山普陀岛现代海岸沉积，研究海岸沉积物类型和海滩不同单元沉积相的标志。当 1981 年 14 号台风肆虐之际，他组织许世远等不失时机地现场观测了风暴潮冲淤作用过程，建立了风暴沉积层序，证实了在正常浪基基面以上滨岸带可以发育和保存风暴沉积的猜想，1981 年发表了《舟山普陀岛现代海岸带沉积》。现代海岸带沉积特别是风暴潮的研究，解释了北海油田富含石油地层的成因，对于认识含油地层特性起到了重要作用。因此普陀岛成为了海洋地质学、油田地质学的重要参考地区。

毫无疑问，严钦尚先生是中国海洋地质学的创始人之一。

1981 年严先生回到华东师范大学，筹建比较沉积研究所并任所长。20 世纪 80 年代的 10 年内，严先生与所内外同仁和研究生们通力合作，前后发表具有创造性的学术论文 20 余篇。主要论述的发现有：①长江三角洲及苏北中部滨海平原形成机制。他的课题组对长江三角洲平原南部的上海附近滨海平原、太湖平原、杭嘉湖平原、宁绍平原和苏北滨海平原等第四纪沉积环境演变，做了分区深入研究；他进一步研究上海西郊和苏北中部滨海平原贝壳沙堤的沉积特征和沉积环境，在此基础上，提出了长江三角洲及苏北中部滨海平原形成机制。②杭州湾北岸岸线变化规律。通过水系分析与沉积相结合的研究方法，他发现在距今 7000～4000 年间，长江三角洲南翼发育了复合弯曲沙嘴，其后经历过冲淤变化，在现今岸线之内仍可找到沙嘴末端弯钩部分，这一结果与许世远等关于长江北岸雁行式沙岛并岸模式联合，阐明了在海侵过程中扇形三角洲的一种发育模式。③潮坪、海滩和贝壳堤沉积的研究。发现存在风暴潮的潮坪具有沉积物粒度细、生物扰动弱、潮沟规模小和人字形交错层理少见等特点，剖析了普陀岛东岸沙滩和西岸粉砂质泥滩沉积物特征，建立了含碳沉积模式。

（二）学术思想

1962 年严钦尚先生于《科学通报》3 月号发表题为《我国地貌学研究若干观点的讨论》一文，这是他从 1950 年来积极地把地貌学与经济建设相结合学术思想的总结。这篇总结反映了严先生对应用问题的理性思考。

在《我国地貌学研究若干观点的讨论》中，严钦尚先生写道："地貌过去是从地质学的地理学中发展起来的，今后也绝不能减弱与这两门科学的联系，同时更要注意从其他学科部门充实其内容。"因为生产部门对地貌学"经常提出具体要求，并希望具有一定可靠的预测，"因此要注意吸收技术科学和经济科学的材料，"进一步掌握定性与定量相结合方法。"严先生强调，没有这种与技术学科的结合和定量的表达，"将会使地貌学研究成为无的放矢，只具有抽象的学究式性质。"在该文中，严先生把地貌学为生产部门服务列为地貌学发展的方向性问题。发展具有工程学色彩的地貌学，成为严先生学术思想的一个新的组成部分。这个思想显然表达出先生对学究式研究的抛弃，这个思想实际上是二战以后地貌学的世界潮流。

如何发展新的地貌学，在这里他提出了地貌学分析的四结合方式：地貌学与地质学相结合；地貌学与技术科学、经济科学相结合；物质分析与形态分析相结合；定性分析与定量分析相结合。这四个结合的思想体现出先生思想中一个重要的认识——"综合性的解释研究"。"综合性的解释研究"或者说"整合"是现代地理学创始人李特尔的一个认识，他针对地理事物的复杂性提出认识地理规律要多方面证据相互整合。但是技术上怎么完成，李特尔没有更多的阐述。严钦尚先生发展了这种思想，提出了"四个结合"的技术路线。

在 1970 年后的发展中，先生的学术思想日趋成熟，提出了比较沉积学的理念，进一步推进了整合的科学思想。尽管他使用的词是"综合性的解释研究"。

1978 年后，严钦尚先生几次论及地貌学和沉积学的关系。认为对于地貌作用过程的理解，并不仅指剥蚀、侵蚀作用，研究对象也不仅是受侵蚀地貌的形态描述与成因解释，而应将侵蚀、搬运和堆积三者视为有机联系的统一过程。与剥蚀、侵蚀环境伴生的沉积环境，在古代和现代沉积物中留下特有的印痕，产生了相应的沉积序列，所以地貌学必须与沉积学密切结合，并揭示地貌形态、动力机制与沉积特征之间的联系，做出"综合性的解释研究"。

严钦尚先生这种"综合性的解释研究"的思想最核心的内容是"物质分析与形态分析相结合"，这种科学方法，最早可以追溯到他对大兴安岭古冰川地貌的研究。在大兴安岭研究时，他就关注有关地貌过程的沉积物。1953 年开始的鄂尔多斯考察，使得他进一步实践了自己的思想，他一反过去从沙丘形态研究沙漠成因的传统，注重沙丘物质成分与周围地层物质的比较，发现了沙丘沉积物与地层沉积物的一致性，结合沙丘的形态特征，创造性地提出"就鄂尔多斯而言，沙是就地而起"的科学结论，为中国沙漠的"就地起沙学说"建立了基础。1970 年后，严钦尚先生进一步发展了"物质分析与形态分析相结合"的"综合性的解释研究"思想。在对风暴潮沉积研究中，他总结了潮坪不同部位的沉积物粒度、层理的差异，并且作了水动力解释，从而为后来许世远等研究并且提出风暴潮沉积结构特征，给出了基本视角与方法。

在"综合性的解释研究"的思想基础上,严钦尚先生进一步发展了比较沉积学思想。关于比较沉积学,严钦尚先生是这样阐述它的科学思想的:

沉积学中沉积相的研究对象有古代沉积和现代沉积两个方面。在勘探矿床资源时,直接接触到的是古老地层,重视古代沉积的研究是不言而喻的。但是为弄清古代沉积特征与当时环境因素之间的联系,必须通过现代沉积的研究才能获知真谛。因为在现代沉积环境中,复杂的营力作用可以直接观测,其作用后果在沉积物中如实地反映出来。当积累大量资料,建立各种现代沉积模式后,反过来可用这些模式帮助判断古代沉积的动力作用机制,并恢复古沉积环境。而且,由于现代沉积相带横向上的变化,可以与古代沉积地层垂向上的变换相对应,有助于了解古沉积物在空间分布上的变化。所以,沉积学的研究趋势是,以现代沉积为"矢",射古代沉积之"的"。古代沉积与现代沉积的研究相互结合而不偏废,要进行比较研究,使其融为一体。

总结严钦尚先生学术生涯的一生,其主要学术成就有四:1950~1951年,他对大兴安岭地区地貌的研究,提出了冰期气候影响了当地地貌的发展;1954年,他成为中国沙漠"就地起沙"学说的最早提出人;20世纪70年代他提出长江三角洲南岸的发育模式作为扇形三角洲发展的普适认识;20世纪80年代他领导发展了现代沉积理论,创造性地提出比较沉积学的概念,深深影响了地貌学与沉积学的发展。在56年的学术生涯中,严钦尚先生发展的以"综合性的解释研究"为特色的整合研究方法,是具有深远影响的科学方法。严钦尚先生还是我国工程地貌学、海洋地质学的创始人之一。

对于自己的学术成果,严钦尚先生始终用谦虚谨慎、实事求是的态度对待。这里有一个故事:1988年有人约稿撰写他的学术成就。王铮根据他1954年在《科学通报》上发表的文章论述了"就鄂尔多斯而言,沙是就地而起的",提出在中国严先生最早提出"就地起沙"学说。他看了后,大发雷霆,叫许世远与王铮去,问道:"你们考证了多少文献说我是最早提出的?我只说了鄂尔多斯是就地起沙,没有断言全国,怎么这样拔高?"他要自己的学生以此为鉴,对自己的学术成果实事求是。

严钦尚先生就是这样严格要求自己,并为我们树立了榜样。

三、严钦尚主要论著

严钦尚. 1939. 西康公路地理. 地理学报,B卷.

严钦尚. 1948. 西康省康定、九龙、雅江区域自然景观. 地理学报,15 (2-4).

严钦尚. 1950. 大兴安岭一带冰川地形. 科学通报，12（7）：485-496.

严钦尚. 1952. 大兴安岭附近冰川地形. 地质学报，32（1/2）：1-18.

严钦尚. 1954. 陕北榆林定边间流动沙丘及其改造. 科学通报. 11：28-34.

严钦尚. 1957. 浙江省地貌区划. 华东师范大学学报（自然科学版），（3）.

严钦尚，B．A．费道罗维奇. 1960. 中国西部天山冰期的次数和性质问题. 中国第四纪研究，3（1/2）：9-39.

严钦尚，夏训诚. 1962. 新疆额尔齐斯河与乌伦古河流域地貌发育. 地理学报，28（4）：257-272.

严钦尚，张国栋，项立嵩等. 1975. 苏北南黄海盆地区域地质特征及苏北地区油气控制因素探讨. 上海：同济大
　　学科技情报.

周廷儒，严钦尚. 1978. 新疆地貌. 北京：科学出版社.

严钦尚，张国栋等. 1979. 苏北金湖凹陷阜宁群的海侵和沉积环境. 地质学报，（1）：74-85.

严钦尚，许世远. 1980. 中国东部第四纪冰川研究问题的商榷. 冰川冻土，2（4）.

严钦尚，项立嵩等. 1981. 舟山普陀岛现代海岸带沉积. 地质学报，55（3）：205-215.

严钦尚主编. 1982. 海洋地质学. 北京：地质出版社.

顾家裕，严钦尚，虞志英. 1983. 苏北中部滨海平原贝壳砂堤. 沉积学报，1（2）：47-59.

严钦尚，曾昭璇主编. 1985. 地貌学. 北京：高等教育出版社.

严钦尚，洪雪晴. 1987. 长江三角洲南部平原全新世海侵问题. 海洋学报，6：744 -752.

严钦尚，邵虚生. 1987. 杭州湾北岸全新世海侵后期的岸线变化. 中国科学（B 辑），（11）：1125-1236.

严钦尚，许世远主编. 1987. 长江三角洲现代沉积研究. 上海：华东师范大学出版社.

Yan Qinshang，Xu Shiyuan，Shao Xusheng. 1989. Holocene chenier in the Yangtze delta China. Marine Geology，
　　90（4）：337-343.

主要参考文献

严钦尚，许世远主编. 1987. 长江三角洲现代沉积研究. 上海：华东师范大学出版社.

许世远主编. 1993. 严钦尚研究论文集. 上海：上海科学技术出版社.

撰写者

许世远（1938～），浙江绍兴人，教授，中国地理学会副理事长，华东师范大学校务委员会副主任，第十届全国
　　人民代表，曾任华东师范大学资源环境学院院长. 长期从事冰川学、地貌学、沉积学研究和城市自然地理
　　学研究。

王铮（1954～），云南陆良人，研究员，中国地理学会理事，曾任华东师范大学地理系主任，中国科学院科技政
　　策与管理科学研究所政策模拟中心主任. 长期从事理论地理学、计算地理学、区域科学与管理和政策模拟
　　研究。

钟 功 甫

钟功甫（1917～），广东新会人。地理学家，我国基塘系统学科创建者。1941年毕业于中山大学地理系。之后在中国地理研究所、华南师范学院、广东省农业区划委员会、广州地理研究所从事地理研究和教学工作。1978年起任广州地理研究所副所长、所学术委员会主任、研究员。1998年当选为国际欧亚科学院院士。曾任联合国人与生物圈中国国家委员会生态农业专家。钟功甫在农业区划与农业地理、热带地理、基塘系统、沿海开放地区地理、交通地理等学术领域均有建树。他在任广东省农业区划委员会业务总负责人期间，组织省级农业区划和东莞县农业区划的试点工作，成绩斐然。国家科委1966年在东莞召开全国现场会，把东莞县农业区划列为国家重大科研成果，成果印发全国2000多个县推广。他先后发表的《珠江三角洲的桑基鱼塘和蔗基鱼塘》、《珠江三角洲桑基鱼塘——一个水陆相互作用的人工生态系统》等多篇论文，从生态地理学、循环经济学的角度诠释珠江三角洲的桑基鱼塘，并与联合国大学合作，带领课题组对基塘系统进行全面深入的研究，出版了《珠江三角洲基塘系统研究》、《基塘系统的水陆相互作用》等专著，形成了"基塘系统学"——一门崭新的具有国际水平的学科。钟功甫的学术成就和学术思想为我国地理学做出了贡献。

一、简　　历

钟功甫1917年6月23日出生于广东省新会县棠下镇（现江门市蓬江区），孩童时父亲远渡重洋，在荷属爪哇岛当铁匠，他与母亲在家乡相依为命，靠母亲绣花边所得度日。母亲去世后，他被叔父接到广州。在叔父的资助下，钟功甫8岁在广州入读崇德私塾，14岁进入广州知用中学，1937年从知用中学毕业。同年，考入广州中山大学地理系，师从孙宕越、吴尚时、林超等大师。1941年大学毕业，获理学士学位。同年，进入重庆北碚的中国地理研究所（中国科学院地理科学与资源研究所前身）。先后在四川和新疆等地从事自然地理和人文地理的调查考察，并写出一系列考察报告。其中，关于甘新铁路选线的研究报告成为铁道部20世纪50年代修建兰新铁路的主要参考材料；《新疆准噶尔盆地之自然环境》与《新疆准噶尔盆地之人文》两篇论文成为50年代初中苏新疆考察团的主要参考文献。1946年他参加三峡水库库区淹没损失调查，调查大纲由黄秉维先生制定，钟功甫主要负责土地利用方面的工作。调查队（共5人）穿行于川东与鄂西，行程约二三千公里，写出的《三峡水库区经济调查报告》与20世纪50年代水利部组织的调查结果基本相符。钟功甫早期的土地利用调查实践，为他日后开展珠江三角洲基塘系统研究打下了坚实的基础。

1949年中华人民共和国成立后，钟功甫被调回广东。1950年他在广东文理学院地理系任副教授。1952年全国院系大调整，他调入华南师范学院地理系任副教授、副系主任。结合教学实践，他对海南岛和珠江三角洲做了大量的调查研究，特别是对珠江三角洲的桑基鱼塘、蔗基鱼塘和沙田进行了系统的研究。

1963年底，国务院在北京召开全国农业科学技术工作会议，部署各地开展农业区划工作。1964年广东省农业区划委员会成立，钟功甫被调入广东省农业区划办公室，负责农业区划业务工作。他既主持省级农业区划，又关注县级试点工作。他倡议县级农业区划，并以东莞县为试点开展工作。

1972年广东省重设农业区划领导小组，钟功甫出任办公室负责人直至1977年，其间负责全省农业区划工作。

1978年初，钟功甫积极参与广州地理研究所的复所工作。1978年底广州地理研究所复所后，钟功甫先后被任命为副所长、所学术委员会主任、研究员。享受国务院政府特殊津贴。在广州地理研究所工作期间，钟功甫主要从事农业地理和热带地理的研究，尤以基塘农业生态系统研究为重点。1980年，与联合国大学合作，带领课题组开展基塘系统全面研究，并获联合国大学资助，在顺德勒流建立基塘系统定位站。自1984年以来，该项目两次得到国家自然科学基金的资助。1986年，钟功甫退休后，他更专心致力于基塘系统的研究，与他人合作出版了3本有关基塘系统科学的专著，并发表了多篇论文。经过十多年的潜心研究，终于形成了"基塘系统学"，取得举世瞩目的成就。

钟功甫在完成本职工作的同时，还先后担任一些社会工作。比较重要的有：中国地理学会经济地理专业委员会副主任，中国地理学会沿海开放地区分会主任委员，《中国地方百科全书·广东地理篇》主编，广东省地理学会副理事长，广东省农业区划学会代理事长，《热带地理》主编，《经济地理》副主编，联合国人与生物圈中国国家委员会生态农业专家。

二、主要研究领域和学术成就

钟功甫自从 1937 年考入中山大学地理系后，就一直在地理战线从事科研和教学工作。几十年来与他人合作发表专著 8 部，学术论文近百篇。教书育人，桃李满天下。他在科研中特别重视对人才的培养，在他的关怀和指导下，涌现出一批学科带头人，成为华南地理学界的栋梁。他的学术成就和学术思想对促进我国地理科学的发展，做出了重大贡献。

（一）主要科学研究成就

钟功甫在长达 70 年的学术生涯中，取得的科学研究成就主要体现在基塘系统、农业区划、热带地理等三方面。

1. 基塘系统研究

基塘系统研究是钟功甫对珠江三角洲土地利用和农业生态地理研究的结晶。早在 20 世纪 50 年代，他开始研究珠江三角洲的基塘和沙田，1958 年发表了首篇有关基塘的论文。1980 年，他 63 岁时才有机会真正对基塘进行全面系统的研究。此后十年，基塘系统研究取得很大进展。基塘系统研究的专著《珠江三角洲基塘系统研究》和《基塘系统的水陆相互作用》在国内外的出版发行，标志着"基塘系统学"——一门崭新的，具有国际水平的学科正式问世。1988 年著名生态学家、中国科学院马世骏院士认为，基塘系统研究成果"属我国的创造，本项工作在国内外亦居于领先地位。"

钟功甫的基塘系统研究取得 8 方面的成就：

（1）揭开基塘研究序幕。桑基鱼塘是珠江三角洲人民在劳动过程中逐渐形成的一种农业生产方式，是一种地域性农耕现象。但这种现象一旦被赋予科学的诠释，就会显示出它不寻常的科学价值。钟功甫最早开展这方面的研究。1958 年他在《地理学报》第 3 期发表的《珠江三角洲的桑基鱼塘和蔗基鱼塘》论文，为这一价值转换奠定了坚实的基础，揭开了基塘系统研究的序幕。

（2）开创基塘系统研究的新篇章。1980 年钟功甫在《地理学报》第 3 期发表《珠江三角洲桑基鱼塘——一个水陆相互作用的人工生态系统》论文，用地理学和生态学的观点分析基塘的形成和发展，并初步揭示基塘系统内水陆相互作用的有机联系和循环经济的特点。文中指出："种桑、养蚕、养鱼的生产循环，是以基塘之间的土壤、水分、生物的物质循环为基础的。而桑、蚕、鱼与基塘和大气之间的关系是生物与环境之间的物质交换与能量转化的关系。"钟功甫以多学科综合的视野把基塘研究推向新高度，引起海内外关注。同年，钟功甫及其课题组与联合国大学合作，开展对基塘系统结构和功能的全面深入研究，开创了基塘研究新篇章。

（3）构建我国生态系统最早的能量流和物质流量化模型，揭示基塘系统的结构和功能。基塘系统是一个复合生态系统，它既有陆地生态系统，又有水生生态系统，还有水陆过渡带生态系统。要研究基塘系统的结构和功能，就必须研究基塘系统的能量流和物质流，必须对该系统的能量交换和物质循环进行全方位的测定。当时这在国内外是一个大难题。课题组在钟功甫领导下，克服重重困难，完成了基塘系统能量流和物质流量化模型的构建，终于获得了国内第一次显示能量交换和物质循环规律性的科学数据。

在能量流和物质流解决之后，课题组进而对基塘系统的结构和功能进行深入研究，1983 年提交了该项研究成果。1987 年出版的专著《珠江三角洲基塘系统研究》即为该项研究的总结。钟功甫在分析基塘的结构与物质流和能量流的关系时指出：若基地所占面积过大，鱼塘供应基地的塘泥量不足，将导致水、肥条件无法满足基上作物生长的需要。同时，由基地向鱼塘输入的农副产品必将超过塘鱼生长的需要，而导致污染的可能。因此，只有建立一个比例合理、结构完整的基塘系统，才能充分利用光、热、水、土和生物资源，发挥基塘的生产潜力，取得尽可能大的效益。

（4）提出基塘系统水陆相互作用大循环理论。钟功甫在对珠江三角洲基塘系统研究的基础上，又将之与长江三角洲以及其他地区的基塘作深入的比较研究，发现不同地区不同类型的基塘在结构和功能上有着明显的差异。真正的基塘生态系统都要具备下列特点：①基塘系统内水陆相互作用显著，能量流和物质流在陆地生态系统和水生生态系统两个子系统间畅通无阻，且两个子系统结合成一个有机整体——基塘系统。②基塘系统的大循环具有鲜明的方向性。基塘系统及其两个子系统的大循环，均依一定方向运行，同时在两个子系统表现出不可逆性。③基塘系统具有一定的边界范围。其边界范围应该是两个子系统充分显示水陆相互作用的区域，也即两个子系统输入和输出的地段和在这个范围内的生态环境。具备上述特点的基塘系统才能形成独特的结构和功能，产生水陆边缘效应，发挥其应有的生产潜力。由此，他提出基塘水陆相互作用中的大循环理论，为"基塘农业生态系统"做出了科学的界定。

（5）建立多层次农渔牧基塘立体种养体系。钟功甫提出，基塘多层次水陆立体种养体系，是一个复合生态工程。在基塘系统三个层次中，既存在空间上的多层次，也存在时间上的多序列，通过各个组分的组合，可使基塘在空间和时间上得到更充分的利用。根据这个理论设想，1986年课题组在广东省南海市沙头镇进行试验，先后建立了7~10层的基塘立体种养模式，均取得明显的经济效益。水陆立体种养模式既验证了理论的正确性，又是理论付诸实践的好形式，国内外专家高度评价了这一成果。

（6）以基塘理论改造和开发低洼渍水地。20世纪80年代，钟功甫及其课题组在广东肇庆、佛山、惠州等地进行以基塘理论改造低洼地的实验。实验结果表明，这种改造低洼地的模式在不同类型的地区均取得十分显著的经济效益、生态效益和社会效益。钟功甫以此归纳出以基塘理论改造低洼地，有提高土地利用价值、保持农业生产稳定、增加土地的人口承载力、改善生态环境等四大好处。此后，以基塘理论改造低洼地的工作，在国内广东、山东等地大面积推广。由于基塘系统研究在国际上产生重大影响，1986年，广东省获国际农业发展基金会（IFAD）20年期低息贷款1200万美元，在肇庆、惠州地区按基塘系统的标准模式，开发改造低洼渍水地2000hm²。国外，在亚洲、非洲、南美洲也有10多个国家在推广应用这种以基塘理论改造低洼渍水地的模式。

（7）建立基塘系统的学科体系。钟功甫主持撰写的《珠江三角洲基塘系统研究》和《基塘系统水陆相互作用》两本专著，对基塘系统的水陆相互作用进行了全面的透视和分析，阐述了珠江三角洲基塘地区的农业自然条件和经济条件、基塘的形成和历史演变。从生物与环境关系、基与塘的比例关系、作物结构与基塘类型关系等方面剖析了基塘系统的结构。从能量交换、物质循环、水平衡、经济效益等方面深入分析基塘系统水陆相互作用的功能，构建了不同基塘类型及不同基塘比例的能量流、物质流和经济流的量化模型，归纳出基塘系统大循环理论。提出基塘立体种养体系的科学理论，构建水陆立体种养体系各类模式，并指出其优化途径。对用基塘理论改造不同类型的低洼地进行多角度的剖析，论述基塘水陆相互作用的演化，将基塘水陆相互作用的理论向其他领域延伸。这一基塘系统学科体系，在国内外产生了重大影响。在我国及美国、丹麦、菲律宾等10多个国家和地区，有不少高等院校把该项研究成果编入大学教材，或进行相关的科学试验。

（8）运用循环经济原理研究农业生产模式。钟功甫在《珠江三角洲桑基鱼塘——一个水陆相互作用的人工生态系统》一文中指出，在基塘系统内种桑、养蚕、养鱼的复杂多样化的循环性生产中，不同生物质在系统内部的循环、利用或再利用，都最大限度地利用了农业环境条件，并以尽可能少的投入得到了更多更好的产品，取得了尽可能高的经济效益。基塘系统有着丰富的循环经济内涵。在随后的研究中，基塘系统循环经济的效益在水陆立体种养体系中得到了进一步的提高。《基塘系统的水陆相互作用》一书对基塘系统的农业循环经济作了进一步的理论探讨。

2. 农业区划研究

1964 年，钟功甫在主持省级农业区划的同时，又组织广东省内有关专家开展东莞县农业区划试点工作。这是全国第一个县级农业区划，没有前人的经验可以借鉴，困难不少。通过专家们的反复讨论，集思广益，确定东莞县农业区划的研究内容包括：综合农业区划、土地类型和自然区划两项综合区划，土壤、水利、农业机械化、林业、畜牧、淡水养殖等六项单项区划，另设五项专题研究。钟功甫在总结东莞县农业区划的经验时指出：东莞县农业区划有三方面的作用：①摸清自然条件和自然资源，为合理利用和改造自然，挖掘农业生产潜力提供科学依据。②综合分析各地生产条件、特点，为因地制宜合理布局生产提供建设性的意见。③摸清四类农田的分布、特点，提出改造低产田、建设稳产高产农田的关键性措施。1966 年春，国家科委肯定东莞县农业区划，把它列为 1966 年国家重大科研成果，同年召开全国现场会议，成果推广至全国两千多个县。

后来 10 多年的生产实践证明，东莞县农业区划对指导全县农业布局，因地制宜发展农业生产发挥了很大作用。至改革开放初，东莞县能成为农业强县，是与农业区划工作密切相关的。1979 年全国第二次农业区划会议在北京召开，钟功甫应邀在北京科学大会堂作东莞县农业区划成果应用的学术报告，对推动全国县级农业区划工作起到一定的促进作用。

钟功甫有关省级农业区划的研究成果也不少。他对农业自然资源与农业区划的关系、农业分区、农业布局等都有独到的见解。他认为"农业自然资源是农业区划的物质基础。农业区划是有计划地利用农业资源发展生产的一种方法。有了农业自然资源但没有提出分区的意见，资源不可能得到充分的利用。"他又认为，应当根据客观条件（自然环境、经济发展水平、历史因素）的共同性、农业生产的类似性和经济发展的一致性确定农业分区。他还认为，关于农业布局，关键是选择农作物生长最适宜地区与调整农作物生长不适宜地区；对于农业生产基地的选择，主要依据作物生长最适宜地区，集中连片、商品性高、品种优良、有发展前途等几个条件。

3. 热带地理研究

早在 20 世纪 60 年代，钟功甫就常到海南岛调查考察。他从甘蔗布局入手，扩展到对海南岛热带经济作物的全面研究，出版了《海南岛农业地理》。后来，发表了

《海南岛环形橡胶带》论文，对海南岛橡胶生产的自然条件、环形橡胶带的形成、橡胶带的特点、生产潜力等进行了精辟的分析。环形橡胶带的理论对海南岛橡胶生产的布局有指导意义。

钟功甫还在《关于我国热带地理研究的一些意见》和《中国热带特征及其区域分异》两篇论文中，对我国热带的有关问题进行了比较准确的全景式论述。同时，又提纲挈领地指明研究热带地理的主要方向：首先研究我国热带的特点、形成发展与演变规律，明确热带的界限和面积；其次，研究如何合理、可持续地开发热带的土地资源、生物资源和水资源等；再次，研究资源的开发与保护。这些意见，有很强的前瞻性和指导性。

（二）学术思想及其影响

钟功甫投身地理科学事业 70 年。在 70 年的科学实践中，他强调地理学研究必须走综合之路，实行学科交叉，注意边缘学科的发展；强调地理学研究应从调查考察入手，同时引入新技术新方法；强调地理学研究要与生产实践相结合，为生产建设服务。与此同时，研究工作必须步步深入，善始善终，善于在实践的基础上做出理论和方法的归纳。他的学术思想对中国地理学的发展做出了重要贡献。

1. 提倡开展边缘学科和跨学科研究

随着社会的进步和科学的发展，跨越传统的科学领域的综合研究现已成为时代的要求和科学家的共识。钟功甫提倡开展边缘学科和跨学科研究，并身体力行。早在开展东莞县农业区划研究时，他就注意交叉学科的研究，认为农业区划是多学科综合研究农业的手段，必须进行跨学科研究，才能做出全面准确的判断。对热带地理他也提出要进行综合研究和边缘学科的研究。

基塘农业生态系统的研究是钟功甫交叉学科和跨学科研究的成功之作。1980 年基塘系统研究伊始，他就敢于突破地理学的界限，进行跨学科多角度的研究。他吸取其他学科的理论和方法，坚持地理、生态、农业、社会经济等学科的综合，课题组配置多学科研究人员，课题组的核心成员也是由不同学科的人员构成的。勒流基塘生态系统定位站汲取各个学科的理论和方法，对基塘系统的物理、化学、生物过程进行观测、分析和综合，取得了其他单学科难以完成的重大成果。与此同时，面上调查研究也同步进行。各学科既分工深入研究，又相互渗透影响，经过 10 多年不断升华，终于融成一体，从而在国际上形成独树一帜的"基塘系统学"。

跨学科研究的成功，还表现在基塘系统的研究在有关学科均占有一席之地。在地理学界，基塘系统研究被认为是当代实验地理学的成功之作，又是农业地理学的楷模；在生态学界，基塘系统被国际公认为是最成功的人工生态系统之一；在农学界，基塘系统成为农业的典范；基塘系统还被国际认为是改造低洼地最成功的几种方法之一；在水产界，基塘系统研究的部分成果成为国家水产总局编著的《中国池塘养鱼学》的重要内容之一；在社会经济学界，基塘系统被视为农业循环经济的先行者之一；在菜篮子工程中，基塘农业被评价为"优异菜篮子工程"。

我国地理学一代宗师黄秉维院士在评价基塘系统成果时指出："珠江三角洲基塘系统研究是成功的跨学科研究，在国际上也是难能可贵的。"

可见，钟功甫跨学科研究的学术思想是基塘系统研究的成功之本。

2. 理论与实践相结合，地理学应为生产建设服务

早在 20 世纪 40 年代，钟功甫到新疆、甘肃等地调查考察，获悉有关部门有修建甘新铁路的设想。他认为这是关系国计民生的大事，便主动研究甘新铁路选线。几经艰辛，写出论文《甘新铁路线之地理研究》。50 年代初，我国修建兰新铁路时，该文成为主要参考资料之一，最后建成的铁路走向与该文建议的路线基本一致。

在基塘系统研究过程中，课题组先后在顺德勒流、南海沙头、四会会城、德庆前后街、惠州长命湖建立了 5 个不同类型的试验站。钟功甫提出基塘农渔牧立体种养体系的理论设想后，通过在南海沙头多年的反复试验，证明水陆立体种养体系理论是成立的，生产实践是可行的，而且经济效益、生态效益、社会效益良好。当用基塘理论改造开发低洼地的设想产生后，也是先在德庆、四会、长命湖等试验点进行定点试验，然后进行中间试验，最后才大面积推广。定点试验和中间试验，既验证和改进基塘系统的理论和生产模式，直接为农业生产服务，又进一步丰富了基塘系统的理论。基塘系统研究就是在"实践—理论—再实践—更高层次的理论"这一学术思想指导下，不断丰富，逐步成熟的。

1978 年，广州地理研究所复所后，钟功甫与时任所长罗开富等一起，提出广州地理研究所"立足广东，面向东南亚，为广东省经济建设服务"的办所方针。该方针为后来历届所领导坚持并发扬光大。

3. 吸收新理论新方法，不断完善地理学的研究手段

钟功甫认识到，当今世界科技迅速发展，研究手段日新月异，以描述为主的传统地理学与时代不相适应，地理学要发展就必须吸收新理论、新技术。

1981 年，钟功甫在《关于我国热带地理研究的一些意见》一文中，提出"必须

加强理论方法总结，加强综合分析的观点，建立定位观察和综合试验基地，采用新的科学手段和新的研究方法，采用遥感、遥测、激光、电子计算机、高速测试分析手段，扩大视野，缩短研究周期，提高研究效率，推动地理学的革新。"

1985 年，钟功甫在《中国农业地理研究》一文中指出，"要应用生态学观点研究农业地理，应用新技术新方法研究农业地理。"

1980 年，钟功甫利用联合国大学的资助，为勒流定位站购买国外最先进的实验站观测仪器。该定位站拥有国内一流的仪器设备，成为当时华南地区实验地理学最主要的基地。1981 年，中国科学院地理研究所江爱良教授出访西欧英国、法国、西德并考察定位站仪器归来，到勒流定位站参观，他惊叹该站仪器设备先进，有些仪器设备他在西欧都未见过。国家自然科学基金会主持编写的《自然科学学科发展战略调研报告·地理科学》（科学出版社 1995 年出版）指出，1980 年开始的广东顺德勒流基塘系统定位站，是我国地理学为农业生产服务最早的农业生态定位观测研究。

在钟功甫主持广州地理研究所业务工作期间，该所实验室和遥感研究室的设备在华南地区是先进的，有些设备在华南地区还是独一无二的。

4. 钟功甫的科学道路

钟功甫在回顾自己的学术生涯时说，他研究农业区划和农业地理的时间最长，研究基塘系统的成绩最大。钟功甫不是那种一出场就灵光闪现的科学家，但他具备科学家坚忍不拔的高贵品格。从 20 世纪 40 年代他投身地理事业开始，几十年来，他勤奋踏实，不断探索，厚积薄发。60 岁以后，他开始全面研究基塘系统，他不断提出新问题，总结新理论，一步一个脚印，终于在 70 岁以后，在科学上取得了辉煌业绩。

钟功甫的科学实践是后学者的宝贵财富。

三、钟功甫主要论著

钟功甫. 1944. 甘新铁路线之地理研究. 地理，4 (1/2)：71-80.

钟功甫. 1958. 珠江三角洲的"桑基鱼塘"与"蔗基鱼塘". 地理学报，24 (3)：252-272.

钟功甫. 1962. 试论广东农业地带. 地理学报，28 (2)：149-161.

钟功甫. 1980. 珠江三角洲的"桑基鱼塘"——一个水陆相互作用的人工生态系统. 地理学报，35 (3)：200-209.

钟功甫. 1980. 省级综合农业区划若干问题的研究——以广东省综合农业区划为例. 热带地理，试刊：42-48.

钟功甫. 1981. 关于我国热带地理研究的一些意见. 热带地理，2 (1)：1-3.

钟功甫. 1984. 对珠江三角洲桑基鱼塘系统的再认识. 热带地理，4 (3)：129-135.

钟功甫. 1985. 中国农业地理学研究//中美人文与地理学系统讨论会论文集. 北京：科学出版社：22-26.

钟功甫. 1985. 海南岛的环形橡胶带. 热带地理，6（4）：205-211.

钟功甫，陈铭勋，罗国枫. 1985. 海南岛农业地理. 北京：农业出版社.

钟功甫，蔡国雄. 1987. 我国基（田）塘系统生态经济模式——以珠江三角洲和长江三角洲为例. 生态经济，
　　（3）：15-19.

钟功甫，邓汉增等. 1987. 珠江三角洲基塘系统研究. 北京：科学出版社.

钟功甫. 1988. 我国东部沿海开放带形成条件、地域分异和发展方向. 地理学报，45（2）：134-140.

Ruddle Kenneth，Zhong Gongfu. 1988. Integrated Agriculture-Aquaculture in South China—The dike-pond system
　　of the Zhujiang Delta. Cambridge：Cambridge University Press.

Zhong Gongfu. 1989. The structural characteristics and effects of the Dyke-Pond System in China. Outlook on Ag-
　　riculture，18（3）：119-123.

钟功甫，黄远略，梁国昭. 1990. 中国热带特征及其区域分异. 地理学报，45（2）：245-252.

钟功甫. 1991. 基塘水陆立体种养体系——一个优异的菜篮子工程//全国菜篮子工程科技交流会论文集. 北京：
　　中国科学技术出版社：259-261.

钟功甫，钟英. 1993. 我国沿海开放与沿边开放的特点及发展前景. 人文地理，8（3）：4-7.

钟功甫，王增琪，吴厚水等. 1993. 基塘系统的水陆相互作用. 北京：科学出版社.

钟功甫. 1997. 东莞县农业区划的成绩及开展县级农业区划的建议//《钟功甫地理研究论文选集》编委会. 钟功
　　甫地理研究论文选集. 广州：广东科技出版社：30-37.

主要参考文献

《钟功甫地理研究论文选集》编委会. 1997. 钟功甫地理研究论文选集. 广州：广东科技出版社：1-164.

刘琦主编. 2003. 地理学在广东发展的回顾. 香港：香港中国评论文化有限公司：205-209，312-317.

广州地理研究所. 2007. 耕耘在南粤大地——钟功甫先生九十华诞暨从事地理科学事业七十周年志庆：1-12.

撰写者

吴厚水（1936～ ），广东普宁人，研究员。长期在广州地理研究所从事地表面水分热量平衡研究、基塘系统学研
　　究。《钟功甫地理研究论文选集》编委会成员。

杨怀仁

  杨怀仁（1917～2009），安徽宿县人。地貌与第四纪地质学家，我国新时代地貌学与第四纪地质学的开拓者。1943年于浙江大学研究生毕业。之后相继在浙江大学史地系及四川大学史地系任教，讲授地学通论、地质学与地形学等课程，还赴川西北进行考察，对岷江峡谷以及川西高原的人文景观进行了研究；1945～1948年间，从事我国的地图编审与祖国疆界的调研工作，对我国南疆海域及其岛礁沙滩等作了大量的考查厘定工作，根据充足的历史记载与民间活动，用我国自己的名称系统定名、定界。1949～1951年赴英国伦敦大学进修。1951年回国后担任南京大学地理学系教授，从事本科生与研究生的教学工作，培养了大批地貌学与第四纪地质学优秀人才，完成了多项国家的地貌与第四纪地质考察任务，编著了多本教材与专著。他在发现中国的冰缘与全新世小冰期特征方面，中国的自然环境演变与海平面变化方面，中国的地貌运动与构造地貌学研究方面，在中国的气候变化与"环境变化对人类严峻挑战"的研究方面等，都做出了极为重要的贡献，并获得诸多奖项。

一、简　历

  杨怀仁，1917年11月生于安徽宿县，2009年10月20日逝世于南京市，享年92岁。

  杨怀仁在南京就读高中时，他周围的亲朋好友，都称赞气象学家竺可桢教授精心于科学研究及其科学成就。竺可桢的地理著作所展示的气度与渊博知识感染了杨怀仁，为之杨怀仁于1937年以特别优异的成绩考入浙江大学史地系，1941年又接着在浙江大学读研究生。就读期间，因日寇入侵，学校辗转搬迁，他一年级时去天目山禅源寺，后迁到江西泰和，又迁广西宜山，最后迁至贵州遵义。在广西宜山期间，宿舍曾遭日军轰炸，衣物和书籍烧成灰烬，学习和生活均十分困难，但他学习的积极性与科学研究的进取心更为高涨。教师经常带学生野外考察，杨怀仁的大学毕业论文是《金顶山地形》，跟随叶良辅教授完成的研究生毕业论文是《贵州高原地貌》。其相关的论文《贵州中部之地形发育》，经任美锷教授推荐，在《地理学报》1944 年 13 卷全文发表。当时的中国地理研究所所长黄国璋教授与中央大学丁骕教授等阅后认为"这篇论文的水平和西方国家博士论文相比，毫无逊色"。

1943～1945 年杨怀仁在浙江大学史地系任教，在本系开设"地学通论"，并完成"地质学"、"地形学"等多门课程教学任务。"地学通论"需要"天、地、生"多方面知识的融会贯通，要提纲挈领地讲授，对刚走上讲台的年轻教师来说，是需要信心和勇气的。1945 年他转到设在成都的四川大学史地系任教，讲授地质学与地形学。1945 年夏杨怀仁去川西考察，出成都经灌县溯岷江而上，北至茂县，西至杂谷脑，穿越龙门山强烈褶皱断层带，并观察了少数民族地区的农业与聚落地理，完成了《岷江峡谷地理考察》一篇论文，刊于《地理学报》1947 年 12 期。

1945～1948 年间，杨怀仁在国民政府内政部方域司工作，从事我国的地图编审与祖国疆界的调研工作，特别是对我国南疆海域及其海岛作了大量的考查厘定工作。根据充足的历史记载与民间活动，把广布于南海的岛、屿、洲、礁、沙、滩，用我们自己的名称在地图上系统定名、定界。他把东沙、中沙、西沙及南沙群岛总称为中国的"南海诸岛"。杨怀仁把这些内容编印成册后，由内政部公布，书名为《南海诸岛新旧名称对照表》，并由内政部方域司会同国防部与外交部开会共同决定在重要岛屿上派舰前去立下碑志。此后，出版界都采用这些地名来表明我国对南海诸岛的主权。这是杨怀仁为国家利益做出的一项重要贡献。20 世纪 80 年代，中国中央台广播称，"为确保我国正当的南海诸岛主权，减少外人觊觎，此亦杨怀仁先生为中华民族利益而做出的一大贡献"。1948 年杨怀仁还曾携眷前往福建泉州从事教学工作，至 8 月经香港转去伦敦。

1948～1951 年间杨怀仁在英国伦敦大学英皇学院进修，研究地貌学与第四纪地质学，并掌握了各国学术研究的新动向。在英国进修期间，他曾担任伦敦中国留英学生会主席，为抗美援朝进行募捐活动。

1951 年回国后，杨怀仁获得了母校浙江大学的聘书，并受任美锷教授之约到南京大学讲授《地形学》。1952 年他在南京大学地理学系设置地貌专业，后来改为地貌与第四纪专业，杨怀仁出任地貌教研室主任。1961 年，杨怀仁等编著了《地貌学》（人民教育出版社）；1962 年又编著了《第四纪地质学》（世界第四纪地层）（人民教育出版社）；1987 年杨怀仁主编的《第四纪地质》（高等教育出版社），获第二届普通高等学校优秀教材全国特等奖（国家教委）。杨怀仁教授专心致志于专业人才的培养，数十年如一日亲自教授地形学、地貌学、第四纪地质学、地貌学基本理论等；将教学实习、生产实习和科研工作等集于他一人，带领一届又一届的大学生和研究生，踏遍天山、秦岭、大别山、庐山、黄山、天目山，踩着长江浪，直上荆江、三峡、金沙江；数十年间培养了 600 多名地貌学与第四纪地质学本科生和数十名硕士、博士；组织和出席了数十次国内外学术讨论会，撰写了百余篇学术论文和近十部专著，出版了《地貌学》与《第四纪地质》多种教材，还获得过多项重要奖励。如《中国第四纪冰川与冰期问题》1978 年获全国科学大会奖（国家科委），《第四纪自然环境变化及其对我国经济发展的影响》1986 年获国家教委科技进步奖二等奖，《中国 1：100 万地貌图编制研究》1989 年获中国科学院自然科学奖二等奖等。

二、主要科学研究成就、学术思想及其影响

杨怀仁教授 60 年耕耘古今山水风云，栽培桃李五湖四海，业绩感人。他指导和激励着几代地貌与第四纪地质科学工作者奋发图强，为安全、和谐、国富民强做出重要贡献。

（一）主要科学研究成就

1. 中国地貌的动力研究

早在 20 世纪 40 年代初，在贵州高原的工作，观察褶皱带中大娄山期与山盆期地面的发育，以及河流地貌特征等，就使杨怀仁对构造运动与地貌发育的关系，产生了浓厚兴趣。他曾撰写过一篇英文稿《黔北褶皱带的地形发育》，后来成为他的研究生毕业论文《贵州高原地貌》的一部分。还有论文《贵州中部之地形发育》。之后，他于 1981 年发表《中国造貌运动与地貌学基本理论问题》，1982 年发表《近代构造地貌与气候地貌的基本问题》，1983 年发表《中国活动构造与造貌运动特征》，1984 年发表《中国东部断裂构造地貌分析》等论文。在上述论著中，杨怀仁提出，"中国的造貌运动始于晚新生代，但各地的活动性质、幅度及其与老构造的关系并不相同。印度大陆与亚洲大陆的碰撞，青藏高原强烈隆起，强烈的造貌运动，迄今仍在进行，如在缝合带上近 100 年中，曾发生四次 8.4～8.5 级的地震，地壳抬升运动，迄今仍未中止"；"中国地貌运动所形成的架构不仅影响中国大陆的地形起伏、水系发育，也影响第四纪以来气候巨变"。他还建议用"造貌运动"一词来概括晚新生代以来地壳运动的特征。"造貌运动"标志着地球构造的发展进入了一个新阶段。在后来的论文中，杨怀仁还一再强调，就"现代地形，以及与内力活动的关系而言，具有'多元性'，以其与气候变化的外动力改变而言，又具有'多生性'"。

2. 中国自然环境演化

杨怀仁历经近 30 年的努力，重建并对比了中国晚第三纪（新近纪）与第四纪的古气候环境，研讨了第四纪冰期—间冰期气候带的移动，重点分析了第四纪以来中国气候环境大幅度变迁的原因和机制。杨怀仁等于 1981 年发表的《中国东部第四纪自然环境的演变》，重点阐述了以下观点："自新第三纪来的造貌运动，促使青藏高原及其周围高山的强烈隆起，改变了亚洲大气环流形式，诱发了古季风为中国自然环境变迁重要的原因机制"。他认为，青藏高原及其周围高山的强烈隆起，导致冰期冰雪面积扩大，大量的太阳辐射被反射到天空，更加促进冰雪的积累和发展，使冰期中热带辐合带（ITCZ）与中低纬度气候带南压，寒冷范围扩大；青藏高原的隆起诱发并加强了亚洲的季风环流；与此同时，青藏高原的地形屏障作用，及其冷热源作用，改变了中国的大气环流，也改变了中国的水汽状况，促使我国西北的干燥和东南的湿润，使中国大陆气候上的差异更为加甚，导致东亚地区在冰期中十分严寒而干燥；间冰期中，夏季风增强，中国东部气候温暖而湿润。因此，中更新世间冰期所形成的红色风化壳，曾北移到我国东北的三江平原地区，网纹红土向北延伸抵达淮河沿岸。20 世纪 70 年代的论文，杨怀仁还曾提出，严酷的第四纪冰期气候，是中国西北大沙漠形成以及冰期中黄土堆积于西北和华北甚至到达长江两岸的原因。

3. 中国第四纪冰缘、冰川与冰期的研究

杨怀仁等于 1957 年在《科学通报》第 8 期发表文章《长江下游第四纪冰缘沉积的发现和研究》，接着于 1958 年在《中国第四纪研究》1 卷 1 期刊出论文《长江下游第四纪冰川与冰缘沉积》与《长江下游第四纪的冰缘现象》，后于 1974 年在科学出版社出版了专著《中国第四纪冰川与冰期问题》，将中国的冰缘、冰川与冰期的研究推向了新的高潮。其中，关于中国第四纪冰川与冰期问题，早在 20 世纪 60 年代初，就由孙殿卿和杨怀仁合作于 1961 年在《地质学报》上刊出《大冰期时期中国的冰川遗迹》。同年他在《人民日报》上发表长篇《第四纪冰川与中国第四纪冰川问题》，1962 年在第 8 届国际第四纪地质大会（The 8th Congress of INQUA）上宣读的 *Great Ice Age in China*，都曾在国际学术界产生极为轰动和深刻的影响。另一方面，具有开创性的工作是对中国全新世小冰期的研究。1962 年杨怀仁提出"东天山最近一次冰期以来的冰川进退及其在气候波动上的意义"，首次提出"天山小冰期"的存在；接着于 1965 年在《地理学报》发表《乌鲁木齐河上游第四纪冰川与冰后期气候波动》等。杨怀仁等关于全新世小冰期的研究，以及关于小冰期气候属于全球

性气候突变等概念，提出小冰期发生原因可能与太阳黑子活动等天文因素及火山活动因素的影响有关，这一系列的新认识，比国际同类研究进展要早一步，与后来的格陵兰冰芯氧同位素曲线也具有可比性。

4. 中国海平面变化研究

早在 20 世纪 60 年代初期，杨怀仁教授就带领研究生，开始了第四纪海平面变化的研究。最早是在江苏北部的深钻孔中，发现多层含海相化石的沉积层，从而提出了"全球气候变化冰期与间冰期相交替、江苏北部沿海构造运动沉降、第四纪海进与海退相交替"全新概念。杨怀仁带领研究生在那时期所从事的中国海平面变化研究，具有开创性和开拓性意义和价值。之后是杨怀仁等 1983 年、1984 年、1985 年的论文，提出了中国新生代海平面变化曲线、中国第四纪海平面变化曲线、中国沿海 20000 年来的海平面变化曲线与最后一次盛冰期以来的海面变化等，后期的研究已经注意到消除构造运动与均衡作用的影响，建立末次冰期最盛期以来的海面变化曲线。20 世纪 80 年代以来的研究，一则注重与海平面变化的实际影响，如讨论海平面升降运动与海岸河口的变迁，全新世海面变化与太湖的形成和演变等；二则把海平面变化研究推进到海平面变化趋势预测研究，借以讨论它可能对海岸带的地理环境、生态建设及工程项目产生的影响。杨怀仁等明确表示，国际学术界对未来海平面上升的预测，虽然在 90 年代的估计值比 80 年代的估计值要低一些，但"仍存在一些不能确定的因素，它们影响预测的精度，如云的情状及其对温室气体的影响，海洋与大气间的能量交换，平流层臭氧层的减缺，人类活动所产生硫化物气溶胶的反馈作用等"。

5. 长江中下游古环境及地生态系统研究

杨怀仁曾首创"荆江地貌与第四纪地质"（1959）与"长江中下游（宜昌至南京）地貌与第四纪地质"（1960）的研究，并与唐日长共同主持过"长江中游荆江变迁"（1999）的研究。1995 年杨怀仁等出版了《长江中下游的环境变迁与地生态系统》专著，重点研讨了以下问题：①关于小冰期及其影响问题。作者提出如小冰期一类的突变，仍然有可能发生，人类要警惕自身的活动，不要使气温超过上次间冰期（Eem Interglacial）的气温高峰，否则有可能导致较为重大的灾难性突变。②过去 400 年的气候突变中的严重灾害及未来变化可能对长江中下游的影响问题。作者提出 17～19 世纪是长江流域灾害群发的时期，干湿期延续各 200 年左右，但以 10 年至 20 年左右的干湿突变尤为明显；作者用气候资料类比方法、气候模式以及仪测资料,来估计长江中下游在 CO_2 含量倍增后可能出现的影响,有可能气温升高 2～3℃,对农作物生长十分有利;另一方面有可能出现气候方面的不稳定性,应考虑及时采取措施。③讨论了目前长江三角洲面临的严重环境问题。包括海面相对上升,地下水位大幅度下降与地面沉降等,对长江三角洲地区的发展势必构成严重威胁。为此,杨怀仁教授等要求人们关注如南极一部分不稳定冰流的分裂等最新报道,关注全球气候变化动态的研究等。

6. 未来全球变化与环境问题

杨怀仁在 20 世纪 90 年代就曾预计"气候变暖,将引起气候界线向两极移动,当北极冰体溶化后,大气环流与海洋环流都将发生变化,更增加南北半球间的不对称性"。还一再提出,气候变暖,对我国的农作物生长和收成会是有利的,但将增加气候的不稳定性,增加作物病虫害的侵袭,增加陆地表面的蒸发,我国东部受西太平洋高压的控制可能会增强,一些地区尤其是丘陵地区将更干旱,对沿海大陆低海拔平原地区,海平面上升将引起一系列的环境变化,如土地沼泽化,盐水入侵,海滩重新塑造包括沙质海岸将受侵蚀等。杨怀仁认为,温室效应将使全球持续升温是无疑的,温室效应也正在给人类自身造成威胁,如人类活动不加节制,那么 21 世纪中叶以后,气温与海面上升速度可能使地球环境发生重要变化。其对全球变暖趋势及其实际影响的估计,比国际学术界同行专家的估计早 10 年。

7. 中国古气候系统与自然环境变化研究创造最优秀成果

杨怀仁教授重建并对比了中国晚第三纪与第四纪的古气候环境,研讨了第四纪冰期间冰期气候带的移动,重点分析了第四纪以来自然环境大幅度变迁的原因和机制,从而找到了青藏高原及其周围高山的强烈隆起所带来的深刻影响:在青藏高原及周围高山的强烈隆起—冰雪面积扩大及增强反照率—促进冰雪的积累和发展与寒冷范围的扩大—全球气候带的移动—诱发并加强了亚洲的季风环流—导致中国大陆气候上的差异更为加甚。

关于中国古气候系统的研究以及中国自然环境变化的研究,曾获全国科学大会奖与国家教委科技进步奖二等奖。香港大学亚洲研究中心出版的"东亚第三纪第四纪通讯"(No. 10/1990),认为这项研究是关于中国环境变化研究最优秀的成果。

(二)学术思想及其影响

杨怀仁勤奋好学,思维敏捷,十分关注国内外学术研究的最新动态和趋势,勇于创新，始终站在大学教学与科学研究的第一线，不遗余力地推动我国地貌与第四纪地质科学的发展，为国家的繁荣富强做出了贡献。

1. 突出全球变化，拓展思路，开创新局面

杨怀仁的第四纪研究的基本思路，为首先恢复第四纪各种事件的发生过程，研究各次古气候事件与最近间冰期及全新世气候的世界范围内的对比，显示中国古气候变化的全球一致性与区域特殊性，进而分析原因机制，得到符合客观实际的新认识。

他在中国东部第四纪自然环境演变研究中，通过与同纬度世界范围内的对比，发现中国东部的冰期气候更冷更干燥，而间冰期气候更暖更湿润的特点，从而提出东亚季风环流的特殊性及其对气候变化的实际影响，特别是提出了冰期发展东亚冷槽的学术思想。

杨怀仁等对在长江下游发现的古冰缘沉积给予了科学解释，在国际学术界获得了肯定和赞赏。如当时的冰缘地貌权威学者克里莫契夫斯基，就对这一研究成果给予了肯定和赞赏。

2. 中国地貌的动力研究及"造貌运动"新概念

基于中国地貌发育的特殊性，西部青藏高原的隆起，三大地形阶梯的形成，东部平原及边缘海域的沉降，及其对中国大陆水系发育的影响，对中国大气环流及其气候变化的影响，东部沿海地区的沉降对相对海平面变化的影响等，杨怀仁认为那是地貌演绎了地球的岩石圈、大气圈、海洋和冰雪圈之间的正负反馈作用。他不但创造性地建议用"造貌运动"一词来概括晚新生代以来地壳运动的特征，而且明确提出"造貌运动"标志着地球构造的发展进入了一个新阶段。

三、杨怀仁主要论著

杨怀仁，杨森源. 1958. 长江下游第四纪冰川与冰缘沉积. 中国第四纪研究，1（1）：141-154.

孙殿卿，杨怀仁. 1961. 大冰期时期中国的冰川遗迹. 地质学报，41（3/4）：233-244.

杨怀仁，邱淑章. 1965. 乌鲁木齐河上游第四纪冰川与冰后期气候波动. 地理学报，31（3）.

杨怀仁，徐馨. 1981. 中国东部第四纪自然环境的演变. 南京大学学报（自然科学版），（1）：121-144.

杨怀仁. 1981. 中国的造貌运动与地貌学基本理论问题//中国地理学会地貌专业委员会编. 中国地理学会 1977
    年地貌学术讨论会文集. 北京：科学出版社：334-339.

杨怀仁，杨达源. 1982. 近代构造地貌与气候地貌的基本问题. 南京大学学报（自然科学版），（2）：9-19.

杨怀仁，韩同春，杨达源. 1983. 第四纪气候变化与海面升降. 南京大学学报（自然科学版），（2）：9-19.

杨怀仁. 1984. 海面变化原因：我国高海面与深海氧同位素曲线. 南京大学学报（地理学）.

杨怀仁，谢志仁. 1984. 气候变化与海面升降的过程和趋势. 地理学报，39（1）：20-31.

杨怀仁，谢志仁. 1984. 中国东部近 20000 年来的气候波动与海面升降运动. 海洋与湖沼，15（1）：1-13.

杨怀仁，韩同春，杨达源等. 1985. 长江下游晚更新世以来河道变迁的类型和机制//杨怀仁主编. 第四纪冰川与第四纪地质论文集（二）. 北京：地质出版社：65-73.

杨怀仁，谢志仁. 1985. 全新世海面变化与太湖的形成和演变//杨怀仁主编. 第四纪冰川与第四纪地质论文集（二）. 北京：地质出版社：49-64.

杨怀仁，杨达源. 1985. 新生代地球气候变化及海面升降的研究//杨怀仁主编. 第四纪冰川与第四纪地质论文集（二）. 北京：地质出版社：31-43.

杨怀仁，陈西庆. 1986. 环境变化对人类的严峻挑战. 中国环境报.

杨怀仁，陈西庆. 1988. 面临 2000 年后全球气温与海面升高的挑战——第四纪气候研究的一项紧要任务. 南京大学学报（自然科学版），24（1）：66-74.

杨怀仁. 1989. 未来全球环境变化与我国新高温期气候//邹进上主编. 气候学研究. 北京：气象出版社：290-301.

杨怀仁，徐馨，李国胜. 1989. 第四纪中国自然环境变迁的原因机制. 第四纪研究，（2）.

杨怀仁，王建. 1990. 黄河三角洲地区第四纪海进与岸线变迁. 海洋地质与第四纪地质，10（3）.

杨怀仁. 1991. 晚冰期以来的气候快速变化及未来全球气候//中国科学技术协会编. 气候变化与环境问题全国学术讨论会论文集.

杨怀仁. 1993. 古季风、古海面与中国全新世大洪水//气候学文集. 北京：气象出版社：194-204.

主要参考文献

杨怀仁主编. 1989. 叶良辅与中国地貌学. 杭州：浙江大学出版社.

杨怀仁等. 1995. 长江中下游环境变迁与地生态系统. 南京：河海大学出版社.

杨怀仁. 1996. 自序//《杨怀仁论文选集》编辑组编. 环境变迁研究. 南京：河海大学出版社：1-18.

《杨怀仁论文选集》编辑组. 1996. 杨怀仁教授的著作目录和获奖情况//《杨怀仁论文选集》编辑组. 环境变迁研究. 南京：河海大学出版社：489-494.

谢志仁，陈钦峦. 1996. 耕耘古今风云，栽培四海桃李——贺杨怀仁教授八十华诞//《杨怀仁论文选集》编辑组编. 环境变迁研究. 南京：河海大学出版社：495-502.

撰写者

杨达源（1941～），江苏武进人，南京大学教授、博士生导师. 长期从事地貌学与第四纪地质学的调查研究，大学《自然地理学》的教材编著、教学与自然地理学的科学研究。

吴传钧

　　吴传钧（1918～2009），江苏苏州人。地理学家，我国现代经济地理学与现代人文地理学的学科带头人。1991年当选为中国科学院院士。1941年毕业于中央大学地理系。1943年获该校硕士学位。1948年获英国利物浦大学博士学位。历任中国科学院地理研究所研究员、副所长。长期从事地理学的综合研究，积极组织国内与国外学术活动，历任中国地理学会理事长和国际地理联合会（IGU）副会长。20世纪50年代提出经济地理学并非一般所说的经济科学，而是与自然科学及技术科学密切交错，具有自然—经济—技术三结合特点的边缘科学。20世纪80年代提出地理学的中心研究课题是人地关系地域系统的发展过程、机理和结构特征、发展趋向和优化调控，这些学术见解推进了地理学的基础理论研究。参与编写的《中国海岸带与海涂资源调查报告》和《中华人民共和国国家农业地图集》获两项国家科技进步奖一等奖，主编的《中国农业地理总论》、《1：100万中国土地利用图集》和《中国土地利用》获三项中国科学院科技进步奖一等奖。主编国家"九五"重大图书出版项目《中国人文地理丛书》，填补了该研究领域的空白。专著《国土开发整治与规划》等，对国土研究与规划提出了系统的理论和方法。

一、简　　历

　　吴传钧1918年4月2日生于江苏苏州市，2009年3月13日于北京逝世，享年91岁。

　　吴传钧出身于江苏省苏州西城学士街一个"叔侄状元、父子兄弟翰林"的现代书香门第。叔祖吴郁生光绪丁丑进士，曾任吏部左侍郎、四川学政、邮传部尚书、军机大臣，好书法。父亲吴曾善（字慈堪）民国初年毕业于上海法政学堂，曾任上海、武进、芜湖、南京等地法院法官，1934年辞去公职，在苏州、上海两地执律师业，当选苏州律师公会会长，抗日战争前为爱国七君子辩护，兼任东吴大学法律教授，受叔祖熏陶亦好书法，解放后任上海文史馆馆员。母亲毕业于教会办英华女子学校，接受西方文化。他生长在这样一个家庭里，自幼受父母教导影响，逐步养成"万般皆下品，唯有读书高"的思想，并且懂得了明辨是非、早日立志、自立自强、戒骄戒躁、严于律己、宽以待人等为人处世道理。他少年时正值祖国外受列强侵略，内遭军阀割据，受到五四运动的启蒙和出于朴素的爱国愿望，立志要走"教育救国、科学救国"的道路。

吴传钧 1936 年毕业于江苏省立苏州中学，面临报考大学选择什么专业的问题。当时多数同学决定报考工科和经济管理一类出路较好的系，唯有他一人看中了地理学这个"冷门"。说来也并不是偶然的，早在上初中时听地理老师介绍孙中山先生的《建国方略》，大意是说：为了发展我国的实业，大规模地建设国家，不仅要在沿海开辟一系列的大港口，在内地具备条件的地方开设工厂、开发矿藏，还要把铁路修到祖国的四面八方，把贫困落后的中国，变成繁荣昌盛的国家。出于对这样一种美好前景的憧憬，激发了他学习地理的兴趣。正好苏州中学曾由中央大学地理系主任胡焕庸教授兼任校长，校图书馆中有关地理的藏书特别丰富，还有《地学杂志》、《地理学报》一类的刊物，他不时浏览，加深了对地理学的爱好，是年终于考入了中央大学地理系，确立了毕生从事地理研究的志向，算来已 70 余年了。

1937 年暑假前中央大学一年级学生集中到孝陵卫教导总队接受军训 2 个月。当时日本侵我野心愈益暴露，终于发生"七七"卢沟桥事变，随之上海发生"8·13"事变。他随家迁往上海法租界蒲石路（现长乐路）庆祥里大姐家避难。不久苏州、南京相继沦陷，母校师生由长江水路西迁重庆。他无奈休学，闲居上海，直到 1938 年夏才约集留沪三同学结伴由上海搭外轮到香港，转乘小轮溯西江而上，经梧州到柳州，换乘长途汽车，经贵阳到重庆母校复学。

1938～1945 年战时中央大学借重庆大学沙坪坝一部分校区，搭建了几十栋竹编墙的瓦房充当教室和宿舍，条件十分简陋。临时宿舍为大统舱格式，挤满了双层木板床，一屋要住一二百人，老鼠跳蚤不少，传染病流行。只有山顶图书馆有个大阅览室，晚间电灯较亮堂，饭后去抢占一座位，可以进行自习。家在战区学生每月可得少许"贷金"，作为基本生活费。幸而全校师生团结一致，共度艰苦的战时生活，弦歌不绝。其间 1938～1940 年，常年（除冬季雾日外）遭受以宜昌为基地的日寇飞机轰炸之苦，直到 1941 年珍珠港事变后美国参战，飞虎队来华协助防空，敌机才销声匿迹，可以平安过日子。

1941 年夏，吴传钧大学毕业时正好中央大学开始成立研究生院，他考入该院地理学部成为第一位人文地理专业硕士生，1943 年毕业后留校当讲师。1945 年公开招考公费出国留学生，其中有地理学一个名额，他认为这是深造的好机会，就努力应试，终于通过竞争被录取。当时由英国文化协会驻重庆代表、著名人文地理学家罗士培（P. M. Roxby）教授介绍，进入以研究远东地理为中心的英国利物浦大学进修。

1945 年 7 月由重庆珊瑚坝机场搭机经昆明，越"驼峰"到印度加尔各答候船去英。到 8 月 14 日日本宣布无条件投降，历经 11 年抗战终于胜利结束，真是喜出望外。但英国海轮要优先安排大批急于回国的英国士兵，外国留学生只得耐心等待。利用这个时机吴传钧和同学们自费到印度北部与西藏邻接的大吉岭一带考察。待到 10 月初转往孟买登"Britania"轮，渡印度洋，穿越苏伊士运河与地中海，于 10 月下旬抵英，进入利物浦大学地理系攻读博士。

英国在大战期间，城市和工业区都遭德国轰炸破坏，战后各洲殖民地纷纷要求独立，以致经济极度困难，生活资料都需凭票限量供应，生活相当艰苦。每月接受英国文化协会（The British Council）奖学金 25 镑，多数要交房东老太房租和早晚餐费，所余无几，万般节约，要精打细算，才能先后购置自行车、打字机和收音机等必需工具。

吴传钧认为地理学是一门脚踏实地的学问。留英期间他除了上课堂、挤图书馆外，课余利用一切机会去熟悉英国社会经济情况。春夏假期骑自行车周游英国中西部，住廉价的青年寄宿舍，对英国的风土人情有了较深切的了解。1946 年夏，他利用去捷克布拉格参加第一届世界民主青年联欢节的机会，顺道访问瑞士和法国，对欧洲中西部的地理景观得到一个概括的印象。

1948 年春，吴传钧完成 *Rice Economy of China* 论文，被授予博士学位。当时国内正处于动乱之中，他义无反顾，毅然决然，7 月到南部 Southampton 港，搭"Cathay"轮，经赛特港、槟榔屿、新加坡、香港，于 8 月返抵阔别了 10 年的上海老家，大慰双亲大人倚闾之望。当时东北和华北已经解放，国民党政府已处于崩溃前夕，物价飞涨，社会动荡，他幸得留学利物浦大学的前辈、当时任中国地理研究所所长的林超教授任聘到该所工作，这也正符合他投身地理研究的愿望。南京解放后该所改组为中国科学院地理研究所，他从此一直坚守在这个工作岗位上。

新中国建立后，百废待兴，地理研究工作得到广泛开展，他顺应国家经济发展各个阶段的形势，而相应先后参加南京市土地利用调查（1950）、国务院西藏工作队到西康考察（1951）、包头—银川—兰州铁路新线经济选线调查（1952～1953）、黄河流域规划（1954）、甘青农牧分界调查（1955）、中苏两国科学院合作黑龙江流域综合考察（1956～1960）等工作。待到"大跃进"开始后，为了与中央业务部门联系方便起见，地理所大部人员迁到北京中关村，少数人留宁成立南京地理与湖泊所。

1961 年冬由地理所党委陈兴农和张之英两位委员介绍，光荣参加了中国共产党（1951 年他在南京工作时，经南京大学校长潘菽和北京师范大学地理系主任黄国璋介绍，先已参加九三学社）。随着他先后参加了云南与华南热带作物宜林地综合考察（1961～1962），华北工业布局调查（1963）。又到安徽寿县参加农村四清运动半年（1964），投入农业区划试点工作（广东、武威）（1965～1966）。到 1966 年 6 月间忽而爆发"文化大革命"，研究工作停顿。

文革逐步扩展后，他被"造反派"视为"资产阶级反动学术权威"而接受批判审查。从 1967 年至 1969 年每天在所劳动半天，学习《毛选》半天。1969 年冬至 1971 年夏到湖北潜江"五七干校"锻炼，耕种小麦、玉米、棉花、养猪、养鸭、灭丁螺，通过体力劳动，肩担 100 斤没有问题，大大增强体力。1971 年秋返所后一时工作尚未全部恢复，暂先参加非洲地理研究，后参加黑龙江省宜农荒地资源考察。1973 年开始由他负责主编《中国农业地理丛书》中的《中国农业地理总论》。1976 年 9 月"四人帮"被打倒后，十年动乱宣告结束，在邓小平同志领导下，全国人民欢欣鼓舞跨入了改革开放新的发展阶段。研究工作随着国家宏观形势好转而迅速发展，他先后负责主编《1∶100 万中国土地利用图集》及《中国土地利用》专著（1980～1992），《中国海岸带土地利用》（海岸带和海涂资源综合调查专题报告之一）（1992～1993），国家"九五"重大图书项目《中国人文地理丛书》及其中的《中国经济地理》（1993～1998）等。《中国人文地理丛书》填补了我国该研究领域的空白，受到国内外关注，对推动中国人文地理学的科研、教学和发展发挥了重要作用。先后获得国家科技进步奖一等奖二项和二等奖一项、中国科学院科技进步奖一等奖三项。1991 年当选为中国科学院地学部学部委员，1993 年改称院士。

在业务组织工作方面，他于 1956 年知识分子政策下达后被提升为研究员，担任经济地理研究室主任 20 年，1980～1983 年出任副所长（分管外事、研究生、学会和刊物出版）。此后一直任所的学术委员、博士生导师。

改革开放迎来了国际学术交流的新天地，吴传钧被推举为学会活动方面的负责人，先后当选为中国地理学会副理事长 8 年，理事长 8 年，后任名誉理事长。

1978 年他应东京联合国大学（UNU）之邀，访问日本。1980～1983 年被聘任为该校校长顾问委员，每年到东京开会。

自 1979 年起他多次负责带队参加国际地理大会，1988～1992 年先后两度当选为国际地理联合会（IGU）副主席，在此期间差不多每年出国开会，先后到过日本、美国、加拿大、巴西、英国、法国、比利时、荷兰、卢森堡、意大利、原联邦德国（西德）、原民主德国（东德）、捷克、匈牙利、原苏联、泰国、马来西亚、新加坡、澳大利亚、新西兰等国，大开眼界，同时也推动了中国地理界与国际地理界的交流和合作。1990年由他具体负责在北京组织召开了亚太地区国际地理大会，有1000多国内外地理学者参加，在我国历史上也是地理学方面的空前盛会。

二、主要科学研究成就，学术思想及其影响

1945年夏吴传钧去英国留学时，业师胡焕庸教授题了"学业并重"四字作为临别赠言，意即勉他做学问和创事业二者不可偏废。他在胡师的长期熏陶下，以师道是从，除治学外，亦甘愿为发展中国的地理事业而付出一定的时间和精力，先后参加中国科学院地理研究所、中国地理学会、国际地理联合会的业务组织工作，主编《地理学报》、创刊《经济地理》和《人文地理》以及先后兼任十多所大学地理系的教授。

在治学方面，70多年来他配合国家在不同时期提出的有关生产建设的多种任务，在全国各省区进行了实地调研，取得了广泛的实践经验。

吴传钧认为地理学是一门兼含自然科学和人文科学，研究内容十分丰富的复杂性科学（science of complexity）。他在20世纪30年代所受大学地理教育也是综合性的，因而培养了他对地理科学所有领域的广泛兴趣。他最初侧重于农业地理和土地利用的研究，这是他出于对我国人口多、耕地少，为了使全国人民丰衣足食，发展农业生产是根本的考虑。

1. 首先着力发展我国农业地理学与土地利用研究

在世界200多个国家或地区中，中国人口多、耕地少，这是最基本的国情。而农业生产有异于国民经济其他生产部门的最显著特点，在于它是自然再生产和经济再生产过程的交错，它和地理环境的关系非常密切，受资源状况和自然条件的影响极其明显。在我国经济落后、人民生活困难的情况下，地理学研究应该面向经济建设，首先应当为农业服务。这样做，既可以发挥学科优势，又能够在生产实践中促进学科发展。而土地利用是人类适应、利用、改造自然的具体反映，更是地理学应着力研究的问题。基于这样一些认识，他在年轻时就对这两个领域进行了多层次、多类型、多尺度的研究。他最早的三篇学位论文内容都属于这两个范畴。1941年的学士论文是《中国粮食地理》，1943年的硕士论文是《四川威远山区土地利用》，1948年的博士论文为 *Rice Economy of China*（中国稻作经济）。

农业地理学是以研究农业生产地域分异规律为主要内容的科学。20世纪50年

代他进行东北地区农业区划和土地利用研究。1963 年他在全国农业技术大会上提议把"调查全国农业资源和开展农业区划"列入全国农业科技规划之中，从此掀起了全国地理界大搞农业区划工作的高潮。

20 世纪 70 年代初期，他参加了大兴安岭地区宜农荒地资源的考察，又到东南、西南和西北各省区进行农业生产典型调查。随后，他发起编写《全国农业地理丛书》。这是在"文化大革命"极其困难的时期，由他负责设计，组织全国 8 个地理研究所，24 所大专院校的地理系科研人员共 340 人，历时 11 年协作完成的总共 28 部系列专著，755 万字，是一部系统性、综合性、科学性、基础性、生产性均较强的大型系列科学论著。其中由他主编的《中国农业地理总论》（63 万字，科学出版社，1980），首次以因地制宜、合理布局的观点，对我国农业生产发展条件、特点、水平、潜力及地域分异进行了综合分析及理论概括。其中对商品粮基地建设的论证为生产部门所采纳，具有深远影响。美国国会图书馆已将该书翻译出版。这项成果达到国际先进水平，为其后的"中国综合农业区划"工作奠定了基础，为全国各省区管理部门、农业生产部门部署和规划农业生产发挥了重要参考作用，获中国科学院科学技术进步奖一等奖。

土地利用是研究农业地理的核心，可说是农业布局规律的具体体现，并且是人地关系表现最为具体的景观。因而他研究农业地理即从土地利用入手。新中国成立之初，即着手南京市土地利用的调查研究，并编制了我国第一幅大比例尺彩色土地利用图。到了 20 世纪 80 年代，吴传钧受中国科学院委托，主持全国 1∶100 万土地利用图的研究与编制的国家重点课题。其成果《中国 1∶100 万土地利用图》（科学出版社，1990）是世界上第一个全国规模的小比例尺土地利用图集，是组织了全国 41 个单位 300 人历时 10 年完成的。其特色是：①系统反映了我国土地利用的地域差异特点和分布规律，图文并茂，便于应用参考；②土地利用分类系统是整个研究的核心，创造性地设计 3 个层次、66 个类型，使图幅底色、符号、注记协调统一，多层次、系统而全面地反映了我国土地利用的基本类型和特点，超过了美、英、日、苏有关土地利用的分类设计水平；③利用多元信息，把现代遥感、航测技术同实地调查方法有效结合，采用大中比例尺逐级缩编、系列成图，保证了高精度，在国际上创造了新范例。该图集的设计水平、分类系统的制定、图载信息量均居国际领先水平。该图集在历届国际地理大会上展览时都得到了国外同行的好评。它为国土资源管理、农业发展战略规划和国力综合研究提供了科学依据。通过此图还制定了全国 1∶100 万土地利用制图规范，从而推动了 1∶50 万土地利用分省图及 1∶400 万土地利用全国图的编制。

解放初实行土地改革，农业生产力得到空前的释放。1978～1982 年农业体制改革，解散公社，实行家庭联产承包责任制，农业生产力得到第二次空前的释放，农业生产全面提速发展，粮、棉、油、糖产量普遍增长，但农村劳动力出现了大量剩余现象，除发展乡镇企业吸收了 1.2 亿外，还有 1.3 亿农民工流向城市打工，掀起了前所未有的大规模的民工潮。长期以来我国在管理制度方面，实行城乡二元体制，以致拉大了城乡差距。2000 年农村居民收入仅为城市居民人均可支配收入的 1/3，农产品商品化率长年保持 30％左右，农村经济处于半自给自足的经济状态。进入 21世纪，"三农"问题愈益激化，这是对城乡二元经济社会结构的反应。党中央和国务院认为要把解决三农问题作为全党工作中的重中之重来抓，为此要大力发展现代农业，建设社会主义新农村，强调实施城乡协调发展战略。

先此，联合国粮农组织（FAO）于 1991 年 4 月发布了《登博斯宣言》，把可持续农业与农村发展（SARD）确立为全球农村持续发展的新战略。1994 年我国首先响应联合国环境与发展大会颁发的《21 世纪议程》，发布了《中国 21 世纪议程》，把农业与农村可持续发展列为优先领域。针对以上国内和国际新形势的发展，吴传钧向全国地理界提出：地理学要更认真地为农业服务。1998～2000 年他协同刘彦随在全国选择了七个主要农业类型区，进行典型调研，出版了《中国农业与农村经济可持续发展——不同类型地区的实证研究》专著，提出了对不同类型地区因地制宜，促进可持续农业与农村发展评价指标体系、发展途径与模式，对深化这一领域研究，具有重要的实践意义和参考价值。

2. 加强经济地理学对区域发展与国土规划的研究

区域研究是中国地理学的伟大传统，早在纪元前 5 世纪出现的《禹贡》一类的中国古代著作就有中国各地区主要山川、土壤、植物和当时的各类物产，以及交通情况的记载。而开始于纪元 9 世纪而大盛于 13～19 世纪的《方志》的编纂，是中国最经典的区域研究。累计历代出版的各类县志、州府志、省志以及山志、河志、湖志等专志及杂志共计超过 1 万种，可说是我国古代地理学的宝贵信息库。待到 20 世纪 20 年代，法国和德国流行的近代区域地理学说开始传入中国，中国地理学者才应用新的理论和方法研究区域地理学。

新中国建立后，为查清偏远各省的地理环境、资源以及经济基础，由中国科学院成立综合考察委员会，先后负责组织 10 多次地区综合考察，向政府有关部门提交了多种多样的地区性考察报告，作为有计划开发的科学依据。吴传钧在"一五"期间参加了中苏两国科学院合作进行的"黑龙江流域综合考察"，有机会到苏联科学院生产力研究委员会学习综合考察的实践经验，事后会同李文彦、程鸿等同志汇总国内其他地区综合考察的经验，于 1962 年提出了总结性的"地区综合考察和生产力远景发展的研究"报告。

20 世纪 70 年代，国外地理科学通过与相关科学的交叉，紧跟"数量革命"之后，出现了"理论革命"的浪潮，其中心倾向是应用系统论来探讨和解释事物之间的相关性，从而在理论上深化了人和地之间的联系和协调，并把注意力引向地理过程的动态研究。与此同时，由于无限制人口增长的压力、粮食与能源的供应紧张、环境的恶化和城市扩展的失控，要求地理学研究资源的地域组合与潜力、区域经济的优化和配置。总之，不同类型地区的综合发展要同时兼顾经济效益、社会效益和环境（生态）效益。从此一度被忽视的区域地理学重新恢复了它在地理科学中的核心地位。1980 年在东京召开的第 24 届国际地理大会，复兴区域地理学的问题被提出作为重点讨论，认为区域地理学能完善地反映地域性和综合性的特点，无疑是地理科学的精髓。从而使我国区域地理学也进入了复兴的阶段，这主要是由于区域开发已成为中国经济建设中一项具有远景战略意义的任务。

由于中国各地区的地理、社会、经济条件的地域差异性极大，因而如何因地制宜、扬长避短发挥各地区的优势，已成为经济建设中的核心问题。同时经济发达国家的区位理论和区域规划工作方法也引入了我国。1983 年由中国科学院和联合国大学，在北京联合召开"区域开发规划的理论和实践"学术讨论会，会后由吴传钧主编了 *Regional Planning in Different Political Systems—The Chinese Setting* 一书，由德国 Bochum 的 Ruhr 大学出版，汇总了与会各国的实践经验与学术交流。

1981 年当国务院领导参观法国领土规划、原西德区域规划和日本国土规划的成功实验时，决定把国土的开发整治和规划提上国家的议事日程。

吴传钧认为此项工作与地理研究息息相关，国土开发整治的总目标是协调好人类活动与地理环境的关系，也正是地理学研究的主题，地理工作者应该当仁不让参与其事。于是他在全国地理大会上倡导并推动全国 10 个地理研究所和 30 多个大学地理系的地理工作者，积极投入各省区国土规划工作。他在会上指出："国土整治所涉及的资源合理利用、大规模改造自然工程的可行性论证与后效预测、地区建设和生产力的总体布局、各项生产和生产基础设施的合理安排，以及不同地域范围环境的综合治理与保护等问题，归根结底，是要理顺人与自然的关系，使人口、资源、环境协调发展，而这些正是地理学研究的根本目的，它们都具有鲜明的地域性和综合性特点。从事国土整治工作，可以促进地理学的理论研究"。于是，吴传钧参与国家计委国土局主持的全国国土总体规划纲要的制定，并到青海和贵州等一些省区进行国土考察，为进行国土开发整治当好参谋。他还担任中国国土经济研究会秘书长和《地理科学家与国土研究》学术刊物的顾问等，在深化国土研究方面做出了开拓性工作。同时，积极动员地理界投入这项任务，多次组织全国性跨学科的学术讨论。他认为，人类活动空间与时间上可能产生更广泛、更长久的连锁反应，需要重新确立人类对自然的行为规范，树立新的环境观。他主编的《经济大辞典——国土经济·经济地理卷》，即体现了把经济地理与国土经济两大学科视为互为辅佐、密不可分的学术思想。他在总结各省区20世纪80年代开展国土规划与研究实践经验的基础上，主编《国土开发整治与规划》一书，是我国第一部全面系统论述国土规划的专著，不仅汇总了国内外国土开发整治经验，而且对国土规划的理论、程序、目标体系、国土规划的地域分析和经济分析，以及国土规划的评价方法、模型建造等进行了系统论述，并提出我国国土开发整治方案。这对推动国土规划工作起到了引导作用，得到国家计委的高度评价。

3. 强调在实践基础上的理论建树、复兴人文地理学，确立地理学的研究核心是人地关系地域系统

新中国成立以来，地理工作者为国家的现代化建设开展了资源考察、区域发展、农业区划、国土规划等多方面的工作，取得了举世瞩目的成就。但美中不足的是未能在多种多样的实践基础上，把理论研究放到重要的议事日程上，以致在地理学本身的理论建树方面成绩不大。正是在这样的背景下吴传钧汲取国内外地理界正反两方面的经验，掌握了地理科学的发展趋势，倡导遵循任务带学科的方针，要在实践基础上促进理论建树，进一步发展具有中国特色的地理科学。他认为建国初期照搬原苏联发展地理学的经验存在一定的片面性。他不同意原苏联把经济地理学看做是经济科学分支的提法。根据自己多年的研究体会，1960年他在《科学通报》上发表了《经济地理学——生产布局的科学》论文，主张经济地理学是一门与自然科学和技术科学关系非常密切，是"一门具有自然—经济—技术三结合特点的边缘科学"。到20世纪80年代更进一步提出：经济地理学不应局限于生产力配置的狭义生产地理学，而应以研究经济活动地域系统的形成过程、结构特点、发展趋向和优化调控为中心，包括生产、流通、消费领域的广义经济地理学。他所倡导的这一新内涵，明确了经济地理学的科学性质和任务，在理论上确立了经济地理学应有的地位和它在实践中的独特作用，从而广泛地被我国经济地理学界所采纳。

吴传钧也不同意原苏联以自然地理学为主体的模式去发展地理科学，并以"左"的观点对人文地理学的一些分支学科进行政治性批判，不仅使这门学科受到了摧残，而且也影响到地理学对人地关系这一中心问题研究的正常开展。而世界上除原苏联

以外的绝大多数国家，都把人文地理学作为发展重点。"文化大革命"后，1978 年我国工作重点转移到经济建设的轨道上之后，客观上要求把协调人类活动和地理环境关系的研究摆到重要位置，发展人文地理学势在必行。为扭转我国地理学"重自然轻人文"畸形发展的局面，复兴了人文地理学。1979 年末他和其老师李旭旦共同倡议拨乱反正振兴人文地理学。他在会上宣读《地理学的特殊研究领域和今后任务》的论文，提出"协调好人类活动和地理环境的关系，是当前最重大、最迫切的全球问题，研究人地关系既是人文地理学的立足点，也是人文地理学者的用武之地，还是人文地理学向前发展的最大动力"。倡导"人地关系地域系统应作为人文地理学研究的中心"。他和老师李旭旦一道主编《中国大百科全书·人文地理卷》，组建中国地理学会人文地理学专业委员会，支持创办全国第一所人文地理研究所和《人文地理》学术刊物，受教育部委托主持全国人文地理学研讨班，为大专院校培训这一专业急需的师资。

地理学着重研究地球表层人与自然的相互影响与反馈作用，对人地关系的认识素来是地理学的研究核心，也是地理学理论研究的一项长期任务。当然，涉及人地关系综合研究的学科不限于地理学，但以地域为单元，着重研究人地关系地域系统的唯有地理学，也就是说从地理学入手研究人地关系要明确以地域为基础。以一定地域为基础的人地关系系统是由地理环境和人类社会两个子系统交错构成的复杂的、开放的巨系统，是人地双方相互作用形成的一种动态结构。要着重分析这一系统的发展过程、结构特征和优化调控，研究的中心目标是协调人地关系，重点是研究人地关系地域系统的优化，落实到地区综合发展上。任何区域开发、区域规划和区域管理必须以改善区域人地相互作用结构、开发人地相互作用潜力和加快人地相互作用在地域系统中的良性循环为目标，为有效进行区域开发和区域管理提供理论依据。考虑到人地关系具有明显的地域差异性，要注意因地制宜来协调不同类型地区的人地关系。吴传钧的这些学术见解发人之所未发，推动了我国地理学基础理论的研究。

4. 卓有成效地组织推动全国和国际地理学术活动

遵循业师胡焕庸老师"学业并重"的教诲，他除了从事科研工作以外，对开创中国地理学新局面和发展中国地理事业自觉产生了一种责任感，认为工作不能局限于本单位和个人的小专业，而要顾全我国地理界与地理科学事业的大局，因而愿意兼任一些有关的业务组织工作，不辞辛劳地参与了中国地理学会的领导工作，还当选其他一些有关的全国性学术团体的副理事长、常务理事、秘书长或顾问，先后受聘于 3 个兄弟研究所和 10 所大学地理系的名誉所长、研究员和教授，为协调地理界有计划地进行某些重要学术活动而出力。吴传钧觉得地理学要为社会所肯定，最重要的当然是做好地理研究工作和教学工作，其次就要善于宣传，办好专业学术刊物很重要。解放初他和一些志同道合的同志们集资创办了《地理知识》，"文革"后又和一些兄弟单位合作，创刊了《经济地理》和《人文地理》两种专业期刊。从 1984 年起他领导《地理学报》编委会，力图使该刊能较好地反映我国地理学的新成就，认真开好每期发稿的编委讨论会，集思广益，明确了一些重要的学术观点，保证了刊物质量。1992 年《地理学报》被中国科学院、中国科协和全国学术期刊协会一致评为优秀期刊，荣获三个一等奖，大大地鼓舞了士气。通过中国地理学会，在他主持下和兄弟学术团体多次联合召开了有关经济地理、人文地理、土地利用、国土整治等的学术会议，及时出版了会议专刊，推动了地理界和有关学术界的交流，促进了地理科学有计划地向前发展。

自 1978 年我国对外实行开放以来，吴传钧除了个人应聘出国讲学外，曾多次率领我国地理代表团出访过 20 多个国家和地区，进行国际学术交流和外国地理界重建联系，展开了国际交流的新篇章。他利用在东京联合国大学兼职的机会曾组织中国科学院、中国地理学会与国外有关单位联合召开了"土地资源评价和合理利用"、"地区发展规划"、"人文地理"和"城市地理"等国际学术研讨会，以及中国和加拿大、日本、英国等双边学术会议。尤其是 1990 年 8 月，在北京成功地主持召开了国际地理联合会亚太区域会议，受到了国内外近 1000 名与会者的称赞，为提高中国地理工作者在国际学术界的地位做出了重大贡献。为此，1991 年 5 月他荣获中国科协"周培源国际科技交流大奖"。

他应联合国大学（东京）之聘，担任该校校长顾问委员和科研协调员。还参加联邦德国出版的 *Geojournal*（地理学季刊）和美国出版的 *China Geographer*（中国地理学家）等专业学术期刊的编委工作。

吴传钧凭借自己在国际地理界的影响，做了不少沟通中国和其他国家友好关系的工作。尤其是为恢复我国在国际地理联合会的合法席位，他周旋于各国地理界代表之间进行了多年不懈的努力，经过艰苦的协商和斗争，终于在 1984 年于巴黎召开的第 25 届国际地理大会上，我国恢复在 IGU 的会籍问题得到了圆满解决，了却了他的一桩心愿。1988 年在悉尼召开的第 26 届国际地理大会上，他以最多的票数当选为国际地理联合会的副会长，成为该会有史以来第一位中国籍领导人，为祖国争得了荣誉。1992 年在华盛顿召开的第 27 届国际地理大会上，他再次当选连任 IGU 副会长。

5. 以身作则，热情培养地理科学人才

吴传钧在繁忙的工作中，最关心的是培养青出于蓝而胜于蓝的地理学研究接班人这件大事。他不仅经常到各个大学里讲课，热情指导地理爱好者撰写论文，而且悉心培养辅导身边的年轻同志，从1960年起，先后培养出一大批人文地理、经济地理、土地利用、国土整治等专业的硕士、博士研究生和博士后研究人员。如今他们均已成长起来。其中有的被聘为研究所所长、教授，有的已成为国内某一领域的学科带头人，当选为院士。

吴传钧和新结识的青年同志第一次谈话，总是先谈一个立志问题。强调"人生短暂，不可无志，而且一定要早日立大志，有了理想才能一步一步向着一定目标奋斗，才能卒抵于成"。他认为，地理学是一门脚踏实地的学问，不仅要"读万卷书"，系统吸取国内外前人的宝贵经验，而更重要的还要"行万里路"，多做野外考察，多做社会调查。他本人从20世纪40年代初在四川调查土地利用开始，有时徒步，有时骑马，有时蹬自行车，有时搭大车、汽车，跑遍全国各省、区，不辞辛苦地取得了大量的第一手资料，再加上他在国外考察的经历，对国内外各地的地域差异性有了深刻的印象，这正是他对地理研究最大的发言权。他要求青年一代也要争取一切机会到野外去，到基层去，以求取得感性认识，然后再阅读他人的著作，才能加深理解，知所取舍。他常说"只有通过实践才能获取真知，才能增长才干"。

他很重视研究方法的革新，认为"现代地理学的研究方法需要引进和应用数量分析、模拟方法、系统仿真、遥感遥测、电脑机助制图等先进方法，应和地理学的野外考察、社会调查、统计分析、绘制地图等传统方法有机地结合起来，实现由定性描述到定量分析的飞跃，使地理学研究更具有科学性，以便适应国民经济飞速发展的需要，多出成果，出好成果"。鼓励并全力支持中青年地理学家多在这方面进行探索。同时，鉴于我国地理学前一时期理论研究比较薄弱的实际情况，他要求中青年同志在完成一项研究之后，要拿出三项成果：一是根据任务要求，写出调查或研究报告；二是汇总调查素材，编写区域地理等方面的资料；三是总结提高，把感性认识上升为理性认识，撰写理论文章。这样做，不仅推动了地理学的理论研究，而且使中青年地理工作者在实践中更加成熟。他也常把自己以往工作中的成功与失败的经验教训告诉他们，让他们少走弯路，提高学习和工作效率，以期加快他们的健康成长，接好老一辈的班。

他作为一名科学工作者，几十年来坚守工作岗位，坚信任务带学科的方向，坚持面向社会、面向经济建设，一生执着追求中国地理科学和地理事业的发展，一辈

子就生活在这个期望中，也正是这样的期望给予他前进的动力。他心甘情愿地乐意和共事的同志们亲密相处，共同创造一个亦师亦友的和谐环境。

三、吴传钧主要论著

吴传钧. 1942. 中国粮食地理. 北京：商务印书馆.

吴传钧. 1945. 威远山区土地利用. 四川经济季刊, 2 (1).

吴传钧. 1948. Rice Economy of China. （英国利物浦大学博士论文）

吴传钧. 1956. 黄河中游西部地区经济地理. 北京：科学出版社.

吴传钧. 1958. 甘青农牧交错地区农业区划初步研究. 北京：科学出版社.

吴传钧. 1959. 东北地区经济地理. 北京：科学出版社.

吴传钧. 1962. 地区综合考察和生产力发展远景的研究//中国地理学会等主编. 1960 年全国地理学术会议论文集. 北京：科学出版社.

吴传钧. 1980. 中国农业地理总论. 北京：科学出版社.

Wu Chuanjun. 1981. The transform of agricultural landscape in China// Ma L J C, Nobel A G, eds. The Environment: Chinese and American Views. New York: Methuen and Co. Ltd.

Wu Chuanjun. 1981. Delineation of China's agricultural regions. China Geographer, (11): 27-39.

吴传钧. 1984. 中国大百科全书·人文地理学卷. 北京：中国大百科全书出版社.

Wu Chuanjun. 1984. Regional Planning in Different Political Systems——The Chinese Setting. Bochum: Ruhr University.

Wu Chuanjun. 1987. Changing perspectives on territorial development//Kosinski L A, Sewell W R D, Wu Chuanjun, eds. Land and Water Management: Chinese and Canadian Perspectives. Edmonton: University of Alberta.

吴传钧. 1988. 经济大辞典（国土经济·经济地理卷）. 上海：上海辞书出版社.

吴传钧. 1990. 国土开发整治与规划. 南京：江苏教育出版社.

Wu Chuanjun. 1990. Land utilization in China: its problems and prospect. GeoJournal, 20 (4): 347-352.

Wu Chuanjun. 1990. The progress of human geography in China: its achievement and experiences. GeoJournal, 21 (1-2): 7-12.

吴传钧. 1990. 中国 1:100 万土地利用图. 北京：科学出版社.

吴传钧. 1993. 中国海岸带土地利用. 中国海岸带和海涂资源综合调查专业报告之一. 北京：海洋出版社.

吴传钧. 1997. 现代经济地理学. 南京：江苏教育出版社.

吴传钧. 1998. 中国经济地理. 北京：科学出版社.

吴传钧. 2000. 中国农业与农村可持续发展问题. 北京：中国环境科学出版社.

主要参考文献

吴传钧. 1988. 反思与期望（双庆会资料）. 中国科学院地理研究所经济地理部.

中国科学院兰州文献情报中心, 中国科学院地学情报网. 1990. 中国科学院地球科学家名录（"吴传钧"条目）.

　　　兰州：甘肃科技出版社.

吴传钧. 1996. 吴传钧自述//中国科学院学部联合办公室编，郭传杰，葛能全，张玉台主编. 中国科学院院士自
　　述. 上海：上海教育出版社：580-582.

吴传钧. 1998. 人地关系与经济布局//吴传钧文集. 北京：学苑出版社.

李柱臣. 2001. 吴传钧//中国科学技术协会编. 中国科学技术专家传略·理学编·地学卷 2. 北京：中国科学技
　　术出版社：459-472.

吴传钧. 2002. 发展中的中国现代人文地理学//吴传钧院士学术报告选辑. 北京：商务印书馆.

撰写者

吴传钧（中国科学院地理科学与资源研究所刘彦随研究员、李柱臣研究员协助）。

施雅风

施雅风（1919～），江苏海门人。地理学家，冰川学家，中国冰川学研究的开创者。1980 年当选为中国科学院学部委员（院士）。1944 年浙江大学研究院史地所毕业，获硕士学位。现任中国科学院寒区旱区环境与工程研究所名誉所长、研究员，南京地理与湖泊研究所研究员；中国地理学会名誉理事长，国际冰川学会、国际第四纪联合会与皇家伦敦地质学会名誉会员。施雅风长期致力冰川与地理环境的探索与研究。自 20 世纪 50 年代起，他多次领队进行祁连山、天山、喜马拉雅山、喀喇昆仑山冰川的考察，提出高亚洲冰川可分为海洋性温冰川、亚大陆性与极大陆性冷冰川等三大类型；领导编纂完成多卷中国冰川目录，详查了中国的冰川资源；在第四纪研究方面，提出青藏高原最大冰期出现在 60～80 万年前，但未形成统一冰盖；重建 2 万年前中国末次冰期的冰川范围与气候环境，认为青藏高原与东亚大陆在三四万年前均盛行暖湿气候；关于中国东部是否有第四纪冰川发育的历史争议，他明确指出只有少数高山存在末次冰期的冰川遗迹，而庐山、黄山、北京西山等地的冰川遗迹均属误解；他开拓、倡导中国冻土与泥石流研究，并在西北水资源、第四纪环境演变、全球变暖对海平面上升的影响等研究领域都有重要贡献。发表论文 200 余篇，主编专著 20 余部。曾获国家自然科学奖一等奖、二等奖、三等奖和国家科学技术进步奖二等奖，中国科学院自然科学奖一等奖和多次二等奖，香港何梁何利科技进步奖，中国地理学会地理科学成就奖，甘肃省科技功臣奖，中国第四纪研究会功勋科学家奖等。

一、成 长 历 程

1919 年 3 月 21 日（旧历己未年二月二十），施雅风出生在江苏海门新河镇一个世代务农的家庭。父亲异常勤劳刻苦，年仅 53 岁就不幸病逝。母亲是秀才家的女儿，知书达理，极力支持鼓励二个儿子读书上进。兄长施成熙以勤工助学的方式读完大学并出洋留学获得硕士学位，尔后成为大学教授，其人生道路为他树立了学习榜样。

当施雅风进入初中时，正值"九一八"事变发生。班主任陈倬云老师任教语文及地理课，在课堂上慷慨陈词，抨击日本军国主义侵略中国的残暴行径，激起他强烈的爱国热情和对地理知识的爱好。在省立南通中学就读高中二年级时，地理课本为著名地理学家张其昀编写，在陈列于学校图书馆书架的《地理学报》上，施读到张先生撰写的一篇题为《二十五年来中国地理学的进步》一文，由此了解到地理学是一门内容丰富的学科，又获悉当时张正是浙江大学新创办的史地系主任，于是就决定来年报考浙大地理专业，后来如愿以偿。

抗日战争中，施雅风随浙大辗转西迁，1940年初，在贵州遵义安定下来。在竺可桢校长领导下，浙大立"求是"为校训，依托一批名望卓著的教授，发扬求真、民主、朴实、勤奋的优良学风，在史地系张其昀、叶良辅（地质学）、刘之远（地质学）、涂长望（气象、气候学）、任美锷（地形学、经济地理）、黄秉维（自然地理）、谭其骧（历史地理）等教授的直接教诲下，施受到了系统的地理科学训练。从那时起，他对自然科学的兴趣已超过人文方面，尤其爱好野外考察。当时浙大实行学分制与导师制，到三年级结束时，施已经学完大学4年的全部功课，得到了规定的全部学分，于是就选定叶良辅教授为导师，开始撰写毕业论文。按照导师规定，施作了3个月的野外考察，边看、边记、边思考，跋山涉水，不辞辛劳，终于写成了一篇6万多字的题为《遵义南部地形》的毕业论文。这篇论文经学校呈报教育部，被评为优秀论文；后经过浓缩，改名为《遵义附近之地形》，在著名的《地质论评》杂志（10卷3～4期）上发表。通过这头一次"原始创新论文"的实践，施的野外观察、理论思维、独立研究以及写作能力都有了较大提高。

施雅风1942年大学本科毕业，继而为浙大研究院史地所研究生，在黄秉维老师的指导下，发表论文《华中水理概要》，获硕士学位。1944年秋天到重庆北碚（后迁南京）的中国地理研究所任助理研究员，曾从事成都平原和三峡地区的调查研究。1947年在南京秘密参加共产党。1950～1953年在中国科学院地理研究所（南京与北京）任助理研究员、所务秘书，后晋升为副研究员，并于1954～1959年兼任生物学地学部（后称地学部）副学术秘书。这10多年里，研究工作以地貌学为主，但任务不稳定，浅尝辄止。

1958～1966年，施雅风受命在兰州负责创办冰川冻土研究机构，先后任高山冰雪利用研究队副队长、中国科学院地理所冰川冻土室主任、冰川冻土沙漠研究所副所长。在这一期间，对西部高山地区的冰川考察研究逐步深入，还积极开拓冻土研究，开展水文与泥石流研究。

1978年，中国科学院决定调整机构，施被任命为兰州冰川冻土研究所所长，兼兰州分院副院长，次年晋升为研究员。在改革开放新形势的鼓舞下，施及时改进冰川冻土研究所的各项业务，加强国际交流合作，建立研究生培养制度，及时提升科技人员职称和待遇，重建与扩大天山冰川野外站，创办学报级刊物《冰川冻土》杂志等。1980 年底，施雅风当选为中国科院学部委员（后改名院士），次年又当选为地学部副主任。

1984 年，年届 65 岁的施雅风院士卸下所长的行政职务，任兰州冰川冻土研究所（现中国科学院寒区旱区环境与工程研究所）名誉所长。次年起，又兼任中国科学院南京地理与湖泊研究所研究员。自 1984 年至今的 20 多年来，他一直维持着每年 5 月至 9 月的"夏半年"居兰州冰川所，10 月至来年 4 月的"冬半年"居南京地理所的"候鸟旅行"式科研生涯。

二、主要研究领域和成就与治学特点

（一）冰川研究

中国是山地冰川大国，但冰川研究一直处于空白状态。1958 年以来，施雅风长期致力于开创与发展中国冰川科学研究事业，被誉为中国冰川学奠基人或冰川学之父，其成就体现在以下几个方面。

1. 组织并参与祁连山、天山、喜马拉雅山、喀喇昆仑山等冰川考察，并积极参与青藏高原综合考察活动

1958 年，施雅风组织领导 7 个队同时考察祁连山冰川，考察工作得到原苏联科学院冰川学家 Л. Д. 道尔古辛的指导。根据考察结果，推算祁连山平衡线（雪线）的海拔高度介于 4200～5200m，高山带年降水量为 300～700mm。经过实地勘察的 10 个冰川区计有 940 条冰川，面积共 1207.76km²，估算储水量为 332.22 亿 m³，年融水量约有 10 亿 m³。人工黑化促进冰川消融的温度下限为 −5℃。集体完成的 43 万字的《祁连山现代冰川考察报告》于 1959 年初出版，这是在全国大跃进高潮中跨越式创新取得的重要成果。1959～1960 年起，开展天山冰川考察，组织 6 个队同步进行，当时受浮夸风影响，虽然取得一定资料，但也受到相当挫折。自 1962 年起，集中力量在乌鲁木齐河上游新建天山冰川站，开展一系列基础性的观测与研究工作：包括测制 1 号冰川精密地形图、观测冰川流速、观测计算太阳辐射与热量平衡、系统研究雪变质成冰的动态物理过程与物质平衡、冰雪表层温度与冰结构、冰川融水对河流补给作用、乌鲁木齐河下游地表水和地下水的相互转化、小冰期和末次冰期冰川规模与雪线下降值的确定等。通过这些基础性工程的建设与发展，训练了科研

队伍，积累了经验与知识，使得冰川学研究水平有了显著提高。"文革"中天山冰川站被撤销，1978 年施雅风重上领导岗位，又致力于该站的重建与扩充。1964 年，施雅风与刘东生共同主持喜马拉雅山脉海拔 8027m 的希夏邦马峰登山科学考察，1966～1968 年间，施因"文革"动乱，未能去现场考察，但参与了珠穆朗玛峰地区综合科学考察的总结工作，大大丰富了对高山冰川的感性与理性认识。如低纬度极高山区在太阳光强烈辐射下特殊的成冰作用、辐射差别消融与冰川运动相结合所形成的异常美丽的冰塔林景观；在希夏邦马峰北坡 5900m 高处发现高山栎（*Quercus semicarpifolia* Sm）化石，证明上新世以来地面升高了 3000 多米，又找到第四纪 4 次冰期演化的地貌学证据等。在珠峰周围的 5000km^2 内，统计共有冰川 548 条，但总面积仅 1457km^2。最大冰川即北坡的绒布冰川长 22.2km，面积仅 86.8km^2，远小于天山、西昆仑山、念青唐古拉山、喀喇昆仑山冰川中心区的冰川规模，可能与喜马拉雅山脊南北向较窄的地形有关。在这方面的重要论著有《希夏邦马峰科学考察初步报告》（施雅风、刘东生合作，中、英文版，1964）、《希夏邦马峰科学考察报告》（多人合作，70 多万字，因"文革"动乱而延至 1982 年出版）、《珠穆朗玛峰地区冰川的基本特征》（多人合作，中文版、英文版先后刊于 1974 年、1975 年《中国科学》，后又被译为日文刊于日本《雪冰》杂志）、《珠穆朗玛峰地区科学考察报告（1966～1968）》。以上一系列著作以后都是青藏高原综合考察的重要成果，成为 1982 年国家自然科学奖一等奖获奖项目的组成部分。1974～1975 年，施雅风领导一个专家组对巴基斯坦境内喀喇昆仑山脉长达 59km 的巴托拉冰川进行全面考察，在 2 年内查明冰川运动变化的规律与特征，并由此提出中巴公路定线修复方案。专家组设营于冰川末端，发现冰川正处于前进状态，测定在 1966～1973 年间冰川末端平均每年前进 11m，冰崖升高了 16m，而冰川洪水冲毁公路是因为冰内水道突然改变迁至冰川南侧以及冰融水道上桥梁跨度过小所致。针对上述问题，专家组详细、反复观测冰川的运动与消融过程，以重力法测定冰川厚度，创造一种以波动冰量平衡计算方法与传统的冰川末端流速衰减法相结合的新方法，预报冰川前进最大值不超过 180m，终止时间不晚于 1991 年，以后即转为后退；判断冰融水道改变是由于冰川前进时冰层挤压迫使冰内冰融水道南迁至冰川边缘，可以稳定相当长的一段时间；专家组还应用洪水痕迹调查、气温流量相关、中巴两国境内水文站流量相关等 3 种不同方法估算巴托拉冰川百年一遇最大洪水量可达 578m^3/s 或 692m^3/s。根据上述研究结论，建议公路可循原线修复，但应适当变动桥位和放大桥孔。经审查批准，这段中巴公路于 1978 年修复通车，经过近 30 年的长期考验，证明研究方案完全成功。但实际上上述冰川于 1985 年就中止前进了，这可能是由于当时未曾预见的 80

年代全球气候变暖从而加强冰川消融、减低冰流速所致。这项研究成果汇集为《喀喇昆仑山巴托拉冰川考察与研究》专著，其中含有英文摘要的 16 篇论文与 1：6 万彩色冰川图并附系统记录；另撰《喀喇昆仑山巴托拉冰川及其变化》论文（中、英文），均刊于 1978 年《中国科学》。美国著名冰川学者、时任国际水文协会主席的 M. F. Meier 对此成果作了以下评论："中国冰川学者在野外没有计算机条件下，能做出这样精密的预报是非常出色的成就。"这一研究成果 1982 年被国家授予自然科学奖三等奖，标志着中国冰川学水平的新提高。施雅风自己认为这是他平生"原始创新冰川研究中最好的一项工作"。

2. 编制中国冰川目录，详查中国冰川资源

1978 年国际水文协会雪冰委员会在瑞士举行世界冰川目录工作会议，会前函请中国科学院派代表参加并承担中国境内冰川编目任务。报国务院批准，施雅风率团与会，得知冰川目录的编制世界大多数国家已在进行中，其作用在于提供水循环、水平衡知识，为各种水利用规划提供基本数据，而且有关冰川各项数据都是用航空相片校正大比例尺地形图手工量算得来。回国以后，施雅风立即将此工作列为冰川冻土研究所重点项目，组织力量进行。1979 年，首先完成由王宗太、刘潮海主编有 34 项形态指标，按水系划分的《祁连山冰川目录》，含详细的说明书与冰川分布图。编目工作中碰到一个难题，就是如何正确计算冰川厚度，从而计算冰储量？如 1958 年祁连山冰川考察中目估冰厚度，误差很大，幸得朱国才研究员等设计自制 300MHz 高频脉冲冰雷达，精度很高，解决了这个难题。他们对 27 条冰川测量结果，发现冰川厚度随其面积增加而增加，可以建立冰川平均厚度与面积关系经验性公式，主要适用于中等规模的冰川。这一项冰川编目工程，先后经过 50 多人参加坚持 20 多年的辛勤努力，分卷出版了 22 册《中国冰川目录》。接着由吴立中建立冰川目录数据库，又化繁为简，出版《简明中国冰川目录》（中、英文版），统计到中国西部 14 条山系冰川 46 377 条，面积 59 425km^2，冰储量 5600km^3。其中面积超过 100km^2 的大冰川 33 条。按流域分，内流区冰川面积占 59.69％，外流区占 40.31％。冰川融水径流量经杨针娘（1991）综合融水径流模数法、流量与气温相关法、对比观测实验法等估算，中国冰川年融水总量为 563.3 亿 m^3，以后康尔泗等修正为 604.65 亿 m^3。其中塔里木盆地水系冰川数量最多，冰川融水可占河流总水量的 38.5％。近年，气候变暖，冰川融水量有显著增加趋势。上述冰川数据均取自 1950～1980 年代航空摄影测量制图，与 15～19 世纪"小冰期"冰川面积比较，已萎缩 21.2％左右。1980 年代以来，气候变暖更加显著，大量冰川继续后退，但由

于气候变化与冰川反应的复杂性，小部分冰川仍是前进的。上述工作，2006 年获得国家科技进步奖二等奖。

3. 及时全面总结与撰写中国冰川专著

1963～1964 年施雅风与谢自楚合作，全面研究已考察资料与可能获得的中外文献，撰写《中国现代冰川的基本特征》，简要叙述现代冰川地理分布，冰川发育的水热条件，成冰作用，冰川温度，冰川运动与构造，冰川热量平衡与消融，冰川物质平衡与进退变化，最后讲中国现代冰川区划，分为海洋性（暖渗浸成冰为主）与大陆性（冷渗浸成冰为主）。前者位于西藏东南部，后者分布于阿尔泰山至喜马拉雅山北坡，又可再分为亚大陆性与极大陆性。该文发表于 1964 年《地理学报》，受到广泛引用，次年被中国科学院授予优秀成果奖。1980 年代，与国民经济有关的冰川问题和各重要冰川区均得到一定研究，编写一本中国冰川专著的要求被提上日程，由施雅风任主编，黄茂桓（常务）、任炳辉为副主编，谢自楚、白重瑗、杨针娘、邓养鑫、张金华、王平等参加，分工合作撰写了 12 章 36 万字 312 篇参考文献的《中国冰川概论》。这一专著对山地冰川分布的地貌与气候条件，特别是雪线变化规律与大气环流影响，首次作了系统论述；对冰川物理包括辐射与热量平衡、物质平衡、成冰作用、冰川运动、冰川温度等有较丰富的观测与理论分析；对冰川融水径流及其对河流补给作用作了全面估算，对冰川近期变化、冰川化学、冰川泥石流和冰湖溃决洪水增加了不少新资料，构成一本完整的中国现代冰川专著。由此而获得中国科学院自然科学奖二等奖。第三次集成研究在 1998～2000 年进行，距上书完成不过10 年，其间冰川研究进展迅速，如冰芯与环境、积雪、冰雪化学、冰川与气候变化、第四纪冰川等诸多研究分支领域，均有了新发展，就产生了再编一本中国冰川专著的需要。仍由施雅风为主编，黄茂桓（常务，用力最多）、姚檀栋、邓养鑫为副主编，刘潮海、张寅生、刘时银、李忠勤、李培基、康尔泗、曾群柱、王宁练等 27人参加，合作写成 12 章 60 多万字的《中国冰川与环境——现代、过去与未来》一书，于 2000 年印行。本书应用中外参考文献共达 794 篇之多，最后列出国内专著不多见的检索词与多页彩色图版，获得了国家图书奖。由于语言隔阂，中文书难以在国际上流通，因此施雅风决定组织力量，进一步充实调整内容，改进文字，增补新资料，撰成英文版 *Glaciers and Related Environments in China* 一书，于 2008 年由科学出版社与 Elsevier 联合发行，以便于国外学者了解中国冰川研究的实际情况。

4. 第四纪冰川研究

在现代冰川考察开展不久之后，施雅风开始注意第四纪冰川问题。首先确定

16～19世纪新鲜的"小冰期"冰碛和约2万年前保存良好、形态清楚的末次冰期终碛与侧碛，以后均得测年资料证实。1964年撰《我国西部山地晚更新世玉木冰期探讨（提纲）》，在西安举行的国内第二次第四纪会议上报告。此文已指出冰期雪线下降值从湿润区至干旱区急剧变小，青藏高原外围可达1000～1200m，而高原西部只有300～500m。依据雪线变化规律，提出天山木扎特谷地内的土格别里齐终碛与珠穆朗玛峰北坡绒布德寺终碛不宜定为末次冰期，只是全新世新冰期冰碛，而真正的末次冰期终碛应为木扎特谷口的破城子系列终碛和珠峰北坡的绒布寺大终碛。1966～1968年珠峰地区考察结束后，1976年出版系列科学考察报告。其中第四纪冰川研究，与郑本兴合作，分出了4次冰期，即早更新世的希夏邦马冰期、中更新世的聂聂雄拉冰期、晚更新世的珠穆朗玛冰期1（相当基龙寺残破终碛）与珠穆朗玛冰期2（相当绒布寺终碛），沿用了相当长时间。1980年代，德国学者M. Kuhle多次到喜马拉雅山与青藏高原考察，他认为高原上末次冰期雪线较现代雪线普遍下降1100～1500m，青藏高原主体均高于冰期雪线，所以必然形成大冰盖。他完全忽视中国学者著作，青藏高原内部气候干旱，雪线下降值只有300～500m的实况，先后发表20多篇文章宣扬他的观点，吸引了国际上很多学者的注意。施雅风与郑本兴、李世杰合作在1989年德国法兰克福举行的第二届国际地貌大会以《青藏高原末次冰期与最大冰期——反对M. Kuhle的冰盖假设》为题，以若干实例指明Kuhle的观察错误和确切的冰川范围，他所提出冰期平衡线普遍下降1000m以上，完全背离实际。这次报告吸引不少学者参加，讨论发言都赞同施说。以后为了有力地和Kuhle辩论，李炳元、李吉均等编制了1∶300万青藏高原第四纪冰川遗迹分布图和说明书，鲜明地表示第四纪冰川只存在于高原小部分地区；施雅风等据此图量算的青藏高原末次冰期冰川面积只有35万km²，为现代冰川的7.4倍。1991年，在北京举行第十三届第四纪大会。会后有19个国家和地区近90人参加郑本兴领导的横贯高原考察旅行，一路争辩，绝大多数否定冰盖论。1995年，国际上"成问题冰盖工作组"主持人N. Rutter撰文总结说："无可争辩的冰川证据都位于高山内部或接近山区，表明是局部产生的冰川，完全不需要冰盖论作解释"。2002年，施雅风在一篇英文论文讨论季风与冰川关系问题时，进一步解释青藏高原为何不能发生冰盖的原因，主要在于冰期夏季风弱，降水少，1/3地区平衡线下降不足300m，高原西北部是全球唯一高海拔寒旱核心区域，冰期温度下降，发育极大陆型冰川，增加冰川冷储，对降低平衡线作用不大，而冰川运动以塑性变形为主，严格限制了冰川范围扩大，不可能形成冰盖。近30年冰期绝对测年方法有许多改进，从过去地貌地层法相对定年，到较严格的绝对定年，包括地衣法，常规[14]C和AMS[14]C法，TL（热释光）

法，OSL（光释光）法，ESR（电子自旋共振）法，CRN（宇宙成因核素 ^{10}Be, ^{36}Cl）法等，施雅风综合多人已发表的资料，提出了中国冰期-间冰期序列与海洋同位素阶段（MIS）比较表（2002）。最早的希夏邦马冰期无测年数据，暂定为早更新世后期；以后有测年记录的 80 万年间，可分出 570～780kaBP 相当 MIS16～18 的昆仑冰期。其后的大间冰期，450～470kaBP，相当 MIS12 的中梁赣冰期，200～130kaBP 的倒数第二冰期或古乡冰期，相当于 MIS6，以及 75～10kaBP 相当于 MIS4, 2 的末次冰期即大理冰期，对冰期-间冰期气候与环境特征分别重建或讨论。

李四光先生倡导的以庐山为样本的中国东部第四纪冰川学说，为多人接受和追随，报道第四纪冰川地点有 100 多处，但受到多人怀疑，成为地学界一大历史争议。施雅风等多人包含一位英国学者于 1980 年去庐山考察一星期后，多数意见认为李先生对冰川遗迹识别有严重误解。由施雅风首先发表《庐山真的有第四纪冰川吗?》（1981）一文，指出李先生所指的冰川堆积，实际是泥石流堆积；他所说具擦痕的"冰川漂砾"缺乏冰川成因的擦面、实际上是泥石流巨砾相互撞击所成；他所说的"冰斗"、"冰川 U 形槽谷"也不具备冰川侵蚀的典型特征，缺乏鉴别意义，冰期庐山要发育冰川必须夏季降雪积累比现代降温值至少在 16℃ 以上。按李先生的"大姑冰期"冰川范围，雪线应降至海拔 400～600m，即使这样，积累区面积不到山体的 20%，这表明实际上是不可能发育冰川的。此文引起了一场争论，施雅风与崔之久、李吉均合作，决心把问题彻底搞清楚，先后考察了 19 个地点，明确中国东部只有太白山、长白山和台湾高山存在确切的第四纪冰川，五台山、神农架接近 3000m 的高山，只有冰缘现象，其他中低山地报道的第四纪冰川，概属误解。此事得到 30 多位学者共同参加，于 1989 年出版了约 60 万字的《中国东部第四纪冰川与环境问题》专著。对现代冰川和第四纪冰川都熟悉的黄汲清院士评论此书"内容丰富，论证精详，他们的结论基本上否定了李四光学派的成果和观点，这是一件好事。"多年第四纪冰川研究，需要系统的总结。由施雅风任主编，崔之久、苏珍任副主编，李吉均、郑本兴、李炳元、李世杰、周尚哲、易朝路、姚檀栋、王宁练、焦克勤等分工撰写 91 万字的《中国第四纪冰川与环境变化》专著，综合论述 5 章，分区论述 14 章，均有较详细英文摘要，附中国第四纪冰川图，自 2006 年印行以来，已有 9 种学报高度评价。时任国际冰川学会主席的 A. Ohmura 致函认为此书"全面、广泛和综合地指示了中国第四纪环境变化的过程和特征，在国际上已出版的第四纪的书中，是具有顶级水平的著作"。他次年在国际冰川学报（*Jour. of Glaciology*）详细介绍，说"无疑是中国近半个世纪的丰实成就"。刘东生院士在《第四纪研究》27 卷 3 期中著文评论"专著是老中青几代著名学者对过去几十年工作的系统理论总结，对中国第四纪冰川作用和环境变化的关键性问题，提出了非常重要和有价值的观点，极大地推动我国第四纪研究，对国际第四纪科学发展具有重大特殊意义。"此项成果被评为2008年度国家自然科学奖二等奖。

（二）地理环境变化研究

施雅风对冰川学以外领域的研究，均从历史演变的角度入手，统称为地理环境变化研究。

1. 地貌与环境变化

施雅风早期兴趣侧重于地貌方面，除用力较深的《贵州遵义附近之地形》外，还撰有《三峡区鹞子砾岩成因探讨》，与陈述彭合作的《大别山一剖面》、《青海湖及附近自然地理（着重地貌）的初步考察》；国内有多人引用的是与周廷儒、陈述彭合作的《中国地形区划草案》，首次将山地分出中山与高山，一级地貌区分出东部区（气候湿润，流水侵蚀与堆积为主）、蒙新区（气候干燥，风力作用居重要地位）和青藏区（气候高寒，高山有冰川作用）。以后参加以沈玉昌为主编的《中国地貌区划》工作，施撰写了《中国地貌形成的构造条件》与《中国地貌形成外营力的初步分析》二节，并编写了分区说明中的华北、西北、四川等部分，这是当时一项重大基础性研究。施最后一篇地貌论文则是与多人合作的《长江中游田家镇深槽的特征及其泄洪影响》（中文2005，英文2006），对江底最深处低于黄海基准面90m、江面束窄至650m，做出了成因说明，并指出深槽对长江大于50 000～60 000m³/s洪水排泄有壅阻作用。

2. 开拓永冻土与泥石流研究

自中国科学院采纳施雅风的意见，在兰州建立冰川冻土研究机构，施就积极调进曾留学苏联学习冻土的研究骨干周幼吾（女）、童伯良等，培养青年研究人员，支持建立冻土工程实验室，在明确青藏铁路必将修建的前提下，首先开展青藏公路沿线冻土考察，发现连续多年冻土带自昆仑山至唐古拉山南侧，宽达600余公里，地温一般−2℃至−5℃，冻土层厚100～180m，可能是中低纬度世界冻土层最发育处。在进行一定观测后，施雅风组织参加人员分工撰写8篇论文，出版了我国冻土科学历史上第一册专著《青藏公路沿线冻土考察》。结合当时实际需要，在祁连山木里地区、西藏土门格勒地区建立临时性的冻土观测实验站，并开展我国东北北部的冻土考察，取得了相当资料。"文革"以后，冻土研究已独立成长，施雅风一般不过问冻土工作，只是为筹建国际永冻土协会，1983年和程国栋等去阿拉斯加与会。泥石流研究始于1963年，这年施雅风偕杜榕桓入藏，西藏交通处提出，川藏公路有几处"冰川爆发"危害公路，要求施雅风等前往看看，能否想点防治办法？于是即由交通处杨宗辉工程师陪同，驱车至西藏东南部波密县境的古乡"冰川爆发"危害最严重处，遥望公路北侧谷口内高山有冰川分布，目击者说："冰川爆发"前峡口只有小股清水，"冰川爆发"时峡口内烟尘扬起，山谷雷鸣，于是灰色稠泥浆挟带大小石块以至冰块以7~8m高的水头，滚滚而下，小石块在泥浆中翻滚，大石块则如航船在泥浆上飘浮，至下游不远处停积，每次历时10~30分钟。这种特殊现象，施雅风对照手头一本讲苏联泥石流的文献，实是冰川融水冲击陡坡松散物质形成的泥石流，即撰写《西藏古乡地区的冰川泥石流》一文加以报道。其形成和防治，需要专门组队考察，于是约定，由冰川室和交通处于1965年联合组队深入研究，次年，施雅风到古乡队上短期工作，绕道登上冰川，得知冰川冰温高至接近0℃，是典型的海洋性温冰川，消融特别强烈，冰川融水冲刷巨厚的冰川堆积物，形成深沟，目睹沟壁崩塌物与融水搅拌形成了泥石流，在沟谷口二次看到携带大石块的黏性泥石流和小石块混浊泥浆的稀性泥石流，特地邀请上海科教片厂殷宏同志专程到现场摄制了《泥石流》彩色影片，广泛流传，从此，"泥石流"灾害名称家喻户晓。适中央大力进行"三线建设"，1966年初，中国科学院又专门组织西南泥石流考察队，命施带队，第一件任务是考察西昌地区的泥石流对成昆铁路定线影响。他们实际考察半个月，得知西昌地区6条河泥石流均是近一二百年森林破坏后发展起来的，黏性泥石流冲不到铁路线上，稀性泥石流与洪水会对铁路带来不很严重的风险，建议成昆铁路仍按定测设计修建于安宁河西岸，但部分线路桥位要适当下移，增加净孔高度和若干护路设施。这个改进方案为筑路指挥部接受。实践证明，这一建议是正确的。鉴于西南是泥石流危害最严重的地区，1978年施雅风支持冰川冻土所将泥石流研究多数人员转移到成都地理研究所（现中国科学院成都山地灾害与环境研究所），使之发展壮大，成为国际著名的泥石流研究单位。

3. 干旱区水文学与应用研究

　　中国科学院竺可桢副院长指示，冰川冻土所在西北干旱区工作必须兼顾干旱区水文、水资源研究。1984年，由于乌鲁木齐市严重缺水，中国科学院将"乌鲁木齐地区水资源若干问题研究"列为重点项目，由施雅风为主领导，水文学家曲耀光为副领导实施。开源与节流是解决问题的核心，头2年进行从乌市东南柴窝堡盆地调水可行性研究，他们对主要径流来源的博格达高山的冰川消融量与高山降水量，地表径流出山口均转化为地下水的特征，对柴窝堡湖的蒸发量、湖水溢出量均进行观测，对柴窝堡湖进行水量平衡计算。研究结果约集新疆有关单位讨论，取得共识，认为从湖北岸每年抽取 3000 万 m^3 优质地下水输送给乌鲁木齐市饮用，对柴湖影响不大。该方案上报新疆维吾尔自治区政府被采纳实施，完全成功。研究成果见施雅风、曲耀光主编《柴窝堡-达坂城地区水资源与环境》一书。其副产品为文启忠实际主编的《新疆柴窝堡盆地第四纪气候环境变迁和水文地质条件》。此书表明柴湖傍 500m 深钻孔中，135m 以下全为粗颗粒至砾石层，以上为细颗粒沉积，并有 5 层细密的不透水的湖相沉积，经深入研究，重建了近 80 万年气候与环境变化史。后 2 年进行山区水资源形成与定量研究和乌鲁木齐河下游水资源利用情况研究。前者依托天山冰川站与水利厅径流试验站 1985~1987 年多点降水、蒸发、季节雪与径流观测资料，特别是博士生杨大庆对固态降水应用防风设备后的修正结果，高山区实际降水比未修正的增加 30.9%。另应用称重法观测高山区蒸发量，推算季节雪消融水占径流量的 1/3 左右，山区径流形成，高山带最多，修正了过去以中山带为主的观念。作为水量平衡基本要素降水量的增加，表明山区水资源量比原计算丰富得多，出山口英雄桥水文站未能控制全部出山径流，由康尔泗和张国威实际编撰《乌鲁木齐河山区水资源的形成与估算》专著。曲耀光等对乌鲁木齐市工业、农业、城市居民用水与供水情况作了较详细调查，得知灌溉农业用水最多，浪费也最大，节约用水有很大潜力，然而对于实施节约用水，虽然也提出了几种措施，但阻力很大，难以具体实施。曲又提出地表水、地下水联合应用以充分利用水资源的原则建议，撰成《乌鲁木齐河水资源承载力及合理利用》专著。上述工作获中国科学院科技进步奖二等奖。

4. 气候与环境变化研究

CO_2 等温室气体增加导致全球变暖引发各国学者都加强气候变化研究，1987~1992 年，国家自然科学基金会与中国科学院联合设立"中国气候与海面变化及其趋势和影响研究"项目，有 16 个单位 200 多人参加，责成施雅风领衔其事，共同努力，发表了 300 多篇论文与 5 本专著。其中施直接主编了其中两册，即《中国全新世大暖期气候与环境》与《气候变化对西北华北水资源的影响》，研究成果获 2000 年中国科学院自然科学奖一等奖。1992~1996 年国家科学技术委员会与中国科学院共同设立由孙鸿烈主持的"青藏高原形成演化，环境变化与生态系统研究"项目，施雅风与李吉均、李炳元共同主持其中第二课题"青藏高原晚新生代以来环境变化"，有 9 个单位 95 人参加，总结出版了专著《青藏高原晚新生代隆升与环境变化》

（此书因印装精美、内容丰富而获得国家图书奖）和大量论文。此时施已 79 岁，不适合再领头新课题，以后只是自由选择有兴趣的问题进行研究。下面就其直接研究的创新成果，作一简述。

（1）20 世纪亚洲中部气候暖干化与最近暖干向暖湿转型研究。19 世纪末小冰期结束，可视为现代气候的开始，小冰期盛时，温度低于现代 1.3℃左右，当时天山、祁连山降水较现代丰富。据山地冰川和青海湖、伊塞克湖资料，施雅风首先撰文指出亚洲中部气候呈现暖干化趋势，但不会很久，以后又将此观念伸展至华北。由于全球迅速变暖，驱动水循环加快，许多地方降水量增加，1987 年以来，西北西部主要是新疆大部、甘肃河西中部与柴达木东南部气候由暖干向暖湿转型，温度上升，降水增加，冰川消融，河川径流与洪水灾害均有较大幅度增加，湖泊水位上升与扩大，大风与沙尘暴减少，部分植被增加，非常有利于生态与环境改善。新近资料显示青藏高原大部亦有此趋势，但实际情况又很复杂。新疆西藏交界处有一降温带，导致冰川退缩微弱与径流减少。

（2）中全新世大暖期气候与环境重建。施雅风认为，中全新世暖期可以看作全球变暖的古相似。他约集国内孢粉、古湖泊、古土壤、考古、冰芯、海岸带变化等各门学科学者讨论中国中全新世气候与环境特征，并由施牵头，孔昭宸、王苏民等协助进行总结，将大暖期时间定为 ^{14}C 年代的 8.5～3.0kaBP。其间有多次较剧烈的气候波动。如 5.3kaBP 的降温事件，可能是仰韶文化衰落的原因。7.2～6.0kaBP 是大暖期的鼎盛阶段，估计其时华南温度比现代高 1℃，长江中下游高 2℃，华北、东北、西北可能高 3℃，而青藏高原南部可能有 5℃，冬季升温远高于夏季，其时夏季风较强，降水较多，如青海湖区增加 60%，岱海地区增加 40%，许多湖泊扩大淡化，但季风边缘区如柴达木仍很干旱。气候变暖变湿，导致植被带北迁西移，而荒漠区域缩小，亚洲象、犀牛和獏在那时能生活于 34°～41°N 的北方地区。7.5～6.5kaBP 海平面升至现代高度；在 6.5～4kaBP 高过现代 1.5～3m，渤海西岸与长江口附近，出现大范围的海侵，良好的暖湿环境促进了农业与新石器文化大发展。1992～1994 年发表于中、外刊物上的论文和专著《中国全新世大气暖期的气候与环境》，受到非常广泛的引用。

（3）MIS3（30～60kaBP）特殊气候环境变化研究。MIS3 一般认为是末次冰期中的间冰阶，温度稍高于前后二个冰阶，但仍在冰期内。西昆仑山古里雅冰芯氧同素记录有特殊表现，可分为 a（晚）b（中）c（早）三段，其中 MIS3a 和 MIS3c 温度分别高出现代 4℃和 3℃，达到间冰期程度，而 MIS3b 温度低于现代 5℃，是突发冷期，导致多处冰川前进。3a 和 3c 二个暖峰相距 23ka，明显表示了岁差周期（precession cycle)、日射（insolation）变化的强烈影响，这在 65°N～60°S 间有重要作用。以此为契机，施雅风追踪其在青藏高原和全国的作用，特别发现 3a 暖期（30～40kaBP）有特强夏季风带来大降水，西风带降水也较丰沛，出现许多淡水大湖，如柴达木湖面积达 25 000km²，藏西南的扎布耶湖达 9750km²，西北干旱区的石羊河下游、黑河下游、吐鲁番盆地和玛纳斯河下游均存在大湖。如黑河下游居延海面积达 32 000km²，估计当时西部降水量高出现代 40%～100%。内陆的湖水外溢，如川甘交界处的若尔盖古湖与甘肃境内黄河接通，发展成现代青海境内黄河上游水系。长江也处在多降水期，湖泊扩大，洪水急流在三峡形成强大旋涡，沉积含木头的砾石层，木头的 ¹⁴C 测年为 33 800±1600aBP 至 38 200±2400aBP，这里河床侵蚀至海平面以下 10m 处。南方热带向北扩展，如陆均松（*Dacrydium sp.*）现代生长于海南岛 19°N 以南山地，那时北界在 22°～24°N，反映比现代升温 2℃，降水量也有相当增加。北方半干旱半湿润地带的湖泊、森林与古土壤变化也指示降水增加。当时极地冰盖估计为末次盛冰期的 50%～70%，中国海平面低于现代 8～10m，由于不均匀地壳升降变化，出现渤海西岸和长江口附近大范围海侵。上述时段施雅风的研究工作与于革等合作有多篇中、英文论文发表，不仅在我国为首次，在国际也可能是领先的。

5. 青藏高原隆升与环境变化研究

青藏高原是地球上最高最年青的大高原，大约 45MaBP 印度板块向北漂移与亚洲大陆汇聚形成青藏地区至今，经历过几次隆升—夷平—再隆升—再夷平过程，第四纪至现代仍在比以前更强烈的隆升过程中。很多学者从事这方面研究，这里仅介绍施雅风与其合作者提出的青藏高原隆升中的 2 大事件：

（1）青藏高原二期隆升，孕育亚洲季风与东亚环境巨变。在 25～17MaBP 喜马拉雅运动二期或青藏高原二期隆升，高原所达到的高度可能为 2000m 左右，已大于水汽凝结高度，其水平尺度大于大气地转适应临界尺度（800km 左右），高原与周围地区的热力差异加上水汽凝结的潜热释放，大大增强了高原的热源作用，创造了高原季风出现的条件，并开始影响从西向东的环流，使地表西风出现南北分支的绕流和中纬度高压带北移。与此同时，海洋和大陆环境也有较大变化，东亚和东南亚海盆扩展，为大陆提供了丰富近便的水汽来源，热带海温升高，蒸发加大，亚洲大陆向西延伸扩大，与欧洲连成超级大陆，原位于西亚和中亚的副特提斯海大为萎缩，亚洲中部气候变干，大陆性增强。上述青藏高原与海洋、大陆联合作用共同驱动了亚洲季风的孕育发展，代替了早第三纪的行星风系，使湿润的森林带大扩展，干旱

区向西北退缩。这一事件是新生代东亚历史上最伟大的环境巨变事件。在甘肃临夏
30Ma连续剖面研究中，出现于21.8MaBP以森林植被替代了原先干草原植被。这
篇由施雅风和汤懋苍、马玉贞合作撰写的论文，发表于1998年的《中国科学》。此
后已经有其他研究者的两篇新作提出与施文相同的季风盛行时间。

（2）昆（仑）黄（河）运动与青藏高原进入冰冻圈。1.1～0.6MaBP是高原形
成过程中一个重要抬升时期，被崔之久、李吉均称为昆（仑）黄（河）运动，有不
少构造活动证据。施雅风根据独立推算材料，认为在0.8～0.6MaBP青藏高原面抬
升至3500m左右，推测高原周围高山可达5000m左右，高原抬升和称为中更新世革
命的轨道转型和降温相结合，由此大规模的发育山地冰川，称为昆仑冰期，相当于
MIS20-16阶段。当时高原中东部降水较现代为多，西北部已非常干燥，冰川与大范
围的季节雪提高了地面反射率，使高原进一步变冷，高原全面进入冰冻圈。影响所
及，高原西北侧塔克拉玛干由若干分散沙漠发展为互相联系的大沙漠，高原东北侧
黄土层堆积加厚，粒径变粗，沉积范围扩大到长江下游。高原东侧地形起伏加大，
冰雪融水径流与暴雨相结合，泥石流大规模发展。有关论文发表于1995～1998年
期间。

6. 海平面变化研究

20世纪80年代以来，开始注意全球变暖，导致海平面上升影响。施与王靖太合
撰《中国晚第四纪的气候、冰川、海平面变化》，在1979年澳大利亚堪培拉17届
IUGG大会分组会上宣讲。得知7万年前末次间冰期结束时海面比现代高10m左
右，海岸线在今扬州镇江附近，末次冰期15kaBP海岸线移至长江口东600km大陆
架边缘水深155m处。英文与中文论文分别发表于1981年与1982年。1993年，参
加中国科学院地学部海平面上升影响考察组，着重于几个大河口有沉降作用的三角
洲地区，预期到2050年相对海平面上升在珠江三角洲、上海地区和天津地区分别达
到40～60cm，50～70cm和70～100cm，必须加强海岸及沿河防御工程，严格控制
地面沉降，新建城市和开发区必须注意海平面上升影响，加强监测系统开展综合研
究。施雅风另与杨桂山合撰《中国海平面上升及其影响评估》，论述2050年全球和
中国海平面上升预测值，海平面上升导致的风暴潮灾害加剧，海岸侵蚀，潮滩湿地
损失和河口区冲积变动，加剧盐水入侵河口与海岸带地下含水层，阻碍陆地洪水与
城镇污水排泄，海平面上升易受灾区的划定等问题。以后施雅风与季子修合作撰写
《海平面上升，海岸带灾害与海岸防护问题》，提出近百年中国海平面以1.4～
2.0mm/a速度上升，台风暴潮灾害严重，强调必须将我国大部分海堤标准提升一个

等级，以保护区域经济发展；又与朱季文等多人合作研究"长江三角洲及毗连地区海平面上升影响预测与防治对策"，预期到2050年相对海平面可能上升25～50cm。综合评估表示：海平面上升，对长江三角洲与太湖东岸低地，特别是上海市影响最严重，其次是杭州湾北岸与废黄河三角洲，而苏北滨海平原和里下河低地最轻。此项工作曾获得国家自然科学基金委员会表彰。

7. 对长江流域地理环境的分散研究

早在20世纪40年代，施雅风曾撰《贵州遵义区地理》、《川西地理考察记》、《成都平原之土地利用》（与杨利普等合作）、《川东鄂西区域发展史》等论文，如实叙述了当时的自然与人文景观，可看作历史背景资料。20世纪90年代是近百年最暖也是长江中下游降水量最多的时期，出现10年5次大洪水频率，这一现象吸引施雅风参加由姜彤研究员主持的长江洪水与气候变化关系研究。施撰写了《1840年以来长江大洪水与气候关系初探》，根据有确切洪峰流量资料，得知1840～1910年冷期有大洪水13次，包括1870年的最大洪水；1921～2000年暖期有大洪水19次，多于前者。20世纪90年代大洪水频率最高的主要因素，是受到全球变暖影响还是30～40年周期性振荡结果，尚不清楚。长江洪水灾害是国家的心腹之患，湖北荆江地区洪患最重，洪水来量受季风气候与流域范围控制，但人文因素也有重要作用。施撰著《长江中游西部地区洪水灾害的历史演变——人文因素与当前趋势》，指出3000～700aBP人口较少，选择第四纪堆积的岗地居住，洪水分道漫流，不成灾害，宋代开始筑堤围湖，与水争地，明代（700～450aBP）荆北大堤连成一体，但堤防较弱，出现30次决口成灾。清代以来人口激增，与水争地加剧，堤防加高培厚，迫使荆江洪水位大幅提高，决堤洪灾较明代成倍出现。历代"舍南保北"政策，迫使长江干流过半洪水与泥沙向南排入洞庭湖，致使该湖迅速淤积萎缩。1949～1985年间人口又一次迅速增长，进一步围湖垦殖，通江湖泊面积减少3/4，出现如1954年和1998年那样特大洪水灾害和1980年那样内涝灾害，人类与洪水矛盾达到顶点。三峡大坝修建，极大地改变了长江中游水文情势，三峡水库的蓄洪和淤积功能，使长江中游由淤积变为刷深，洪水大为和缓，应抓住机遇，迅速制定21世纪前半期防治洪旱与水资源利用规划，促使人与洪水和谐共处。

（三）治学为人的特点

施雅风具有强烈的爱国与民主思想，在中学时代就立志当地理学家，决心对祖国富强、社会发展有所贡献。在1960年生活困难时期，毅然从北京迁家兰州，创办冰川冻土研究机构。

综观其治学、为人具备下述特点：

（1）在科研选题与方向上，急国家的所急，开拓创新，理论联系实际，在科学认识牢靠的基础上，切实解决实际问题。如对巴基斯坦境内异常艰险的巴托拉冰川考察，原先一无所知，施雅风以摸着石头过河的心情，接受任务，现场观察，解剖问题，认定正确预报冰川前进最大值和时间，是关键所在。由此布置一系列观察内容，临时学会重力法测定冰川厚度，探索出波动冰量平衡计算方法，在规定的两年时间内，作出可信的预报，并掌握了其他必须知道的推算数据，提出了可节约大量投资的中巴公路通过方案，并成功实施。在各项研究中都存在各种未知的自然现象，施经认真观察、多方思考后，归纳创新，形成新理论。如对低纬度高山区强烈太阳辐射下差别消融对冰川发育，特别是冰塔林形态的影响研究。关于冰川类型划分，在冰川研究初期，施与合作者就提出"中国冰川划分海洋性、亚大陆性与极大陆性三类"的意见，后来实践证明是正确的。

（2）长期担任研究所领导与重大课题负责人，积累了精心组织研究团队的丰富经验和远见卓识。身先士卒，统筹兼顾，分工协调，前后连贯地实施计划，特别是抓紧总结，就在野外基本完成任务。如 1958 年首次进行的祁连山现代冰川考察，临时组成来自各单位 100 多人，集中练兵半个月，明确考察目标与方法后，分队出发，约定 3 个月后再集中，撰写报告，彼此不断交换信息，由施负责的总报告与分队报告，接近同时完成，集体完成的《祁连山现代冰川考察报告》，内容丰富，1959 年初就出版问世，受到各方面赞扬。以后凡是由施领导的研究项目，除 1959～1961 年困难时期和"文化大革命"动乱时期外，都有较高效率，取得较好成果。

（3）着力调集和培养优秀青年，提倡不怕艰苦，边干边学，同时积极组织专门业务学习和外语学习，择优选送国外先进单位进修深造。"文革"结束，在工作秩序恢复正常以后，就经过考核，反对论资排辈，及时择优提升业务人员，唯才是举，放手使用，各学科都得到迅速发展。研究生制度建立后，早期施直接负责培养了一批硕士生，以后在兰州、南京两所培养十多位博士生，其中创造性成果最多的已被选为院士。出成果，出人才，相互促进，冰川冻土研究机构已成长为国际高度知名的寒区环境与工程研究中心之一。

（4）提高与普及是科学成长的两翼，施雅风热诚科学普及工作。南京解放后不久，他即与地理所、南京大学地理系部分学者联合推选人文地理学家李旭旦为主编，创办《地理知识》月刊，施写了发刊词与《地理学领域学习掌握辩证唯物主义》短文，并担任了实际发刊稿编辑一年半，共为该刊写过近 20 篇短文，现该刊改名为

《中国国家地理》得到出色的繁荣发展。施曾组织冰川冻土所同事编印《冻土》、《泥石流》、《冰雪世界》、《雪崩》、《风吹雪》及《陆地摄影测量》等中级读物，很受社会欢迎。施又和高级记者吴士嘉合作，撰写《中国冰川学的成长》与《冰川的召唤》两本小册子，特别是后者经出版社精心加工，印了 1 万册很快售完。施前后所撰普及性书刊文章有 100 多篇（部）。

（5）青年学者的成长与老一辈扶植分不开，施雅风深深怀念和感谢他的老师，写过多篇文章。纪念其从初中起，主要是大学时期的老师和同辈杰出学者与革命家的纪念文章，特别对中国科学与教育做出重大贡献、地理学与气象学一代宗师的竺可桢院士，串联多位学者发起和编辑《竺可桢文集》，参与组织竺可桢研究会，发掘历史资料，编写《竺可桢传》，先后撰写发表了 10 多篇介绍和纪念竺可桢的文章。竺可桢异常勤奋和严谨的治学态度，民主思想和作风，一贯实事求是，坚持真理，逆境下仍冒险犯难，公忠为国的大无畏精神，曾影响教育无数人员，成为前进动力。

（6）热诚服务与贡献社会。施雅风于 1943 年就以交费较多，成为中国地理学会永久会员。1953 年当选地理学会常务理事兼《地理学报》副主编。以后曾当选地理学会副理长，理事长，名誉理事长。1979 年发起成立地理学会冰川冻土分会，创建学报级的《冰川冻土》杂志。1957 年，参与发起成立中国第四纪研究委员会，是该会积极分子，以后当选该委员会副主任，名誉副主任。施曾多年担任《冰川冻土》、《湖泊科学》主编，《第四纪研究》、《中国科学》及《科学通报》编委，审阅大量稿件，也在这些刊物发表不少论文。在国际科学组织中，施曾任国际冰川学会、国际永冻土协会理事，以后当选为国际冰川学会、国际第四纪联合会、皇家伦敦地质学会名誉会员。施于 1980 年当选为中国科学院学部委员（院士），次年选为地学部副主任，其时学部有领导研究所的责任，必须承担相当工作，上述多种学术活动，施花了不少精力，也丰富了经验知识。近 30 年，施雅风曾获得国家自然科学奖一、二、三等奖各一次，国家科技进步奖二等奖一次，中国科学院自然科学奖一等奖一次，二等奖多次，还荣获香港何梁何利科技进步奖、甘肃省科技功臣奖等，得到奖金不少，为回报社会，施利用这些奖金在他家乡的两所中学设立了奖学金，为其劳动过的甘肃省康乐县景古乡小学建立了教学楼。

三、施雅风主要论著

施雅风主编. 1959. 祁连山现代冰川考察报告. 北京：科学出版社：1-291.

施雅风，谢自楚. 1964. 中国现代冰川的基本特征. 地理学报，30（3）：183-208.

Division of Glaciology, Institute of Glaciology and Cryopedology and Desert Research, Academia Sinica. 1975. Basic features of the glaciers of Mt. Jolmo Lungma Region, southern part of the Tibet Autonomous Region, China. Scientia Sinica, 18 (3): 106-130.

The Batura Invesitigation Group, Lanzhou Institute of Glaciology and Cryopedology, Academia Sinica. 1979. The Batura Glacier in Karakoram Mountains and its variations. Scientia Sinica, 22 (8): 958-974.

施雅风主编. 1980. 喀喇昆仑山巴托拉冰川考察与研究. 北京：科学出版社：1-217.

施雅风. 1981. 庐山真的有第四纪冰川吗？自然辩证法通讯, 3 (2): 41-45.

施雅风主编. 1988. 中国冰川概论. 北京：科学出版社：1-231.

施雅风主编. 1989. 中国东部第四纪冰川与环境问题. 北京：科学出版社：1-462.

施雅风. 1990. 山地冰川与湖泊萎缩所指示的亚洲中部气候干暖化趋势与未来展望. 地理学报, 45 (1): 1-13.

施雅风主编. 1992. 中国全新世大暖期的气候与环境. 北京：海洋出版社：1-212.

Shi Yafeng, Zheng Benxing, Li Shijie. 1992. Last glaciation and maximum glaciation in the Qinghai-Xizang (Tibet) Plateau: A controversy to M. Khule's ice sheet hypothesis. Chinese Geographical Science, 2 (4): 293-311.

施雅风. 1998. 地理环境与冰川研究（文集）. 北京：科学出版社：1-742.

Shi Yafeng, Tang Maocang, Ma Yuzhen. 1999. Linkage between the second uplifting of the Qinghai-Xizang (Tibetan) Plateau and the initiation of the Asian monsoon system. Science in China (Series D), 42 (3): 303-312.

Shi Yafeng, Yu Ge, Liu Xiaodong, et al. 2001. Reconstruction of the 30~40 ka BP enhanced Indian monsoon climate based on geological records from the Tibetan Plateau. Palaeogeography, Palaeoclimatology, Palaeocology, 169: 69-83.

施雅风, 于革. 2003. 40~30ka BP 中国暖湿气候和海侵的特征与成因探讨. 第四纪研究, 23 (1): 1-92.

施雅风主编. 2005. 简明中国冰川目录. 上海：上海科学普及出版社：1-194.

施雅风主编. 2006. 中国第四纪冰川与环境变化. 石家庄：河北科学技术出版社：1-618.

施雅风. 2008. 地理环境与冰川研究（续集）. 北京：气象出版社：1-475.

Shi Yafeng, Huang Maohuan, Yao Tandong, et al. 2008. Glaciers and Related Environments in China. Beijing: Science Press: 1-539.

Shi Yafeng. 2008. Collectanea of the Studies of Glaciology, Climate and Environmental Changes in China. Beijing: China Meteorological Press: 1-850.

主要参考文献

中国科学院自然区划工作委员会地貌区划组. 1959. 中国地貌区划（初稿）. 北京：科学出版社.

中国科学院地理研究所冰川冻土室. 1965. 青藏公路沿线冻土考察. 北京：科学出版社.

施雅风. 1998. 地理环境与冰川研究（文集）. 北京：科学出版社：1-741.

施雅风主编. 2003. 中国西北气候由暖干向暖湿转型问题评估. 北京：气象出版社：1-124.

施雅风. 2008. 地理环境与冰川研究（续集）. 北京：气象出版社.

撰写者

施雅风。

唐永銮

　　唐永銮（1919～2006），湖南东安人。地理学家，环境学家，我国环境科学的开拓者之一。1942 年毕业于当时的国立中央大学。1953 年 10 月到中山大学任教，历任副教授、教授；曾任中山大学地理系自然地理教研室副主任、主任，兼任广州地理研究所自然地理研究室主任；他是中山大学环境科学研究所第一任所长，担任过中山大学海洋与工程研究中心主任，中国环境科学学会理事。他长期致力于自然地理学和环境科学的研究，早在 1957～1964 年率队进行广西、广东和福建三省区自然资源和热带生物资源的调查，运用系统论的理论和方法，分析和揭示出华南三省区的自然环境分异规律，进行地区、省和三省区的综合自然区划。从 1960 年起，唐永銮进行地表各种化学元素迁移转化规律的研究，揭露出这些元素的组合时空变化，使地理学从自然环境的表象研究，深入到本质的研究，从定性研究进入定量研究，为中国化学地理学的建立奠定了基础。他从 1974 年起从事环境保护研究工作，在广东茂名、深圳、广州和海南岛进行大量实地环境调查和研究工作，查明了污染现状，提出对策，为环境质量的提高，做出了贡献。在环境污染预测预报和环境工程的影响评价中，他提出了一系列有关环境调查、环境影响预测的理论和方法，使我国许多重大工程项目顺利完成环境影响评价，得以顺利审批。根据大量研究成果所撰写的《环境学导论》于 1992 年被评为国家级优秀教材，还出版了《大气环境学》、《大气环境化学》等专著，为中国环境学的建立做出了重要的贡献。

一、简　　历

　　唐永銮 1919 年 5 月 15 日出生于湖南省东安县，2006 年 11 月 12 日于广州逝世，享年 87 岁。

　　唐永銮少年时代在家乡接受启蒙教育。从 1931 年至 1937 年，他分别在湖南濂溪中学、嶽云中学完成中学课程。1937 年 8 月，他考入当时的国立中央大学，1942 年 7 月大学毕业后，任职于当时的中央气象局、中央气象局长沙测候所，1946 年 12

月至 1949 年 12 月任职于湖南南岳的第一国立师范学院，1950 年 1 月至 1953 年 10 月执教于湖南大学，担任副教授。从 1953 年以后，唐永銮一直执教于中山大学，担任副教授、教授，1974 年起担任中山大学自然地理专业副主任、主任，兼任广州地理研究所自然地理研究室主任，1978 年任中山大学环境科学研究所第一任所长。1986 年 9 月被聘为湖南大学客座教授。1988 年，由于工作成绩显著，被评为广东省高教系统先进工作者。1991 年开始享受政府特殊津贴。1992 年，因参加"中国海岸带和海涂资源综合调查研究"工作，获得国家级科学技术奖一等奖。同年，他主编的《环境学导论》被评为国家级优秀教材。

唐永銮曾任中国环境科学学会理事，广东省政协委员。

二、主要科学研究成就、学术思想和影响

唐永銮是一位工作勤奋和多产的科学家，在几十年的科研和教学中，善于接受新事物，发现新的苗头，在学科研究上，能不断创新，提出新的研究课题和发展方向。他从不固步自封，20 世纪 60 年代初，为了改变地理学只是描述性科学，区域地理学著作只是一个"拼盘"的状态，他做出了不倦的努力，用物质生物循环思想研究自然环境，为地理学的研究开辟了新的途径。他长期以来提倡学科间的交叉、渗透研究，从综合自然地理学开始，进而开展化学地理、海洋环境、环境科学的研究。他重视理论与实践相结合，长期坚持野外工作，为我国的地理学、环境科学的发展做出了卓越的贡献。

（一）主要科学研究成就

1. 我国橡胶宜林地北移界线研究

为了摸清我国橡胶宜林地的北移界线，唐永銮于 1957～1964 年出任中国科学院华南热带生物资源综合考察队大队长和技术指导，率领广东省的大专院校、研究所和有关厅局几十个单位 100 多人，在广西、广东、福建三省区进行自然资源和热带生物资源的调查，特别对橡胶宜林地的布局和北移得出了科学的结论，认为我国橡胶宜林地北界大致在 24°N 附近，并将 24°N 以南的华南三省区大陆称为北热带；同时指出在高山之南面，向南开口的马蹄形的丘陵地可避寒潮，适做橡胶林地；并把定出的橡胶宜林地按 1，2，3 等级标准进行划分。通过这次调查，确定了橡胶北移的界线，为我国发展橡胶种植，提供了科学的依据。另外，通过海南岛 30 多年植胶经验的总结，提出种植橡胶必须有一个森林生态系统环境，橡胶林必须与天然林、

次生林或防护林紧密结合，才能使橡胶达到稳产、高产；为了充分利用海南光、热、水资源丰富和营养物质转化迅速的优势，提出橡胶的发展应以建立海南岛森林生态系统为"核心"的理论，极大地促进了我国橡胶种植的发展。

2. 自然环境中的物质循环系统研究

从 1960 年起，唐先生就在广东省海南岛（现海南省）和珠江三角洲进行自然环境中的物质循环，特别是物质生物循环的深入研究。唐先生摒弃了古老地理学的描述性或"拼盘"式的研究方法，引入系统论的理论和方法，把自然环境作为一个有机整体，即作为一个大系统，将其组成成分的岩石圈、土圈、水圈、大气圈和生物圈作为子系统。研究了各种化学元素，特别营养元素如碳、氮、磷等在各圈层之间及在整个自然环境中的迁移转化规律，揭露出这些元素及其组合的时空变化。例如，揭示了珠江三角洲沿岸滩涂、沿海阶地、平原中物质主要组成元素及其组合，呈有规律变化；海南岛从北而南，从东而西，从山地至台地、滩地均呈有规律地变化。这样就使地理学从自然环境的表象研究，深入到本质的研究，从定性研究进入定量研究，为中国化学地理学的建立提出了系统的理论和研究方法。

另外，唐永銮提出了物质生物循环在自然环境的物质循环中起着主宰作用的理论。他在海南岛的研究中，强调森林生态系统在海南岛物质时空变化中起着决定性的作用，为海南岛环境保护和自然资源利用，指出了方向。

3. 采用营养诊断方法，提高热带作物产量

唐永銮在进行华南橡胶和紫胶生产研究时，根据光合作用和光合产物转化的机理，提出橡胶施镁肥和紫胶寄生树施磷肥的意见，收到增产的效果。橡胶是碳水化合物，它的形成和光合作用有直接关系。叶片光合作用靠叶绿素 a 和叶绿素 b，而叶绿素 a 是镁铬合的叶绿酸的三羟酸的甲基叶醇基酯。橡胶产量高低与叶绿素 a 和叶绿素 b 合成快慢有一定关系，而叶绿素合成与橡胶树吸收镁的多少密切相关，华南土壤缺镁条件下，施镁肥可以增加叶绿素的合成，达到橡胶增产的效果。

紫胶虫寄主树营养供应是否丰富与土壤中磷的供应有一定联系，南方红壤和砖红壤由于含铁、铝和氢氧化物胶体，磷易被固定，植物不易吸收。这样，施速效磷肥可加速寄树营养供应，紫胶虫分泌增多，可收到增产效果。

4. 环境质量调查与评价

环境科学是新兴的边缘性学科。唐永銮自 1974 年起从事环境保护研究工作。在

广东茂名、深圳、广州和海南岛等地进行了大量实地环境调查和研究工作,查明环境污染现状,并提出对策,为环境质量的提高,做出了贡献。例如,茂名市是全国有名的油城,污染较重,在人群健康中曾出现白细胞下降、肝肿大和心律不齐等症状。有的认为是由环境本底引起,有的认为由环境污染引起,成为长期争论的问题。1974年在唐永銮的主持下,在茂名市进行"茂名市环境本底调查及其对人体健康影响"的研究,这类研究当时在全国尚属首次。通过两年研究,肯定茂名市人群健康中出现的症状是由环境污染引起。国务院同意此结论并通报全国,促使茂名石油工业公司加强了污染治理。接着唐永銮又负责了国家环境保护办公室下达的制定"茂名市地方工业污染物排放标准"的任务。该标准制定后,由广东省人民政府颁布实行,对茂名市企业污染源全面加以控制。该项成果曾获得国家环保局二等奖。自此以后茂名市环境质量不断改善,人群健康中曾出现的白细胞下降等症状人数随之下降。茂名市人民政府对此极为重视,对上述研究曾予以很高评价:"做了造福于人民的一件大事"。

5. 环境污染预测预报和环境工程影响评价

唐永銮在现状研究的基础上,探讨了海陆边界层、复杂地形和城市中的大气污染扩散及弥散的规律,分别进行过许多大、中城市的大气扩散规律研究。包括广州、深圳、桂林、南宁、长沙、重庆、乌鲁木齐等城市的大气污染物扩散过程的研究。在水环境影响方面,对珠江干流以及珠江口等进行过湍流扩散和弥散过程的模拟,取得许多重大的成果。

在国家"七五"环境保护科研攻关课题"广州市汽车尾气污染动态规律及对策研究"中,唐永銮运用网络流理论研究汽车尾气污染,在国内外还是首次。1990年12月在广州市由学部委员陶诗言、高由禧教授及能源部黄敬仪高级工程师等专家鉴定,认为"此项研究在我国首次进行了城市网络汽车尾气污染的综合研究,总体上居于国内领先地位,对不同类型街道上流场和浓度场进行了细致的分析研究,达到国际同类工作水平。"唐永銮还对许多重大工程建设的环境影响评价进行了研究和评审,如上海石油化学工程的扩建、宝山钢铁厂、广东大亚湾核电站、浙江秦山核电站、长江三峡和红水河龙滩水电站、北京、新疆乌鲁木齐和广州大型水泥厂、深圳飞机场、广州珠江电厂、广州和茂名乙烯工程建设等。根据环境科学基本理论,对这些工程厂址的选定、工程设计及其环境保护措施提供决策性意见。其中有些意见产生了决定性影响。例如,对深圳白石渡机场的否定,茂名市30万t/年乙烯工程选定在七迳附近飞机岭,否定秦山核电站加高烟囱的措施,提出环境建设和环境投资理论，解决了长江三峡水利枢纽工程生态和环境争论问题，使其环境影响评价报告书得以通过等。

6. 海岸带和海涂资源调查与评价

1980 年至 1987 年在全国海岸带和海涂资源综合调查中，唐永銮担任全国环保海洋化学组技术组长，并担任广东省调查大队队长，负责实际调查和技术领导工作。经过 8 年调查研究，从广东省和全国沿海各省区市环境调整数据和资料中，并结合几十年来海洋调查历史资料分析研究，总编出《广东省海岸带和海涂资源综合调查报告》。总结了广东省海岸带自然条件和自然资源的时空变化规律，并提出开发利用的战略设想和海岸带管理和保护的意见。该项调查研究曾获得广东省人民政府科技进步奖特等奖，名列首位。

《广东省海岸带和海涂资源综合调查报告》于 1986 年 12 月在广州市进行成果审查，经河海大学名誉校长严恺教授、华东师范大学河口研究所所长陈吉余教授（现院士）和中国科学院林业土壤研究所研究员宋达泉等评审。审查认为，该成果"科学性和实用性强，具有长期的战略意义"。

中国海岸带和海涂资源综合调查专业报告集《环境质量调查报告》和《海水化学调查》均于 1987 年 6 月在广州市通过评审。评审会由南开大学研究生院副院长戴树桂教授和国家海洋局大连海洋环保研究所副所长万方邦研究员等主持。《环境质量调查报告》的评审意见认为："这样大规模、大面积和综合性环境调查工作在全国尚属首次"，"调查工作在国内达到先进水平"，该研究"为我国今后海岸带环境管理、科学研究以及经济建设，提供了科学依据"。《海水化学》评审意见为："本报告是我国首次获得统一的、可比的、系统的区域海洋学的水化学资料，这将为我国沿海开发、海洋管理以及海洋环境保护提供有用的科学依据"。

唐永銮曾参加《中国海岸带和海涂资源综合调查研究》报告的编写。该项研究于 1992 年被评为国家科学技术进步奖一等奖，名列 11 位。

7. 污染物在海岸带和近岸海域迁移扩散规律和特点的研究

上述广东省和全国海岸带和海涂资源综合调查获得大量的数据和资料，唐永銮经过整理、分析和研究，发表多篇文章揭示中国沿岸和近海环境时空变化的特点，以及污染物在沿岸和近海迁移、转化和累积的基本规律，为海洋开发和海洋环境学的建立提供了科学的基础。在《中国海洋资源和经济开发与海洋经济发展前景的探讨》一文中，唐永銮指出：中国有丰富的海洋资源，有优越的海洋环境条件，但应慎重合理加以开发利用。由于海洋"可塑性、弹性"不大，很容易受到自然和人类活动影响而变化，而许多变化是不可逆的，因此应坚持在保护中开发利用。唐永銮的这些理论为我国海洋经济的持续、快速、健康发展，为合理开发海洋指明了方向。

唐永銮主编的《中国海岸带和海涂资源综合调查专业报告集——环境质量调查报告》和《中国海岸带和海涂调查专业报告集——海水化学调查报告》中，总结出污染物在沿岸和近海迁移扩散的一般规律与海湾和河口的特殊规律，特别对海洋环境有重大影响的问题，如重金属在生物体内累积机理与赤潮的产生、危害防治等有详细论述。这对有针对性地海洋开发和开展污染防治，具有重要的意义。

8. 经济社会和环境可持续协调发展研究

唐永銮晚年仍坚持调查研究，坚持写作，关注我国沿海地区，特别是对一些高速发展区域，如珠江三角洲、广州市南沙、惠州大亚湾以及海南的 6 个经济区等地区有关社会、经济和环境协调发展的问题，进行了探讨和研究。

唐永銮强调我国是一个发展中的国家，要坚持"发展与环境协调"的观点，应坚持用可持续发展理论分析问题、解决问题，并认为中国经济要"持续、快速、健康"发展，经济与人口、资源与环境必须协调发展。有关可持续发展方面，他共发表了 25 篇文章，相互紧密联系形成一个系统，其核心就是用可持续发展理论分析中国特别是广东省存在的环境问题，以及解决这些问题的对策，找到高速经济发展中解决环境问题的切实可行的途径和办法。

在广东省珠江三角洲经济规划研究和广东省东西两翼区域规划研究中，唐永銮担任顾问组中的环境组组长，对这些规划曾提出过不少宝贵意见，对广东省经济持续、快速、健康发展起了很好的作用。

（二）学术思想及其影响

1. 运用系统论的理论与方法，分析自然环境分异规律，进行综合自然区划

在自然地理研究方面，早在 20 世纪 50 年代初，唐永銮翻译了苏联高等学校教材 C.B. 卡列斯尼克的《普通地理学原理》，1955 年由高等教育出版社出版，后重译改由地质出版社于 1958 年重版，此书对当时国内地理学界有很大的影响。

在橡胶宜林地的调查中，唐永銮利用调查取得的第一手资料，根据橡胶的生态条件，运用系统论的理论和方法，分析和揭示出华南广西、广东、福建三省区的自

然环境分异规律，进行地区、省和三省区的综合自然区划。特别是提出华南三省区自然环境东西分异规律及其意义（称为相性），在全国尚属首次。这对宜林地东西差异原因的分析，起着重要的作用。

对于 1959～1962 年进行的广东省自然区划工作，唐永銮根据该区划的目的要求，运用系统论的理论，提出自然区划的原则、指标和区划的方法。认为：地域分异是历史发展过程中形成的，地域的分异规律包括地带性和非地带性，划分自然综合体和拟定分级单位系统，都必须反映这两种规律。同时运用系统分析方法，在自然区划中，提出划分一级区、二级区和三级区的思路，以及各区的划分指标和描述内容。在区划的方法上，提出采用自下而上逐级合并和自上而下进行全省区划相结合的方法。认为自下而上可使内容更具体，对农业生产有更直接的参考价值；自上而下的全省区划，可以对县、专区的区划起指导作用。

2. 在化学地理研究中，运用物质循环的理论，揭示元素及其组合的时空变化规律

提出化学地理学应研究地理环境的物质及组成、物质流动规律、物质转化机理、环境内与环境外的物质相互作用及其对地理环境物质组成和结构的影响。特别应注意人类活动对环境的影响，环境发生变化后，又反过来影响人们的生活和生产。唐永銮在研究大气中主要元素动态循环时，指出大气是自然地理大系统的一个重要组成部分，它与其他圈层间进行着复杂的物质交换，因此研究大气中化学地理过程必须注意整个自然环境中物质循环，并提出预测大气中物质变化的三相地球循环模型。

1984 年中国地理学会向巴黎召开的国际地理学联合会提交的英文论文集中收集了唐永銮的《中国化学地理》一文。在该文中，他系统阐述了中国化学地理学 30 多年来的发展状况，是中国化学地理进展的一项科学总结。

3. 在环境科学研究中，提出一系列环境质量调查和环境影响评价的理论和方法

1976 年在昆明市召开的全国环境会议上，唐永銮首次提出了一整套环境质量调查和评价的方法，被各省区市环境保护研究工作者所采用。该方法包括回顾评价、现状评价和预测评价。从污染源、大气、水和食物污染，以及环境污染对生态系统和人群健康的影响，均提出调查、研究和评价的程序和方法。

根据多年对环境调查的经验，在环境污染预测预报和环境工程影响评价方面，唐永銮首次采用流体力学中边界层理论和应用数学原理建立数学模式，通过计算机模拟，揭示水体和大气流场和污染物质浓度场时空变化，为工程项目影响评价奠定

了基础。

唐永銮的上述大量研究成果总结在《环境质量及其评价和预测》、《环境质量评价》、《环境学导论》、《大气环境学》、《大气环境化学》等专著中，为中国环境学的建立做出了重要贡献。其中《环境学导论》于 1992 年被评为国家级优秀教材。

在上述专著中，唐永銮提出了下列基本论点：

（1）环境学是研究环境质量的形成、变化和发展规律的科学，具体研究物质，特别是污染物质和能量在环境中迁移、转化和累积过程，这些是物理、化学和生物过程。空气和水是环境中最活跃的部分。边界层理论（环境流体力学）是研究物质（包括污染物质）在环境中迁移的基础理论。物质在大气中转化，需借助光化学基本理论。物质在水、土壤和生物中转化，生物起着主导作用，因此酶化学在环境化学中具有特殊意义。胶体化学也是重要的。建立化学、生物污染模式等，需借助化学计量学。研究污染物在食物链中的迁移，需利用生物流变学。

（2）研究环境学需重视普遍规律，更重要的是研究特殊规律，如污染在平原、丘陵、海岸带、海洋、城市和不同气象条件下的迁移、转化和累积规律，这样才有助于实际问题的解决。

（3）通过调查、分析和研究，在揭示我国沿岸和近海环境的时空变化特点和规律基础上，提出海岸的功能区划分的原则、分区系统和方法。

唐永銮自 1980 年参加全国和广东省海岸带和海涂资源综合调查以来，深感海洋功能的多样性，以及因势利导，针对不同功能进行开发的必要性。因此，经过多年研究，提出海洋功能区划分的基本观点。

唐永銮认为，海洋功能区划应贯彻全国海洋功能区划中提出的四个原则：

（1）区划应主要根据自然资源和环境条件，适当考虑目前开发现状和社会发展需要。

（2）实行开发利用和治理保护相结合的原则，使经济效益、社会效益与环境效益相统一。

（3）正确处理全面与局部、主要矛盾和次要矛盾之间的关系，做到统筹兼顾、协调发展。

（4）必须遵循备择性广的行业让位于备择性窄的行业，优先保证离不开海或海洋的各种开发利用项目。

除此以外，唐永銮提出区划应加强实用性和可操作性，同时强调应加强以下两方面的认识：海洋意识和发展观点。认为应认识海洋是个“聚宝盆”，同时应从一个有机整体出发，以动态观点、发展观点来划分海洋功能区。

在海洋功能区分级系统方面，唐永銮提出了一级区、二级区、三级区以至类型的分级系统。在海洋功能区划分方法上，认为必须引入系统论、信息论和控制论的研究方法，才能使划分的功能区突出其主导作用功能，利于合理开发利用，发挥其最佳效益，达到经济、社会和环境效益的统一。

（5）运用可持续发展理论，研究我国高速经济发展中出现的环境问题，以及产生的原因、形成过程和解决的途径和方法。

唐永銮十分关注我国经济迅速发展和社会环境发生的变化中出现的环境问题，并运用可持续发展理论，研究它们产生的原因、形成过程及其可能发生的变化，探求解决这些新的环境问题的途径和方法，并且不是以环境论环境，而是将经济发展与环境协调相互紧密联系，从它们的对立统一中，寻求其协调发展的途径。为此，唐永銮在这方面撰写了不少文章，并且编辑成《中国环境问题的分析及其对策》一书（中山大学出版社，1997）。

唐永銮强调用可持续发展理论分析问题、解决问题。认为中国经济要"持续、快速、健康"发展，经济与人口、资源与环境就必须协调发展。他对广东，对珠江三角洲、香港、澳门三地的协调与持续发展问题，尤为关心，先后发表了《广东省追赶"亚洲四小龙"经济与环境要协调发展》、《加强广东环境管理，坚持可持续发展战略》、《珠江三角洲、香港、澳门经济与资源和环境共同协调发展的分析》等文章，为上述区域的经济、社会和环境协调发展指引了方向。

三、唐永銮主要论著

唐永銮，余显芳. 1963. 广西壮族自治区十万大山地区和西南部综合考察报告. 北京：科学出版社.

唐永銮. 1980. 大气污染及其防治. 北京：科学出版社.

唐永銮. 1980. 环境质量及其评价和预测. 北京：科学出版社.

唐永銮. 1986. 环境质量评价. 广州：中山大学出版社.

唐永銮主编. 1987. 广东省海岸和海涂资源综合调查报告. 北京：海洋出版社.

唐永銮，曾星舟. 1988. 大气环境学. 广州：中山大学出版社.

唐永銮，刘育民. 1988. 环境学导论. 北京：高等教育出版社.

唐永銮，陈新庚. 1989. 龙滩水电工程对珠江三角洲生态和环境影响的研究. 广州：中山大学出版社.

唐永銮主编. 1989. 中国海岸带和海涂资源综合调查专业报告集——环境质量调查报告. 北京：海洋出版社.

唐永銮主编. 1990. 中国海岸带和海涂资源综合调查专业报告集——海水化学调查报告. 北京：海洋出版社.

唐永銮. 1992. 大气环境化学. 广州：中山大学出版社.

唐永銮，刘攸弘，陈新庚. 1992. 广州市汽车尾气污染动态规律及对策研究. 广州：中山大学出版社.

唐永銮. 1997. 中国环境问题及其对策研究. 广州：中山大学出版社.

主要参考文献

唐永銮，刘育民. 1988. 环境学导论. 北京：高等教育出版社.

唐永銮，刘攸弘，陈新庚. 1992. 广州汽车尾气污染动态规律及对策研究. 广州：中山大学出版社.

《唐永銮论文选集》编委会. 1998. 环境科学与可持续发展——唐永銮论文选. 北京：中国环境科学出版社.

撰写者

陈新庚（1939～），广东丰顺人，教授、博士生导师，曾任中山大学环境科学与工程学院副院长，中山大学环境科学研究所所长。从事环境评价和环境规划研究。《唐永銮论文集》编辑委员会主任。

赵松乔

赵松乔（1919～1995），浙江东阳人。地理学家，我国沙漠与干旱区研究开拓者，中国土地类型研究的奠基人。1942年毕业于浙江大学史地系，1946年留学美国攻读博士学位，1948年获美国克拉克大学理学博士学位。回国后任浙江大学史地系副教授，1950年起任中国科学院地理研究所副研究员、研究员、研究室副主任、主任。历任中国地理学会自然地理专业委员会副主任，中国自然资源学会常务理事兼干旱区研究专业委员会主任，国际地理联合会（IGU）干旱区专业委员会委员等职。他主持和编著的我国1∶100万土地类型图分类系统和制图规范，成为我国第一项综合自然地理研究中的土地研究成果；由他倡导和开展的土地系统研究和土地资源结构功能研究，建立了我国土地类型研究的完整科学体系；他主编的《中国干旱区研究》和中国沙漠、戈壁、沙尘暴研究成果的图书，是中国干旱区研究最权威的著作，被誉为中国的"沙漠王"；他提出综合自然地理学研究5个方向，提出的中国综合自然区划既体现自然地带性，又体现非地带性；他倡导地理综合研究方向，并从人口、资源、环境、发展的高度研究中国地理，完成《中国地理》专著，并在国外英文出版。他广泛进行国际学术交流，把中国地理学研究成果推向世界，是国际著名的地理学家。

一、简　　历

赵松乔1919年7月7日出生于浙江省东阳市（当时为县），1995年10月20日晚9时35分于北京逝世，享年76岁。

赵松乔出生地浙江东阳是个教授之乡，受地域文化影响，自幼就以聪颖勤奋著称，中学时代就取得年级数学比赛第一名。1938年以入学考试第一名的成绩考入浙江大学史地系（其中数学100分，化学99分，英文95分），获黄鹰白奖学金，1942年获学士学位，同年考取浙江大学史地系硕士研究生并同时被聘为助教；1945年硕士毕业即被聘为讲师，主讲《地理通论》、《普通地质学》等课程；1946年8月赴美国克拉克大学（Clark University）深造，仅2年就以优异论文被授予理学博士学位，

博士论文为 *Geographic Regions in China——Their Component Factors and Chief Characteristics*（中国地理分区——要素构成及其主要特征）（摘要载 *Clark Univ. Bulletin*，1948）。其间还到加拿大麦克吉尔（McGill）大学研修暑期地理课程；1948 年回国后，任浙江大学史地系副教授，1949 年任南京金陵女子大学地理系教授。1950 年后在中国科学院地理研究所任副研究员、研究员。历任自然地理研究室副主任（1961～1963）、主任（1978～1984）和沙漠研究室主任（1963～1965）。还曾任北京大学、南京大学、西北大学、华南师范大学等校地理系客座教授，北京师范大学兼职教授，兰州大学干旱区研究中心主任和教授。在学术界，他长期兼任中国地理学会自然地理专业委员会副主任，中国自然资源研究会常务理事兼干旱区研究专业委员会主任，国际地理联合会（IGU）干旱区专业委员会成员，美国亚利桑那（Arizona）大学国际干旱区研究委员会成员，中国《地理学报》副主编，国际学术刊物《全球环境变化》（*Global Environmental Change*）编委，英文学术刊物〈中国干旱区研究〉（*Chinese Journal of Arid Land Research*）主编，中国《干旱区资源与环境》顾问等职。他是多项国家重大项目的组织者和参与者，获得中国科学院及省部级奖励 10 多项。他培养的硕士、博士学位人才有 30 余名。

二、主要科研成就、学术思想及其影响

赵松乔从事地理科学研究凡 57 余载，一直为地理科学的发展和繁荣而奋斗。他的座右铭是："读万卷书，行万里路；求实求是，经世致用"；他的人生观是：工作、服务、贡献。他的勤奋加效率的研究作风，取得了令世人瞩目的研究成果，被学术界誉为"国宝奇才我赵公"。他完成的专著有 16 部，论文 200 余篇（其中 30 余篇为外文），译著 6 部，合计 500 余万字。内容广泛涉及人文地理、自然地理、土地科学、农业和干旱区域的研究，尤其在中国综合自然区划、土地类型研究、干旱区研究、农业地理、东南亚及外国地理，以及海内外学术交流等领域最为突出，并为发展综合自然地理理论等方面做出了重大贡献。

（一）主要科学研究成就

1. 中国综合自然区划

对中国陆地进行区域分异规律的研究一直是地理科学的重点研究方向，是国家进行农林牧合理布局和宏观指导生态环境建设的重要科学依据。我国从 20 世纪 50 年代至 1982 年，先后有 6 个中国综合自然区划方案，而 50 年代后期由黄秉维主持

编著的《中国综合自然区划（初稿）》（1959，科学出版社）最为详尽，最为系统，一直为有关部门引用，赵松乔是主要参与者和撰稿人之一；其后于 20 世纪 60 年代，赵松乔结合"沙漠化治理"研究又在甘肃河西走廊和内蒙古乌兰布和沙漠等地开展区域性自然区划研究，其成果至今仍为该区域开展研究的基本依据；70 年代赵松乔主持黑龙江省和内蒙古呼伦贝尔盟自然地带和土地类型综合研究，第一次在我国大面积开展自下而上的自然区划的实践研究，成果获中国科学院科技进步奖三等奖。1983 年，他根据自然区划研究的新成果、新进展，总结了国内历次区划方案的长处，吸收了国外方法的优点，提出了《中国综合自然区划的一个新方案》[地理学报，38（1）]，他按地带性和非地带性的地域分异差异，将中国划分为 3 大自然区 7 个自然地区 33 个自然区，产生了很大影响，是我国近 20 余年来被引用得最多的地理学文献之一。

2. 土地类型研究

"土地类型"是综合自然地理学重要研究方向，它与综合自然区划的差别主要体现在：前者（土地类型）是自然地理要素在地段上综合作用形成的类型综合体，在地域空间上是重复出现的。后者（区划）是自然地理要素在区域上综合作用形成的区域综合体，在地域空间上是不重复出现的。赵松乔是我国开展土地类型研究的开拓者。20 世纪 60 年代初便在河西走廊和乌兰布和开展土地类型研究，70 年代他主持黑龙江省和呼伦贝尔盟大比例尺典型区土地类型制图和大范围中小比例尺制图研究，完成黑龙江省三江平原地区和呼伦贝尔盟 1∶50 万土地类型图，出版《黑龙江省及其毗邻地区的自然地带与土地类型》专著（科学出版社，1983）。80 年代主持中国农业自然资源调查和农业区划重点项目和国家自然科学重点基金项目"中国 1∶100 万土地类型图编制研究"，撰写了大量论文，介绍了大量国外土地分类的理论、方法与最新进展。经他主持，组织了全国 43 个科研教学单位，260 余位专家，主编出版了我国第一部《中国 1∶100 万土地类型图分类系统和制图规范》（测绘出版社，1989），编制完成了 23 幅中国 1∶100 万土地类型图（其中 8 幅由测绘出版社彩色出版），出版了《中国土地类型研究》专集（科学出版社，1986），成果获得中国科学院科技进步奖三等奖。90 年代重点研究和指导土地类型结构及其功能研究，将土地类型研究一步步推向深入，使土地类型成为体系完整、较成熟的学科。他为土地下的科学定义："土地"是一个综合的科学概念，它是地表某一地段包括地质、地貌、气候、水文、土壤、植被等全部自然因素在内的自然综合体，也包括过去和现代人类活动对自然环境的作用在内的见解，被学术界广泛接受。

3. 干旱区研究

赵松乔是国内外著名的干旱区研究科学家，在 1989 年访问台湾时，被誉为"中国沙漠王"。1953 年开始他便考察察哈尔盟和锡林郭勒盟沙区和内蒙古草原区，完成《农牧交错地区的经济地理调查报告》（地理学报，19（1），1953）和《内蒙古自治区农牧业生产配置问题的初步研究》专著（科学出版社，1958）。20 世纪 50 年代末国家发出向"沙漠进军"的号召，1959 年中国科学院组织治沙队，赵松乔是治沙队骨干，担负治沙队学术总结工作，发表了大量学术论文。他提出的我国治沙战略应中间突破两头开花的见解（中间指磴口—沙坡头—民勤沿线的乌兰布和沙漠及腾格里沙漠；两头指西边的新疆、甘肃诸沙漠和东边的内蒙古东部诸沙地），得到中国科学院领导（包括竺可桢副院长）的大力赞扬，亦是后来选择沙坡头铁路固沙工程建设的重要依据。60 年代初，他负责甘肃民勤综合治沙站试验工作，在引水灌溉、防治盐碱、防风固沙等方面做了许多基础性和开拓性工作，对指导后来全国沙区科学试验起了先导性作用。同是 60 年代初，我国一些治沙工作者依据两三个月的风沙移动观测资料便发出敦煌莫高窟（千佛洞）将在"30 年内将被东移的鸣沙山和三危山沙丘埋压"的危急信号，引起周恩来总理和中央的重视。赵松乔受命处理这个问题，他从两个基本事实否定了这个耸人听闻的"警告"。一是鸣沙山和三危山的地表虽有不同厚度的浮沙，但基底都是岩石，在数十年，数百年乃数千年内不会整体东移。二是当地风向是东、西风过渡带，两者大致势均力敌而以东风略占优势，因此，流沙基本上是"向上"移动，形成金字塔形高大沙丘，并可能略向西移而决不会东移。赵松乔由此断言 300 年乃至 3000 年内鸣沙山和三危山不致向东压埋莫高窟。他的科学见解得到文化部领导的首肯和采纳，为国家节约了当时几百万乃至几千万的"沙治"经费和莫高窟文物的搬迁费。实践证明，赵松乔的结论是正确的，贡献巨大。70 年代至 80 年代，赵松乔连续对呼伦贝尔、内蒙古高原、河西走廊、新疆、柴达木盆地进行考察和研究，发表了大量研究成果。如《我国沙漠（戈壁）的形成过程和演变趋势》（日内瓦及汉堡国际沙漠会议论文）、《中国荒漠地带的土地类型》（地理科学，2（1），1982）、《罗布荒漠的自然特征和罗布泊的"游移"问题》（地理研究，2（2），1983）、《中国的干旱区自然地理》（科学出版社，1985）、《柴达木盆地的土地类型和农业生产潜力》（干旱区地理，8（4），1985）、《中国的干旱区》（科学出版社，1990）、《西北干旱区主要自然灾害形成分布和减灾措施》（中国沙漠，11（4），1991）、《内蒙古中、东部半干旱区——一个危急带的环境变迁》（干旱区资源与环境区，5（2），1991）、《呼伦贝尔草原的风沙和黑风暴问题》等。其间（1987

年），在学术上首先提出在干旱区的地理过程为"荒漠化"（desertification）和"绿洲化"或"非荒漠化"（de-desertification）的学术见解，被从事干旱区研究的科技界广泛接受，影响深远。

4. 农业地理研究

赵松乔从我国是农业产业和农业文明大国这一国情出发，一直强调地理科学为农业服务的方向，农业地理研究成就十分突出。他早年便开展土地利用问题研究，是我国最早开展土地利用研究的学者之一。发表的著作有：《贵州遵义土地利用》（与任美锷、施雅风、陈述彭、杨利普等合作）（遵义新志，1948），《杭州市的土地利用》（浙江学报，1949，2（2）），《黄泛区土地利用调查报告》（1951，未出版），《南京都市地理初步研究》（地理学报，17 卷，1950）。20 世纪 50 年代对内蒙古东部的农业地理进行研究，1953 年他提出农牧交错带的学术见解［《察北、察盟及锡盟，一个农牧交错地区经济地理调查》（地理学报，19（1），1953）］，是我国第一个明确提农牧交错带的学者。农牧交错带农业与环境问题从此成为我国学术界最为关注的地区之一，影响深远。其后，他从事的农业地理研究扩展到内陆区、西南川滇区以至全国。如《甘肃农牧交错地区农业区划初步研究》（科学出版社，1958），《内蒙古自治区的地形条件在土地利用上的评价》（地理学报，24（3），1958），《我国农牧界线（以大兴安岭到高黎贡山）的探讨》（未出版，1959），《甘青农牧业发展研究》（与周立三、吴传钧合作）（科学出版社，1958），《河西走廊农业自然条件和自然资源综合评价》（科学出版社，1964），《西北干旱区的自然条件和农业生产》（干旱区资源和环境，1（1），1987），《川滇农牧交错地区农牧业地理调查资料》（科学出版社，1959），《横断山地和祁连山地自然地理条件和农业系统比较》（干旱区资源和环境，6（2），1992），《华北地区的自然条件和国土管理（19）》（政策研究，NIRA，5（7），1992），《台湾的"精致农业"》（海峡科技交流研究，1991 年第 1 期）。赵松乔集农业地理大成的成果有：《我国耕地资源的地理分布和合理开发和利用》（自然资源，1989 年第 1 期），《我国自然资源的形成与分布》（自然资源学报，1（1），1986），《中国农业发展与环境变迁》（中国人口、资源与环境，1（1），1991），《中国农业（种植业）的历史发展和地理分布》（地理研究，10（1），1991）。该文将我国北方最早的旱作型种植业农业文化［大地湾文化（甘肃秦安县）］确定为7300～7800 年前，将我国南方水稻型种植业文化确定为 6960±130 年前的河姆渡文化（浙江省余姚县），将我国种植业发展历史向前推进到 7000～8000 年前，成果被农业部推崇至联合国粮农组织，对宣传和确立我国的农业文明古国起到了积极作用。

5. 东南亚及外国地理研究

赵松乔是一位放眼全球的国际型科学家，他早年就读于美国克拉克大学攻读博士学位，打下良好的英语基础，后又攻读德语，从而为他了解和掌握国际学述动态创造了条件。几十年来，他先后考察研究过的地区有美国（50 个州中考察过 42 个州）、加拿大、非洲的撒哈拉大沙漠、北欧、西欧、日本……，除南美、南极和太平洋诸岛国外，世界各地主要名山大川都有他留下的足迹。他在亲临第一线考察，取得第一手资料的同时，也十分关注外国的学术成就和前沿研究领域，由此完成的科学成果极其丰富，对推动我国地理科学发展起到了重大作用。他早期完成的外国地理研究成果有：《中缅政治地理上的几个问题》（硕士论文，1945）；*Physiography in the Plymouth Region*（普利茅斯的地文研究）（美国，Mass. 1947）；《加拿大》（地理知识，1952 年第 12 期）；《缅甸地理》（科学出版社，1958）；《菲律宾地理》（科学出版社，1964）；《访问德意志联邦共和国散记》（世界地理集刊，（2），1981）；《从汉堡到慕尼黑》（世界地理文集，1982 年第 2 期）；《伊洛瓦底三角洲——一个区域地理研究》（地理集刊，第 2 号，科学出版社，1959）。同时，还翻译了《东南亚地理》（三联书店，1958；商务图书馆，1962）；《非洲地理》（商务印书馆，1962）。近 20 余年来，在发表的论文中，介绍国外研究动态的内容更是十分普遍，如《国外"土地"研究现状与发展趋势、联合国荒漠化防治会议、联合国沙漠化制图与讨论会议》（地理知识，1979 年第 10 期）、《现代地理学发展趋势》（见《现代自然地理》，科学出版社，1988）等。

6. 海内外学术交流

赵松乔是一位精通英语并在国际上享有高度声誉的知名地理学家。赵松乔教授1995 年 10 月逝世时，国际知名人士发来的唁电唁信就多达 30 余人，其中有美国得克萨斯科技大学国际干旱半干旱地区研究中心名誉主任 H. E. Dregne 教授，波士顿大学遥感中心主任 Farouk El—Baz 教授，韦伯州立大学科学院院长 Cyrus. M. Mckell 博士，科罗拉多大学地理学 G. F. White 教授，Akrom 大学马润潮教授等。这些国际地理学界知名科学家所在单位都是赵松乔学术交流的稳定机构和人员。赵松乔除参加国际学术会议、介绍中国科学成就、和国外科学界进行学术交流外，还著述 30 余篇（部）外文著作，成为国外了解中国地理和中国地理学成就的重要媒介。尤其是他的三部英文巨著：*Physical Geography of China*（Science Press and John Wiley & Sons. Inc. Publishers，1986），*Desert Lands of China*（Texas Technical University，1981）和 *Geography of China--Population*，*Resource*，*Environment and Development*（John Wiley & Sons. 1994），更是国外全面了解中国自然地理、中国沙漠和中国地理——人口、资源、环境和发展的重要窗口，已成为英语国家大学地理学的重要参考书。1988 年由他创办并亲任主编，在美国纽约 Allerton 出版社出版的英文刊物 *Chinese Journal of Arid Land Research*（《中国干旱区研究》），更是及时介绍中国干旱区研究与发展的交流平台。在促进国外学术交流的同时，经他组织，在国内先后开展的国际学术交流大会有 1985 年 9 月在乌鲁木齐，1989 年 8 月在呼和浩特，1993 年 9 月在银川召开的干旱地区国际学术交流会，大大促进了我国干旱区研究的进展，同时也使赵松乔成为国际著名的地理学家。

1989 年 6 月 10 日至 25 日，赵松乔受台湾中国文化大学、台湾大学、台湾师范大学、台湾农委会、台湾"环保署"等社会团体之邀访问台湾，成为 1949 年后大陆学者访问台湾的第一位科学家，轰动海内外。他在台湾作了三次专业性学术报告："中国的资源和环境"、"中国干旱区的自然特点和经济发展"、"中国的河流"，二次公开讲演"中国的土地资源和土地规划"、"近 40 年内蒙古、新疆、西藏的变化"，和 4 次座谈会。历次与会者都甚多，反应热烈，有力地促进了海峡两岸的学术交流。此行还促成了大陆、台湾和香港地理学家 1990 年 5 月在香港的大聚会，对加快两岸科技人员的交流和了解起到了积极作用。

（二）主要学术思想及其影响

赵松乔研究领域广泛，始终贯彻一条明晰的学术思想：强调地理学的综合研究，强调地理学的应用方向是服务农业和生态环境建设，强调学术交流应"外为中用"的原则。

1. 强调地理学的综合研究

赵松乔研究领域涉及经济地理、人文地理、自然地理，最后成大业于综合自然地理，他是公认的我国综合自然地理学开拓者和奠基人之一。他认为综合自然地理学是在综合指导下进行要素综合和区域综合的研究。为此他提出了综合自然地理学的 5 个基本方向：①自然地域分异规律；②土地类型；③自然区划；④自然地理过程；⑤自然生产潜力与土地人口承载力。他认为，地域分异规律是地理学研究的基础和从事地理研究的出发点，土地类型和自然区划是综合自然地理研究的重点，自然地理过程是引发自然环境变化的关键，生产潜力则是地理服务于国民经济建设的基本依据。上述 5 个方面可共同构建成综合自然地理研究的完整体系。

　　赵松乔一直从高层次上将地理学的自然、经济、人文诸方面综合起来进行综合研究，早在 1963 年，他便以"黎樵"笔名发表译著《地理学性质透视》一书（哈特向原著，商务印书馆，1963；1981 年第二版）。此书以综合统一的地理学观点研究地理问题，成为我国地理学者提高理论素养的重要文献，商务印书馆《汉译世界学术名著丛书》把它列为地理学第一本名著。赵松乔 90 年代在《中国地理》英文专著中，又进一步把人口、资源、环境、发展当做一个大系统加于综合，以此探求人地协调发展的新途径，从而把地理综合研究推进到可持续发展高度的新台阶，影响广泛而深远，他也成为地理学界开拓地理综合研究的著名科学家。

2. 强调地理应用方向是为农业和生态建设服务

　　赵松乔从事科研工作的目的十分明确：服务于国家。他一直把为农业服务和为国家生态环境建设服务作为方向，许多研究成果成为体现我国地理研究发展方向的成果。20 世纪 50 年代，他研究的有关农牧交错地区农业区划和农牧业生产配置的成果，成为后来开展全国性农业区划的先河，农牧交错地区农牧业配置的学术思想发展成为我国农牧交错带的研究方向；20 世纪 70～80 年代，他提出以"土地类型"为基础，开展"土地系统"研究的学术思想（他指导的几位博士学位研究生论文），更使土地综合研究拓展到为农业和生态建设服务的深度，经赵松乔指导，申元村执笔的论文《土地资源结构及其功能的研究——以宁夏、甘肃干旱区为例》（地理学报，47（6）），则是体现赵松乔学术研究为农业服务和生态建设服务思想的具体体现。该文在综合学术思想指导下将土地进行土地类型的划分，然后按农业和生态环境建设要求进行适宜性和限制性因素评价，并进行结构分析，最后根据结构功能提出农业和生态建设合理布局的建议对策。赵松乔的这一学术思想具有普遍指导意义，成为其后开展土地研究的基本思路。这一思路是：依据土地资源类型组合结构进行农业分区；依据土地资源质量、数量结构进行农林牧合理用地构成研究；依据土地限制性因素与限制强度结构确定治理方向；依据土地利用现状、农林牧合理用地结构对比分析，进行用地结构调整和规划；依据土地的时序演替结构，进行（农业和生态）定向调控对策的制定。

3. 强调学术交流、科学借鉴是"外为中用"

　　赵松乔虽是留学美国的博士和在国外考察讲学频繁的学者，接触外国的科研成果甚多，但他始终贯彻"外为中用"的学术风格。他一直秉着"承东西之道德，集中外之精华，做一个聪明的中国人，为自己国家服务"的宗旨。他秉承中国有几千年优良文化传统与精华，有选择地吸收外国经验，用他的说法是"外为中用"。例如，他在吸取原苏联景观学派和英澳学派土地研究的经验后认为，从中国国情和几千年土地研究成就出发，仍应坚持用中国的"土地类型"述语为好。20 世纪 70 年代美欧卫星相片用于地球研究刚兴起时，赵松乔便积极从美国购置北京地区卫片部署进行卫片的应用研究；20 世纪 60 年代开展沙漠研究时，他根据澳大利亚定位观测实验经验，率先在甘肃民勤开展生态环境定位研究，但又不是全盘照搬澳大利亚的观测项目。凡此种种，均体现赵松乔学习外国经验要本国化的学术思想。

三、赵松乔主要论著

Zhao Songqiao. 1948. Geography Regions in China——their component factors and chief characteristics. Clark Univ., Bulletin.

赵松乔. 1954. 内蒙古自治区. 北京：地图出版社.

赵松乔. 1958. 缅甸地理. 北京：科学出版社.

赵松乔. 1959. 内蒙古农牧业研究. 北京：科学出版社.

赵松乔. 1962. 中国戈壁的初步划分//中国地理学会编. 中国地理学会 1960 年全国地理学术会议论文集（自然地理）. 北京：科学出版社.

赵松乔. 1964. 我国沙漠和戈壁的自然特点及其改造利用途径的初步探讨. 新建设，7 月号.

赵松乔. 1979. 土地类型的划分与制图. 地理制图研究，（1）.

赵松乔. 1980. 全国 1：100 万及重点省（区）1：20 万土地类型图的土地分类类型. 自然资源，（3）.

赵松乔. 1983. 黑龙江省及其西部毗邻地区的自然地带与土地类型. 北京：科学出版社.

赵松乔. 1983. 中国综合自然地理划分的一个新方案. 地理学报，38（1）.

赵松乔. 1984. 我国耕地资源的地理分布和合理开发利用. 自然资源，（1）.

赵松乔. 1985. 中国自然地理·总论. 北京：科学出版社.

赵松乔. 1986. 中国自然资源的形成和分布. 自然资源学报，1（1）.

Zhao Songqiao. 1986. Physical Geography of China. Beijing：Science Press；New York：John Wiley & Sons.

赵松乔. 1988. 现代自然地理. 北京：科学出版社.

赵松乔. 1989. 中国 1：100 万土地类型图制图规范. 北京：测绘出版社.

赵松乔. 1990. 中国的干旱区. 北京：科学出版社.

赵松乔. 1991. 中国农业（种植业）的历史发展和地理分布. 地理研究，10（1）.

Zhao Songqiao. 1991. The oasis-making process（de-desertification）in China's desert lands. Chinese Journal of Arid Land Research，4（2）.

Zhao Songqiao. 1994. Geography of China-Population，Resources，Environment and Development. New York：John Wiley & Sons.

主要参考文献

蔡运龙. 1992. 春华秋实——记赵松乔教授. 地理学与国土研究.

申元村. 1996. 悼念、缅怀赵松乔教授. 地理科学，（1）.

《赵松乔文集》编辑组. 1998. 赵松乔文集. 北京：科学出版社.

赵松乔主编. 1998. 现代自然地理. 北京：科学出版社.

撰写者

申元村（1941~），广东兴宁人，研究员，中国地理学会自然地理专业委员会副主任，中国治沙暨沙业学会常务
理事。长期从事自然地理综合研究、土地系统科学研究和干旱区研究。《赵松乔文集》编辑组常务成员。

李秀彬（1962~），河北固安人，研究员，中国地理学会副理事长。长期从事自然地理综合研究、土地利用变化
研究。曾师从赵松乔攻读硕士学位。

陈述彭

陈述彭（1920～2008），江西萍乡人。地理学家，地图学家，遥感应用与地理信息系统专家。1980年当选为中国科学院学部委员（院士）。1947年，浙江大学史地学系学士和硕士毕业。陈述彭是中国杰出的地球科学家之一。他致力于地球科学的信息化和现代化，努力不懈。在现代地图学研究、对地观测、遥感应用、地理信息系统及其信息共享方面做出了开拓性的贡献，取得了丰硕的成果。在大陆和港台受到高度推崇，在国际上多次获得表彰。陈述彭教授勇于进取，善于开拓，关注地球系统科学与空间信息科学的对接，他从地理景观制图到区域综合图集，从多源信息的综合制图到地球信息科学，在理论上有所建树，在方法、技术上有所创新，并努力把应用工程技术提升到系统科学的新高度。陈述彭教授思路开阔，立足本国，放眼世界，积极参与国际学术活动，竭力促进发展中国家之间的科技合作；为国际防洪救灾、缩小数字鸿沟、促进和平发展，做过许多卓有成效的工作。陈述彭教授发表论文300多篇；专著、地图集、工具书20多种；培养博士研究生60余人。担任国内外20多家学术期刊的编委，获国家及国际奖励20多项。

一、学历与经历

陈述彭教授，著名地理学家，地图学家，遥感应用与地理信息系统专家。

他1920年出生于中国江西省萍乡市湘赣边境的白竺山区，2008年于北京逝世，享年88岁。

幼年时陈述彭父亲在培英小学教书，他5岁开始随同识字。萍乡县初中毕业后，报考湖南长沙高级中学，那是毛泽东主席当年求学的书院第一师范旧址。1937年长沙毁于战火，他以同等学力考入浙江大学师范学院教育系，1941～1947年转到史地学系，后获浙江大学学士和硕士学位。2005年与2006年台湾中国文化大学及香港中文大学分别授予他荣誉博士学位。

1980年他当选为中国科学院院士。1992年当选为第三世界科学院院士。1993

年当选为国际欧亚科学院院士及主席团名誉成员，并获一级勋章。

他曾任浙江大学助教、讲师（1941～1947），先后兼任北京大学、南京大学、中山大学教授，武汉测绘大学名誉教授，中国科学院研究生院终身教授，2 次被评选为优秀博士生导师（1991，1997）。

陈述彭曾当选为国际地理协会地理数据地理模型专业委员会委员（1985～2000），中国地理学会理事长（1990～1994），法国地理学会荣誉会员（1998～），IGBP 中国委员会委员（1991～1998），中国国家环境咨询委员会委员（2001～2008），中国环境与发展国际合作委员会委员（2005～2008），国际数字地球学会委员（2006～2008），中国科学院遥感应用研究所名誉所长（1985～2008），中国科学院资源与环境信息系统国家重点实验室主任、名誉主任（1985～2008），中巴资源卫星应用系统总设计师（1989～1993）。

二、主要研究领域、学术成就和治学思路

（一）对现代地图学的开拓

陈述彭对新中国地图学的复兴，做出过历史性的贡献。

1957 年他打破传统地图的观念，设计编制《中国地形鸟瞰图集》，从不同视角和高度俯瞰地球，以三维立体彩色晕渲展示中国自然区域的地理景观，手工彩绘 25 幅，出版后在国内外引起强烈反响。1998 年，美国地理学会为此授予陈述彭 O. Miller 金质奖章，称其为"在发射人造卫星以前东半球第一位创作这种意境地图（mental map）的科学家"。

1963 年，陈述彭率领他的科学小组在海南岛开展航空相片系列制图的实验成功。利用 1∶63000 航空全色相片，调制编绘了系列专题地图，包括地质地貌、陆地水文、土壤、土地覆盖、植被五种 1∶10 万专题地图，嗣后在全国不少区域推广，拓展了航空摄影除测绘地形图之外，在资源调查与环境监测中更广泛的应用。为橡胶宜林地选址和热带雨林保护提供了数据和图件。中国此项计划，当时跻身于国际先进行列。

国家大地图集是中国国家重大科学计划之一，1957～1965 年陈述彭任国家大地图集编纂委员会学术秘书兼编辑部副主任，具体承担总体设计及自然地图集的编制任务。他和他所领导的团队攻克了一系列技术难关；研制了一整套规范化、标准化的工艺流程；1965 年成功地出版高度综合性的全国地图 8 类 220 幅的大型自然地图集。该图集还包括了海洋、第四纪地质等 21 门新兴学科。该成果被评为国家自然科

学奖二等奖。国家大地图集的设计思想和技术进步，有力地推动了现代中国区域地图集的发展。

陈述彭竭力推动地图编绘技术向机械化、自动化方面的进步，这一倡议得到中国科学院的大力支持。他组织自动化所等 5 个研究所和 2 个仪器工厂的设计加工力量，从跟踪和扫描两种技术路线，研制照相排字机，扫描绘图仪及跟踪绘图仪。1969~1972 年间，技术初步获得成功，并已小批量生产，并应用于教学和科研部门。其跟踪绘图仪计划精度达到 0.1mm，扫描仪精度达到 2.5μm，这两项成果分别获国家科技进步奖二等奖。无奈当时数控技术工艺滞后，未能继续改进。但工作过程中培养了大批数字化和信息化的技术骨干，为嗣后地理信息系统的发展打下了初步基础。

他在地学研究工作中，经常运用地图分析方法来解决地学中的一些难题，获得新的发现。例如，他从 70 万农民参与的大比例尺土壤普查地图中，加以综合分析、提炼，发现中国东部大平原中的冲积、洪积扇地貌结构；他又从 1∶1000 比例尺的 7000 幅水利河道图中，疏理出黄河和淮河下游冲积大平原的地面坡度图，为黄河中下游规划提供了精确的科学依据。在当时没有卫星遥感和卫星定位以前，提取这样精细的结果，是非常难能可贵的。

陈述彭在自然地理区划和地貌学方面具有长期丰富的工作经验和很高的科学素养。对地图学的发展既强调技术改造又特别重视理论、方法的研究，尤其强调地图科学质量与地理特征的表达。他发表过一系列有关区域综合制图的理论与实验的论著；研究制订过制图综合的区域指标，设计过许多新颖的图例图型；提出过景观制图的层次结构与组合图例。他对世界地图发展史也进行过深入的研究，提出东西文化双向交流的观点；提出过信息流与地图学的关系，指出地图功能向末端迁移的历史大趋势。从信息学论证了地图将是永生的。在对地图科学认知理论上，提出过理论上独到的见解。

由于陈述彭在地理制图方面理论与实践上的卓越成就，国际地图协会（ICU）于 2001 年授予他最高荣誉奖。

（二）遥感地学分析及其应用示范工程

1972 年陈述彭出访墨西哥，参加"人类与科学"大会，开始关注卫星遥感的发展。1975 年他率先在中国引进陆地卫星影像（Landsat），用于编制 1∶400 万~1∶250 万全国影像地图，在国内推广应用。

1977 年迎来科学的春天，全国科技大会之后，陈述彭受方毅同志指派，率代表团赴英国、瑞典考察，明确了在发射国产遥感卫星系列之前，积极开展遥感应用研究的方针。

他主编了《陆地卫星中国地学分析图集》和《气象卫星动态监测与分析图集》作为应用示范。在北京大学等院校开设"遥感地学分析"课程，亲自授课 3 年。他和赵英时合编的教科书，先后在北京（1999 年）和台北出版（2001 年），获国家科技进步奖三等奖和优秀教材奖。他主编的《遥感大辞典》，包括 5300 多个词条，中、英、德、法、俄五国文字检索，获国家优秀图书奖，至今被广泛应用。他的这些著作，有力地推广了卫星遥感的应用，有助于青年科技人才的培养。

1978～1985 年，遥感应用研究被列为国家重大科技项目，中国科学院筹建遥感应用研究所，作为创建人的陈述彭，身体力行，积极组织全国性大规模遥感应用示范工程。

第一次是在云南腾冲的资源遥感试验。组织全国 70 多个单位约 700 人参加，完成农、林、水、矿等资源调查 25 项，出版 1∶25 万专题地图 22 幅，尤其是国产红外扫描仪的试飞，应用于地热、火山、铀矿、铜矿勘测，农、林区划方面获得突破性成功。"一次实验、多方收益"的成功经验，获科技部嘉奖。此后，全国产、学、研部门纷纷组织遥感应用试验。

第二次是在四川二滩水电站进行的"能源遥感试验"。通过航空红外遥感，查明了滑坡、泥石流在库区的分布，论证坝址的活动断裂分布，水库淹没损失评估等方法获得成功。嗣后，在红水河龙滩等许多电站选址及评价得到推广。

第三次是在天津进行城市环境遥感监测。通过 1∶10 万彩色红外航空遥感及大气气溶胶监测，查明了天津沿海滩地、盐碱地、荒地分布，对天津市水源、大气、烟尘、赤潮、尾气污染和扩散范围，做出了定性、定量的评价。出版了计算机辅助绘制的格网地图集，受到联合国开发署（UNDP）的高度评价，为天津市争取到了 1.3 亿美元的无息贷款为用于改善城市环境提供了有力的信息支撑。

1980～1990 年间，陈述彭先后主持黄河、长江洪涝灾害国家预警项目的研究。他首先在洞庭湖区域作试点，得到加拿大国际发展署的支持，设计建成了堤垸防洪数据库，曾经在东南亚 21 个国家组织的培训班上推广。黄河下游大堤防洪信息系统的设计，得到意大利国家实验室的资助。1994 年，陈述彭等受联合国邀请，赴孟加拉，担任防洪问题专家顾问。他提出了中国技术援助的修堤方案的建议。又应邀与荷兰、水利交通部合作，共同开展黄河新三角洲的环境评估，作为世界四大三角洲对比研究计划之一。此项成果获航天部遥感应用一等奖。

1989～1993 年间，陈述彭担任中国-巴西资源卫星应用分系统总设计师，陪同孙家栋总设计师前往巴西介绍中国遥感卫星应用的实践经验。他提出了"应用系统智能化总体设计方案"，主持研制了一系列规范和标准软件，并付诸实施。中巴资源卫星的双边合作，被誉为发展中国家和南-南合作的典范，延续至今，尚在顺利进行之中。

1993～1994 年陈述彭主持国家自然科学基金重大项目"遥感信息传输与成像机理研究"，组织对复杂自然环境条件下的电磁波传输、大气气溶胶订正、多角定量遥感与高光谱领域的院士和专家共同研究，通过国际同行评价，并获中国科学院自然科学奖一等奖。

1992 年，陈述彭与陈芳允院士合作，在美国华盛顿第八届空间科学大会，提出发展微小卫星星座的倡议，掀开了国内外开发微小卫星的序幕。陈述彭始终积极支持亚洲遥感会议，其第二届、十一届和第二十届均在中国主办，多次代表中国出席亚太地区空间应用学术会议，致力推进亚太地区的科技合作。为此，泰国授予他英特拉巴亚洲遥感贡献金奖（1999）。

（三）倡导地球信息科学

陈述彭晚年仍然孜孜不倦，致力于推进地球科学领域的信息化和现代化。在国家计委的支持下，1985 年筹建"资源与环境信息系统国家重点实验室"，陈述彭任主任。他在中国率先开展地理信息系统的开发与应用。同时在国家科委的支持下，与时任局长的叶选平同志等主持并组织 19 个部委的专家编写《资源与环境国家信息系统规范》的研究报告。他登高一呼，掀起了全国开展地理信息系统研究、教学与产业化的新高潮。

我国自主研制的资源环境系列卫星发射成功。空间信息获取能力增强，地理信息系统发展如火如荼，如日中天。陈述彭却冷静地指出，当务之急，是要加强从数据中挖掘信息，从信息提升到知识的能力建设，才能反映科学规律，直接高效地服务于国计民生，更加贴近人民生活。"没有技术支撑的科学队伍是落后的；没有科学理论指导的技术是盲目的"。他认为"数字地球"只是战略实施，地球信息科学才能夯实这一科学技术领域的科学基础。"数字地球"应该为世界和平服务，为缩小数字鸿沟，以区域可持续发展作为努力的目标。为此，陈述彭大声疾呼，"呵护地球"（1999，香港中文大学），连续 3 年，他在中国科学院研究生院开设暑期讲座，主编《地球信息科学》教科书，阐明地球信息科学是地球系统科学的分支和组成部分；是卫星遥感、导航定位和地理信息系统的集成；是地球科学和空间信息科学的交叉和分支。

在这部专著中，他执笔编写了"格网地图和网格计算"一章，宣传他的主张：他以简单的地理网格作为专题地图的共同框架，与先进的格网计算技术相融合，来解决地区科学数据的不平衡，来提高空间统计分析的可比性。他提出一种"地学信息图谱"的新理念，来表述地理景观的模式和规律，并作为空间分析环境虚拟的科学分析一种新方法。

为了推动地球信息科学的发展，1985年他创建了我国第一个资源与环境信息系统国家重点实验室，受到国家计委的表彰，评选为先进单位，获"金牛开拓奖"；1997年他创办《地球信息科学》杂志，并担任主编近10年。他支持香港中文大学建立"太空·地球信息科学研究所"，任学术委员会主任（2005）。他支持中国科学院建立"对地观测与数字地球科学中心"（2007），受聘为科学顾问。

（四）区域地理调查研究

秉承竺可桢、黄秉维、任美锷等老一辈地理学家的传统，强调地理学的综合性与区域性特征，从地理环境和资源、人与自然协调发展的视角，来审视区域开发与全球变化问题。

早在浙江大学学生时代，他曾熟读白吕纳《人地学原理》和《房龙地理》。接受严格的"小区域调查"野外观察技能训练。写成《遵义附近的相对地势》和《遵义附近的聚落》，后来收集在《遵义新志》当中（1947年初版，1986年再版）。

攻读硕士学位期间，他又和程路等4人，在云南滇池区域，进行水库淹没损失调查，编绘地图70余幅，对"滇池土地利用"、"螳螂川流域的地文与人生"进行了比较深入的综合研究。在那抗战烽火的年代，为保障国家钨锑锡汞等战略物资，他在黄秉维先生的指导下，编写了《华中盆地的矿产资源地图》。利用伪满和南满株式会社的资料数据，编写了《东北经济地理》（1947年）。

1945年，抗战胜利，浙江大学迁回杭州。他曾任浙江大学讲师，成立地理模型部，编写《西湖图集》等小册子，编绘《杭州城市全图》（1∶75万），设计并塑造全国和杭州、台湾、南京等地理立体模型，反映地质构造、土壤、植被和城市扩展历史的分布特征。这些模型受到中小学的欢迎，也启发了他编绘"中国地形鸟瞰图集"的构想。

1950年，他奉调到中国科学院，参加中国科学院地理研究所的筹建工作。继续在竺可桢、黄秉维先生的指导下，与周廷儒、施雅风教授一起，投入全国地形区划的调查研究工作。他们实地考察沁河流域、大别山区，穿越南岭和十万大山，勘察了七星岩洞穴系统、湖光岩火口湖和鼎湖山羚羊峡等地貌疑难问题，落实了秦岭-淮河线、热带北部分界线的定位。陈述彭分工编写了"华北地移"、"南岭山地"、"西南喀斯特峰林-盆地"等专题，最后，与同事们共同提出了我国第一幅《地形区划图》及其研究报告。

20世纪60年代以后，陈述彭主要精力转移到推动遥感应用与地理信息系统的发展，但他对区域开发与地理环境评估仍然十分关注。例如，他关注海岸带的调查研究，编写了《全国海岸环境问题的备忘录》，发表过《中国东部三角洲文明》。他还发起对英格兰海岸带考察，并深入北部湾和涠洲岛，调研生态环境变化，以策应他"以海岸线为基线"作为设计全球数据库的构想。又如，近年来他发表《我国城市发展的区域组合》、《北京城市空间结构的商榷》、《长江三角洲的世界魅力》、《京津联手，营造现代区域城市新格局》等论文，呼吁"数字城市应该本土化"。再如，他提出"欧亚大陆油气资源的地缘分析"，呼吁建立环境保护设置跨流域、跨省区的分支机构。他的研究成果和结论都是通过严谨的空间统计分析和区划方法，从人与自然协调发展的视角，来进行科学论证，并贯彻始终。

1990～1994年陈述彭被推选为中国地理学会理事长，中国自然资源学会副理事长，担任国务院环境委员会顾问，并获得首届中国地理科学贡献奖及中华绿色环境金奖。

（五）治学思路

60年来陈述彭致力于地球科学的信息化和现代化研究，与时俱进，锲而不舍。在现代地图学、对地观测、遥感应用、地理信息系统诸多领域，做出了开拓性的贡献，在方法、技术上有所创新，在理论上多有建树，著述丰硕。这些都与他的超前科学思路和务实的治学方针分不开。在他的地学生涯中，最凸显的有以下四个亮点：

（1）把握时空理念。运动是地球系统形成与发展过程中最基本的驱动力。地学研究的首要任务，就在于把握时空演化的基本规律和演化过程。从漫长的板块运动、地壳形变到瞬息间的地震、海啸；从沉积岩相千万年的变化到微生物的短暂的生命周期，都属于对地观测的自然现象和时空尺度的转换的科学范畴。地球信息科学的目标，就在于争分夺秒，快速及时地获取地球系统的各种动态信息，进一步深入分析加工、解读之后，争取评估和预测、预报，赢得比自然过程更快的一点点时间。辅助业务部门超前决策，精细工程措施，从而实现以信息流调控人流、物流和能量流，实现未雨绸缪，规划部署，统筹协调，防患于未然的目的。

（2）发掘图形思维潜能。地图公认为是地球科学的第二语言，通过国际化通用的图例符号，可以表达和存储极其丰富的信息量。陈述彭试图竭力发掘人类图形思维的潜能，他推荐用简易的格网制图和网格计算技术，来提高空间图形分析与空间统计分析的能力和效率。他主张通过知识挖掘，从海量数据中提取有效信息，去挖掘图形规律，来反演出自然界客观存在的地学信息图谱。探索科学与艺术的对接，从而拓展数字虚拟环境下的多维分析与再现。

（3）传承孕育创新。只有深刻地了解过去和现在，才有可能预见未来。只有站在巨人的肩上，才能高瞻远瞩。陈述彭多次参与国家中长期科技发展规划的制订，他非常重视学科发展的自身规律和历史经验。在古今中外的历史长河中，他对源远流长的地图学发展，重新作过全面系统的深入分析，从历史的轨迹和走势中，找准当代学科发展的生长点。例如，他从"计里画方"的启示，提炼出在新一代网格计算环境下的格网制图方法；从阐明区域分异的基础上，来分解景观制图单元，从而建立起树状结构的亚热带山地景观遥感制图组合图例。利用历史痕迹，追迹自然变迁等方法，建立了利用遥感图像数据，进行系列专题制图的理论和方法。他指出地图测绘技术在东西方文化中双向交流的本来面目，从而归纳出地图主体功能逐步向末端飘移的历史大趋势。

（4）战略与工程同步。地球科学研究，既要有坚实的科学理论基础，又要有务实的工程素养，应对国家重大需求的时候，既要有立足本国、放眼全球的宏观战略分析，又要有微观的大处着眼、小处着手的工程措施。缺乏理论指导的技术是盲目的，缺乏新技术支撑的理论则是落后的。对地观测航天工程有力地推动着地球科学的信息化和现代化；全球气候变化则深刻地揭露出能源的结构性危机与节能减排和生态文明建设的迫切。陈述彭主张：数字地球战略应该以区域可持续发展与为世界和平服务为宗旨，城市生态文明建设必须认真制订发展规划，加强环境评估，相辅相成，才能收到实效。

陈述彭对推进地球科学的信息化和现代化，不遗余力，他所提出的学科发展战略，都是同时依托工程措施来实现的。他认为把卫星遥感作为一种物理手段，把地理信息系统作为一种数字方法，同时加强对景观地球化学制图，加强数理化的综合集成，融会贯通，才能卓有成效地提高地学的时空分析能力和科学水平。这也是地学开拓创新的关键的前提。

三、陈述彭主要论著

Chen Shupeng. 1988. The Cenozoic volcano groups in China. International Congress of Pacific RIM at Golden Coast, Nov., Queensland, Australia.

Chen Shupeng. 1988. The shoreline as a baseline for global databases——a pilot study in China. Helen Mounsey, Tomlinson Roger F, eds. Building Databases for Global Science. London: Taylor and Francis: 202-215.

陈述彭. 1989. 陆地卫星中国地学分析国集. 北京：科学出版社.

Chen Shupeng. 1989. Pilot study of GIS assist to the development projects in the Yellow River Basin. International Workshop of Geographical Information System, Organizes by ESCAP/UNDP, Bangkok, Thailand.

陈述彭. 1990~2003. 地学的探索，1~6卷（地理学、地图学、遥感应用、地理信息系统、城市化、区域发展、地球信息科学）. 北京：科学出版社.

陈述彭主编. 1990. 遥感大辞典. 北京：科学出版社.

Chen Shupeng. 1990. An Application System and Its Intelligence for Earth Resource Satellite. 11th Asian Remote Sensing Conference, Oct. 1990, Guangzhou, China.

Chen Shupeng, Hu J. 1991. Geo-ecological Zones and Endemic Diseases in China——A Sample Study by Remote Sensing. Preventive Veterinary, Medicine. Amsterdam：Elsevier Science Publishes B V.

陈述彭，曾杉. 1992. 地球信息科学与地理信息科学. 地理研究，1（2）：1-11.

Chen Shupeng. 1992. The earth environmental observation satellite system and international cooperation. The 42nd Congress of the International Astronautical Federation, Aug. 28-Sept. 5, Washington, D. C.

Chen Shupeng. 1992. Dongting Lake geographic information system. The Canadian 2nd Conference of Geographic Information System, Ottawa, Canada.

陈述彭主编. 1998. 地球系统科学. 北京：中国科学与技术出版社：1-1229.

Chen Shupeng. 1999. Monitoring and mapping land-cover change in East Asia//The International Workshop on Remote Sensing Applications. Tokyo：Chiba University.

Chen Shupeng. 2002. A Curve-theorem based approach for change detection and its application to the Yellow River Delta. International Journal of Remote Sensing, 23（11）：2283-2292.

陈述彭，郭华东，王长林. 2003. 遥感应用与数字地球//中国科学进展. 北京：科学出版社：266-283.

Chen Shupeng. 2003. Geo-information Science and Digital Earth. Beijing：Science Press；Science Press USA Inc. ：1-740.

主要参考文献

同上。

撰写者

中国科学院地理科学与资源研究所资源与环境信息系统国家重点实验室（LREIS）编写组。该室系陈述彭院士主持创建的我国第一个地理信息系统（GIS）国家重点实验室（1985~），长期从事 GIS 的理论、技术与应用研究。编写组成员包括该实验室历届室主任和学科带头人。

邓静中

邓静中（1920~1994），四川什邡（现什邡市）人。经济地理和农业地理学家，我国农业地理学的主要开创者和奠基者，我国农业区划理论的创建者和实践者。1943年毕业于原中央大学地理系。曾任中国科学院地理研究所研究员、博士生导师，经济地理室副主任、农业地理室主任。他长期从事农业地理和农业区划研究。主编我国第一部农业区划理论著作——《中国农业区划方法论研究》，系统论述了农业区划的概念、性质、任务及理论方法。他曾三次主持或参加主持中国农业区划方案的制定。他作为主编之一编制的《全国综合农业区划》，制定了我国第一个综合农业区划方案，为国家制定农业规划和调整农业布局提供了科学依据。他首次系统地提出了农业地理学的定义、性质、任务和发展途径。在研究中，他将自然因素和经济因素相结合，重视自然条件的经济评价研究，强调实地调查和理论研究并重，提倡严肃态度、严密方法和严格要求的"三严"治学道路。邓静中在农业区划和农业地理研究上成就卓著，先后荣获国家科技进步奖一等奖（1985年）和中国科学院科技进步奖一等奖（1987年），并被国家农业区划委员会授予全国农业区划先进工作者称号。

一、简　　历

邓静中，1920年7月8日出生于四川省什邡县，1994年1月8日于北京逝世，享年74岁。

邓静中出生于四川省一个农民家庭。1927~1932年，就读于四川省什邡县第一小学。1932~1935年，就读于什邡县第一中学。1935~1938年，就读于成都师范学校。1938~1939年任四川省华阳县中和场和仁寿县文公场小学教员。1939~1943年，就读于重庆中央大学地理系。1943~1948年，在中央大学地理系攻读研究生兼助教。1948~1950年任江苏省省立苏州中学教员。

1950年8月，邓静中到南京中国科学院地理研究所工作。当年参加了湘黔铁路经济选线调查。1951年，调北京中华地理志编辑部工作，主持调查和编写了《华北经济地理》专著。

1955 年，受国家农业部委托，主持编写《全国农业区划初步意见》。1956 年，参加中国科学院和苏联科学院合作进行的新疆综合考察，并编写了《新疆棉花生产》研究报告。

1958 年，主持开展北京市昌平县小汤山人民公社规划。1960 年，主持并参加湖南省永兴县、湖北省孝感县土地利用调查和甘肃省民勤县治沙规划。1961～1962 年，主持编写《全国土地利用区划》和《全国农业现状区划》，并编辑了《全国农业生产特征与农作物分布图集》。

1963～1964 年，主持并参加"我国农作物复种地理北界"调查。1964～1966 年，主持并参加"河北省邯郸专区、甘肃省酒泉专区农业区划工作"。

1968 年"文化大革命"期间，去湖北省潜江县"五七"干校劳动锻炼。1971 年回所到经济地理研究室工作。

1972～1975 年，参加吴传钧先生主持的《中国农业地理总论》专著的编写工作，撰写了《农业自然条件评价》重要篇章。该成果获 1987 年中国科学院科技进步奖一等奖。

1979～1980 年，受国务院农业区划委员会的委托，在周立三先生主持下，他作为主编之一编写了《中国综合农业区划》专著。该成果获 1985 年国家科技进步奖一等奖。

1980 年 8 月，他作为中国农业自然资源与农业区划专家考察团成员之一，赴法国进行访问考察。1984 年，受中国科学院的委托，与南京土壤研究所席承藩先生一起主持编写《黄淮海平原综合治理和农业发展问题》专著。

1982 年，全国农业区划委员会聘他为特邀研究员，1985 年被聘为全国农业区划委员会顾问成员，1987 年被聘为国家科技进步奖自然资源行业组评审委员。1990 年获国务院颁发的科学研究事业突出贡献者政府特殊津贴。1993 年获《中国大百科全书》编辑出版荣誉证书。

邓静中自 1950 年至 1994 年，在中国科学院地理研究所工作，历任助理研究员、副研究员、研究员、博士生导师，曾任农业地理组组长、农业地理室主任、经济地理室副主任，中国地理学会经济地理专业委员会委员。

二、主要研究领域和学术成就

（一）农业区划理论与方法研究

邓静中是我国农业区划理论与方法的主要奠基人之一。早在 20 世纪 50 年代起，他就从事农业区划的理论与方法研究。1958～1960 年，主持编著了我国第一部农业区划理论著作《中国农业区划方法论研究》。该专著是通过对辽宁、河北、江苏、广东等 14 个省区进行实地调查，广泛吸取国内外有关农业区划的各种经验，结合我国农业发展的方针政策和实践要求，论述了农业区划的概念和任务，阐明了农业区划的原则、种类和分级，提出了农业区划工作的内容、步骤和方法。该专著是结合我国实际关于农业区划理论和方法系统论述的第一次尝试，对后来我国开展农业区划工作起到了重要的促进和指导作用。

1962 年，邓静中在《光明日报》上发表了《农业区划——因地制宜地领导农业生产的重要科学依据》一文，明确指出农业区划是因地制宜指导农业生产的重要基本功，是用严格态度领导农业生产的一种科学手段，是制定规划和合理布局农业生产的重要科学依据。这些科学论点后被 1963 年全国农业科技工作会议制定 10 年农业科技规划所采纳，在 1978 年全国科学大会上，农业区划被列为农业科技发展规划 108 项重点任务的第一项。1980 年和 1984 年，他先后又发表了《我国农业地域分异规律和农业区划系统》和《农业区划的性质、任务和进一步深入问题》两文，进一步阐明了农业区划工作的科学性质及主要任务，拟定了农业区划划分的依据、方法和分区系统，提出开展农业资源调查与评价、研究大范围地区农业布局调整、农业生产地域专业化等 6 大问题，为深入开展农业区划工作指明了方向。1987 年，他又发表了《加强农业区划基础理论研究，大力提高农业区划的科学水平》一文，进一步阐述了农业地域分异规律的内涵、农业区划的指标系统、区划界线与多指标综合、农业动态区划、农村经济区划等 7 大理论问题，为提高我国农业区划科学水平起到了重要作用。

根据邓静中多年从事农业区划理论与方法的研究，其主要学术贡献可以归纳为以下 6 个方面：

1. 农业区划的概念

农业区划就是通过区划的方式，按照农业生产自然、经济条件和农业各部门地区分布和相互联系的规律，依据农业地域的共同性和区间差异性，划分不同类型、不同等级的农业区，全面地阐明各地区农业发展的条件、特点、方向、问题和途径，从而为因地制宜地开发利用各地区农业自然条件和资源，制定农业发展规划和技术政策措施提供科学依据。

2. 农业区划的科学性质

农业区划是在深入研究农业地域分异规律的基础上，综合地、宏观地研究因地制宜发展农业问题，为农业规划和决策提供基本科学依据，属应用基础性研究工作。农业区划是一项综合性强、涉及面很广的科学研究任务，是地理科学与农业科学共同研究的领域。

3. 农业区划的特征

农业区划具有三个特征：①区域性。农业区划要查明农业生产地域差异的表现，分析地域差异形成的原因，研究不同地域差异采取不同的方法和措施。②综合性。农业区划要研究农业生产与自然、技术、经济条件的关系，分析农、林、牧、副、渔各业之间及农作物之间的关系，综合地解决农业发展问题。③宏观性。农业区划是对较大范围、因地制宜地发展农业生产的宏观研究，具有较大的概括性和长远性，为农业区域发展和总体布局提供依据。

4. 农业区划的依据

划分农业区划有四条依据：①发展农业生产的自然条件和社会经济条件的一致性。②农业生产基本特征与进一步发展方向的一致性。③农业生产关键问题与建设途径的一致性。④基本保持行政区界的完整性。这四条依据中，前面三条，包括大量的指标，涉及综合农业区划的全部内容。这些内容可以概括成为五个方面，十个字，即条件、特点、潜力、方向、途径。第四条是有关行政区划界线，主要考虑利用统计资料的方便，也考虑到农业区划实际应用上的便利。

5. 农业区划的指标系统

农业区划指标系统应包括两类：一类是自然指标（热量、水分、地形等），另一类是经济指标（部门结构、生产水平、专业化程度等）。根据中国国情，农业区划应兼顾自然指标和经济指标，而且要着重考虑主导指标。在全国综合农业区划（一级区划）中采用36个指标，包括面积、农业、人口、耕地比重、农业部门结构、农业生产水平、林业与畜牧业比重等。

6. 农业区划的区划系统

农业区划一般分为三级：①全国性农业区划。从全国范围来考虑农业合理的地域分工，作为国家制定全国总的农业发展规划和因地制宜地向各省区分配农业发展任务的依据。②省级农业区划。以全国性农业区划所拟定各省区主要农业部门地域生产分工的任务为基础，进一步研究省区内各地区农业生产的条件及其对农产品的需求，进行省内农业区划，作为向省内各地区分配农业发展任务的依据。③县级农业区划。根据省级农业区划所确定的每个区的农业生产分工任务，按照各县区和乡镇的具体条件进行区划，因地制宜地把农业生产分工的任务部署下去。关于农业区划的命名，在全国一级农业区划中采用方位及大地势，二级农业区划采用方位、地形及主导发展部门，三级农业区划采用方位、主导农作物及发展措施。

（二）农业区划的实践研究

邓静中是中国农业区划的倡导者和实践者。早在建国初期的 1955 年，受农业部的委托，主持开展了中国农业区划研究，提出了"中国农业区划初步意见"，将全国划分为 6 个农业地带和 16 个农业区。其中 6 个一级农业地带为：①华南农业地带——以热带、亚热带植物、双季稻，一年三熟为其特色。②华中农业地带——以水稻、经济林产，一年二熟为其特色。③华北农业地带——以小麦、棉花，大部分二年三熟为其特色。④东北农林地带——以大豆、高粱、森林，一年一熟为其特色。⑤西部畜牧农林地带——以畜牧及沃洲农业为其特色。⑥海洋渔业地带。这是我国解放后第一个全国性的农业区划方案，对我国第一个五年计划期间农业发展起了一定的指导作用。

1962 年，针对 20 世纪 50 年代后期"大跃进"运动给农业发展和布局带来的严重后果，邓静中再次受农业部的委托，在全国第二次土壤普查的基础上，主持编制了《全国土地利用现状区划》，后经改编成《全国农业现状区划》，将全国划分为 4 个一级区，12 个二级区，51 个三级区，129 个四级区。其中 4 个一级农业区为：北方农业区、南方农业区、西北农业区、青藏高原农业区。该区划方案还划定了全国三条重要的农业区划界线，即：①北方旱地农业与西北灌溉农业两大区的分界线。②北方旱地农业和南方水田农业及亚热带、热带经济林两大区的分界线。③青藏高原边缘线（西部高原牧业与东部农业分界线）。该区划方案从全国范围内考虑了农业发展的总体部署，拟定了农业技术政策和农业技术改革的方向与重点，具有重要的指导意义。在这项工作的基础上，主持编写了国内第一本《全国农业生产特征与农作物分布图集》，全面反映了中国农作物的类型结构、生产特点及其地域分布规律。

1978 年我国召开了全国科学大会，农业区划被列为全国科学技术发展规划 108 项重点任务之首，掀起了第三次农业区划的高潮。1979~1980 年，在国务院全国农业区划委员会的领导下，邓静中作为主编之一参加主持编制《中国综合农业区划》专著，负责拟定全国综合农业区划的分区方案。该方案将全国划分为 10 个一级农业区，38 个二级农业区。其中 10 个一级农业区为：①东北农业区。②内蒙古及长城沿线农业区。③黄淮海农业区。④黄土高原农业区。⑤长江中下游农业区。⑥西南农业区。⑦华南农业区。⑧甘新农业区。⑨青藏农业区。⑩海洋水产区。该区划方案为我国因地制宜地规划和部署农业生产提供了科学依据,有力地推动了全国各省、区、市及县级农业区划工作的蓬勃开展。这是我国改革开放以后最权威的农业区划方案,具有很强的科学性和广泛的应用性。

邓静中在进行上述全国综合农业区划时,特别重视农业区划界线的研究。他认为没有界线不成区,任何区都必须有界线,界线是区划不可分割的部分。农业区的界线应当画在农业生产基本特征发生质变的地方。但这种地方,很少是一条线,更多的情况是一个过渡带。他通过分析研究全国农业生产地域分异的大势,将全国划分为上述 10 个一级农业区,并确定了各区间的主要界线:

(1)乌兰察布盟西部—伊克昭盟中部—乌鞘岭线。此线相当于旱作农业的可能界线。线以东,属荒漠草原和干草原气候,旱作农业通常是可能的。线以西,属荒漠气候,降水量一般不到 250mm,干燥度在 4.0 以上,除少数水分较多的山地和山前地方外,没有灌溉就没有农业。此线作为内蒙古区和甘新区的分界线。

(2)东北区界线。大部位于大兴安岭东南侧,北段位于大兴安岭西侧。此线以东是以农林为主的东北区,线以西是以农牧为主的内蒙古区。用此线作为内蒙古及长城区与黄淮海区和黄土高原区之间的界线。

(3)燕山—长城线。此线在吕梁山以东,大致相当于农作物复种北界。吕梁山以西,大致为风沙前缘农牧区与黄土丘陵沟谷区之间的分界。用此线作为内蒙古及长城区及黄淮海区和黄土高原区之间的界线。

(4)淮河—秦岭线。此线是我国东部农业地理上最重要的南北分界线,是亚热带北界,也是降水和蒸发基本平衡(干燥度为 1.0)的界线。线以北是以旱地为主的北方农业,线以南是以水田为主的南方农业。用此线作为北方的黄淮海区和黄土高原区与南方的长江中下游区和西南区的分界线。

(5)华南区界线。大致相当于南亚热带北界,是多种热带作物可能推广种植区的北界。用此线作为长江中下游区和西南区—华南区的分界线。

(6)太行山及豫西丘陵山地界线。作为划分以平原为主的黄淮海区和以丘陵坡地为主的黄土高原区之间的界线。

(7)豫西—鄂西—湘西—桂西线。用此线划分以平原丘陵占优势的长江中下游区和以丘陵山地为主的西南区之间的界线。

(8)青藏高原边缘线。此线作为划分青藏高原区和西南区、华南区、甘新区之间的界线。

邓静中还十分重视农业区划试点研究与经验总结。1964 年，他亲自带队前往河北省邯郸专区开展农业区划试点工作。1965 年，他又到甘肃省酒泉专区参加农业区划试点工作。在总结试点工作经验的基础上，撰写了《全国农业区划的若干问题》重要论文，全面阐述了农业区划的要求和特点、农业分区的依据和指标、分区的界线和系统、分区生产发展方向等重要问题，对全国农业区划工作的开展起到了引导和指导作用。

（三）我国农业生产发展布局研究

邓静中通过多年农业区划工作的实践，对我国农业生产发展布局和农业区划工作提出一些重要的观点和建议。

（1）我国农业生产地域专业化问题研究。实现农业地域专业化，使各地区间农业生产有合理的专业生产分工，优化结构，协调发展，这是农村商品生产大规模发展的必然趋势，它将为实现农业现代化提供有利条件。农业生产地域专业化的出现是世界各国农业商品生产发展的普遍现象。但是，我国与外国很不相同的情况是：农村人口比重高，农村就地自给的需要量大。这样，实现农业生产地域专业化和专业化程度都必然有一定的局限性。特别是像日常生活大量消费的产品如粮食、蔬菜、副食品等，不可能实现大规模的地域专业分工，如像美国那种粮食地带、奶牛地带、蔬菜地带等。另外，我国山地多，自然条件多样性也会带来生产的多样性而不是单一性。因之，在我国实现农业地域专业化的方式、专业化程度和实现步骤，不能照搬外国模式，应具有中国的特色。在我国，应结合农村商品生产的发展，把计划经济要求与市场经济机制结合起来，全面考虑农业生产布局和农业生产地域专业化，这是一个有待研究的新的理论问题。

（2）大范围地区农业布局的调整问题。从全国来看，由于我国农业长期处在自给半自给经济条件下，农业生产布局分散现象相当普遍，致使一些条件不尽适合，基本生产条件差，技术力量薄弱，耕作粗放，因而单产低而质量差，经济效益很差。从我国农业生产发展的大局来看，我国人均耕地不多，扩大耕地的潜力有限，发展农业生产的基本途径是集约化经营，使所有耕地实现稳产高产。这除了采取各种增产技术措施外，还应当从作物布局上进行调整，大幅度地减少那些生态条件不适合，因而长期低产的作物种植，因地制宜，适当集中，尽可能使所有耕地都种上生态条件最适合的作物，充分发挥土地资源最佳利用。为此，要按照扬长避短、发挥地区优势的原则，生态效益和经济效益相结合的原则，合理确定各地区农业生产发展方向和结构布局。

（3）生态平衡严重失调地区调整农业生产结构、改变落后面貌途径研究。我国有些地区由于以往长时期农业自然资源利用不合理，实行掠夺性经营，造成生态平衡严重失调，多灾低产。最突出的有三个地区：一是晋陕甘黄土高原地区，特别是晋西、陕北、陇东、陇中的黄土丘陵沟壑地区。二是从内蒙古东部及中南部经河北坝上至陕北、宁夏南部的半农半牧地带，也是国内最主要的沙漠化地带。三是南方丘陵地区。对这三类地区，要因地制宜调整农业生产结构，改变不合理的土地利用方式。为此，一要全面综合地研究和论证调整农业生产结构的方向，不仅论证全地区，还要分别不同类型地区，因地制宜各有侧重，不能"一刀切"。二要研究调整农业生产结构的步骤和重大措施。不同类型地区应根据生产和生态恶性循环危害程度和当地经济技术条件分别论证，按照先后缓急进行调整，并采取重大的措施，有的重大措施涉及制定特殊政策问题，更需要进行综合研究和科学论证。四要根据各地区的条件和特点，合理调整农业生产方向。如南方山区和东北山区，应从农林区逐步改变为林农区；半农半牧区，应由农牧区改变为牧农区；黄土高原地区，应从单纯的农业区逐步转变为牧林农区。

（4）农业区划扩展为农村经济区划的研究。改革开放以来，乡镇企业、村办和个体经营工副业迅猛发展，大量农村劳动力向第二、第三产业转移，不少地方第二、第三产业产值超过了农业，传统农业成了副业。随着我国农村商品经济的兴起，生产、加工、运输、销售一条龙的发展，农业和第二、第三产业的联系越来越紧密。这样，搞农业区划就不能仅仅局限于传统的农、林、牧、渔、副业，同时要包括工、商、建、运、服务业在内，从而把农业区划扩展成为农村经济综合区划，这是合乎逻辑的发展。但是，这样一来区划的性质便起了重大变化，因为经济再生产和自然再生产过程的交错是农林牧渔业生产的重要特点，但工商运服却不具备这个特点。农业区划的主要依据无一不是自然、经济条件的一致性，但农村经济综合区划带有综合经济区划的性质，因而就不能简单的套用农业区划原则，必须参考综合经济区划的原则和方法。因它带有更多的农村特色，也不能简单地套用综合经济区划的理论和方法，必须从实际出发有所创新。

（5）开展农业区划的理论和方法研究。开展农业区划理论和方法研究，一要从已有的实践经验进行总结，上升为理论；二是可借鉴外国先进经验，结合我国实际，进行理论探索。关于农业区划的理论、方法，他提出8个方面：①农业区划的原则、依据和体系问题。②区划的统一指标或主导指标问题。③区划的定量指标体系问题。④区划多指标的综合问题。⑤农业区划界线的性质和类型问题。⑥农业水平地带性和垂直地带性在农业区划中的处理问题。⑦农业动态区划中时间和空间结合问题。

⑧农业地域类型的系统问题。这些问题，都有待结合实践经验进一步进行研究。

（四）自然条件的经济评价研究

邓静中在农业地理学研究中，特别注重对自然条件进行经济评价。1962 年，在长春市召开的中国地理学会经济地理学术会议上，发表了《自然条件农业评价的初步经验》论文。在此基础上，他于 1963 年又撰写了《经济地理学对自然条件的评价》论文（地理学报，第 29 卷第 1 期）。该论文首先指出经济地理学对自然条件评价，是用社会经济的尺度和生产实践的尺度，在技术可能性的基础上进行经济合理性的论证，提出合理开发利用的可能方向和方式，并估计到开发利用的预期经济效果。经济地理学评价自然条件的主要目的，是为了揭露自然条件和生产布局之间的关系，揭露自然条件和地区生产发展特点之间的关系，为实现合理的生产布局提供一项重要的科学依据。

该论文提出了自然条件经济评价的基本原则：①评价自然条件必须从生产发展和生产布局的要求出发。②综合分析自然条件，重点深入分析主导因素。③在技术可能性的基础上论证经济合理性。论文提出了经济地理学对自然条件评价的基本内容：①自然条件的地理分布和地域结合特征，及其对生产发展和生产布局的影响。②自然条件的类型、数量和质量特征，及其对生产适合程度与保证程度。③自然条件合理开发利用的可能方向与方式，及其技术经济前提。④自然条件开发利用的预期经济效果，及其可能引起自然条件的反作用对生产后果的估计。

该论文提出了自然条件经济评价的基本程序和方法：①了解一定生产部门对自然条件的要求及其具体指标。②按照生产发展要求综合分析一定地区内有关的自然条件。③在综合分析的基础上，找出主导因素，并注意主导与非主导因素之间的内在联系。④深入分析主导因素。⑤根据不同等级的主导因素，并联系次要因素，划分不同等级的自然条件经济评价类型区。⑥按类型分别论证合理开发利用的可能方式和方向、技术经济前提与经济效果。

1972～1975 年，邓静中在《中国农业地理总论》专著中，精心撰写了《我国自然条件的农业评价》重要篇章，从发展农业生产的要求出发，首先概括评价了全国地形特征、光照条件、热量条件、水分条件、土壤条件等单项自然条件对农业生产的有利和不利方面。然后以地域为单位，综合剖析了各项自然条件的地域组合及其对农业生产的有利与不利影响，并指明了各地区在农业生产上合理利用自然和改造自然的方向与途径，为我国因地制宜发展和布局农业生产提供了科学依据。该章列为经济地理学评价自然条件的范文，得到经济地理界的普遍好评和广泛引用。

（五）农业地理学的研究

邓静中是中国著名的农业地理学家。早在新中国建国初期，他就投入农业地理调查和农业地理学研究工作。1954 年，他在《地理学报》上发表了《冀南地区农业经济地理》论文。1956～1957 年，他先后参加了内蒙古、新疆地区综合考察和华北地区经济地理调查，编写了《内蒙古自治区经济地理》、《新疆棉花生产》和《华北地区经济地理》等专著中的农业地理篇章。1960 年，他主持并参加了湖南省永兴县、湖北孝感县土地利用调查和北京市昌平区小汤山人民公社规划工作。1963 年，他主持并参加了我国农作物复种地理北界调查研究。这些都为其进行全国农业区划和农业地理研究打下良好基础。

1961 年，在多年进行大量农业地理研究实践的基础上，他总结和撰写了《论农业地理学的性质、任务和发展途径》重要论文。1981 年又为中国农业经济年鉴撰写了《中国农业经济地理》一文，全面阐述了中国农业发展的条件、特点及地域分布规律。1984 年，他在《中国大百科全书・人文地理》"农业地理"条目中，再次系统论述了农业地理学的定义、性质、历史、任务、内容、方法，初步形成了具有中国特色的农业地理学理论体系，受到国内外农业地理和经济地理界的关注。

邓静中在农业地理学的理论建设上提出了一系列学术论点，为我国农业地理学的发展做出了开创性贡献。主要表现在以下 5 个方面：

（1）农业地理学的性质。农业地理学定义为研究农业生产地域分异规律的科学，是经济地理学的一个分支，也是农业科学的一个研究领域。农业地理学在其发展历史上大部分是作为经济地理学的一个分支来表现的，但农业地理学比起其他部门经济地理学来说，和自然地理学联系特别密切。农业地理学是自然地理科学、农业技术科学与农业经济科学相互交错而形成的研究领域。它既具有地理科学的基本特征，也具有农业科学的某些特点。农业地理学是处于地理科学和农业科学相交汇的领域，它是典型的边缘科学。

（2）农业地理学的特征。农业地理学具有两大特征：一是综合性，不是单个地研究个别现象，而是综合地研究农业生产各种现象的相互联系及其具体表现，分析各种现象的变化规律。二是地域性，始终着眼于一定的地域，着眼于具有地域性特征的现象的综合，因而地图分析方法也就成为农业地理学独特的手段。

（3）农业地理学研究的任务。农业地理学的科学任务是研究农业生产作为整体及其各个部门、各个环节客观存在的地域差异特征及其表现形式，研究其形成的自然的、技术的和社会经济的原因，探索其形成过程及变化发展趋势，研究由于农业生产地域分异而形成的各种农业地域类型和农业区的形成、结构与发展。

（4）农业地理学研究的内容。主要包括：①自然条件和自然资源的农业评价。②农业配置和农业地域特征的历史地理考察。③社会经济条件在农业配置和农业地域特征形成发展中的作用。④技术条件在农业配置和农业地域特征形成中的作用。⑤农业生产各部门的分布与发展的条件和规律性。⑥土地资源合理利用的条件、方式和类型。⑦农业部门结合类型及其分布规律。⑧农业生产水平的地理研究。⑨农业地域类型和农业区划。⑩农业生产动态类型研究。⑪农业地图学。⑫统计方法和数学方法在农业地理研究上的应用。

（5）农业地理学发展途径。①坚持理论联系实际的为农业服务的正确道路，明确主攻方向。②采取专题分析与综合研究相结合、实地调查与室内研究相结合、地图方法与统计方法相结合的正确的工作方法。③不断地吸收有关学科的研究成果，以加固农业地理的知识基础。④不断地吸取农业地理学的国际研究经验。

三、邓静中主要论著

邓静中. 1944. 河西南疆间之交通路线. 南京：中央大学研究院理科研究所.

邓静中. 1949. 论地理学上几种错误观念. 地理学部丛刊，第七号；地理，6（2-4）.

邓静中. 1955. 全国农业区划的初步意见. 农业部计划司委托刊印.

邓静中. 1956. 内蒙古自治区经济地理（农业地理部分）. 北京：科学出版社.

邓静中. 1957. 新疆棉花生产. 地理知识，8（5）.

邓静中. 1957. 华北区经济地理（农业地理部分）. 北京：科学出版社.

邓静中. 1960. 中国农业区划方法论研究. 北京：科学出版社.

邓静中. 1961. 论农业地理学的性质、任务及发展途径//中国地理学会经济地理专业委员会. 中国地理学会 1961 年经济地理专业委员会论文集. 北京：科学出版社.

邓静中. 1962-12-20. 农业区划——因地制宜领导农业生产的重要科学依据. 光明日报.

邓静中. 1963. 自然条件农业评价的初步经验. 地理学报，（1）.

邓静中. 1963. 全国农业现状区划的初步探讨. 地理学报，（2）.

邓静中. 1964. 论农业区划的概念、内容和方法. （全国农业区划经验交流会文件）.

邓静中. 1976. 我国自然条件的农业评价//吴传钧主编. 中国农业地理总论. 北京：科学出版社.

邓静中. 1978. 农业区划的回顾与展望//中国地理学会. 中国地理学会经济地理学术会议文件. 北京：科学出版社.

邓静中. 1979. 关于开展我国农业区划工作的几个问题//全国农业自然资源调查和农业区划会议文件. 北京：农业出版社.

邓静中. 1980. 我国农业地域分异规律和农业区划系统//全国农业区划办公室. 全国农业区划学习班教材.

邓静中. 1981. 中国农业经济地理//农业部农业经济司. 中国农业经济年鉴. 北京：农业出版社.

邓静中.1982.全国综合农业区划若干问题.地理研究,(1).

邓静中.1984.农业区划的性质、任务和进一步深入问题.农业区划,(4).

邓静中.1987.加强农业区划基础理论研究,进一步提高农业区划的科学水平.农业区划,(5).

主要参考文献

邓静中.1960.中国农业区划方法论研究.北京:科学出版社.

邓静中.1961.论农业地理学的性质、任务及发展途径//中国地理学会经济地理专业委员会.中国地理学会1961
年经济地理专业委员会论文集.北京:科学出版社.

邓静中.1963.自然条件农业评价的初步研究.地理学报,(1).

邓静中.1984.农业区划的性质、任务和进一步深入问题.农业区划,(4).

石亿邵.1994.追记我国经济地理学家邓静中先生//中国科学院地理研究所编.邓静中地理研究文集.

撰写者

郭焕成(1936~),山东聊城人。中国科学院地理科学与资源研究所研究员、博士生导师,曾任农业与乡村地理
研究室主任。长期在邓静中先生指导下从事农业地理与农业区划研究。(本文写作中吸收了原农业地理室徐
志康研究员的意见)。

曾昭璇

曾昭璇（1921～2007），广东广州人。地理学家，南粤优秀地理教师。1943 年毕业于中山大学地理系，1947 年研究生毕业于该校历史研究所人类学部，获硕士学位。1951 年起在华南师范学院地理系任教，1960 年任教授，1978～1982 年任地理系主任，1958 年兼任中国科学院广州地理研究所研究员、地貌研究室主任。1981 年兼任中山大学人类学系教授。曾任中国地理学会理事、广东省地理学会副理事长等职。学术上，他学识渊博，在自然地理学、地貌学、人类地理学、历史地理学和方志学等多方面，均卓有建树。其中他创建了"岩石地形学"和"历史地貌学"等二个新学科，创新了"人类地理学"学科。而且在丹霞地貌、热带石灰岩地貌、流水地貌、韩江和珠江三角洲地貌、海岸地貌、我国南海珊瑚礁地貌、综合自然地理和历史地理等方面的研究尤为突出。还提出多种新理论、新观点、新概念和新方法。从多方面大力推动了我国地理学的发展。他参加主编的《地貌学》教材获原国家教委一等奖，他参与撰写的《中国自然地理·地貌》、《中国自然地理·历史自然地理》获中国科学院科技进步奖一等奖。2000 年获中国第四纪功勋科学家称号，2004 年获中国地理科学成就奖。

一、简　　历

曾昭璇于 1921 年 12 月 25 日出生于广东省广州市，2007 年 8 月 14 日病逝于广州，享年 86 岁。

曾昭璇出生于书香世家，父亲曾广衡为岭南画派创始人之一何丹山之弟子，母亲黄柳河是家庭妇女，兄妹 5 人，他居第二。在父亲熏陶和教育下，他学会了绘国画。又在其父亲引导下，爱读《徐霞客游记》一书，徐氏的艰苦游历，不但令曾氏向往祖国山河及热爱地理，而且被他百折不挠的精神所感染。

1927 年进入广州南武小学及初中读书，1936 年以优异成绩毕业。同年以高中同等学力考进中山大学地理系，但因年小而未被父母同意入学。1938 年再次考入中山大学。1939 年 12 月广州沦陷，他与兄昭钜（1938 年考入中山大学林学院）随中山大学迁往云南澄江，靠学校"贷金"（助学金）来完成其学业。

大学期间，深受地理系吴尚时教授的影响。吴氏原留学于法国，1935 年归国后，生活虽然清贫艰苦，但对教师职业从不动摇。吴尚时痛恨国民党政府黑暗腐败，鄙视权贵，其高尚的做人风格，敬业和敢闯精神，以及实事求是的治学态度，深得曾氏的敬仰和学习。抗战期间生活艰苦，还要经常野外实习，但曾氏毫不气馁。在 1940 年中山大学由云南迁回粤北坪石后，曾昭璇常与吴尚时穿越于粤北与湘南之间进行考察。其间，曾氏曾经二次坠崖遇险，得救后亦处之泰然。通过四年的学习和锻炼，他已成为一个艰苦好学的青年，并陆续发表文章。1943 年以优良成绩毕业，并留校当助教，成为吴尚时的得力助手。

1944 年秋，曾氏考入中山大学历史研究所人类学部攻读研究生。读研期间，得到导师杨成志、老师朱谦之、郑师许、王力、王文山等指点，学习人类学、民族学、民俗学、中国文化史、考古学、语言学、社会学等基础课。通过调查，取得了云南大理族、罗罗族（彝族分支），贵州苗族、土家族、水族，广西壮族，粤北瑶族等少数民族资料。阅读过大量有关印度尼西亚、大洋洲资料，1946 年写成毕业论文《我国东南部与大洋洲人类地理学的比较研究》，获得硕士学位。同年转任历史政治系助教，兼南武中学地理课教师。

1947 年赴福建泉州任国立海疆专科学校地理课讲师半年。1947 年冬得长兄相助，赴台湾参加梁希组织的山林考察团，对阿里山、玉山、碧山、日月潭及高山族作调查。1948 年 2 月回到大陆，辗转于湖北师范学院、南宁师范学院及广州南武中学任教。1948 年底，受广东省文理学院院长何杰之邀，任该院地理系代主任、副教授。

1949 年 10 月 14 日广州解放，曾氏热情投身于各项社会活动。1950 年参加广东高校学生北上观光团（任顾问）；1951 年参加番禺县土地改革运动；1952 年参加中央民族访问团中南分团，访问海南岛黎族、苗族和粤北瑶族。1951 年 10 月，以广东省文理学院及中山大学师范学院为基础的高校合并，组成了华南师范学院（现华南师范大学）及地理系（现地理科学学院）。自此，曾氏一直在该校地理系任教，1960 年任教授，1978～1982 年任系主任，1979 年招收硕士研究生。1958 年兼任中国科学院广州地理研究所研究员、地貌研究室主任。1981 年兼任中山大学人类学系教授。

新中国成立后，曾氏经常接受国家任务，参加地理调查考察工作。如 1955 年的韩江流域地貌调查；1957 年的珠江三角洲综合考察；1956 年任"中国科学院华南热带生物资源综合考察队"自然组组长，参加了广西十万大山考察（1956 年），桂西南、桂中考察（1960 年），桂西北考察（1963 年）；1960～1961 年参加粤中、粤西海岸调查；1963～1964 年进行海南岛及粤东珊瑚礁调查；1973～1974 年进行珠江下游河道历史时期变迁的调查；1976～1977 年参加珠江三角洲历史时期河道变迁的调查；1978～1979 年进行黄山调查；1979 年进行武夷山、浙江永康方岩调查；1981 年 7 月参加西沙群岛永乐、宣德环礁调查；1984 年进行滇西北大理至石鼓金沙江畔的调查；1987～1989 年他引进中加合作（中国的华南师范大学、广州地理研究所，加拿大的多伦多大学）研究"华南花岗岩地区土壤侵蚀及其整治"课题，并任中方指导。上述考察，均有相应成果（见曾新、曾宪珊编著《曾昭璇教授著作编年》2004 年）。1993 年获"南粤优秀地理教师"称号，2004 年获"中国地理科学成就奖"（10 名著名地理学家之一），2006 年获"中国第四纪功勋科学家"称号。他主编（之一）的《地貌学》高校教材获国家教委一等奖。他参加编写的《中国自然地理·地貌》及《中国自然地理·历史自然地理》，获中国科学院科技进步奖一等奖。

曾昭璇兼任社会职务有：中国地理学会理事、地貌与第四纪专业委员会委员；中国第四纪研究会委员，兼第四纪珊瑚礁分会主任委员，兼热带亚热带第四纪环境变化研究分会委员；全国高校地貌学教研会名誉理事长；中国地质学会岩溶专业委员会委员；中国都市人类学会顾问；中国民俗学会理事；广东省地理学会副理事长；国际第四纪研究会第 15 届大会（1999 年）荣誉委员；加拿大皇家地理学会名誉委员，等等。

他是 1983 年第六届全国政协委员。1984 年参加中国共产党。1992 年获国务院政府特殊津贴。

二、主要科学研究成就、学术思想及其影响

（一）主要科学研究成就

曾昭璇的科学研究领域较广，其中包括地貌学、自然地理学、人类地理学、历史地理学、方志学等，都有出色的贡献。他创建了"岩石地形学"和"历史地貌学"学科，创新了"人类地理学"学科。而且在丹霞地貌、热带石灰岩地貌、流水地貌、韩江和珠江三角洲地貌、海岸地貌、我国南海珊瑚礁地貌、综合自然地理和历史地理等方面的研究尤为突出。还提出多种新理论、新观点、新概念和新方法。从多方面大力推动了我国地理学的发展。

1. 创建"岩石地形学"

曾昭璇十分强调岩石在地貌（形）发育过程中所起的重要作用，认为它是组成

地貌的物质基础，地貌就是岩石与动力作用下的产物。但过去的地貌学都没有把岩石的地貌特征反映出来。因此曾氏于 1960 年建立了"岩石地形学"新学科，把花岗岩、玄武岩、页岩、砂岩、黄土、红土、石英岩、片岩及石灰岩（喀斯特）地貌纳入其体系内。将其中在气候影响下的高山花岗岩地貌、热带花岗岩地貌及干燥区花岗岩地貌等作了详细论述，并把石蛋地貌作为花岗岩地貌中的重要类型加以分析，而且把它的出露程度作为衡量花岗岩地区水土流失的指标。他对由红色砂岩所造成的"丹霞地貌"的研究十分出色，并总结出丹霞地貌的 5 大特征。对它的形成过程、地貌生成与岩石构造和外力作用的关系等分别作了分析，成为以后研究丹霞地貌的基础。他是著名的喀斯特地貌学家，对我国热带喀斯特地貌的发育，提出不少新见解，如典型的热带喀斯特地貌类型、峰林石山的分类、峰林石山的两种发育模式、热带喀斯特地貌发育过程、石芽分类、水平溶洞特征与分类等。此外，还引用了古人或民间的地貌术语，如石山、土山、槽谷、坝子、峒、石钟、石锅、石田等，发扬了我国文化传统。

2. 流水地貌研究的贡献

（1）提高散流、暴流地貌的研究水平。曾昭璇认为国内外对散流及暴流地貌的研究都十分薄弱，而且多从土壤侵蚀角度出发去研究水土流失问题。我国以北方黄土区的研究占多。曾氏在全面分析两种流水地貌的基础上，特别对散流的坡面作用过程作了详细分析。同时指出地理学家彭克（W. Pench）的"坡面发育"学说的缺点之一，是过分夸大了风化作用和块体搬运作用，而缺少散流与暴流作用的内容。曾氏指出，暴流是造成山地起伏变化的主要力量，暴流沟谷的溯源侵蚀又是河流袭夺的早期形式。他的观点改变了过去传统的关于河流袭夺的模糊看法。曾氏又认为散流和暴流侵蚀都可能造成土壤侵蚀（水土流失）的地貌灾害，而"崩岗"侵蚀（最剧烈侵形式）的危害最为严重，应引起生产部门的关注，亦由此开拓了崩岗地貌的专题研究。

（2）建立"流水地貌阶段发育"新理论。曾昭璇通过流水地貌的研究发现，一个地区的流水地貌虽然复杂，但仍有规律可循，因而提出"流水地貌阶段发育"理论。其要点：①地表上三种流水（散流、暴流、河流）分别在三个阶段（地段）上进行，同时在各阶段上发育出不同的地貌类型。而该地区的总体地貌就是在这三种流水综合作用下形成的，亦即"分工合作"而成。②三个阶段的流水存在着互相影响、互相制约和互相转化的关系，因而各阶段的流水地貌也会发生相应的变化，造成地貌的新生、消亡或重叠等复杂现象。③三个阶段的流水作用强度，会因环境的变异而发生变化，当强度对比关系发生改变时，该区的总体地貌也会相应转变。曾氏认为该理论可以解决地貌学上的一些重大问题，如准平原的发育、地貌发育期的新老问题等。

（3）提出准平面发育的新观点。准平原的发育问题，在地貌学上长期争论不休。曾氏认为过去不论准平原的创始人戴维斯（W. M. Davis）或"山足剥蚀面"（准平原形式之一）的提出者彭克（W. Penck），都同样忽略了散流和暴流作用，特别是后者。这是他们最大的错误之一。曾氏认为，准平面（原）的生成受到岩石、构造运动和三种流水作用强度对比的影响。在构造上升缓慢或稳定区、或局部侵蚀基准点出现区、或弱岩分布区，其散流及暴流的作用强度都会大于河流的作用强度，此时就会产生准平面（原）。因此，它可以出现在河流的上、中、下游不同的高度上，不一定像戴维斯所说的那样，要在流域内统一的最终侵蚀基面上（海平面）形成。可见曾氏的理论与前人所说的有本质差别，开辟了研究准平原的新思路。

3. 珠江三角洲研究的奠基人和推动者

曾昭璇是珠江和韩江三角洲研究的早期学者。早在 20 世纪 30 年代，一些中外地理学者曾经否认珠江三角洲的存在，后来吴尚时与曾昭璇合写了《珠江三角洲》（1947 年）一文，从多方面论证了它的存在，并首次指出它是一个复合型三角洲，其北界在三水—广州—石龙一线，由此奠定了珠江三角洲的研究基础。1957 年以后，曾氏更全面地将该三角洲地貌类型、构造基础、发育模式、历史时期河道的变迁、三角洲的开发及整治意见等一一作了分析。其中他所提出的珠江三角洲的发育模式（冲缺型三角洲）和三角洲平原的分类（分成三角洲、准点平原、海岸平原）问题，在理论上和实践上都具有较大的意义。

4. 海岸地貌的研究与贡献

曾昭璇是华南海岸地貌研究的先驱，尤其是对华南海岸升降问题、海岸分类、海岸类型、生物海岸（草滩、红树林、珊瑚礁）、海滩岩及老红砂海岸等研究，对学术界都有较大的影响。

（1）华南海岸升降问题的研究。该问题从 20 世纪初至解放初有 3 种看法：即下沉的、近期上升的和"大体下沉之中有较少上升"的。曾氏认为华南海岸的升降可分为 4 个阶段：第三纪末为稳定的，当时为准平原；更新世早期为上升的，形成 20～25m 及 45～55m 二级台地；更新世晚期为轻微下沉的，形成三角洲、溺谷及沿海—30m 水下平台等；近期海岸为安定的。这些观点对研究华南海岸具有根本性意义。1991年，曾氏等研究珠江口海面近25年来的变化之后，认为该处海面每年上升速度为2.028mm，为珠江三角洲的灾害评估提供了科学依据。

（2）海岸分类方法的创新研究。曾昭璇对海岸分类有独到见解，他认为过去80多年来的海岸分类，都是先订分类原则和指标，然后由上而下逐级划分，这种先订框架，后填内容的方法不够科学。他主张用"地形类型分析法"来划分海岸类型。从填图开始，由下而上进行类型组合（地形单元—地方类型—海岸类型）。他认为这样做的科学性和可操作性较强，应用价值较大。他所做出的我国海岸类型，被交通部港口研究所采用。

（3）创立"华南型"海岸类型。曾氏认为华南海岸类型别具一格，在我国南部、东部沿海、山东和辽东半岛以及朝鲜半岛等地均有分布，但以华南为典型，故建议命名为"华南型"海岸。认为它是在多字型构造支配下的山地沉降海岸，是由西北向的多字型断裂水道与东北向、作"多字形"延伸和沉降的山地岛屿及半岛交截组合而成。它兼有达尔马提亚型及里亚斯型海岸的优点。这对我国沿海及远洋交通、港口建设等提供了理论依据。

（4）海岸砾岩和红砂层海岸的研究。海岸砾岩（现称海滩岩）和红砂层（现称老红砂），都是具有热带特色的海岸沉积物，曾氏早在1964年便首次对海岸砾岩的含义、成因、岩性、结构、产状、分布、生成时代以及在地貌、地理上的意义等多方面做过分析，为后来海滩岩的研究奠定了基础。又认为覆盖在华南沿海20m和40m台地红色风化壳之上的老红砂层，具有向海倾斜的交错层理（如粤东遮浪角），其成因是更新世海岸下沉时，台地上的红色风化物冲入海岸带沉积而成的，开创了老红砂水成成因说的先河。

5. 珊瑚礁地貌的研究与贡献

珊瑚礁地貌是一种典型的热带海洋生物地貌。曾氏在20世纪60年代便对珊瑚礁进行研究，并作过野外调查和采样。于1997年写出了《中国珊瑚礁地貌研究》专著（与梁景芬、丘世钧合作），对我国珊瑚礁的探测史，石珊瑚的种属、生态、分布、分区、各类珊瑚礁地貌的特征与发育等作了全面而系统的论述。他将我国珊瑚礁分布划分为4大区、6种地貌类型。又首次将其中的环礁进行次级分类（6亚类）。此外，他还提出用生物路线研究礁体的发育：如珊瑚礁形成的三个阶段、灰沙岛的生成、"生长环"的发育、礁平台沟谷系统的生成、礁体生长延伸方向与珊瑚生长的关系等，从而创新了珊瑚礁的研究方法，同时提高了研究质量。他在南海环礁的成因问题上，认为是与"南海地台"断块下沉有关，补充了达尔文（C. Darwin）的火山下沉说的不足。曾氏不仅推动了我国珊瑚礁地貌的研究，而且在维护我国南海的领土、领海主权问题上，提供了强有力的历史证据。

6. 创建"历史地貌学"新学科

曾昭璇在 1985 年提出建立一门新的"历史地貌学"学科，并就该学科的概念、研究任务、研究方法、理论和实践意义等一系列问题作了详细的论述，同时写成《历史地貌学浅论》一书（与曾宪珊合作，1985 年）。该学科的建立为地貌学的发展开辟了一个新的方向，是地貌学的一个分支，同时也是历史地理学的一个新的组成部分。曾氏认为该学科有三大优势：一是它能将近期 1 万年以来人类活动时期地貌发育的具体过程反映出来，有利于人们掌握地貌的发育规律；二是它能很好地反映出人类活动对地貌发育的影响，有利于人们对地貌的利用和改造；三是它能确定地貌的年代。上述三者都是普通地貌学或构造地貌学不能做到的。通过历史地貌的研究，曾氏提出整治珠江三角洲河道时，河口宜通不宜塞、建围不宜过大；治理黄河时，宜引支、疏导等针对性意见等等。说明该学科具有较强的理论和实践意义，已被地学界重视和陆续引用。

7. 综合自然地理的研究

曾昭璇是我国早期研究综合自然地理的学者之一，他对该学科内容提出过一些有创见性的意见。如他认为自然地理环境有 6 大规律（整体性、地区性、地带性、节奏性、物质和能量循环以及景观发育），具有 6 大组成要素（气候、水文、岩石和地形、风化层和土壤、植被、动物），研究方法由下而上进行（要素分析—要素相关分析—要素组合成土地类型—再组合成地理区域—景观发育分析）等精辟意见。他应用该方法，首次对珠江三角洲土地类型进行划分，并把土地类型和自然区域衔接起来研究。又用此法划分华中与华南两个自然区域的分界线，所划界线与《中国自然区划草案》的划分基本相符。还用此法划出中国热带地理区的北界是在北回归线附近（其东西两端伸入北纬 24° 以北，具体位置是在云南西南部和南部河谷盆地、右江谷地、西江谷地、珠江三角洲北缘、粤东沿海、闽南沿海、台湾及其北端附近岛屿一线）。热带北界的划定为华南热带作物的北移提供了科学依据。

8. 创新"人类地理学"

"人类地理学"原创于德国地理学家拉采尔（F. Ratzel）1882 年所著的《人类地理学》。新中国成立后，人们批评它为"地理环境决定论"而被抛弃。曾昭璇于

1999 年总结了数十年来人类学的研究后，提出建立新的"人类地理学"。他认为该学科虽然是研究人类与地理环境的关系，但却不是地理环境决定论。创新的"人类地理学"在三个方面作了革新。一是广泛吸取了与人类地理学相关学科的内容，如人类学、人种学、民族学、民俗学、文化学、社会学、语言学、人文地理学、社会地理学和文化地理学等的相关知识。二是摆脱了旧的人类地理学的影响，即消除那些过分强调地理环境作用的内容，不仅要研究地理环境对人类的影响，而且还要把人类与地理环境的相互关系作进一步分析。三是针对我国人类地理学存在的问题（如缺乏民族、文化和人类生态等内容）加以补充，由此组成的新体系更具有中国特色，其内容包含 11 个部分。

9. 历史地理学与方志学的研究

曾昭璇认为历史地理学包含历史自然地理和历史人文地理两大部分。曾氏侧重于历史自然地理的研究，其目的在于摸清地理事物在历史中的变化过程，为社会建设或学术研究提供可靠依据。曾氏的研究范围甚广，其中以研究广州历史地理最为详尽和最具代表性。他从广州 2000 多年前的秦汉建置以来的沿革、名称演变、城址拓展、地形及气候变化、井渠濠涌的变迁、港口更替以及景区开发等都做过最系统和最全面的权威性分析。最后，还提出广州的开发不宜兴建卫星城，重点应沿珠江的东、西和南面发展。这对广州城建规划有着积极意义，其代表作为《广州历史地理》（1991 年）。

曾氏对方志的造诣亦深。他认为方志应有"资政、教化和存史"作用。研究方志的目的是为了达到"古为今用，鉴往知来"。认为方志不是工具书或百科全书，而是具有灵魂的学问。它也不是历史学，但比历史学的研究范围更广，更具有地方特色。对方志中的历史问题不应"详古略今"，而要以"考订古史，以存其真"为准则去做。他的处志观点，给新方志学赋予了新的思想内容。

（二）学术思想及其影响

曾昭璇学术上的收获，与其唯物辩证法思想的建立有关。如认为喀斯特地貌的演变（石灰岩高原—峰丛石山—峰林石山）与流水作用方式的转化有关（由地表流水—垂直循环带流水—水平循环带流水—河流流水）。认为珊瑚礁的发育过程（水下珊瑚礁—礁盘—礁岛）与海水环境由深变浅有关。认为准平原的生成是与构造运动、岩性及三种流水的综合作用有关，等等。由于辩证法思想的注入，使其研究质量更为提高。

　　曾氏十分注重实践，强调野外及实验室工作。认为这是提高研究质量的保证。他在职期间，建立了3个实验室，并经常进行野外考察。50多年间他不避艰难险阻，踏遍了祖国大地，东至台湾，西至云南，南至西沙群岛及海南岛，北至东北。最终取得了丰硕成果：著作40多本，论文500多篇（含合著），其中不乏新理论和新观点，这都与他长期实践有关。

　　他在学术上的追求，主要是为了生产和为社会建设服务。认为这是"科学工作，首为任务"，故乐于接受国家委托，努力工作。其研究课题多与实际有关，研究成果亦多有建议。如对珠江河道变迁的研究后提出了整治意见，对土地类型的划分研究是为了更合理开发土地资源，对我国热带界线的研究是为热带作物的北移提供理论依据，对红土侵蚀的研究是为促进水土保持工作，等等。由于他的研究寓于实际，故应用价值较大。

　　他对学术研究不骄不躁，不满足于现状，不迷信权威，而是善于发现问题，勇于创新。他认为做学问，不仅要继承，更重要的是创新。所以他能够提出多种新理论、新观点和新方法，创建了"历史地貌学"和"岩石地貌学"，创新了"人类地理学"。

　　他重视人类社会与地理环境的相关研究，认为这种研究可以深化地理学，能进一步发挥地理学的应用价值。所以他晚年用心于人类地理学、历史地理学、方志学等方面的研究，其成果影响也较大。

　　他重视吸取古今中外的文化遗产，努力做到"古为今用"和"洋为中用"。尤其是在发掘和利用我国古文化方面不遗余力，在研究中经常应用古地理、古地貌知识和名词术语。

　　学风上他主张百花齐放，百家争鸣，认为"文无第一"，应互相尊重，取长补短，求同存异，不要"文人相轻"。

　　在人才培养上，数十年如一日。为培养新人而倾注了大量心血，其中有本科生、研究生，有本校的、也有外校的，还有国外的（指导博士论文）。学生遍及世界各地，可谓桃李满天下。他对学生的培养要求严格，提出要打好理论基础、多进行野外实践和创新研究等三点要求。曾氏为人，一生追求进步，专心敬业，淡泊名利，宁静致远。对晚辈诸多鼓励，耐心教导，深得学子们的尊敬及爱戴，不愧为华南地学界的一代宗师，当代著名的地理学家。

三、曾昭璇主要论著

曾昭璇.1945.仁化南部厚层红色砂岩区域地形之初步探讨.地理集刊，（12）.

曾昭璇.1947.秦郡考.岭南学报，7（2）.

曾昭璇.1957.论石灰岩地形.上海:新知识出版社.

曾昭璇.1957.华南自然地理论文集.上海:新知识出版社.

曾昭璇.1960.岩石地形学.北京:地质出版社.

曾昭璇等.1964.试论南海沿岸"老红砂层"问题//中国第四纪研究会第一届学术会议论文摘要汇编.

曾昭璇等.1964.试论自然区划中的等级单位系统问题//1962年综合自然地理区划讨论会会议论文集.北京:科学出版社.

曾昭璇.1977.中国海岸类型及其特征.海洋科技资料,(1).

曾昭璇.1979.试论珠江三角洲地貌发育的模式//中国第四纪研究会第三届学术会议论文摘要汇编.

曾昭璇.1980.略论我国的海滩岩.中国第四纪研究,5(1).

曾昭璇等.1980.我国热带界线问题的商榷.地理学报,(1).

曾昭璇等.1981.红层地貌与花岗岩地貌//中国科学院《中国自然地理》编辑委员会.中国自然地理(地貌分册).北京:科学出版社:139-160.

曾昭璇等.1982.历史时期的水系变迁——珠江//中国科学院《中国自然地理》编辑委员会.中国自然地理(历史自然地理分册).北京:科学出版社:182-190.

曾昭璇.1982.流水地貌阶段发育理论中的几个问题.广东地质科学,(2).

曾昭璇等.1985.地貌学.北京:高等教育出版社.

曾昭璇等.1985.历史地貌学浅论.北京:科学出版社.

曾昭璇.1991.广州历史地理.广州:广东人民出版社.

曾昭璇.1991.我国南部红土区的水土流失问题.第四纪研究,(1).

曾昭璇等.1997.中国珊瑚礁地貌研究.广州:广东人民出版社.

曾昭璇等.1999.人类地理学概论.北京:科学出版社.

主要参考文献

李澍沺.1988.学者、教育家、著作家——记地貌学家曾昭璇教授.热带地貌,9(1):95-110.

黄少敏.1993.曾昭璇教授地貌学教学与科学研究五十年.热带地貌,增刊:232-236.

刘南威.1994.曾昭璇//《科学家传记大辞典》编辑组编,卢嘉锡主编.中国现代科学家传记(第五集).北京:科学出版社:490-495.

莫仲达.1994.曾昭璇地理教坛五十载//师范群英光耀中华(第17卷下册).西安:陕西人民出版社.

吴正.2004曾照璇教授——华南地理学界的一代宗师//吴正.风沙地貌研究论文选集.北京:海洋出版社:221-222.

撰写者

黄少敏(1933~),广东中山人,华南师范大学地理科学学院教授。主要从事地貌学第四纪地质学教学及科研工作。

左大康

左大康（1925～1992），湖南长沙人。地理学家，我国辐射气候研究的先行者。1949年毕业于浙江大学史地系，1956～1960年在苏联莫斯科大学地理系学习，获副博士学位。回国后，历任中国科学院地理研究所副研究员、研究员、业务处长、所长，国家自然科学基金委员会地球科学部主任，中国科协第四届全国委员会委员。左大康长期致力于中国地理学研究，为中国地理学的发展做出了重大贡献。20世纪60年代，他倡导开展的太阳辐射和地球-大气辐射研究，将我国地理学界辐射气候学研究推向了一个新的层次，以他为首完成的《地球表层辐射研究》至今仍是该领域最为系统的、重要的学术专著；同期，他还开展了气象卫星辐射气候学研究，是我国在该领域的先驱者。1980年以后，左大康的研究领域进一步扩展，他组织开展了黄河流域治理和黄淮海平原农业开发研究、南水北调及其对自然环境影响研究，以及自然灾害防治研究等。他充分吸纳新技术和相邻学科的新思想，强调地理学综合研究和区域综合治理开发，以及地理学的发展必须紧密服务于经济建设，主张通过地理学实验和定位研究获取实时数据，重视地表过程要素的演化和相互作用研究。1992年，左大康被授予"有卓著贡献的科学家"荣誉称号。

一、简　　历

左大康，1925年2月7日出生于湖南省长沙市，1992年1月3日于北京逝世，享年67岁。

左大康早年就读于浙江大学史地系。大学期间，他就立下了解放全人类的宏愿，积极从事地下革命工作，不辞辛劳地投身于人民的解放事业。1948年，他加入了中国共产党，成为浙江大学学生运动的领导人之一。解放前夕，在那些刀光剑影的日子里，他毅然公开竞选学生会主席，肩负起全校师生的重托，冒着极大的危险去争取反饥饿、反内战、反迫害的民主权利。在白色恐怖阴影下，他领导全校学生开展护校斗争，为迎接解放做出了积极的贡献。

　　1949 年，左大康从浙江大学毕业后被分配至浙江省农林厅财政委员会工作，1953 年调入中国科学院地理研究所。1956 年，他被保送到苏联莫斯科大学地理系学习，1960 年获副博士学位。

　　1960～1990 年，左大康在中国科学院地理研究所（以下简称地理所）工作期间，先后主持了多项重大科研项目，编写了一系列重要论著。从 1960 年开始，他主持了辐射气候研究，对我国太阳总辐射的空间分布特征、地表辐射平衡的时空分布等进行了细致而深入的研究。他编著的《地球表层辐射研究》一书，系统论述了我国及东亚地球-大气系统和大气辐射平衡。即使在近半个世纪后的今天来看，该书仍是我国辐射气候研究领域的经典之作。1966 年，他与陈建绥等人合作编写了《气象卫星的辐射测量及其应用》，对我国卫星遥感在辐射气候学领域的研究作了先导性的探索。20 世纪 80 年代初，针对长江以北部分地区水分缺乏的现状，左大康先后承担了"黄淮海平原治理与开发"、"南水北调及其对自然环境的影响"等国家重大研究项目，着重从水分角度探讨华北平原的农业种植制度与作物的适水种植，对南水北调引水过程中可能出现的问题及环境后效作了充分的预测，并提出了防患于未然的方法和措施。1988 年，在主持国家基金项目"黄河流域环境演变与水沙运行规律"时，他提出将全流域作为一个整体进行综合分析，强调开发治理及人类对生态环境的调控和定向塑造，使研究工作取得了显著进展。

　　在科研工作之外，左大康还曾担任中国科学院地理研究所气候研究室副主任、主任、所业务处长、副所长、所长等行政职务。在担任所业务处长及所长期间，他殚精竭虑、呕心沥血，为地理所的建设以及我国地理学的发展倾注了全部精力，做出了重大贡献。他主持建立了经济地理部、资源与环境信息系统国家重点实验室、禹城和北京农业生态试验站，完善了地理所学科布局，引领了中国地理学学科建设工作；他大力支持遥感研究与发展，使地理所成为 70 年代中国科学院遥感发展的重要基地；他大力引进新的技术和装备，使得地理所研究能力在短期内迅速达到国内先进水平；他十分重视科研队伍建设，培养了一大批具有国内一流水准的研究骨干；他坚持地理学为农业生产服务、为国家经济建设服务的大方向，策划并成功促成了地理所成为中国科学院和原国家计委（现国家发改委）双重领导机构、禹城农业生态试验站为中国科学院与山东省合作共建科研基地；他设立"所长咨询组"，实施科研民主，构建了地理所"求真唯是、管理民主、和谐发展"的学术人文环境氛围；他保护学科多样性，鼓励新思想、新探索，让地理学研究视角"巡游五千年、纵横南北极"，研究人员"发微阐幽、特立独行"；他大力倡导国际交流与合作，派出大量科研人员到海外访问学习，使得中国地理学研究与国际先进水平迅速拉近。可以说，左大康两任所长期间是地理所大发展、大繁荣的阶段，也是中国地理学的黄金岁月。

1991 年，左大康任国家自然科学基金委员会地球科学部主任、中国科学技术协会第四届全国委员会委员。他还曾担任中国地理学会常务理事、国家气候委员会委员、中国科学院水问题联合研究中心主任、禹城综合试验站学术委员会主任委员、青海省高原地理研究所名誉所长等职。同时，他也是《中国地理》（英文版）副主编、《地理研究》副主编及《中国科学》、《科学通报》等七种学报的编委。

1991 年，左大康为"八五"重大科技攻关计划而亲赴黄土高原实地考察、部署工作，途中不幸患传染性肝炎。为保证工作顺利进行，他抱病坚持考察并赴国外参加研讨会。长期超负荷工作，加之错过最佳治疗时间，他疾患加剧，于 1992 年 1 月 3 日在北京溘然长逝。

二、主要科研领域、学术思想及其影响

左大康长期致力于我国的地理学研究，在地球表层辐射研究、水热平衡研究、实验地理和区域地理等理论与应用研究领域取得重要成就，在地理学为农业生产和区域整治服务方面做出了突出贡献。担任地理所所长期间，他在所内开拓了地理实验科学、环境研究和国土研究等新兴领域，筹建了禹城站，支持创建了大屯站、信息室、经济地理部，培养了一批在国内外有影响的学术带头人和业务骨干。他支持组建了主要从事遥感技术与应用研究的地理所二部，即中国科学院遥感应用研究所的前身。他努力促进国际学术交流，提高了中国在国际地理学界的地位，带动了全国地理学的发展，在中国和国际地理学界有着广泛的影响。

（一）主要科研领域

左大康长期从事自然地理学研究，生前共主编论著 12 部，发表学术论文近 100 篇。其主要科研领域大致可归纳为 5 个方面，即辐射气候学研究、黄淮海平原综合治理与农业发展研究、黄河流域治理与南水北调、生态环境保护和自然灾害防治，以及理论地理学与地理学发展战略研究。

1. 辐射气候学研究

辐射气候学是左大康的主要研究领域。他认为辐射是地表气候形成的最基本的因素，人们可以从相关的地表热量平衡过程中寻求自然地带的规律性，进而为气候

学、地理学、农业学、水文学的研究提供依据。

早在莫斯科大学地理系进修期间，左大康就完成了新疆气候报告，对新疆的各气候要素进行了翔实而透彻的分析。回国后，左大康积极投身于自己热爱的气候学研究，组建了地理所辐射气候学科组，在国内开创了这门分支学科的研究道路。他以国外经验公式为基础，结合我国的实地观测数据，在国际上首次确立了适用于中国地域的各纬度晴天条件下的（月、年）总辐射计算公式。在此基础上，左大康还带领相关研究人员绘制出全国第一幅月、年总辐射分布图，并对图形所显示出的辐射空间分布规律进行了深入的阐述。1966 年，他与陈建绥等合作编著了《气象卫星的辐射测量及其应用》一书，奠定了我国卫星遥感在气象学和气候学上的应用基础。在上述工作推动下，我国地球表层辐射气候学研究进步迅速，并很快跻身国际先进行列，为气候学和地理学发展打下又一坚实基础。

2. 黄淮海平原综合治理与农业发展研究

左大康始终坚持地理学为农业生产服务的大方向，强调将地理学研究成果转化为现实生产力的重要性。他主持国家重大项目——"黄淮海平原治理与开发"期间，查明了黄淮海地区的土地和水资源状况，分期编制出 6 种 1∶50 万的专题地图，为治理和开发黄淮海平原摸清了"家底"。他领导的研究队伍还分析了当地旱涝盐碱等灾害的时空变化规律，并"对症下药"，提出了治理农业灾害的途径，建立了农村经济开发配置模型。在该项目的支持下，山东禹城试验区由 14 万亩发展到 33 万亩，其成功经验逐步被推广到鲁西北地区，有力地推动了整个黄淮海平原的综合开发治理工作。由于贡献突出，该项目先后受到了中国科学院及国家有关部委的表彰，荣获"国家科技进步奖特等奖"。

3. 黄河流域治理与南水北调

左大康十分关注黄河流域的灾害治理，尤其倾力于对黄河流域头等大患——洪涝的研究。20 世纪 80 年代后期，在他"黄河安危事关大局，治黄研究刻不容缓"的大声疾呼之下，有效治理和合理开发黄河被列为国家经济建设的重大战略问题，相关项目迅速得到立项，有力地推动了黄河流域的水灾治理进程。在主持国家重大项目——"黄河流域环境演变与水沙运行规律"的过程中，他提出了一系列真知灼见。例如，黄河治理要立足于全流域，上、中、下游全盘考虑，点、线、面统筹兼顾；要做到"三结合"，即治理与利用相结合，近期利益与长远利益相结合，微观研究与宏观研究相结合。

尽管水灾频发，但黄河流域（尤其是流域以北地区）的水资源却十分匮乏。为解决水资源短缺问题，学术界提出了南水北调的设想，左大康更是专门组织了一批专家进行实地考察和学术讨论，以评估该设想的科学性和可操作性。1980 年 11 月，他在北京主持召开了国际会议讨论南水北调工程，并出版了论文集《远距离调水——中国南水北调和国际调水经验》。他本人也亲自撰文阐述了南水北调的积极意义，同时分析了调水后可能出现的负面影响。他认为，对待这项伟大工程要采取既积极又慎重的态度，应在调水之前深入开展环境后效研究。另外，他还多次指出，改进灌溉制度，推广先进的灌溉技术，加大工业废水的循环利用，也是保障黄河流域水资源供应的有效途径。

4. 生态环境保护和自然灾害防治

关注水灾治理工作的同时，左大康还十分强调对多种自然灾害的综合治理。他以黄淮海平原和华北平原为例，针对当地旱涝、盐碱、风沙等灾害多发的现象，多次撰文阐述以水资源和环境为切入点开展生态环境保护和自然灾害综合防治工作的理念。他认为，黄河中下游洪涝等多种自然灾害频发的根源在于黄土高原植被稀少、水土流失严重，因此多灾害治理要"标"、"本"兼治，在工程治黄的同时，还要注重黄土高原的水土保持，以减少入黄泥沙。他主张，政府应当采取有效措施，改善当地群众生产与生活条件，禁止陡坡开垦、毁草砍林等破坏性行为。

5. 理论地理学与地理学发展战略研究

左大康向来注重地理学的基础理论研究。他强调人与地理环境之间的关系是地理学研究的最核心问题，任何改造自然、利用自然的措施都是为了使人类获得最佳的经济效益、社会效益和生态效益。在我国地理学的基础理论研究比较薄弱、缺乏从实践中总结出新理论的情况下，他提出大力加强地理学的基础理论研究，努力研究和解决经济建设中提出的地理学问题，在新的高度上更好地为经济建设服务。此外，左大康还指出了地理学基础研究的重点，即地表物质迁移和能量转化的研究，以及生产力布局与地域生产综合体的研究。他特别强调，在新时代的要求下，古老的地理学必须实现现代化，而实现现代化的途径之一就在于与其他学科之间的相互交叉、渗透，积极引入新的思想、技术和方法，逐步健全各分支学科的配置。

（二）学术思想及其影响

左大康始终站在中国地理学的前沿，强调综合研究，重视地表过程要素研究，倡导实验地理学和定位研究，积极推动地理学的现代化，主张地理学要为农业生产和经济建设服务。他的这些学术思想对当前乃至今后的地理学及相关学科研究都具有重要的指导意义。

1. 强调综合研究以及区域综合治理开发

左大康认为，按单一学科进行农田水分循环和水量平衡试验研究具有一定的局限性，因此提出把农田蒸发作为"土壤—植物—大气"系统中物质能量迁移转换的重要环节加以研究。他将国内测定蒸发的多种方法综合应用于禹城站的农田蒸发试验研究，把作物生长发育、产量与水分及其他环境因子联系起来，使用不同观测方法采集信息，建立起符合中国实际情况的农田蒸发和农田水量平衡模式。

左大康在主持"黄河流域环境演变与水沙运行规律"项目期间，提出将全流域作为一个整体进行综合分析，将环境演变与黄河水沙运行规律联系起来。这些观点对黄河治理和流域规划工作具有极大的应用价值。针对黄淮海平原旱涝盐碱风沙等多灾特点，他将治理黄淮海平原与研究黄河问题结合起来，与水土保持、防治黄河中下游土壤侵蚀结合起来，使区域开发工作取得显著成效。

2. 重视地表过程要素的演化和相互作用

左大康强调，只有深入研究地表物质和能量的迁移转化规律，分析其物理过程、化学过程和生物过程，发现其迁移转化的速率、形态及空间变化特征，通过实验研究获取各种变化过程的参数，才能便于对比分析，选择最优的决策方案，为定向改造地理环境提供可靠的科学依据，以便较好地解决国土整治、环境评价和经济开发等过程中的一系列地理学问题。

左大康极其重视地表过程要素演化带来的影响。以南水北调工程为例，他深入分析了该工程的动工和运转可能对自然环境产生的影响，指出应根据地理学的基本理论和水量平衡原理，对调水地区环境背景、影响因子、影响范围、影响程度等问题进行系统综合的研究，并提出了防患于未然的方法和措施。这些建议和意见对于后来南水北调工程的顺利实施起到了不可忽视的作用。

3. 主张通过地理学实验和定位研究获取实时数据

左大康认为要提高地理学的研究水平和可应用性，必须进行地理学的实验研究；没有精确和连续的实验研究，就难以做出正确的决策。他多次指出，自然地理现象的形成与发展，是一个多因素相互作用、相互制约的复杂的动态过程，要弄清这些过程，阐明其形成与变化的规律，就必须开展地理学的野外定点实验，设立定位、半定位实验站与各种模拟实验室，同时把野外考察、实验研究和遥感等方法结合起来。

左大康积极将他的科学观点付诸实践，支持和指导试验站的建立，在不同的研究方向上发挥重大的数据支撑作用。其中，中国科学院北京大屯农业生态系统试验站，主要观测和试验环境因素对农作物产量的影响；中国科学院山东禹城综合试验站，主要进行农田水分循环和水量平衡的模拟实验。这些定位实验的深入开展，为研究地理环境中的各类物质运动和能量转化积累了系统的资料，促进了地理学宏观、微观研究的结合和点、面研究的结合，使得我国的地理学研究水平大为提高。

4. 充分吸纳新技术和相邻学科的新思想

左大康紧跟时代步伐，密切注视地理学及其他学科的国际发展动向和趋势，主张从其他学科中汲取营养，强调新思想、新技术、新方法对实现地理学现代化的重要性。他十分重视研制和应用精密仪器设备，主张引入先进的观测、分析手段。例如，遥感技术、微机数据采集系统、最新的测试技术手段、计算机自动化制图、地理信息系统等。在他的倡导下，上述新技术、新方法很快得到推广，促进了当代中国地理学的蓬勃发展。

5. 坚持地理学的发展必须紧密服务于经济建设

左大康既注重地理学的基础研究，又重视面向经济建设的应用地理学研究。他主张地理学要为农业生产服务，为工业生产和整个国民经济建设服务，为合理利用、改造和保护环境服务。他认为，研究国民经济建设中重大的、综合性的地理学问题，提出解决问题的途径和对策，为政府决策当好参谋，是地理工作者应尽的职责。

左大康以身作则，深入贯彻地理学研究为国民经济各行业服务的思想。20 世纪60 年代，他测定了黄淮海平原作物最大光能利用率及其相应的产量指标，成就了该地区的农业开发工作；80 年代，他主持了"黄淮海平原治理与开发"项目，从光能资源和水资源状况等角度研究了黄淮海平原的农业种植制度与作物适水种植问题，为华北平原的农业开发和环境综合治理工作积累了多方面的经验。

三、左大康主要论著

左大康.1962.华北平原地区土壤中热量交换.地理学报，28（1）：44-54.

左大康.1962.中国太阳直接辐射、散射辐射和太阳总辐射间的关系.地理学报，28（3）：175-186.

左大康 . 1963. 中国地区太阳总辐射的空间分布特征 . 气象学报，33（1）：78-96.

左大康 . 1963. 中国地表辐射平衡的时空分布 . 地理集刊，第 6 号：126-147.

左大康 . 1965. 东亚地区地球-大气系统和大气的辐射平衡 . 地理学报，31（2）：100-112.

左大康 . 1966. 气象卫星的辐射测量及其应用 . 北京：科学出版社.

Zuo Dakang. 1981. East China water transfer：its environmental impact. Mazingira, 5（4）：48-57.

左大康 . 1982. 南水北调对自然环境影响的初步研究 . 地理研究，1（1）：31-39.

左大康 . 1983. 南水北调问题的提出//左大康等主编. 远距离调水——中国南水北调和国际调水经验 . 北京：科
    学出版社：61-63.

左大康 . 1984. 黄河以北地区东线引江问题的探讨 . 地理研究，3（2）：92-98.

左大康 . 1985. 河北省低平原地区主要作物农田水分盈亏分析 . 地理研究，4（1）：22-29.

左大康 . 1985. 南水北调有关的几个问题//左大康等主编. 华北平原水量平衡与南水北调研究文集 . 北京：科学
    出版社：204-211.

左大康 . 1987. 治黄研究中的几个问题 . 中国科学院院刊，（4）：313-316.

左大康 . 1988. 卫星陆地表面气候研究的发展 . 地理研究，7（4）：83-93.

Zuo Dakang. 1989. Rational use of the Huanghe River's water resources. Water Resources Development，5（4）：
    273-278.

左大康 . 1990. 面向经济建设，发展地理科学//中国科学院地理研究所编. 地理学研究进展 . 北京：科学出版
    社：1-9.

左大康 . 1990. 地理学的实验研究//中国科学院地理研究所编. 地理学研究进展 . 北京：科学出版社：25-33.

左大康主编 . 1990. 现代地理学辞典 . 北京：商务印书馆.

Zuo Dakang. 1991. The shortage of water resources in North China and mitigative countermeasures. The Journal of
    Chinese Geography，2（3）：48-62.

左大康 . 1991. 地球表层辐射研究 . 北京：科学出版社.

主要参考文献

中国科学院地理研究所 . 1992. 沉痛悼念左大康同志.（左大康逝世悼词）

《左大康地理研究论文选》编辑组 . 1993. 左大康地理研究论文选 . 北京：科学出版社.

姜素清 . 2002. 从学者到所长——访气候学家左大康教授（1925～1992）//现代中国地理科学家的足迹 . 北京：
    学苑出版社：327-339.

撰写者

葛全胜（1963～），安徽安庆人，中国科学院地理科学与资源研究所研究员、博士生导师。主要从事历史气候与
    全球变化及历史地理研究。

张荣祖

张荣祖（1925～），江苏泰兴人。动物地理与山地地理学家，新中国动物地理学积极的启蒙奠基者之一。1950 年毕业于中山大学地理系。中国科学院地理科学与资源研究所资深研究员，博士生导师，享受国务院政府特殊津贴专家。他长期致力于动物地理与自然地理研究工作。重视野外调查研究，足迹遍及全国。在青藏高原进行了较长期的考察，并在美国落基山和尼泊尔喜马拉雅山地开展国际合作。1979 年由他编著的《中国自然地理·动物地理》一书，对推动我国生物地理学研究起到了重要的历史作用。此书由日本同行于 1981 年译为日文出版。由他主笔的《西藏自然地理》、《横断山自然地理》和《横断山干旱河谷》，是我国山地地理研究的重要著作。他长期任《动物学报》、《山地学报》和《兽类学报》编委，致力于地理学的应用与科普工作，热心于我国的自然保护事业，是国际自然与自然资源保护联盟（IUCN）及其物种专家组的成员。他对中国动物地理学的教学事业、人才培养、动物保护事业做出了重要的贡献。他作为主要研究者的"青藏高原隆升及其对自然环境和人类活动影响的综合研究"项目于 1987 年获国家自然科学奖一等奖。2009 年荣获第二届中国地理科学成就奖。

一、简　历

张荣祖 1925 年 10 月 7 日生于江苏泰兴。他出生于知识分子之家，父亲是著名动物学家张作人教授。幼年曾先后就读于南通女子师范附小、泰兴襟江小学、广州培正小学，受父亲影响，喜爱生物。1937 年抗日战争爆发后，随家人辗转逃难至大后方。在此期间，他曾蒙受日机轰炸，全班同学皆遭死难，唯独他得以幸免，是为刻骨铭心的惨痛经历。1938 年入昆明昆华中学初中就读，同时随高中同学热心投入学生抗日救亡运动。1940 年返广东，先后就读于曲江志锐中学与中山大学附中。1943 年冬，广东全面沦陷前夕，跟随大学同学参加中国共产党敌后抗日游击队东江纵队。1946 年夏复员，本欲投考中山大学生物系，后改考地理系。入学后，受吕逸卿、丁骕、罗开富和李国藩等教授的影响，对自然地理学与生物地理学情有独钟。1950年他以优异成绩毕业于中山大学地理系，选派至中国科学院地理研究所。

20世纪50年代初期，地理研究所处在草创阶段，竺可桢时任中国科学院副院长，他主张地理研究应包括动植物在内，决定选派张荣祖在动物研究所老专家、兽类学权威寿振黄、鸟类学权威郑作新和原苏联动物地理学家巴尼柯夫的指导下，学习和研究动物地理。当时在我国，动物地理是一门空白。最初他参与编写《中华地理志》动物部分。1956年《中国自然地理区划》列入"十二年科学技术发展规划"后，张荣祖仍由各专家指导，投入中国动物地理区划的工作。在此期间，他除在北京大学生物系进修外，还积极参加由中国科学院组织的动物学野外考察，包括中苏联合考察，其中除区系资源调查外，还涉及鼠疫自然疫源地调查。动物地理学是边缘学科，在考察中，作为地理学出身的他，发挥了本学科的特点，在传统的区系调查工作中采用地理比较法，将工作向前推进一步。以他为主完成的考察报告《吉林漫江附近兽类及其栖息环境的初步考察》、《云南东南缘兽类动物地理学特征的初步考察》和《青海甘肃兽类调查报告》等，受到中苏专家的好评。1959年，《中国动物地理区划（草案）》由导师郑作新和他共同完成，这代表了动物学与地理学交叉的产物，也是中国动物地理学的一个里程碑。他个人获中国科学院科技创新二等奖。20世纪70～80年代，中国科学院组织撰写《中国自然地理》系列专著，其中《动物地理》分册仍由张荣祖撰写。该书首次对中国陆栖脊椎动物地理分布进行了系统分析，探索了其历史演变，又划分出生态地理动物群，并在广泛征询同行意见的基础上对全国动物区划进行了修订。该书于1979年出版，获中国科学院科技进步奖二等奖，对填补空白、推动我国生物地理学的研究起到重要的作用，1981年被日本同行译为日文出版。同年，国际第8届灵长类学术会议由他主笔、以中国动物地理区划为基础的《中国灵长类地理分布》一文，选为大会宣读论文，并发表在英国《人类进化》杂志上。1985年他在中日哺乳动物学术会议上宣读的《中国及其邻近地区兽类分布的趋势》一文，受到国内外学者的关注，重要论点被收入国内生态学教科书。20世纪90年代以来，受国际生物地理学新学术思潮的影响，国家自然科学基金委员会组织了国家重点项目"中国动物地理研究"（1994～1996）。张荣祖承担了其中《中国动物地理》专著的编写任务。该专著于1999年出版，2004年再版，被选入《现代生命科学基础丛书》。《中国自然地理》系列专著，于2007年由中国科学院组织重新编撰，其中《中国动物地理》分册仍由张荣祖负责撰写。

基于地理学综合性很强，但必须有分科深入研究之见解，早年，黄秉维所长即有意对后来学子，予以广与深相结合的培养。1966～1968年，张荣祖受派任中国科

学院西藏科学考察队珠穆朗玛峰地区综合考察第二专题（自然地理与生物方面）组
负责人。此后在延续 10 多年的青藏高原科学考察中，他多次参加考察，主要从事山
地自然地理的调查工作，但同时以综合的观点，将动物地理的研究包括在内。在此
期间，他还热心于两栖与爬行动物的调查与采集。当时，青藏高原综合科学考察，
在整体上的指导思想是探讨青藏高原的隆起及其对人类及生物界的影响。他以综合
的观点，并运用宏观（卫星影像图）和微观（土壤微形态）判读等方法，拓展了工
作的深度。由他主笔完成的《西藏自然地理》专著，获中国科学院科技进步奖二等
奖。1980 年，在青藏高原国际学术讨论会上，由他宣读的《青藏高原抬升对地理过
程的影响》及《青藏高原哺乳动物分布及区系演化》论文，受到关注。同年被联合
国大学选为访问学者赴美国科罗拉多大学极地与高山研究所；在山地地理方面，对
比青藏高原，进行交流与合作研究。回国后，1983～1985 年他投身于横断山区的考
察，并负责主持联系横断山干旱河谷整治调查研究。由他主笔，完成《横断山区干
旱河谷》和《横断山区自然地理》两部专著。1986～1988 年他应邀任"国际山地开
发中心"（设于尼泊尔加德满都）山地整治研究室主任，继续进行青藏高原地域内的
山地地理与整治研究。在此期间，他积极组织国际合作，致力于喜马拉雅及其附近
山区的山地整治工作。由他撰写的《尼木县（西藏）山地环境整治——典型调查》
（英文）一书，1989 年出版后，受到国际山地学家的关注，被认为是对世界干旱-半
干旱山地地区少有的示范性工作。他作为主要研究者的"青藏高原隆升及其对自然
环境和人类活动影响的综合研究"项目于 1987 年获国家自然科学奖一等奖。

因所从事专业的特点，在进行山地地理与整治的研究中，张荣祖对山地生物地
理与生物多样性保护问题，亦同时予以关注。自 1986 年以来，为抢救濒危物种，他
撰文向国际呼吁，多次争取国际资助与国外著名灵长类专家 C. H. Southwick，J.
Fooden，L. K. Sheeran 等进行合作，并联合国内同行瞿文元、陈立伟、全国强、赵
体恭、江海声和杨德华等，以及许多自然保护区动物学家，在海南、云南、广西、
福建、河南等地具有灵长类种群的保护地区，以生态系统中旗舰类群灵长类动物为
对象，对其生态、栖息地与自然保护问题，开展了专题调查或普查。10 多年来，虽
因资金等原因，野外作业时断时续，但他们的工作从未中止，先后发表 10 余篇论
文。在此期间，他获得美国灵长类学会的工作成就奖赏。2002 年由张荣祖主笔完成
的《中国灵长类生物地理与自然保护——过去、现在与未来》专册（中英文），虽是
初步的总结，但它是迄今为止我国该类群生物地理方面最完整的科学报告。该报告
还为今后继续工作提供了地图信息库（GIS），为自然保护工作者和研究人员提供了
必要的本底信息和工作框架，受到国际灵长类学界的关注。张荣祖是国际灵长类学

会和美国灵长类学会会员，是国际自然与自然资源保护联盟（IUCN）的成员，并为其下属保护地、羊亚科与熊类各专家组的成员。最近，他与地理研究所同仁张豪禧、李炳元共同承担了"中国自然保护区区划系统研究"课题，旨在应用自然地理与生物地理理论，从宏观角度探讨中国自然保护区建设与可持续发展问题。这项工作对中国的自然保护、野生动物保护和环境建设具有理论和实践意义。此课题还得到国家环保总局、国家林业局和美国大自然保护协会的支持与资助。

生物地理学是生物学与地理学的交叉科学，亦与生态学有密切的关系，具有潜在的创新和发现机遇。20 世纪 70 年代以来，我国生态学迅速发展。1978 年起，中国科学院组织全国力量，建立站点，开展陆地生态系统的长期定位研究。张荣祖在自身科研（特别是土壤微形态研究）经历中，认识到土壤动物在生态系统有机物质分解中的作用，并认为动物地理学可以从生态地理的角度参与对土壤动物的研究。当时，这一见解得到该项目领导人马世骏教授的支持。1979 年他与辽宁大学生物系杨明宪、张庭伟和东北师范大学地理系陈鹏，在中国科学院长白山森林生态系统定位站建立了"土壤动物实验室"，开展土壤动物研究。1986 年他们在联合国教科文组织的"温带森林生态系统"国际学术讨论会上所作的工作报告（总结 6 年工作的成果），得到会议的赞赏。后来，他们在长白山的工作被纳入由动物学家尹文英院士领导、由国家自然科学基金委员会支持的"中国典型地带土壤动物研究"项目（1987 年开始），其中，长白山工作点（温带）主要由张荣祖负责。该项目主要成果《中国土壤动物》专著（2000 年出版），对我国土壤动物学研究具有奠基的意义。

张荣祖除致力于实践，也热心于教学和科普工作。20 世纪 80 年代，他曾亲自编写刻印教材为中国科学院的研究生讲授《动物地理学》课程。1966～1968 年珠穆朗玛峰地区考察期间，他创作了《世界第一峰》科教电影脚本。后来在西藏考察中又负责或参与了《世界屋脊》、《横断山干旱河谷》等科教电影脚本的编写。1974 年由他编写的科普读物《珠穆朗玛峰》，受到欢迎，后翻译成英文。该书对珠峰地区垂直自然分带的阐述，被收入到国内大学地理教科书。2002 年底，孙鸿烈院士和他组织了《中国生态环境建设地带性原理与实践》一书的编写，并由他任全书的统稿人。该书是在孙鸿烈院士有关我国生态建设政府咨询报告的基础上，由一批各专业资深地理学家集体撰写。该书以生态建设为重，以科学普及为重，把我国地带性特征与当地生态建设紧密结合，突出"求真务实"，于 2004 年由科学出版社出版，出版后深受欢迎，被誉为"一本创新的地理学著作"，并于 2007 年再版发行。

张荣祖 2009 年荣获第二届中国地理科学成就奖。

二、主要科学研究成就、学术思想及其影响

（一）主要科学研究成就

张荣祖毕业后，处于新中国科学发展新时代，他的科学生涯，从受命填补我国学科空白——动物地理开始，后又致力于山地自然地理研究。学科的性质一方面赋予开拓机遇，另一方面因其边缘性又带来不少困难，但张荣祖努力探索，持之以恒，使他在地理学和生物地理学领域，做出了具有创造性的成果。

1. 中国动物地理区划研究

《中国动物地理区划》（1959 年）方案自发表与修订（1978 年）以来，该方案的原则与方法及提出的 2 个界、3 个亚界、7 个区（1 级）和 19 个亚区（2 级），陆续得到动物学界与地理学界的认可，并对我国的动物地理研究起到了促进作用。该成果为各方面有关"区划"应用、补充、修改和进一步细分（3 级区划）的论文和报告，粗略统计已有 120 余篇。一般来说，生物地理界线对一个类群适合，对其他类群亦适合。这一特点，对探讨目前因区系调查和分类系统研究尚未充分的类群的区划问题，很有帮助。如我国农业昆虫区划研究，直接应用了该区划方案。该方案还对我国鼠疫自然疫源地区划的研究，发挥了重要的作用。

2. 中国陆栖脊椎动物分布型研究

物种分布格局（型）是物种在分布上趋同演化所形成的一组相似事件。它是生物地理研究的中心问题。张荣祖早期的研究，即致力于我国陆栖脊椎动物分布型基本信息的整理与分析，包括物种全部（世界范围的）空间分布，提出 9 个分布型，为全面分析我国动物地理基本特征，提供了坚实的基础。以他为主整理出版的《中国哺乳动物分布》（中英文）是国内外该领域重要的参考文献。该书为地学对地表自然地理环境分异规律的研究提供了有关信息，包括自然历史过程及历史断代，为追溯动物分布型的时空变化过程提供了条件与佐证。后来，张荣祖进一步从地质-古地理事件，论证了我国物种各主要分布型的形成，并首次以过渡分布的量化指标，对世界存在争议、在我国通过的"古北界"与"东洋界"分界线的性质，进行了讨论。他还首次以我国陆栖脊椎动物"地理分布残留型"的形成，质疑我国东部地区冰川之说。

3. 动物栖息地研究与中国生态地理动物群

由于生态学的发展，对动物地理分布的探讨，逐步加强了对生态因素的分析。张荣祖从地理学及综合概念出发，着重对动物栖息地及其种群结构的划分进行了研究，并表示于地图上，受到生产部门的重视。他从全国范围以小比例尺对兽类分布趋势进行分析，并划分出全国陆栖脊椎生态地理动物群（三大群和 7 个基本群），讨论其生态地理特征，开了我国动物生态地理群分类研究的先河，被大学（生物与地理）教科书采用，对大尺度动物生态地理的研究亦具有指导意义。

4. 青藏高原抬升及自然地理过程对动物区系演化的影响

依据对哺乳动物分布型的分析和地质及自然地理考察对青藏高原形成过程的认识，张荣祖提出：第三纪晚期以来，在青藏高原隆起过程中，自然地理条件变迁最为剧烈的是高原西北，向东南部其变幅即迅速减少。在此背景下，高原动物区系演变总的特点是喜暖湿动物向东南，即向喜马拉雅—横断山区撤退，喜干凉动物从西北干旱地区向高原伸展，以及耐高寒动物在高原冰缘环境中产生与发展。这一见解在生物地理学上具有普遍意义，澄清了对青藏高原生物区系起源的争议。

5. 中国灵长类生物地理及自然保护研究

基于国际合作和国内动物学家及自然保护专家联合开展的灵长类生物地理和保护问题调查，最后由张荣祖主笔总结的报告——《中国灵长类生物地理与自然保护——过去、现在与未来》，从生物地理学观点分析了栖息地的历史演变（地质时期与历史时期）与当今我国灵长类动物处于濒危状态的关系，更新了对中国灵长类动物生存状态的认识，并且为保护计划的编制提供了科学依据。在方法上采用国际学术界统一标准，容易被政策的制定者使用。

6. 温带森林土壤动物群落特征

尹文英院士组织的我国土壤动物奠基性工作——"中国典型地带土壤动物研究"，其中温带部分由张荣祖和他的合作者进行总结。依据多年的工作，他们揭示了长白山土壤动物生态分布，对土壤动物在垂直自然分带、土壤分层和时间上的变化与自然条件，特别是土壤条件的关系进行了分析。在针阔混交林设置的土壤动物分解整体效应实验，其方法及取得的结果，对进一步了解土壤动物在生态系统中极端复杂的分解机制，具有重要的参考价值。

7. 山地整治研究

在 1981 年开始的横断山区综合科学考察和在 1986～1988 年国际山地开发中心任职期间，张荣祖致力于山地整治研究。他以综合的观点更新了喜马拉雅-横断山区普遍存在的对"干旱河谷"的认识，对"干旱河谷"进行了分类。对山地整治，以"谷地退化带"为重点，从可持续发展的观点，提出山地自然生态系统与山地经济系统相互协调的整治方向，受到国内外同行的重视。

（二）学术思想及其影响

张荣祖在科研工作中，进行了大量的野外工作，特别注重理论与方法论方面的总结，对促进科研进一步发展具有重要的意义。

1. 开拓与推动中国动物地理学的研究

在传统方法基础上，他与郑作新教授共同提出了动物地理区划三原则，即①历史发展；②生态适应；③生产实践。同时，提出区划等级系统应与世界性区划系统相衔接，并与影响动物分布的环境因素分布规律相协调。这些思想，至今仍具有指导意义。后来，在多次修订中，张荣祖在区划方法论上又有进一步发展。他认为各门类动物分类系统不等价，我国南北方地理环境及历史演变差异很大，区划等级及其内涵的不平衡性是客观存在的，应以理论与实践相结合的观点，予以协调。张荣祖在我国陆栖脊椎动物分布格局（型）方面的工作，对我国方兴未艾的生物分布格局研究具有先导的意义。

2. 地理比较方法论在生物地理学中的应用

自然地理区划系统所表明的地理分异及各个等级间的从属关系，实际上反映了自然地理环境分化格局及在地质-古地理演化发生上的关系。在方法论上是基于地理比较法。张荣祖发挥地理学的优势，从野外地理剖面法到不同尺度的栖息地及地带-景观体系分类法，都体现了地理比较法的应用。这不但对动物普查工作，而且对生物地理专题性和区域性研究，也具有指导意义。

3. 横断山区动物地理特征及其在研究中国生物地理学上的意义

据早期研究，张荣祖指出，横断山区动物分布具有古北与东洋两大区系交汇，各水平分布现象在区内转化为垂直重叠、交错或替代，特有类群的分化，古老成分的狭区分布等特征，在生物地理研究上具有重要的意义。亦引起国内外生物学界对横断山区的关注，成为生物地理学研究和生物多样性保护的热点地区。后来，他进一步提出横断山区在冰期中无大面积冰盖的论点。他认为当时山麓冰川的进展，只能引起自然景观的垂直位移（以百米计）。而且在低海拔谷地，冰缘气候的影响更加减弱，主要景观带不但从未消失，而且变迁还相对稳定。复杂多样的垂直分带又为动物提供了多样的栖息环境，纵向的平行峡谷以及高海拔山脊都是良好的相对隔离的环境，故动物的垂直迁徙的空间跨度显小。凡此种种，横断山区无论从历史观点或生态观点，对动物的保存与分化都是有利的。这一见解，得到生物地理学界的赞同并成为共识。

4. 地理学工作中宏观与微观方法的结合

在青藏高原综合科学考察中，张荣祖运用宏观（卫星影像图）和微观（土壤微形态）判读相结合的方法，通过对大地貌回春带和土壤发育原始性与二元性特征的认识，探讨青藏高原隆起对自然地理过程的影响。后来，这一方法在土壤动物生态地理的研究中也有应用，说明该方法在地理学研究中具有普遍意义。如今，卫星影像图应用与土壤微形态研究都是国际倡导的科学研究前沿。

三、张荣祖主要论著

郑作新，张荣祖 . 1956. 中国动物地理区划 . 地理学报，22（1）：93-109.

张荣祖，郑作新 . 1961. 论动物地理区划的原则和方法 . 地理，6：268-271，281.

张荣祖，王宗祎 . 1964. 青海甘肃兽类调查报告 . 北京：科学出版社.

张荣祖 . 1975. 珠穆朗玛峰地区土壤微形态与自然地理条件//中国科学院珠穆朗玛峰地区科学考察队 . 珠穆朗玛峰地区科学考察报告（1966～1968）（自然地理）专集 . 北京：科学出版社：83-101.

张荣祖，赵肯堂 . 1978. 关于"中国动物地理区划"的修改 . 动物学报，24（2）：196-202.

张荣祖 . 1979. 中国自然地理·动物地理 . 北京：科学出版社.

Zhang Yongzu，Li Bingyuan，Zheng Du，et al. 1981. The impact of uplift of the Qinghai-Xizang Plateau on the geographical processes//Geological and Ecological Studies of Qinghai-Xizang Plateau. Vol. II. Beijing：Science Press：1999-2004.

Zhang Y Z，Wang S，Quan G Q. 1981. On the geographical distribution of primates in China. J. Human Evolution，10：215-226.

张荣祖，郑度，杨勤业 . 1982. 西藏自然地理 . 北京：科学出版社.

张荣祖，林永烈 . 1985. 中国及其邻近地区兽类分布的趋势 . 动物学报，31（2）：187-197.

张荣祖，郑昌琳 . 1985. 青藏高原哺乳动物地理分布特征及区系演变 . 地理学报，40（3）：225-231.

Zhang Rongzu. 1989. Case study on mountain environmental management：Nyemo county（Tibet）. ICIMOD Occasional Paper No. 13，Kathmandu，Nepal.

张荣祖主编. 1992. 横断山区干旱河谷. 北京：科学出版社.

张荣祖，郑度，杨勤业等. 1997. 横断山区自然地理. 北京：科学出版社.

张荣祖，殷绥公，王世彰等. 2000. 中温带长白山土壤动物的组成与生态分布//尹文英等. 中国土壤动物（专集）. 北京：科学出版社：27-56.

张荣祖等. 2002. 中国哺乳动物分布（中英文）. 北京：中国林业出版社.

张荣祖，陈立伟，瞿文元等. 2002. 中国灵长类生物地理与自然保护——过去、现在与未来（中英文）. 北京：中国林业出版社.

Zhang Rongzu（Yongzu）. 2002. Geological events and mammalian distribution in China. 动物学报，48（2）：141-153.

张荣祖. 2004. 中国动物地理//现代生命科学基础丛书 8. 北京：科学出版社.

Zhang Rongzu. 2004. Relict distribution of land vertebrates and Quaternary glaciation in China. 动物学报，50（5）：841-851.

主要参考文献

杨广涛. 2000. 跋涉经纬——记中国动物地理学家张荣祖. 野生动物，3：44-45，22.

张荣祖. 2002. 生物地理学的新生. 生物学通报，37（3）：1-3.

郭郛，钱燕文，马建章主编. 2004. 中国动物学发展史. 黑龙江：东北林业大学出版社.

曾昭璇. 2004. 一本创新的地理学著作——评《中国生态环境建设地带性原理与实践》. 生态环境，13（3）：464-466.

孙鸿烈，张荣祖主编. 2007. 中国生态环境建设地带性原理与实践. 北京：科学出版社.

撰写者

宋大祥（1935～），浙江绍兴人，院士，研究员，曾任中国动物学会理事长，中国科学院动物研究所副所长。长期从事无脊椎动物研究。

陈领（1963～），河南淮阳人。从事动物生态学、生物地理学和动物保护，现在国家自然科学基金委员会生命科学部动物学科工作。

朱震达

朱震达（1930～2006），浙江海宁人。沙漠学家，我国沙漠与沙漠化科学的创始人和原中国科学院兰州沙漠研究所的奠基人。1985 年当选为中国首批第三世界科学院院士。1952 年毕业于南京大学地理系。他长期从事地貌、沙漠与沙漠化的研究。在近 50 年的科研生涯里，他一直开拓和引领着我国沙漠与沙漠化科学领域的研究和实践，在使沙区资源利用和防沙治沙实践紧密结合我国北方干旱半干旱区域的社会经济发展与生态环境建设的同时，还使中国沙漠与沙漠化科学得到了长足的进展，其理论和实践之成果在国际上也占据着部分领先地位。他发表论文 150 余篇，出版专著 10 余部。不仅有宏观的全国性论著，也有区域性专著和文章，大多成为中国沙漠与沙漠化研究的经典著作。他以第一获奖者分别获得全国科学大会奖（1978）、全国农业区划二等奖（1983）和 1995 年中国科学院科学技术进步奖二等奖（1995）等。他曾任中国科学院兰州沙漠研究所所长、中国地理学会沙漠分会理事长和联合国环境规划署—国家环境保护局—中国科学院"国际沙漠化防治研究与培训中心"（ICRTDC，UNEP/NEPA/ACS）主任、联合国环境规划署（UNEP）荒漠化科学高级顾问、国际沙漠开发委员（IDDC）会委员、第三届国际沙漠开发大会（3th ICDD）主席、国务院学位评定委员会学科评议组成员和《中国沙漠》主编等职。

一、简　　历

朱震达，祖籍浙江省海宁县，1930 年 6 月 20 日出生，2006 年 9 月 30 日在北京去世，享年 76 岁。

他的童年和少年时代都是在上海度过的。1946～1949 年，他就读于上海晓光高级中学期间就热爱地理课程，成绩优异，并显露出这方面的才能。他曾借假期返乡，对自己故乡小镇周围的自然、人文地理环境进行调查，并绘制地图和撰写报告，受到地理老师的青睐；在老师的引荐下，他参加了当时地理学会上海分会的一些学术活动，得到上海地理学界前辈的关注。上高一那年，他就以一篇地理知识译文的发表加入了全国地理学会，成为当时全国地理学会最年轻的会员。也是在他读高中时，正值解放战争激烈进行之际，他积极参加进步组织领导下的革命活动，并创办了油印刊物《学语》，在同学中宣传进步思想。

1949 年夏，他以优异的成绩考入了上海复旦大学史地系。当时，大城市里的学生很少有人选择学地理学的。谁都知道，地理学研究者伴随的是长年的野外考察和艰苦的学术探索，没有多少人愿意并准备去吃这份苦！朱震达不同，他当时是各科全优的高材生，学地理完全是出于对这门学科的热爱。当时上海解放不久，为了防止国民党敌特破坏，他积极参加护校活动。1950 年他转入南京大学地理系学习，在整个大学阶段，他被选为学生会主席和团总支副书记。由于他各方面的出色表现，1952 年在校时就被吸纳为中国共产党党员。

1952 年 7 月大学毕业，他被分配到中国科学院地理研究所工作，师从沈玉昌教授，参加了南阳盆地侵蚀地貌和丹江口的地貌研究，每天徒步行走几十公里，脚趾磨破，痛苦不堪，午饭就是馒头加冷开水，但他顽强坚持，出色地完成了野外工作任务。他的吃苦耐劳和刻苦钻研精神，备受好评。1953 年和 1954 年他分别在《地理学报》上发表了《南阳盆地边缘花岗岩丘陵侵蚀地貌研究》（19 卷 3 期）和《汉江中游丹江口河谷地貌研究》（20 卷 2 期）两篇文章，受到有关方面的关注。1954 年他参加中国科学院黄河考察队，在罗来兴、楼同茂先生指导下，从事黄土地貌的研究，其对黄土区流水侵蚀地貌要素的研究成果，为小流域水土保持规划提供了基础资料，1955 年在《地理学报》上发表《晋西北朱家川及县川河流域黄土丘陵区侵蚀地貌研究》（21 卷 3 期），成为最早进行黄土丘陵区侵蚀地貌的研究者之一。随后，他在苏联专家阿尔曼德教授指导下，运用小流域地貌要素统计方法研究侵蚀地貌，在当时国内尚属首创，以此撰述的论文《应用数量方法来研究黄土丘陵地区的侵蚀地貌》发表在《地理学报》24 卷 3 期上，在地理学界评价很高，至今还是这一领域的经典论文。此时，他以初出茅庐的年轻研究人员身份，连续在《地理学报》上发表很有见地和水平的文章，实属罕见。

1956 年，他被中国科学院选送去苏联科学院深造，师从苏联科学院地理研究所的阿尔曼德教授，攻读副博士学位，研究方向为侵蚀地貌。当时国内正在实施第一个五年计划，很多学科等待填补空白和开拓，他在比较研究生和进修生的利弊后，感到进修比较灵活机动，时间支配较为自由，可以在较短的时间内根据国内需要选学多个学科。于是，他主动向院、所领导提出改研究生为进修生的建议，得到有关部门的同意。后来，在当时中国科学院副院长竺可桢先生的直接指示下，他又师从在苏联沙漠研究领域建树颇丰的沙漠专家费道诺维奇教授，学习沙漠与风沙地貌，从此开始了他在沙漠领域研究的生涯。在较短的时间内，他深入苏联沙漠研究所及野外实验台站进修学习，为我国即将开展的沙漠研究做了技术上的准备。

1958 年底学成回国后，他就出任中国科学院治理沙漠科学考察队（简称治沙队）塔克拉玛干沙漠综合考察队队长，带领青年考察队员们进入中国第一、世界第二大的流动沙漠腹地——塔克拉玛干沙漠进行科学考察。这是中国有史以来的首个塔克拉玛干沙漠综合科学考察队，从此也开始了他艰苦创业、开拓进取、勇于奉献、服务国家的沙漠科学之旅。

1962 年中国科学院治理沙漠科学考察队调整为中国科学院地理研究所沙漠研究室，他任研究室的负责人。1965 年沙漠研究室整体从北京迁至兰州，与中国科学院地理研究所冰川冻土研究室合并成立了中国科学院兰州冰川冻土沙漠研究所，他任沙漠研究室主任。1978 年成立了中国科学院兰州沙漠研究所，他出任所长至1992 年。

二、主要研究领域、学术思想与成就

在长达 50 年的研究生涯里，朱震达为中国沙漠与沙漠化科学的创建、发展，为我国北方沙漠和沙漠化地区的资源利用、风沙灾害治理、沙漠化防治、环境保护建设和社会经济发展做出了突出的贡献，他从事的研究领域、学术思想与成就及影响主要体现在以下方面。

1. 创建和发展了中国沙漠科学研究领域

朱震达 1958 年从原苏联学成回国之际，正遇上中国科学院为了顺应国家对沙漠地区资源开发和风沙治理的需要，成立中国科学院治沙队，他被任命为塔克拉玛干沙漠综合考察队的队长，开始了他中国沙漠研究的生涯。自此以后的几十年里，他足迹踏遍全国主要的沙漠、戈壁和沙地，风餐露宿，开展野外考察和观测，就我国沙漠的形成和演变、沙漠沙的物质来源、沙丘形成发育及分布规律、风沙运动基本规律、沙漠戈壁和沙地的基本类型与分布、沙漠和沙区自然环境、资源及其利用、沙害防治等方面进行了系统的研究，不仅有宏观的全国性论著，如《中国沙漠概论》及《中国沙漠图（1/400 万)》，而且也有区域性专著，如《塔克拉玛干沙漠风沙地貌》的研究及微观的沙丘形成发育和运动的动态典型分析，如《风力作用下沙丘演变动态过程的研究》等。通过系统的研究，他指出，中国的沙漠是在干燥气候和丰富的沙漠沙物质来源的自然条件下发展演变而形成的。从沙丘沙与下伏地表物质的对比分析中，阐明了中国沙漠沙物质来源主要是"就地起沙"的论断，即源自内陆盆地中河流的冲积湖积物，山前地带的洪积物及剥蚀平原和残丘地区的残积物。从风沙流的结构，风力与沙丘表面吹蚀堆积之间数量关系的分析，并结合不同时期沙丘航空相片的动态解析，阐明了沙丘形成发育与形态变化的机制，为流沙的固定措施提供了依据。同时也揭示出中国广大沙漠地区沙丘运动的基本类型，区分出沙漠内部缓慢移动型、沙漠边缘快速移动型及固定半固定沙丘活化型，为国家治沙工程提供了决策性的依据。特别是以他为首的科研队伍利用不同时期卫星相片、航空相片的判读及地面路线考察资料，编制出全国 1：200 万、1：400 万及重点地区 1：50 万的沙漠基本类型图，提供了中国沙漠（地）、戈壁和风蚀劣地的基本面貌。这些成果为中国沙漠科学的建立与发展奠定了基础。前联合国环境署沙漠化中心主任、法兰西学院院士 M. Mainguet 教授认为，朱震达对沙丘形成发育的动态研究是这一领域中最优秀的著作，并应用到她的研究队伍在非洲撒哈拉沙漠的沙丘和风沙地貌研究中；美国波士顿大学遥感研究中心主任、第三世界科学院院士及主席团成员 F. El-Baz 博士认为，朱先生的中国沙漠研究是世界沙漠研究中最优秀的成果。

沙漠研究是为了利用和治理。他在进行沙漠科学基础研究的同时，十分重视结合国家生产实践。他在系统分析已有防沙治沙经验的基础上，科学地总结出防沙林带与护田林网相结合的干旱区绿洲防护型，灌、草结合与天然封育的半干旱区流沙固定型，草库伦建设与流沙固定相结合的牧区草原建设型与工程措施（沙障等）和植物固沙相结合的道路沙害防治型。这种理论与实际相结合的研究，丰富了中国沙漠科学的实践。这些研究成果也为国际干旱研究领域所重视，联合国环境规划署（UNEP）与美国亚利桑那大学干旱研究中心所编辑的世界沙漠研究文献中有关中国方面资料，大部分是选用他的著作；国际干旱区开发委员会（IDDC，原国际沙漠开发委员会）主席 Adel El-Beltagy 博士认为，朱先生总结并努力推广的沙漠资源利用与风沙危害治理的理论和实践，是世界范围内的榜样。

2. 创建和发展了中国沙漠化的研究领域

早年朱震达在研究沙漠的同时，亦指出应重视原非沙漠地区由于人为过度经济活动所造成的地表出现以风沙活动为主要标志的类似沙漠景观的土地退化过程，即土地"沙漠化过程"。在大量野外考察和不同时期遥感资料分析的基础上，提出北方沙漠化在持续和加速发展中，从 20 世纪 50 年代后期到 70 年代中期，沙漠化土地平均每年扩大 1560 km²，到 80 年代每年扩大 2100 km²。他认为，中国沙漠科学研究的生长点应从沙漠基础研究，转移到与国家经济和环境、与人民生存和发展直接相关的沙漠化研究方面来，为沙漠科学研究和实践更加面向国民经济建设和环境保护迈出了关键的一步。他划分出 20 世纪 80 年代初中国沙漠化土地的类型为：严重发展的占沙漠化土地面积 10.4%，强烈的占 17.9%，中度的占 24.4%，轻微的占 47.3%；并出版了《中国北方地区的沙漠化过程及其治理区划》专著，领导编制了中国北方沙漠化系列地图，包括 1∶600 万及 1∶1000 万的全国沙漠化土地类型图，1∶50 万重点地区沙漠化类型图（如冀北坝上、内蒙古科尔沁草原、呼伦贝尔草原、浑善达格沙地、鄂尔多斯草原等），1∶10 万及 1∶5 万典型区沙漠化动态变化图（如盐池及科尔沁沙地东南等）。从大量沙漠化发展因素的资料中着重指出：我国的沙漠化过程按其发生性质可以分为沙质草原荒漠化、固定沙区（沙地）活化和沙丘迁移入侵三种类型。人为强度的经济活动是脆弱生态条件下沙漠化的诱发因素，他根据野外调查及遥感资料的分析，指出以土地利用为主的沙漠化成因是：以过度农垦为主的占沙漠化土地面积的 25.4%，以过度放牧为主的占 28.3%，以过度樵采为主的占 31.8%，水资源利用不当及工矿建设破坏植被所引起的占 9%，单纯由风力作用的沙丘前移所形成的沙漠化土地仅占 5.5%。可见，人为因素是沙漠化过程中活跃和主要的因素。并且认为，半干旱地带的农牧交错地区是濒临沙漠化危险最大的地区。综合这些研究，归纳为以下两个论点：

（1）结合中国实际完善了沙漠化的定义，明确提出沙漠化是干旱半干旱及部分半湿润地带过度人为活动与脆弱生态环境（如干旱多风在时间上的同步性、地表沙物质的易侵蚀性等）相互作用的结果，是以风沙活动为标志的地表呈现类似沙漠景观的土地退化过程。这一概念的主要含义为联合国环境规划署沙漠化研究中心所采纳，并提交到 1992 年巴西联合国环境与发展大会上、1994 年生效的《联合国荒漠化防治公约》中荒漠化概念的表述中。该公约在荒漠化发生的区域、人类活动的作用、退化过程的认定等方面都参照了他 1980 年前后就形成的沙漠化的概念（他作为联合国环境规划署沙漠化顾问，积极参与制定了国际沙漠化研究计划，历时近 20 年）。

（2）沙漠化作为一个环境问题，具有发展和逆转两个相反作用的转化过程，应全面系统的进行其全过程的研究，包括沙漠化的历史过程、现代过程、物理过程及逆转过程，这四个过程实质上乃是沙漠化发生、发展、演变及整治的一个完整过程，是沙漠化研究中的核心问题。综合这些论点，明确提出了沙漠化是生态脆弱条件下，人地关系相互矛盾的结果，而沙漠化的逆转则是人地关系相互协调，环境改善，土地生产力再恢复的过程。因而提出，根据我国北方沙漠化地区自然、经济特点及沙漠化发展趋势、开发利用中存在的问题及治理的典型经验，沙漠化土地整治必须本着生态效益、经济效益、社会效益统一的目标，贯彻适度利用与多项互补的生态原则，把防治与利用融为一体。在整治的对策上，从改善整个干旱及半干旱区生态系统的角度进行综合考虑、全面规划；在经济发展方向上，贯彻以林业为主多种经营的方针。同时，还必须有效地控制人口增长。在治理的具体部署上，采取科研机构以实验区进行治理实验为主、科研部门与生产部门相结合以一定面积范围的示范区为主、和科研机构、生产部门与地方群众相结合以推广区为主的三个层次的形式。在治理的具体措施上，对于农牧交错沙漠区，针对沙区中居民点、耕地、草场分散分布的特点，可以生态户为基础，采取天然封育，调整以旱作农业为主的土地利用结构，扩大林草比重，集约经营水土条件较好的土地，并与营造护田林网相结合，丘间营造片林（灌丛）与封育相结合的措施，从而达到一方面控制沙漠化的发展，另一方面起到发展经济的作用。在草原牧区，除了合理确定载畜量、合理轮牧、建立人工草地及饲料基地外，还应与合理配置水井、确定放牧点密度、修建固定道路结合起来。在干旱地带，以流域为生态单元进行全面规划，合理分配用水计划，以绿洲为中心建立绿洲内部护田林网与绿洲边缘乔灌结合的防沙林带以及绿洲外围机械沙障与障内栽植固沙植物等措施相结合，形成一个完整的防治体系。另外，通过密集流沙地区的交通沿线可采用沙障与固沙植物相结合的固阻结合、以固为主的防护体系。这些成果在示范典型区的研究中起到了明显的效果，为中国沙漠化研究的形成、发展和治理奠定了基础。他通过多次参加联合国环境署沙漠化会议，为联合国环境署举办过多次沙漠化国际讨论会，使中国沙漠化的研究走向世界，特别是第三世界国家，发挥了重要作用。1990 年联合国环境署全球沙漠化评估报告中，有关中国的资料全部来自于他的研究成果。以他为主所著的《中国北方地区的沙漠化过程及其治理区划》、《中国的沙漠化及其治理》、《治沙工程学》等著作，成为中国沙漠化研究理论与实践相结合的经典著作，也成为我国制定沙漠及沙漠化土地治理决策的科学依据。他的许多研究成果为 1991 年"全国治沙工作会议"所接受，并纳入国家防沙治沙规划中。他的研究成果和学说也受到国际上的重视。受联合国环境规划署（UNEP）、联合国开发计划署（UNDP）及联合国亚太经社会（ESCAP/UN）的委托，他自 1978 年开始作为主席，主持举办了 8 期国际沙漠化研究与防治培训班和 4 期沙漠化国际研讨会。并应联合国开发计划署（UNDP）和环境规划署（UN-EP）的邀请，主持和组织了马里绿色屏障地区沙漠化防治的可行性研究，得到马里政府和联合国萨赫勒办公室的好评。1987 年联合国环境规划署以中国科学院兰州沙漠研究所为依托，与中国国家环境保护局和中国科学院共同建立了"国际沙漠化防治研究与培训中心（ICRTDC，UNEP/NEPA/ACS）"。1989 年联合国环境规划署

（UNEP）授予他所领导的中国科学院兰州沙漠研究所为"全球环境保护先进单位"，1991 年被评为"全国治沙先进单位"，他本人被评为"全国治沙劳动模范"。

3. 建立和发展了中国沙漠和沙漠化学科体系及研究队伍与平台

朱震达先生认为，科学来源于生产和对自然现象的观察，它的发展取决于社会需要。新的学科的产生和发展往往是在解决重大实际问题的过程中，由原不同学科相互交叉渗透而形成的。几十年来，在他的领导下，我国的沙漠研究克服了将沙漠作为"园地"，各自发展本学科分支的倾向，而是抓住一些既能结合国家建设需要，又能带动各学科相互渗透的关键性课题，开展大量的野外考察和定位、半定位观测试验，逐渐发展使沙漠研究成为具有一定研究范围、内容和理论基础的相对独立的学科领域。沙漠学科领域将以风沙为主导的灾害现象的区域（沙漠及沙漠化地区）作为完整的环境综合体，研究其形成演变和运动规律，揭示其发展过程与人类活动、自然条件间的关系，预测其变化趋势并寻求合理的开发整治措施和途径。简言之，也即沙漠科学是研究沙漠及沙漠化过程、预测及整治环境的一门科学，是一门有宏观地域性、综合性和应用实践性的学科领域。它在地理学、农学、林学、生物学、生态学、社会经济学等学科体系的基础上，接受当前新学科思想——系统科学的概念、理论和研究方法，围绕风沙活动这一特定环境下的过程，逐渐发展完善本学科理论和方法。众所周知，系统是由相互作用、相互依赖的若干部分结成的有特定功能的有机整体。系统观点包括整体性和综合性，而所谓整体就是把研究对象作为整体来看待，全面地、辩证地看问题，保持系统的整体的均衡性和一致性；所谓综合性是指一方面认为任何整体都是以这些或那些要素为特定目标而组成的综合体，另一方面要求对任一对象的研究都必须从它的成分、结构、功能、相互联系方式、发展历史、外部环境等方面进行综合考查。对于以风沙为主导灾害的区域这样的环境综合体，系统观点无疑成为认识其规律的方法论。沙漠与沙漠化的研究与当代世界范围内出现的人口、粮食、能源、自然资源破坏和环境污染等五大社会问题都有密切联系。因而沙漠学科的发展将围绕着风沙这一特定条件下的环境变化、预测和整治为中心开展研究。朱震达是这么认为的，也是这么去实践的。近 50 年来，他本着为国家目标服务的宗旨，精心组织队伍、实施科研项目和防沙治沙工程、开展广泛的国内外合作与交流。在他的引领和不懈追求下，经过广大科研技术人员的努力，如今创建了我国比较完整的沙漠和沙漠化科学及其研究体系，在风沙物理与沙漠环境、沙漠形成演变与全球变化、沙漠化过程及其防治、沙区资源环境与可持续发展、沙漠化遥感与信息系统综合研究等领域取得了重大进展，积累了丰富的研究资料和数据，已为国家有关沙漠开发利用和沙漠化防治方面的决策提供了大量的科研成果和理论依据，科技成果转化为直接的经济效益超过 100 亿元，得到了我国政府和社会、科学界乃至国际上的普遍认可。

在沙漠科学研究队伍和平台建设方面，他的努力也结出了可喜的成果。以原中国科学院治沙队一些骨干人员为核心，通过多个自然和人文社会科学领域的交叉融合，形成了以沙漠和沙漠化研究为核心的几代相传的科技队伍，涌现出一批又一批学术带头人和领军团队，成为近 50 年来中国沙漠与沙漠化科学领域的中坚力量。他自 1959 年领导中国科学院治沙队之塔克拉玛干沙漠综合考察队、中国科学院地理研究所沙漠研究室、中国科学院兰州冰川冻土沙漠研究所沙漠研究室、中国科学院兰州沙漠研究所，到在全国主要沙漠和沙漠化地区建设的一批长期野外研究试验研究站（点），为沙漠与沙漠化研究和试验示范逐步搭建起了平台，并为现在的中国科学院沙漠与沙漠化重点实验室及其 3 个国家站：沙坡头沙漠研究试验站、奈曼沙地农田生态系统研究站、临泽绿洲农田生态系统研究站的建设和发展打下了坚实的基础。

鉴于他在沙漠及沙漠化领域所做的贡献，1985 年当选为中国首批第三世界科学院院士，并被联合国环境规划署（UNEP）和亚太经社会（ESCAP/UN）聘为沙漠化科学顾问。他还先后兼任过世界自然保护协会生态学会理事、世界实验室（WL）沙漠化研究项目负责人、联合国环境规划署、中国国家环境保护局和中国科学院"国际沙漠化防治研究与培训中心（ICRTDC，UNEP/NEPA/ACS）"、国际沙漠开发委员会（IDDC）委员、第三届国际沙漠开发大会（3th ICDD）主席等国际学术职务。他还兼任过国务院学位评定委员会科学评议组成员、中国地理学会理事、中国生态学会常务理事、中国环境学会常务理事、中国自然资源研究会理事、中国生态经济学会理事、中国第四纪委员会委员等职，并为这些组织做了大量的工作。自 1980 年起，他还一直担任着中国地理学会沙漠分会的理事长和名誉理事长。1992 年起，任中国治沙暨沙业学会副理事长。1992～1994 年作为我国代表团科学顾问，参与了联合国荒漠化防治国际公约的谈判。1994 年起被国家聘为防治荒漠化国际公约中国执行委员会高级专家顾问，1996 年起为 UNEP 聘为全球环境基金（GEF）评议组专家。50 多年的研究成果还体现在他的学术论著上，共发表论文 150 余篇，出版专著 10 余部。这些成果至今仍发挥着重大指导作用。不少论文成了各大学有关学科的必备教材和相关科研领域的指导性文献。

他还为沙漠和沙漠化研究领域培养出了大批年轻人才，其中硕士 24 人，博士 17 人，博士后 3 人。他的学生们现在大都在为中国沙漠及沙漠化科学的发展努力着，他们将永远铭记他的教诲，以他的品德、作风以及奉献和开拓精神为榜样，继承他的志愿，在中国沙漠和沙漠化科学领域中，奋力拼搏，刻苦创新，更好地为国家目标服务，为学科进步做贡献。

三、朱震达主要论著

朱震达.1953. 南阳盆地边缘花岗岩丘陵侵蚀地貌研究. 地理学报，19（3）.

朱震达.1957. 晋西北朱家川及县川河流域黄土丘陵区侵蚀地貌研究. 地理学报，23（3）：275-308.

朱震达.1958. 应用数量方法来研究黄土丘陵地区的侵蚀地貌. 地理学报，24（3）：275-306.

朱震达.1959. 沙漠改造利用中地貌研究的任务和方法. 地理学报，25（3）：387-402.

朱震达.1961. 沙漠地区风沙地貌调查法. 北京：科学出版社.

朱震达.1964. 塔克拉玛干沙漠西南地区绿洲附近沙丘移动的研究. 地理学报，30（1）：35-50.

朱震达等.1974. 中国沙漠概论. 北京：科学出版社.

朱震达.1976. 我国的沙漠及其治理. 中国科学，19（4）：379-387.

朱震达等.1979. 中华人民共和国沙漠图（1：400 万）. 北京：地图出版社.

朱震达等.1980. 中国沙漠概论（修订本）. 北京：科学出版社.

朱震达等.1981. 中国北方地区的沙漠化过程及其治理区划. 北京：中国林业出版社.

朱震达等.1981. 塔克拉玛干沙漠风沙地貌研究. 北京：科学出版社.

朱震达等.1989. 中国的沙漠化及其治理. 北京：科学出版社.

Zhu Zhenda. 1989. General characteristics of the desertified landand its rehabilitation in northern China//Utilization and Development of Natural Resources in Arid and Semi-arid Lands. Beijing：Science Press.

朱震达等.1990. 从若干典型地区的研究对近十余年来中国土地沙漠化演变趋势的分析. 地理学报，45（4）：430-440.

Zhu Zhenda. 1991. Sand Dune Stabilization in China. United Nations. New York.

Zhu Zhenda. 1993. Trends of desertification and its rehatilitation in China. Desertification Control Bulletin，22：27-30.

朱震达等.1994. 中国土地沙质荒漠化. 北京：科学出版社.

朱震达等.1998. 治沙工程学. 北京：中国环境科学出版社.

朱震达等.1998. 中国土地的荒漠化及其治理. 台北：宋氏照远出版社.

主要参考文献

王涛主编. 2007. 朱震达先生纪念文集. 北京：科学出版社：1-387.

王涛.2007. 朱震达先生对中国沙漠与沙漠化科学的贡献. 中国沙漠，27（1）：1-5.

撰写者

王涛（1959～），上海市人，博士，研究员，现任中国科学院寒区旱区环境与工程研究所所长（2003～）。从事沙漠环境和沙漠化过程研究。朱震达先生的学生。

赵其国

赵其国（1930～），湖北武汉人。土壤地理学家。1991年当选为中国科学院学部委员（院士）。1953年毕业于华中农学院农学系。长期从事我国及世界土壤地理与资源的研究，特别是对热带土壤发生分类、资源评价等进行了系统、深入的研究。首次提出我国热带土壤具有古风化和现代红壤化两种对立过程，提出红壤分类新指标；首次系统总结我国红壤资源开发利用途径；提出以橡胶为主发展热带作物的土壤学依据，为我国红壤发生分类与资源评价提出了新途径。近年来，在热带土壤现代成土过程、相对与绝对年龄、南方与黄淮海平原土壤资源开发评价等研究中发挥了重要作用，做出了成绩，对学科发展与生产实践有新的推进，得到国内外的嘉奖和好评。赵其国历任中国科学院南京土壤研究所所长，中国土壤学会理事长，南京大学兼职教授、博士生导师，南京师范大学、南京农业大学、浙江大学、吉林大学、福建师范大学兼职教授，中国科学院土壤圈物质循环开放研究实验室主任，中国科协第四届全国委员会委员，江苏省学位委员会委员，中国科学院农业研究委员会主任，江苏省科协第五届副主席、南京市科协副主席；在国际上，赵其国历任国际土壤学会常务理事、盐渍土分委员会主席，东亚及东南亚土壤协会副主席、主席，国际土壤学会土壤及环境委员会副主席，国际山地研究中心理事等职。

一、简　　历

赵其国，1930年2月25日出生在湖北武汉市。1953年毕业于华中农学院农学系。

赵其国大学毕业后分配到中国科学院土壤研究所工作。刚出校门就参加了全国具有战略意义的橡胶宜林地调查。

天然橡胶在军事工业等重工业上一直是人工合成橡胶无法替代的重要物资。新中国建立之初，在外国对华封锁的形势下，处境十分困难。为了打破封锁，加强国防建设，党中央发出了"自力更生建设我国自己的橡胶基地"的号召，并在全国动员了数以千计的知识分子和数以万计的人民解放军投入这场战斗。赵其国就是在这种形势下投身于橡胶宜林地调查的。他在老科学家的带领与指导下，与一大批热血青年风餐露宿，深入到我国南方雷州半岛、海南岛、西双版纳等深山密林中开展工作。1958 年，赵其国担任考察队的领导，开展了定位观测研究。通过长达 10 年之久的野外调查、研究，总结了以橡胶为主的热带作物开发利用与土壤分布及土壤性质的相互关系，提出了以热量条件、土壤性质为标准的热带作物利用等级评价方案，为制定热带作物发展规划与布局提供了科学依据。

1965 年，根据中国与古巴科学院的协定，赵其国奉命到古巴从事土壤科研工作。他在古巴先后担任专家组副组长、组长。在此期间，除领导创建古巴土壤研究所、培养干部外，并负责进行古巴土壤性质、土壤地理及资源利用的深入研究。他带领古巴学生进行全国土壤调查和制图。在 4 年多时间里，几乎跑遍了古巴全国，采集了数以千计的土壤样品，首次对古巴土壤地理工作进行系统总结，对该国土壤资源评价、土壤发生分类等提出新的建议，最后完成了《1∶25 万古巴土壤图》及《古巴土壤》专著，由古巴科学院正式出版。这两项成果对古巴的土壤研究具有重要的指导意义。其间，古巴总统卡斯特罗多次接见了他。

为了解决中国的粮食问题，20 世纪 70 年代初，周恩来总理曾亲自部署向"北大荒"要粮的任务。当时组织了全国有关科技力量，在黑龙江省进行荒地资源考察，建立商品粮基地。赵其国作为考察队队长，与来自中国科学院和该省的数百名同志共同投入了这场战斗，在近 80 万 km^2 土地上，连续工作了 8 年。同时，在面上考察的基础上，进行定点试验示范研究，并逐步加以推广。最后，在 40 万 km^2 范围内选出了 4000 万亩宜农荒地，指导当地开垦种植，不到 5 年，开垦荒地 250 万亩，增产粮食 10 亿 kg。同时完成的专著《黑龙江省与内蒙古自治区东北部土壤资源》一书，受到中国科学院院士任美锷高度评价，指出，"该书不但在理论上有创见，而且对黑龙江商品粮基地建设及国家农业生产均有重要贡献"。

赵其国一贯坚持土壤科学为国民经济服务的方针，"六五"、"七五"期间，在国家号召开发黄淮海平原时，他承担并领导了国家攻关项目——"黄淮海平原豫北地区中低产田综合治理开发研究"和"天然文岩渠流域综合治理战略方案研究"，取得了很好的成果。他所参与领导的该项任务荣获中国科学院科技进步奖特等奖和国家科技进步奖二等奖。

自 90 年代开始，年逾花甲的赵其国除了继续关心土壤科学在国民经济建设中发挥积极作用外，还与国内外同行一起，将土壤科学提高到地球圈层的高度进行研究，重新提出了土壤圈层的概念，在中国科学院南京土壤研究所建立了土壤圈物质循环开放研究实验室，进一步潜心研究红壤的退化及其红壤生态系统的恢复重建，以及我国东南沿海地区环境质量与城市建设的生态环境等问题。近年来，他参与国家"土壤质量演变规律与持续利用研究"及"长江、珠江三角洲地区土壤和大气环境质量变化规律与调控原理"等"973"项目的研究，对我国农业环境、生态可持续发展、农业清洁生产及区域生态、环境综合治理等重大问题进行系统深入的咨询和研究。

赵其国不仅是一位优秀的科学家，而且还是一位科学研究工作的卓越组织者和领导者。1983 年他担任中国科学院南京土壤研究所所长时，正值我国经济体制深化改革的时期，他积极带领全所职工投身于改革大潮中。在使该所的科研力量面向"主战场"，开拓研究领域，扩大国际合作，争取科研资助，开展学术交流，培养土壤科技人才等方面，做了大量卓有成效的工作，既为土壤研究所注入了研究活力，也对全国土壤学界产生重要的影响。他亲自培养的硕士、博士生达 60 余人，并参加院士与南京市中青年拔尖人才结对培养活动，为南京在新一轮发展中走在前列提供人才和智力支持。

他多次获得国内外重大奖励。1986 年被国家批准为"有突出贡献的专家"，1987 年当选为江苏省劳动模范，1990 年被授予国际道库恰耶夫奖章和证书，1999 年获得日本第四届"日经亚洲奖"，2007 年获国际气象组织颁发的"诺贝尔和平奖"。由于赵其国对中国土壤科学的贡献，2008 年南京农业大学生命科学院李顺鹏教授，将其研究所发现的新微生物菌种以赵其国名字命名（*Sphingobium qiguoii* sp. noy., a novel carbaryl-degrading, bacterium）。此外，他曾连续当选为第十三、十四、十五届全国党代表，出席共产党的全国代表大会。

二、主要研究领域与学术成就

赵其国著述颇丰，迄今已发表论文 350 余篇，出版专著 9 本。特别值得提及的是以下几方面的研究成就。

1. 全面系统地研究了红壤的形成及其退化机理与调控

通过对我国红壤的研究，赵其国指出：首先，我国红壤的形成是脱硅富铝化与生物富集过程两种相互作用的结果；其次，在当前生物气候条件下，红壤的脱硅富铝化与生物富集作用仍在不断进行中；最后，率先指出由玄武岩发育的红壤（亦称砖红壤）完成全部脱硅过程的绝对年龄为 1.5Ma BP，大体上相当于晚期更新世地质时期。在"我国东部红壤丘陵地区土壤退化的时空演变、退化机理及调控对策"研究中，赵其国提出了不同类型区防止及恢复重建退化土壤生态系统的调控体系。围绕上述工作，先后发表了论文百余篇，出版专著 4 本，多次获得国家及中国科学院的嘉奖。中国科学院院士任美锷、李连捷、吴征镒指出，"中国红壤及区划专著是我国当前热带、亚热带土壤研究的指导性专著，具有国际先进水平"；国际土壤学会专业委员会负责人 H. Eswaran（美）、S. W. Boul（美）、B. Breburda（原西德）、Hagaski（日本）等指出，"中国红壤及区划专著不仅在中国，而且在国际热带土壤研究上有重要指导意义"。

2. 研究土壤资源开发利用成绩卓著

赵其国多年来结合完成国家热带橡胶宜林地调查，黑龙江荒地资源考察，黄淮海平原豫北农业综合开发多项任务，对我国华南、东北及华北等地土壤资源的开发提出具体布局与方案。例如，通过长期调查，总结了以橡胶为主热带作物开发利用、土壤分布与土壤性质的相互关系，提出以热量条件、土壤性质为标准的热带作物利用等级的评价方案，为制定热作发展规划与布局，特别是从土壤地理研究的角度，对橡胶在我国北纬 15 度以北种植的理论，提供了科学依据。又如，通过 8 年的黑龙江荒地调查，对全区 80 万 km^2 土壤资源及荒地进行了详查，科学论证了全区土壤资源的数量与质量，提出划分荒地开垦的具体标准，对 4000 万亩荒地开垦的难易程度及开垦顺序做出了具体建议。20 世纪八九十年代，他在领导黄淮海平原豫北地区中低产田综合治理开发的工作中又做出了新的贡献。在这方面共发表论文 50 余篇，编写专著 3 本。由于在理论与实践上的成就，他曾先后获国家科技进步奖二、三等奖 2 项，中国科学院自然科学奖一等奖 3 项，中国科学院和省级科技进步奖二、三等奖 5 项。

3. 从地球圈层角度将土壤学研究引向深入

从土壤学的发展看，赵其国预见到，随着土壤科学向系统化、综合化、工程化发展，其研究内容必然向土壤圈物质及能量循环的功能、机制及其对人类与环境影响的方向发展并不断深化。在这个理论指导下，赵其国及其同行进而提出了未来土壤圈学的具体研究内容。他认为，今后土壤学研究的总趋向，将是"土壤圈及其在地球各圈层的物质组成、性质与能量循环及其对人类生存和环境的影响"。这一总趋向表明：首先，未来土壤学研究必须从土壤圈与地球各圈层的关系这一宏观角度出发；其次，土壤圈的内涵、功能及其与其他圈层的物质、能量交换，特别是圈层界面的物质交换，是今后土壤学的重要研究内容；最后，土壤学研究将朝"全球变化"方向推进，这将导致理论上和解决人类生存与环境问题的实践上出现突破性进展。

同时，在赵其国领导下，在中国科学院南京土壤研究所内建立了世界上第一个"土壤圈物质循环开放研究实验室"，创办了英文版的《土壤圈》（Pedosphere，1991.2. 创刊），经过几年努力，该刊物已经成为"SCI"收录的源刊。近年来，他运用土壤圈学理论，推动与组织国家重大研究课题，积极为人类生存环境与国民经济可持续发展问题做出新的贡献。

4. 在经济快速发展地区农业可持续发展方面的成就

早在 1996 年，赵其国针对长江三角洲地区农业集约化、工业化和城市化快速发展对水土资源与农业生产的影响问题，曾率先组织中国科学院院士及专家，带队在长江三角洲地区进行实地调研，形成了"长江三角洲地区水土资源与农业环境可持续发展"方面的多份咨询报告，为长江三角洲及全国农业安全生产和可持续发展提供了战略性指导思想和研究策略。

赵其国多次组织并领导东南沿海经济发达地区的农业可持续发展问题与对策的重大咨询与研究工作。自 2001 年开始，他受中国科学院院士局和国家发改委委托，先后 3 次组织"中国沿海快速发展地区水土资源综合管理与农业可持续发展"、"经济快速发展地区生态环境质量现状与对策"、"东南沿海经济发达地区可持续发展的问题和对策"等重大科学考察与咨询活动，并组织召开了"中国沿海地区水土资源与农业可持续发展"国际研讨会和"经济快速发展地区可持续发展问题与对策"香山科学会议。"东南沿海经济快速发展地区环境污染状况及其对策"的咨询报告，得到时任国务院曾培炎副总理的重要批示。"东南沿海经济发达地区可持续发展问题与对策"的重大咨询报告，被国家发改委直接采纳应用于国家"十一五"发展规划；有关区域可持续发展方面的重要科学咨询意见，被国家科技部采纳，列入国家重点基础研究发展规划项目的重要支持方向。

此外，他还率先向国家建议开展"土壤质量演变规律与持续利用"和"东南沿海经济快速发展地区环境质量演变机制与调控原理"的基础研究工作，促成了两个"973"研究项目的立项，为开展全国和区域农业与环境可持续发展的基础研究做出了突出贡献。

5. 在江苏省农业可持续发展与农业清洁生产研究方面的成就

赵其国十分关心江苏农业发展和农业科技进步，将他几十年积累的学识和经验，用于研究江苏农业发展问题为江苏农业经济发展做出了重要贡献。

1997年12月和2000年7月，他分别就"江苏农业发展"和"江苏农业可持续发展"所作的报告，得到江苏分管副省长姜永荣的高度评价和充分肯定。他主持起草的"关于实施江苏农业可持续发展战略问题研究的建议"被江苏省有关部门采纳。2007年对江苏省土地资源开发与保护中提出了三个重要问题的建议，得到江苏省委、省政府领导的高度重视。

1998年初，他提出的"对江苏农业可持续发展开展深化研究"的建议得到了江苏省政府批准，并组织和领导了课题的实施。2001年他又向江苏省政府提出"开展农产品清洁生产创新研究"的建议，得到了省领导的高度重视并立项。2008年6月组织并完成了历时3年的"江苏省现代农业发展研究"的任务，得到省领导部门的好评。作为项目领导小组顾问，他曾多次解决课题研究中的关键问题，为江苏省农业可持续发展及粮食安全、农产品清洁生产等研究项目的顺利开展，提供了理论与实践依据。

6. 在长江三角洲及江苏沿海、沿江农业开发研究方面的成就

1996～1998年，赵其国等10位院士向国家提出了开展长江三角洲地区可持续发展若干重大问题的咨询调研，被原国家计委正式立项并实施。赵其国领导了农业可持续发展问题的咨询调研。"长江三角洲农业可持续发展问题"的咨询报告，得到了中央、国务院有关领导的充分肯定，并为中央在农业问题方面的决策提供了科学依据。

从2000年至今，他一直担任"在苏中国科学院院士咨询委员会"（指在江苏的中国科学院院士组成的咨询委员会，下同）主任。近年来，在他的领导下，在苏中国科学院院士咨询委员会对江苏省沿海、沿江开发开展了多次咨询调研，有关咨询报告分别得到江苏省省长梁保华、省委副书记任彦申，南京市市委书记罗志军、副书记杨植等领导的重要批示。在咨询活动中，他直接领导了对江苏省沿海滩涂、湿地农业、生态环境和观光旅游的开发利用与保护规划的论证和咨询工作，对南京市城区和郊区的土壤污染情况及环境质量问题进行了较深入的调研和咨询论证，对南京市环境污染的治理和郊区农业土地利用的调整提出了建设性的建议，都得到地方政府的充分肯定。

三、赵其国主要论著

赵其国等.1964.云贵南部地区土壤区划.土壤专报，(36)：1-65.

赵其国.1964.昆明地区不同母质对红壤发育的影响.土壤学报,12(3):263-265.

赵其国等.1978.古巴土壤概要//国外土壤地理:73-103.

赵其国主编.1982.黑龙江省与内蒙古自治区东北部土壤资源.北京:科学出版社.

赵其国等主编.1985.中国红壤地区土壤利用改良区划.北京.农业出版社.

赵其国.1988.我国土壤资源的保护与合理利用.土壤通报,19(1):14-16.

赵其国等主编.1991.中国土壤资源.南京:南京大学出版社.

赵其国.1992.我国红壤现代成土过程和发育年龄的初步研究.第四纪研究,(4):341-351.

Zhao Qiguo. 1997. Organic carbon storage in soils of southeast China. Nutrient Cycling in Agroecosystems,49:229-234.

赵其国等主编.2002.红壤物质循环及其调控.北京:科学出版社.

赵其国等主编.2002.我国红壤退化时空变化、形成机理及调控.北京.科学出版社.

Zhao Qiguo. 2002. Pedosphere,global changes and environmental quality of soils. Symposium 61,17th WCSS,14-21 August,Thailand.

赵其国.2002.为21世纪土壤科学的创新发展做出新的贡献.土壤,34(5):237-256.

赵其国.2003.发展与创新现代土壤学.土壤学报,40(3):321-327.

赵其国.2003.现代生态农业与农业安全.生态环境,12(3):253-259.

Peng X,Zhang B,Zhao Qiguo,et al. 2003. Influence of types of restorative vegetation on the wetting properties of aggregates in a severely degraded clayey Ultisol in subtropical China. GEODERMA,115:313-324.

Zhao Qiguo,Xu Mengjie. 2004. Sustainable agriculture evaluation for red soil hill region of southeast China. Pedosphere,14(3):13-321.

赵其国.2006.我国南方当前水土流失与生态安全中值得重视的问题.水土保持通报,(2):1-8.

赵其国等主编.2007.土壤资源概论.北京.科学出版社.

赵其国.2007.为不断开拓与创新土壤学新前沿而努力奋进.土壤,39(1):1-19.

主要参考文献

赵其国.1990.自述(赵其国自己整理的基本材料,未发表)

中国科学院南京土壤研究所.2003.中国科学院南京土壤研究所发展历程.中国科学院南京土壤研究所.

中国科学院院士工作局.2006.中国科学院院士画册(地学分册).济南:山东教育出版社.

撰写者

吴志东(1941~),浙江镇海人,曾任中国科学院土壤研究所所长秘书、科技处长、所办主任。

孙鸿烈

孙鸿烈（1932～），河南濮阳人。地理学家，土壤地理与土地资源学家。在农业自然资源及区域发展研究领域贡献突出。1991年当选为中国科学院学部委员（院士）。1954年毕业于北京农业大学土壤农化系。1961年研究生毕业。曾任中国科学院自然资源综合考察委员会主任，中国科学院副院长，国际科学联合会副主席、中国科学院可持续发展研究中心主任。现任国家重点基础研究计划专家顾问组成员、国家气候变化专家委员会主任、国家环境咨询委员会副主任。他强调将自然资源作为整体系统进行综合研究，提出要充分和合理利用我国国土资源，推动了地区资源的综合考察，促进了资源科学研究的深入发展。1973年起他主持中国科学院青藏高原综合科学考察，组织多学科的基础和应用研究，取得重大开拓性进展，对青藏高原的发展做出了重要贡献。1988年以来他倡导并组建了中国科学院生态系统观测试验研究网络，强调长期定位观测试验，并将试验研究成果在区域范围内示范推广，为各类生态系统的合理利用、保护和解决国家层面重大生态问题提供了科学基础。他一直强调要寓资源环境保护于发展之中，指出生态建设要尊重自然地带性规律，要加强系统性和经济性的观念，积极推动了我国的生态建设、水土保持和环境保护工作。他主持的"青藏高原隆起及其对自然环境和人类活动影响的综合研究"项目于1987年获第三届国家自然科学奖一等奖。他曾获陈嘉庚地球科学奖与何梁何利科技奖。

一、简　　历

孙鸿烈，1932年1月31日在北京出生。地理学家，土壤地理与土地资源学家。他父亲孙健初是著名地质学家，1935～1937年受中央地质调查所派遣，曾多次赴玉门考察，为玉门油田的勘探、开发奠定了坚实的基础。孙鸿烈幼年在北京度过，1937年抗战爆发后他和母亲随中央地质调查所内迁，于1938年7月到重庆。1940年5月全家离开重庆北上西迁，1941年到甘肃酒泉。1947年迁居兰州，他在西北师院附中念高中。1950年全家迁到北京，同年考入北京农业大学土壤农化系。1954年大学毕业后留校任教两年。1957年考上中国科学院沈阳林业土壤研究所宋达泉先生的研究生，以土壤地理为研究方向。同时参加中苏黑龙江流域综合考察，重点研究东北地区土壤形成、分布的规律。1961年研究生学业结束，到中国科学院综合考察委员会工作。20世纪60年代他参加西藏综合考察队进藏考察，领导川滇黔接壤地区农业资源与地区发展考察和青海省宜农土地资源考察。1973～1980年领导青藏高原综合科学考察。1980年起他历任中国科学院自然资源综合考察委员会副主任、主任。1981年赴美国科罗拉多大学高山与极地研究所访问进修。1983～1993年任中国科学院副院长，主管全院资源环境领域研究。1992～2000年他先后主持"青藏高原形成演化、环境变迁与生态系统研究"国家攀登计划项目，"青藏高原环境变化与区域可持续发展研究"攀登计划预选项目。他于1984年获中国科学院竺可桢野外工作奖，1986年获中国科学院科技进步奖特等奖，1987年获国家自然科学奖一等奖，1989年获陈嘉庚地球科学奖，1996年获何梁何利科技奖等。

孙鸿烈系统论述了关于可再生资源的整体性、多宜性、区域性和有限负荷性等特征，强调要将自然资源作为系统整体进行综合研究，提出要充分和合理利用我国国土资源，推动了国土资源开发和环境保护领域的科研工作。他以"青藏高原的隆起及其对自然环境和人类活动影响"为主题，组织开展多学科的综合研究，取得重大科研成果，并对高原区域的经济和社会发展做出重要贡献。在他倡导下从1988年开始组建"中国生态系统研究网络"，实现对我国各主要生态系统和环境状况的长期、全面的监测和研究，为我国自然资源的可持续利用，为国家有关资源、环境方面的重大决策和全球环境变化研究提供科学依据。

1993～2003年孙鸿烈担任全国人大常委并参加资源环境委员会工作，从立法角度对全国资源环境问题进行了调研。2003～2004年主持国家中长期科技发展规划"生态建设、环境保护与循环经济战略研究"，全面系统分析了我国环境与生态状况，提出了研究重点，为中长期资源环境领域科技规划奠定了基础。2005～2007年水利部、中国科学院、中国工程院联合组织全国水土流失与生态安全综合考察，他作为科学指导委员会副主任，具体指导了该项工作的规划、实施和成果编写。2007年他受科技部委托，对"中国水污染控制与治理"科技专项进行了全面系统的论证，为制订科学可行的实施方案做出了贡献。

孙鸿烈于1987年当选为第三世界科学院院士，1991年当选为中国科学院院士。他曾任中国科学院主席团成员、地球科学部副主任、院士咨询工作委员会副主任，南极科学考察委员会学术委员会主任，国际科学联合会（ICSU）副主席、理事，国际山地学会（IMS）副主席，中国环境与发展国际合作委员会（CCICED）中方首席专家，国际山地综合发展中心（ICIMOD）理事，中国自然资源学会理事长，中国青藏高原研究会理事长等职。目前他任中国科学院地理科学与资源研究所学位委员会主任、国家重点基础研究计划（973计划）专家顾问组成员、国家重点野外观测试验站专家组组长、国家气候变化专家委员会主任、国家环境咨询委员会副主任、国家水污染控制与治理科技专项论证委员会主任、中国科学院"中国生态系统研究网络"科学指导委员会主任、国家自然科学基金委员会委员、中华环保联合会副主席、中国可持续发展研究会副理事长、中国国土经济研究会副理事长等职。

他曾任第七、八、九届全国人大代表，第八、九届全国人大常务委员会委员。

二、主要科学研究成就、学术思想及其影响

孙鸿烈长期从事农业自然资源和区域发展的研究，强调对自然资源进行综合研究；提出要充分合理利用我国国土资源，积极推动资源科学研究的深入和发展；主持青藏高原综合科学考察研究取得重大进展，推动青藏研究不断深入和提高，积极开展咨询调研，促进高原区域可持续发展；倡导并组建了中国生态系统研究网络，成为生态系统研究与评估的重要平台；他客观分析了我国的生态与环境状况，提出生态建设与环境整治的对策。

（一）农业自然资源与区域发展的综合研究

在20世纪60年代，孙鸿烈开展了区域性土地资源评价原则和方法的研究，特别对宜农荒地的选择标准、等级划分进行了比较系统的研究，指出中国的宜农荒地资源并不丰富，应按土地资源的性质确定其利用方向。进而开展了农业自然资源的研究。

1. 可再生资源的特征

孙鸿烈全面论述可再生资源的整体性、多宜性、区域性和有限负荷性等特征，强调对自然资源整体的综合研究。可再生资源形成一个整体系统，开发自然资源必须从整体考虑。由于可再生资源适宜多种用途，要确定既有经济效益又有生态效益的开发方案。农业自然资源和地理环境紧密联系，将温度带和水分状况结合的区域概念，对于可再生资源利用的研究非常必要。自然界对于人类的开发利用，有一定的负荷限度，超出资源所能负荷的极限，就要失去自然界原有的平衡。农业自然资源研究的最终目的是为了从综合的角度，探索对自然资源的合理利用，找出保护自

然资源的途径。

2. 充分合理利用我国国土资源

1978 年孙鸿烈积极倡导在全国开展农业自然资源的调查，指出要开展合理利用与保护资源的综合研究，并加强遥感等新技术的应用。他指出我国农业自然资源家底不厚，必须十分珍惜。农业资源的合理利用必须因地制宜，要做好农业区划工作。要树立大农业观点，全面发展农林牧业。要切实保护耕地，发展资源节约型农业，努力提高单产、提高复种指数。要综合发展林牧业，发展林粮间作，加强农区畜牧业的建设。大力增加饲料作物的种植比重。要充分合理利用我国国土资源，实现国土资源开发利用中经济效益和生态效益的统一。最有条件综合开发的土地是牧区草地、红壤丘陵和沿海滩涂。要把环境与发展结合起来，把资源环境保护蕴寓于发展之中。从大范围来讲，必须用人工生态系统去代替原来的天然生态系统。中国有很多退化生态系统，如果不建立一系列的人工生态系统，是不可能实现可持续发展的。

他从全国、区域、试验站三个层次概括了中国科学院为全国农业做出贡献的基本格局。指出要继续开展农业资源的调查与评价，充分合理地利用好农业资源，提出区域农业发展战略与布局，要组织好农业技术方面的应用，通过典型地区的试验示范，建立优质、高产的人工生态系统，因地制宜地加以推广。使资源环境科学研究进一步转向定量研究、动态研究和多学科综合研究。要加强基础研究，发挥中国科学院的优势、保持自己的特色，不断为我国农业发展做出新贡献。

3. 促进资源科学研究的发展

资源科学是一门研究资源的形成、演化、质量特征与时空规律性及其与人类社会发展的相互关系的科学。孙鸿烈通过农业自然资源的科学研究及其在中国科学院主持资源环境领域的工作，促进了资源科学研究的深入发展。1983 年成立了中国自然资源研究会（1992 年改称中国自然资源学会），他历任副理事长、理事长和名誉理事长。他积极推动资源科学研究的全面发展和提高，并组织编撰出版了《中国资源科学百科全书》。他全面论述了资源科学的主要任务：阐明资源系统的发生、演化及其时空规律性；揭示资源特征及其与人类社会发展的关系，不同时期资源的保证程度与潜力；探索人类活动对资源系统的影响；研究区域资源开发与经济发展之间的相互关系；探讨新技术、新方法在资源科学研究中的实践与应用。他还指出资源科学未来的趋势：从个体、局部走向整体，日益注重国际合作和全球化问题研究；从静态分析走向动态预测，区域发展模式与战略性研究日趋活跃；从自然评价走向注重社会经济分析，资源管理研究正逐步成为热点；从定性分析走向定量、半定量研究，日益模式化和数量化；从常规手段走向高新技术应用，研究方法和手段日益现代化。

（二）青藏高原的综合科学考察研究

孙鸿烈于 1961 年参加西藏综合考察队，对西藏江孜、日喀则地区宜农荒地资源进行考察研究。他参与制订青藏高原综合科学考察规划并主持中国科学院青藏队工作，研究高原土壤、土地类型及其评价，推动青藏研究不断深入，积极咨询调研，促进高原区域发展。

1. 制订规划、主持中科院青藏队工作

1962 年他参加 1963~1972 年科学技术发展规划中关于西藏高原综合考察研究的制订工作。1972 年他参与制订"中国科学院青藏高原 1973~1980 年综合科学考察规划"。确定青藏高原综合考察的中心任务是：阐明高原地质发展历史及上升的原因，分析高原隆起后对自然环境和人类活动的影响，研究自然条件与资源的特点及其利用改造的方向和途径。中国科学院青藏高原综合科学考察队于 1973 年组建成立，他作为青藏队队长组织地球科学、生物科学等 50 多个专业的队伍共计 400 多人，连续 4 年对西藏自治区进行较深入和系统的全面考察，积累基本科学资料，探讨若干基础理论问题。在高原隆起机制和过程及其影响、生物区系、自然区划、农林牧业发展、资源合理利用与保护以及灾害防治等方面获得重大研究成果，为高原区域经济和社会发展提供了科学依据。他主持的"青藏高原的隆起及其对自然环境和人类活动影响的综合研究"项目，于 1986 年获中国科学院科技进步奖特等奖，1987 年获国家自然科学奖一等奖，1989 年获陈嘉庚地球科学奖。

2. 高原土壤、土地类型及其评价研究

在《西藏土壤》中孙鸿烈专门研究阿嘎土、寒漠土及冷漠土的成土条件、成土过程、基本性状及其利用与改良，指出阿嘎土的成土作用包括腐殖质积累作用、碳酸钙的聚积作用和弱度的黏化作用。他对西藏各类土壤的数量状况及其构成关系进行了分析，明确研究区土壤利用及农林牧业的发展方向。他阐明了青藏高原土地的地域分异规律，认为其土地类型是垂直带和水平地带相结合的产物。从农业利用的观点出发，他按土地系统、土地类、土地亚类和土地种四级续分的土地类型，将青藏高原划分为 9 个土地系统，并进一步评价各个土地单元对农、林、牧业的适宜性

和适宜程度。

3. 推动青藏研究不断深入

在孙鸿烈的主持下20世纪80年代又继续深入开展了对横断山区、喀喇昆仑山-昆仑山地区及青海可可西里地区的综合科学考察。1992～1997年他主持"青藏高原形成演化、环境变迁与生态系统研究"国家攀登计划项目。针对国际研究领域的前沿和过去区域性路线考察的薄弱环节，他强调从定性为主向定量、定性相结合研究，从静态、类型研究向动态、过程和机制研究，从单一学科研究向综合研究，从区域研究向与全球环境变化相联系研究的转化和深入。此后他继而推进"973"计划青藏高原项目的连续实施，促进研究工作的不断深化，并且培养和造就了一批中青年的青藏高原研究专家。

4. 团结联合、咨询调研促进区域发展

在孙鸿烈等的倡导和积极推动下，1990年成立了中国青藏高原研究会，他历任副理事长、理事长和名誉理事长，有力地促进了跨学科、跨部门的青藏高原研究的综合性学术活动，为发展青藏高原的科技事业，促进区域发展做出了积极的贡献。他于1995年设立青藏高原青年科技奖，培养和举荐青藏高原研究的优秀青年科技人才。自1999年起他领导了有关青藏高原的多个院士咨询工作项目，针对西藏自治区区域可持续发展战略、农牧业结构调整、青藏铁路建设运营及其影响、冰川冻土变化及其对生态和环境影响等主题，连续多年深入高原实地开展调研，提出多项咨询报告，得到中央领导的批示，对西藏自治区的发展和建设做出了重要贡献。

(三) 倡导组建中国生态系统研究网络 (CERN)

在20世纪50年代初，中国科学院就开始建立野外定位站，在全国各地开展观测、试验和示范推广工作。为了加强这些生态站的综合研究能力，进一步形成合力，1988年中国科学院决定组建"中国生态系统研究网络"(CERN)。在设计之初，孙鸿烈就要求网络内的生态站要具备长期观测、试验研究和示范推广的功能。长期观测是基础，试验研究是支撑，示范推广是目的，最终实现服务于国家生态建设，并为可持续发展提供科学基础的目标。他的主要学术思想如下：

1. 长期观测、试验研究与示范推广

孙鸿烈认为，生态站应开展长期定位观测，研究在人类活动、全球气候变化等

情况下，生态系统结构、功能以及能量流动和养分循环方面的变化。生态站应强调试验研究，为了探讨生态系统对人类活动的响应，探索优化管理模式，必须特别强调人工生态系统的试验研究。生态站应注重示范推广，经过多年观测与试验研究，筛选出生态效益和经济效益好的、稳定的生态系统优化管理模式，向周边地区示范和推广，进而指导更大区域的生态建设。

2. 网络化研究是其重要功能

基于生态站的网络化研究重点是开展同一类区的比较和不同区域之间的对比研究。他指出，观测与研究的规范化和标准化是网络化研究的基本前提，要将全国各地的野外生态站联成研究网络，必须有相应的技术措施来保障。如相同的气候、土壤或生物观测指标，采用统一的仪器设备和监测方法，对仪器设备的定期标定等。CERN 土壤、大气、水分、生物和水体五个分中心的任务就是制订观测规范、仪器标定和数据质量控制。网络化研究重点是解决区域层面的变化规律。要研究中国不同类型地区，生态系统结构与功能的变化规律，其水分与养分变化对生物区系的影响。在全球变暖情景下，又将发生怎样的变化。网络化要为区域层面生态系统保护与管理提供科学指导，进而在全国开展联网研究，为解决国家层面的重大生态问题提出建议和对策。

3. 生态系统综合评估的重要平台

他进一步强调 CERN 是我国从事生态系统研究和生态系统评估的重要平台，可以为我国自然资源的可持续利用，为改善和保护自然环境，为国家有关资源、环境方面的重大决策和全球环境变化研究提供科学依据。生态站具有长期、连续、动态的基础数据积累，能够很好地反映生态系统结构与功能的变化。生态系统优化管理模式的研究与示范，对国家生态保护与恢复具有重要指导意义。生态系统评估不仅要充分利用生态站的观测数据，还要同遥感、模型及其他方法结合起来，使对一些基本规律的认识能够在面上应用，为可持续生态建设发挥更大的作用。

2005 年在科技部领导和组织下，孙鸿烈作为国家重点野外观测试验站专家组组长，主持了国家生态系统观测研究网络的组建工作，由分布在我国不同生态区、代表不同生态系统类型的 53 个生态站组成，分别隶属于中国科学院、农业部、国家林业局和教育部等，形成了真正意义上的国家生态系统研究网络。

（四）我国生态建设与环境整治问题

孙鸿烈客观分析我国生态与环境问题并提出对策，他强调生态建设要尊重自然地带性规律，要加强系统性和经济性的观念。

1. 生态与环境状况及对策

中国自然条件的特点是从漠河到腾冲一线以东为湿润、半湿润地区，有森林分布，农作物栽培条件好；而以西则为半干旱、干旱区，原始植被为草原和荒漠，不可能大片造林。我国有 2/3 是山地，耕地面积很少，人均耕地仅为世界水平的 1/4。由于不合理利用，造成严重的土地退化和生态破坏，目前还面临严峻的环境污染问题，全球变暖又加剧生态恶化。孙鸿烈指出，我们对环境问题要作为整体进行综合研究。一要协调人与自然的关系，把环境和发展结合好，开发和保护结合好，要将资源环境保护纳入区域管理目标，指导区域规划修编，做好整体规划的环境影响评价，推进区域综合管理。二要改变现存的生产和消费模式，强调循环经济，使上一个环节的废物能够成为下一个环节的原材料来利用。三要积极参与有关生态与环境的国际公约和计划，开展生态系统服务功能评价、退化生态系统治理、环境污染综合防治、环境对健康的影响、循环经济的实施、全球变化的适应与减缓等研究。水土保持工作事关国家的生态安全，生态安全是构建和谐社会的基础要素，是区域可持续发展的基本保证。

2. 水土保持和生态建设

孙鸿烈强调水土保持和生态建设要树立地带性、系统性和经济性的观念。应根据不同地区自然地带性分布规律，因地制宜，科学实施。各地生态建设方向的合理性与可行性必须以符合各地自然条件的发展规律为前提，许多先进经验的推广应用，必须充分考虑因地制宜。我们在生态建设中，往往发生背离地带性规律的错误，以致事倍功半，甚至全盘失败。他呼吁各界，特别是决策者要认识并尊重自然地带性分异规律。像退耕还林这样的生态建设工程要有规划，要准确地确定哪些地方能退耕还林，要严格控制耕地的流失。

他指出，要加强系统性的观念。树立生态系统的理念，就是坚持系统性、综合性和整体性的观念。了解所在地区生态系统的合理结构、演变方向，引种何种植物能够使该地区的生态系统达到最稳定。如在南方红壤区采用复合植物群落结构，使土壤和搭配的树种、草本形成良性循环，有利于农业土壤水分的保持和土地资源的可持续利用。生态建设只有从实际出发，因地制宜，采取工程措施与生物措施相结合，讲求实效，才能发挥综合治理效益。

他同时指出，要加强经济性的观念。必须打破生态恶化与贫困的恶性循环，首先考虑当地居民的生存与发展，把生态问题的解决与经济问题的解决结合起来，实现经济效益、社会效益与生态效益的协调统一。要充分调动广大群众投入水土保持工作的积极性，努力改善农业生产条件、发展农村经济和增加农牧民的经济收入。水土保持肩负着重要任务，建设社会主义新农村不仅要发展农村经济、提高农民收入，还要创建优美的农村生活环境和良好的自然环境。

三、孙鸿烈主要论著

孙鸿烈等. 1966. 我国东北、内蒙古及西部地区宜农土地资源评价//中国科学院自然资源综合考察委员会报告.

孙鸿烈. 1979. 农业自然资源调查研究的意义与任务. 自然资源, 1 (1)：1-13.

孙鸿烈. 1980. 青藏高原的土地类型及其农业利用评价原则. 自然资源, 2 (2)：10-24.

Sun Honglie. 1981. A study of land types of the Qinghai-Xizang Plateau//Geological and Ecological Studies of Qinghai-Xizang Plateau, Vol. II. Beijing：Science Press；New York：Gordon and Breach, Science Publishers, Inc：2011-2020.

孙鸿烈. 1984. 西藏高原的综合科学考察史. 中国科技史料, 5 (2)：10-19.

孙鸿烈. 1985. 当今资源的研究和利用问题//《中共中央党校年鉴》编委会编. 中共中央党校年鉴 (1984)：科学技术与资源开发文集. 北京：中共中央党校出版社：314-321.

高以信, 孙鸿烈等. 1985. 西藏土壤. 北京：科学出版社：1-316.

孙鸿烈. 1990. 充分发挥科学院的综合优势为我国农业发展做出新贡献. 农业现代化研究, 11 (6)：1-3.

孙鸿烈. 1992. 我国的农业资源与持续农业//中国科学院学部联合办公室. 中国科学院第六次学部委员大会学术报告摘要汇编：220-224.

孙鸿烈. 1994. 建设中国生态系统研究网络的意义与任务. 中国生态系统研究网络通讯, (1)：1-3.

孙鸿烈. 1995. 寓资源环境保护于发展之中. 自然资源学报, 10 (3)：199-201.

孙鸿烈. 1996. 青藏高原研究的新进展. 地球科学进展, 11 (6)：536-542.

孙鸿烈. 1997. 充分利用我国国土资源, 自然资源, 19 (1)：9-11.

孙鸿烈, 郑度主编. 1998. 青藏高原形成演化与发展. 广州：广东科学技术出版社：1-355.

孙鸿烈, 石玉林等. 2000. 中国资源科学百科全书・资源科学. 北京：中国大百科全书出版社/石油大学出版社, 1-10.

孙鸿烈. 2000. 青藏高原科学考察研究的回顾与展望. 资源科学, 22 (3)：6-7.

孙鸿烈. 2002. 西部生态建设的主要任务及战略措施. 矿物岩石地球化学通报, 21 (1)：3-6.

孙鸿烈. 2004. 序言//孙鸿烈, 张荣祖. 中国生态环境建设地带性原理与实践. 北京：科学出版社：i-ii.

孙鸿烈. 2006. 我国的生态建设与环境保护//路甬祥, 郑必坚主编. "中国科学与人文论坛"演讲录, 科学发展. 北京：高等教育出版社：81-95.

孙鸿烈. 2006. 中国生态系统研究网络为生态系统评估提供科技支撑. 资源科学, 28 (4)：2-3.

主要参考文献

孙鸿烈. 2005. 与大自然结下了不解之缘//中国科学院院士工作局. 科学的道路 (下卷). 上海：上海教育出版

社：1063-1065.

撰写者

郑度（1936～），广东揭西人，中国科学院地理科学与资源研究所研究员，中国科学院院士。长期从事自然地理综合研究。

李 吉 均

李吉均（1933～），四川彭州人。地貌学家和冰川学家。1991 年当选为中国科学院学部委员（院士）。1956 年毕业于南京大学地理系。曾任兰州大学地理科学系主任，甘肃省地理学会理事长，中国地理学会地貌第四纪专业委员会主任，国家教育部地理教学指导委员会副主任，中国地理学会副理事长，兰州资源环境科学研究中心首席科学家，国务院学位委员会学科评议组地理组召集人。李吉均是我国青藏高原隆升研究的代表学者，提出"青藏运动"、"黄河运动"、"共和运动"以及"季风三角"等诸多概念，对黄河阶地与黄河起源、黄土系列与地文期有深入研究，发展出一套系统的青藏高原上升理论。在冰川学研究中，发现高山冻原与大陆性冰川共生，海洋性冰川以下不存在高山冻原；划定了中国大陆性冰川与海洋性冰川的界线；提出海洋性冰川区"古乡冰期"和"白玉冰期"的概念；用热带亚热带地貌发育理论正确解释了庐山第四纪地貌演化和沉积现象，和施雅风等一同纠正了关于中国东部中低山地普遍发育第四纪冰川的误解。李吉均在国家地理科学学科建设中贡献卓著。关心国家建设，对西部开发和生态环境建设献计献策，提出建设纵贯青藏高原的铁路大十字等诸多被实践证明正确的设想。

一、简　　历

李吉均 1933 年 10 月 9 日生于四川彭州（原彭县）一个书香之家，从小受到良好的家庭教育。6 岁入彭县中心小学，毕业后考入彭县中学，以优异成绩读完初中和高中。新中国成立后积极参加学生活动，曾担任学生会主席，被选为西南区学生代表赴重庆开会。1952 年高中毕业，报考了四川大学地理系，一年后转入南京大学地理系。他学业突出，受到老师和同学的推崇，被评为全系唯一的优秀学生受到学校嘉奖。1956 年南京大学地理系毕业，被推荐到兰州大学地理系攻读研究生，师从留德著名地理学家王德基。1957 年夏即随同王德基辗转西秦岭高山盆地作野外工作。但由于导师被冤划右派，攻研学业半途而废，留校执教。1958 年参加施雅风领导的祁连山高山冰雪利用研究，领导第四分队考察黑河上游冰川。1959 年，领导一个分队在疏勒南山—哈拉湖一带考察。研究成果写成三篇论文发表。1962 年入北京大学进修一年。三年困难时期和随之而来的各种政治运动直至"文革"末期 10 多年里遭下放劳动、关牛棚、批斗。1973～1976 年，参加青藏高原综合科学考察，担任冰川组组长，对东起雀儿山，西到阿里与西昆仑山，南起喜马拉雅山，北至羌塘高原的西藏冰川进行了详细的考察研究。和郑本兴等撰写出版了《西藏冰川》专著。1978 年恢复职称制度，即被评为副教授。同年开始改革开放，李吉均和施雅风、谢自楚等率先迈出国门，到英、法、瑞士进行访问。1980 年，他邀请英国地貌学家 E. Derbyshire 访问兰州大学，并举办为期三个月的全国高校冰川沉积学讲习研讨班，组织到庐山、乌鲁木齐河源进行实地考察。由此开始了中国东部第四纪冰川问题研究。1981～1982 年作为青藏高原综合科学考察队冰川组组长，领导横断山冰川考察，主编出版《横断山冰川》专著。1982 年，参加中、英、巴（基斯坦）联合科考队，对喀喇昆仑山冰川和地貌进行了考察，成果刊于剑桥大学出版的《喀喇昆仑山国际考察专辑》中。1983 年晋升教授。在 1980～1987 年的中国东部第四纪冰川问题研究中，除多次赴庐山工作外，对黄山、天目山、桂林、大兴安岭、长白山等地也做了考察研究。1983 年联名提议建设南极长城站。1984 年被任命为兰州大学地理系主任。1984～1985 年，受美国著名学者 S. Porter 的邀请，赴华盛顿大学第四纪研究中心高访一年。回国后，一度致力于青藏高原东北边缘地区的研究，内容包括黄河阶地、黄土地层和地文期、第四纪冰川、新生代地层。反复出入于临夏、甘南、武都、若尔盖、玛多、共和、门源等地区工作。关注的核心始终是青藏高原隆升和亚洲大地貌与环境演变问题。90 年代后，又多次深入横断山、藏东南考察。1991 年当选为中国科学院院士。1992～1995 年开展与英国伦敦大学皇家 Holloway 学院地理系合作研究，赴伦敦作短期访问。与此同时，与德国柏林自由大学的同行在甘肃干旱区进行联合研究。1992～2002 年担任 INQUA "季风亚洲冰川沉积与环境"工作组组长，于 1994 年和 2000 年两次主持召开国际会议和野外第四纪冰川考察。1994 年夏与崔之久等赴巴基斯坦、尼泊尔考察青藏高原西南侧西瓦利克地层与构造。同年赴德国参加 INQUA 第 14 届大会，考察阿尔卑斯山冰川地貌。1990 年参加了原苏联第四纪学术会议，应邀作大会报告，并考察勒拿河流域。1997 年，作为大陆代表团团长与台湾学者王鑫、宋国城共同主持在台南成功大学召开两岸地理与教育学术会议。同年秋受邀赴日本东京大学参加学术会议并进行高山第四纪冰川考察。2002 年开始，致力于陇中盆地和长江三角洲新生代沉积研究。

　　李吉均曾为第八届全国人大代表。

二、重要学术建树与学术思想

（一）重要学术建树

1. 高山冻原与大陆性冰川和海洋性冰川

基于祁连山冰川考察研究，李吉均 1960 年率先提出了关于高山冻原与冰川性质之间关系的见解。他提出："高山冻原是内陆极端大陆性气候在高山上的反映。高山冻原在本区成为一个有规律的垂直地带，它在高山草地的上限以上，现代冰川分布范围以下，其垂直幅度达 500m 左右（4100～4600m）。在其他季风性或海洋性气候控制下的地区，冰川的下限与森林相连。这是因为那里的冰川由于有丰沛的降水来源雪线很低，冰舌下降更低，所以冰川与森林并立，二者之间没有高山冻原存在。"这段论述包含了两方面的重要思想。第一是把高山冻原与大陆性冰川相联系，提出海洋性冰川以下不存在高山冻原的见解。1964 年专文进行了详细的阐述，经过整 20 年的亲身考察证实后，于 1984 年才在《冰川冻土》杂志上发表。第二是根据原苏联学者阿夫修克和苏姆斯基 20 世纪 50 年代关于海洋性冰川与大陆性冰川的分类指出，中国气候差别很大，除祁连山、天山等地的大陆性冰川之外，他判断在西藏东南部分布的冰川应该为海洋性冰川。但其界限在哪里？这一度是李吉均脑子里的一个问号。

2. 青藏高原现代冰川和第四纪冰川

20 世纪 70 年代初，中国科学院组织大规模的青藏高原综合科学考察，李吉均先生担任冰川组组长。经过 10 多年的艰辛考察研究，他对冰川发育的自然条件、冰川的分布与性质、成冰作用与冰川运动、冰川水文特征、冰川变化和发展趋势等方面进行了系统研究。把中国大陆性冰川和海洋性冰川的界限划定在丁青—嘉黎—工布江达—措美一线。确立了这两种不同冰川的各项气候和其他指标，成冰作用、蚀积过程和地貌特征。回答了他 10 多年前的问题。书中和郑本兴一起对第四纪冰川遗迹进行了全面的研究，划分了冰期，创建了大量的地方性冰期名称。探讨了冰期与高原隆升的关系。书中翔实的资料告诉我们，第四纪冰川以高大的山脉为依托发育，历次冰期的冰川界限是清楚的，没有证据表明高原存在过连续的大冰盖。这些基础性的研究也是日后与德国学者 M. Kuhle 进行高原大冰盖问题论战的主要依据。1991 年，他和李炳元等编绘了青藏高原第四纪冰川遗迹分布图，得到国际学者的高度评价。

3. 青藏高原隆起的时代、幅度和形式的探讨

李吉均研究冰川，但他关心的更大问题是青藏高原始于何时？青藏高原号称世界屋脊，雄踞地球中低纬度，它的存在对我国地貌格局和地理环境演变有着"纲举目张"的作用。当时在青藏高原隆升问题上流行着国外学者 B. M. 西尼村的观点，认为上新世末高原已达到 3000~3500m 的高度。20 世纪 70 年代末，经过一次学术会议集体讨论，他和其他几位同行一起提出截然不同的观点：始新世青藏高原全部脱离海侵（特提斯海消失）成为陆地，在第三纪经历了两次上升和两度夷平，上新世末，高度不超过 1000m，第四纪中上升到了现在的高度，高原"惊人地年轻"；高原在空间上是整体性上升的，但各部具有明显的差异性；高原在时间上是连续性上升的，但又具有明显的阶段性；高原隆升越到后期越快，早、中和晚更新世各上升1000m，全新世以来的 1 万年中上升了 300~700m。这些观点以《青藏高原隆起的时代、幅度和形式的探讨》为题在《中国科学》1979 年第 6 期上发表，开创了青藏高原研究的一个新阶段。这篇文章至今被广泛引用，经久不衰，成为青藏高原研究的经典文献。

有了这样一个学术思想，他进而论述高原上升和亚洲季风的关系。他指出："早更新世一个平均海拔 2000m，山地高度可能超过 3000m 的高原，对于气候上的动力和热力作用不能忽视。在早更新世当季风形成时，高原尚不能阻止这一深厚的天气系统，故而西南气流北上的力量很强；上新世晚期柴达木盆地气候十分干燥，是最主要的成盐时期。但在早更新世，这里却又出现广阔的湖盆和稠密的水网，成盐过程中止，这可能与季风建立有关。""强烈的构造运动使高原加速上升，进入晚更新世，喜马拉雅山终因隆升过高而成为印度洋季风难以逾越的障碍，致使高原内部强烈变干，故而更新世高原内部冰川规模均相对缩小，多年冻土则广泛发育起来。"关于青藏高原的现代冰川和第四纪冰川及其与高原隆升的关系等问题，在他所主撰的《西藏冰川》中有系统的论述。

4. 冰川地貌与冰川沉积相的研究

我国冰川地貌与冰川沉积学的许多概念最初是由李四光引进的。中国东部第四纪冰川研究与此分不开。这里应该特别提到李吉均对冰碛石和冰川沉积相研究的贡献。

冰碛石是冰川沉积中能够提供冰川作用信息的首要标志。李四光把它作为东部第四纪冰川学说的重要依据。按其形态，有所谓马鞍石、熨斗石、灯盏石之类。他

对冰川擦痕的描述是"钉头鼠尾"。李氏学派的后继者还将麻花石、猴子脸、李四光环等奇形怪状的石头名为冰碛石。这些东西在冰川中形成的力学机制是什么？用之鉴定古冰川遗迹，可靠吗？李吉均对自己长期在西部现代冰川区采集到的大量冰碛石进行了系统研究，先后发表《论冰川擦痕》和《冰碛石的形态和表面特征》等文章。提出冰川改造岩屑形态的"优先磨平作用"的概念（他把流水改造岩屑形态的作用称为"优先磨圆作用"）。故而冰碛石至少必须同时具备擦面和条痕才有鉴定意义。他建议称这种典型冰碛石为"擦面条痕石"。由于冰川作为一种固体搬运介质，其中的岩屑通过互相挤压，产生裂而不散、贝状断口、辐射型裂口及流线型摩擦面等形态特征，这也是通过积极流路搬运的冰川岩屑的形态特征。单纯的磨光面或擦痕是断层、泥流、滑坡等原因都可以形成的，只有形态呈流线型，特别是有新月形凿口和新月形裂纹的磨光面看来才有鉴别冰川成因的特殊意义。他进一步将冰碛石的形态形象化，归纳为擦面熨斗石、龟背条痕石、擦面箭簇石和擦面卵石（海洋性冰川区先在冰下河道中磨圆，再被带到冰川滑动面形成擦面）。指出："冰碛石的擦面实际上是由密集平行的擦痕组成的。……自然界中能形成擦痕的外动力过程很多，但能形成擦面的很少。""迄今在冰碛中未曾见到塑性形变造成的马鞍石、灯盏石之类的现象。因为冰川处于运动状态，应力场随时有变化，不会产生长期缓慢受力下岩石的松弛现象和塑性形变，过去有关这方面的报道看来与冰川无关。"

在冰川沉积方面，国内曾一度将泥砾（boulder clay）当成冰碛的代名词。泥砾是一种泥石共生，大小混杂，无分选的堆积物，国外又以 diamicton（混杂堆积）一词表示，但未被及时介绍到我国学术界。此外，国内对于冰碛（till）和冰碛垄（moraine）的认识当时也是笼统的。李吉均在 1980 年夏天，主持了"冰川沉积"研究班，邀请英国地貌学家 E. Derbyshire 主讲，通过这次活动，把西方国家冰川沉积研究的最新进展和有关冰川沉积相的新概念系统地翻译和介绍给中国读者。他在 1983 年第二届全国冰川学术会议上作了"冰川沉积过程和冰川沉积相分类"的报告。这些研究成果，纠正了误解，丰富了冰川地貌学，为其后开展的中国东部第四纪冰川研究作了理论方面的准备。

5. 中国东部第四纪冰川与环境研究

李四光及其后继者从 20 世纪 20 年代开始，历时半个多世纪，在中国东部陆续建立了 100 多个古冰川遗迹点，北到大兴安岭，南至西双版纳、海南岛，高如庐山、黄山，低起海平面，均发现"古冰川遗迹"。但这一研究一开始就伴随着激烈的争论。在中国第四纪研究中已经成了一个举足轻重的学术疑难。20 世纪 80 年代初，李吉均与施雅风、崔之久等决心将这个疑难问题搞个水落石出。他们的课题组选择具有代表性的 16 个地点，联合全国 16 个单位数十人，通过 4 年 100 多人次的考察分析，最终得出了与李四光截然不同的结论。出版了《中国东部第四纪冰川与环境问题》专著。主要的结论是，中国东部只有陕西太白山、台湾高山和吉林长白山有第四纪冰川遗迹，其他地区一概没有。

从 1980 年开始，李吉均多次赴庐山考察。他首先注意到的是庐山的热带地貌遗迹，1982 年发表《注意庐山的热带地貌和沉积遗迹》一文，指出"从热带地貌的角度来研究庐山的地形和沉积可能才是真正的出路"。他列举了诸如厚层风化壳、石核（石蛋）和双层夷平面以及伯恩哈德岩等地貌遗迹，认为庐山在整个第四纪中热带和亚热带环境占主导地位。1983 年在《中国科学》上发表《庐山第四纪环境演变和地貌发育》一文。他敏锐地观察到庐山有红土和下蜀土分布。指出："从气候带的移动来说，庐山地区在第四纪分别有过相当于华南沿海的热带季雨林气候，也有过相当于现今内蒙古的温带半干旱草原气候。无论按何种计算，均相当于气候带有过纬距为 10 度的变化。……上述剧烈的气候变化在庐山地区以及整个东亚是发生得很晚的，我国红土风化壳的分布范围在第四纪早期和中期最北曾达到东北地区南部，晚更新世则大幅度退到长江以南。与此相应，黄土则在晚更新世大大扩张，一直分布到长江中下游地区。在东亚第四纪环境演变中，这是值得大书一笔的事件，可称之为大规模的黄土南侵。毫无疑问，黄土南侵的事件在第四纪期间曾多次发生，本质上是冰期气候在东亚季风地区的特殊反映。但是晚更新世黄土南侵达到如此巨大的规模，并非冰期来临这个原因所能完全解释的。另一个重要的原因是中更新世以后青藏高原的大幅度隆升。这种隆升的结果使高原成为南北气流和水汽传输的巨大障碍，强化了西伯利亚高压，寒潮侵袭东亚的形势更加凌厉，空前地增加了气候的大陆度。特别是当全球进入冰期时，夏季风减弱而冬季风更加强盛，加上海面大幅度下降，我国海岸线向东移动 500km 左右，气候的大陆度更强。由于这种原因的联合作用，使东亚在末次冰期中气候空前严酷，乃导致大规模的黄土南侵事件。"这些思想，不仅为中国东部第四纪冰川与环境研究指明了出路，更重要的是，把东部环境演变同青藏高原的隆升紧密地联系起来。

6. "季风三角"理论

第四纪冰期时黄土南侵，间冰期时红土北上。李吉均仔细研究其范围，把它发展成了一个"季风三角"的概念。他写道："虽然庐山地区也感受到了第四纪冰期和间冰期气候变化的影响，毕竟由于纬度偏低，整个第四纪地理环境的主要特色仍然是湿热的，干冷阶段仅可觉察出来。这正如黄土高原第四纪环境的基调是干燥的，湿润的间冰期仅以不厚的古土壤显示出来一样。从这种意义上讲，黄土高原和江南地区这两大区域的气候变化存在着天然的耦合关系。放大起来看，中国东部第四纪期间始终存在一个敏感地区，大体上处于连接鸭绿江口和长江口，并向西尖灭于兰州附近的楔形的区域内，我们把它叫做中国气候变化敏感的"季风三角"。在冰期和间冰期中，这个三角地区的环流形势、气候、植被、土壤均发生巨大的变化。冰期中这里盛行冬季风大陆干燥气团，地面为草原景观，并堆积黄土；在间冰期中夏季季风强盛，海洋气团带来雨泽之惠，地面植被主要为夏绿阔叶林，发育棕壤和褐色土。庐山正好位于中国'季风三角'的南部边缘，能够感受到上述气候变化旋回的影响，但总的说比较稳定。""季风三角"的理论生动地刻画了中国东部第四纪环境演变的空间模式。

7. 黄河阶地和黄河起源，黄土系列与地文期

兰州位于中国版图的中心，是我国三大自然区的交汇地带，"季风三角"的西部枢纽。这里黄河阶地与黄土堆积系列蕴涵了难得的构造运动与环境变化的信息。早在20世纪30年代，杨钟健就在兰州划出了华北最完整的地文期。黄汲清在20世纪50年代专门把兰州黄河阶地叫做"兰州式台地"。李吉均坚持多年野外工作，确定兰州共发育7级阶地，经过古地磁、裂变径迹测年研究，确定了每级阶地的年代，从而得出黄河起源的年代约为170万年前，指出黄河阶地是青藏高原间歇性隆升的反映。并指出由于黄河溯源侵蚀，黄河阶地愈向上游愈新。他还尝试把兰州阶地和冰期-间冰期气候变化联系起来，将其提升到了一个新的学术高度。

Ⅶ级阶地　　170万年	Ⅵ级阶地　　150万年	Ⅴ级阶地　　120万年	Ⅳ级阶地　　60万年
------　侵蚀期	------　湟水期侵蚀	------　铜川期侵蚀	------　清水期侵蚀
Ⅲ级阶地　　15万年	Ⅱ级阶地　　3万~5万年	Ⅰ级阶地　　1万年	
------　板桥期侵蚀	------　末次冰期侵蚀		

此外，他在临夏北塬发现了一个理想的晚更新世黄土剖面，从中分出末次间冰期的5个阶段和末次冰期4个阶段。加上全新世的S_0，末次间冰期以来共有10个气候波动阶段，对其进行多指标测试分析，得到了6条变化趋势一致的曲线。率先和著名的南极东方站16万年来的冰芯氧同位素曲线进行了成功的对比。也找出了轨道偏心率、地轴倾角和地轴进动三个变化周期，为刘东生开创的中国黄土气候序列研究增添了精彩的一笔。

8. 青藏运动

李吉均自20世纪70年代末发表那篇《高原隆升时代、幅度和形式的探讨》的

奠基性文章之后，对高原隆升问题的思考研究从未停止过。90 年代之后，围绕青藏高原隆升问题研究提出许多新观点。其中 M. Coleman 1995 提出高原 14MaBP 就上升到 5000m 以上，之后崩塌降低的观点；T. M. Harrison 1992 年提出高原 20MaBP 开始强烈隆升，14MaBP 达到 4000m 以上的观点；D. K. Rea 1992 年等发表 17MaBP 已达 4000m，后两度侵蚀降低，4MaBP 又由 1500m 高度快速上升的观点。他对这些观点进行仔细的推敲，发现他们的证据有的不能成立。他多年来十分重视高原夷平面、高原外围砾石层和高原盆地沉积证据的研究。对青藏高原东部边缘临夏盆地新生代沉积地层、河西走廊和川西边缘构造与地层，以及青藏高原夷平面的分布变形的研究得到大量的实际资料，他高屋建瓴地提出"青藏运动"的概念。"青藏运动"由 A，B，C 三幕构成。A 幕距今 3.6Ma，高原从夷平面状态开始上升，外围和内部盆地普遍开始砾石堆积；B 幕距今 2.5Ma，西伯利亚-蒙古高压大大加强，冬季风稳定出现，中国黄土开始堆积；C 幕距今 1.7 Ma，黄河、长江等大型水系形成。

与此同时，基于贵德盆地一系列地质现象，他提出"黄河运动"的概念，崔之久基于昆仑山垭口地层断裂与变形提出"昆仑运动"的概念。在讨论中发现这两个运动的发生时间是吻合的，于是合并为"昆仑-黄河运动"，简称"昆-黄运动"，时间为距今 1.1~0.6Ma。这是青藏运动之后的又一幕强烈而普遍的构造抬升。这次运动使昆仑山垭口有名的羌塘组湖相地层大幅度抬升，高原大范围进入冰冻圈，发生可能为最早的冰川作用，轨道参数驱动主周期由 4.1 万年转变为 10 万年。此外，李吉均还发现并命名了晚更新世一次重要的隆升，这就是"共和运动"。这次运动导致龙羊峡大幅度下切，高原达到接近今日的高度，喜马拉雅山成为印度洋季风的重大障碍，中国西部进一步变干，冬季风更为强大，奠定了当今亚洲自然地理之基本格局。这样，就使青藏高原隆升的学说形成了一个完整的理论体系。简单说来，青藏高原自始新世脱海成陆，开始上升，渐新世夷平；中新世再度上升，上新世又夷平。这两次夷平的见证是高原山顶面和主夷平面。上新世末高原再度上升，经历青藏运动 A，B，C 三幕以及昆-黄运动和共和运动，始成今天之面貌。在这个历程的每个阶段，都伴随着环境变化的重大事件发生，最终形成世界上最强大的亚洲季风气候系统，取代了行星风系。就自然环境而言，亚洲成了物宝天华、人文荟萃、繁荣富庶的地区。

中国西高东低的地形自古就引起关注。《淮南子》上有"天倾西北，地不满东南"的说法。屈原《天问》："地何故以东南倾?"可见是最基础的中国地理问题。李吉均"青藏运动理论"就是现代科学对这一问题的解答。

9. 陇中盆地新生代沉积与环境研究

青藏高原隆升问题的研究意义不限于其本身，中国乃至整个亚洲的地理环境形成与演变无不与之有关。高原外围的沉积建造记录能否与已经建立的关于高原隆升的学说相协调？从 2002 年开始，李吉均把目光放在陇中盆地沉积的研究上。该盆地巨厚的晚新生代地层引起了他的兴趣。在天水一带的尧店，他发现了与刘东生先生1959 年在陕西蓝田命名的灞河组含有同样哺乳动物群化石的地层，命名为尧店组地层。通过古地磁测试，确定这套地层的年龄为 $11.67 \sim 7.43$ Ma，其形成时代也与甘肃临夏"斑马层"相当。尧店组不整合下伏一套 90m 厚的所谓"古近系"，为夹砂质条带的浅砖红色砂质角砾岩，顶部裂变径迹测年为 24.2Ma。根据沉积相，他把"尧店组"地层由下到上分为河道相沉积、洪泛平原相沉积和浅湖相沉积。底部的河道相沉积地层中含有渭河三趾马动物群化石。这套地层表示一个高起伏的青年期地形向壮年、老年期地形过渡的过程。孢粉资料显示，这套沉积的环境由针阔叶混交林向森林草原植被发展。李吉均认为，尧店组与灞河组以及斑马层均分布于秦岭造山带北麓。其沉积相的演变指示"剥蚀面与盆地堆积面渐趋接近，代表一个侵蚀循环接近完成，形成统一的多成因夷平面或准平原的阶段。可见当时的盆地南部为低矮的秦岭，北方为接近准平原的华家岭，陇中盆地为无垠之平原"。他认为，这一时期也正是华北唐县期夷平面的形成时期。华北唐县期夷平面形成之后是含有三趾马动物群的保德红土堆积时期，而在灞河组之上则不整合覆以蓝田组，蓝田组主要由红黏土组成，和保德红土一样是上新世后期的沉积。这些研究暗示，中国北方在上新世后期似乎连同青藏高原一起趋于形成一个统一的准平原。上新世末至第四纪初，大地重新震荡，秦岭回春，青藏高原崛起，开始了新的轮回！

李吉均先生研究中国第二阶梯上晚近地质历史的同时，也致力于东部平原地质记录的发掘研究。他的研究组已在长江口平原取得了深钻岩芯，正在酝酿新的成果。

10. 西部开发研究

李吉均不仅对基础科学研究付出了极大的热情，而且对国家经济建设也极为关心。他倡导在中国地理学会下面设立西北干旱半干旱区地理建设分会；倡导兰州大学和中国科学院兰州分院、甘肃省科委共同成立中国西部资源环境科学研究中心，进行了卓有成效的学术活动；他为西部大开发提出许多前瞻性的建议和思路，例如：

——西北开发交通先行，建成"西部大十字"。建设从伊尔库茨克穿蒙古、青藏高原南下印度加尔各答的铁路，在河西与欧亚大陆桥交汇，让周边国家的经济与文

化在这里交流碰撞,重振丝路雄风。受到钱学森和铁道部的重视;

——放宽政策,建设敦煌,搞西部"旅游特区"。并在甘肃省政府领导提议下赴敦煌和玉门关外进行旅游地貌资源实地考察;

——西部水资源有很大潜力。河西水资源是以色列的 4~5 倍,只养活 450 万人。以色列则建立起经济发达的国家,包括巴勒斯坦被占领土地共养活了 800 万人。新疆水资源是河西的 11~12 倍,养活人口则仅为河西的 4 倍。干旱区阳光充足,近 2 亿亩的未开垦土地是国家的战略后备资源,发展特色农业是大有可为的事业。关键是杜绝水的浪费,发展节水技术,调整产业结构和农业种植结构,提高层次的问题。

这些是他在历次西部论坛和人大会议上大声疾呼的主要内容。

11. 其他重要学术思想

除上述学术理论之外,李吉均还提出许多其他具有重大学术意义的精辟思想。例如,他在 20 世纪 80 年代提出晚更新世中国西部季风区和西风区具有不同的环境演变模式,前者为暖湿-冷干组合,后者为暖干-冷湿组合;他 1993 年就提出青藏高原起搏器和启动区的观点,认为青藏高原在全球变化中可能扮演着十分重要的角色;他发展完善了早年德日进和特洛尔提出的"亚洲干极"的理论,认为亚洲干极位于羌塘高原,外围是亚洲季风耦合系统,土壤植被围绕着这个干寒的核心大体做同心圆分布;他还开始关注亚洲东部沿海特别是南中国海对中国季风起源的影响,等等。诸如此类的精辟见解构成了他学术思想的重要内容,成为了一个又一个的学术生长点。

李吉均的学术思想带有浓厚的文化色彩,他把握住了学术的制高点,故而在学术上能够思如泉涌,奔泻不羁,形成了学术研究的特殊风格和境界。他兴趣广泛,涉猎远博,但青藏高原隆升和环境演变是他学术思想中贯穿始终的主线。他的成果和学术思想被国内外同行学者广泛引用,享有崇高的学术威望。曾获得国家教育部科学技术进步奖一等奖,二等奖;中国科学院基础研究奖特等奖,二等奖;国家自然科学奖一等奖,二等奖;第一批冰川冻土野外工作奖,第一批竺可桢野外工作奖;国家第一批有突出贡献的中青年专家等学术奖项和荣誉称号。

(二) 人才培养与为人

李吉均执教已 50 余年,为国家培养了一批又一批的人才。除本科生外,培养出来的硕士、博士人数就已近百人。大部分在中国科学院和高校工作,成为国家地理学领域的骨干力量。有一批杰出青年基金获得者、百人计划、长江学者、跨世纪人才入选者。其中已有两人被遴选为中国科学院院士，一人入选国家级名师。

李吉均博览群书，但他不是书斋中的地理学家。他带领学生爬遍青藏高原的里里外外。他野外经验非常丰富，观察力敏锐，判断鉴别能力超人，讲述生动，对学生有很大的感染力，使之心悦诚服地进入到学术领地。李吉均研究地理而不囿于地理学，而将地理学与地质学、大气科学、生物学等学科融会贯通。他也同样这样要求学生。这是研究青藏高原隆升与环境变化的实际需要，也是一个科学家的理论素养。他十分关心西部大开发问题，而这涉及到历史、文化、经济等各方面。他专门招收了人文地理专业的博士研究生，以适应国家建设需要。李吉均不是一位唯学术论者，他很看重学生的整体发展。特别是随着社会腐败风气的蔓延和向知识阶层的加剧渗透，他十分强调人才品质的塑造。在他70岁生日座谈会上，他激动地向学生推荐四篇文章：诸葛亮《出师表》，李密《陈情表》，文天祥《正气歌》和毛泽东《祭黄帝陵文》。他说，这几篇文章掷地有声，是中国人赤诚、敬亲、浩然正气和怀祖忧国的代表作，读此四篇而不流泪者，则是人性有缺憾者。他曾经怒斥那些腐败行为："说起来都叫人恶心！"在许多场合讲"欲做学问，必先做人"的主张，提倡学生"要对自己有要求"。他的人才培养风格是身教与言传并行，深谙优秀学生是身体力行带出来的。

李吉均强烈反对地理院系一度兴起的改名风潮，坚持兰州大学地理系"行不改名，坐不改姓"。他反对消减基础课的做法。在当时极为困难的条件下，建成了计算机实验室和地理、第四纪地质有关的各类实验室，保证本科生计算机的上机课；要求自己的研究生必须有动手能力，掌握各种有关的实验技术。在他的主持下，兰州大学地理学先后获批硕士学位点、博士学位点、一级学科博士点、博士后流动站、国家理科基地、211建设重点、国家重点学科、教育部重点实验室。他曾利用国务院学位委员会学科评议组地理组召集人、教育部地理学教学指委员会副主任、中国地理学会副理事长的身份，在国家学位点建设、重点学科建设、教学内容与课程体系改革等方面发挥了重要的作用。2005年和王乃昂等获国家级教学一等奖。他维护科学和教育的尊严，特别抵制大学为官员开绿灯，进行硕士、博士学位交易的腐败风气。

李吉均因在马列著作上作记注而在"文革"中受到批斗。他青年时期就立志高远，卓尔不群。正是由于阅读了大量马列著作，经历了新旧中国的社会现实，他信仰了马克思主义。在大学时代就要求加入中国共产党，但是由于出身问题，一直不能如愿。并且从1957年开始，劳动改造、关牛棚、批斗，使他饱受折磨。直到

1978 年改革开放，他在学术界的声望与日俱增的时候，才被批准入党。他在为国家强盛而感到欣慰的同时，也为官员腐败影响下的社会腐败现象深为担忧，心中渴望一个富强民主的中国在世界上崛起。

三、李吉均主要论著

李吉均. 1963. 祁连山山地近期年龄及第四纪冰期探讨. 兰州大学学报，1：77-86.

李吉均，文世宣，张青松等. 1979. 青藏高原隆起的时代、幅度和形式的探讨. 中国科学（A 辑），6：608-616.

李吉均，张林源，邓养鑫等. 1983. 庐山第四纪环境演变和地貌发育问题. 中国科学（B 辑），8：734-745.

李吉均，徐叔鹰. 1983. 巴基斯坦北部的地貌发育与第四纪冰期问题. 地理学报，38（1）：11-24.

Li Jijun, Derbyshire E, Xu S Y. 1984. Glacial and para-glacial sediments of the Hunza Valley, North West Karako-ram, Pakistan：A preliminary analysis. Proceedings of the Conference concerning the International Karakoram Project, Vol. 2. Cambridge：Cambridge University Press：496-535.

Douglas W B, Li Jijun. 1985. Age and palaeoclimatic significance of the loess of Lanzhou, North China. Nature, 316：429-431.

李吉均，郑本兴，杨锡金等. 1986. 西藏冰川. 北京：科学出版社.

Li Jijun, Feng Z D, Tang L Y. 1988. Late Quaternary monsoon patterns on the Loess Plateau of China. Earth Surface Processes and Landforms, 13（2）：125-135.

李吉均，朱俊杰，康建成等. 1990. 末次冰期旋迴兰州黄土剖面与南极东方站冰岩芯的对比. 中国科学（B 辑），10：1086-1094.

李吉均，周尚哲，潘保田. 1991. 青藏高原东部第四纪冰川问题. 第四纪研究，3：193-203.

Li Jijun. 1991. The environmental-effects the uplift of the Qinghai-Xizang Plateau. Quaternary Science Reviews, 10（6）：479-483.

Li Jijun, Zhu J J, Kang J C, et al. 1992. The comparison of Lanzhou Loess Profile with Vostok ice core in Antarctica over the Last Glaciation Cycle. Science in China Ser. B, 35（4）：476-488.

李吉均，苏珍. 1996. 横断山冰川. 北京：科学出版社：157-173.

李吉均，方小敏，马海洲等. 1996. 晚新生代黄河上游地貌演化与青藏高原隆起. 中国科学（D 辑），26（4）：316-322.

Li Jijun, Fang X M, Vander V R, et al. 1997. Magnetostraigraphic dating of river terraces：rapid and intermittent incision by the Yellow River of the northeastern margin of the Tibetan Plateau during the Quaternary. Journal of Geophysical Research, 102（B5）：10121-10132.

Li Jijun, Fang X M, Vander V R, et al. 1997. Late Cenozoic magneto-stratigraphy (11-0 Ma) of the Dongshanding and Wangjiashan sections in the Longzhong Basin, western China. Geologie En Mijnbouw, 76（1-2）：121-134.

施雅风，李吉均，李炳元. 1998. 青藏高原晚新生代隆升与环境变化. 广州：广东科技出版社.

李吉均，方小敏. 1998. 青藏高原隆起与环境变化研究. 科学通报，43（15）：1569-1574.

Li Jijun, Xie S Y, Kuang M S. 2001. Geomorphic evolution of the Yangtze Gorges and the time of their formation. Geomorphology, 41（2-3）：125-135.

李吉均，张军，宋春晖. 2007. 陇中盆地濒河期地层的发现及意义. 中国科学（D辑），37（1）：52-60.

主要参考文献

李吉均. 1983. 大陆性气候高山冰缘带的地貌过程. 冰川冻土，5（1）：1-11.

施雅风，崔之久，李吉均等.1988. 中国东部第四纪冰川与环境问题. 北京：科学出版社.

李吉均，赵志军. 2003. 德日进"亚洲干极"理论的现实意义. 第四纪研究，23（4）：366-371.

李吉均. 2006. 青藏高原隆升与亚洲环境演变——李吉均院士论文选集. 北京：科学出版社.

撰写者

周尚哲（1952～），华南师范大学教授，兰州大学客座教授。李吉均学生。

章 申

　　章申（1933~2002），江苏常熟人。地理学家，我国化学地理（环境地理）学科开创者。1993年当选为中国科学院院士。1956年毕业于南京农业大学土壤农业化学系，1962年获苏联莫斯科大学生物学副博士学位。他的主要研究领域包括微量元素景观地球化学、生物地球化学、水土环境污染控制研究。60年代首次揭示珠穆朗玛峰地区冰、雪、水中氢氧同位素的含量、分布和分馏规律；在国内率先开展环境中元素分布与克山病等地方病的生物地球化学病因学研究，提出了生物地球化学质、量、比营养概念及我国生物地球化学省的划分方案。70年代系统揭示了蓟运河、湘江等河湖重金属污染规律，取得防治成效。近年以来全面系统地揭示了长江水系5800余个水、泥、生物样中约30种微量元素背景值、空间分布、形态分配，在湖泊沉积物中历史演变规律。在环境保护实践基础上提出环境问题形成的源、流、场、效应链式机制和防治对策。他在地理和环境科学领域所做的努力为我国地方病防治研究、环境污染控制和水环境背景值研究奠定了基础，对学科的发展有重要的指导意义。

一、简　历

　　章申，1933年10月24日生于江苏常熟虞山镇，2002年9月3日于北京逝世，享年69岁。

　　江南鱼米之乡的肥沃土壤，养育了一代代英才。章申1952年高中毕业并以优异成绩考入南京农学院土壤农业化学系学习，由此也注定了章申的一生命运与地学研究相伴。同年章申加入中国共产主义青年团，1955年1月加入中国共产党，先后多次荣获优秀共产党员称号。1956年大学毕业后，先在北京俄语学院留苏预备部学习俄语，并在南京大学化学系进行研究生选修一年，于1958年12月至1962年11月在俄罗斯（前苏联）莫斯科大学学习生物地球化学，获得副博士学位。在莫斯科学习的日子里，他如饥似渴地学习，在他的眼里，科学的魅力远胜于莫斯科郊外迷人的晚上。毕业回国后，开始在中国科学院地理研究所从事科研工作，长达40年。在此期间，先后任助理研究员（1964 年）、副研究员（1979 年）、研究员（1986 年）。1979 年被聘为硕士研究生导师，1990 年由国务院学位委员会批准为博士生导师，1991 年被选为欧洲科学与艺术科学院（奥地利）成员，1993 年当选为中国科学院院士，1995 年当选为国际欧亚科学院院士，1996 年当选为中国科学院地学部常委。1986 年和 1991 年先后当选为中国科协第三、第四次全国代表大会代表。

章申曾任国家科委环境保护专业委员会成员，中国科学院环境科学委员会副主任，中国环境科学学会常务理事、副理事长，环境地学专业委员会主任，中国地理学会化学地理和环境地理专业委员会主任，中国科学院地理研究所学术委员会主任，国际欧亚科学院中国科学中心主席团成员、秘书长，国际科联环境科学委员会（SCOPE）中国委员会委员，国际地圈生物圈计划（IGBP）中国委员会委员，国际 Ramazzini 学院（Collegium Ramazzini）成员。1989 年被评为中国环境科学学会优秀环境科技工作者，1990 年被评为中国科学院优秀研究生导师，1992 年获国务院颁发的政府特殊津贴。

自 1976 年以来，章申先生先后任《环境科学》副主编、编委，《中国科学》、《科学通报》、《环境科学学报》编委，《中国环境科学》常务编委，《地理学报》编委等。

十年动乱，许多研究项目被搁置，研究人员被迫中止了手上的工作，但是，章申始终没有停止自己的研究工作。1967 年，他与同室的三位同志打起背包来到了南泥湾、延安革命老区，开始了大骨节病和克山病等地方病的防治研究调查工作。试图从地理环境、环境元素含量分布、迁移与病因的关系来研究疾病的预防和治疗。

章申及其同事与中国科学院土壤所等兄弟单位的研究人员一起，深入病区，广泛调查研究，发现那些地区水体中硫元素含量偏低，经过缜密分析后，他与其他研究人员一起提出了"大骨节病硫酸根疗法"。这一疗法的提出，成为 70 年代我国防治大骨节病的主要方法之一。在试验过程中，为了能够亲身体验到"硫酸根"的治疗效果，他首先在自己身上做试验，在保证万无一失后，再给当地病人喝，对缓解大骨节病的发展起到了一定的作用。

通过多年的大量调查研究，80 年代地理所地方病组正式确定克山病和大骨节病分布地带，这个地带有规律地分布在我国从东北到西南一条相当宽的区带内，在这个地带内，粮、土、水中硒元素含量很低。虽然克山病和大骨节病还没有得到根治，其病因还未弄清，地学研究的努力为缓解和控制病情起到了积极的作用，同时也导致了我国地方病生物地球化学病因说研究的大规模开展。

在这一阶段中，章申的学术思想也产生了一个飞跃。他在景观地球化学和生物地球化学方面的成果和论文被国内外著名学者在有关地球化学、化学地理、土壤学和环境科学领域中的专著和大学教科书中广泛地引用，有的甚至是全文引用。

章申一生勤奋好学，孜孜不倦，自 20 世纪 60 年代以来，一直亲自参加野外考察和室内实验，足迹遍布祖国大江南北。他治学严谨，为学敢于坚持真理，从不人云亦云，且对于不同意见的争论，从无门户之见。他一生严于律己，宽以待人。他生活简朴、淡泊名利、平易近人、尊重同事、关怀下级。他历来爱护青年，提携后学，先后为国家培养了一批青年科学家，其中包括数十名博士后、博士和硕士，其中很多已成为我国环境地学领域的学术中坚和学科带头人。

章申在地理科学、环境科学领域辛勤耕耘了 50 个春秋，在微量元素地球化学、稀土元素生物地球化学等领域做出了卓越贡献，取得了令人瞩目的成就，堪称当代中国化学地理、环境地理学界的一代师表。

二、主要研究领域和成就

章申先生主要从事微量元素景观地球化学和生物地球化学的科学研究。六、七十年代主持了"珠穆朗玛峰地区表生地球化学研究"、"生物地球化学和地方病"、"官厅水库水源保护"等项目的研究；还曾深入革命老区和病区，对大骨节病和克山病等地方病的防治进行了大量调查研究，开展了我国地方病生物地球化学病因说的研究工作。

(一) 主要科学研究成就

章申先生在长期的科学研究工作中做出了突出贡献，主要包括：

1. 在国内开拓微量元素化学地理和环境科学研究，相继取得创造性成果

章申 50 年代在苏联研究生期间从事微量元素景观地球化学研究，60 年代初回国来地理所，首先建成微量元素实验室，开展化学地理研究。近 30 年来始终坚持在科研第一线辛勤耕耘，相继取得如下创造性成果。

1) 50 年代以来，一直从事黑钙土、褐土、棕壤、黄壤、红壤和砖红壤以及河湖沉积物中生命与污染微量元素含量分布及成因规律研究。发现第一长周期中大部分过渡元素与汞、铅等重金属多富集于土壤和河湖沉积物的黏粒部分，（粒径小于 0.001mm），但砖红壤中微量元素则富集在较大颗粒（粉粒级，粒径 0.001—0.01mm）中，因为富集重金属元素的铁铝氧化物的粒径较大。

2）对中国主要土类 272 个 A 层的稀土元素研究，首先（1990 年）准确地获得中国土壤稀土元素丰度及其分布模式，同时探讨了稀土元素在成土过程中的行为，发现它们在土壤灰化过程中累积在灰化层（A2）的现象，研究结果居国际先进行列。

3）通过我国陆地水中约 30 种微量元素的含量分布和赋存形态研究，发现清洁河湖水中碱金属、碱土金属、卤素元素和形成含氧阴离子的元素（Mo、Se、As、U 等），以及 Hg 是以溶解态为主，稀土元素、Th、Se、Fe、Mn 等元素以悬浮颗粒态为主，而大部分第一长周期过渡元素和一些重金属元素介于上述两者之间，在溶解态中 Cu 以稳定有机态为主，Pb 以稳定无机态为主，Zn、Cd 则以不稳定为主，然而在污染水体中重金属则以悬浮颗粒态为主。这是世界上首次以大量样品实测研究而提出的陆地水环境地球化学规律。

4）60-70 年代对球穆朗玛峰（包括顶峰）地区冰、雪、水中氢氧同位素含量、分布的研究，在国内外首次揭示其分馏效应。同时对本区以及先后对希夏邦马峰、天山和长江河源区冰、雪、水中微量元素和水化学研究，促进我国高山极地水环境地球化学的发展。

5）用同位素（137Cs 和 210Pb）年代法揭示我国高山、干旱地区和亚热带的湖泊沉积速率和微量元素含量百年来的历史变化规律及其成因。首次精确地查明蓟运河沉积物 Hg 污染的三度空间分布规律（立体分布图），为 Hg 污染的防治提供了科学依据。

2. 开展和推动环境元素含量分布和地方病关系的研究

章申 1967 年进行的南泥湾大骨节病和克山病水土病因研究，引领和促进了我国地方病生物地球化学病因说研究大规模开展，他和同事与医生合作，实地调查研究 6 年，在广泛深入调查发生病情的环境条件及大量采样点基础上，分析了农作物、水、土等中的化学元素，发现地方病患病率和环境中一些元素含量之间有较明显的相关关系，环境中某种元素的过多或稀缺都可能影响人体健康，在国内首先从生物地球化学观点阐述克山病等地方病的分布与成因规律。与此同时，又进一步发现地方性甲状腺与水碘含量呈抛物线关系模式。他与同事一起提出大骨节病硫酸根（SO_4^{2-}）疗法，这是 70 年代我国防治大骨节病的主要方法之一。

在调查研究实践的基础上，他与合作者共同提出了化学地理和生物地球化学系统的学术思想，如生命与环境的化学组成相关律，生物地球化学质、量、比营养概念，新的化学元素地球化学生态学分类，生物地球化学省的技术成因，土壤微量元素含量与机械组分，矿物成分的关系，阐明了中国土壤稀土元素的丰度和分布模式，以及稀土元素的环境生物地球化学，促进了化学地理和生物地球化学理论的研究。

3. 推动我国环境保护事业，发展环境科学

70年代，章申的科研工作转入环境保护工作，根据国家需要开展水污染的系统研究。官厅水系水源保护研究（1973-1975年）是建国以来第一项大型、综合性水污染控制和水源保护国家重大任务，是一项开创性工作，也是我国环境保护科研工作的起点。章申先生作为主持人之一，与合作者首先对影响北京的官厅水库污染，综合运用地学、化学和生物学的原理和方法，研究其流域水体污染规律和水源保护途径，为我国开辟水环境研究，防治水污染提供了一套完整的研究程序、原则和方法。随后完成了蓟运河水系源保护（1976-1983年）、湘江污染综合防治（1979-1982年）、京津渤区域环境综合研究（1980-1983）等国家水源保护任务，首次查明了河流沉积物汞污染三度空间分布规律，并提出了有效治理途径。在完成国家规定任务外，还对水体中重金属污染物的含量水平、赋存形态、生物效应，污染物的生物地球化学迁移过程、污染物形态转化的环境动力学机理进行了研究，完成了水体污染防治措施方面的研究，总结出的一些带有基础应用性的环境科学理论，有力推动了我国环保事业和环境科学的开展。研究成果丰富了环境科学，开拓了我国水环境地球化学研究领域。

七五期间，章申主持完成了国家科技攻关课题"长江水系水环境背景值研究"，把整个长江流域的河水、沉积物、悬浮物和水生生物作为一个有机的环境系统加以研究，工作站建立了严格的质量控制系统，同步采集了5800个水、悬浮物、沉积物、生物（鱼）样品，分析了元素含量和有关理化性状数据10万多个，总结了30种微量元素的背景值、空间分布和形态分配规律，以及在湖泊沉积物中近百年来的演变，这是世界上迄今规模大，系统性综合性强，测定元素多，内容比历次丰富、完整的水环境背景值研究。

（二）学术思想及其影响

章申先生以其深厚广博的农学、土壤学、化学、生物学等多学科基础，结合数十年野外调查与实践研究，以自己的行动诠释了理论与实践相结合的科研精神，对环境生物地球化学这一交叉学科在中国的发展做出了卓越贡献。他以深刻的思想和敏锐的洞察力分析中国化学地学和环境科学研究的不足，立足解决相关学科领域最迫切的问题，率先开展了我国地方病的调研与防治工作，深入研究微量元素的生物地球化学过程及其对人体健康的影响，为我国地方病的防治奠定了坚实的基础。在

中国尚未对环境污染问题加以重视的时候，他又把目光瞄向了存在深重隐患的环境问题，以官厅水系水源地保护研究为契机，拉开了中国综合性水污染控制和水源保护工作的序幕。章申先生把自己的终身献给了化学地理和环境科学研究工作，他的成就丰富了环境科学，开拓了我国水环境地球化学研究领域。

1. 学科交叉是推动学科发展的重要途径

在去前苏联攻读副博士学位之前，章申就认识到学科之间的交叉是科学发展的生长点，常常形成新兴的研究领域。生物地球化学成为他为之奋斗终生的专业和研究方向。事实证明他的选择是对的，经过几十年的发展，生物地球化学已经成为目前国内外研究的热点。无论是生命元素还是各种污染物，在微观与宏观尺度上的迁移转化与归宿关系到全球的生态系统与生命健康。

2. 科研重在实践与理论研究相结合

对于地学研究来说，实践的重要性尤为突出，野外调研是进行研究的必要手段。章申以他的亲身经历诠释了实践与理论研究相结合的真正科研精神。立足于为国家和人民排忧解难的立场，他在陕西山区地方病高发区进行了艰苦卓绝的实地调研，对大骨节病和克山病的病因及防治措施进行了深入研究，并引发我国地方病生物地球化学病因说研究大规模开展。他与合作者提出了化学地理和生物地球化学系统的学术思想；生命与环境的化学组成相关律，揭示活质、植物和人的化学元素平均丰度增减变化趋势与地壳、土壤、海水的化学元素平均丰度的增减变化趋势基本是一致的；根据 Bertrand 的最适营养浓度规律和章申提出的生物地球化学质、量、比概念，提出了新的化学元素地球化学生态学分类，提出生物地球化学省的技术成因说，划分我国生物地球化学省。

章申对实地样品的采集非常重视，如大量采集珠穆朗玛峰、希夏邦马峰、天山和长江河源区地区冰、雪、水样品，进行微量元素和水化学的研究，促进了我国高山极地水环境地球化学的发展；在长江水系水环境背景值研究中，与合作者建立了严格的质量控制系统，全国揭示了 5800 余个水、悬浮物、沉积物、生物（鱼）样中约 30 种微量元素的平均含量、空间分布和形态分配规律，湖泊沉积物中近百年来的演变，这是世界上迄今规模大，系统性综合性强，测定元素多，内容比历次丰富、完整的水环境背景值研究。

3. 环境与可持续发展

章申先生认为一个科学家，重要的是对未来的预测，提出科技发展战略和具体措施。当今世界正处于环境、资源、人口与发展问题的困扰中，由于它牵涉到全球、各个国家和广大群众三个层次的直接利害关系，因此它已成为现在国际政治和外交事务的基本成分，构成了各国最高决策的基本要素，因此如何处理好环境与发展二者的关系，已成为国际和国内80年代和21世纪面临的重大课题。

他还认为："全球地理环境的恶化是区域地理环境问题的综合反映，同时它又反过来制约、影响区域地理环境的变化，与全球比较，局部地区往往是变化异常的激烈的地理环境。由于这种问题具有面大、量广、复杂、综合的特点，因此需要建立全球新的伙伴关系，以协调国家间和地区人类活动与环境的关系，在责任有别的基础上，在发展经济的同时，根据各自具体情况，采取有效措施来防止生态破坏与环境污染，促进经济繁荣与人类社会的健康发展。"

他强调持续发展是21世纪地理研究新的方向，持续发展战略是解开环境与发展问题的一把钥匙。为了改善和解决中国生态环境问题，使我国的环境科学进入世界先进行列，他提出在以下四个方面应该加强工作：

• 环境、人口、生态、资源与发展之间的调控研究；

• 重点经济发展地区环境污染的综合防治与环境污染的区域控制方法学研究；

• 环境介质（水、气、土、生物）中污染物的形态、运动规律与生物效应的研究；

• 生态环境建设，生态污染控制、废弃物资源化的工程等配套组合技术和示范的研究。

章申先生对学科发展方向上的准确把握为后来者指引了努力的方向，他的工作为我国化学地理和环境地理学的发展奠定了基础。

三、章申主要论著

章申，黄龙、黄陵水土病调查组.1970.克山病大骨节病水土初步调查报告.卤碱疗法资料汇编：748-755.

章申等.1973.我国西藏南部珠穆朗玛峰地区冰雪中氘和重氧的分布.中国科学，(4)：430－432.

Zhang Shen. 1978. Toxic elements in the sediments of water bodies in China's semi-arid area and their environmental Chemical behavior. Environmental protection in the people's Republic of China，Rut-g-ers，the State University of New Jesey，USA.

中国科学院地理研究所化学地理室等（章申执笔）.1978.珠穆朗玛峰高海拔地区水体中氢氧同位素的地球化学特征.科学通报，(8)：496-498.

章申.1979.珠穆朗玛峰高海拔地区冰雪中的微量元素的含量.地理学报，(1)：12-17.

章申.1980.地表环境的化学演变和环境科学.环境科学研究与进展.北京：科学出版社：132-157.

章申等.1980.珠穆朗玛峰高海拔地区氢氧同位素地球化学特征//珠穆朗玛峰科学考察报告（1975年）.北京：

科学出版社：238-243.

章申，吴紫汪.1982. 希夏邦马峰地区天然水（冰雪融水）的化学特征//希夏邦马峰地区科学考察报告. 北京：
科学出版社：92-97.

章申等.1983. 京津地区主要河流的稀有分散元素的化学特征. 科学通报，(3)：175-177.

章申，陈喜保，于维新.1985. 珠穆朗玛峰地区土壤地球化学研究 I：土壤中 Cd 和 Pb 的分布. 科学通报，(17).

Zhang Shen, et al. 1986. Geochemistry of soil in Mt. Qomolangma region-Some geochemical characteristics of mercury in soil. Kexue Tongbao, 31 (9)：631-634.

章申，唐以剑.1989. 蓟运河水污染和水质控制//Resources, Environment and Regional Development, Center of Asian Studies, University of Hong Kong：158-177.

Zhang Shen, Tang Yijan. 1990. Environmental pollution and its countermeasures in China. Annals of the New York Academy of Sciences, 610：48-63.

章申，唐以剑.1990. 我国环境污染的变化规律与调控对策. 地理学报，45 (2)：178-186.

章申，王明远.1990. 生物地球化学省//中国大百科全书•地理卷. 北京：中国大百科全书出版社：380.

章申等.1990. 化学元素、水环境背景值研究（长江水系水环境化学地理、生物地球化学研究及其分析方法）.
北京：测绘出版社.

章申等.1992. 珠穆朗玛峰地区稀土元素的土壤地球化学//环境中污染物及其生物效应研究文集. 北京：科学出版社：112-124.

章申，唐以剑.1995. 白洋淀流域水污染控制与生物地球化学工程示范研究的初步设想//白洋淀地区水污染控制研究（第一集）. 北京：科学出版社：244-248.

Zhang Shen, et al. 1997. The abundance, form and distribution of rare earth elements in soils of China//Proceedings of the First Sino- Dutch Workshop on the Environmental Behavior and Ecotoxicology of Rare Earth Elements, TNO-MEP in Netherlands：155-160.

Zhang Shen, et al. 1997. Content of trace elements and mass transport rate of C, N, P, S in the Changjiang River//Zhou Jiayi, ed. Sources, Transport and Environmental Impact of Contamination in the Coastal and Estuarine Areas of China (Scopr China Publication Series 4. Beijing：China Ocean Press：5-18.

主要参考文献

章申.1994-2008. 我在环境地学领域的成果. 新院士主要科技成就（十三），(4)：359-360.

郭志明，姜素清.2002. 献身环境科学的战士——访环境学家章申院士（1994）//刘纪远. 现代中国地理科学家的足迹. 北京：学苑出版社.

中国科学院地理科学与资源研究所.2002. 缅怀一代师表章申先生——章申先生生平. 中国科学院地理科学与资源研究所.

撰写者

梁涛（1970~），辽宁沈阳人，研究员，博士生导师，"中国青年科技奖"获得者，中国科学院地理科学与资源研究所环境地理与人类健康研究室副主任。长期从事环境地理和环境地球化学方面的研究。曾是章申先生的博士后和助手。

刘昌明

刘昌明（1934～），湖南长沙人。水文水资源学家，我国地理水文研究领域的倡导者与开拓者。1995 年当选为中国科学院院士。1956 年毕业于西北大学，后留学莫斯科大学。1981～1982 为访美学者。他承担了多项国家重大咨询项目的研究，发展了地学方向的水文学和水资源研究，将水文学的地球物理、工程方向与农田水利等学科相结合，在水循环、产汇流模式、水文试验、农业水文、森林水文、生态与环境水文、气候变化与人类活动对水文水资源影响等方面多有建树，做出了系统性的贡献。他创造性地提出了缺少资料地区小流域暴雨洪水的计算方法，发展了地理系统分析方法。在水文过程、水量转化及调控研究中提出了多水转化、雨水资源化等新理念。曾任中国科学院石家庄农业现代化研究所所长、北京师范大学资源与环境学院和水科学研究院院长、中国科学院水问题联合研究中心主任、IRWCS 主席、IGU 副主席。现任中国科学院水资源研究中心专家委员会主任、北京师范大学地学、资源与环境学部主任、GWSP 科学指导委员会委员、IGWCO 科学咨询委员。他是水利部、京、津、冀、晋、鲁等省市政府及水利部直属流域委员会的决策咨询委员和科技委员会委员，任 4 个国际 SCI 源刊与国内多个核心期刊编委和主编。发表著作近 400 篇（部）（包括合著），获国家级、省部级科技成果奖 12 次。培养研究生近百名，多次被评为优秀研究生导师。

一、成 长 历 程

刘昌明 1934 年 5 月 10 日出生于湖南省长沙市。幼年时期，在战火纷飞的岁月，他随父母移居到水网纵横的天府之国四川。其时生活动荡，转学频繁，学习条件艰苦。儿时河池嬉水成为他难忘的美好回忆。新中国成立后，他就读于四川省立成都中学，1952 年提前半年高中毕业后接受全国高考统一分配进入西北大学。或许是青少年时期所处地理环境的巨大反差，激发了他研究水的兴趣。大学毕业时，他选择"黄河的水文"作为其毕业论文，并在刊物上公开发表了《地图上流域面积与河长的方法》论文，从此开始了其水文水资源的研究生涯。

1956 年 7 月，他以优异的成绩被选入中国科学院西安分院，同年 8 月正式分配到中国科学院地理研究所（南京）工作。时任研究所所长、中国著名的地理学家黄秉维先生支持他个人的志向，决定派他到北京中国科学院地理研究所工作站水文组工作。在老一辈地理学家，特别是黄秉维先生的指导下，他结合中国科学院当时重中之重项目"中国自然区划"的中国水文区划研究，努力学习，刻苦钻研，完成了珠江流域水文地理的研究论文并被推选在 1957 年全所学术年会上报告。1958 年他在施雅风与罗开富先生的带领下赴青海、甘肃进行综合考察，担任水文组组长，出色地完成了讨赖河和全河西走廊的水资源估算，并为酒泉钢厂供水方案提供应用根据。此时，他大学毕业刚满两年。

1959 年，他被借调入北京大学为地质地理系高年级学生讲授陆地水文学本科课程。其间，他博览群书，充实自己的水文学理论基础，编写讲义 20 多万字。1960年初，他被选派赴原苏联莫斯科大学水文系学习径流形成理论与实验技术。当时莫斯科大学"水文实验室"刚刚落成，他是最早在该室开展降雨径流实验的研究者。同时，他还在野外实验流域开展了一系列水循环与水量平衡实验工作。

1963 年从苏联回国后，在他的负责下，中国科学院地理研究所成立了径流形成研究组，在黄河中游黄土高原进行径流形成定位站工作，开展了由仪器研制到流域试验全过程的研究，取得了系统的原创性成果。为了弥补野外流域实验的不足，1965 年他负责总体设计创建了我国最早的室内降雨径流实验室。青年时期水文室内外实验的研究工作为他在水文水资源领域的原创性工作打下了坚实的基础。

1969~1977 年的 8 年时间，他投身到西北地区新线勘测设计的工程水文研究中。作为业务负责人，他率领 30 多人的工程水文队每年平均在野外工作 8 个月。在非常艰苦的自然条件下，他以身作则，转战风雪高原，带头科研，完成了西北 8 条重大铁路新线设计中数以千计的小流域桥涵径流计算。这 8 年的科研活动不仅促进他产生实践创新的成果，而且使他成为科技研发的领军人物，是其科研生涯中的重要时期。

1978 年中美恢复邦交之前，他作为民间科学代表团一员赴美国访问了数十个著名的高校与科研院所。这次历时一个半月的出访，使他开拓了研究视野，吸收了丰富的营养，成为他走向国际学术舞台的起点。随后的 1980 年，他具体组织了美国两院院士国际著名水文水资源专家 V. T. Chow（周文德）在北京、南京与上海举行的水资源与随机水文讲习班，并参与组织了中国与联合国大学合作的南水北调中、东线调查与研讨会。

1981～1982 年，在美方的邀请和联合国大学的资助下，他以高访学者身份到美国亚利桑那（Arizona）大学（水文水资源系）等学校研究进修，积累了丰富的学术阅历。此后，又先后到爱尔兰、加拿大和日本等国进行合作研究，频繁出席各种重要的国际会议，活跃于国际水文水资源与地理学界，结识了许多国际研究同行，人脉深厚。

20 世纪 80 年代，刘昌明承担了我国南水北调工程水量平衡研究工作。他把南水北调水量配置与环境影响的宏观问题与田间微观实践相结合，负责了禹城水量平衡试验与南四湖水面蒸发试验两个定位站的布设与研究，研制出包括国内面积最大的蒸发池（100m²）在内的全套试验设施。他还先后主持了重大自然科学基金"四水转化"研究、华北平原节水农业应用基础研究、国家"六五"重大攻关项目"黄淮海综合治理"等与国家发展需求密切相关的重大研究课题。1984～1989 年，他组织开展了中澳"农业可持续发展水、土资源评价"国际重大合作项目。

20 世纪 90 年代后期以来，他参加了全国中长期科技规划以及中国科学院、学部的科技发展战略研究，更关注国家与社会对科技的重大需求，积极承担和参与组织了 10 多个中国科学院与中国工程院向国家咨询的重大项目，完成了多个有关水资源、水环境与水生态问题的调研报告与咨询建议，得到国务院领导的高度重视。1999～2004 年，他作为首席科学家主持"国家重点基础研究发展计划"（"973"项目）、"黄河水资源演化规律与可再生性维持机理"的研究，取得了丰富的科研成果。

刘昌明 1995 年当选为中国科学院院士。现任中国科学院水资源研究中心专家委员会主任、北京师范大学地学、资源与环境学部主任，全球水系统计划（GWSP）科学指导委员会委员、综合地球水循环观测计划（IGWCO）科学咨询委员，并担任《地理学报》、《中国生态农业学报》的主编，是 *Hydrological Processes*，*Ecohydrology* 和 *Water International* 等 4 个国际 SCI 源刊的编委。他曾负责组建了"中国科学院水问题联合研究中心"，并任中心主任（1991～2004）。他先后担任中国科学院石家庄农业现代化研究所所长（1992～2006）、北京师范大学资源与环境学院院长（1997～2003）、北京师范大学水科学研究院院长（2005～2006）。他曾任中国地理学会副理事长（1997～2004）、中国环境科学学会副理事长（2003～2005）、国际雨水集流协会（IRWCS）主席（1995～1997）、国际地理联合会（IGU）副主席（2000～2008）。他是水利部、京、津、冀、晋、鲁等省市政府及水利部直属流域委员会的决策咨询委员和科技委员会委员，国内多个核心期刊编委和主编。发表著作近 400 篇（包括合著），获国家级、省部级科技成果奖 12 次。培养研究生近百名，多次被评为优秀研究生导师。

二、科研贡献与学术思想

刘昌明 50 多年的学术生涯大致可以划分为两个主要时期：即 20 世纪 80 年代以前以微观问题为主的研究和 80 年代以后以宏观与微观相结合的研究。他在水文水资源领域提出了许多重要的学术思想。他发展了地学方向的水文学和水资源研究，在水循环、产汇流模式、水文试验、农业水文、森林水文、生态与环境水文、气候变化与人类活动对水文水资源影响等方面多有建树。

（一）主要科学科研成就

1. 无资料地区小流域暴雨径流模型

无资料地区小流域暴雨洪峰流量的估算是水文学中的科技难题。20 世纪六七十年代，紧密结合国家需求，刘昌明在多年野外实践的基础上，围绕这一问题进行了创新性的理论探索，划分出流域暴雨产流与非产流时段以及部分汇流与全面汇流的暴雨径流产汇流过程，解析并制定了雨强—时间连续产汇流计算方法，通过物理模型试验创立了具有成因概念的新的暴雨洪峰流量模型，确定了 12 个有独立物理意义的计算参数。他提出的模型对我国不同自然条件的小流域暴雨径流估算具有普适性，研究成果已在包括新疆 101 线（吐鲁番—库尔勒）、青藏铁路（西宁—格尔木—拉萨）等在内的 8 条铁路干线的设计中得到全面检验与应用。该成果荣获 1978 年全国科学大会重大成果奖与 1982 年国家自然科学奖，比当前国际水文科学协会（IAHS）列入计划的"无测站流域预报"（Predictions in Ungauged Basins，PUB）要早 20 多年。

2. 南水北调工程及其对自然环境影响

刘昌明长期关注南水北调重大水利工程关键科学问题的研究。早在 20 世纪 80 年代初，他先后承担"南水北调及其对自然环境影响"等多项涉及南水北调工程的国家重点研究项目，对南水北调这一重大工程的科学基础进行了多方面的理论探讨。他提出以水分、热量状况制订区域湿度指标，建立了南水北调水量地区分配模型，把调水与当地水资源统一优化调度，以防止土壤盐渍化，回答了学术界对这一问题的争议。他探索了调水规模的水文地理系统分析方法，率先在国内进行工程对环境影响的分区评价，制定了南水北调环境后效分区预测方法及考虑环境影响的水资源调度模型。结合南水北调西线规划的可行性问题，他提出了生态需水量新的计算方法，即生态水力半径法，并应用于南水北调西线规划中。他多次参加南水北调工程规划的咨询、审查工作。作为国务院南水北调工程建设委员会专家组成员，在南水北调生态与环境问题方面做出了重要的贡献。

3. 节水农业的应用基础研究

从 20 世纪 80 年代开始，刘昌明先后负责了国家自然科学基金的重大项目与面上项目、河北省科技厅的重大科技项目等与节水农业密切相关的应用基础研究，取得了一系列理论与示范成果。他根据系统论的观点，创造性地把农业节水系统划分为水源的高效与联合利用、节水的农艺技术、节水的工程技术与节水农业的综合管理等四个子系统与环节，全面解析了节水农业系统的工程架构。在农业水源方面，他在 20 世纪 70 年代末提出了农业水资源总量的计算方法，在国内首先建议以降水量作为农业的总水源，探讨并计算出农田对有效降水的利用潜力。应用水量转化理论，他推导出 7 种不同水源的转化公式，完善了区域与流域节水理念，并发展了土壤—植物—大气系统水分过程界面控制理论，从叶片—大气、土壤—大气和根系—土壤三个水分运动界面上，分别采用节水高产品种、秸秆覆盖土壤表面以及调亏灌溉等技术进行田间作物耗水的界面水分调控，形成了多种成本低廉、效果显著、操作简便的农业节水模式，取得了"节水 100mm，增收 100 元和亩产超 1000kg"的"双百超千"成果，并大面积推广。

4. 水循环基础理论研究

刘昌明对中华民族的母亲河黄河有着深厚的感情，他对黄河流域的水循环进行了长期深入的综合研究。早在 1963 年，他就在黄土高原通过野外定位站从事森林水文效应的实验与观测，研究了不同土地复垦与土地利用条件下的产流与汇流过程，探明了水土保持的水文效应。特别是针对森林水土保持对年径流的影响，提出了森林覆盖率与治理程度对地表径流与地下径流影响的"X"效应，首次推算了黄土高原（森林与水保）完全治理时的径流量。1999 年起，他作为国家"973"项目"黄河流域水资源演化规律与可再生性维持机理"的首席科学家，对黄河水循环的演化规律进行了深入的探索，组织完成了黄河全流域水循环动力因子的分析与制图，对气候变化的水文水资源影响具有重要意义；应用遥感反演技术发现黄河源区土壤含水量丰富，是黄河源区成为黄河"水塔"的重要因素；领导开发了具有自主知识产权的水文模拟系统 HIMS（Hydro Informatics Modeling System），有力推动了我国水文模拟技术的发展和应用。

5. 气候变化与人类活动对水文水资源影响

1990 年，刘昌明在国际地理联合会（IGU）建立了该会的第一个水文学研究委员会以推动区域水文对全球增暖响应的研究。长期以来，他积极从事气候变化与人类活动对水资源影响问题的工作。1995 年，他组织在拉萨召开了"区域水文对全球变暖的响应"国际会议，并与英国 J. A. A. Jones 共同主编出版了 *Regional Hydrological Responses to Global Warming* 一书。他的论文《气候变暖对山区水量平衡的影响计算方法》，揭示了气候变化水文效应的非线性与空间分异性。他提出了区分气候变化和人类活动对水资源影响的定量分析方法，认为黄河上游和源区的水文变化以气候变化的影响为主，中下游则以人类活动为主，指出人类活动是 20 世纪 70～90 年代黄河下游断流的主要原因，为黄河水量调控提供了科学依据。基于降雨径流关系及其地带性，他提出了气候变化对水文水资源影响的非线性、突变性、区域分异性、初阶响应与高阶响应，对于深入认识与研究气候变化与人类活动对水文水资源影响以及分析系统响应中反馈机制的复杂性与不确定性具有指导意义，丰富了气候变化影响研究的科学内涵。

6. 不遗余力推动科研能力建设

1978 年"文革"结束后刘昌明即开始招收培养研究生，迄今已培养研究生近百名。他常强调国家需要，以"非志无以成学"和"读万卷书，行万里路"与学生共勉。许多学生在地方省市与部委及国外已成为管理、科研与教学骨干。他对人才的培养不仅加强了水文水资源的研究能力，而且也对他学术思想的传播起到了重要的作用。为了发展原创性研究，早在 20 世纪 60 年代他就致力于径流实验室与野外定位站建设，组织建立了中国科学院水问题联合研究中心（现中国科学院水资源研究中心）；参与申请及组建了中国科学院陆地水循环与地表过程重点实验室；在百年老校北京师范大学首次创建了"水科学研究院"并出任第一任院长；参与组建了栾城国家野外台站与河北省节水农业重点实验室等。他不遗余力地推动学科能力建设，在上述学科建设的设计中都倾注了他的学术思想与学术观点。

（二）学术思想及其影响

在刘昌明的学术生涯中，他始终注重基础理论问题与国家需求的有机结合，紧密跟踪国内外学术发展的动态，把握学科发展的动向，提出了许多重要的学术思想，影响并推动了我国水文水资源领域的发展。

1. 倡导地理水文学的学术方向

刘昌明研究视野宽阔，涉及从微观的实验研究到宏观的综合分析（大、小尺度、单学科及跨学科）。丰富的研究经验和深刻的学术思考，使他能摆脱水文地理学研究既往成见的束缚，提出了地球系统科学方向的水文水资源研究，即立足于地球科学的理论，采用系统科学方法开展水文水资源的研究，并倡导水文研究的地学方向与工程水文学相结合，建议把以描述水文要素分布为主的区域水文研究扩展到更加结合水文过程的"地理水文学"研究。在他的学术思想影响下，地理水文学的研究逐渐发展壮大，并成为我国水文水资源研究领域的重要一支。在 2006 年 9 月中国地理学会水文专业委员会与自然资源学会水资源专业委员会召开的水文学术会议暨庆贺他从事水文水资源工作 50 周年的会议上，"地理水文学"成为学术讨论的主题之一，他倡导的"地理水文学"方向对学术界产生了重要的影响。

2. 拓展与推动水循环与水系统的基础研究

20 世纪后期西方知名水文学者提出水文学"没有感知"（No perception）的问题，激发了刘昌明关于水文学理论与方法问题的深入思考。他广泛浏览各种文献，梳理从我国古代吕氏春秋关于水循环的阐述，到 18 世纪西方现代水文研究的水利科学思想发展史，明确提出水循环是水文水资源研究的理论基础。地球系统科学（Earth System Science）的兴起，更促进了他发展水系统与水循环研究的思想。作为全球水系统计划（GWSP）科学促进委员会的委员以及中国委员会的主席，他始终强调水循环与水系统基础性研究及观测与实验的重要性。在理论上，他在国内外前人研究土壤—植物—大气连续系统（SPAC）的基础上，追踪田间水分通过土壤到根系，由根系到叶的气孔而蒸腾到大气的过程，倡导了包括植物水在内的"五水转化"及"界面水分调控"的新概念，并运用演绎法发展了水文循环研究的科学命题系统，提出了以水资源高效利用为核心的社会水循环，以及以生态系统健康为诉求的良性水循环等新理念和新观点，丰富了水文水资源基础研究的内容。在研究方法上，他强调水文实验原创性工作的重要性，主张水文实验、观测、分析计算、模型模拟及预测的全过程研究，强调遥感水文、地理信息系统以及同位素追踪水循环过程等新技术的应用，以期系统、深入地揭示水循环的过程和机理并积极参与了有关国家规划。在他的学术思想影响下，许多研究院所和野外台站围绕水循环开展了一系列科研探索，有力地推动了我国的水文水资源基础研究的发展。

3. 促进生态水文与生态水利的发展

刘昌明从 20 世纪 60 年代至今的水文水资源研究，始终都与生态、环境问题紧密结合。作为 IGBP/BAHC（国际地圈与生物圈计划核心项目：水循环的生物方面）中国国家委员会的主席与中国环境科学学会副理事长，他对水与生态及环境的关系做了长期深入的思考和探索。从国家需求出发，他强调新世纪的水文水资源研究要面向任务，发展生态、环境、经济与社会的水文水资源研究的学科交叉，实现水资源的"三生（生活、生产、生态）"共享，进而提出了关于现代水利科学综合发展的观点。他基于水热指标与水量平衡要素，揭示了水文水资源地带分异规律，建议以 800mm 和 1200mm 降水等值线作为生态保护与国民经济合理用水及水资源配置的基本依据。在我国广大北方地区的水文与水资源研究中，考虑维系生态系统健康，他提出了流域水资源配置中的"生态水文联系"以及兼顾"四大平衡"的重要思想，即水热平衡、水沙平衡、水盐平衡与供需平衡，并建议将它们作为"生态水利"的原则。他倡导的这一学术思想成为此后发展起来的生态需水计算、生态流量设计的重要指导性原则，并在华北、西北与东北等水资源的研究工作中得到了广泛的应用。

4. 深化水资源评价与可持续利用理论研究

在水资源领域，刘昌明提出了许多富有建设性和创造性的学术思想。在区域水资源研究中，他把可迅速再生的降水作为水资源的总源，提出了具有环境与生态意义的水资源评价与利用理念（包括蓝水与绿水），对生态农业与雨养农业发展具有重要意义。根据水资源的不同功能，他提出了资源水、环境水、生态水与灾害水（雨洪、涝水）的划分方式，并提出通过人为调控实现灾害水向资源水、环境水和生态水转化的思路，以增加资源水供给、改善环境、维持生态系统健康，强调了雨洪与雨水利用的重要内涵，对我国雨水与雨洪利用研究起了重要的推动作用。在水资源可持续利用方面，他认为节水是水利经济的高效益所在，市场经济决定了节水的必要性和可能性，指出节水是水资源合理利用的核心，提出了在自然与经济协调发展的前提下加强需水管理，节水优先，防治水污染，树立多渠道开源与节流的统一观。他从人口增长控制与可持续发展的角度，预估 21 世纪中期出现区域需水零增长，划分了农业灌溉强耗水与城市与工业弱耗水高污染的两种不同的用水类型，认为城市工业经济发展与城市化是我国现代化发展的必由之路，由城市化引起的水资源问题将成为经济社会发展的制约因素，为此提出了水资源的循环经济方式，通过追踪社会水循环的供、用、耗、排、蓄等环节，加强需水管理，指出了水资源利用中实现循环经济模式的减量、回收与再利用（3R）的措施。这些重要的学术思想贯穿在他所负责的重大科研项目和国家咨询报告中，对我国经济社会用水管理与水资源合理配置的研究具有重要而深刻的影响。

三、刘昌明主要论著

刘昌明，钟骏襄 . 1978. 黄土高原森林对年径流影响的初步分析 . 地理学报，33（2）：112-127.

Liu Changming，Wang Guangte. 1980. The estimation of small-watershed peak flows in China. Water Resources Research，16（5）：881-886.

刘昌明，杜伟 . 1986. 考虑环境因素的水资源联合利用最优化分析 . 水利学报，5：38-44.

刘昌明，杜伟 . 1986. 南水北调东线水量平衡的地理系统分析——以东线一期工程为例 . 水利学报，2：1-12.

刘昌明 . 1993. 自然地理界面过程及水文界面分析//中国科学院地理研究所编 . 自然地理综合研究——黄秉维学术思想探讨 . 北京：气象出版社：19-28.

Liu Changming，Liu Suxia. 1993. Rainwater catchment system of North China. Journal of International Rainwater Catchment Systems，1（1）：56-58.

刘昌明 . 1994. 地理水文学的研究进展与 21 世纪展望 . 地理学报，49（增刊）：601-608.

刘昌明 . 1996. 调水工程的生态、环境问题与对策 . 人民长江，27（12）：16-17.

刘昌明，何希吾等 . 1996. 中国 21 世纪水问题方略 . 北京：科学出版社 .

Liu Changming，Woo Min-Ko. 1996. A method to assess the effects of climatic warming on the water balance of mountainous regions//Jones J A A，Liu Changming，Woo Ming-ko，et al. ，eds. Regional Hydrological Response to Climate Change. The Netherlands：Kluwer Academic Publishers：301-315.

刘昌明 . 1997. 土壤—植物—大气系统水分运行的界面过程研究 . 地理学报，52（4）：366-373.

刘昌明 . 1998. 水量转换的若干问题//刘昌明，任鸿遵主编 . 水量转换——实验与计算分析 . 北京：科学出版社：3-21.

刘昌明，王会肖等 . 1999. 土壤—作物—大气界面水分与节水调控 . 北京：科学出版社 .

刘昌明，陈志恺 . 2001. 中国可持续发展水资源战略研究发展报告集第 2 卷——中国水资源现状评价和供需发展趋势分析 . 北京：中国水利水电出版社 .

Liu Changming，Yu Jingjie，et al. 2001. Groundwater exploitation and its impact on the environment in the North China Plain. Water International，26（2）.

Liu Changming，Zhang Xiying. 2002. Determination of daily evaporation and evapotranspiration of winter wheat and maize by large-scale weighting lysimeter and micro-lysimeter. Agricultural and Forest Meteorology，III-II：109-120.

Liu Changming，Zheng Hongxing. 2002. South-to-north water transfer schemes for China. Water Resources Development，3（18）：453-471.

刘昌明 . 2004. 水文水资源研究理论与实践 . 北京：科学出版社 .

Liu Changming，Zheng Hongxing. 2004. Changes of hydrological cycle elements of second half 20 century in the Yellow River Basin. Hydrological Processes，18（12）：2337-2345.

刘昌明，郑红星，王中根.2005.流域水循环分布式模拟.郑州：黄河水利出版社.

主要参考文献

刘昌明.2004.水文水资源研究理论与实践（刘昌明文选）.北京：科学出版社.

吕娜，吴顿.2006-03-02.刘昌明：用现代水利科学发展观点研究水问题.现代水利周刊.

香港中文大学崇基学院.2007.刘昌明教授，2006至2007年度黄林秀莲访问学人.香港：香港中文大学崇基学院.

撰写者

于沪宁（1939～），中国科学院地理科学与资源研究所研究员。从事自然地理、农业生态与水文研究。

郑红星（1973～），中国科学院地理科学与资源研究所陆地水循环与地表过程重点实验室副研究员。从事水文水资源研究。

王 颖

王颖（1935～），辽宁康平人。海岸海洋地貌与沉积学家。2001年当选为中国科学院院士。1956年毕业于南京大学地理系地貌学专业。1961年北京大学地质地理系副博士研究生毕业。1979～1982年为加拿大Dalhusia大学地质系海洋地质学研究员。Bedford海洋研究所大西洋地质中心访问学者。2001年6月获得加拿大Waterloo大学环境科学荣誉博士学位。现任南京大学海岸与海岛开发教育部重点实验室教授、博士生导师、学术委员会主任，南京大学海洋研究中心主任，中国海洋学会名誉理事长，中国第四纪研究委员会海岸海洋专业委员会主任委员，国际太平洋科学技术协会（PACON）常务理事，PACON中国副主席，国际地理学会（IGU）海洋地理专业委员会常委，曾任国际海洋研究委员会（SCOR）世界淤泥质海岸与海平面变化工作组主席。《中国科学》、《海洋学报》、《地理学报》、《第四纪研究》、《南京大学学报》编委，国际海洋刊物 *Marine Police*（Pergaman）编委。她专长于以地貌学、沉积学与海洋学相结合，应用现代技术研究海岸带陆海交互作用，探索海岸带与大陆架浅海的形成与演变，并应用于海港选址、海洋工程及海岸带开发。20世纪80年代在加拿大时，她潜心研究大陆边缘与深海的海底，扩大了科学研究领域。90年代致力于发展海岸海洋科学（Coastal Ocean Science），研究包括大陆架与大陆边缘的整个海陆过渡带，推动发展建设了中国海洋地理学。

一、简　历

王颖，女，1935年2月生，原籍辽宁省康平县。父亲王奇峰保定军官学校毕业，是东北军张学良部下少壮派有知识一代的军人。抗日战争以后，国共合作，时任东北军骑兵第四师师长，转战在太行山和黄河之间。1938年深秋，父亲患伤寒加肺结核病故，虽然当时王颖年龄很小，但父亲的事迹在她的心灵里埋下了抗日救国的种子，特别是母亲张桂兰，谆谆教导她，要学岳飞精忠报国，全心全意为抗日救国而努力。

王颖的小学与初中就读于西安。小学 6 年，她学习努力，成绩总是名列前茅。但 1948 年秋，因母亲去世，王颖失去了完整的家庭，生活不安定，导致初中学习成绩平平。

1950 年初王颖到北京，在北京慕贞女子高中读书。那时，她发现人民生活安定，每个人的心中都充满了希望，充满了阳光，一心向上。《卓雅和舒拉的故事》、《青年近卫军》等苏联小说，为当时的青年一代树立了楷模。她立志要像《远离莫斯科的地方》那样为祖国建设服务，生活充满了理想和激情。

1952 年高中毕业后，王颖以高分第一志愿考入南京大学地理系，大学学习公费，这四年的学习非常重要，受益于许多名师的教诲，她的专业学习十分稳定。如教物理学的是王淦昌教授，教高等数学的是徐曼英先生，教气象气候学的是么枕生先生，教土壤与土壤地理学的是马溶之先生，教植物与植物地理学的是耿伯介、崇仲信先生，教普通地质学的是孙鼐先生，教岩石学与沉积学的是李学清先生，教构造地质的是姚文光先生，普通地质实习是郭令智和肖楠森先生带的，教古生物地史学的是陈旭先生，教地貌学、第四纪地质学的是杨怀仁先生，教水文与水文地理学的是杨纫章先生，任美锷先生与吴传钧先生教经济地理概论。他们都是年富力强、很有学识的知名教授，为王颖这一代青年的成长打下坚实的基础。

1956 年初，大学四年级时，王颖被选派赴印度，参加国际地理学大会。同行的有两位老师，中国人民大学孙敬之教授讲"人口增长与食物来源"，中国科学院郭敬辉教授讲"中国水文地理"。会议期间，她认识了一些国际地理学界的大师，如英国的斯坦普教授，苏联的格拉西莫夫院士等。当时，王颖最大的感受是要学好专业，掌握英文，立志报国。会后，她考察了喜马拉雅山麓的西瓦里克地层，横跨印度德干高原，直达孟买，得益甚多。

1956 年从南京大学地貌学专业毕业后，王颖被分配到北京大学地质地理系，初为见习助教，后考取了四年制的副博士研究生，师从王乃樑教授。苏联专家 B. Г. 列别杰夫讲授的"地貌学基本理论问题"、"砂矿地貌学"等课程。两位导师还带领研究生与来自地学院校的进修教师到京郊西山斋堂、大同盆地、桑乾河谷，及聚乐堡火山群做地貌与第四纪地质考察，学习如何绘制地貌沉积综合剖面，如何观察、思考、记录、填图与总结，如何把地形的变化结合沉积组成，如实地反映地貌结构。两位导师要求每个研究生负责教一门课（地貌学），同时要指导大学生野外实习。

后来她又受教于 B. П. 曾科维奇院士与 K. O. 列昂杰夫教授，系统学习苏联的海岸科学理论与研究方法，并指导到大连、山东半岛实习。王颖在曾科维奇的教导下打下了坚实的海岸研究基础，师生友情一直持续了几十年，直至曾科维奇逝世。

在北京大学做研究生时，王颖参加了国家大项目"天津新港回淤研究"，担任渤海湾考察北队的队长。考察从滦河口开始，向南到曹妃甸，涧河口，至天津新港。1959 年正逢困难时期，野外工作十分艰难，每天要长时间在小船上、泥滩中工作，当时王颖已怀孕数月，食品匮乏，只有高粱面、红薯面，条件困难可想而知。但大家心境高昂，同心同德，仍出色完成了滦河三角洲的野外调查，证实了滦河泥沙是砂质的，沿岸向东南搬运，最远到曹妃甸，没有越过南堡，对天津新港没有影响。

1961 年 3 月，王颖被分配到南京大学地理系工作，在南京大学从事海岸研究，组建海洋研究室、海洋研究中心，带领培养新人，逐步形成海洋研究队伍。她先后从事了天津新港泥沙来源回淤研究，秦皇岛油港与煤港、山海关船厂的选址勘测，北海港扩建、口门淤积治理与地角海军码头选址工作，海南岛铁炉军港的沿岸泥沙治理，广东镇海港的海军码头选址，三亚港的扩建工作，以及湛江 652 调顺码头的选建等等，与南京大学海岸研究一起成长为高校海洋教研的主要力量。

1978 年全国选拔留学生时，王颖第一批通过了各级的英语考试，公费赴加拿大研修。1979 年出国前夕，她作为首批三名理科访问学者，受到加拿大驻华大使的接见与宴请。

1979 年 2 月～1982 年 2 月，王颖在加拿大 Dalhousie 大学地质系任海洋地质学研究员（Research fellow），Bedford 海洋研究所（BIO）访问学者，对大西洋鼓丘海岸、斯科舍大陆架、大洋洋中脊、深海盆地、海底峡谷及北冰洋海盆进行了六次海洋考察。在圣劳伦斯海底峡谷，她曾乘深潜器潜入 216m 深，做海底地质调查。三年中，她学会了系列的海洋工作，熟悉了各种仪器操作与分析研究，尔后在 *Sendmentology* 等刊物发表论文 5 篇，出版专著 1 册。出色的成果，赢得了 Dalhousie 大学和 Bedford 海洋研究所同事们的尊重，并在我国驻加拿大使馆及大使王栋支持下，建立了长期牢固的中加科学合作关系。

王颖 1982 年春回到南京大学，1984 年被教育部特批为教授，1987～1995 年任南京大学地理系主任，大地海洋科学系主任。连续三次获得加拿大科学援助，结合世行贷款建设海岸与海岛开发国家试点实验室。1987～2009 年起，她任南京大学海洋研究中心主任，1990～2000 年任海岸与海岛开发实验室主任，1995～2007 年任南大地学院院长，2001 年获加拿大 Waterloo 大学环境科学荣誉博士学位，2001 年当选为中国科学院院士。

王颖的主要兼职有：1985～1993 年江苏省科学技术协会副主席，1990～2000 年教育部地理学教育指导委员会主任委员，1994～2006 年中国海洋学会副理事长，2007 年至今中国海洋学会名誉理事长，1996～1999 年中国地理学会常务理事。

1997～2007 年中国海洋湖沼学会常务理事，2004～2007 年中国第四纪研究委员会副理事长，1995～2001 国际海洋研究委员会（SCOR）世界淤泥质海岸与海平面变化工作组主席，1999～2009 年国际太平洋科学技术协会（PACON）常务理事，PACON 中国副主席，1994 年始国际地理学会（IGU）海洋地理专业委员会委员，1999～2008 年国际地貌学家联合会（IGA）常务理事。任学术刊物《海洋学报》、《地理学报》《中国科学》、《海洋科学》、《第四纪研究》、《南京大学学报》及国际海洋刊物 *Marine Police*（Pergaman）的编委，曾担任《海洋与湖沼学报》副主编，*Ocean & Coastal Management*（Elsevier）的编委。

她于 1983 年被江苏省妇联授予"三八红旗手标兵"，1984 年被国家人事部授予"中青年有突出贡献专家"，1984 年 12 月及 1989 年 12 月当选为中共江苏省第七、八次代表大会代表，1985～1993 年担任江苏省科学技术协会副主席，1988 年及 1993 年当选为江苏省政协委员（第六、七届），1985 年、2004 年被全国妇联两次授予"全国三八红旗手"。

二、主要科学研究成就、学术思想及其影响

王颖在地学领域工作的特点是：用地质地貌、沉积与海洋动力多学科结合的思路与方法，研究区域海岸海洋环境特点、发育演变规律及和谐的开发利用。坚持实地调查、观测与实验分析相结合，重视科学研究为生产建设服务。在具有地域特点的淤泥潮滩海岸、鼓丘海岸及河海体系与大陆架沉积等研究方面具有重要贡献。总结潮滩动力环境的沉积与生态模式，分析中、新生代淤泥粉砂岩沉积环境，把我国潮滩研究推向国际先进水平。从中国主要河流对大陆架的沉积作用、深入到河海体系相互作用、沉积物搬运与陆源通量、黄海辐射沙洲形成演变等研究，推动发展了具有学科交叉特点的海岸科学与海洋地理学。她为推进我国海岸研究及其在港口建设及海洋工程的应用，做出了重要贡献。

王颖发表学术论文 150 篇，其中约 1/3 是发表于国外科学刊物，撰写及主编专著 16 部。她曾作为第一完成人，获教育部一、二等科技进步奖 5 次。2009 获国家科技进步奖二等奖（第六人）。作为项目负责人及主要执笔人，她完成海港选址、海洋工程等勘测研究报告 44 项。

1. 海岸研究

王颖针对中国海岸特点，着重研究季风波浪、潮流作用与大河泥沙对海岸的作

用与海岸演变，研究海岸带海洋与大陆的相互作用过程、机制以及人类活动的影响，总结得出中国海岸的类型及其发育演化的规律。其系列成果发表在国际学术刊物，受到国际海洋学家的广泛关注，成为国际海洋学界活跃的成员。

淤泥质海岸是中国海岸的一种特色。王颖教授从 20 世纪 60 年代起对渤海、黄海淤泥质海岸广泛深入研究，从泥沙来源、特性、沉积动力与微地貌结构对比研究获得淤泥质潮滩具有分带的特性。这个分带自陆向海为：潮上带，界于特大高潮水位与低高潮水位之间，仅为特大潮水完全淹没的黏土质泥裂带或草滩湿地；潮间带，上部是每次涨潮均被淹覆的泥沼带，中潮水位附近是粉砂与淤泥交互成层的滩面冲刷带，位于低潮水边线附近的粉砂质波痕带；再向海是潮下带的水下岸坡。平原海岸潮滩分带性，与潮流动力在海岸带速度变化有关，与涨潮流携运泥沙沿海岸上溯，受滩地摩擦使动力降低而沿途卸积泥沙，以及退潮流和波浪不断地掀扰冲刷是分不开的。潮滩分带性的分布差异也反映了海岸的冲淤动态变化的特点。王颖在 1963 年发表的淤泥质潮间带浅滩微地貌与沉积的分带性规律的文章，其基本结论和内容与 1965 年英国 G. Evens 的经典性论文相似，但当时中外互不了解。

贝壳堤是与淤泥质平原海岸伴生的地貌现象。王颖最早阐明贝壳堤是因平原海岸泥沙来源减少，潮滩受侵蚀，坡度增大，在激浪作用下，潮滩中的粗大颗粒—贝壳被掏刷出，并被推移至高潮水边线堆积成的岸堤。王颖根据在渤海湾与苏北海岸新老贝壳堤相互分布特点，总结出海岸发育历史与现代海岸演变的冲、淤动态规律，这是王颖在平原海岸发育理论方面的一个重要贡献。

王颖主办召开过 7 次海岸与地貌国际学术会议，其中有 4 次是潮滩与淤泥质海岸方面。如 1988 年召开 "Ecosystem and Environment of Tidal Flat Coast Effected by Human Being's Activites" 会议，1995 年和 1997 年召开两次国际淤泥质海岸学术会议，以及 2002 年召开的国际潮流动力和沉积会议，在国内外学术界有广泛影响。

潮汐汊道海岸（tidal inlat）的研究。王颖研究提出潮汐汊道海岸有两种类型。其中一类是基岩港湾海岸的潮汐汊道，分布华南，有河流注入港湾，但径流量所占比例极小，港湾的发育，水深地形演变均受潮流控制，靠纳潮量维持。王颖多年对广东、广西、海南岛港湾海岸潮汐汊道进行研究，提出纳潮量与港湾蚀积相关的机制，总结得出潮汐道港湾海岸演化过程的规律，并用于海港选址与航道工程，已成功地应用于华南十几个海港建设工程。发表《海南潮汐汊道港湾海岸》（专著）、《海平面上升与海岸侵蚀》、《海平面变化，人类活动与海岸效应》等系列学术论著。另一类为平原型潮汐汊道，是平原岸外的水下古河谷，潮流通道，其水深地形亦受潮流量控制，并应用曹妃甸与洋口深水港工程建设。她掌握了这两类潮汐汊道的演化规律，为该类海岸的合理开发建设做出了积极贡献，获得当地政府的肯定，2008 年获得"河北省杰出贡献"奖。

高纬度鼓丘海岸的研究。王颖在加拿大 3 年，从事 Cape Breton 岛上的鼓丘海岸（Drumlin Coast）研究。鼓丘是在高纬地区，由大陆冰流剥蚀的岩丘及上覆碎屑物质形成的小丘原野。其核心常为硬岩，上部以沉积为覆盖层。鼓丘成群分布，形成冰碛丘原野。冰后期海面上升，海水入侵，形成了星罗棋布的千岛海湾风光，十分优美，它深深地吸引了王颖的关注。她通过两年不同季节的测验调查，制作大量波浪折射图、沉积物运动图，提出了鼓丘海岸的发育模式。她指出，从鼓丘受淹形成千岛的港湾海岸，发展到岛岬与沙咀组合海岸，再发育到平直的海岸，是与海岸不同朝向所经受的海浪动力强弱密切相关。鼓丘海岸发育的文章在 *Maritime Sediments and Atlantic Geology* 18 期首篇发表，获得美国海洋学教授 Dogalas Inman 等人的充分肯定，被认为是"鼓丘海岸的典范文献"，是对冰蚀—冰积与海侵海岸方面的理论贡献。

2. 对中国大陆架的研究

王颖多年从事中国大陆架沉积研究，对大陆架砂从粒度、矿物、石英表面结构及沉积构造等作过系统研究。她对中国东海沉积地貌与大西洋、北水洋大陆架沉积作对比研究，均有著述。其中 *Sediment Supply to The Continental Shelf by the Major River of China* 一文，将河海过程联为一体进行系统研究，在 20 世纪 80 年代是一个创新的贡献。

王颖的 *Plain Coast Changes：Human Impacts and River-Sea System Control，Example from China*，在 UNESCO 政府间海洋委员会（IOC）及法国 BORDOMER 联合组织的"海岸变化会议"上作为首日的主题报告，获得热烈的好评。会议主持人、当年国际海洋研究科学委员会（SCOR）主席、剑桥大学地质系主任 I. N. McCave 教授总结说："正是由于王颖教授在大陆架平原海岸研究中的突出进展，我们推选她为 SCOR WG106 主席……"。该文全文收入 UNESCO 政府间海洋委员会 105 号专题报告（Workshop Report 105 Supplement）中，反映了中国学者在大陆架发育研究方面的重要进展与学术贡献。

1994 年 5 月，在 UNESCO，IOC，EO（欧共体），SCOR，美国 NSF，ONR 等共同召开的国际第一次海岸海洋高科技研究大会（COAST——Coastal Ocean Advanced Science and Technology Study）上，王颖应邀作了大会报告："河流沉积

物对大陆架的沉积作用"，受到大会的充分肯定，会议主席、哈佛大学的 Allan R Robinson 教授邀请王颖将该文成稿，作为 *The Sea* 专著的一章 *Sediment Transport and Terrigenous Fluxes*，发表在 *The Sea* 的第 10 卷 *Global Coast Ocean：Processes and Methods*（John Wiley & sons，Inc，1998）。*The Sea* 是反映国际海洋科学研究中前沿科学思想与观测工作进展的权威性系列著作，王颖的《沉积物搬运与陆源通量》是国际海洋学界在河海体系与大陆架沉积研究方面的代表性文献，是当时海岸海洋科学研究领域的新发展。

王颖特别关注黄海大陆架潮流脊的研究。潮流脊是河-海交互作用（河流供沙，潮流动力搬运与堆积作用）在不同时期的古海岸海洋所形成的，因全新世海面上升而分布于不同海洋深处。如渤海海峡两侧潮流脊、滩，古辽河口沙脊，六股河口三道沙岗，黄海北端鸭绿江口岸外沙脊群，朝鲜半岛汉江口外沙脊群，苏北辐射状沙脊群，东海外大陆架沙脊，南海琼州海峡西侧的涨潮流沙脊与东侧的落潮流浅滩等。其中，以苏北岸外南黄海辐射沙脊群规模最大。王颖与南京大学、河海大学的同事们研究，阐明它发育在强潮地区，分布于 $32°\sim33°48'$N 之间的大陆架上，面积 22 470km²。辐射沙脊群是由古长江从弶港出口区的兰沙洋、黄沙洋与太阳沙、蒋家沙围绕的海域为枢纽地区，东北部为外毛竹沙、毛竹沙辐射状沙脊与苦水洋、草米树洋、陈家坞槽及南部的冷家沙、乌龙沙、横沙及小庙洪水道所组成，系全新世海侵所成型。北部的王港是潮流冲刷槽，兰沙洋-黄沙洋是 3.5 万年前长江古河道。南边的吕泗港与小庙洪是古长江自兰沙洋向南迁移时遗留的分支河道。辐射沙脊群的成因源于晚更新世古长江在苏北入海时堆积的泥沙，自全新世海侵受强潮流改造而成。历史时期，黄河南迁入黄海，曾有淤泥物质汇入，但仅及沙脊群北部。鉴于兰沙洋-黄沙洋潮流通道（古长江河谷）既无河沙下泄，又有强潮冲刷，通道水深多在 −16m 以深，故可建设为长江三角洲北翼深水大港。经多次论证与多年重复测量，兰沙洋潮汐通道与其两侧沙脊已被建设为 20 万 t 级深水港。这是王颖河海交互作用与大陆架沉积研究，并利用古河谷潮流通道为浅水平原海岸建设深水海港做出的一项重要的创新贡献。

3. 关于深海海底研究

王颖曾 6 次赴大西洋远洋调查，到大西洋深海平原、波多黎各海沟、大西洋洋中脊、北极圈拉不拉多海底从事海洋地质研究。

王颖在调查研究大西洋的 Sohm 深海平原时，通过深海钻孔研究，发现在 5000m 深平坦洋底，沉积着厚达 200m 未胶结的细粒黏土层，其中在海床下 12m 深处出现细砂夹层。根据砂层成分、含炭颗粒及石英砂表面结构分析，确定是浊流砂，物质来源于加拿大 Labrador 大陆架，被冲向大西洋深海平原，1000 多公里的搬运规模，说明了浊流沙爆发力度与活动影响很大。她与 D. J. W. Piper 及 G. Vilks 于 1982 年发表于 *Sedimentology* 的论文：*Surface textures of turbidity sand grains Laurentian Fan and Sohm Abyssal Plain*，是首次对深洋底浊流动力作用的发现与论述，论证了洋底仍有强大的动力环境，可将大陆架的砂带到大西洋中的深海平原。论文在理论上提出了深海沉积环境新的概念，表明深海底仍具有不稳定性，对国际上要利用深海底埋藏核废料提出质疑。

王颖在海洋研究上的另一经历是 1981 年 8 月 19 日参加了加拿大 PASIS-Ⅳ 号深潜器第 1057 次在圣劳伦斯海底峡谷的潜海调查，下潜到水下 216m 海底。观察了圣劳伦斯湾下沉的基岩海岸、海洋泥沙絮凝作用过程与下沉海底沉积特点。王颖成为我国第一个乘深潜器进行深海海底研究的女科学家。

4. 海岸海洋科学的应用研究

王颖科学研究中一个重要贡献，是将海岸研究应用于海洋工程、海岸带开发。王颖研究海岸动力、海岸演变、泥沙来源、数量、运移规律，以及预测海岸冲淤变化，并应用于海港与航道选址、航道与海岸稳定性论证、回淤量预测估算，以及工程前期规划。王颖教授主持大中型海洋工程研究 30 多项。如参加天津新港泥沙来源及减轻回淤的海岸动力地貌研究，为天津港扩建提供了科学依据。国家重点工程秦皇岛油港，秦皇岛煤港的一、二期工程，建成后多年，都证明王颖的预报正确，措施确当。在三亚港、洋浦港的建设中，应用发展了潮汐汊道理论，成功地解决了两港的建设问题，洋浦港已于 1990 年建成，10 多年来无回淤。近年来，王颖将海岸研究应用于滨水城市规划、海洋旅游规划与人工岛、人工海滩等建设，开拓了新的应用领域，提供了新的技术方案。

20 世纪 80～90 年代以来，她有以下两项工程可作为代表。

（1）曹妃甸深水港的选址论证。王颖多次带领南京大学师生，参加渤海湾海洋及滦河三角洲海岸调查研究，提出曹妃甸沙岛是古滦河三角洲地貌体系，其岸外深槽为渤海主潮流通道，多年来稳定，可用以开发为深水航道，建设深水港。其多年勘测研究成果，经多次评审，逐被地方政府、工程部门认可。曹妃甸已建 25 万 t 矿石码头，30 万 t 原油码头，港后广阔潮滩已围填成陆，使首钢等大企业可整体搬迁进入，成为我国"十一五"期间最大的工业群项目。

（2）江苏南通洋口深水港的选址论证。王颖自 20 世纪 80 年代起，多次带领南京大学师生从事南黄海辐射沙脊群的勘测研究，提出其主潮流通道是长江古河道谷地，且有巨量潮流量进出，使其长期保存。王颖应用多年实测材料，论证其深槽的稳定性，提出利用潮流通道可作深水航道，在江苏淤泥质平原海岸建设 20 万 t 级深水港，这是一项重要突破。这一成果经历多年艰苦的评审论证，现已被工程界及政府接受，洋口深水港及开发区已作为江苏重点项目，正在大规模建设。洋口港将成为长三角北翼深水大港，对江苏经济持续发展将起重要作用。

5. 国际交流、学科建设与人才培养

（1）王颖教授近 30 年来活跃于国际学术界，与美国、英国、加拿大、澳大利亚等国的大学、研究所，有过多项国际海洋科技合作，多次赴美国 Woodshole 海洋所、Scrippus 海洋所，英国 Cambridge、Southampton 大学，加拿大 Waterloo 大学等讲学。曾于 1987~2000 年获加拿大 IDRC 科学援助（48 万加元），用于开展港湾沉积作用研究及在南京大学建设国际一流的实验室。2001 年及 2004~2007 年两次获加拿大 CIDA 巨额援助（115 万加元，210 万加元），开展中国海岸环境与生态研究及人才培养。通过这些合作项目，派出约 70 余人次赴国外留学、进修，合作研究，为国家培养了许多青年学者。王颖曾主持召开大中型国际学术会议 7 次，将我国海岸海洋科学向国际推介。

（2）王颖根据亲身经历体会，认识到在大学阶段应加强基础理论教学，加强野外实习与基本技能训练。她在 1987~1995 年担任南京大学地理系主任期间，与全系老师一起，积极努力，在南京大学建立了教育部地理学理科基地，建立了自然地理国家重点学科，建立了自然地理、人文地理、地理信息系统、第四纪地质学四个博士点，以后又支持建立海洋地质学博士点，组建了自然地理野外实习基地及海岸重点实验室，对南京大学地理学科的发展做出了积极的贡献。

在担任南京大学地学院院长时，积极倡导并推动了地理、地质、气象三系在人才培养方面的结合，在南京大学建立大地学理科基地班，以培养地球系统科学的复合型高级人才。

在担任教育部地理教学指导委员会主任期间，与全国地理系主任一起，积极推动发展地理学各专业。如新增"资源环境与城乡区域规划"等专业。当时争议较多，王颖力排众议，认为环境资源城乡规划是地理学科的范畴与内容，并很有发展前途，必须将这些新专业列入教育部大学招生专业目录，现已成为国内 113 所大学创办招生的热门专业。

三、王颖主要论著

王颖. 1964. 渤海湾西部贝壳堤与古海岸线问题. 南京大学学报（自然科学版），8（3）：424-442.

Wang Ying. 1980. The coast of China. Geoscience Canada，7（3）：109-113.

Wang Ying，Piper D J W，Vilks Gustavs. 1982. Surface textures of turbidity sand grains Laurentian Fan and Sohm Abyssal Plain. Sedimentology，29（5）：727-736.

Wang Ying，Piper D J W. 1982. Dynamic geomorphology of Drumlin coast of Southeast Cape Breton Island. Maritime Sediments and Atlantic Geology，18：1-27.

Wang Ying. 1983. The mudflat coast of China. Canadian Journal of Fisheries and Aquatic Sciences，40（Supplement No. 1）：160-171.

Wang Ying，Ren Mei-e，Zhu Dakui，1986. Sediment supply to the continental shelf by the major rivers of China. The Journal of Geological Society，143（6）：935-944.

Wang Ying，Aubrey David. 1987. The characteristics of the China coastline. Continental Shelf Research，1（4）：329-349.

王颖，朱大奎. 1987. 海岸沙丘成因的讨论. 中国沙漠，7（3）：29-40.

Wang Ying，Ke Xiankun. 1989. Cheniers on the east coast plain of China. Marine Geology，90：321-335.

王颖，周旅复. 1990. 海南岛西北部火山海岸的研究. 地理学报，45（3）：321-330.

王颖，朱大奎. 1990. 中国的潮滩. 第四纪研究，（4）：291-300.

Wang Ying，Zhu Dakui. 1992. Sand-dune coast——an effect of land-sea interaction under new glacial Arctic climate. The Journal of Chinese Geography，3（1）：460-469.

Wang Ying，Ren Mei-e，James Syvitski. 1998. Sediment transport and Terrigenous Fluxes// Brink K H，Robinson A R，eds. The Sea，Volume 10. John Wiley & Sons，Inc.：253-292.

Wang Ying. 1998. Sea-level changes，human impacts and coastal responses in China. Journal of Coastal Research，14（1）：31-36.

王颖，朱大奎等. 1998. 南黄海辐射沙脊群沉积特点及其演变. 中国科学（D辑），28（5）：385-393.

Wang Ying. Arrhenius Gustaf，Zhang Yongzhan. 2001，Drought in the Yellow River-and Environment Threat to the Coastal Zone. Journal of Coastal Research：503-515.

Wang Ying，Martini I P，Zhu Dakui，et al. 2001. Coastal plain evolution indicated by sandy barrier system and reef development in southern Hainan Island，China. Chinese Science Bulletin，46（supp.）：90-96.

王颖，朱大奎，曹桂云. 2003. 潮滩沉积环境与岩相对比研究. 沉积学报，21（4）：539-546.

王颖，张振克，朱大奎等. 2006. 河海交互作用与苏北平原成因. 第四纪研究，26（3）：301-320.

王颖，傅光翮，张永战. 2007. 河海交互作用沉积与平原地貌发育. 第四纪研究，27（5）：674-689.

主要参考文献

Li Lailai. 1983 . She studies seashores-profile of an oceanographer. China Reconstructs，North American Edition，XXXII（8）：42-45.

方延明. 1983-01-13. 在地理科学中"冲出亚洲走向世界"——王颖发愤攻关卓然成家. 文汇报.

郭梅尼. 1986. 理想的航船——记女海洋地质学家王颖//汤寿根，肖枕石编. 奋斗——科学家成才之路. 北京：科普出版社：319-340.

范小韵，莘乃珍，唐淑芬等. 1986. 中华女豪杰，闯入"魔鬼三角"的女专家——王颖的故事. 北京：中国少年儿童出版社：58-67.

Guo Meini. 1991. Seafaring scientist Wang Ying. China Today，North American Edition，X.

撰写者

潘少明（1957～），教授，博士生导师，南京大学海岸海洋科学系主任。主要从事海洋放射性应用，海洋地质方面的研究工作。

朱大奎（1934～），教授，博士生导师，南京大学海洋研究中心地貌学、第四纪地质学教授。

童庆禧

童庆禧（1935～），湖北武汉人。遥感科学技术专家，我国遥感技术应用领域的最早开拓者之一。1997年当选为中国科学院院士，国际欧亚科学院院士。中国科学院遥感应用研究所研究员，博士生导师。曾任中国科学院遥感应用研究所所长。现任北京大学遥感与地理信息系统研究所所长，中国遥感委员会秘书长。他曾主持国家航空遥感科技攻关，"七五"期间建成了集14种不同类型遥感器于一体、基于小型高空飞机平台的先进航空遥感系统，在国家资源环境遥感研究、自然灾害遥感监测与评估以及国家遥感信息保障体系中发挥了重要作用。他倡导和开展了高光谱遥感技术和应用研究。这个以图像和光谱信息合一为特点的新型遥感技术是国际遥感发展的新方向之一，也是国家"七五"、"八五"科技攻关的重要项目。他又率先开展了高光谱超多波段大容量信息处理、定量化、以图像立方体为显示特征的可视化表达、光谱信息提取、地物目标识别、分类以及高光谱遥感应用等方面的研究并获得重要进展，也在国际合作中发挥了主导作用。其科研成果曾多次获国家及省部级科技进步奖，其中，两次获中国科学院科技进步奖特等奖、一次获中国科学院自然科学奖一等奖。2002年获得国际光学工程学会（SPIE）颁发的"国际遥感科技成就奖"。目前担任中国国家遥感中心专家委员会主任、我国"北京一号"对地观测小卫星合作发展专家组组长，国家重大专项高分辨率对地观测系统专家组副组长。

一、成　长　历　程

1. 苦乐年华

1935年10月，童庆禧出生于湖北一个并不富裕的家庭。他从一诞生就处在战火纷飞、生灵涂炭的年代，当幼小的他还没有独立能力认知周围这个世界所发生的一切的时候，灾难已经悄悄降临。日本入侵武汉，成千上万的儿童失去了本应该充满欢声笑语和天真烂漫的童年，代之以支离破碎的苦难童年。1937年，年仅两岁的童庆禧随着父母到了桂林避难，靠着父亲东奔西走走南闯北和母亲勤俭持家缝缝补补，一家人过着虽然清贫但也平静的日子。然而好景不长，如此清贫的日子也未能维持几年，1944 年日本继续南下攻占了桂林，他又一次随着父母逃难到了附近的乡下，辗转流浪于大山险沟之间，奔波出没于野径蓬草之中，艰难度日。

日寇投降之后，童庆禧一家人又得以重新回到桂林，面对遍野哀鸿，断壁残垣，靠着父母含辛茹苦地做点小买卖，勉强糊口。在这段日子里，他经历了被毒钉扎破的脚伤，自己找学校的奔波，最后终于争得了一个梦寐以求的读书机会。在十分艰苦的环境下，完成了自己的小学学业。

1949 年 11 月，桂林解放。经历过苦难的人最懂得珍惜来之不易的生活，沐浴解放后的阳光，他顺利考入了当地最为著名的桂林中学。在这里，他遇到了一批德艺双馨的老师，他们本着高度的责任感和拳拳的爱国之心，呕心沥血，诲人不倦，传道授业解惑，辛勤地耕耘，为祖国培养人才。在他们的指导和感染下，加上学校党、团组织的教导以及对自己的严格要求，童庆禧逐渐懂得了人生之道并初步形成了自己的学习方法和做人的准则，更加懂得了热爱自己的祖国，树立了一定学好本领建设祖国和为之奋斗终生的决心和目标。从此他就踏上了人生的坦途和成长的快车道。

中学时代的童庆禧不仅学习成绩名列前茅，而且兴趣广泛，涉猎众多，德智体全面发展。课余时间里，他大量地阅读了各种课外读物，历史小说、人物传记、旅行游记、《趣味物理学》、《趣味化学》、《趣味天文学》、《趣味生物学》等都是他常读的书籍。他更喜欢自己独立思考，动手实践，尝试新的事物。他曾整日琢磨着飞机的原理，亲自找了简单的材料和工具制作了飞机模型；他曾用从废弃胶片上刮下来的乳剂，自己做起了银的还原实验；他还把星座图画下来，自己对照着夜空仔细观察和思考；老师要求画地图，他就用橡皮刻成山脉和铁路，大大提高了画图的效率；学校要求写暑期读书笔记，他却从图书馆找了一本《七星瓢虫》津津有味地读起来，并且亲自观察，了解昆虫的习性和特点，最终写成了全校唯一的一篇不以小说为阅读对象的暑期读书笔记。

2. 人间正道

1955 年，经过严格的考核和选拔，在经过北京俄语学院留苏预备一年的培训之后，第二年便进入苏联敖德萨水文气象学院，成为国家派遣的一名中国留学生。1961 年，童庆禧和他的同学们在经历了生活关、语言关，付出了比国内学习更大的辛勤和汗水之后，终于全面系统地掌握了自己的专业，以优异的成绩完成了自己的学业，结束了五年的留学生活，怀着拳拳的报国之心和眷眷的爱国之情回到了祖国，踏上了这片让他们魂牵梦绕的土地，背负着祖国和人民沉甸甸的殷切期望，报效祖国就成为了他日后最大的人生目标。

1961 年归国之时正值国家困难时期，党和政府十分重视科学和人才，童庆禧和回国的留学生们受到了国家领导人的亲切接见。国家副总理兼国家科委主任聂荣臻和副总理兼外交部长陈毅在中南海怀仁堂举行了欢迎会，热烈欢迎留学生归来。陈毅亲自作了报告，分析国内外形势，号召留学生们为国家的建设事业而奋斗。同时也表达了政府对留学生的关怀，关心他们的前途，鼓励更好地发挥自己的专业特长。党和国家领导人的关怀给了踏上祖国不久的留学生们极大的鼓舞和鞭策。童庆禧于 1962 年奉调进入中国科学院地理研究所从事气候和太阳辐射等方面的科研工作。从此步入了科学研究的殿堂，开始了新的征程，也揭开了他人生舞台上重要的一幕。

来到中国科学院地理研究所之后，童庆禧十分荣幸地得到他在学生时期就十分熟悉的一批学者（如著名气象气候学家吕炯、丘宝剑、左大康、江爱良等）的指导，进而又在著名地理学家同时也是地理所所长的黄秉维先生直接领导下从事农田小气候和热量水分平衡的研究工作。当时大多数科学研究都是直面我国面临的一些急迫问题，服务于国家和人民需要。我国的华北地区干旱、盐碱和风沙问题严重，同时因为耕作制度的不合理，往往采用大水漫灌，不但浪费了有限的水资源，而且更加重了土地的盐渍化和盐碱化程度。童庆禧的工作就是针对上述问题，在农田的灌溉和作物耗水问题上开展了系统的观测研究和深入的分析，以期得出一些科学性和规律性的认识，为华北地区农业生产和发展提供科学指导。为了对这个问题有全面的把握和科学认识，童庆禧和他的同事们在野外建立了观测点，不分白天黑夜地进行观测和记录，尝试和开展了各种实验，对实验数据进行了仔细计算和认真分析。他同时还亲手研制了半导体和热电型土壤温度和空气温度遥测仪器，成功地应用于田间观测。经过长时间的持续观察和资料积累，获得了许多宝贵的第一手科学资料，摸索出了一些规律并逐渐对问题有了明晰的思路，在理论和实践上都获得了一定的进展。正当他们满怀信心地要大干一场，争取对研究有所突破时，"文化大革命"开始了。这项有着重要现实意义的科学研究被迫停止，而且令人痛心的是很多长期辛苦积累的资料也因此失散，功亏一篑。这成为他参加工作以来感到的第一次深深的遗憾和惋惜，每每想到这些，事隔多年依然难以割舍。

二、学 术 成 就

（一）险阻与登攀

1. 冰雪的洗礼

鉴于国际上对 1960 年中国攀登珠穆朗玛峰的一些偏见，1964 年在贺龙和聂荣臻两位副总理的倡议下，国家体委和国家科委共同组织了珠穆朗玛峰登山科考队。要求在攀登珠峰的同时对珠穆朗玛峰地区进行全面、多学科、大规模的科学考察。这不仅在我国是一个创举，在国际上也是十分罕见的。凭借业务、身体等各个方面的优势，童庆禧被选为考察队成员，新的机会和考验又落在了他的身上。他被指定负责高山太阳辐射的观测研究，要在海拔高度 5～6km 以上和严寒缺氧的环境下进行科学观测和考察，甚至更多的时候可能是一个人独立工作，这无疑是一个全新的挑战。童庆禧没有丝毫犹豫，义无反顾地接受了任务。1966 年 3～5 月，珠穆朗玛峰科学考察队在著名科学家刘东生先生和施雅风先生的领导下与国家登山队并肩作战，在珠穆朗玛峰地区开展了大规模的高山科学考察活动。他的任务是对珠峰地区不同高度的太阳辐射和冰川小气候进行观测。为了获取更高山区的观测数据童庆禧一个人背着观测仪器在珠峰 6500m 登山营地设立了观测点。6500m 正是珠峰主体横空拔起的高度，著名的北坳也横亘在这里。在这里仰望晴空，并不像人们想象的蓝天，而是似乎令人窒息的黝黑色，只有那珠峰顶上的旗云伴随着耀眼的太阳翩翩起舞，构成了一个既浪漫又艰苦的"高处不胜寒"的环境。在这里需要克服的不仅是严重的高山缺氧，还有孤独和寂寞。在夜间，时而是伸手不见五指的黑暗和除自己的呼吸以外没有任何声音的死一般的寂静，时而又是狂风呼啸并会从不远处传来雪崩的巨大轰鸣。而白天，伴随着第一缕晨曦就得从狭小的高山帐篷中钻出，架设仪器准备观测。在这个高度上，吃饭也成了极大的问题，他虽然随身带着各种罐头和美味食品，但由于高山反应，看到这些食品都会感到恶心和呕吐。渴了，利用煤气炉溶化一点雪水解渴；饿了，只好用钢精锅的盖子翻过来摊上一张薄饼充饥，这大概是在那种低气压条件下唯一能将食品做熟的一种方式吧！就在这样的环境下，他一个人坚持了一个星期的连续观测，获得了表征珠峰高山地区太阳辐射和大气特性的一批宝贵科学数据和资料，出色地完成了这次考察任务。

2. 再探珠峰

1966 年 5 月他从珠峰下来时，迎接他的是比高山上狂风暴雪更为猛烈的"文化大革命"的红色风暴。这次意义空前的登山科考活动也被迫取消。他虽身受冲击，但仍没有放弃对在千辛万苦条件下获得的宝贵资料和数据的整理和分析。就在他查阅的文献中发现来自美国的科学家 1963 年在珠峰尼泊尔一侧的高山冰川上几乎也进行了同样的观测和考察活动，他们根据对观测数据的分析得出了与我们大相径庭的结论。他们认为，珠峰上的大气并不像想象得那么清洁，它对太阳辐射的衰减甚至和印度海平面上的城市差不多。面对这个迥然不同似乎有悖常理的结论，童庆禧难以轻率地做出判断，而是陷入了深深的思考之中。凭着对科学规律的判断，他深信，一定有什么事件影响了美国人的观测结果。但仅凭手头的这一次观测数据是无法做出有科学依据的结论的。他多想能再有一次机会重登珠峰，进行进一步更有针对性的观测，获取更多更有说服力的数据，以便能与国外学者进行一次对话。

这个机会终于来临了，在1968年"文革"的风暴之中，经中国科学院副院长竺可桢提议，为弥补1966年珠峰科考中一些数据不全和不尽如人意之处，中国科学院在国家的支持下又单独组织了对珠峰地区的补充科学考察。为了这次难得的考察机会，童庆禧进行了精心的准备，他特邀天文台太阳和恒星组的专家们同上珠峰，以进行更为细致的观测研究。他深知观测仪器的重要性，他和研究组的同事们查资料、画图纸、搞设计、跑材料、买器件、忙加工、做实验，在短时间内夜以继日地研制成功了温、湿度遥测仪和滤光片式太阳分光辐射计。就这样，童庆禧带着大量的科学仪器与新组建的科考队再次奔赴珠峰进行新的观测和考察。因为没有了登山运动员的开路和帮助，他们这次的艰苦程度要远超出1966年。在珠峰5~6km的高度上即使是徒步攀行都步履维艰，更何况还要背着30~40kg的科学仪器以及帐篷、食物等生活用品，哪怕爬上几米也是一个严峻的考验。从设在海拔5000m科考队大本营到海拔6500m的计划观测点至少需要艰难地攀登2~3天。然而就在他们爬到6300多米的陡峭冰坡时，由于两年后冰面的变化，行进路线上出现了几条深不见底、无法逾越的巨大冰裂缝。这样，他们不得不改变原来制定的计划，选定了一个海拔高度在6300米上下，方圆数平方公里的巨大冰川粒雪盆上建立新的观测点，计划进行一周的连续观测。他们自己动手在这氧气不足平原1/3的冰原上，冒着零下十几度的严寒和刺骨的朔风，搭建帐篷，布设观测设备。低矮的高山帐篷，既是他们夜间就寝的卧榻，又是接收遥测数据的"实验室"。由于缺氧，出入帐篷与在平原地区奔跑百米消耗的体力相当，往往每完成一点动作就要停下来喘息半天。观测期间，其他两个队员由于高山反应身体不适，出于战友的情结，他顾不得白天的劳累和同样的高山反应，分别两次踏着夕阳投下的余晖，行走好几个小时，将同事安全送到5900m和5500m有人值守的营地。他为保证观测工作的延续性，当晚九点多钟又独自一人返回6300m的观测点。广袤的天宇上孤零零地挂着一弯月亮，满天的寒星像无数只眼睛俯视着这个缓慢移动的身影，周围的冰塔和高耸的岩石在朦胧的夜色中仿佛像踊跃的怪兽，伴随着呼啸的山风，张牙舞爪地从四周涌来……就这样，他独自一人坚持完成了最后几天的观测任务。

3. 推理和联想

童庆禧的辛劳没有白费，通过对珠峰科考所积累的宝贵的高山环境太阳辐射资料的分析，很好地揭示了太阳辐射及其光谱成分随着高度的变化规律。不但如此，在对国内外文献进行大量对比研究的基础上，终于在一篇国外对 1963 年 3 月印度尼西亚巴厘岛阿贡火山一次巨大的喷发报道中得到了启发。那次火山大喷发在低纬度高空形成了火山灰环球带，从而直接导致对太阳辐射的大幅度衰减。同期澳大利亚的观测结果，1963 年 7 月到 8 月，太阳辐射被减弱了 24%，直至 1964 年 7 月至 8 月间仍然比平均值低 16%。通过对苏联和美国 12 个辐射站的资料分析，也发现自阿贡火山爆发以来太阳辐射在这些观测站同时出现的下降趋势，甚至直到 1966 年，太阳辐射也只有平均值的 93%。在人们对于恐龙灭绝所作的种种猜测中，一种观点认为大规模的火山爆发导致的火山灰遮掩了太阳，长时间地飘浮在空中，导致地球生命因缺乏阳光不能进行光合作用制造食物或者寒冷而死亡。这样的猜测并不是毫无根据的空想。科学事实表明，一次巨大的火山喷发所产生的灰尘对太阳辐射会造成巨大的影响。童庆禧通过对科学文献的分析，推测美国人 1963 年在珠峰南侧进行的测量，就是因为受到当时存在高层大气中很浓的火山灰的影响，从而导致了他们的结论的片面性。我国 1966 年和 1968 年先后两次观测的结果虽也受到一定的影响，但其影响幅度要小得多。他为此写了专门的科学论文，然而由于当时环境使然，只能内部刊出，而未能了却他期望和国际上其他科学家对话的心愿，成为他的一大遗憾，在他心中久久难以释怀。

（二）向遥感进军

1. 机遇与准备

就当中国陷入"文革"的混乱时，国际上科学技术正发生着日新月异的变化，新技术新发明层出不穷，新领域不断开拓。所有这一切都深深地吸引了童庆禧，使他的目光从周围的纷乱和喧嚣中转移到了国际科技新领域上。童庆禧总感到要做点什么，以不愧时代的要求和国家的期望。经深入思索之后，他选择了与原来所从事的太阳辐射在物理上有着紧密联系的遥感。从此，他和遥感结下了不解之缘，遥感也就成为他日后的前进方向和追求的事业，并成为他生命中不可或缺的一部分。

遥感是在 20 世纪 60 年代初发展起来的一门新兴科学与技术，早期为航空遥感。空间技术的发展，人们可以从数百公里的宇宙空间审视我们的地球，风云变幻尽收眼底。1972 年，美国发射了第一颗地球资源技术卫星（1976 年始更名为陆地卫星），标志着航天遥感时代的真正开始，遥感科学与技术从此以后得到了长足的发展。目前遥感技术已广泛应用于资源环境、水文、气象、地质、地理、国防等领域，成为一门实用的、先进的、全方位多层次的探测技术，特别是对地球的观测技术，在国民经济和社会生活中发挥着越来越重要的作用。

还在 70 年代初期，当时尚处于"文革"阴影下的童庆禧与一批志同道合的同事们已经开始组成了探索遥感科学技术的团队。1974～1976 年间中国科学院已开始谋划新兴科学技术的发展问题，在中国科学院提出开展地球资源卫星研究之时，这个团队发挥了重要作用，包括童庆禧在内至少有三人被指定为调研组成员。实践证明，他和同事们倡导和探索的方向是正确的。这是中国科学院和我国遥感技术与应用发展起步的关键时刻，一系列发展机遇不断出现。而机会总是偏向于有准备的人，正是童庆禧等人准确地把握了一次又一次的机会，将遥感技术与应用不断推向前进。在此起步期间，他参加了与瑞士科学家的航空摄影座谈，曾被指定组团与日本专家进行遥感技术座谈并引进了我国第一批遥感设备。他受中国科学院指派于 1976 年初参加了我国第一个遥感考察团赴国外考察。1975 年中国科学院就发展地球资源卫星等空间技术与时任国防科委副主任钱学森作了一次汇报，童庆禧被指定作为主汇报人。这是一次具有关键和历史意义的会议，钱先生在听了汇报之后精辟地分析了国外空间科学技术的发展及我国的展望，高瞻远瞩地建议中国科学院要大力发展遥感技术，为国家空间技术，特别是空间对地观测技术的大发展做好准备。后来钱老还托人给童庆禧带来了一套 1973 年美国地球资源卫星发射一周年遥感技术与应用研讨会的文集。这一系列的重要事件与活动，大大加深了童庆禧对发展遥感科学技术的认识。特别是与钱老的谈话奠定了 1976 年 10 月中国科学院邀集国家一些重要部门在上海召开遥感技术规划会的基础。1976 年 10 月中国科学院遥感技术规划会是我国第一次具有历史意义的全国性、综合性、全面性的国家级遥感规划会，陈述彭先生和童庆禧都作为中国科学院指定代表参加了这次重要会议。此后，他还被国家科委和中国科学院指派参加了国家于 1977 年 8 月在北京举行的"全国自然科学学科规划和全国科学技术规划"会议，将包括遥感技术发展在内的我国空间科学技术发展正式纳入国家规划就是在这次会上确定的。他曾作为中国科学院两人代表之一参加了 1978 年与美国访华第一个科技代表团的谈判，在与以美国宇航局长为组长的空间技术合作谈判中特别采纳了由童庆禧代表中国科学院提出的引进美国陆地卫星地面站的建议，成为这次谈判中的一项重要结果。

2. 引领发展

遥感技术发展必须与应用相结合，更必须投身于国家经济社会发展的主战场。根据陈述彭、童庆禧等人的倡议，1977 年结合当时国家"富铁"会战的需要，由童庆禧主持了中国科学院与当时国家地质总局合作的新疆哈密航空遥感应用试验，第一次将常规航空摄影与多光谱摄影和航空红外扫描、地面光谱测量结合起来，形成了我国综合航空遥感的一次先导性的试验活动，为次年开展的腾冲遥感奠定了基础。

同年年底，中国科学院提出在我国进行航空遥感试验的建议；经过国务院和中央军委批准，试验地点选在云南腾冲地区，这也就是后来为人们所广泛熟知的1978年"腾冲遥感综合试验"。

腾冲遥感本来是经外交协商与某发达国家开展的一次科技合作实验，但由于该国临阵退出而由我国单独进行的一次大规模、多学科、综合性航空遥感技术与应用试验。其学科覆盖面之广，参加部门单位和人员之多，技术和支撑设备之全，以及持续时间之长，均为我国历史之空前。腾冲遥感试验由中国科学院秘书长郁文同志亲自出任总指挥，陈述彭先生为总设计师，童庆禧作为航空遥感技术系统负责人。参加腾冲遥感试验人员达600多人，先后出动了三架飞机和两架直升机，应用了由中国科学院自行研制的一批遥感仪器，取得了覆盖腾冲地区 $7000 km^2$ 范围的各类遥感数据，进行了多达70多个专题的应用研究，取得了一批原创性研究成果。腾冲遥感不仅对于我国遥感事业有着重大意义，被誉为"中国遥感的摇篮"或遥感的"黄埔"，参加者也都以"中国遥感第一期学员"的美誉而感到由衷的自豪。腾冲遥感把国家需求放在第一位，实现了大联合、大团结和大协作，由此诞生了"超前决策、开拓奉献、团结协作、信息共享"的腾冲遥感精神。这不仅仅是遥感科学工作者，也是广大科技工作者都应当珍视的宝贵财富，在30多年后的今天这种"腾冲遥感精神"依然具有很大的指导意义，依旧放射着光辉。

童庆禧就是光荣的中国遥感"黄埔军校"第一期指挥员兼学员之一，作为航空遥感技术系统负责人，设计、领导和指挥了这次重大实验的空中技术行动。这次试验使他有机会将自己的学识和技能最大限度地发挥出来，为日后全面而深入地进行遥感科学研究奠定了基础。

（三）投身于主战场

凭借不懈的追求和辛勤的耕耘，他终于获得了丰硕的成果：在我国首先提出了关于多光谱遥感波段选择问题，并在理论、技术和方法上进行了研究；他参与和主持了自第六个五年计划以来历次国家科技攻关和中国科学院、国家自然基金会委员会有关遥感技术和应用发展方面的重要项目。根据我国特色，在卫星遥感尚难以全面满足我国经济社会发展巨大而急迫需求的情况下，他大力倡导发展航空遥感。在他的倡议和主持下，经国家批准中国科学院引进和改装了当时具有国际先进水平的遥感飞机，为发展新一代航空遥感奠定了基础。

1986～1990 年国家"七五"期间，作为项目负责人，童庆禧主持了"七五"国家重大科技攻关项目之一的"高空机载遥感实用系统"的研究发展工作。这是一项有来自中国科学院和国家教委下属 13 个研究院所和高等院校 300 多名科技人员参与的我国历来国家最大的航空遥感发展项目。14 台（套）不同类型的航空遥感仪器系统研制成功，并在中国科学院先进、小型、高空遥感飞机上实现了分布式和可更换式集成。系统围绕地物波谱特性研究、地面同步试验、资源勘察、灾害监测等重大研究和应用方向，形成了一整套完整、先进的航空遥感技术及应用体系。

通过"七五"科技攻关项目的实施，极大提高了中国科学院和我国航空遥感的实力，形成了包括基本遥感系统、扩充与开发系统、前沿预研系统以及总体配套和辅助技术系统在内的 4 大类技术体系；完成了光学多波段相机、多光谱/红外扫描仪、真实孔径航空侧视雷达、可变极化合成孔径雷达、航空光谱仪、激光测高/测深仪等实用型载荷系统的研制；发展了包括窄波段多通道专题扫描仪、多频道微波辐射/散射计等扩展型系统；开展了代表国际发展前沿水平的成像光谱仪、成像雷达、激光荧光及激光三维扫描仪等前沿性原理和实验性样机的探索研究。其中航空成像光谱仪和合成孔径雷达由于当时在国家组织开展的黄金找矿以及洪水灾害监测的明确而具体的需求促进下，还得到中国科学院和来自其他应用部门的支持，受到了高度的重视，研制进度迅速，在同一个五年计划期间即投入应用，成为我国先进遥感技术的代表而受到当时国际同行的关注，取得了在此领域国际合作的主动权，为我国高光谱遥感和雷达遥感科学的发展，以及扩大我国在航空遥感领域的国际地位起到了重要作用。

从系统的角度看，机上的总体配套和辅助技术系统对系统的集成起到了重要作用，是系统实用化的关键。机载遥感仪器集中监视、控制和记录系统是机上遥感载荷系统工作运行的管理和指挥中枢；遥感数据机—地实时传输、接收、显示、处理系统，可保证飞机在 10 000m 高空飞行条件下在平原地区近 300km 半径内所获取遥感数据能及时向地面传输，这在应急情况下具有更为重要的意义。

"高空机载遥感实用系统"以两架小型先进高空飞机作为主平台，完成了多种遥感载荷的可更换式集成，实现了在当时情况下将技术的先进性、系统的综合性、功能的实用性、性能的可靠性、运行的灵活性等的高度集成和综合，使我国航空遥感跻身于国际先进行列。在国内外产生了很大的影响，获得了中国科学院科技进步奖特等奖和国家科技进步奖二等奖。

（四）战斗岗位在前沿

童庆禧最重要的学术成就之一，就是倡导和开展了我国高光谱遥感技术的研究和发展。在这方面童庆禧与中国科学院上海技术物理所薛永祺院士结成的紧密而互补的合作关系，这是使他们所从事的高光谱遥感领域的技术与应用方面跻身于国际前列的关键因素。在他们的倡导和主持下，高光谱遥感技术被首次列入了国家"七五"和"八五"科技攻关项目。他带领研究团队率先开展了高光谱（成像光谱）超多波段大容量信息的高速处理、成像光谱信息定量化、以图像立方体为显示特性的可视化、地物光谱信息提取以及地物目标的识别和分类等诸多方面的关键技术和应用研究，推动了高光谱遥感在我国的深入发展，为其广泛应用奠定了基础。

童庆禧和他的研究集体利用不同岩石矿物含量的不同造成的精细光谱差异，成功地提取和区分了用常规遥感难以区分的矿物和岩类。80 年代后期，针对我国黄金找矿的急需，成功地应用我国自主研发的红外细分光谱扫描仪，研究建立了矿物吸收指数模型，发展了单矿物、蚀变带的识别、提取和制图技术，开创了遥感直接识别和圈定地面蚀变带和矿化带的先河；建立和发展了植被精细光谱导数模型和光谱角度相似性匹配模型，提高了遥感对湿地植被和农作物的精细分类能力。在高光谱遥感技术和应用深入发展的基础上，他们又不失时机地发展了"高光谱遥感信息处理与分析系统"（HIPAS），并通过了国家有关方面的软件测评。

依托我国当时在高光谱遥感领域的优势及其在国际上的影响，他通过不懈努力拓宽了在这一优势领域的国际合作。他与薛永祺院士一道曾率中国科学院遥感飞机携我国自行开发的高光谱成像仪赴澳大利亚开展合作；两次率团携仪器应邀赴日本进行飞行和合作研究；也曾推动与原苏联、马来西亚等国的技术合作。上述一系列国际合作，特别是与日、澳等发达国家的合作的重要特征就是以我国自主研发的高光谱遥感技术为主，开创了以我国的高技术支持与发达国家科技合作的先例。在 90年代初期他率我国遥感飞机以澳大利亚北部领地达尔文为基地进行合作，取得城市热泄漏、地质矿藏识别和海岸带分析成果，并受到北澳政府高度重视。当地报纸发表了一篇"中国高技术赢得了达尔文"！的专栏文章，盛赞这次合作的成功。

20 世纪 90 年代以来，新一代微小卫星对比观测技术的发展，特别是它所展示的高技术性能以及高性价比的优势，受到世界各国的高度重视。凭借着敏锐的洞察力并经详尽技术分析，童庆禧提出微小卫星技术的发展是继航空遥感之后又一项符合我国国情、具有我国特色的空间对地观测系统。在他的倡导下，经国家科技攻关和"863"高技术计划和北京市立项，我国国家遥感中心与英国合作的"高性能对地观测微小卫星"系统研制被提到了国家"十五"计划的日程。作为该项目专家组组长，童庆禧一直参与和指导该卫星技术和应用系统的研制工作。经两年多高强度的研制和协调，这颗以"北京一号"命名的高性能小卫星于 2005 年 10 月成功发射入轨，建在北京的地面接收系统进行了快速在轨捕获和信号接收，实现了业务运行。"北京一号"小卫星的成功是遥感对比观测领域内在"引进、消化、吸收"再创新和体制、机制的创新方面迈出的重要一步。卫星系统及其成功运行，在高分辨率数据与中分辨率超宽覆盖的结合，计算机活动硬盘大存储容量的开发，根据天气条件的数据选择性下载，企业的运行管理和卫星的在轨测控，星—地一体化的紧凑结合，与国外同类型小卫星组网和提高数据保障率，信息的业务化服务体系建设以及卫星数据外销方面，均有重大突破和创新。这颗在我国甚至全世界以一个城市命名的对地观测业务小卫星，在数据获取的完全自主性和高效率企业运行模式上已得到国内外的高度认同。卫星数据已在国家土地资源调查、重大自然灾害监测、国土环境宏观调查、沙漠化监测、北京及周边地区地表水资源监测，特别是对北京市在农业资源调查、城市用地监管以及遥感统计业务化的空间信息支持方面迈出了实质性的步伐，实现了历史性的突破，在国内外产生了很大的影响。

（五）人才教育和培养

童庆禧作为一位长期奋战在科研第一线的科学家，同时也是一名教育工作者，"授业、传道、解惑"样样不缺。他建立了几支精干的科研队伍，为我国的遥感事业做出了很大的贡献。他的学生如今遍布国内外科研、公司等部门，桃李满天下。他对人才培养有独到的见地。

我国当前正在建设创新型的社会，这需要大幅度提高民族自主创新能力。对此，童庆禧认为，当今社会的竞争主要体现在科技的竞争上，而科技的竞争关键在于人才，特别是创新人才的竞争。要创新，要跨越，首先要克服浮躁情绪，不要觉得无论什么方面我们都可以轻松地超过人家。要想快速地赶上和超越人家，就必须扎扎实实地苦练我们的基本功。其中高素质人才的培养是关键。我们的高校中确实不乏优秀人才，但总体上来看，和先进国家相比还是显得有些急功近利，这种功利主义的浮躁情绪，是今后特别要注意克服的。

童庆禧认为，在出人才、出成果的目标上要形成良好的机制，包括高层的领导在内，不应受这种浮躁情绪的影响，今天给你拨科研经费，明天就要看到成果，导致出现学术造假、学术腐败。其实，培养、重用、发挥人才的作用是多渠道的。他也十分认同王选院士的观点，要发挥人才重要作用，真正做出好成果，最好"给足钱，少评估，不干预"。

在谈到如何做学问的时候，童庆禧把它归结为"时势造英雄和英雄造时势"。时势造英雄是指当时的社会、国家需要你承担一定的使命，你的学问达到了一定的高度，对重要问题有自己独到的见解，就会有承担国家使命的机会。他指出，既然历史选择了我们，把我们推到了风口浪尖上，我们就要抓住机遇、把握大局，努力去创造一段历史。总之，不同的历史会创造不同的人物，不同的人物又可能在推动历史发展过程中扮演不同的角色。他的这一见解也是对诸多学生面临的机遇和个人努力问题的解答，也是收获与回报问题的解答。

在对学生们谈到如何成才这一问题时候，他结合自己的亲身经历和切身体会，告诉大家有几点是需要特别注意的：第一，要有钻研精神，那种锲而不舍、孜孜不倦的精神；做学问或者成才都需要那种"咬定青山不放松"的精神，不达目标誓不罢休。第二，要有很大的包容性，对知识有着强烈的渴求。不应该做'井底之蛙'，只看到自己头顶上的一小片天空，而是要关注不同的领域，要多多吸收其他领域的知识，因为知识是相通的。第三，要有吃苦耐劳、坚持不懈的精神。一个人要想成才或者成功，不做好吃苦的准备是不行的。没有任何人的成功是可以一帆风顺的，前进的道路上总会遇到这样那样的困难，而只有那些有着非凡毅力、勇于攀登的勇士才能采摘到最终胜利的果实。第四，要有团队精神，善于学习。不管从事哪一行业，在当前学科分工日益细化和深化的情况下，孤军作战和闭门造车很难有成功的把握。同行、同事、朋友甚至师生之间都应该互相促进、优势互补、共同提高。因此，做人做事都要努力学习别人的长处，丰富自己、充实自己，这样成功的几率就会大些。

逝者如斯，岁月在不经意间匆匆地流去。当年那个不因贫困而潦倒，不因艰难而却步的青少年，如今已改变了当年的容貌，变成了一位年逾古稀的老者。然而，他生命中本质的东西依然没有改变，只不过在顽强坚韧的性格和一颗火热的赤子之心的基础上平添了几分恬静淡泊的心态和慈祥宽容的性格。"老骥伏枥，志在千里"，他依然有着自己的理想，信心十足，精神饱满，继续战斗。他依然'年轻'，有着年轻人一样的活力，有着一颗年轻的心，有着敏捷而清晰活跃的思维，始终怀着对遥感事业的热爱，以及服务于国家和社会的热忱。他并没有因为年龄增长而放慢脚步，更没有因体能的下降而稍事休息。相反，他以更加饱满的热情接受着新的挑战，憧憬着美好的未来，为使我国的遥感事业在贯彻科学发展观的新时代建设中发挥更大的作用而继续奋斗。

三、童庆禧主要论著

童庆禧，项月琴. 1975. 珠穆朗玛地区的大气透明状况//珠穆朗玛峰地区科学考察报告（气象与太阳辐射）. 北京：科学出版社.

童庆禧. 1977. 海洋石油污染的地面多光谱遥感试验//区域环境学术讨论会文集. 北京：科学出版社.

童庆禧，郑威，葛碧如等. 1981. 腾冲区域环境与资源航空遥感试验结果分析//遥感文选. 北京：科学出版社.

童庆禧，田国良，茅亚澜. 1983. 多光谱遥感波段选择方法的研究. 宇航学报，（2）.

童庆禧，丁志，郑兰芬等. 1986. 应用 NOAA 气象卫星图像资料估算草场生物量方法的初步研究. 自然资源学报，1（1）.

童庆禧. 1990. 中国典型地物波谱及其特征分析. 北京：科学出版社.

童庆禧、郑兰芬、金浩等. 1992. 热红外多光谱遥感技术金矿调查应用研究. 红外与毫米波学报，11（3）.

Tong Qingxi, Zheng Lanfen, Wang Jinnian. 1993. Mineral mapping with airborne imaging spectrometer in china//Proceedings of the Ninth Thematic Conference on Geology Remote Sensing. Feb. 8-11，Pasadena，California，USA.

童庆禧. 1993. 红外多光谱遥感技术在金矿调查中的应用研究//中国金矿地质地球化学研究. 北京：科学出版社.

童庆禧. 1994. 遥感科学技术进展. 地理学报，49（增刊）：616-623.

Tong Qingxi. 1994. Study on spectral signature and development of hyperspectral remote sensing in China//Proceedings of 6th International Symposium on Physical Measurements and Signature in Remote Sensing. Jan. 17-21，Val d' Isere，France.

童庆禧主编. 1994. 中国金矿研究新进展，第二卷（金矿找矿新技术、新方法）. 北京：地震出版社.（其中主笔：前言与概论（1-6），第三章"高光谱分辨率遥感在金矿中的应用"（129-190））.

Tian Guoliang，Tong Qingxi, et al. 1996. Flood monitoring by airborne SAR with integration of satellite remotely sensed data//Proceedings of the Second International Airborne Remote Sensing Conference and Exhibition. San Francisco，California 24-27 June Volume I：463-470.

Tong Qingxi. 1996. Development of airborne remote sensing system in China//Proceedings of the Second International Airborne Remote Sensing Conference and Exhibition. San Francisco，California 24-27 June. Volume II：37-45.

童庆禧，郑兰芬，王晋年等. 1997. 湿地植被成像光谱遥感研究. 遥感学报，1（1）.

Tong Qingxi，Zheng Lanfen，Wang Jinnian，et al. 1997. Study on the wetland environment by hyperspectral remote sensing//Proceedings of Third International Airborne Remote Sensing Conference，Vol. I：67-74. Copenhagen Denmark.

陈述彭，童庆禧，郭华东. 1998. 遥感信息机理研究. 北京：科学出版社.

童庆禧. 2005. 空间对地观测与全球变化的人文因素. 地球科学进展，20（20）：1-5.

Tong Qingxi，et al. 2005. Application potentials of DMC satellite data in geosciences//Remote Sensing of the Environment；15TH National Symposium on Remote Sensing of China. Proceedings of SPIE.

童庆禧，张兵，郑兰芬. 2006. 高光谱遥感——原理、技术与应用. 北京：高等教育出版社.

主要参考文献

童庆禧，项月琴. 1975. 珠穆朗玛峰地区的大气透明状况//珠穆朗玛峰地区科学考察报告（气象与太阳辐射）. 北京：科学出版社.

中国科学院遥感联合中心编. 1989. 航空遥感实用系统与应用. 北京：能源出版社.

撰写者

王晋年（1966～），研究员，中国科学院遥感应用研究所副所长，遥感卫星应用国家工程实验室常务副主任。主要从事高光谱遥感技术与应用以及地理信息系统研究。

刘波（1984～），中国科学院遥感应用研究所在读博士生。主要从事高光谱遥感研究。

郑　度

郑度（1936～），广东大埔人。自然地理学家。1999 年当选为中国科学院院士。1958 年毕业于中山大学地理系。曾任中国科学院地理研究所所长、国际地理联合会山地地生态学与可持续发展委员会副主任委员，中国青藏高原研究会理事长。他现任中国科学院地理科学与资源研究所学位委员会主任。他长期从事自然地理的综合研究工作，在青藏高原自然环境的地域分异与格局研究中，他将高原山地垂直带划分为季风性和大陆性两类带谱系统并构建其结构类型组的分布模式，揭示高原独特的地生态现象及其空间格局，证实并确认高原寒冷干旱的核心区域，阐明高海拔区域三维地带性规律，提出青藏高原自然地域系统方案等，都取得开拓性进展。在自然地域系统综合研究中，他建立适用于山地与高原的自然区划原则和方法，提出中国生态地理区域系统的新方案；在土地退化整治和生态建设领域，他强调要重视地域分异规律和尊重自然，指出干旱区土地和水资源的开发利用要重视区域发展和环境的协调；基于人类与自然界和谐的理念，他积极推动区域发展中环境伦理的研究和应用。以他为主要研究者的"青藏高原隆起及其对自然环境和人类活动影响的综合研究"项目于 1987 年获第三届国家自然科学奖一等奖。

一、简　历

郑度，广东大埔人，1936 年 8 月生于广东揭阳（现揭西）一个知识分子家庭。他父亲郑少怀 1929 年毕业于沪江大学教育专业获文学学士，随后入燕京大学宗教学院专修神学。1932 年返回广东揭阳县五经富乡任基督教会宗教教育干事，后按立为牧师。1947 年在汕头任中华基督教会岭东大会总干事，此后长期担任汕头地区基督教会的领导职务。郑度 1948 年在汕头考入教会学校聿怀中学。

1954 年他考取中山大学地理系，学习自然地理专业。1958 年毕业后分配到中国科学院地理研究所，在所长黄秉维先生领导的自然地理研究室生物地理组工作。1959 年他参加中国科学院治沙队对北疆准噶尔盆地沙漠的综合考察，在年底总结时完成题为《新疆准噶尔沙漠植被与环境的关系》的论文，被推荐到1960年初的全国地理学术会议上交流。随后，他又被安排到南开大学生物系进修学习有关植物水分生态生理方面的实验方法和技术，结合西北地区水分平衡的科研任务，于1960～1963年在中国科学院民勤治沙综合试验站开展植物水分平衡的观测试验研究。1964～1965年他参加对石羊河流域、河西走廊以及酒泉地区植被地理方面的考察与调查。

自20世纪60年代中期起，他致力于山地与高原的地理考察与研究。1966～1972年参加珠穆朗玛峰地区的科学考察研究，1973～1980年参加对西藏自治区的科学考察研究，1975年起他任中国科学院青藏高原综合科学考察队副队长，兼顾科研业务的组织管理工作。他先后参加对察隅、波密、拉萨、山南，日喀则和那曲地区的综合考察。1980年秋至1983年春他前往原联邦德国波恩大学地理系访问进修，从事山地地生态学的研究工作。回国后，他于1983～1985年投身于横断山区的科学考察研究。1987～1992年他受孙鸿烈的委托，负责主持国家基金委与中国科学院重大项目——"喀喇昆仑山—昆仑山地区综合科学考察"的野外工作，其间还开展了中法对西昆仑山和喀喇昆仑山的联合考察，他担任中方队长。1989年他带队前往巴基斯坦，与巴方合作对印度河上游的洪扎河流域进行考察。1992～1997年他任国家攀登计划"青藏高原形成演化，环境变迁与生态系统研究"项目专家委员会副主任。1999～2003年任国家重点基础研究发展规划"青藏高原形成演化及其环境、资源效应"项目首席科学家。多年来，在青藏高原自然环境及其地域分异研究中，他划分青藏高原的垂直带为季风性和大陆性两类带谱系统，构建其结构类型组的分布模式；证实并确认中昆仑山南翼-北羌塘高原为寒冷干旱的核心区域；阐明了高海拔区域的三维地带性规律；建立适用于山地与高原的自然区划原则和方法，所拟订的青藏高原自然地域系统方案是迄今最全面和系统的，得到广泛的应用。20世纪90年代通过"中国生态地理区域系统及其在全球环境变化研究中应用"重点基金项目的研究，提出了中国生态地理区域系统的一个新方案。

1984～1991年他任中国科学院地理研究所自然地理研究室主任，1991～1995年任中国科学院地理研究所所长。1999年当选为中国科学院院士。他现任中国科学院地理科学与资源研究所研究员、所学位委员会主任，*Journal of Geographical Sciences*（中国地理学报英文版）主编，中国人与生物圈国家委员会委员，中国国际地圈生物圈计划全国委员会委员。他还任中国科学院山地灾害与地表过程重点实验室学术委员会主任、中国科学院沙漠与沙漠化重点实验室学术委员会主任、甘肃省荒漠化防治重点实验室学术委员会主任、北京大学地表过程分析与模拟教育部重点实

验室学术委员会主任、城市与区域生态国家重点实验室学术委员会主任。曾任国际
地理联合会山地地生态学与可持续发展委员会副主任委员、中国青藏高原研究会理
事长、中国地方志指导小组成员。他在国内外发表和出版学术论著 240 余篇（部）。
他于 1984 年获竺可桢野外科学工作奖。以他为主要研究者的"青藏高原隆起及其对
自然环境和人类活动影响的综合研究"项目获 1986 年中国科学院科技进步奖特等
奖，获 1987 年第三届国家自然科学奖一等奖。1991 年被授予国家有突出贡献的中
青年科学家。

二、主要科学研究成就、学术思想及其影响

郑度长期从事自然地理的综合研究，在青藏高原自然环境及其地域分异领域取
得开拓性进展；总结自然地域系统领域的成果，建立山地与高原的自然区划原则和
方法，提出中国生态地理区域系统的新方案；关注土地退化整治与生态建设及其与
区域发展的关系；指出现代地理学的发展趋势与优势领域，积极开展区域可持续发
展的环境伦理研究。

（一）青藏高原自然环境及其地域分异研究

在青藏高原自然地理综合研究中，他构建高原山地垂直自然带结构类型系统及
其分布模式，揭示高海拔地域分异的三维地带性规律、高原植物区系地理的地域分
异，阐明高原独特的地生态现象及其空间格局，制订青藏高原自然地域系统方案等，
推动了青藏高原自然地理综合研究理论和方法的进展。

1. 山地垂直自然带类型系统及其分布模式

在研究珠穆朗玛峰地区气候、植被与土壤分带相互关系的基础上，他对复杂的
自然分带现象进行综合，建立了该地区垂直带主要类型的分布图式。他划分高原各
山系的垂直带为季风性和大陆性两类性质迥异的带谱系统及其下的 9 种结构类型组，
构建了青藏高原完整的垂直自然带类型系统及其分布模式，并揭示其分异规律。垂
直带界线自边缘向内部腹地递升，形成全球最高的森林上限和北半球最高的雪线，
显示了与青藏高原热源作用相联系的巨大山体效应。

2. 高海拔地域分异的三维地带性规律

对青藏高原自然界的地域分异，一直存在不同的学术见解。他将山地垂直带变

化和水平地带分异相结合，揭示了高海拔区域的自然地域分异规律，丰富和发展了三维地带性学说。在高原内部，垂直自然带的基带在高原面上联结、展布，既反映出自然地带的水平分异，又制约着其上垂直带的特点。受高原地势格局和大气环流的制约，形成了高原温度、水分状况地域组合的不同，呈现出从东南温暖湿润向西北寒冷干旱的变化。在自然景观上表现为山地森林-高山草甸-高山/山地草原-高山/山地荒漠的带状更迭。这是三维地带性原则在广袤高原上的体现，是我国温带相应自然地带在巨大高程上的变异。地势和海拔引起的辐射、温度和水分状况的不同是变异的主导因素，而以温度偏低表现出高原的特色。

3. 高原植物区系地理的地域分异

根据高原植物生态地理关系，他应用数量统计及分布区型谱图的方法，阐明西藏高原植物区系基本地理成分的三维变化规律及其分区界线，从地域及定量角度确认高原主体属青藏高原植物亚区，东部及东南部为中国-喜马拉雅森林植物亚区，而中亚成分则在高原的西北部起重要的作用。该方法应用在喀喇昆仑山-昆仑山地区植物区系的分析中，揭示了青藏高原成分与中亚成分垂直变化的海拔高程与地域分异。

4. 高原独特的地生态现象及其空间格局

他综合研究了干旱河谷、寒旱核心区域及高寒灌丛草甸地带等高原独特的地生态现象及其空间格局。高原周边众多深切谷地普遍出现干旱河谷景观，尤以横断山区最为明显。为了认识干旱河谷的自然特点，其在农业上的意义及环境改善的潜在可能，他们建立干旱河谷的综合分类系统，将横断山区干旱河谷划分为干热、干暖和干温等类型及三个亚类型，反映出该区干旱河谷的区域差异。高原中东部的高寒灌丛草甸地带，在全球占有独特的席位，在低海拔地域不存在相应的水平自然地带。他阐明了该地带自然环境与生态系统的特点，揭示其垂直与水平地带的分异规律，并对该类草地资源的利用与整治提出对策建议。他考察证实并确认，中昆仑山腹地及其南翼羌塘高原北部远离东西两条水汽输送路径，寒冻冰缘及干燥剥蚀作用明显，是高原寒冷干旱的核心区域。这一认定与该区高寒极干旱结构类型的垂直带和极大陆性冰川类型相吻合，互为佐证。

5. 青藏高原自然地域系统方案

按照所建立的山地与高原地域划分原则与方法，他根据青藏高原大地貌的区域差异，温度、水分条件的不同组合，地带性植被、土壤和垂直自然带结构类型的异同，拟订并不断完善青藏高原自然地域系统方案。其突破性的工作在于除东喜马拉雅南翼划归山地亚热带外，还将青藏高原划分为 2 个温度带、10 个自然地带和 28 个自然区。这是青藏高原迄今最全面而系统的方案，被同行学者所广泛采纳应用，为全球环境变化与区域可持续发展研究提供了科学的区域框架。他针对高原不同自然地域单元的环境、资源和发展问题，阐明其自然特点和土地利用，自然资源现状及其开发前景，环境问题与自然保护等，并就不同区域的开发整治提出对策方略。

（二）自然地域系统与中国生态地理区域系统研究

1. 自然地域系统的综合研究

自然地域系统是自然地理学的基础研究领域，从区域角度观察和研究地表自然界，是地理学探讨和协调人地关系的基本途径，在学科发展上有重要意义。在实践应用上可为自然资源的利用与管理、自然环境的整治与保护、科研试验站网的部署、改造自然规划的拟订等提供科学依据。他主持的国家基金项目"中国综合自然区划"，从理论与实践上对自然地域系统领域的研究成果进行全面的总结，包括：自然地域分异规律与三维地带性，垂直自然带结构类型划分；古地理环境的演变，自然地域对全球变化的响应，自然地域的空间排序；自然地域体系的划分与合并的基本原则与途径；自然地域界线的性质、类型，地域划分与界线拟订的依据和指标；自然地域单元综合研究的内涵，地域单元间的联系；区划中数量分析方法及遥感与地理信息系统的应用等。

2. 山地与高原自然区划的原则与方法

他针对我国自然界多山地与高原的特点，从比较地理学角度建立了适用的山地与高原的自然区划原则和方法。如运用三维地带性观点，按照地表自然界的实际异同，对山地与高原进行分区划片；对比各山地垂直自然带谱，确定其基带及优势垂直带并予以分类；对我国高原各种地貌类型组合与基面的海拔高度进行比较分析，确定代表基面及其海拔高度范围，以使水平地带性得到充分反映；关于山地区划界线，主张应比较分析其垂直自然带谱的结构类型，以确定归属等。该成果被国内同一领域的研究和教材所广泛引用。

3. 中国生态地理区域系统研究

生态地理区域系是 20 世纪 80 年代以来国际地域系统研究的重要热点领域。他主持的重点基金项目"中国生态地理区域系统及其在全球环境变化研究中的应用"，创新性地继承了我国自然区域系统研究理论，将宏观生态学理论和方法引入区域系统的研究中，通过对代表自然界宏观生态系统的生物和非生物要素地理相关性的比较研究和综合分析，按照温度、水分和地貌组合及宏观生态系统的地域特征与差异，提出了我国生态地理区域系统方案，深入地揭示了中国自然界的地域分异规律。这使地域系统的成果得到更为广泛的应用，特别是为探讨全球变化对我国自然环境和社会经济发展的可能影响提供了科学的区域框架，拓展了地域系统学科理论与方法的进展。

（三）土地退化整治、生态建设与区域发展

1. 土地退化整治的地域分异

土地退化是我国面临的严峻的生态与环境问题。他自 20 世纪 90 年代以来，参与并促进我国东部坡地过程及其改良利用和退化土地的恢复整治研究工作。对比研究指出，采用植物篱、坡地形态改造、坡地农林复合系统等是东部退化坡地恢复整治可供选择的良好途径。他指出我国面积辽阔，自然条件差异很大，水土保持和生态修复工作的重点也明显不同。从自然地域系统看，东部季风区、西北干旱区和青藏高寒区 3 大自然区，无论是自然环境还是生态系统，不同温度带和干湿区域的差异都十分显著，各个区域存在的土地退化问题也有明显差异。因此，要根据不同区域的具体自然条件来规划土地与水资源的合理开发利用，拟订防治土壤侵蚀的综合整治对策与措施。对于我国东部季风区南部，温度、水分条件较好，土地生产潜力较大，坡地多平地少是其重要特点，但在不合理的人为因素影响下，强烈的流水侵蚀会使坡地表土流失，地形切割破碎，不仅丧失生产功能，还给下坡下游造成危害。坡地的改良和利用既指退化土地的整治与恢复，也指坡荒地资源的充分利用。在这一地区，应以生物措施为主，辅以必要的工程措施，凭借速生植物采用复合农林业途径，并依据各地特点及土地退化程度和类型，相应地、分步骤地采用环境保护型、适度开发型和资源节约型的整治恢复体系，以提高其持续生产力。土地退化研究的目标是恢复与提高土地的生产力，土地退化整治应坚持对退化过程的控制和促进区域社会、经济的可持续发展。

2. 生态建设应尊重自然

针对我国西北干旱区土地沙漠化与盐渍化等环境问题，他强调生态建设中应当尊重自然，干旱区绿洲边缘虽然可以适当地营建小规模的农田防护林，但是不宜大面积植树造林。他认为半干旱、干旱气候下各省区环境与发展的协调应当因地制宜，

既不应背上森林覆被率低的包袱，也不应片面追求不切实际的造林指标。沙漠化治理的基本原则是充分利用生态系统自我调节和自我修复的功能。通过对现有植被的封护管理，减少和避免人类扰动，可以使退化植被自然更新与恢复，促进沙漠草、灌自然植物发育，从而防止造成新的破坏和沙漠化土地的蔓延，对沙区的可持续发展有重要作用。建立自然保护区有助于环境整治与生态建设。他特别指出，关于沙漠化防治，我国西北干旱区曾开展了大量工作，有经验也有教训。早在 20 世纪 50 年代起，石羊河下游的民勤绿洲就开展了大规模的沙漠化整治。他们在流动沙丘插置风墙，在沙荒地上封沙育草，在风沙沿线营造防护林带，在农田边缘土埋沙丘等，建成以沙枣林为主的防护林，成为当地有名的治沙县。但由于近年来上中游水资源过度开发，浅层地下水位下降到 18～20m，人工营造沙枣林几乎荡然无存，虽然流沙区种植梭梭对固定沙丘有一定作用，但自然更新较差。目前湖区部分村庄已发生饮水困难，如果不及时采取措施，整个石羊河下游绿洲后果将不堪设想。总之，要因地制宜，合理利用自然条件和自然资源，重视自然环境的保育，才能做到人与自然和谐相处，以促进区域的可持续发展和人民生活水平的提高。

3. 干旱区土地与水资源的开发利用

我国西北干旱区的一系列高山发育着许多山地冰川，为荒漠绿洲的发展提供了重要水源，是得天独厚的有利因素。目前主要问题是水资源利用不充分，管理不善，效率低且浪费很大。干旱区在区域发展中涉及到土地与水资源的合理开发利用以及区域间环境与发展协调等问题。他指出，西北干旱区虽然地域广阔，但适宜农耕的土地大多已经开垦利用，而且后备耕地资源中，盐渍化土地面积所占比例很高。今后应以提高现有农田的产出为主，而不应盲目开荒垦殖扩大耕地面积。他认为水是干旱区十分紧缺的资源，在节约田间灌溉用水方面，需要结合当地条件做切实的科学试验，研制出适宜于干旱区应用的技术手段。跨流域引水工程需要审慎决策和实施，应当以服务城市和工矿用水为主要目标，而不宜调水用于垦殖发展农业，否则将破坏天然植被、加重土壤次生盐渍化。例如，北疆山麓平原绿洲地下水超采开发，地下水位急剧下降，严重威胁着该地区绿洲的生态安全与可持续发展。无论从自然条件看，还是从社会经济发展角度出发，对西北干旱区进行大规模、远距离跨流域调水的设想，都存在可行性、市场需求、投资效益等诸多问题，需要慎重对待。

（四）对地理学发展前景的思考与实践

自 20 世纪 90 年代起，他立足学科前沿，结合《中国 21 世纪议程》，指出地理学界要抓住机遇、迎接挑战，在全球环境变化、区域可持续发展、人地关系协调以及地理信息技术等优势领域开拓创新，促进地理学的发展。

1. 现代地理学的发展趋势与优势领域

他总结地理学发展历程的特点，指出现代地理学的发展趋势：地理学和相邻学科的交叉和渗透更加广泛密切；地理学内部的综合研究加强；地理学的微观研究进一步深化，主要表现为由静态类型和结构研究转变为动态的过程和机理研究以及进一步的动态监测、优势调控及预测预报的研究；紧密结合实践不断拓宽应用研究领域，其研究内容也更加多样化；实验与研究手段的现代化与理论思维模式的转变。这些都将为地理学研究水平的提高带来新的契机。地理学家要根据学科特点和优势领域，在陆地表层过程与格局、全球环境变化及其区域响应、自然资源保障与生态环境建设、区域可持续发展及人地系统的机理与调控、地球信息科学与数字地球战略研究等前沿领域开拓创新，为促进地球系统科学的发展，为人类家园的美好未来做出积极的贡献。

2. 地理学的区域性和地域分异研究

根据综合地理学或统一地理学的观点，他认为区域研究是体现自然和人文相结合的重要层次和有效途径。探讨区域单元的形成发展、分异组合、划分合并与相互联系，是地理学对过程和类型综合研究的概括与总结。从地理学角度看，抓住典型区域研究，深化对地域分异规律的认识，是与国际接轨、连接全球的桥梁。可持续发展的概念应当包含地理学的区域属性，其研究与实施也有不同的空间尺度。在理论深化和方法创新的基础上，区域研究仍将是地理学的核心领域，也有着开展相关专题综合研究工作的广阔前景。

3. 开展区域可持续发展的环境伦理研究

可持续发展思想体现人与自然关系的和谐协调及人类世代间的责任感，其实质是要协调人口、资源、环境与发展间的关系，为后代留下其生存与发展的资源和环境。为此，他从落实以人为本，全面协调可持续的科学发展观，协调好不同区域环境与发展的关系出发，认为地学工作者更有责任关注地球系统科学知识和自然规律的宣传普及，提高公民和决策者的环境保护与可持续发展的伦理意识，为协调人与自然的和谐发展，护育地球家园做出应有的贡献。从研究人类面临的环境危机到建立正确的人地关系之重要性，通过考察地理学中人地关系认识论的演化，解析环境伦理的核心内涵，探讨环境伦理与区域可持续发展的交互作用，揭示不同社会群体的环境伦理责任。提出加强可持续发展环境伦理的研究、教育和宣传，制订区域规划中的环境伦理规范，优化区域可持续发展考核指标，实行区域生态补偿，加快制订区域生态补偿政策，开展可持续发展环境伦理的立法基础研究，明确不同社会群体在区域发展中应承担的环境伦理责任与义务等建议。该研究为落实科学发展观与生态文明建设提供科学理念。

他在地理科学研究的同时，注重培养年轻的科研人员。在他的指导下，一批优秀的年轻地理学工作者走向国内外与地理学相关的研究和教学机构，担任重要的研究职务。

三、郑度主要论著

郑度，胡朝炳，张荣祖 . 1975. 珠穆朗玛峰地区的自然分带 . 珠穆朗玛峰地区科学考察报告（1966～1968）· 自然地理 . 北京：科学出版社：147-202.

郑度，张荣祖，杨勤业 . 1979. 试论青藏高原的自然地带 . 地理学报，34（1）：1-11.

Zheng Du. 1983. Untersuchungen zur floristisch pflanzengeographischen Differenzierung des Xizang-Plateau（Tibet），China. Erdkunde, 37（1）：34-47.

郑度，杨勤业 . 1985. 青藏高原东南部山地垂直自然带的几个问题 . 地理学报，40（1）：60-69.

郑度 . 1985. 西藏植物区系地理区域分异的探讨 . 植物学报，27（1）：84-93.

郑度 . 1989. 山地与高原综合自然区划问题的探讨//地理集刊，第 21 号（自然区划方法论）. 北京：科学出版社：21-28.

郑度，李炳元 . 1990. 青藏高原自然环境的演化与分异 . 地理研究，9（2）：1-10.

郑度 . 1994. 中国东部地区土地退化及其整治研究与对策//论中国的可持续发展——中国 21 世纪议程国际研讨会文集 . 北京：海洋出版社：124-130.

Zheng Du. 1994. Desertification and its management in China. Chinese Journal of Arid Land Research, 7（2）：81-95.

郑度 . 1994. 中国 21 世纪议程与地理学，地理学报，49（6）：481-489.

郑度 . 1996. 青藏高原自然地域系统研究 . 中国科学（D 辑），26（4）：336-341.

Zheng Du. 1996. A preliminary study on the zone of alpine scrub and meadow of Qinghai-Xizang（Tibetan）Plateau. The Journal of Chinese Geography, 6（3）：28-38.

郑度，杨勤业，赵名茶等 . 1997. 自然地域系统研究 . 北京：中国环境科学出版社：1-167.

郑度 . 1998. 关于地理学的区域性和地域分异研究 . 地理研究，17（1）：4-9.

孙鸿烈，郑度主编 . 1998. 青藏高原形成演化与发展 . 广州：广东科技出版社：1-357.

郑度主编 . 1999. 喀喇昆仑山—昆仑山地区自然地理 . 北京：科学出版社：1-190.

郑度，陈述彭 . 2001. 地理学研究进展与前沿领域 . 地球科学进展，16（5）：599-601.

郑度 . 2002. 21 世纪人地关系研究前瞻 . 地理研究，21（1）：9-13.

郑度 . 2005. 区域可持续发展中的环境伦理问题 . 地理研究，24（2）：161-168.

郑度 . 2006. 中国西北干旱区环境问题与生态建设 . 河北师范大学学报（自然科学版），30（3）：349-352.

主要参考文献

中国科学院院士工作局 . 2005. 科学的道路（下卷）. 上海：上海教育出版社：1203-1206.
中国地理学会编 . 2006. 中国地理学家及地理单位名录 . 北京：学苑出版社：338.

撰写者

吴绍洪（1961～），广东潮州人，博士，中国科学院地理科学与资源研究所研究员。从事自然地理综合研究，郑度先生研究小组的主要成员之一。

李德仁

　　李德仁（1939～），江苏泰县溱潼人。摄影测量与遥感学家。1991年当选为中国科学院学部委员（院士）。同时也是中国工程院院士、国际欧亚科学院院士。1963年武汉测绘学院毕业。此后获该校硕士、联邦德国斯图加特大学博士、瑞士苏黎世理工大学名誉博士。历任武汉测绘科技大学校长，武汉大学学术委员会主任、测绘遥感信息工程国家重点实验室主任、学术委员会主任，湖北省科协副主席，国务院学位委员会学科评议组成员，国家"973"专家组成员，中国科学院地学部常委，中国博士后管委会专家，国家遥感中心专家，中国图形图像学会副理事长，中国GIS协会顾问，中国测绘学会理事长，中国地理学会环境遥感分会副主任，亚洲GIS协会创会会长，国际摄影测量与遥感学会第三、六届专业委员会主席，清华大学、北京大学、瑞士苏黎世理工大学等50多中外大学兼职教授。长期从事遥感、全球卫星定位、地理信息为代表的地球空间信息学教学研究，提出可靠和可区分理论处理测量误差"解决了测量学一个百年来的问题"，30项成果分获国家科学技术进步奖二等奖，以及何梁何利基金科学与技术进步奖、德国汉莎航空测量奖、第21届国际摄影测量与遥感学会Samuel Gamble奖、第30届亚洲遥感学会Boom Ladrambary金奖。发表论文629篇，出版专著10部、主编著作7部、译著1部；独自与合作培养博士后10多名、博士108名、硕士80多名。

一、简　历

　　2008年7月4日，北京国际摄影测量与遥感学会第21届大会（ISPRS Congress）隆重召开，这是ISPRS大会首次在中国举行！1910年，该学会在奥地利维也纳成立；迄今有100多个成员国，和奥运会一样每四年召开一次；第一次来亚洲开是第16届1988年在日本京都；第二次到亚洲就是此次第21届在北京召开，有80多个国家和地区的3000多位代表与会。第一次全会上，一位中国科学家迈着稳健步履走上讲坛；他中等身材、腰杆挺直、满面春风、目光炯炯、话语铿锵有力，丝毫看不出是年近古稀之人！他就是著名的中国科学院和中国工程院两院院士、国际欧亚科学院院士、国际摄影测量与遥感学会第三、第六两届专业委员会主席李德仁！他作题为"Rapid Response System of Photogrammetry and Remote Sensing for Wenchuan Earthquake"的大会报告，向世界阐述中国摄影测量遥感科学家是如何用相关高新技术帮助国家解决汶川大地震救灾需求的……

（1）状元后裔，名校尖子生。他一生富有传奇色彩，1939年12月31日，诞生在江苏泰县溱潼古镇一书香世家，祖籍江苏镇江丹徒；其先祖李承霖（1808～1891）是清代道光二十年（1840）庚子科一甲状元，曾祖父和曾外祖父是商会会长，爷爷和父亲做金融……但日寇践踏神州半壁河山，他童时因屡经战乱家族日益贫困，早早懂得了"落后要挨打"和"男儿当自强"的道理；而新四军开辟苏中抗日根据地到溱潼，又使他在抗日和解放战争岁月里，同创建新中国一起成长。

他6岁启蒙溱潼长江小学，后进名校养正小学。该校每周考试，前三名、不及格的张榜公布！其父李月如和慈母华淑蕙告诫子女："立身以立学为先，立学以读书为本"。良好读书氛围培育他成为尖子生，小学毕业11岁！因溱潼无中学，慈母送他考进中国百所知名中学之江苏省立泰州中学。当时新中国刚诞生两年，他专心勤学，14岁初中毕业，出类拔萃。从小目睹落后要挨打的他，想上高中考大学"多学本领、兴我家邦"！但那时父亲当县银行会计月薪55元，慈母当售货员收入更少；他兄弟姐妹7人，家庭负担重，父亲要他学大姐考中专早工作。班主任徐老师忙劝说，他在扬州公安局工作的小姨伸出援手——每月给李德仁5元钱住校读书，他才升入泰州中学高中。受老师启迪，他萌发探索科学奥秘兴趣，仅数学题就做了十多厚本，高二攻下高中全部课程，入团任团支部副书记，成为品学兼优尖子生；想早考大学，但因高二年少未成。高中毕业13门课11门满分，仅历史、体育稍逊，是三好毕业生。那年全国大鸣大放，报上登"分数面前人人平等"，校团委时事讨论会他谈有同感，却没想到这竟影响他20年的人生道路！

1957年，他高分考入武汉测绘学院，任航测系尖子班班长，帮助4名越南留学生。谁知反右扩大化，中学有人"揭"他"同情右派言论"，被免班长还勒令退学。多亏该校首任人事科长杨坚——前新四军东江纵队女抗日游击队长，她说："你这个尖子生、优秀生怎会有问题呢！"让他找泰州中学开证明，于一平校长"以党员名义担保李德仁是个好学生"。几经周折才保住学籍留到1958级。在北京工作收入甚微的姐姐按月寄给他5块钱生活费，让他备感学不能白上！课学完进图书馆：自学斯米尔诺夫全套数学教科书，看中外文学名著，逐期逐篇读测绘杂志航测文章，找国际著名学者专著钻研；由于原著多为英、俄文，时间一长提升了外语水平；常把对名著质疑写成读书心得，找老师求解。1961 年结合专业课写了两篇有独到见解论文，得到系主任王之卓青睐，识他为国家难得拔尖人才：圈点其论文，纠正不成熟处，肯定创新精神，鼓励考研究生。他从此明确方向，1963 年毕业论文获全系最优等，由王院士推荐发表在《测绘学报》上。报考王之卓的研究生要考三门课，他得了两个 100 分、一个 99 分，成绩远远高出同届考生；但因 1957 年的问题被拒录，副校长王之卓提出留他任助教亦遭否决。他痛苦郁闷彷徨过，但没趴下！

（2）百炼千锤，真金已闪光。1963 年大学毕业，他分配到国家测绘总局第二测绘大队外业队，在秦岭爬山测量地面点坐标。他发现施测山区高程导线中的问题，提出新理论修改规范，研制出减少野外作业航测加密新方法海量外业数据获取措施，大大提高效率，被评为先进工作者。

1964 年王院士力荐调他入国家测绘总局测绘科学研究所；又因 1957 年问题只能做国外测绘情报编译，未如愿搞科研；他仍不气馁，编译工作之余发表数篇论文在中国测绘界引起反响。

"文革"他被诬"修正主义黑苗子"，1969 年下放河南五七干校，种水稻当农民、泥瓦匠、炊事员……1971 年当石家庄水泥制品厂工人制水泥电杆，抡大锤、砸钢筋、绞钢筋、灌混凝土，三班倒。逆境中他挤空偷偷学习，不让学英文，就读英文版毛选，听中央台英文广播。他告诫自己："无论在什么样的条件下，都不能放弃自己的目标。不要抱怨环境，不要心存幻想，不要认为今天不行是因为环境不行……"

1972 年厂长田德奎启用他主持研制新型水泥。他自学大学《硅酸盐工艺学》，赴北京建材科学研究院求教，从外行变成专家：用优选法和最小二乘法琢磨出"水泥质量控制与最佳配方比"，培训化验工化验产品，使该厂水泥迅速达到国家标准，上新台阶。厂里堆积如山的废弃低品位矾土令他心疼，与国家建材科学研究院研究员经各种试烧，发明一种全新的"硫铝酸盐特种水泥系列"变废为宝——新产品世界首创，有快凝、抗酸、可膨胀等多种特性，在唐山震后重建及其他工程中发挥了重要作用；1982 年获国家重大发明二等奖。他 1975 年调到河北省测绘局。重返航测工作三年就编制了三个电算加密软件，直接用于生产。

（3）改革开放，大师育新星。1978 年中国高校恢复招收研究生，测绘大师王之卓想到他！母校邀他回校重考，他终于以优异成绩被录取；受王老启迪选择航测领域无人涉足难题"自检校光束法区域网平差"顽强攻关。1981 年他独自研发出中国第一个自检校光束法平差软件，以"全优"成绩获硕士学位，留校任教。

王院士又力荐他出国深造，1982 年 10 月以访问学者赴德国进修两年。在波恩大学他首创从验后方差估计导出粗差定位选权迭代法，被国际测量学界誉为"李德仁方法"。

1983 年他转入斯图加特大学，师从国际摄影测量与遥感大师阿克曼教授攻博，仅用一年零八个月完成 324 页博士论文，提出测量数据误差的可区分性理论。1985 年 2 月以该校历届博士考试最高分获工学博士学位。国际著名理论大地测量学家 Grafarend 教授称赞他"解决了测量学上一个百年来的问题"！他的导师阿克曼教授说："我能证实李博士是一位杰出摄影测量学家和科学家，水平完全是现代国际先进水平的。他是一个很有前途的人，我将以极大兴趣注视他今后的进一步发展。"王之卓院士写来贺信："祝贺你的成就，并希望回国后带动更多的人形成一个集体，在区域网的理论与实践方面达到国际水平……"此时他 45 岁，王先生 75 岁，比他整整大 30 岁。回国前，导师阿克曼语重心长地说："你现在学有成就，回去后一定要组织好年轻人开展工作。"阿克曼还写信给王院士："李德仁现已学成，是一个世界级的科学家，回去可减轻你的负担。你可以放下你的担子，他能接你的事儿了。"

（4）从小做大，组团队创新。1985 年 2 月他学成归国，不计个人得失仍任武测航测系讲师。先后为本科生开 4 门课，为研究生开 2 门课，用英语为外国留学生开 2 门课。并仅凭一台长城 0520 微机创新、创业，从 3 万、5 万元人民币一个个国家自然科学基金小项目做起，同时协助王之卓院士带硕士博士生，培育创新团队攻关。而今，作为中国 973 专家组成员、中国光谷首席科学家，他主持了多项大课题研究，牵头 3000 万元的大项目！

他投身测绘科学 50 多年，成就卓著。归国不久晋升教授，被国务院批准为博士生导师。历任武测航测教研室主任、航测与遥感系系主任、遥感信息学院院长，《测绘学报》编委，湖北省测绘学会理事长，湖北省土地学会名誉理事长，武汉留学博士联谊会会长，武汉欧美同学会会长，武汉中国光谷首席科学家，第九届全国政协委员，美国测绘学会会员，英国皇家摄影测量学会会员，国际权威多学科遥感杂志"CEOCARTO"编委，中国与欧空局合作项目"龙计划"首席研究员等职。

他打造自主创新团队攻关，从带 1 个，后来 2 个、3 个、5 个，现在一年带 10 个博士生，已有 100 余人的团队，以国家需求为导向，主动承担国家项目，同时开拓市场。他率测绘遥感信息工程国家重点实验室成为中国和世界测绘基础理论与应用研究中心之一，在科研队伍建设、人才培养、高科技成果转化、对外学术交流等方面成果丰硕，已获国家自然科学奖 3 项、国家科技进步奖 9 项，育出高科技公司

5个、年产值人民币2亿元以上，引来600名高科技人才，2000年、2004年、2005年三次被评为"优秀国家实验室"。他重视培养学科带头人，在全国政协会议呼吁建立国家特聘教授基金，造就中国高校跨世纪学科带头人。他的团队有"五虎上将"、"五朵金花"、"四大金刚"，不到30岁就申请到上千万元的项目。他率团队最早做航空测量，后做遥感，做GIS，再做GPS，以及遥感与GIS、GPS的集成；21世纪初，又积极倡导做从传感器到用户、无缝集成、实时准实时空间信息网格平台，使地球空间信息走进千家万户！

（5）埋头治学，前沿造英豪。他身兼多职却说："教书是教师的天职，教授就该为学生讲课。"测绘界5院士讲授的专业基础课《测绘学概论》，是武汉大学最受学生欢迎课程之一；至今他坚持为600多名新生讲此课。由王之卓、金为铣和他完成的"专业改造系统工程——由摄影测量专业发展为摄影测量与遥感专业"获1989年全国高校优秀教学成果奖。他牵头的"地理信息系统专业建设的研究"获2002年全国高校优秀教学成果二等奖。其专著《误差处理和可靠性理论》获1986～1989年度全国高校优秀教材奖及第11届全国优秀科技图书三等奖。他与13名院士联名建议设"遥感科学和技术"新专业，2002年武汉大学成为该专业第一个面向全国招生的大学。与周月琴、金为铣著《摄影测量与遥感概论》获第五届全国高等学校优秀测绘教材奖。

他得益于王之卓和阿克曼两位恩师言传身教，同样以恩师育人之道教育学生："要老老实实做人，要认认真真做事，要踏踏实实做学问。"他培养研究生分几块：有的理论研究，发论文入SCI、EI；有的工程研究，解决国家重大工程问题；有的两者兼顾。他与其研究生平等相处、教学相长，严格要求学生用英文写论文投稿外国名刊，力荐学生论文到国际上有影响刊物和会议发表，让国际同行评价，在全球开放环境中培养人才。1999年、2001年、2002年、2005年他4次获得"全国优秀博士论文指导教师奖"，在中国引起轰动！其4位获中国优秀博士论文奖的论文都在国际摄影测量与遥感大会上宣读，袁修孝的论文被评为该会8篇青年作者优秀论文之一，吴华意的论文在SCI检索期刊英国《计算机图形学》上发表……他最早一批博士生中，龚健雅是长江学者国家特聘教授、测绘遥感信息工程国家重点实验室主任；李清泉2000年8月起任武汉大学副校长；张继贤现任中国测绘研究院院长；单杰、翟京生、胡瑞敏、李清泉、陈楚江5人获中国青年科技奖；关泽群、袁修孝、吴华意、王树良4人获中国优秀博士论文奖；单杰、周国清2人获德国洪堡奖学金，现均在美国大学任教授。

他就是这样以培养人才为中心，坚持教学和科研良性互动。

（6）心牵汶川，为救灾导航。2008 年 5 月 12 日四川汶川发生 8.0 级特大地震，胡锦涛主席、温家宝总理连夜领导全国抗震救灾！

他反应迅速，5 月 14 日成立"5·12 地震遥感信息收集与灾情评估项目组"为救灾出力。他与国务院抗震救灾专家组副组长、中国科学院院士陈祖煜提出"利用机载 LIDAR 实时获取堰塞湖区三维地形的建议"，温总理亲自批示。他迅即将 ADS40 数字扫描仪调往灾区航飞扫描，将该系统服务器连同作业师生派往北京，夜以继日处理出 0.3m 分辨率航空影像图，满足了抗震救灾急需。他派其博士后马洪超等赴灾区，利用 ALS50Ⅱ机载激光雷达仪，完成并提交出唐家山堰塞湖最精细三维数字高程模型，由科技部遥感中心呈报抗震救灾指挥部，成为排险决策重要工具。经各路大军全力拼搏，汶川大地震形成的头号悬湖——唐家山堰塞湖，在被堵塞 26 天后终于成功导流泄洪，险情全部排除。

其间，他和中国同行努力争取到 10 几种卫星遥感数据，有法、德、意、美、日、加（拿大）、以（色列）的，还有台湾同胞的，包括美国军方把保密 0.15m 的数据也提供部分支援中国。加上中国 3m、2m 分辨率卫星图像，5m 分辨率卫星雷达图像，还有航空雷达，都应用到抗震减灾中！

他主持研制获 2007 年度国家科技进步二等奖《LD2000 移动道路测量系统》（MMS），支持中国地震局完成灾区 17 个城镇沿街三维立体摄影测量，为灾害评估、成灾原因分析及历史存档起重要作用。为助中国地质调查局用雷达图像解译地震次生灾害，他速派其团队 3 名博士去该局赠送雷达图像几何校正软件 18 套并参与图像判读，利用高分辨率卫星图像数据，监测和预报灾区地震灾害。中国地质调查局专门写来感谢信。

5 月 31 日，一架米-171 救灾直升机突然失事，成都军区来电求助。6 月 4 日，他力主将昂贵进口激光扫描传感器快速装上军用遥感飞机，对可能存在失事直升机范围扫描，发现强信号区结合有关卫星数据，圈出高度怀疑区 4.5～5km²，搜救范围大大缩小；6 月 5 日用另一昂贵进口机载数字成像系统拍照该区域，其团队 10 位专家连夜处理所获数据，最终获 10cm 分辨率三维图像提供三处直升机失事疑似点。6 月 10 日，搜救部队在汶川震中映秀镇附近火烧杠 3511 高地，发现失事直升机残骸并抢救。为此，6 月 20 日成都军区抗震救灾指挥部给武大遥感学院发感谢信："在搜寻行动关键阶段，你们积极响应党中央和胡主席号召，主动请缨，积极参战，充分发挥科技优势，在提供直升机失事疑似点方面给予了无偿大力支持，对于准确判断失事地域起到了重要作用。在此，谨代表参加抗震救灾的解放军指战员、武警官兵和民兵预备役人员，代表失事机组五位烈士家属和亲人，向你们表示衷心的感谢，并致以崇高的敬意！"

6 月 23～26 日，他应邀赴灾区出席中国科学院和四川省科协"科学技术与抗震救灾"论坛，发表"空间信息技术在汶川抗震救灾中的应用——中国在行动"主题报告。会议期间，陕西宁强发生 6.0 级强余震，会议室摇晃达 10s，他和与会专家们镇定自若！会后，他赴北川考察灾情提出："救灾响应要快速，各方力量要统一协调，争取第一时间营救更多受困、受伤群众；灾后重建不要追求速度，要综合考虑各种因素，包括新建筑群如何避开断裂带、滑坡区等地质灾害危险区域；努力将灾后重建和建设社会主义新农村结合起来，争取将灾区重建成为新农村的示范区。"

由此，他在国际摄影测量遥感大会上指出，中国摄影测量遥感技术成果在汶川地震中得到充分显示，特别体现了明显的高精度、高时间分辨率，能够快速响应。

他情系灾区，在科技抗震救灾时多次表达爱心，为灾区人民捐款 2 万余元……

（7）古稀宏愿，建遥感强国。2010 年他年逾 70，一如既往风尘仆仆东奔西忙。因为工作，他常在国内外、各城市间飞来飞去，"空中飞人"成为他的雅号。而他最关心的是：尽快让中国掌握"制天权"，大力发展整个中国的对地观测、中国的遥感，使中国到 2020 年从"遥感大国"变成"遥感强国"！

回眸中国航测始于 1930 年，历经几代人 70 多年奋斗，特别是改革开放 30 年的自力更生，中国已跻身于世界遥感大国之列，但还不是遥感强国。通过汶川地震遥感图像，他更清晰地看到中国与发达国家的差距：卫星不多，分辨率不高，灵敏度也不如人，数量和性能需提高。随着中国经济发展，中国的安全、建设、资源、环境要搞清楚，也要从天上看，需要制天权，所以要发展遥感！2002 年他提出建高分辨率对地观测系统，被列为未来 15 年国家科技中长期规划 16 个重大科技攻关项目之中。他说：国家重大科技攻关项目"有三个与测绘有关，一是发展下一代卫星导航定位系统，二是发展高分辨率对地观测系统，三是载人航天与探月工程，总投资都在几百亿。""高分辨率对地观测系统将通过发射一系列卫星和建立空基、近空间观测平台来提高我国对地观测的空间分辨率、时间分辨率和光谱分辨率，把中国卫星分辨率从 2m 至 3m 提高到 0.3m，使之达到世界先进水平。""航天卫星遥感研究和卫星导航研究，必须自力更生！西方国家不卖高技术给我们，这就需要我们学习当年'两弹一星'精神，自力更生地把我们中国对地观测卫星搞好、搞强大！"

2008 年 6 月 23 日，在中国科学院、中国工程院院士大会上，胡锦涛作重要讲话："要加快遥感、地理信息系统、全球定位系统、网络通信技术的应用以及防灾减灾高技术成果转化和综合集成，建立国家综合减灾和风险管理信息共享平台，完善国家和地方灾情监测、预警、评估、应急救助指挥体系。"聆听总书记的讲话，他倍感肩压重担，同时又信心十足。尽管中国航空航天对地观测器件、材料和管理方面落后于发达国家，但在理论、技术、方法、软件、人才培养方面并不落后。只要把这些层面基础抓好，整个中国对地观测、遥感就会腾飞，到 2020 年定能使中国从"遥感大国"变成"遥感强国"！这就是他古稀之年的宏愿！

二、主要研究领域与成就

李德仁从摄影测量起步，研究领域包含空、天、地遥感对地观测和空间信息系统及其应用。在中国率先提出地球空间信息学的概念、理论框架和技术体系，进行了高精度摄影测量定位理论与方法、影像理解及相片自动解释，以及遥感（RS）、全球卫星定位系统（GPS）和地理信息系统（GIS）为代表的空间信息科学技术的科研、教学、高新技术开发与产业化等工作。

1. 在空间数据（特别是测量数据）处理中提出包括可发现性和可区分性的扩展可靠性理论，创立用于粗差检测的"李德仁方法"

20 世纪 60～80 年代，荷兰大地测量学家 Baarda 教授 1967 年、1968 年提出测量平差可靠性理论，从单个一维备选假设出发，只能研究单个模型误差的可发现性；德国测量学家 Koch 教授和 Foerstner 博士 1983 年将该理论扩展到单个多维备选假设出发，可研究多个模型误差的可发现性；后来 Foerstner 提出了建立在两个一维备选假设上模型误差可区分性的定性指标等研究成果。他在总结前人理论基础上，从两个多维备选假设检验出发，提出平差系统可区分性和扩展的可靠性理论，将可靠性理论从 Baarda 可发现性发展到可区分性和可定位的阶段，不仅有定性尺度而且有完整定量尺度。利用该理论体系解决了测量数据中系统误差的区分、粗差的定位和习题误差附加参数可靠性等问题，进行了分析研究，得出一系列指导生产的规律和结论。德国斯图加特大学大地测量所所长、洪堡基金委员格拉法伦特教授认为该理论"解决了一个测量学的百年难题"。该成果获 1988 年联邦德国汉莎航空测量奖。

1907 年 Helmert 提出了方差分量估计思想；1982 年，他在此基础上首次将验后方差分量估计方法用于自检校光束法区域网平差，提出基于验后方差分量估计选权迭代法，能顾及平差几何条件，将最小二乘法与 Robust 估计法相互沟通起来，有效剔除多个粗差，被国际摄影测量与遥感界称为李德仁方法。

利用附加参数自检校平差是当代最有效的一种系统误差补偿方法（人们一直依据经验方法来研究系统误差补偿效果）。1982 年他首次提示了自检校平差效果主要取决于观测值信噪比，导出自检校平差效果与信噪比一般关系式及附加参数权与信噪比的关系。1985 年他针对自由附加参数自检校平差中出现的过度参数化问题，提出三种行之有效克服过度参数化的方法，使波恩大学摄影测量所光束法区域网平差软件性能得到明显的提高。

2. 提出了地球空间信息学的概念、理论框架和技术体系

1992 年，根据国内外地球空间信息领域发展状况，他在中国首先提出地球空间信息（geomatics）这一学科名称，并定义了科学内涵，初步形成了地球空间信息学的理论基础和技术体系。他科学地论述了地球空间信息学内涵：以地球科学为背景，以地球表面为对象，以信息科学理论和技术为基础，以遥感对地观测技术、空间定位技术和地理信息系统技术为主要技术支撑，用于采集、测量、分析、存储、管理、显示、传播和应用与地球空间分布有关数据的一门综合集成的信息科学技术，是地球信息科学的重要组成部分。

地球空间信息学的理论框架包括：地球空间信息认知，地球空间信息基准，地球空间信息标准，地球空间信息时空变化，地球空间信息不确定性，地球空间信息解译与反演，地球空间信息表达与可视化。地球空间信息学的技术体系包括空间定位技术，航空航天遥感技术，地理信息系统技术和数据通信技术。

3. 在全球定位系统与遥感集成中提出 GPS 辅助空中三角测量的全套理论和方法

无需野外控制测量的摄影测量方法是测绘科技工作者梦寐以求的目标，20 世纪 50 年代以来人们致力于攻克这一难题，直到 GPS 问世才使其成为可能。20 世纪 80 年代初，发达国家开始这方面理论和模拟试验研究。他紧随就 GPS 辅助空中三角测量理论和方法开展了系统、深入研究，从理论上建立了 GPS 辅助空中三角测量新增基础方程和质量控制理论，提出了一整套实现方法与技术方案，与其博士生单杰、袁修孝等研制了有国际先进水平的 GPS 辅助光束法区域网平差软件 WuCAPS$_{GPS}$，在中越边界地雷隐患区测图中实现了无地面控制航空测量，及时为边界谈判提供了依据，测成图减少 90% 野外工作量；先在海南全岛，后在内地尤其是西部地区广泛应用，不需测绘人员跋山涉水，就能绘出地图。

航空摄影测量一直沿用由实验室检定航摄仪内方位元素、借助空中三角测量和大量地面控制点解求像片外方位元素的内外方位元素独立求解模式，能否在 GPS 辅助空中三角测量中整体求解，是一个未引起摄影测量界足够重视的问题。他与其博

士生袁修孝在国际上首次提出了航空动态条件下利用 GPS 辅助测定航摄仪内方位元素的理论和方法，从根本上改变了航摄仪方位元素只能在实验室用物理方法测定的局面。该项研究成果获得 1999 年国家科技进步奖二等奖。

4. 提出面向对象和矢量-栅格一体化的数据结构和数据模型，已发展为三库一体化的无缝数据库理论

地球空间信息计算机表达是空间信息系统研究热点。因地球空间信息复杂和特殊性，一般信息理论和数据模型解决不了地球空间信息表达问题，故地学工作者和计算机使用有截然不同的数据结构：矢量数据结构和栅格数据结构。一般信息系统中仅能二选一，这在地球空间信息分析和应用方面造成不少困难。他与其博士生龚健雅于 20 世纪 90 年代初研究发现，以多尺度分割，可将既有矢量特性又有栅格特点的数据结构一体化，提出一体化数据结构的概念，并最早提出一种既能表达图形数据又能表达属性数据的面向对象空间数据模型，以及由图形、影像和数字高程模型集成的整体空间数据库模型。用该理论成功研制出中国自主产权大型 GIS 软件——GeoStar，可与国际上同类大型软件相媲美，已广泛应用，获 2001 年国家科技进步奖二等奖和信息产业部重大发明奖。国际摄影测量与遥感学会前主席 J. Trinder 教授称："GeoStar is the world leader of Object Oriented GIS"。

5. 在地球空间信息处理中，提出一整套信息处理理论和方法，建立完整技术体系

他与其博士生陈晓勇、马飞等在中国率先研究数学形态学在地球空间信息处理中的应用，导致了自动地图数字化 DEM 的建立；与其博士生邵巨良、王志军等在测绘遥感界首先利用小波理论进行多尺度表示、信息处理与信息融合。只有将信息处理和融合对象两者有机地结合起来，才可能解决空间信息融合问题。他组织其研究生从多源遥感影像的成像机理和小波多分辨率分析理论出发，从理论上统一了比值变换、高通滤波、高频调制技术、Brovey 变换、基于小波 Trous 算法和基于小波 Mallat 算法的融合方法，还提出了商空间理论、数学形态学等方法在遥感、影像处理与分析中的应用。20 世纪 90 年代以来，他力倡开展对高分辨率、高光谱卫星遥感图像处理及干涉雷达和差分干扰雷达的研究。作为中国与欧空局合作研究项目"龙计划"的首席研究员（PI），在理论研究和人才培养上取得了丰硕成果，为此获得了"龙计划"一期（2004～2007）的突出贡献奖。

6. 率先提出空间数据挖掘和知识发现（SDMKD），推动遥感 GIS 数据的智能化处理

受其弟李德毅院士启发，1994 年他在加拿大 GIS 国际会议首次提出从 GIS 中发现知识的概念，系统分析了空间知识发现特点和从空间数据库中挖掘知识的主要方法。通过指导多名博士生近 10 年研究，提出了知识发现的四维状态空间和一系列空间数据挖掘算法，用于遥感影像自动解译和智能化空间分析与辅助决策。该研究被列为"十五"国家"863"计划和国家自然科学基金重点项目。他俩兄弟院士及其博士生王树良撰写了世界第一本《空间数据挖掘理论与应用》专著，在推动海量空间数据认知和知识发现方面，得到广泛应用。国际模糊教学大师、美国科学院院士 Zadeh 教授和国际数据挖掘专家韩家炜教授亲自为该书写了序言。

7. 在空间数据表达与可视化方面提出可量算虚拟现实（MVR）的理论与算法，通过可量测实景影像（DMI），倡导用户按需测量

空间数据可视化和虚拟现实是基于三维 CAD，先量测建模后在计算机虚拟现实环境下可进行三维仿真，他与其博士后朱庆研制成 Cybercity GIS 自主产权软件，可实现城市真三维模型计算机重现与属性查询。2001 年他在国内外率先提出在数字正射影像数据库（DOM）基础上，生成与之构成立体正射影像匹配数据库（DSP），建立起可量算虚拟现实。在该环境下任何用户可对缩小了的真三维实地景观模型进行量算。据此，已指导其博士生王密做出软件，受到国内外专家及城市学、林学和军事学用户欢迎。

2007 年他提出将其移动测量系统所获立体影像、连同其外方位元素和立体解算软件一起集成到网络 GIS 中，实现了用户可视、可查、可量算和可挖掘四大功能。据此研制的"影像城市·武汉"已公开上网，开拓了地理空间信息服务的新模式。

8. 提出了空间信息网格和窄义空间信息网格理论

受计算机网格理论和第三代互联网通信技术启发，为提高空间地理信息从数据获取到应用服务的现时性，2005 年他首创广义空间信息网格理论。该理论的核心是将空天地遥感传感器构成智能传感器网络，架构在网格 GIS 系统之上，实现智能化和自动化数据处理、信息提取和知识发现，形成鲜活四维地理空间信息系统，提高地理空间信息时效性和应急响应能力，实现了实时/准实时的空间信息服务。该理论揭示了新地理信息时代的到来，为今后研究指明了新方向。

9. 促进高科技成果产业化，创新产品丰硕

（1）主持研制国产自主版权 GIS 基础软件——GeoStar。"八五"以来，他针对我国"人才出口，软件进口"不正常状态，率先提出大力发展中国地理信息系统（GIS）基础软件设想；克服困难，身体力行，组织 20 余名青年科技人员攻关 5 年，终于研制出有自主版权的地理信息系统基础软件——吉奥之星（GeoStar）。该软件首创一体化数据结构和面向对象数据模型，在许多重要功能指标上超过国外老牌软件，已被广泛应用于实际生产。国家测绘局"十五"重点"数字中国"攻关项目选定该软件来管理高达 TB 级数据量的多尺度空间数据；国际大地测量与地球物理学会（IUGG）前会长英里兹教授称赞该软件为"World top class"。该软件基于多比例尺、多数据源、矢量栅格一体化数据模型，技术先进，商品化程度高，已销售 3000 多套，占中国市场份额 12%，在国产 GPS 软件中排第一位。该系统获 2001 年度和国家科技进步奖二等奖、国家信息产业重大技术发明奖。

（2）主持研制国产自主版权遥感图像处理软件——Geolmager。他在中国率先主持研制开发实用商品化遥感图像处理系统 Geolmager，已通过国家遥感中心软件测评。是国家测绘局 2000 年"数字中国基础地理信息系统"项目招标中唯一通过各项测评被选中的软件，已销售出 200 多套。1999 年，随着中国军队现代化、信息化建设的需要，该软件被总装航天局选中立项，2001 年底通过军方验收，定为全军遥感图像处理的型号软件，在全军通过试用后全面推广应用。

（3）主持研制出"基于 3S 集成技术的 LD2000 系列移动道路测量系统"。他主持研制的集 GPS 导航、激光测距、CCD 测量、电子地图为一体的"车载道路测量系统"，有完全中国自主知识产权，2006 年 4 月仅用 20 个小时有效采集时间就完成了对新修青藏铁路（格尔木至拉萨）全程数据采集和处理，并成功用于汶川地震救灾和服务于北京奥运等，还通过组建的立得公司，将该系统销往韩国、意大利等国。该项目获 2007 年国家科技进步奖二等奖。

（4）推进计算机多媒体通信技术产业化。1992 年他与其博士后胡瑞敏从 IT 技术全数字化发展趋势出发，组织技术人员和资本投入，致力于具有中国自主版权多媒体通讯软件硬件研究，经 10 年成功研制出具有自主版权 PSTN/ISDN/IP 独立式可视电话，和基于台式和便携式电子计算机的可视电话，包括自行研制的 MCU 在内的 IP 网络远程视频会议系统等产品，在国家经济建设、国防建设和电子政府中得到广泛应用。

（5）及时为中央和有关省份决策提供珍贵影像图，为救灾导航。1998 年中国长

江、嫩江、松花江遭特大洪水，他急国家之所急，拿出自己课题费购买加拿大卫星雷达影像，夜以继日地研制出"1998年湖北洪水期影像图"、"松嫩平原洪水期影像图"、"洞庭湖区洪水期影像图"，为中央和有关省份抗洪决策提供了宝贵资料，起到科技抗洪重要作用，获科技部嘉奖。2008年他又尽全力用遥感为抗震救灾导航等。

（6）他被聘为武汉中国光谷首席科学家，积极支持武汉中国光谷建设。其"对推动湖北省高科技产业发展建设'武汉中国光谷'的几点建议"，被收录到《21世纪与湖北暨武汉教授论坛文集》中。他为武汉中国光谷发展多次考察美国硅谷，并从EFEK公司请回其从事纳米通讯器件博士生带产品回武汉讲学交流。他创办并任董事长的吉奥、方略数码、立得等3个高科技公司，分别从事地理信息系统、多媒体通讯和"3S"集成系统等高新技术产业化工作，成为"武汉中国光谷"的组成部分，其所有的高科技产品均有自主知识产权，累计产值逾亿元；2003年起，他让出董事长的位置，促成三家公司陆续引进战略投资人，日常管理由职业经理人打理，公司走上了快速发展的道路，两轮融资一个多亿；立得成为"香饽饽"，短时间里为香港、北京、上海等城市建立起影像城市，并成为北京奥运合作伙伴。

（7）开发"数字中国"、"数字省区"、"数字城市"。2001年，他联合多名院士向湖北省提交了"数字湖北"建议书，已在湖北省人大立项。他是湖北省唯一的两院院士，在科研及推动湖北省社会进步科技发展上做出突出贡献，获2002年度湖北省最高科技成就奖，中共中央政治局常委、湖北省委书记俞正声颁给荣誉证书和奖金50万元人民币。

2004年，他与陈述彭、童庆禧等8院士提出"关于发射我国军民两用高分辨率遥感卫星和建立天地一体化空间信息获取、处理与分发系统的建议"，论述发展我国高分辨率遥感卫星系统的必要性，呼吁国家重视遥感，要中国掌握知天权，得到中央高度重视。

2005年，他牵头开发武汉市政"网格化管理"系统，将遥感图像、计算机、手机、无线网络等融合，市民有问题可给市长、区长打热线，系统迅速将问题传给相关部门及时解决。这种崭新现代城市管理模式，覆盖社会治安、劳保、食品药品监管、卫生、文化、教育等领域，提高了政府办事效率；至2008年5月，武汉已建成200余平方公里的三维数字地图，三维城市建模工程中国最大；他进而推动该市和测绘遥感信息工程国家重点实验室共建了"数字城市联合实验室"，专攻数字城市关键技术，联合培养高级专门人才。

（8）卅载拼搏，果实累累。1978年以来，他自主创新成果丰硕，30项成果获国家和省部委奖励，其中有3项分别获国家科技进步奖二等奖。1999年他获"何梁何利科学与进步奖"。2004 年年 12 月 23 日，国家重点实验室计划 20 周年、"973"计划 5 周年纪念大会在京召开，测绘遥感信息工程国家重点实验室被评为国家重点实验室计划先进集体；他最早的博士生、实验室常务副主任龚健雅被评为国家重点实验室计划先进个人；他俩抱回了两头"金牛"。2005 年他获香港理工大学"杰出中国访问学人"称号。2008 年在北京召开的 ISPRS 代表大会将 Samuel Gamble 奖授予给他，表彰他对中国和世界摄影测量和遥感事业做出的贡献。

　　1999 年 11 月"首届数字地球国际会议"在北京召开，他是会议指导委员会成员，参与会议《北京宣言》撰稿"迎接 21 世纪信息社会，为全球可持续发展服务"。他最先提出 3S（GPS、RS、GIS）集成的概念，强调没有"3S"技术的发展，现实变化中的地球、变化中的中国、变化中的城市、变化中的省份均不可能以数字方式进入计算机网络系统，即不可能实现"数字地球"、"数字中国"、"数字城市"、"数字省份"！20 世纪 90 年代以来，他提出地球空间信息学的概念和理论体系，2006 年在北京举行的第 36 届世界空间科学大会上他进而指出："随着信息技术、通信技术、航天遥感、宇航定位技术的发展，地球空间信息学本世纪将形成海陆空天一体化的传感器网络并与全球信息网格相集成，从而实现自动化、智能化和实时化地回答何时、何地、何目标、发生了何种变化，同时把这些时空信息随时随地提供给每个人、服务到每件事。"2008 年他用遥感技术为汶川地震救灾导航及服务于北京奥运……他推动中国测绘科学不断拓展研究方向，始终紧跟世界科学技术前进的步伐！

三、李德仁主要论著

李德仁 . 1965. 反光立体镜在航测分工法中的应用 . 测绘学报，8（1）：23-40.

李德仁 . 1982. 论自检校区域网平差中的信噪比 . 测绘学报，11（3）：170-184.

Li Deren. 1984. Zur Lokalisierrung Grober Fehler mit Hilfe der Iterations Methode mit Variable Beobachtungs-gewichten，Inter. Achieves of Photogrammetry，Vol. 25-III，ISPRS Congress. Rio de Janerro.

Li Deren. 1987. Theorie and Undersuchung der Trennbarkeit von Groben Passpunktfelhlern und Systematischen Bildfehlern bei der Photogrammetrischen Punktbestimmung. 《DGK》，Reihe C，Heft Nr. 324，Muenchen.

Li Deren，1987. Trennbarkeit Grober Passpunktbestimmung und Systematischen Bildfehlern bei der Buendelblock Ausgleichung. 《BUL》，Nr. 4 und Nr. 6.

李德仁 . 1988. 误差处理和可靠性理论 . 北京：测绘出版社：1-330.

Li Deren. 1990. International archives of photogrammetry and remote sensing//Proceedings of the Symposium，Progress in Data Analysis. Wuhan：Press of Wuhan Technical University of Surveying and Mapping：1-1143.

李德仁，郑肇葆 . 1992. 解析摄影测量学 . 北京：测绘出版社：1-450.

李德仁，金为铣，尤兼善等 . 1995. 基础摄影测量学 . 北京：测绘出版社：1-367.

李德仁.1996.GPS用于摄影测量与遥感.北京：测绘出版社：1-243.

李德仁，袁修孝，张剑清等.1998.从影像到地球空间数据框架——武汉测绘科技大学的全数字化摄影测量及其与GPS和GIS的集成之路：空间信息学及其应用——RS，GPS，GIS及其集成.武汉：武汉测绘科技大学出版社：3-8.

李德仁，关泽群.2000.空间信息系统的集成与实现.武汉：武汉测绘科技大学出版社：1-244.

李德仁，李清泉，陈晓玲等.2000.信息新视角——悄然崛起的地球空间信息学.武汉：湖北教育出版社：1-524.

李德仁，周月琴，金为铣.2001.摄影测量与遥感概论.北京：测绘出版社：1-352.

李德仁，袁修孝.2002.误差处理和可靠性理论.武汉：武汉大学出版社：1-417.

李德仁，李清泉，谢智颖等.2002.论空间信息与移动通信的集成应用.武汉大学学报（信息科学版），27（1）：1-8.

李德仁，王树良，李德毅.2006.空间数据挖掘理论与应用.北京：科学出版社：1-569.

李德仁.2007.多学科交叉中的大测绘科学.测绘学报，36（4）：363-365.

李德仁，郭晟，胡庆武.2008.基于3S集成技术的LD2000系列移动道路测量系统及其应用.测绘学报，37（3）：272-276.

李德仁，黄俊华，邵振峰.2008.面向服务的数字城市共享平台框架的设计与实现.武汉大学学报（信息科学版），33（9）：881-885.

主要参考文献

徐兴沛.1990.国家级有突出贡献的中青年专家李德仁//武汉测绘科技大学年鉴1990.武汉：武汉测绘科技大学出版社：53-54.

徐兴沛.1996.中国高等学校中的中国科学院院士传略·李德仁.北京：高等教育出版社：441-444.

徐兴沛.2000.一个学者的伟大追求——记中国科学院、中国工程院院士李德仁//汪季贤主编.测绘院士风采录.北京：测绘出版社：140-162.

徐兴沛.2006.心怀"数字地球"情注"数字中国"——记中国科学院院士、中国工程院院士李德仁//武汉大学测绘学科五十年.北京：中国地图出版社，测绘出版社：350-355.

韩跃清.2008.守卫万里长空的遥感之星——记中国科学院、中国工程院院士李德仁.科技创新与品牌，（8）（总14）：4-7.

撰写者

徐兴沛（1946～），湖北建始人，编审，原任职于武汉测绘科技大学。长期研究中国测绘史、高等教育史、大学校史和科教人物志等。曾多次专访李德仁院士及夫人朱宜萱教授。

杨旭（1967～），四川渠县人，现任武汉大学测绘遥感信息工程国家重点实验室副主任。

陆 大 道

陆大道（1940~），安徽枞阳人。地理学家。2003 年当选为中国科学院院士。1963 年毕业于北京大学地质地理学系。此后在中国科学院地理研究所（现中国科学院地理科学与资源研究所）工作。1997~1999 年任中国科学院地理研究所所长。1999 年起任中国地理学会理事长。长期从事经济地理学和国土开发、区域发展研究。提出了"点-轴系统"理论和我国国土开发、经济发展的"T"型空间结构战略。他从因素作用、发展阶段和空间结构等方面初步建立了我国区域发展研究领域的理论体系，在我国工业地理变化和工业地理学理论体系的建立方面，做出了开拓性的贡献。对我国区域发展战略、区域可持续发展及功能区规划、健康城镇化等进行了大量实证性研究。他的主要成果体现在《中国区域发展的理论与实践》、《区域发展及其空间结构》、《区位论及区域分析方法》、《中国工业布局的理论与实践》、《中国区域发展报告（系列）》、《中国沿海地区 21 世纪持续发展》和《论区域的最佳结构与最佳发展》等论著中。他主持并参与起草了大量关于国土开发和区域发展与治理方面的报告和建议，其中有十多份由中国科学院呈送国务院。陆大道在中国科学院发展了经济地理学和国土开发、区域发展和区域规划的研究，凝聚和促进了科技人才队伍的成长。

一、简　　历

陆大道，1940 年 10 月 22 日生于安徽省枞阳县麒麟乡阳和村的柏庄。父亲陆云卿，1946 年病逝，生前曾做过当地镇上杂货店的账房管理。1946~1947 年，陆大道在家乡光朱庄上国民小学，1947 年底至 1948 年底读私塾。1949 年下半年进入阳和小学，1952 年 7 月小学毕业，考入安徽省浮山中学，1955 年 7 月考入安徽省桐城中学，1958 年考入北京大学地质地理学系经济地理专业。1958 年 9 月至 1963 年 7 月，在北京大学学习。1963 年自北京大学毕业并于同年考上中国科学院地理研究所硕士研究生，师从我国著名的人文地理学家吴传钧院士。1967 年 7 月毕业后一直在地理所（现中国科学院地理科学与资源研究所）工作至今。1967~1984 年为中国科学院地理研究所助理研究员，1985 年晋升为副研究员，1989 年晋升为研究员。2003 年当选为中国科学院院士。

早在 20 世纪 70 年代初，他就积极参与了我国若干重点建设地区的区域规划调查研究。1983～1984 年任地理研究所工业与交通地理研究室副主任。1985～1992年，任中国科学院地理研究所工业与交通研究室主任，作为主要负责人之一主持了《中国工业地理》的编撰工作。1993～1994 年，任中国科学院地理研究所经济地理部主任，其间主持了国家计委组织的"七大区规划"之一的环渤海地区规划等研究项目。1995～1996 年任中国科学院地理研究所副所长。1997～1999 年任中国科学院地理研究所所长，其间主持了"中国区域发展问题"等研究项目。2002～2004 年主持了"中国区域发展地学基础的综合研究"自然科学基金重点项目。

1996～2000 年，陆大道任中国地理学会经济地理专业委员会主任，1997～1998年，任中国地理学会副理事长。1999 年至今，任中国地理学会理事长。20 世纪 90年代中后期任中国科学院可持续发展研究中心副主任。

1980 年 9 月底～1982 年 5 月，由中国科学院选派，作为访问学者赴原联邦德国波鸿鲁尔大学地理系进修，是我国改革开放初期较早派往国外进修的留学人员。1992～1993 年，分别被德国不来梅大学（Universitaet Bremen）和波鸿鲁尔大学（Ruhr-Universitaet Bochum）聘为客座教授。

2005 起被聘任为国家"十一五"规划专家委员会成员。2005～2007 年任国家发改委京津冀都市圈区域规划专家组组长、国家发改委长江三角洲地区区域规划专家组组长和国务院振兴东北办东北地区振兴规划专家组组长，指导完成了《京津冀都市圈区域规划》、《长江三角洲地区区域规划》、《东北地区振兴规划》等国家级区域规划任务。同时，2006～2008 年指导了《广东省国土规划》研究与编制工作。主持完成了中国科学院院士咨询项目"我国城镇化发展模式研究"等具有重大影响的研究课题。

二、主要科学研究成就、学术思想及其影响

陆大道在从事地理学的研究中，秉承以专为本的科研理念，兢兢业业，孜孜以求；坚持学科发展与国家需求紧密结合，探索我国国土合理开发、有序开发、科学开发的机制和规律。在生产力布局、工业地理、国土开发、区域发展与规划等领域完成了大量全国性和地区性研究任务，为推进我国国土的合理开发和建设以及重大区域协调发展战略的制定，做出了突出贡献。从区位理论与空间结构理论方面对我

国人文地理学特别是经济地理学的学科理论及区域发展理论作了系统阐述。

（一）主要学科研究成就

陆大道始终按照学科本身的特点和规律，强调经济地理学为国民经济生产服务。其学科研究成就主要体现在国土开发与规划、区域发展研究、工业地理学及经济地理学理论研究等方面。

1. 中国国土开发与规划

国土开发与规划研究始终是陆大道的重点研究领域，在理论和实践上都取得了显著成就。我国 20 世纪 70 年代末的"京津唐国土规划"、80 年代的"全国国土规划纲要"编制等，陆大道均是主要参与者，并参与了部分省区市国土规划的编制。他还主持了"辽宁国土规划"、"新疆工业发展与布局"、"全国功能区域的划分及其发展的支撑条件"（中国科学院院士咨询项目）、"新时期国土规划前期研究"等项目。

基于其对全国国土开发的深刻认识和深厚的理论基础，1985 年 5 月至 1987 年 12 月，陆大道作为主要专家，参与了由原国家计委组织的《全国国土总体规划纲要》的编制工作，承担了"全国生产力总体布局"部分的编写任务。作为 1985～2000 年我国国土开发和经济布局基本框架的"T"字型战略明确被写进了"纲要"。"纲要"经多次修改和 1986 年的省长会议讨论，1987 年 3 月 25 日发到全国试行。在相当程度上，使我国国土开发和经济布局模式——20 世纪 60～70 年代的"三线"布局模式得到了调整而走向科学化。其"T"字型空间结构战略在我国国土开发中产生了重大影响和经济效益。

进入 21 世纪后，陆大道组织了"全国功能区域的划分及其发展的支撑条件"、"新一轮国土规划前期研究"等课题，系统提出了我国国土开发的"功能国土"和"效率国土"的理论与构想，以科学的空间格局引导全国及各地区区域产业和人口的合理集聚；强化大都市经济区、人口-产业集聚区以及沿海、沿江"T"字形一级发展轴线；通过产业、功能提升和支撑保障体系构建，优化大都市经济区的空间结构，形成集约化、高效率、节约型和现代化的发展与消费的空间模式；依托"点-轴"，促进城乡之间、经济核心区与周边地区的协调发展；落实公共服务均等化原则，加大国家对欠发达地区的支持力度，促进民族地区、边疆地区和贫困地区经济社会发展。这些研究结论和成果，部分已经体现在我国的国家发展规划中，正在或将对我国的国土开发产生重大而深远的影响。

2. 区域发展与区域可持续发展研究

区域发展研究是将经济地理学科的基本理论和方法用于指导实践的重要途径。陆大道在这一领域的研究包括区域发展理论、区域发展战略、区域发展政策评价、区域发展政策咨询和区域规划研究五大方向。

区域发展理论。陆大道是我国区域发展研究的奠基人之一，其基础理论著作及论文多达 20 多篇。代表性著作有《区位论及区域分析方法》、《区域发展及其空间结构》、《中国区域发展的理论与实践》、《论区域的最佳结构与最佳发展》等。

20 世纪 80 年代初，陆大道在德国进修期间，系统学习了西方经济地理学领域有关区位论研究的成果，回国后在这一领域继续深化研究，于 1988 年出版了《区位论及区域研究方法》，系统总结了区位论的基本内涵、机制以及区域分析的方法。对当时国内经济地理学方法论的研究起了一定的推动作用。

在上述理论的指导下，陆大道坚持对我国区域发展进行长期跟踪研究和理论总结工作，于 2003 年出版了《中国区域发展的理论与实践》专著，这是一部重要的对我国区域发展进行系统总结的著作。该著作从理论和实践相结合的角度，评价了我国 50 年来区域发展战略及其实施效果，阐述了影响我国区域发展的因素、规模、结构和演进过程；总结了我国区域发展的客观规律，对一系列重大理论和实践问题进行了系统概括；发展了我国区域研究的理论体系。

进入 21 世纪后，陆大道将区域发展的研究视角延伸扩展到新的领域，开始关注全球化、信息化、生态化等对区域发展的影响，以及其发展态势引致的区域发展的新模式和新理论等，并引领经济地理学的研究向这些方向发展。

区域发展战略及区域规划。陆大道从地理学的视角对我国宏观区域的发展战略进行了阐释。最具代表性的是 20 世纪 90 年代陆大道主持的"中国沿海 21 世纪的持续发展"大型研究，系统分析评价了沿海地区资源、社会、经济和生态环境的现状特点和问题，前瞻性地进行了发展态势预测，多角度设计了 21 世纪的发展方案，以此为基础提出了一系列发展战略和措施，为我国沿海地区的发展提供了决策依据。众多分析和结果体现在《中国沿海地区 21 世纪持续发展》（湖北科学技术出版社，1997）中。其间陆大道还主持了"环渤海地区整体开发与综合整治"、"环渤海地区区域规划"、"闽粤赣接壤地区区域规划研究"、"内蒙古兴安盟规划"、"防城港发展规划"等一系列规划研究项目，为相关区域的规划制定提供了重要依据和基础。进入 21 世纪后，在他带领下的研究团队对西部开发、东北地区振兴、中部地区崛起等战略进行了研究，推动了国家相关规划的制定。除上述研究外，还主持了"甘肃省经济社会发展战略"等研究项目，为地方经济社会的发展提供了重要支撑。

区域发展政策评价。20 世纪 90 年代中期开始，陆大道组织实施了"中国区域问题研究"项目，以"政策—行动—效果"作为主线，跟踪全国及各地区国土资源开发和经济发展的重大举措和动态，分析各地区实施的区域发展战略和政策对经济增长、结构改善及生态环境所产生的效果，揭示地区经济增长水平和地区间差异的形成与变化趋势，以此为基础对地区资源开发与保护、加快经济发展的政策和举措等提出分析性建议。在上述研究基础上，以编制《中国区域发展报告》的形式公布研究成果，为政府决策的科学化提供了比较系统的区域发展分析资料。到 2007 年，已经连续出版了 6 部报告。

区域发展政策咨询。为了更好地服务于国家的重大需求，自 20 世纪 90 年代起，陆大道以为国家重大区域发展政策制定提供科学咨询为己任，实时跟踪国家的区域发展态势，前瞻性地提供咨询报告，影响了国家重大战略决策和工作部署的导向。在其领导下，向国务院提交的"关于西部地区开发中几个重大关系问题"、"关于东北振兴与可持续发展的若干建议"、"我国区域发展的态势、问题与建议"、"关于遏制冒进式城镇化及空间失控的建议"等 12 份咨询报告，对西部大开发、东北振兴、我国区域协调发展、我国城镇化等战略的形成、调整和部署，产生了实质性的影响。

3. 工业地理学研究

陆大道从 20 世纪 60 年代研究生学习时起，就研究工业布局的资源条件评价以及交通运输、经济区位等因素的作用。在后来关于我国工业发展过程及空间布局的研究中，又大量涉及到工业及整个经济的历史发展、部门布局、效益评价等方面。他通过对我国工业地理进行的长时间、多视角的系统研究，使工业地理学成为我国地理学中的优势分支学科，并逐步建立起我国工业地理学的学科体系。

中国工业地理的理论总结。在 20 世纪 60 和 70 年代参加我国工业布局与规划研究的基础上，陆大道从 1982 年起组织了我国工业地理和工业地理学的系统理论总结，并于 1990 年出版了《中国工业布局的理论与实践》，对我国工业布局的因素和空间规律进行了系统归纳和阐释，是我国工业地理研究的重要理论著作。20 世纪 80 年代中期，协助我国工业地理学家李文彦组织编著了《中国工业地理》，并于 1990 年出版了中文和英文版，并组织编绘了我国首部《中国工业分布图集》，对我国工业布局的格局和特征进行了系统和完整地描述。上述研究是对我国计划经济时期工业发展的理论与实践的系统归纳总结，是认识此阶段我国工业发展与布局"总图"的珍贵资料。

我国工业布局战略研究。20 世纪 80 年代，陆大道从广阔的时空变化角度对影响我国工业布局的资源、交通、地理位置、社会历史因素及工业宏观布局方针、工业地域综合体与工业基地建设等进行了深入分析，提出了我国工业布局的"总图"，规划了 20 世纪 80 年代到 21 世纪初我国工业布局的总体框架，即以海岸带和长江沿岸作为工业发展的第一级重点轴线，以若干交通干线经过地带作为第二级轴线，组成工业发展的重点空间网络。这一观点总结在其代表性论文《2000 年我国工业生产力布局总图的科学基础》（地理科学，1986）中，对我国改革开放初期的工业布局提供了较好的科学依据。

工业布局理论的研究。在吸收国内外理论的基础上，陆大道对工业布局的理论进行了较为系统的研究。揭示了集聚因素的作用和合理集聚的界限这个微观工业布局评价中的难题。提出了工业区企业成组布局的类型、投资效果节约系数及其计算公式，深化了原苏联学者提出的生产地域综合体理论。《工业区工业企业成组布局的类型及其技术经济效果》（地理学报，1979）是其代表性的工业地理学理论研究成果。这些研究在一定程度上丰富了当时我国工业地理学的理论。

工业部门地理与区域工业布局研究。20 世纪 70～80 年代，陆大道对我国基础原材料工业的发展进行了较为系统的研究，尤其是对我国石化工业的布局研究，为当时的认识和决策提供了重要参考。先后参与或主持了"山东淄博地区油气资源开发与工业综合布局"（1974～1975 年）、"河北东部地区工业基地合理布局"（1976年）、"辽宁工业布局规划研究"（1986～1987 年）、"新疆工业布局"等地方性工业规划研究项目，为当地的工业发展和布局提供了重要基础。

4. 城镇化研究

新世纪伊始，陆大道开始将研究领域由国土开发、区域发展进一步延伸到城镇化方面。他认为，城镇化是一个国家发展的重大问题。他考察了我国快速城镇化进程的特点和国际上发达国家所走过的城镇化道路，认为城镇化是经济结构、社会结构和生产方式、生活方式的根本性转变，涉及到产业的转变和新产业的支撑、城乡社会结构的全面调整和转型，以及庞大的基础设施的建设、资源与环境的支撑以及大量的立法和管理、国民素质提高等方面，必然是长期的积累和发展的渐进式过程。

在主持和实施中国科学院院士咨询项目"关于中国城镇化模式研究"过程中，收集了我国"九五"和"十五"期间城镇化进程和空间扩张的大量问题，根据长期以来对我国可持续发展的研究结论，认为我国城镇化在这个阶段出现了冒进态势和空间失控的严重问题。他为国家实施一条健康的城镇化道路而奔走呼号。在他主笔的"关于遏制冒进式城镇化和空间失控的建议"的咨询报告中，以大量的事实阐述了 21 世纪初我国城镇化的冒进态势及其严重影响。指出，2005 年统计的 43％城镇化率是虚高。"土地城镇化"大大超过了"人口城镇化"，我国城市的人均综合用地指标很快达到了 110～130m²，这是人均耕地为我国 5～10 倍的发达国家的城镇用地标准，背离了我国的资源环境基础。在宽马路、大广场等还未得到基本控制的同时，政府办公区大搬家，规划建设大规模"新城"、兴建豪华办公大楼、大型会展中心等愈演愈烈。在科教兴国和大学扩招的名义下，"大学城"成为新的大规模圈地和进行房地产开发的形式。这个咨询报告上报后立即得到总理的批示。国家有关部门为落实批示组织了 11 个部门进行健康城镇化的研究，国务院派出调查组和多次发文，制止城镇化过程中乱占土地的现象。这个报告在保护我国耕地资源和实施健康城镇化以保持、加强中华民族可持续发展能力方面起到了明显的作用。

陆大道认为走健康城镇化与新农村建设相结合的道路是我国最适宜的选择。中国城镇化进程和城市空间的利用应该有中国模式，而不应该是欧美式的。经过科学分析，陆大道提出我国城镇人均综合用地的合理区间是 60～100 m²。根据中国国情，包括产业支撑和资源环境以及城镇事业发展能力等条件，我国的城镇化率每年增加 0.6～0.7 个百分点是稳妥的。建议我国今后一方面要通过提高城镇化水平，扩大城镇就业岗位来吸收农村剩余劳动力，使更多的农村人口享受城市文明；另一方面，应通过发展农村经济，改善农村生产和生活条件，提高农民的教育水平来缩小城乡差异。

5. 社会经济空间结构与"点-轴系统"理论

空间结构理论是经典区位论的发展，也是综合区位理论。空间结构理论既是工业布局和经济地理学的理论，也是国土开发和区域发展的基本理论。陆大道在总结国内外实践和理论发展的基础上，吸收了西方学者的理论精华，于 1984 年 8 月在《2000 年我国工业生产力布局总图的科学基础》一文中初步提出了"点-轴系统"理论和我国国土开发、经济布局的"T"字型宏观战略。该文 1985 年在北京和湖北发表。以后又在他的两本专著《区位论及区域研究方法》（1988）和《区域发展及其空间结构》（1995）中和许多刊物上对"点-轴系统"理论作了不断完善，形成了理论体系。这一理论的核心是：集聚和扩散是社会经济客体空间运动的两种倾向，集聚的空间形态表现为"点-轴"结构，过程表现为渐进式扩散；渐进式扩散必然导致"点-轴"空间结构的形成；在经济发展过程中，大部分社会经济要素集中在"点"上，并由线状基础设施联系在一起形成"轴"；"轴"对附近区域有很强的经济吸引力和凝聚力。"点-轴渐进式"扩散可以实现区域的不平衡到较为平衡的发展。"点-轴系统"反映了社会经济空间组织的客观规律，是一种最有效的区域开发模式。按照"点-轴系统"开发模式组织社会经济发展，可以科学地处理好集中与分散、公平与效益、从不平衡发展到较为平衡的发展之间的关系。也就是说，"点-轴系统"的空间结构可以实现区域的最佳发展。国土开发和经济布局的"T"字型宏观战略，是应用"点-轴系统"对我国社会经济空间结构作具体分析得出的地域空间发展的结论。

在"点-轴系统"理论基础上提出"T"字型空间结构战略，有20世纪80年代我国和区域发展的深刻背景。80年代中期，刚刚在开放、发展方面启动起来的沿海地区能否继续作为国家发展的战略重点，进一步扩大开放开发的重点在哪里，国家面临着这两个极具挑战性的问题。由于计划体制的松动以及当时的领导人频频到西部考察，向西部进行"战略大转移"之风十分盛行，学术界出现了多种为此服务的战略转移理论；还有区域开发的"梯度论"，主张将经济发展的战略重点由沿海地区转移到中部地区；还有"均衡论"，主张各地带各地区均衡发展。这种情况使我们体察到：国家实施科学的区域发展战略是多么重要！如果简单划分重点建设区和非重点建设区，则危害性很大。陆大道曾经系统地深入总结了我国建国以来国土开发和经济布局的宏观方针经历了几次大的变动，认为其中有两次重大变动违背了我国的地学基础而造成了重大的损失。20世纪80年代中期，如果实施了"战略大转移"，那么沿海开放及其带来的巨大的经济发展优势就将中止，现阶段西部也就没有强大国力进行大规模发展。长江连接东中西三个地带，长江沿岸和长江流域具有巨大的发展潜力。10多年来长江沿岸的巨大潜力如果没有得到发挥，会使我国综合国力的增强受到很大的影响。

1986年以来其理论和战略思想不仅在我国国土开发及计划部门，而且在人文地理学界、区域经济学界，一直受到广泛的认同和引用。大量的杂志、刊物、论著中，引用、运用"点-轴系统"理论和"T"字形宏观结构战略。著名地理学家和经济学家及政府部门领导人桂世镛等（1987）、左大康与李文彦（1990）、北村嘉行（日本，1991）、孙尚清（1996）、刘江（1999）、王梦奎（1999）、李泊溪（1996）、陈栋生（1999）、张敦富（1998）、陆玉麒（1998）、白和金（2000）、王一鸣（2000）、魏后凯（2001）等在其公开的著作中，都论述了"点-轴系统"理论科学价值和我国"T"字型发展战略的必要性和重大意义。

（二）学术思想和影响

1. 理论与实践相结合，坚持为国民经济发展服务的思想

陆大道始终坚持"从现实需求中凝练关键科学命题，在解决问题中实现科技创

新和推进学科建设"的科研学术思想，密切关注我国经济社会发展过程中面临的重大科学需求，将理论研究与实践研究有机地结合起来。他认为，区域发展研究是我国经济地理学发展的主要基础，我国地理学工作者在自然条件、自然资源综合评价与开发利用、生产力布局等主要领域进行了大量的应用研究和基础研究，开辟了为国家经济建设服务的一系列途径，并奠定了我国地理学学科理论和方法的基础。国土开发和区域发展中社会经济客体空间结构和产业空间组织的研究，发展和体现了经济地理学的区域性和综合性以及地理学特有的空间观念。

根据我国的国情阐述我国一系列关于国土开发、区域发展、城镇化和生态环境建设等重大问题。陆大道常常强调，中国的地理学是一门具有"本土"性质的学科，它的研究对象是实实在在的国土或区域，是以解决我国国土面临的一系列科学问题为主要目的的学科。所以，我国经济地理学的任务是通过认识和解释国家和地区发展中的地区差异、生产力布局和区域发展的因素作用，为我国的国土开发和经济社会健康发展服务。结合本国问题的理论才是经得起检验的理论。基于对我国国土有序开发、区域经济社会系统与资源环境系统协调发展的科学机理的阐释，陆大道提出的"点-轴系统"理论和国土开发、经济布局的"T"字型宏观结构战略具有鲜活的生命力就充分反映了他的学术思想。这一战略构想同时被写入23个省、自治区的国土规划以及几百个地区性（包括县域）规划，在国家部委及全国许多研究机构的文件、研究报告、出版物中被广泛运用。

同时，陆大道科学把握我国不同发展阶段面临的重大区域问题和战略需求，前瞻性地领导团队为国家战略需求提供系列科学咨询，有力地支撑了国家区域发展重大决策的制定，为国家落实科学发展观、实现可持续发展做出了重要贡献。这使他领导的团队在经济地理学和城市地理学，以及在区域发展、城镇化及功能区划、国土规划研究方面保持了领先地位。

2. 发挥交叉学科的优势，坚持系统集成研究的思想

陆大道秉承老师吴传钧院士的学术思想，经常强调经济地理学的交叉学科特点。他提出，正是吴传钧先生20世纪60年代提出的经济地理学的学科性质是介于自然科学和人文科学之间的交叉学科的科学论断，使我国的经济地理学获得了长期的繁荣。他和他的同事，注重学习和掌握技术经济、自然地理学、发展经济学、生态学等学科的知识和原理。他所领导的科研团队，以服务国民经济发展为支撑平台，强化多学科融合、互为支撑是我国经济地理学研究的方向。在研究项目上积极组织这些学科的研究力量进行协作研究，形成了一系列集成性的研究成果和研究领域。

陆大道坚持在交叉学科领域进行科学创新，在紧紧抓住经济地理学和区域发展这个领域的国际前沿的同时特别注重国家发展的实际问题。多年来，他十分强调资源环境、区域发展和可持续发展是一个整体。需要将资源环境领域的研究方向由包括资源、环境两个主体部分延伸到包括区域发展领域。资源问题、环境问题、区域发展问题，这三个重大方面本来是密切联系而且是顺乎延伸的部分，只研究资源环境问题，不利于对解决资源环境问题提出有效的途径。科学发展和人类重大实践都要求突破纯自然科学研究的理念：当今一系列重大的科学问题和社会经济发展问题都是交叉和综合性的，研究和回答这些问题要求多学科特别是自然和人文学科的交叉和合作。

交叉学科的定向给我国经济地理学带来了长期繁荣。也正是由于我们具有这样的知识结构，使我们在国家一系列战略需求面前具有特殊的优势。

3. 坚持真理，推动学科创新

陆大道非常重视学科发展的国内外前沿，考察我国国土开发和区域发展的重大实际倾向，注意以新的思维发现新问题。

陆大道认为吸纳有关学科的理论、方法和技术手段，是促进经济地理学学科基础研究方法论创新的基本途径。他推动了区域发展地学要素分析、格局与过程综合研究的方法论的建设，推动了GIS技术在本学科的应用，初步构建了我国区域发展和规划数据库、分析系统和平台。这些工作，有力地支撑了战略咨询与区域规划实践，支撑了学科发展的理论建设，使创新成果具有世界性的特色价值。

在城镇化，如何看待中国区域发展的不平衡，以及生态环境与区域发展、国民健康关系等重大发展问题和科学问题上，他通过系统的研究分析，掌握最新的情况，应用科学的理论和经验，揭示了现阶段问题的严重性及其原因。能够面对学术界、社会界等的主流观点，不畏惧地阐述自己的认识。在一些重要的场合，他坚持真理，敢于直言，不怕孤立。在科学咨询中，为政府决策提供系统的分析和参考，做出了突出的成绩。在这个过程中，也扩展了学科研究的视觉，开拓了研究领域的范围。

对于区域发展而言，陆大道强调我们面临的重大任务是：区域发展研究不仅仅要提供发展因素和发展态势的分析，以及在此基础上的发展建议，而且应考虑到国家之间和区域之间的竞争、合作和提高决策的科学性，区域发展研究需要由长期以来直至目前的态势跟踪和分析，过渡到发展态势的预测预报，以便更好地服务于区域发展的科学决策和实现人地关系的地域协调。他倡导将"人-地系统"要素的相互作用与"人地关系区域动力学"，作为区域发展研究领域理论发展的方向，促进学科的发展和理论体系的建设。

三、陆大道主要论著

陆大道 . 1979. 工业区工业企业成组布局的类型及其技术经济效果. 地理学报，34（3）.

Lu Dadao，Albert Kolb. 1982. Zur territorialen Struktur der Industrie in China Geographische Zeitschrift，Jg. 70 Heft 4 Stuttgart.

陆大道 . 1986. 2000 年我国工业生产力布局总图的科学基础. 地理科学，6（1）.

陆大道 . 1987. 我国区域开发的宏观战略. 地理学报，42（2）.

陆大道主编 . 1987 京津唐区域经济地理 . 天津：天津人民出版社.

陆大道 . 1988. 区域综合开发整治的若干理论问题//中国科学院地学部第二次学部委员大会文集 . 北京：科学出版社.

陆大道 . 1988. 区位论及区域分析方法. 北京：科学出版社.

陆大道 . 1990. 中国工业布局的理论与实践. 北京：科学出版社.

李文彦、陆大道等 . 1990. 中国工业地理. 北京：科学出版社.

吴传钧，陆大道. 1992-05-13. 建立中国资源节约型的国民经济体系. 人民日报.

陆大道 . 1995. 我国跨世纪持续发展若干重大问题. 中国软科学，（7）.

陆大道 . 1995. 长江产业带的战略地位及经济一体化//长江——21 世纪的发展. 北京：测绘出版社.

陆大道 . 1996. 加快西部地区社会经济发展的目标和途径//中国西部地区经济发展战略研究. 北京：测绘出版社.

陆大道主编 . 1998. 1997 中国区域发展报告 . 北京：商务印书馆.

陆大道，刘毅，樊杰. 1999. 我国区域政策实施效果与区域发展的基本态势. 地理学报，54（6）.

陆大道，刘卫东. 2000. 论我国区域发展与区域政策的地学基础. 地理科学，20（6）.

陆大道，蔡运龙 . 2001. 我国地理学发展的回顾与展望——地理学：方向正在变化的科学. 地球科学进展，16（4）.

陆大道 . 2003. 中国区域发展的理论与实践. 北京：科学出版社.

陆大道 . 2003. 当前我国地理学发展若干值得思考的问题. 地理学报，58（1）.

陆大道 . 2004. 中国人文地理学发展的机遇与任务. 地理学报，59（增）.

主要参考文献

左大康主编 . 1990. 地理学研究进展. 北京：科学出版社.

北村嘉行（日）. 1991. 评《中国工业地理》和《中国工业布局的理论与实践》. 地理学报，46（3）.

陈栋生等. 1999. 跨世纪的中国区域发展. 北京：经济管理出版社.

王梦奎主编. 1999. 中国经济发展的回顾与前瞻（1979～2020）. 北京：中国财政经济出版社.

刘江主编. 2003. 中国地区经济发展战略研究. 北京：中国农业出版社.

撰写者

金凤君（1961～），内蒙古赤峰人。中国科学院地理科学与资源研究所经济地理与区域发展研究室主任。

程 国 栋

  程国栋（1943～），上海人。冻土学家，水文地质与工程地质学家。1993 年当选为中国科学院院士。1965 年毕业于北京地质学院水文地质与工程地质系。长期从事冻土学研究，是中国冻土学界代表性人物之一，中国冻土学的开拓者和奠基者之一，在国际冻土学界享有盛誉。先后任中国科学院兰州冰川冻土研究所所长、冻土工程国家重点实验室主任、中国科学院寒区旱区环境与工程研究所所长、中国科学院兰州分院院长、甘肃省科协副主席、国家自然科学基金会地球科学部主任等领导职务，以及国际冻土学会主席、中国地理学会副理事长、中国生态经济学会副理事长、*Cold Regions Science and Technolog*、*Permafrost and Periglacial Processes* 期刊编委等学术职务。他提出了近地面厚层地下冰形成的重复分凝机制，解决了冻土学中长期悬而未决的重大理论问题，国际上称为"程氏假说"；提出了高海拔多年冻土分布的三向地带性模式，为国际冻土学界广泛引用；为解决冻土区筑路的世界性难题，创造性地提出了冷却路基的新思路，并设计了通过调控辐射、调控对流和调控传导实现冷却路基的一整套技术，为世界高难度和一流的青藏铁路建设提供了理论和技术支撑；在国内最早领导开展干旱区生态水文学、生态经济学等新兴学科领域的研究，提出了以干旱区内陆河流域为单元的水—生态—经济系统集成研究框架，发展了流域科学；倡导开展自然科学与社会科学交叉研究，"虚拟水"、"绿水"、"幸福指数"等新概念在国内的首次介绍和应用，大大促进了这些领域的研究。荣获国家、科学院、甘肃省等科技成果奖、科技进步奖（一等、特等）多项。

一、学 术 历 程

  （1）顽强、善思、多问的天性，引导他走上地学研究创新之路。1943 年 7 月 11 日，程国栋出生于上海市。从小就喜爱富有竞技性、挑战性的体育运动，培养了他勇于接受挑战、敢于拼搏的顽强性格。同时，从小就爱幻想、喜欢寻根求源，这引导他走上了地球科学研究之路。在高中毕业时，学校组织参观华东师范大学地质地理系。一位老师介绍打开喜马拉雅山改变中国气候的大胆设想使他十分动心。后来从北京地质学院的招生广告中看到的南水北调和长江大桥这两项伟大的建设工程的介绍，更使他心驰神往。于是，他瞒着家长报考了北京地质学院。1960 年进入北京地质学院水文地质和工程地质系学习。在大学里他学习成绩很好，一直担任班上的学习委员。他这一届学生虽然经历了三年困难时期，但学校较为正常的教学和颇多的野外实习使他打下了扎实的知识基础。在学习中，勤奋上进，独立思考。除了专业学习外，还培养了广泛的爱好和兴趣。他对"为人性僻耽佳句，语不惊人死不休"这一诗句情有独钟，处事追求精益求精和完美的境界。这种性格对他后来事业上的建树颇有助益。由于他善于思索的性格，暴露出一些在当时看来有点离经叛道的"惊人"想法，在学校临毕业的"思想清理"中到最后一个才得以过关。这使他自觉有"白专"之嫌，不敢报考研究生，1965 年毕业服从分配来到兰州工作。

（2）投身冷门学科冻土学研究，所向未知，创立"程氏假说"。程国栋 1965 年分配来到中国科学院冰川冻土沙漠研究所，被分配到冻土研究室工作。我国的多年冻土占国土总面积的 22.3%，约 205 万 km²，是仅次于原苏联和加拿大的第三冻土大国。但我国的冻土研究起步较晚，解放后为开发东北森林资源，在工业和民用建筑、铁路和公路的修筑中遇到了许多冻土问题，为解决这些问题，才开始了我国的冻土研究。当时，冻土学还是一门十分年轻的学科，在国内甚至是研究的空白。冻土学不仅研究的对象是冷的，学科也是冷门。作为当时一批刚出校门就挑起高原冻土研究重担的青年学者中的佼佼者，程国栋却认为，既然是年轻学科，一张白纸，就可写最新最美的文字，可画最新最美的图画。他暗下决心，满怀信心地要从没有路的地方走出一条新路来。

从事冻土研究，首先要战胜的是异常艰苦的、常人难以适应的野外高原工作环境条件。中国除纬度较高、气候严寒的东北冻土区外，在西部高山和高原地区也分布着多年冻土，而且高海拔多年冻土面积居世界首位。中国大多数冻土区分布于高山高原区，"高处不胜寒"，高原白雪皑皑，岩峭谷深，严寒缺氧，风雪交加。程国栋硬是本着崇尚事业、不畏艰险、以苦为乐的豪迈气概和精神，无怨无悔地投入到冻土研究的科学事业中，在 40 余年的冻土研究中，他克服了一个又一个常人难以想象的困难和艰险，永立于冻土学的潮头。程国栋经常用鲁迅先生的话来表达自己的感受："弄潮儿则于涛头且不在意"！

从事我国基本上是研究空白的冻土学研究，还要具备大胆的科学创新和探索精神。由于许多知识在学校里从没有学过，要从头学起，没有探索创新精神不行，不下苦功夫也不行。为此他日夜攻读，考证摘录，广采博学，苦思冥想，不遗余力地学习国际上尚不成系统的关于冻土研究的有关理论和认识。从事冻土研究后，他的第一个兴趣就是要搞清楚冻土中特有的一种自然现象——厚层地下冰的形成原因。面对已有理论不能自圆其说和解释其中存在的种种疑问，他大胆追问，苦苦求索，细心求证。经过 10 余年的努力，辅之以对物理化学原理的钻研，结合在青藏公路改建中负责冻土工程地质工作的深入研究，他终于形成了自己的科学认识，提出了"厚层地下冰形成的重复分凝机制"，解决了冻土学中长期悬而未决的重大理论问题。论文在荷兰《寒区科学与技术》上发表后，在国际冻土学界引起很大反响，被誉为"程氏假说"。其中有些论点似乎有悖常识，如"水向高处走"、"融化时的冻胀"等. 但程国栋不因循守旧，正是从这些有悖常识的地方取得了理论上的突破。加拿大学者专门在野外试验场进行了连续三年的观测以验证这一机制，并在几篇文章中确认"程氏假说"成立。程国栋还提出了高海拔多年冻土分布的三向地带性模式，为国际冻土学界广泛引用。

（3）面对国家青藏铁路建设重大战略需求，勇于创新，解决了冻土区筑路的世界性难题。除了积极探索国际冻土学研究的前沿科学领域外，程国栋的青藏冻土研究始终围绕着国家重大建设需求进行着。在解决生产中的科学问题过程中，冻土学科也获得了长足的发展。程国栋曾出色地完成了"青藏铁路建设中的冻土问题研究"这一国家组织的联合攻关项目（他是东线方案负责人），荣获 1978 年全国科学大会重大科技成果奖。作为"青海热水煤矿厚层地下冰地段路堤试验"课题的主持者之一，他率先在国内冻土研究中将系统的实体工程观测、近似解析计算与计算机数值模拟结合起来，有效地解决了生产问题，并大大提高了冻土研究的水平。

2001 年我国青藏铁路开建，面临"高寒缺氧、多年冻土、生态脆弱"等三大世界性难题，为保障国家青藏铁路建设工程的顺利开工建设，程国栋毅然迎接重大挑战，担任项目主管，主持了中国科学院知识创新工程重大项目和铁道部重大项目"青藏铁路工程与多年冻土相互作用及其环境效应"研究，带领一批热衷冻土科研的中青年科研人员开始了我国青藏高原多年冻土区铁路筑路理论的边研究、边转化、边应用的艰辛历程。在研究中逐步认识到单纯依靠增加热阻（增加路堤高度、使用保温材料）保护冻土的方法是一种消极的方法。特别是在气候变暖的背景下，这种方法难以保证青藏高原多年冻土区路堤的稳定性，尤其在高温冻土区，大量的工程实践证明，这种消极方法的成功率不高。因此，他提出青藏铁路的设计思想应由"被动保温"转向"主动降温"，采用"冷却地基"的原则确保路基稳定。基于这种理念，程国栋创造性地提出了冷却路基的新思路，并设计了通过调控辐射、调控对流和调控传导实现冷却路基的一整套技术，解决了冻土区筑路的世界性难题，为世界一流的青藏铁路建设提供了理论和技术支撑。青藏铁路建成后的多年运行实践已经证明，该方法是成功的。以程国栋为项目主管的"青藏铁路北麓河试验工程冻土路基稳定性研究组"获 2001～2002 年度中国科学院重大创新贡献奖，2005 年获中国科学院杰出成就奖，2008 年获得国家科技进步奖特等奖。

（4）敏锐捕捉新的研究方向，首倡并引领多个新兴前沿领域的研究工作。程国栋是国际著名的冻土学家，但他的研究兴趣并不仅仅限于冻土学领域。他长期作为中国科学院冰川冻土研究所的领导和学术带头人，指导研究所及其研究团队时刻围绕"面向国际科学前沿、面向国家战略需求"的方针，不断聚焦于重要研究领域和前沿研究方向，成为一名名副其实的战略科学家。

程国栋学术眼光敏锐、学术视野开阔、学术思维前瞻、学术态度严谨、学术思想活跃、学术兴趣广泛，善于捕捉和把握新的学科生长点和前沿研究方向，倡导并引领开展了我国多项前沿领域的学术研究。

密切关注与推动天然气水合物的研究。20 世纪 60 年代原苏联在西西伯利亚多年冻土区麦索亚哈气田开始了天然气水合物的开采试验，随后，美国、加拿大等国也在大陆边缘的海底和陆上多年冻土区发现了天然气水合物。随着全球能源短缺问题的日益突出，天然气水合物已被看成是 21 世纪的一种重要的新能源。程国栋从 20 世纪 70 年代就开始关注和跟踪这些国家对天然气水合物开展的研究工作。在冻土工程国家重点实验室建立后，我国具备开展天然气水合物研究的条件时，他就积极建议立项开展研究，使该国家重点实验室 1990 年在国内率先在实验室合成了天然气水合物。与此同时，他还积极关注天然气水合物大规模开发造成甲烷泄露后可能引发的环境问题，与他的学生一起探讨了甲烷与全球变暖的关系。

大力推动冰冻圈与气候环境变化的研究。20 世纪 80 年代随着全球变化问题成为国际研究的热点，主要由冰川、冻土两个学科支撑着的冰冻圈问题的研究引起了科学界的重视。冰冻圈是气候系统的 5 个组成部分之一，它保存着古气候古环境变化的重要信息，对气候和环境变化十分敏感，同时又对气候和环境变化有重大反馈作用。程国栋不失时机地提出开展冰冻圈研究，先后主持了国家攀登计划项目"高原冰川、积雪、冻土与气候变化研究"、国家攻关计划项目"冰雪水资源和出山口径流量变化及趋势预测研究"、"高亚洲冰冻圈对气候变化的响应及对环境监测"、中国科学院特别支持领域项目"冰冻圈动态变化基础研究"等关于冰冻圈与气候变化相互作用的研究项目。1997 年，世界气候研究计划（WCRP）联合科学委员会探讨了过去对冰冻圈问题研究重视得不足，倡导冰冻圈与气候国际协调研究的战略，并提出了"寒区与气候相互作用"计划。程国栋及时将这些信息和材料转给相关的同志，指示他们进行报道，以宣传冰冻圈研究的重要性，扩大本学科的影响。程国栋在冰冻圈与气候变化相互作用方面的研究工作，全面深入地推动和引领了我国冰冻圈与气候环境相互作用的研究工作。

积极倡导并领导开展水-生态-经济系统的集成研究。水是我国西北地区经济社会发展的最大制约因素，其与生态、环境和可持续发展密切相关。由于多年长期在西北干旱区开展野外科研工作，程国栋对水资源对西北地区生态环境与经济社会发展的作用有着深刻的认识和思考，提出必须从学科交叉的角度来揭示水与生态、水与经济之间的相互关系和机理，专门组建了"西北水资源与环境研究中心"，在国内最早领导开展干旱区生态水文学、生态经济学等新兴学科领域的研究。他先后提出并主持了"九五"国家科技攻关项目"西北地区水资源合理开发利用与生态环境保护研究"、国家自然科学基金重点项目"西北干旱区内陆河流域水资源形成与变化的基础研究"和"环境变化条件下干旱区内陆河流域水资源可持续利用研究——以黑河流域为例"、中科院知识创新工程重大项目"黑河流域水—生态—经济系统综合管理试验示范"等重要水资源与生态学方面的科研项目，提出了以内陆河流域为单元、以水资源为核心的水—生态—经济系统集成研究框架，并且以任务带学科，大大推动和发展了我国的生态水文学、生态经济学等新兴学科和流域科学。程国栋一再指出"寒区和干旱区水文、水资源和环境的研究事关重大，任重而道远"。

积极支持和指导开展恢复生态学方面的研究。面对我国生态退化日益严峻的事实，程国栋认为，生态学研究必须要加强恢复生态学的理论和应用研究，使生态学的基础研究为我国生态恢复的实践提供理论和方法指导，并积极支持立项开展有关恢复生态学的研究工作。他还指导成立了中国生态经济学会生态恢复专业委员会并担任理事长。他以西北地区特殊生态系统、生态区域为研究对象，主持了科技部科技支撑计划项目"兰州市南北两山雨养生态系统建植技术研究"等一系列生态恢复的试验研究与应用项目，取得了一系列重要科研成果。他还以高度的责任感，向国家和政府有关部门提出关于我国西部区域生态环境建设、黑河和石羊河等内陆河流域、甘南高原黄河水源补给区等生态脆弱区、生态屏障区生态保护和生态恢复建设的许多重要对策建议，得到政府部门的采纳。

积极倡导开展自然科学与社会科学的交叉研究。在长期从事中国西北地区水资源、生态和环境等问题研究的过程中，程国栋认识到自然科学和社会科学各自孤立地开展研究，是很难解决好西北地区的水资源短缺、生态退化、环境恶化等严重问题的，只有加强自然科学与社会科学的交叉研究才能寻求解决问题的根本途径。他大力倡导这一研究方式并积极转型，在国内首次介绍了"虚拟水"、"绿水"、"幸福指数"等新的科学概念，并且向全国政协提出相关的提案，积极引领和推动这些新的科学概念的实际研究和应用，使这些新概念在我国得到了广泛关注和响应，大大促进了这些研究领域的发展。

二、学术研究成就与主要贡献

1. 创立了冻土学界的"程氏假说"

在冻土研究中，程国栋产生的第一个研究兴趣就是冻土中的厚层地下冰是怎样形成的。这种冰存在于多年冻土上限附近富含细粒的土中，厚度不等（0.3～0.6m），土块看起来好像悬浮在其中，形成斑杂状冷生构造。由于它埋藏浅、厚度大，对地表层的生物、化学、地质、地貌过程有重大影响，并且常常是各类工程遭受破坏的根源，因此，对其研究具有重要的理论和实践意义。国际上一些学者不遗余力探索其成因，提出过分凝、胶结、重力下渗等各种假设。程国栋仔细研究了这些假说，总觉得都不能自圆其说，难以令人信服。

程国栋结合从事国家重大建设项目的有关课题研究，孜孜以求地追求破解这个难题。负责国家组织的联合攻关项目"青藏铁路建设中的冻土问题"（他担任东线方案负责人），出色完成研究任务，荣获 1978 年全国科技大会成果奖；主持"青海热水煤矿厚层地下冰地段路堤试验"，在国内冻土研究中首次将系统的实体工程观测、近似解析计算与计算机数值模拟结合起来，有效地解决了生产问题，大大提高了冻土研究的水平，研究成果 1978 年获中国科学院重大科技成果奖；作为主要负责人之一的"青藏公路沿线冻土研究"项目成果获中国科学院科技进步奖一等奖；他参加的交通部大课题"青藏公路多年冻土区黑色路面修筑技术"获 1987 年国家科技进步奖一等奖。

在十多年高原冻土的重大项目研究中，他不断学习新的知识，钻研数学物理方程、物理化学，用他自己的话说，"觉得两者都没有深入下去，但也算沾了个边"，这大大拓宽了解决生产问题和厚层地下冰成因问题的思路和数理化的理论与方法。1979 年，主持青藏公路改建工程的冻土工程地质工作，在公路沿线打了几十个钻孔，他仔细观测了各种厚层地下冰的分布状态，并发现了正在融化的土中的成冰现象。这一切促使程国栋提出了新的成冰机制——重复分凝机制，系统地解决了地下冰的成因、分布、制图和在其上进行工程建筑的原则和方法，论文 *The mechanism of repeated segregation for the formation of thick layered ground ice* 发表在荷兰出版的国际刊物 *Cold Regions Science and Technology* 上。成果一经发表，就在国际冻土界引起了很大反响，被誉为"程氏假说"。

程国栋提出的近地面厚层地下冰形成的重复分凝机制，主要由 3 个部分组成：①最核心的部分是程国栋创造性地建立的"未冻水的不等量迁移规律"（"未冻水的单向积聚效应"），揭示了厚层地下冰形成的本质，并开拓出一个新的研究领域——正融土中的水分迁移和成冰作用；②提出冰的自净作用，这是他多年来关注国外学者的有关实验室研究，并将他们的实验成果用来寻求多年冻土上部高含冰量土中土颗粒移动规律的结果；③挖掘并继承别人观点的合理部分，如引入国际地下冰权威、加拿大哥伦比亚大学麦凯教授（J. R. Mackay）的共生机制来阐述厚层地下冰的共生生长方式。上述三部分构成厚层地下冰形成过程"杰出的冻土构造证据和现象的语言模型"。

程国栋并不满足理论上的成功，他还自己设计试验来验证，试验结果无不证明这一机制的存在。随后，加拿大冻土学者在育空地区试验场专门进行了 3 年的观测试验，试验中应用了中子测水、氚分析和现场模拟等多种手段，得出的结论是"程氏假说成立"；俄罗斯学者的观测结果也证实了这一机制。该成果 1993 年获中国科学院自然科学奖二等奖。

"程氏假说"已被写入加拿大 1989 年出版的《冻土学原理》一书。"程氏假说"成为迄今很有说服力、较完善的厚层地下冰形成的学说，较完美地解决了国际冻土学界长期悬而未决的一个重大理论问题。

程国栋还提出了高海拔多年冻土分布的三向地带性模式，得到国际冻土界的赞同，应邀在国际会议上做了相关学术报告。其中以热稳定性为基础的分带方案，为国际冻土学界广泛引用。

2. 建立了高原冻土区筑路的理论和技术并得到应用

2001 年开建的青藏铁路新建的格尔木至拉萨段长度 1118km，其中要穿越 630 多公里的多年冻土区。为解决冻土区筑路的世界性难题，程国栋创造性地提出了冷却路基的新思路，并设计了通过调控辐射、调控对流和调控传导实现冷却路基的一整套技术，为世界一流的青藏铁路建设提供了理论和技术支撑。

一是调控辐射的措施。提出在青藏铁路建设中采用浅色或白色的道碴和改变边坡的颜色以增加表面的反射率减少表面的吸热，以及进行路堤遮阳，在堤身中设置通风管（安装能根据气温高低自动关闭或开启的风门），利用比路堤土温度低的空气的流通，带走堤身的热量等措施，实现对太阳辐射的调控，达到降低地温的目的。

二是调控对流的措施。发现并验证了碎石层的热半导体作用，提出在青藏铁路建设中采用块石路堤和块石护坡，并利用热管等措施对自然对流进行调控，起到冷却路基的效果。

三是调控传导的措施。研究发现自然界中泥炭能充分饱水，冬季通过冻结泥炭的放热，就要大于夏季通过融化泥炭的吸热，从而使地表温度与多年冻土上限处的温度出现一个差值，称为热补偿，具有保护多年冻土的功能。据此提出在青藏铁路建设中采用能产生大的热补偿值的材料措施对热传导进行调控，达到冷却路基的作用。

研究成果获得了多项国家专利，其中"复合温控通风路基"专利 2008 年获得中国专利优秀奖。2004 年国际冻土工程会议后，来自 7 个国家的科学家和工程师实地考察了青藏铁路，一致认为这种冷却路基的方法是成功的、先进的。

程国栋等（2007）发表的论文《"冷却路基"方法在青藏铁路上的应用》荣获第五届中国科协期刊特别优秀学术论文奖。程国栋等（2007）在国际刊物 *Permafrost Periglacial Processes* 上发表的论文 *The "thermal semi-conductor" effect of crushed rocks*，在 *Nature China*（《自然-中国》）2007 年 6 月号"研究亮点"栏目中予以专门评述和介绍。

加拿大冻土学家 Stuart A. Harris 在最近为《重大国际工程计划》一书撰写的有关青藏铁路的评价中说："青藏铁路跨越约 670km 的冻土地带，其中包括 275km 的'热'冻土（温度在 0℃与 −1℃之间）区域。中国人创造了一些全新的技术，以保障路堤的稳定和对气候变化具有一定的弹性。铁路运营后对路堤的连续观测充分表明了这些技术的可靠性，这将无疑为其他冻土地区的未来工程建设提供了一个模式。从国际视角看，青藏铁路代表了在'热'冻土区建筑方法发展上的一个重要的里程碑。该项目积累的经验无疑将对在该类环境中的未来工程项目的设计具有长远影响。"

3. 推动冰冻圈与气候变化相互作用方面的研究

随着全球变化问题成为国际研究的热点，程国栋积极提倡开展冰冻圈演化与气候环境相互作用方面的研究。通过主持有关研究项目，以野外观测与水文模型等多种方法，研究内陆河流域水资源形成区区域冰雪水资源动态变化规律并进行趋势预测。首次系统研究和评估了"气候变化对中国积雪、冰川和冻土的影响"，1997 年出版了《气候变化对中国积雪、冰川和冻土的影响评估》一书，其部分成果被中国向政府间气候变化专门委员会（IPCC）提交的《气候变化对中国的影响评估和对策》国家报告所采用。该些研究极大地推动和引领了中国冰冻圈与气候变化相互作用的研究工作。

4. 倡导并组织和引领新兴交叉学科领域研究，取得了一系列重要成果

率先倡导并积极推动了生态水文学、生态经济学、恢复生态学等新兴交叉学科领域的研究，在国内最早提出了许多新的科学概念并组织开展研究，取得了一系列重要研究成果。

在国内最早倡导开展干旱区生态水文学研究，推动了生态水文学新兴学科在我国的研究和兴起；倡导自然科学与社会科学交叉的生态经济学研究，推动了生态经济学研究的新发展；较早倡导并支持开展恢复生态学的研究，以为我国日益退化的生态系统的保护和恢复提供理论和方法支撑。指导、支持或主编出版了《生态经济学理论方法与应用》、《生态经济学原理与应用》、《生态水文学》、《恢复生态学——生态恢复的原理与方法》等有关生态经济学、生态水文学、恢复生态学新兴前沿学科领域的重要著作，有力地推动了生态经济学、生态水文学、恢复生态学等新兴学科在我国的发展。

基于西北干旱区水资源承载力所具有的动态性、有限性、社会性、不确定性和振荡性等的特点，重新定义了干旱区水资源承载力的概念，强调水资源承载力是水资源对生态经济系统良性发展的支持能力。强调干旱区水文学与生态学的综合交叉与集成研究，在国内率先部署启动了对干旱区生态环境需水的研究，提出了干旱区植被临界生态需水量、最适生态需水量和饱和生态需水量的概念，并直接推动了对其相应的定量确定方法的研究，建立了地下水与植被动态的概念模型，估算了黑河流域的生态需水量，建立了我国干旱区生态水文研究的理论框架。

程国栋在国内率先提出"绿水"的概念并开展绿水的研究。长期以来，人们只注重储存在河流、湖泊以及含水层中的水（即蓝水）研究，而忽略对绿水（即源于降水、存储于土壤，并通过植被蒸散消耗掉的水资源）的研究。程国栋通过研究指出，绿水具有三方面的重要作用：首先，绿水是维持陆地生态系统景观和平衡的重要水源；其次，绿水支撑着雨养农业；第三，绿水在维护地球陆地生态系统生产功能和服务功能方面具有不可替代的作用。并指出，绿水安全是水资源安全的重要组成部分。

程国栋在国内最早提出"虚拟水"新概念并开展研究。虚拟水是指生产商品和服务所需要的水资源数量；虚拟水战略是指贫水国家或地区通过贸易的方式从富水国家或地区购买水密集型农产品（粮食）来获得本地区水和粮食的安全。借助虚拟水，将水资源管理分为供给管理、需求管理、内部结构性管理和社会化管理等四个

层次，从理论角度分析了水资源社会化管理与水资源恢复重建的关系，并对我国西北地区的虚拟水消费量进行了计算。提出了中国水资源安全战略的新思路（2003）。

最早在国内提出并开展"幸福指数"研究。GDP 是一个多年来流行的诊断国家经济增长情况的指标，但作为衡量人类福利的指标却存在许多问题，如没有考虑发展的环境成本、社会成本、收入的分配等。随着环境保护运动的新发展和可持续发展理念的兴起，研究人员尝试将环境要素纳入国民经济核算体系，对 GDP 指标进行调整，扣除经济活动中环境的成本，幸福指数就是这一尝试的最新成果。程国栋首次在国内介绍了这一概念并发表论文详细地讨论了人文发展状态评价的主观评价方法——国民幸福生活年和人类需求矩阵，提出了我国进行国民幸福核算的建议和简化框架。

程国栋积极倡导并大力推动的上述新兴交叉学科领域的研究，大力促进了我国相关领域研究工作的发展。

5. 建立流域水—生态—经济系统交叉集成研究理论框架

提出内陆河流域水—生态—经济耦合系统，水资源是联系流域生态系统与经济系统的纽带，流域耦合生态经济系统的可持续发展需要开展生态经济的综合研究；提出了流域生态经济综合研究的目标、主要内容；指出生态系统服务价值的量化、单元生态过程模型的开发及向区域尺度的转换、生态模型与经济模型的耦合等是流域生态经济综合研究需要解决的关键问题，从而构建了流域生态经济集成研究的理论框架。

提出干旱区水资源承载力的分析应置于水—生态—经济复合系统的背景下，从研究生态系统过程机理、生态系统和经济系统耦合、人类活动对生态系统的影响等多目标、多层次、群决策的角度研究水资源承载力，从而建立了水资源承载力的应用分析框架。

提出开展并组织流域水—生态—经济系统综合管理试验示范研究，以黑河流域为研究基地，提出了构建和完善野外监测、数据库、模型三大平台以支撑流域水—生态—经济系统基础理论和管理研究，并指导建立了我国内陆河流域尺度的野外观测和实验系统。强调利用遥感（RS）和地理信息系统（GIS）支持内陆河流域的生态水文过程研究，直接推动和具体指导了流域水资源地理信息系统的建设，并在此基础上建立了我国数据量最大的三维空间的流域数据平台——黑河数字流域，将水资源形成和变化的观测试验数据、空间遥感数据、各种数学模型进行综合集成和表达，为各学科的综合集成研究提供了数据平台。

这些研究，以流域为单元，以水为纽带，从生态经济的角度全面研究水—生态—经济系统中的相互作用，建立了流域水—生态—经济系统模拟分析的解析框架、研究平台、决策支持系统，为环境变化条件下干旱区内陆河流域水资源可持续利用提供了理论依据、管理模式和决策支持工具。

6. 言传身教、责任感驱动，大力培育学界英才

程国栋十分重视高层次人才培养工作。作为研究所领导，他十分重视研究所人才队伍建设与学术建设的相互促进作用，他为研究所拔尖领衔人才队伍的建设呕心沥血，经常直接与在海外的优秀人才联系，他以自己坦诚的态度、毫无保留的信任、自己几十年如一日在西部扎根的奋斗精神和杰出的科研成果，直接吸引和感召了不少优秀人才回国工作。他为中国科学院寒区旱区环境与工程研究所提出的"建一流科研机构、创一流科研成果、育一流科研人才"目标，已经成为该所长期奋斗和发展追求的目标。

作为研究生导师，首先，他十分重视学生人格品德的培养，希望学生要有强烈的社会责任感、民族自豪感，只有心里装着国家和人民，才能在社会上走得更远，才能成为对国家和社会有用的人。他又重视对学生学术研究品德的培养，他经常告诫学生，在学术研究上要想有所成就，就必须要有前瞻的学术视野，"博"、"专"相济；必须要有坐冷板凳的良好心理准备，绝不能浮躁；必须要有"十年铸一剑"的学术坚持和长期积累，绝不可急功近利。他自己在科学研究上孜孜追求、"十年铸一剑"的大家风范和谆谆教诲，深深地感染着每一位学生，使学生们受益匪浅，成为学生们终身实践的人生追求。他在冰川学、冻土工程学、生态水文学、生态经济学、地理信息系统（GIS）等学科领域培养的近50名博士、20名博士后，不少已经成为西部寒区、旱区资源、生态、环境科学领域的学术带头人。

三、程国栋主要论著

程国栋等. 1975. 冻土. 北京：科学出版社.

程国栋. 1981. 季节冻结和融化层中未冻水的单向积聚效应. 科学通报，(23)：1448-1451.

程国栋. 1982. 厚层地下冰的形成机制. 中国科学（B辑），(3)：281-288.

程国栋等. 1983. 保护冻土原则与气温长期波动//青藏冻土论文集. 北京：科学出版社：175-179.

Cheng Guodong. 1983. The mechanism of repeated segregation for the formation of thick layered ground ice. Cold Regions Science and Technology, 8 (1)：57-66.

程国栋. 1984. 高海拔多年冻土分布地带性数学模式之探讨. 地理学报，39 (2)：185-193.

Cheng Guodong, Chamberlain E J. 1988. Observations of moisture migration in frozen soils during thawing. Proceedings of Fifth International Conference on Permafrost，August 2-5，Trondheim，Norway，Vol. 1，308-312.

Cheng Guodong. 1993. Mountain permafrost and climatic change. Permafrost and Periglacial Processes，4（2）：165-174.

李述训，程国栋 . 1996. 气候持续变暖条件下青藏高原多年冻土变化趋势数值模拟 . 中国科学（B 辑），26（4）：342-347.

程国栋 . 1997. 气候变化对中国积雪、冰川和冻土的影响评估 . 兰州：甘肃文化出版社 .

陈瑞杰，程国栋 . 1997. 温度梯度下冰内颗粒的迁移机制与准液层 . 科学通报，42（4）：1563-1564.

Wang Genxu，Cheng Guodong. 1998. The ecological features and significance of hydrology within arid inland river basins of China. Environmental Geology，617：1-5.

程国栋等 . 1999. 论干旱区景观生态特征与景观生态建设 . 地球科学进展，14（1）：11-15.

李新，程国栋 . 1999. 高海拔多年冻土对全球变化的响应模型 . 中国科学（B 辑），29（2）：185-192.

Cheng Guodong. 1999. Glaciology and Geocryology of China during the past 40 years：progress and prospects. Journal of Glaciology and Geocryology，21（4）：289-309.

程国栋等 . 2000. 青藏高原开发中的冻土问题 . 第四纪研究，20（6）：521-531.

程国栋 . 2001. 冻土力学与工程的国际研究新进展 . 地球科学进展，16（3）：293-299.

程国栋 . 2002. 承载力概念的演变及西北水资源承载力的应用框架 . 冰川冻土，21（4）：361-367.

程国栋 . 2003. 局地因素对多年冻土分布的影响及其对青藏铁路设计的启示 . 中国科学（D 辑），33（6）：602-607.

程国栋等 . 2005. 建立中国国民幸福生活核算体系的构想 . 地理学报，60（6）：883-893.

程国栋等 . 2007. "冷却路基"方法在青藏铁路上的应用 . 冰川冻土，28（6）：797-808.

Cheng Guodong, et al. 2007. The "thermal semi-conductor" effect of crushed rocks. Permafrost Periglacial Processes，18：151-161.

主要参考文献

刘经仁 . 2001. 为人性僻耽佳句，语不惊人死不休——冰川冻土学家程国栋院士传略//中国地质大学校史编撰委员会 . 地苑赤子——中国地质大学院士传略 . 武汉：中国地质大学出版社：346-351.

撰写者

张志强（1964～），甘肃定西人，研究员，博士生导师，中国科学院国家科学图书馆副馆长，中国科学院国家科学图书馆兰州分馆（中国科学院资源环境科学信息中心）馆长。主要从事地球科学发展战略研究、生态经济学与区域可持续发展研究、情报学理论方法与应用研究。

秦大河

秦大河（1947～），山东泰安人。地理学家。2003 年当选为中国科学院院士，2004 年当选为第三世界科学院院士。1970 年毕业于兰州大学地质地理系，先后于 1981 年和 1992 年在兰州大学地理系获理学硕士、博士学位。1990 年起任中国科学院兰州冰川冻土研究所（现中国科学院寒区旱区环境与工程研究所）研究员。前后发表论著 300 余篇（部）。系统研究了南极冰盖表层雪内物理过程和气候环境记录，使中国南极冰川学研究跃登国际先进行列；在中国西部率先开展雪冰现代过程和生物地球化学循环实验研究，拓展了雪冰研究的科学内涵；开展了中国冰冻圈动态过程及其对气候、水文和生态的影响机理与适应对策研究；组织了全球气候变化中自然与人类活动影响评估等工作。建立了冰冻圈科学国家重点实验室。积极倡导冰冻圈科学概念，从冰冻圈与其他圈层相互作用以及冰冻圈变化的适应对策方面构建了冰冻圈科学的理论框架，获得国际科学界的认同。参与领导 IPCC（政府间气候变化专门委员会）第三次、第四次和第五次气候变化评估报告，以及中国气候环境演变评估工作，为深化认识气候变化科学做出了重要贡献。主持"中国气象事业发展战略研究"，提出"公共气象、安全气象、资源气象"新理念，经国务院确认作为气象事业发展的总体思路，实施"科技兴气象、拓展领域、人才强局"战略和气象业务技术体制改革，使中国气象科技事业发展步入新里程。参与领导的 IPCC 工作获诺贝尔和平奖。另曾获国际气象组织奖（IMO）、美国 NOAA 海洋大气研究杰出科学论文奖等。2008 年当选为国际地理联合会（IGU）副主席。

一、简　　历

秦大河，山东泰安人，1947 年 1 月生于甘肃兰州。世代书香门第，父亲秦和生毕业于南京中央大学兽医系，西北畜牧兽医学院（后改名甘肃农业大学，1958 年后曾一度迁往甘肃武威黄羊镇）教授，是我国著名畜牧兽医学家。母亲李寿辰亦山东泰安人，读过初师。秦大河自幼生活在严格的家教氛围中。秦大河先后在兰州和武威完成小学和中学学业。雄壮的大西北、绵延洁白的祁连山令他神往，培养了他热爱大自然的情怀。少年时的经历对他后来从事的工作乃至人生都起到了潜移默化的作用。

1965 年秦大河考入兰州大学地质地理系，当时的兰州大学是全国名校，更是西北著名的综合性高等学府，有王德基、冯绳武、魏晋贤等一批著名学者。严谨的学风、自由宽松的学术气氛为秦大河等一批青年学子打下了良好科学基础。"文化大革命"中断了他的大学生涯，1969 年到甘肃平凉农村劳动。1970 年大学毕业，参加"甘肃省农村毛泽东思想宣传队"工作。一年多后，被分配到甘肃和政一中成为一名中学老师。在和政一中期间，他是全校有名的严师。工作之余刻苦自学，阅读了大量地理学专业书籍，为他后来考入兰州大学读研打下了坚实基础。

十一届三中全会后迎来了我国科学的春天。1978 年 3 月他参加了全国研究生入学考试，5 月调入中国科学院冰川冻土研究所工作，7 月被录取为兰州大学研究生，师从我国著名的地理科学家和教育家李吉均教授。研究生阶段，他参加了天山、祁连山、横断山等地的冰川学考察。1981 年 10 月毕业并获得硕士学位之后，回到中国科学院兰州冰川冻土研究所工作。

1983 年 8 月秦大河被派往澳大利亚参加中澳合作南极考察研究。在近 1 年半的南极考察期间，他参加了从凯西站向内陆 1000km 的考察活动，冬季还兼作海冰观测。1985 年 10 月回国后，秦大河就此次南极冰盖考察结果完成了十多篇论文，在雪的密实化过程等方面提出了独特见解。1986 年夏季，秦大河参加了中德联合考察世界第二高峰乔戈里峰的冰川考察，并在中国境内较早开展了冰芯记录的研究。1987 年 11 月，在国家自然科学基金委员会支持下，秦大河再赴南极，以中国南极长城站为基地，系统开展了亚南极冰帽—Nelson 冰帽的研究，并担任长城站越冬站长，其间翻译了极地冰芯研究经典著作《极地冰盖中的气候记录》。1989 年 7 月，秦大河与美、法、英、苏、日等其他五国队员组成的 6 人"国际横穿南极考察队"，沿横贯南极最长距离、历时 220 天，徒步横穿南极大陆 5896km，系统开展了沿途冰川学考察与雪冰样品采集，被同伴称之为"疯狂的科学家"。横穿南极冰川学研究取得的系统性成果，奠定了秦大河在南极冰川学界的国际地位，一些成果被视为经典型研究不断引用，并先后被推选为国际南极科学委员会（SCAR）冰川工作组副主席（1992）、主席（1998）。1990～1995 年期间，秦大河及其合作者发表了大量南极冰川学专著和论文，使中国南极冰川学研究跃登新台阶。他还先后担任中国科学院兰州冰川冻土研究所副所长（1990～1995）、中国科学院兰州分院副院长（1994～1995）、国家南极考察委员会办公室副主任（1992～1994）。

1995 年 12 月，秦大河调任中国科学院自然与社会协调发展局（后更名为资源环境科学与技术局）主持工作。在此期间，他不断拓展所挚爱的冰川与环境变化研究，部署在中国西部率先开展雪冰记录现代过程研究，并关注生物地球化学循环过程在雪冰中的反映。此外，他在国际上积极维护中国极地权益，争取到中国 ITASE 考察路线（从中国南极中山站至 Dome A），并与其他部门协力推动中国加入了国际北极科学委员会（IASC）。他带队赴珠穆朗玛峰开展冰川学研究，编绘了包含南北坡的喜马拉雅山冰川资源图（中英文，共 7 幅），在国际上首次完成了整个喜马拉雅山冰川分布图；完成了《青藏高原冰川与生态环境》专著；与中国科学院遥感应用研究所合作完成念青唐古拉山冰川航测工作；创立了我国首座冰芯实验室；2000 年底，秦大河被任命为中国气象局局长。在任期间，以科学理念推进现代气象业务，使中国气象事业大为起色，不但表现在科学内涵大大扩展和具有现代理念，而且政府和公众对气象事业的关注大为提高。他从气象数据共享入手率先启动中国科学数据共享；主持"中国气象事业发展战略研究"，提出"公共气象、安全气象、资源气象"新理念，经国务院确认作为气象事业发展的总体思路，实施"科技兴气象、拓展领域、人才强局"战略，励精图治，使中国气象科技事业发展步入新里程。在繁忙公务之余，他对西部气候与环境演变、政府间气候变化专门委员会（IPCC）等给予了极大关注。

1997 年，秦大河被遴选为 IPCC 第三次评估报告主要作者，2002 年被选为第四次评估报告第一工作组联合主席，2008 年再次被选为第五次评估报告第一工作组联合主席。在活跃于国际气候变化评估舞台的同时，他发起并组织国内相关领域科学家开展了中国气候与环境演变评估，于 2002 年出版了《中国西部环境演变评估》，2005 年出版《中国气候与环境演变》。IPCC 报告和中国气候变化评估等相关工作极大地推动了科学界、决策层对当今全球和中国环境问题的关注与思考。得出的基本结论对在快速发展下的中国如何做到人与自然协调相处，如何实现科学发展、可持续发展，如何应对国际气候谈判压力等给出了重要科学支撑。

秦大河于 2003 年当选为中国科学院院士，2004 年当选第三世界科学院院士。IPCC 分享了 2007 年诺贝尔和平奖，秦大河作为第一工作组联合主席出席了颁奖仪式。2008 年获国际气象组织奖和美国 NOAA 海洋大气研究杰出科学论文奖。此外，秦大河曾任国际南极科学委员会（SCAR）冰川工作组主席、国际雪冰委员会（IC-SI）副主席、IPCC 第四次（AR4）评估报告第一工作组联合主席等职；现任国际学术任职包括 IPCC 第五次（AR5）评估报告第一工作组联合主席、国际地理联合会（IGU）副主席、国际地圈-生物圈计划（IGBP）科学委员会（SC）委员、世界气候研究计划/气候与冰冻圈（WCRP/CliC）科学指导委员会（SSG）委员、2008-09 国际极地年（IPY）跨学科委员会主席等；现任国内任职包括中国科学院地学部主任、冰冻圈科学国家重点实验室主任、中国气象学会理事长、中国地理学会副理事长、中国第四纪研究会副主任、中国青藏高原研究会副理事长、《中国科学》编委、《气候变化研究进展》主编等学术职务。为国家重点基础研究发展计划（973）项目首席科学家。他曾任中国科学院兰州冰川冻土研究所副所长、中国科学院兰州分院副院长、中国科学院资源环境科学与技术局局长、中国气象局局长。2008 年当选为国际地理联合会（IGU）副主席。中国共产党第十四届、第十六届全国代表大会代表，第十届全国政协委员。现为第十一届全国政协常委、人口资源环境委员会副主任。

二、主要科学研究成就、学术思想及其影响

秦大河长期从事极地雪冰物理与气候环境记录和冰冻圈科学等方面的研究，取得了系统性研究成果；创建了我国冰芯实验室，并发展成为冰冻圈科学国家重点实验室；领导 IPCC 第一工作组气候变化科学评估工作，主持中国气候与环境演变科学评估，为科学认识全球和中国区域气候和环境演变规律做出了贡献，也为可持续发展相关决策提供了重要科学依据；他站在当代地球科学前沿，并紧密结合国家需求的战略高度，推动了中国科学院资源环境领域和中国气象科技事业的发展，做出了阶段性历史贡献。他既是一位学术思想深邃、孜孜以求真理的科学研究者，也是一位思路开阔、勇于创新、思维前瞻的战略科学家和管理专家。

（一）南极冰盖现代物理、化学和生物地球化学过程研究

南极冰盖由于面积广袤（约 1400 万 km^2），加之恶劣的气候条件，缺乏各地理单元系统性的地面实测研究。20 世纪八九十年代，秦大河通过东南极冰盖由边缘至内陆高原的断面考察研究、亚南极冰帽研究、以及近 6000km 徒步横穿南极冰盖考察研究，在国际上取得了系统性的有关雪冰物理、化学和生物地球化学过程研究成果，这些成果即使与南极研究历史比较悠久的西方发达国家相比，也是最为系统的。得出的重要科学认识包括：

（1）将南极冰盖雪密实化过程划分为暖型、冷型和交替型三种，建立了每种过程的成冰深度、年平均温度、雪的密度变幅、雪的压缩黏滞系数、晶体生长速率、C 轴组构和扁平率等参数的定量标准，较前人有关成冰作用的定性描述前进了一大步。

（2）建立南极冰盖现代降水中稳定同位素比率（$\delta^{18}O$，δD，ex-d）与气候（如

气温）的定量关系，进而建立与水汽源区、大气环流、冰盖地形之间的定量化内在联系，构成了南极冰芯稳定同位素记录解释的基础。秦大河建立了南极洲不同区域现代降水中稳定同位素比率与温度的关系。国际科学界基于这些实测资料进行校正，极大地提高了同位素大气环流模式输出结果的可靠性，横贯南极洲有关 δD 的系统研究结果为修正南极同位素气候学公式奠定了坚实基础。另外，对南极冰盖各地理单元硝酸根（NO_3）、铅（Pb）和甲基磺酸（MSA）等雪冰化学的系统研究，揭示了它们与人类活动及高层大气化学（如极光卵）间的内在联系，对解释内陆冰盖冰雪中杂质的来源、传输过程及记录具有重要价值。

（3）通过对西南极洲 Nelson 岛冰帽的综合研究，揭示了亚南极冰川一系列独特的特征，如融水强烈渗透使其具有温冰川的性质、冰的黏滞系数较高、冰体运动以底部滑动为主等；通过火山层物质成分的研究，成功地解决了亚南极暖湿气候下冰芯年层划分和积累速率确定的难题；通过雪层可溶性化学离子的研究，揭示该地区已受到人类活动的污染。

秦大河注重将微观与宏观结合、过程与记录结合，将传统定性研究向定量化研究的突破。他以南极大冰盖和亚南极地区海洋性冰帽浅表层内物理、化学过程和特征为主渐次开展，紧紧地与全球变化研究相衔接，形成了一个体系。从而定量地、有机地认识南极冰盖浅表层内反映环境、气候记录的物质的分布、沉积和演化过程，建立现代过程的模式，探讨其分布、传输和来源的全球意义。中国科学院院士施雅风和李吉均发表文章，评价秦大河取得的一系列研究成果"使我国极地冰川学跃登新台阶"。

承继秦大河横穿南极科学研究的思想，国际冰川学界于 1992 年推出了"国际横穿南极科学考察计划（ITASE）"。在德国不来梅举行的 GLOCHANT（南极地区全球变化）计划启动会上，在秦大河等的努力下，中国获得了从中山站至南极冰盖最高点 Dome A 极具科学意义和挑战的断面考察工作的认可。自 20 世纪 90 年代中期以来，中国先后共 7 次实施了 ITASE 考察计划，取得了系列研究成果，并于 2009年在 Dome A 正式建站。他还与国家海洋局极地考察办公室一道努力，使中国于1996 年正式成为国际北极科学委员会（IASC）成员国。

由于秦大河在南极冰川学界的科学贡献，国际南极科学委员会（SCAR）南极冰川学工作组先后推选他为副主席、主席。2008～2009 年国际极地年（IPY）启动时，秦大河作为世界气象组织（WMO）代表，与国际科联（ICSU）代表一起设计和发起了 IPY 科学计划，他还担任 IPY 联合委员会委员，跨委员会工作组主席，为极地科学研究不断做出中国科学家的贡献。

（二）中国西部雪冰气候及生物地球化学现代过程研究

中国是冰川大国，青藏高原及其周边高海拔地区广泛发育的山地冰川一方面是宝贵的淡水资源，另一方面，其储存的气候和环境纪录是研究环境变化的宝贵信息源。从 20 世纪 90 年代开始，秦大河带领研究团队，针对雪冰代用指标的适用性，全面开展了其现代过程观测研究。雪冰表面气溶胶从气—雪—冰传输过程是解释冰芯记录的基础。秦大河部署了天山、珠穆朗玛峰冰川上的定位观测研究。证明了代用指标的适用性。形成了一支具有国际影响的研究队伍，取得了一系列重要成果，可概括为以下几个方面：

（1）通过降水和雪层中 $\delta^{18}O$ 与温度的相关性研究、大气气溶胶和雪层中离子浓度对比研究、雪层中融水渗透对不同物质成分浓度的影响的实验观测，论证了我国西部山地冰芯中气候环境指标的适用性。

（2）在珠穆朗玛峰地区开展冰川变化、气象、大气环境等观测和冰芯记录研究。研究表明，该地区过去几十年冰川处于退缩状态，近几十年来退缩加剧，其主要原因是气候变暖使冰雪融化增强，同时，降水也有一定程度的减少，这对揭示地球最高海拔区域的现代环境状况和近期气候变化很有意义。在他带队考察和指导下，课题组对珠峰冰芯草酸、NH_4^+、火山事件以及粉尘记录开展了系统研究，揭示了印度季风、蒙古高压、西风带对该地区的影响；通过温室气体及其同位素确立了东绒布冰川的底部年代。揭示了过去数百年来冰芯记录的气候和大气环境变化历史，特别是人类排放大气污染物的变化过程。

（3）开创西部雪冰生物地球化学过程研究新领域。通过引进新方法，针对雪冰内保存完好的源区生物地球化学信息建立了技术分析系统，获得了青藏高原雪冰中微量有机成分的记录，搭建了冰川与生态环境研究的桥梁。他通过部署博士后工作，在天山和喜马拉雅山、西昆仑地区开展了雪冰内生物有机酸如甲酸、乙酸、草酸的研究。此外，冰芯实验室研究人员将该项研究拓展至大分子有机地球化学领域，如从高海拔雪冰中检测出系列痕量类脂物分子。这些分子不仅灵敏地记录了人类活动污染物，而且还详细地反映了青藏高原的季风活动。他系统开展了西部雪冰黑碳时空分布研究，并模拟了雪冰黑碳产生的辐射强迫。他部署开展寒区树木年轮研究，尤其注重同位素树木年轮学、树轮与冰冻圈因子的关联及其机理探讨，形成独具特色的寒区树木年轮研究小组。

此外，他还主持编制了包含南北坡的喜马拉雅山冰川资源图，这是世界上第一册完全版的喜马拉雅山冰川图，摸清了该区冰川家底，为国际学术界长期研究喜马拉雅山冰川变化及其社会经济影响奠定了基础。他还积极推动西部冰川的遥感监测，完成了念青唐古拉山冰川的航测飞行。当前，采用遥感技术与地面考察相结合，组织推动开展我国第二次冰川编目工作。

（三）冰冻圈科学理论框架

鉴于冰芯记录和冰雪现代过程在全球变化研究中的特殊作用及其研究中的高新技术手段发展迅速这一形势，秦大河克服种种困难，于1991年高标准主持创建了冰芯研究实验室。实验室成员在青藏高原及其周边地区钻取了一系列冰芯，为使用冰芯重建高原千年、百年气候记录奠定了基础。在南极，从中山站-Dome A 的断面考察取得了系列成果，是国际 ITASE 计划重要组成部分。实验室还部署在生物地球化学循环、雪冰微生物、冰芯气泡等方面开展了开创性工作。在十多年时间内，使中国起步较晚的冰芯研究活跃于国际科学舞台上。

随着学科的不断发展，秦大河敏锐地意识到，将冰冻圈作为一个整体，并注重冰冻圈与其他圈层的相互作用，冰冻圈各组成部分的综合集成研究，才能进一步推动本学科的飞速发展。因此，在他的倡导和主持下，冰芯实验室适时地对研究方向和侧重点做出调整，从过去以冰芯研究为主，发展到研究冰冻圈物理、化学、生物地球化循环并举，并且更加强调冰冻圈与地球系统其他圈层的相互作用，加强与国家需求、尤其是西部经济社会可持续发展之间的联系。2004年，实验室更名为冰冻圈与环境重点实验室。2007年成为国家重点实验室时，在他的提议下，命名为"冰冻圈科学国家重点实验室"。这是国际上首次在研究机构名称中使用"冰冻圈科学"概念。不谋而合，4个月后在意大利举行的 IUGG 会议上，成立了 IUGG 第八个委员会－冰冻圈科学国际联合会（IACS），这也是在国际科学界首次使用"冰冻圈科学"一词，说明实验室在构建新的学科和发展方向上极富远见和超前意识，及时顺应了冰冻圈科学领域的国际发展趋势。

进入21世纪，世界气候研究计划（WCRP）启动气候与冰冻圈计划（CliC）。秦大河作为 CliC 科学指导委员会成员，率先在国际上成立了第一个 CliC 国家委员会——CNC/CliC，并向 WCRP/CliC 提交了中国 CliC 计划和高亚洲冰冻圈研究计划。秦大河提出从冰冻圈与水、冰冻圈与气候、冰冻圈与生态以及冰冻圈变化的适应对策方面，构建亚洲冰冻圈科学的理论框架，受到国际冰冻圈科学界的普遍认同。

（四）中国气候与环境变化科学评估

西部大开发战略是邓小平理论与实践的重要组成部分。大开发战略的实施与中国科学院知识创新工程的实施基本上是同步的，中国科学院适时提出"西部行动计划"，目的在于配合国家战略进行基础性、战略性和前瞻性的研究，为中央决策提供科学依据。秦大河组织实施"西部生态环境演变规律与水土资源可持续利用研究"重大项目，在西部地区布设典型生态环境建设试验示范区，加强现代过程监测、历史演化研究和预测、预估和评估工作，并利用中国科学院在高新技术方面的优势，组织力量对适合西部地区的高新技术进行开发、集成组装、试验示范和推广。

秦大河认为，西部大开发战略需站在我国现代化建设全局和长远发展的高度，其战略和方针必须建立在正确的科学认识和结论之上。因此，摸清自然与社会相互作用的人地关系非常紧迫。秦大河组织全国 70 多位优秀科学家，借鉴国际研究规范，从自然、人文和社会等多学科入手，采用权威结论和数据，综合分析、评估了中国西部环境特征及其演变，在阐明规律的基础上，使用若干全球和区域气候模式以及统计方法进行分析，预测了中国西部生态环境变化和社会经济发展趋势，提出了适应与减缓方略。其科学结论在决策层和科学界产生了很大影响。

其后，秦大河担任 IPCC 第四次评估报告第一工作组联合主席，在他主持下，国内气候与环境演变的评估工作同步启动，将之前的西部评估工作推向全国。《中国气候与环境演变》评估工作为我国第一部《中国气候变化国家报告》的出台奠定了科学基础。基于对中国气候与环境变化科学事实的认识，评估报告对气候变化的影响，如对生态系统、农业、水资源、重大工程的影响等方面进行了论述；并从冰冻圈、生态系统、土地退化、工业、交通、服务业、城市与生活等几个方面进行了气候影响的利弊分析。评估了气候变化对我国可持续发展的影响，提出了气候变化的适应与减缓对策。

作为全国政协人口资源环境委员会副主任和中国科学院地学部主任，2008 年起，秦大河牵头组织调研组赴三江源、三峡、白洋淀等地区进行了专题调研，提出了应对气候变化、综合治理的科学方案与政策建议，发表《气候变化：区域应对与防灾减灾》。他组织召开"关注气候变化：挑战、机遇与行动"论坛，提出《积极应对气候变化若干建议》报送中央政府；组织了生态文明贵阳会议科学家论坛，达成"贵阳共识"；他还在科技界和政府高层积极呼吁尽早开展国家应对气候变化立法工作。

秦大河一贯秉持"自然科学基础-社会经济需求-国家战略"这样一种治学思想。他创建并任主编的《气候变化研究进展》一刊，坚持"气候变化-影响-适应与减缓措施-环境外交"的办刊理念，作者和读者群面向自然科学家、经济社会学家和各级决策者，积极推动着我国气候变化科学的发展，为决策者提供适时的科学依据。

2005 年创刊至今在短短数年内，影响广泛，已成为国内重要核心刊物之一。

当前，秦大河在担任 IPCC 第五次评估报告第一工作组联合主席的同时，在国内主持《中国的气候与环境：2012》科学报告和新一次《中国气候变化国家报告》的评估工作。

（五）全球气候变化的科学认知

自 1990 年起至今，IPCC 已经组织编写出版了一系列评估报告、特别报告、技术报告和指南等，对科学界和全球政治产生了重大影响。IPCC 评估报告汇集了全球有关气候变化的最新研究成果，已经成为气候变化领域的标准参考著作，被决策者和科学家广泛使用，对气候变化决策和国际谈判产生了重要影响，尤其为联合国气候变化框架公约的制定与实施提供了重要科学依据。

秦大河自 1998 至今连续三届参加和领导 IPCC 科学评估工作，对加深全球气候变化科学认识发挥了重要作用。

秦大河总结了 IPCC 最新评估工作对全球气候变化的四点基本科学认识：一是过去 100 年来，全球气候系统呈现出以变暖为主要特征的显著变化，预估未来 100 年全球气候还将继续变暖；二是全球气候变暖的机理上，认为人类活动（特别是温室气体排放）很可能是工业化以来全球气候系统变暖的主要原因；三是在这个背景下，极端气象灾害增多增强、冰川退缩、冻土退化、海平面上升、水资源匮乏、土地沙漠化、生物多样性受损，威胁着人类生产、生活乃至生存，并对自然生态系统和经济社会系统带来严重影响；四是应对全球气候系统变暖，需要世界各国的共同努力，需要全社会在控制温室气体排放、节约能源资源、加强防灾减灾能力建设等多方面采取更加有效的措施。

IPCC 因对气候变化科学的贡献及其全球影响力，被授予 2008 年度诺贝尔和平奖，秦大河受中国政府派遣，出席了颁奖仪式。

（六）推动资源环境领域改革，优化科技创新体制

秦大河任中国科学院资源环境科学与技术局局长期间，锐意创新，大胆改革，调整和发展了资源环境科学领域学科布局，对建立健全国家创新体系做出了积极贡献。他调整工作重点，提拔青年干部，制订适应新形势的工作方法和作风，提高管理工作水平，在中国科学院的领导下，中国科学院资环领域工作有了新发展。主要包括：构建了资源环境领域知识创新的基地框架；实施了研究所的结构性调整，增强了研究所的综合实力；组织实施了院西部行动计划，进行西部地区环境演变规律

与资源可持续发展的研究，启动了 5 个典型生态脆弱地区（内蒙古草原、黄土高原、黑河流域、塔里木河下游、岷江上游）生态恢复的试验示范研究，云南天然药物的研究；开展了相关领域的规划，如规范中国生态系统研究网络（CERN）的管理，筹划区域大气本底观测网络、特殊环境与灾害监测研究网络、地磁台链的建设，并积极推动国家野外科学观测研究台站建设。启动了中国碳循环项目，加强了我国南极地区的科学研究，酝酿了青藏高原研究所的成立，等等。

（七）提出新时期气象事业发展的战略方向和科学理念

秦大河主持的"中国气象事业发展战略研究"，对认识如何发展新形势下的中国气象事业做出了重要的理论贡献。其中对于气象事业改革和发展具有重大指导意义的有两条，一是在战略定位中明确气象事业是科技型、基础性社会公益事业，二是在战略思想中明确坚持公共气象的发展方向，树立"公共气象、安全气象、资源气象"理念，经国务院确认，成为新时期指导我国气象事业发展的总体方向。对照"三气象"的发展理念，秦大河认为气象部门还有许多不足，制约气象事业发展。具体表现在四个方面：一是站网布局不符合气候系统观测的要求，综合观测不能满足提高气象预报预测准确率及其他新拓展业务的需求，新的业务服务发展不快，缺乏基础业务支撑，特别是探测的支撑；二是预报、预测、预估体制不符合公共、安全和资源气象的发展要求，导致了天气预报时效和精细程度不高，也使得经济社会发展急需的气候变化、大气成分、生态与农业气象、雷电、空间天气、人工影响天气等业务发展缓慢；三是由于科研和人才机制缺乏活力，使得气象科技含量高的成果不多，且科研成果向业务服务的转化能力不强，高素质人才严重不足，队伍的知识结构、专业结构和资源配置不合理，在人才的培养、使用和引进上存在着误区；四是部门分割的管理体制客观上形成了重复建设、数据和资源不能共享的局面，不同程度地影响了信息、科技和人才的必要流动。

秦大河提出实施科技兴气象战略，认为实施这项战略必须具备深远的战略眼光。应该看到学科不断交叉融合、新的科学前沿不断出现、技术创新不断取得突破、科技经济一体化深入发展的趋势和特点；看到适应、减缓和应对未来全球气候变化，促进人与自然和谐，是人类社会发展不可回避的重大问题；看到气候系统五大圈层之间的物理、化学、生物过程与人类活动影响相互交织、多重叠加的复杂性；看到地球观测继续向多圈层的全程、实时和定量监测的方向发展，天气预测预报继续向无缝隙的方向发展，气候预测和预估模式继续向更广领域、更加集成的地球系统模式方向发展，气象服务继续向多元化、全球化方向发展。因此，他强调应瞄准对提高气象科学水平和业务应用有全局性影响的关键科学技术问题，进行重点研究，实现重要突破，获得有世界影响的科技成果，为气象事业的全面发展提供强有力的科技支撑。为此，他启动了配套的气象业务技术体制改革，确立了"多轨道、集约化、研究型、开放式"改革方针，为新时期气象事业发展做出了历史性贡献。

他积极推动气象部门与相关高校合作，形成人才培养和使用上良性互动的生动局面；与兄弟部委联合，使气象科研与业务走向更广阔的服务天地，反过来以需求促业务，推动气象科技与业务的发展。在多圈层、多部门合作理念下，秦大河领导全国多部委联合，共同设计了中国气候观测系统（CCOS），既与全球气候观测系统（GCOS）接轨，又结合中国实际，大大推动了我国地球观测系统的建立。

（八）人才培养

秦大河院士始终将培养人才放在第一位置。他每年主持一期"气候系统与气候变化国际讲习班"，亲任校长，聘请国际顶尖科学家来华讲课，学员来自全国各高校和部委，并吸引了越来越多的国际学员，受到欢迎。在中国科学院研究生院主讲《冰冻圈科学概论》课程。秦大河非常注重中外联合培养研究生，注重学科发展上紧跟国际前沿。平时给任务、压担子，在实际工作中锻炼和培养青年人才。他培养的研究生，一部分已经成长为相关研究领域的重要骨干。

秦大河具有独到的人才观，尤其强调"复合型"人才不可或缺。他认为，当今中国发展快，要全面落实科学发展观，涉及到经济社会可持续发展，特别涉及到人与自然和谐发展，要调解复杂的人地关系。资源环境领域的科学研究和人才培养，要为资源环境领域的科学研究和社会发展提供理论和人才支持。

在秦大河的努力下，中国专家在 IPCC 报告中担任主要作者的专家人数大幅提高，从第一次评估报告的 9 人上升到第四次评估报告的 28 人。迄今我国共有 100 多位科学家参加了 IPCC 评估报告和特别报告的编写和评审，这些科学家来自全国多个部委和高校，越来越多的年轻科学家开始走上国际科学舞台，极大地强化了我国在 IPCC 相关活动以及国际气候变化研究领域中的影响和作用，为我国在环境外交中争取主动和推动社会经济的可持续发展发挥了积极作用。

三、秦大河主要论著

Qin Dahe，Young N W. 1988. Characteristics of the initial densification of snow/firn in Wilks Land，East Antarctica. Annuals of Glaciology，11：209.

Qin Dahe，Wang Wenti. 1990. The historical climatic records in ice cores from the surface layer of Wilks Land，

Antarctic. Science in China (Series B)，33（4）：460-466.

Qin Dahe，Wen Qibin，Thwaits R J. 1991. Stratigraphic and geochemical characteristics of ice core from Qogir Glacier，Karakoram-2. Journal of Chinese Geography，2（4）：70-76.

Qin Dahe，Zeller E J，Dreschhoff G A M. 1992. The distribution of nitrate content in surface snow of the Antarctic ice sheet along the route of the 1990 International Trans-Antarctica Expedition. Journal of Geophysical Research，97（45）：6277-6284.

Qin Dahe，Zielinski G A，Germani M S，et al. 1994. Use of tephrochronology in the evaluation of accumulation rates on Nelson Ice Cap，Antarctica. Science in China (Series B)，37（10）：1272-1278.

Qin Dahe，Petit J R，Jouzel J，et al. 1994. Distribution of stable isotopes in surface snow along the route of the 1990 International Trans-Antarctica Expedition. Journal of Glaciology，40（134）：107-118.

秦大河. 1995. 南极冰盖表层雪内的物理过程和现代气候及环境记录. 北京：科学出版社：1-202.

秦大河主编. 1999. 喜马拉雅山冰川资源图（中英文版，1 套 7 幅）. 北京：科学出版社.

秦大河主编. 1999. 青藏高原的冰川与生态环境. 北京：中国藏学出版社：1-227.

Qin Dahe，Mayewski P A，Lyons W B，et al. 1999. Lead pollution in Antarctica surface snow revealed along the route of the International Trans-Antarctic Expedition (ITAE) . Annals of Glaciology 29：94-98

Qin Dahe，Ren Jiawen，Kang Jiancheng，et al. 2000. Primary results of glaciological studies along an 1100 km transect from Zhangshan Station to Dome A，East Antarctic ice sheet. Annals of Glaciology，31：198-204.

Qin Dahe，Mayewski P A，Wake C P，et al. 2000. Evidence for recent climate change from ice cores in the central Himalaya. Annals of Glaciology，31：153-158.

秦大河，任贾文主编. 2000. 南极冰川学. 北京：科学出版社：1-239.

秦大河总主编. 2002. 中国西部环境演变评估（共四卷）. 北京：科学出版社.

秦大河，孙鸿烈. 2004. 中国气象事业发展战略研究（总论卷）. 北京：气象出版社：1-126.

秦大河，陈宜瑜，李学勇总主编. 2005. 中国气候与环境演变（上、下卷）. 北京：科学出版社.

Qin Dahe，Liu Shiyin，Li Peiji. 2006. Snow cover distribution，variability，and response to climate change in Western China. Journal of Climate，19：1820-1833.

IPCC. 2007. Summary for policymakers//Solomon S，Qin D H，Manning M，et al.，eds. Climate Change 2007：The Physical Science Basis. Contribution of Working Group I to the Fourth Assessment Report of the Intergovernmental Panel on Climate Change. Cambridge：Cambridge University Press.

IPCC. 2007. Climate Change 2007：Synthesis Report. Contribution of Working Groups I，II and III to the Fourth Assessment Report of the Intergovernmental Panel on Climate Change. IPCC，Geneva，Switzerland：1-104. (by Core Writing Team including Qin D H)

主要参考文献

秦大河. 1990. 我是秦大河. 兰州：甘肃少年儿童出版社：181.

施雅风，李吉均. 1994. 80 年代以来中国冰川学和第四纪冰川研究的新进展. 冰川冻土，16（1）：1～14.

中国科学院. 2005. 中国科学院西部行动计划纲要.

秦大河，孙鸿烈，孙枢等. 2005. 2005～2020 年中国气象事业发展战略. 地球科学进展，20（3）：268-274.

撰写者

效存德（1969～），甘肃定西人，中国科学院寒区旱区环境与工程研究所研究员。从事冰川与环境研究。

致谢：冯仁国、陈振林、张洪广提供有关材料，任贾文、丁永建、侯书贵、康世昌、孙俊英提出宝贵意见，在此一并致谢！

李小文

　　李小文（1947～），四川自贡人（籍贯安徽贵池）。遥感地理学家。2001 年当选为中国科学院院士。1968 年毕业于成都电子科技大学。1985 年在美国加州大学圣巴巴拉分校（UCSB）获地理学博士学位，1986 年底回国。1995 年起任中国科学院遥感应用研究所研究员兼美国波士顿大学研究教授，1999 年起任北京师范大学长江学者特聘教授、遥感与地理信息系统研究中心主任；2002～2007 年曾任中国科学院遥感所所长。国家"973"项目"地球表面时空多变要素的定量遥感理论及应用"和"陆表生态环境要素主被动遥感协同反演理论与方法"首席科学家。李小文长期从事地学与遥感信息科学领域的研究工作，主要研究方向为地面目标二向性反射几何光学模型、遥感模型反演理论、非同温表面热红外辐射的有效发射率及其方向性模型等。他创建了 Li-Strahler 几何光学模型，并入选国际光学工程学会（SPIE）"里程碑系列"；他又相继创建了不连续植被的间隙率模型，考虑入照与反射方向相互荫蔽效应的几何光学模型和几何光学-辐射传输混合模型；他提出了有限厚度介质层内的路径散射模型，首次获得了有关四分量多次反弹的完整表达式；他纠正了传统的 BRDF 互易原理证明中的错误；他的一系列研究成果有力地推动了定量遥感研究的发展，第一作者论文 SCI 他引约 800 次。他曾获中国科学院自然科学奖一等奖，中国高校科学技术奖一等奖，长江学者成就奖一等奖。

一、成 长 历 程

　　（1）嗜书如命、好学不倦、特立独行。李小文出生于四川自贡（籍贯安徽贵池）一个知识分子家庭，父亲是一名建筑工程师，母亲是一名会计。他 4 岁时因为父亲母亲工作都忙，无暇照管他，当地又无幼儿园，就早早上了小学。父母本意让他试试，不行就叫停。不料，他居然对读书兴趣盎然，也就坚持了下来。这孩子对衣着之类都不感兴趣，最"恨"跟妈妈去逛商场，但书对他却有超强吸引力。5 岁随父亲工作调动到成都，发现小人书摊后他很兴奋，就此，从古旧书到报纸、杂志，他逮着什么看什么，与书结下不解之缘。

1957年，李小文走进了成都市28中学，当时是一所仅有初中的普通中学，大跃进时开办高中，被戏称为戴帽子高中，李小文在这里完成了他6年的中学教育。他不耐按部就班被动学习，不愿听老师照本宣科，满足于考试拿个及格回家不挨打，腾下大量时间去旧书店、新华书店、图书馆等地，徜徉在知识的海洋里，流连忘返。他虽然学习成绩并不突出，但因为年纪比同班同学小几岁，学校的老师和同学们仍以极大的爱心和宽容悉心呵护，为他营造了一个宽松的环境。多年以后，李小文怀着感激的心情回忆起班主任张显英老师一针一线为他补裤子的情景，陈惠琼校长在"文革"中被批判，其中一条罪状就是说过要培养李小文念研究生，被污为是"培养修正主义苗子"。李小文感谢他的中学母校留给他的"是大量温馨的回忆，而不是压力和恐惧"。

1963年，李小文16岁考入成都电讯工程学院。当时的大学已充满政治斗争的氛围，但成电的领导、老师和同学们仍对他关爱有加。从一般意义上说，他是个不太安分的学生，小错不断，大错不犯；讨厌毫无意义的形式主义，厌恶弄虚作假；不愿上大课，但对讨论课饶有兴趣；愿意做有挑战性的难题，却不愿做单调、照抄式的作业。在成电他最常去的地方是图书馆，浩瀚的知识海洋给了他无穷的乐趣，古今中外，天文地理，文史哲学都是他涉猎的对象。时间一久，管理员也就知道这孩子真是热爱读书的，破例给了他径入书库开架挑书、随便借书的优待。他的特立独行、不拘小节在当时的政治气候下，是要担风险的。但领导、老师、同学们仍然力所能及地保护这个虽然调皮任性但聪慧善良，性情耿直但幽默诙谐的学生。

要命的是他对文史的兴趣似乎更大于对理工的兴趣，而且素来钦佩那些为国为民，刚直不阿，宁鸣而死，不默而生的清官、贤人，但很快他就尝到了苦果——如果没有领导和同学们的保护，也许他早已遭受灭顶之灾。

苦果源自李小文1965年向《光明日报》的一篇投稿，驳斥姚文元的"评海瑞罢官"。当时本来是"学术讨论"，他就算用词尖刻一点，也不算什么大事，毕竟他才18岁，但随着姚文元的政治地位的不断上升，这个问题就很难定性了。总而言之，《光明日报》本通知学校要登，要政审材料。后来风向已变，不但没有登，而且将原稿退回原单位供批判用。1968年9月工宣队在毕业分配前点名批判的那一天，李小文知道要来的终于来了。尽管他自认无辜，但在当时严峻的政治形势下，也难免忐忑不安，不知道会有什么大祸临头。为免株连，就托班上同学带条子给亦为同班同学的女友，说了些"从此分两地，各自保平安"之类的傻话。俩人在沙河边上抱头痛哭了一场，决定携手共赴磨难。没想到大批判开始以后，同学们对他都很好，会上敷衍一下，下来却给他各种安慰和鼓励，还称赞文章写得好，写得痛快。但他仍然作为问题学生而分配不出去。

系里李子瑜书记当时也已经"结合"了。李小文的未婚妻曾为开结婚证明找过她，她爽快地说，李小文那点问题不算什么，只要今后努力，她相信李小文会成为一个很好的同志。寥寥数语，给了李小文极大的鼓励和安慰。后来据知情人士说，李书记为阻止对他问题的乱上纲也尽了极大的努力。

三个月后，西昌河西的一个军垦农场不在乎成电这十多个学生犯过什么错误，愿意接受他们去那里劳动锻炼。一年半后，李小文被再分配到绵阳地区无线电厂。他在那里工作了8年，从采购员到厂子设在县上的门市部修收音机。一个偶然的机会，厂里发现了他的潜力，把他调进新产品试制组。他主持试制成功了若干种新产品，包括四川省第一台小型计算机。绵阳8年，他除了努力工作，仍坚持不断学习。许多人还记得起这事，当时他有一辆破自行车，他骑着它去上班得穿过绵阳城区。因刹车不灵，铃铛不响，他不能骑很快，就一手拿本书，一手扶车把，边骑车边看书。当时清华在绵阳有个分校，李小文也带清华的学生实习。清华的学生眼界就是不一样，有次闲聊一个学生说：中国不会永远愚昧下去，中国最终要靠科学技术致富强国。我们要做好准备，机会只会眷顾那些有准备的人。那是公元1976年。

弹指一挥间，李小文已由20岁出头的小青年步入"耳顺"之年。30年的旅程难免风风雨雨，他始终忘不了在人生的关键时刻曾给过他帮助和鼓励的人们。

（2）求真务实，不惧权威，锐意创新。1978年，我们的国家经过长达十余年的"文化大革命"，迎来了改革开放后的春天。这一年，国家恢复了研究生招考，随后，又决定派遣出国留学生。这一切，在今天看来，是那么的自然，那么的顺理成章。可在当时，国家经济濒临崩溃，百废待兴，还要担心留学生一去不归，渺若黄鹤，因此反对意见很强烈。最后据说是小平同志拍板定案，第一批派遣到欧美各国攻读学位的留学生才得以踏上征程。

李小文考上了中国科学院地理研究所二部（现中国科学院遥感应用研究所），又通过了英文统考，成为这一批留学生中的一员。1979年到达美国加州大学圣巴巴拉攻读遥感专业博士学位，师从美国著名遥感地理学家Simonett及Strahler教授。

遥感是一门交叉学科，要求他不仅要修地理系的有关学科，还要修电子工程系的计算机及图像处理的有关课程，数学系的概率论及统计学的有关课程，以至生物系的有关课程。所以他一去就开始到电子与计算机工程系选修图像处理课，认识了终生难忘的一位老师Glen Wade教授，是当时美国声学断层成像的权威。

在讲断层成像原理的时候，Wade教授用两行两列4个象元（A11，A12，A21，

A22）为例，假定 A11，A12，A21，A22，4 个象元排成两行两列，水平投影过去，能得到：

$$A1 = A11 + A12; \tag{1}$$
$$A2 = A21 + A22。 \tag{2}$$

换一个角度，垂直投影下来，能得到：

$$B1 = A11 + A21; \tag{3}$$
$$B2 = A12 + A22。 \tag{4}$$

这样，Wade 教授认为用 4 个观测量 A1，A2，B1，B2，就能解出 A11 等 4 个未知量。由于大家都学过解方程组，觉得 4 个方程解 4 个未知数顺理成章，很多年过去了，没人提出疑问。

但李小文想，A1＋A2－B1＝B2，显然，上述 4 个方程不是独立的。李小文发现是 Wade 错，就在课堂上发问了。Wade 教授很快就理解到方程组是欠定的，对李小文大加赞赏，据此修改了他的讲义，到处致谢。还跨系聘他作 RA。后来李小文离开 UCSB 时，Wade 教授又特别为他开了个欢送宴会，宴会上 Wade 教授致辞说，这次破例欢送李先生，是因为两件事他感触特深：一件就是那个欠定方程组，李先生能不惧权威，独立思考。另一件事就是他表现出对弱者的关怀。这件事大概是这样的，一位台湾公费生，研究做得不够好，到公费期满，论文还出不来，Wade 教授以研究生经费已经花光了为由，拒绝给他资助，因此他无法在暑期继续完成论文。李小文觉得部分原因是自己跨系抢了别人的机会，差几个月拿不到学位也够惨的。所以就找 Wade 教授开后门，把他的暑期全奖分一半给那位台湾同学。

Wade 教授指出，"不惧权威"和"同情弱者"是形成一个好的科研团队的必要条件，希望课题组所有的同学都学习李小文，所以才破例欢送。

1981 年李小文的硕士论文出炉了。Simonett 及 Stralher 教授看了很兴奋，认为很有创意，稍加完善就是一篇很有分量的作品。这就是后来所谓的 Li-Stralher 模型的雏形。

1985 年他取得学位的同时发表了他的博士论文，主要考虑了地物的宏观几何结构，在解释复杂地表的反射特征时有其简单、明晰的优势，得到国内外遥感学界的普遍承认。国际知名专家、美国科学院、工程院院士 R. Dickinson，美国遥感界先驱者之一、堪萨斯遥感实验室前主任 Moore 教授，我国遥感界奠基人陈述彭院士，美国宇航局副局长 Asrar 教授等人都曾高度评价几何光学模型。

1995 年 *Li-Stralher Model*（1985 年论文）入选国际光学工程学会（SPIE）"里程碑系列"。

　　说到他的成名作——遥感几何光学模型时李小文只轻描淡写地说：我们的先贤早就观察到了初春草地反射的方向性这一现象，韩愈诗中一句"草色遥看近却无"对此就有高度概括。我创立这一模型时是否受了这句诗的启发已经想不起了，但这句诗是中学时代塞进肚子并潜移默化、影响我对自然现象的理解与描述，则是毫无疑问的。

　　任何成功都不是偶然的，李小文的几何光学模型也是他心血的结晶。

　　李小文是学电子出身的，后来搞图像处理，遥感。Strahler 要他研究针叶林树冠阴影与其反射的关系。当时已经有不少人怀疑二者是有关系的，但从数学上讲不清。比如一个 J. Smith 教授的学生，在树林里做了大量辛苦的测量，测量结果表明，树冠的郁闭度和地面阴影的面积基本上不相关。李小文觉得有违常识，就仔细阅读了他们的测量方法、数据和处理方法，发现他们的郁闭度测量和阴影面积的测量是在 $10m \times 10m$ 的网格上测量的，但从树高和太阳角来算，阴影应投射到 10 m 以外，所以他们的结论是错误的。要弄清二者的相关，必须在更粗的网格上作相关分析。Strahler 觉得有道理，但告诉李小文说这个 J. Smith 是权威人士，你说他署名文章结论错了，应该向他请教一下。于是，把李小文的分析寄给 J. Smith。很快有了回信，Smith 认为李小文的分析是对的，他们选的尺度不合适。就此得到 Smith 后来的支持，NASA 的遥感科学计划一开始，1983 年 Strahler 就和 Smith 联合申请到了一个三尺度森林建模的项目。

　　1986 年他做二向性反射（BRDF）模型的时候，唯一可用来验证的成套测量数据是 Kimes 提供的。作为学电子出身的李小文，立即注意到 Kimes 的测量数据不满足互易原理。于是李小文请教 Kimes 是否测量误差太大。Kimes 回了一封长长的信，说测量误差绝对大不到那个程度，互易原理在野外测量中有问题，并举出了几种互易原理可能失效的场景。但 Kimes 的这些例子并未说服李小文。当时只能把光照树冠亮度作为已知条件回避了争论。但是为树冠亮度建模毕竟是模型进一步发展的自然需求，所以此后查阅了有关文献，发现测量数据与互易原理不符的争论从 20 世纪 50 年代中期关于实验室测量数据就已经开始了，搞测量的和搞理论的争论不休，谁也说服不了谁。到 1997 年李小文被迫卷入了赫姆霍兹互易原理能否适用于地物的二向性反射的争论。互易原理适用于地物 BRDF 的支持者引用 Siegel 和 Howell 在其"热辐射与热传输"一书中给出的一个互易原理的"热力学证明"，该书 1981 年、1992 年先后出版第 2、3 版，有相当的权威性。1998 年李小文指出了该书中对互易原理的热力学证明中有循环论证的错误，首次发表了在该书作者假定条件下导出的正确结论。1999 年首次给出赫姆霍兹互易原理在遥感象元尺度上非普适性的证明。这不仅是在理论证明上的突破，而且对大量的 BRDF 建模研究和试验研究、对目前新型多角度遥感数据的信息提取都具有指导意义。

厚积薄发，李小文用几十年的知识积累和实践印证了这个道理。

李小文学成归国后，1987 年写了一个自然科学基金面上项目申请，1988 年开始有了一个 3 年共 3 万元的课题。现在看来钱不多，但当时给了他很大的鼓舞。再接再厉，又写了一个项目申请，1989 年开始有另一个 3 年共 8 万元的课题，当时在地学部面上基金资助强度就算很高的了。他的一个特点是有经费，与其他科学家密切配合一道作，所以两个基金项目进展顺利。同时又与波士顿大学同事一道申请了美国 NSF 的美中学术交流项目，促成了基金课题组与波士顿大学科学家之间的多人次互访，两个基金项目成功结题后，获得 1994 年中国科学院自然科学奖一等奖，同时也形成了比较稳定的科研群体。此后，他又先后申请到自然科学基金重点项目、科技部攀登项目、两个"973"项目及几个国际合作项目，科研团队稳中有扩，在自己的优势领域锲而不舍。

二、主要研究领域和学术成就

（一）主要科学研究成就

对地遥感观测已成为国际社会广泛关注的热点，也是我国科技发展中长期规划的重点方向。李小文长期从事遥感科学的基础研究工作，建立发展了地面目标二向性反射几何光学模型系列；在对地遥感反演研究中力倡病态反演理论，创立了多阶段目标决策反演框架；始终不渝地注重遥感科学的根本问题：时空尺度问题。其研究成果，推动了我国定量遥感基础研究的发展和遥感应用。

1. 创建植被冠层的二向性反射几何光学模型系列

自 1970 年代以来，植被二向性反射机理研究曾经主要采用经典的大气辐射传输理论，但由于植被叶片远大于大气分子和气溶胶粒子，且丛集为植株或树冠，因而，辐射传输模型就变得非常复杂，甚至无法求解，只好把植被处理成"绿色气体"，或者干脆用叶片的光谱来代替植被光谱，戏称"大叶模型"。李小文等最先证明了象元尺度上植被冠层 BRDF 的关键在于象元结构，发现了林地象元中光照冠层、阴影冠层、光照地面、阴影地面四个分量在不同观测方向的面积比是描述象元 BRDF 的主要因素。于 1985 年、1986 年创建了植被 BRDF 的李-Strahler 几何光学（GO）模型，奠定了后继的 GO 模型系列的基础。1988 年建立了离散植被冠层的间隙率模型

（Pgap），成为几何光学模型与辐射传输模型衔接的桥梁。1992 年发展了考虑入照与反射两方向相互荫蔽现象的森林冠层几何光学模型（GOMS），后成为经广泛验证和实际应用的森林遥感模型。1995 年在 Pgap 模型基础上进一步建立了几何光学-辐射传输混合（GORT）模型。仅上述 5 篇文章到 2007 年 SCI 他引已近 500 次，在国际上有重大影响。

2. 力倡对地遥感的病态反演理论

从多种遥感观测数据中，通过遥感模型的反演来提取描述地表时空过程的参数，是定量遥感应用的本质问题。陆地遥感反演长期局限于采用处理数据量多于未知量（超定）的成熟算法，如最小二乘法，但定量遥感往往需要用少量观测数据来估计一个复杂系统的当前状态，本质上是一个病态反演（欠定）问题，类似于前面讲到的 Wade 教授那个方程组。自 1995 年以来，李小文等明确提出了要获得遥感模型高精度反演结果必须基于先验知识的积累这一思想。通过在反演模型中引入贝叶斯反推理论，提出了解决遥感反演中"病态"问题的新方案，发展了基于参数空间分割的多阶段目标决策反演策略；提出并构造了描述模型参数与观测数据信息的"不确定性与敏感性矩阵"（USM），给出了对反演策略进行定量判断的判据，使遥感反演方法科学化，为建立完整的遥感反演理论体系奠定了基础。2001 年他又对基于先验知识的遥感反演理论进行了系统论述，提出了如何将野外测量的 BRDF 数据作为先验知识积累进行遥感反演的新方法。在此基础上、国际上已高度重视并有进一步工作，国内的研究团队也取得了系列重大进展。

3. 推动遥感科学根本问题（时空尺度效应和尺度转换）的研究

遥感算不算科学？有没有自己的科学问题？1970 年代末美国也曾有过这样的争论。有人认为遥感只是高技术在地学上的应用。David Simonett 指出，尺度问题是遥感科学的根本问题，遥感象元的多尺度特点，是现有科学任何分支都没有现成答案的。遥感科学是一门新兴的交叉学科，是地学与物理、信息、数学等多学科在象元时空尺度上的交叉。在 Simonett 等的推动下，美国 NASA 在 1980 年代初就启动了第一期 15 年的遥感科学计划。

李小文等在建立 BRDF 的 GO 模型，在研究互易原理的适用性的时候，无不首先明确问题的尺度，就是这个道理。他们的工作事实上也推动了 NASA 遥感科学计划的建立和进展。

李小文回国后，和同事们一起，建立了地表热红外辐射方向性和普朗克定律尺度效应模型。普朗克定律是现代物理学的基石之一。但长期以来不加考查即将其用于象元尺度，导致了象元有效发射率定义不清，严重影响热红外遥感精度的提高，限制了应用。针对大多数地表象元很难满足普朗克公式适用的同温条件这一事实，李小文等将 GORT 模型的原理应用于热红外，于 1999 年提出了非同温象元有效比辐射率的新定义，提出了象元尺度上由于组分温差引起的有效比辐射率视在增量这样全新的概念，明确引入了象元表面的几何光学特征，来描述由于结构和温差分布而导致的附加方向性和波谱变化。并将新定义中视在发射率增量这一附加项与 BRDF 导出的考虑多次散射的同温表面发射率项相结合，构建了适用于非同温地表热辐射方向性的概念模型，成功地解释了非同温表面方向发射率/辐射的观测数据，而这是原先同温表面发射率模型和单纯几何光学模型均做不到的。

他们进而从研究非同温表面上普朗克定律的尺度效应出发，提出了普朗克定律用于非同温黑体平面的尺度修正式及其二阶台劳近似，进一步将普朗克定律的尺度纠正推广到一般的非同温三维结构非黑体表面，这也是对上述概念模型的进一步完善和逻辑发展，即用象元尺度上的统计参数来纠正普朗克定律，不再要求使用亚象元尺度上的参数。由此成功地解释了热红外辐射的方向性并解决了普朗克定律的尺度纠正问题，这是对热红外遥感基础研究及其应用的贡献。被称为美国大气环流模式（GCM）之父的 Bob Dickinson 院士对李小文的这一研究成果给予了高度评价。

（二）学术思想及其影响

李小文的学术思想和研究成果对于遥感科学技术的发展及其应用的推动作用，主要表现在以下几个方面：

1. 植被遥感几何光学模型系列的广泛应用

反照率是影响地表能量平衡的关键参数。一些陆面过程模型由于不能得到全球反照率的时空分布而被迫在很大的范围基于地表类别给定反照率的数值，这给过程模型的精度造成了很大影响。各国科学家都致力于研究如何在模式中应用遥感得到反照率产品，其中最受关注的就是美国中分辨率成像光谱仪（MODIS）的卫星全球反照率产品。李小文的几何光学模型被 MODIS 卫星全球反照率产品生成组引入到其半经验线性模型中，进而被证实他的几何光学模型和辐射传输模型 Ross-thick 的组合，对于该反照率产品算法是最佳的。在反照率产品反演算法中，同样用到了李小文提出的基于先验知识的遥感反演理论，在遥感数据受云等因素影响质量不高的情况下发挥了重要作用。鉴于李小文及其研究团队在多角度遥感领域所取得的成就，首届国际多角度遥感会议于 1996 年在北京举行，迄今已进行到第四届，使得多角度遥感在整个遥感学界独树一帜，并推动了多角度遥感信息获取技术与应用的发展。

2. 遥感基础研究成果直接推动遥感技术的发展

基础研究发现的科学规律常是科学技术发展的原动力。李小文基于对遥感机理的深刻理解与对遥感发展方向的宏观把握，曾作为国家"863"计划信息领域专家，对国家对地观测信息获取与处理技术的发展，提出过很多重要建议。如曾指出我国应该充分发挥中国科学家的聪明才智优势，注重海量遥感数据的应用研究，而不是仅仅发展传感器研制技术，去和发达国家拼经济实力。

例如，地物波谱对于遥感识别地物具有指纹效应，配套的典型地物波谱与环境变量的地面测量数据是遥感模型的重要参数，也是遥感模型反演需要的先验知识。但是，过去我国乃至世界上光谱数据的采集往往重在采集光谱数据本身而忽视了环境参数和模型的重要性。李小文有针对性地提出了建设地物波谱知识库的立项建议，项目执行中，制定了"地物波谱和配套非波谱参数测试技术标准和规范"、"实验仪器设备、实验室、试验场技术规程"等 8 个地物波谱数据测量和数据库建设的标准与规范，收集了定量遥感反演需要的大量典型地物波谱数据和配套参数，建设了集测量波谱数据库、模型库、知识库和影像库于一体的我国典型地物波谱知识库及其网络发布服务系统，成为衔接遥感基础研究和遥感应用的科学数据平台。

又如，在地表二向性反射和热辐射方向性机理建模所取得的理论成果基础上，推动了我国在机载多角度传感器研制方面的技术发展。李小文的研究团队，先后主持国家"863"课题，研制成功了机载多角度和热红外成像系统（AMTIS）原理样机和实验样机，可以获取可见、近红外和热红外 3 个波段 9 个角度的机载多角度多光谱图像，在地表反照率、叶面积指数、组分温度的反演和农田旱情监测方面具有优势，也曾是国际上唯一能准实时获取 9 个角度可见光、近红外和热红外遥感图像的遥感传感器系统。

3. 强调遥感建模与试验的紧密结合，指导我国的大型星-机-地同步遥感试验

遥感科学研究与遥感试验紧密相关，一方面遥感试验为遥感模型提供验证数据，另一方面星-机-地同步观测的试验过程和获取的数据常是启发和发现遥感科学问题的重要来源。多年来国际国内遥感界都十分重视综合遥感试验，因而如何部署试验、有效获取和应用试验数据，对遥感基础研究和遥感应用都很重要。李小文强调遥感

建模与试验队伍的紧密结合，注重从试验中发现科学问题。2001 年 3～5 月，李小文主持的国家"973"项目"地球表面时空多变要素的定量遥感理论及其应用"，在北京顺义组织了大型星-机-地同步定量遥感试验，获取了大量同步配套的遥感实验数据，为遥感建模和反演研究提供了数据基础，在热红外辐射方向性模型验证和改进、遥感反演模型的发展、时空分布农田生长参数的遥感反演等方面取得了一系列研究成果。试验还推动了多项测试技术发明专利的产生，其中地面多角度观测装置专利技术已经输送到西班牙、荷兰等国家。2008 年 3～7 月，李小文主持的又一个国家"973"项目"陆表生态环境要素主被动遥感协同反演理论与方法"与李新研究员主持的中国科学院创新项目合作，面向黑河流域的生态环境和水资源的遥感应用，再次进行了大型综合星-机-地同步遥感试验。李小文反复强调建模与实验要齐步走：建模要考虑怎么验证，实验要心中有模型，这样测得的数据才能用来验证或改进模型。实验很花钱，如果心中没模型，测来的数据自己都不知道怎么用，压在箱子里等着变现，就是糟蹋老百姓的血汗。

4. 推进定量遥感基础研究和遥感应用的结合

在定量遥感基础研究中，李小文注重基础研究与应用的结合，强调从应用需求中发现科学问题，并将基础研究成果尽快应用于相关学科，直至直接为国家和社会服务。李小文主持的第一个遥感"973"项目，就将遥感应用定位于为精准农业提供作物生长参数的时空分布信息。通过遥感监测作物长势、旱情和品质限制因子，项目的理论成果被应用到基于定量遥感信息和农业智能网络系统的"作物遥感肥水调优栽培决策系统"中，为精准农业肥水管理和订单优质小麦质量控制，提供辅助决策支持。在 2008 年雪灾中和汶川地震后，他都积极为向国家提供灾情遥感信息发挥了自己的作用。

（三）人才培养

李小文常说，他得益于他的导师不少，有样学样。他对学生也是鼓励他们和权威、老师讲道理，曾重奖质疑他的说法并最终论证自己观点正确的学生。他用自己的长江学者津贴、长江学者成就奖的奖金等额外收入设立奖、助学金，包括补贴学生到国外合作学校进修。他指导学生完成的研究成果，通常也是以学生为第一作者发表。他的逻辑是：师生贡献谁多谁少，很难量化，弱势优先。他说："1985 年那篇文章，当时如果导师 Strahler 要求作第一作者，我多半会让步的。但 Strahler 没有这样做，20 多年来的合作，证明这是双赢模式。"

经过多年的不懈努力，他培养的多名硕士研究生、博士、博士后，多数已在遥感基础研究、遥感应用和遥感专业教学的广大舞台上有突出表现，其中不乏年轻的学术带头人，推动在短期内形成了一支具有创新能力的遥感机理研究和实验研究队伍，活跃在国际遥感科学研究的前沿。

三、李小文主要论著

Li Xiaowen，Stranhler A H. 1985. Geometric-Optical modeling of a conifer forest canopy. IEEE Trans. on Geosci and Remote Sensing，GE-23（5）：705-721.

Li Xiaowen，Strahler A H. 1986. Geometric-Optical bidirectional reflectance modeling of a conifer forest canopy. IEEE Trans. on Geosci and Remote Sensing，GE-24（6）：906-919.

Li Xiaowen，Strahler A H. 1988. Modeling the gap probability of a discontinuous vegetation canopy. IEEE Trans. on Geosci and Remote Sensing，26（2）：161-170.

Li Xiaowen，Strahler A H. 1992. Geometric-Optical bidirectional reflectance modeling of the discrete crown vegetation canopy：Effect of crown shape and mutual shadowing. IEEE Trans. on Geosci and Remote Sensing，30（2）：276-292.

Li Xiaowen，Strahler A H，Woodcock C. 1995. A hybrid geometric optical-radiative transfer approach for modeling albedo and directional reflectance of discontinuous canopies，IEEE Trans. on GARS，33（2）：466-480.

李小文，王锦地. 1995. 植被光学遥感模型和植被结构参数化. 北京：科学出版社.

Li Xiaowen，Wan Z. 1998. Comments on reciprocity in the BRDF modeling. Progress of Natural Science in China，8（3）：354-358.

Li Xiaowen，Wang J，Strahler A H. 1999. Apparent reciprocity failure in BRDF of structured surfaces. Progress of Natural Science in China，9（10）：747-752.

Li Xiaowen，Strahler A H，Friedl M. 1999. A Conceptual model for effective directional emissivity from non-isothermal surface. IEEE Trans. on GARS，37（5）：2508-2517.

Li Xiaowen Wang J. 1999. The definition of effective emissivity of land surface at the scale of remote sensing pixels. Chinese Science Bulletin，44（23）：2154-2158.

Li Xiaowen，Wang J，Strahler A H. 1999. Scale effects of Planck law over a non-isothermal blackbody surface. Science in China（Series E），42（6）：652-656.

Li Xiaowen，Wang J，Strahler A H. 2000. Scale Effects and Scaling-up by Geometric-Optical Model. Science in China（Series E），43（Supp.）：17-22.

Li Xiaowen，Gao F，Wang J，et al. 2001. A priori knowledge accumulation and its application to linear BRDF model inversion. J. Geophys. Res，106（D11）：11925-11935.

李小文，汪骏发，王锦地等. 2001. 多角度与热红外对地遥感. 北京：科学出版社.

Wang Janfei，Yang C，Li Xiaowen. 2008. A regularizing Kernel-Based BRDF moodel inversion method for Ill-posed land surface parameter retrieval using smoothness constraint. J. Geophys. Res.，113（D13）：D13101-1-D13101-11.

主要参考文献

李小文 . 2003. 意恐迟迟归 // 杨长春主编 . 我的留学回国经历 . 北京：开明出版社 .

李小文 . 2005. 定量遥感的发展与创新 . 河南大学学报，35（4）：49-56.

撰写者

王锦地，北京师范大学教授，博士生导师。

吴传琦，中国科学院遥感应用研究所高级工程师。

叶嘉安

　　叶嘉安（1952～），香港人，祖籍江西南康。城市规划、地理信息科学、城市地理学家。2003年当选为中国科学院院士。1974年毕业于香港大学地理及地质系，1976年获泰国亚洲理工学院硕士学位，1978年和1980年分别获美国纽约州锡拉丘兹（Syracuse）大学区域规划硕士及城市规划博士学位。现任香港大学城市规划及设计系讲座教授及主任，城市研究及城市规划中心主任，地理信息系统研究中心主任，前研究学院院长，前交通运输研究所所长，香港注册规划师，亚洲规划学院协会秘书长和亚洲地理信息系统学会秘书长。曾任香港地理信息系统学会创会会长，香港地理学会会长，香港规划师学会副会长，英联邦规划师协会副会长，联合国区域发展中心（UNCRD）客座研究员和国际地理协会地理信息科学委员会主席。中国开创地理信息系统研究的先驱专家之一。在国际上首先将案例推理系统与GIS相结合，该研究极大地提高了城市规划和土地审批的效率。首次提出细胞自动机（CA）的城市规划模型，把环境因素、城市形态、城市密度等引进城市CA模型中。首创城市就业与居住位置的空间分析，证明"自给自足"的新城镇规划不可行。率先分析中国城市社会空间结构，阐释土地产权对城市发展和规划的影响。担任众多国际和国内著名学术刊物编委会委员，撰写30多本书和论文集以及160多篇国际、中国及香港核心学术刊物论文。2008年荣获联合国人居署颁发"联合国人居讲座奖"（UN-HABITAT Lecture Award），表彰其对人类居住环境的发展和规划做出的杰出贡献。

一、成 长 历 程

　　叶嘉安，祖籍江西南康。父亲叶承先是孤儿。1930年十多岁时，父随天主教神父到香港圣若瑟中学念高中，1951年与祖籍广东东莞戴燕芳结婚。叶嘉安和孪生姐姐于1952年出生，是香港的第一代公屋居民，一家四口住在五楼其中 $12m^2$ 的单元里。小学时跟孪生姐姐在九龙玛利诺修院小学念书，随后进入九龙华仁中学完成中学课程，考进香港大学。1974年毕业于香港大学地理及地质系，主修自然地理。毕业论文研究小山丘的小气候。港大毕业后，任香港政府助理教育主任。被派到政府中学从事地理教育。1975 年获奖学金到泰国曼谷亚洲理工学院（AIT）攻读人居发展硕士学位。1976 年再获奖学金到美国纽约州锡拉丘兹（Syracuse）大学深造，分别于 1978 年和 1980 年获得区域规划硕士及城市规划博士学位。

叶嘉安在中学和大学读书时期，兴趣广泛。他就读的九龙玛利诺修院小学和中学时的九龙华仁书院，教学方法比较灵活自由，没有强迫学生读书。初中会考时成绩并非优异，然而进入高中预科后，他发奋图强，曾在自修室温习长达十二小时，终以优异成绩，考入香港大学地理及地质系。刚入大学，受到当时香港大学学生"认中关社"运动的影响，他忙于参加和组织各类学生活动，例如举办香港地理展览和组织学会等。他在香港大学地理及地质系学习时已很热衷地理研究，由他于 1973 年发起创立以促进各院校学术交流的香港联校地理学会，至今已有 30 多年的历史，现在还非常活跃。由于忙于开展课外活动，读书成绩并非突出。不过这段期间的经验对他日后发展有极大帮助，也为他其后筹组学会和组织国际会议奠定了丰富经验。

叶嘉安于 1974 年大学毕业后，成功考获泰国亚洲理工学院的奖学金，前往泰国深造。在心无旁骛，唯有读书的情况下，他于 1976 年取得硕士学位，除了一科 B 级，其他均考获 A 级。在念硕士时，他因为本科是念自然地理，而城市规划需要很多人文经济地理和社会科学的知识，感到学而后知不足，他有空便自修社会及经济学，打好基础。他计算机的编写程序技能也是从 John C. Davis（1973）*Statistics and Data Analysis in Geology with Fortran Programs* 自学得来的。他在亚洲理工学院的经历，使他日后通过自学，学到很多新知识和新技术。

他刚到美国攻读城市规划博士学位时，感到有些苦恼，因为很多课程是关于美国的社会经济政治制度，与当时的香港和中国的情况有很大差别，并非适用。然而，当时美国的计算机科技很先进，他考虑到先进科技可以广泛运用，于是修读很多规划方法、遥感和计算机技术的课程。计算机制图是 GIS 的前身，并非他博士学位的科目。只是他在兴趣驱使之下，修读和旁听了很多相关科目，得以只差一篇论文即可同时获取地理计算机制图博士学位。不过，他并非追求博士学位，所以最后也没有撰写该论文。非常幸运的是，当时计算机制图的教授是 Mark Monmonnier 教授，乃是 GIS 的先驱，为国际上第一本计算机制图教科书的作者。叶嘉安修读了该教授的所有课程，并主动参与专题研究，为日后的 GIS 研究工作奠定了良好基础。他博士论文导师是参与很多国际发展项目的 Dennis Rondinelli 教授，因而他对发展中国家的发展规划学，也有研究。他的博士论文是菲律宾的城市体系结构与发展。

1978 年，"四人帮"下台，改革开放刚开始，叶嘉安仍在外国读书。他一时有所感触，曾经写了一副对联，挂在办公室，以勉励自己。对联是"悲中国贫穷落后如民初，齐努力重振国风效汉唐"，他常有报效祖国之心。80 年代，当时美国刚刚兴起计算机技术。念博士最后一年时，他已经具备很好的计算机运用技能，在大学的计算机中心工作。他毕业时，原本已获美国一家大学的聘书担任助理教授。但他一心要回到香港工作，因为香港是中国的南大门，可以促进中国的发展。因而，在取得博士学位后即立刻回港。他回到香港后，就进入香港大学刚刚成立的城市研究及城市规划中心。当时他是中心首任主任郭彦弘教授聘请的第一位教员，协助开设香港首个城市规划课程，并由此长期在港大从事城市规划教育工作，培养人才，并致力推动香港、中国内地和亚洲地区的城市规划与发展，以及研究地理信息系统（GIS）在城市规划中的应用。

80 年代初，香港大学的研究气氛相对薄弱。外籍教师，除了个别突出之外，水平层次一般。然而，他们却认为本港学者研究水平低，理论层次不够，发表的文章比较局限于本地。那时很多外国学者和在外国工作过的华人学者到了香港后，也觉得没有在海外工作过的香港学者的科研工作不行，如果是优秀学者，都应该留在外国，只有较弱的学者才会不到外国，留在香港。内地同行也常有这种看法。特别在80 年代，很多人以为香港大学的工作主要是培训公务员，直觉上认为香港大学的研究水平较低。叶嘉安心想，大家都是在欧美接受研究训练，阅读同样刊物，使用类似器材，为什么不可以在国际一流的学刊上发表论文？况且港大外籍学者在国际学刊上发表的论文并非很多。受到这些对香港本地学者的评价的冲击，他决心要在国际一流刊物上多发表文章，以证明香港本土学者也能够做出国际水平的研究成果。历史证明他的努力没有付诸东流，在国内外取得了卓越的成就。

叶嘉安在 20 世纪 80 年代初就认识了不少国内的学术前辈，他们虽然经历过"文革"的艰苦时期，但仍然孜孜不倦地坚持科学研究，带动学科的发展，为国家做出贡献。20 世纪 80 年代改革开放初期，就是依靠他们支撑着整个中国的科学研究工作。叶嘉安认为他们的精神令人十分敬佩，是知识分子的模范，年轻的学者应当以老一辈科学家们为榜样，不要利欲熏心，急功近利，要刻苦奋斗，为中国的科学发展多做贡献。

学成回到香港后，为了实现理想，他尽量争取机会与国内学者合作。在改革开放初期，对中国地理信息科学、城市规划和城市地理的发展做出了贡献，起到国内与国际合作交流的桥梁作用。他是香港最早与国内进行学术交流的学者之一，把国外的先进理论和科技介绍到国内。于 1983 年及 1993 年与广州中山大学许学强教授合办"中国城市规划教育研讨会"，对促进国内城市规划教育界的交流和城市规划教育影响深远。于 80 年代初期，与中山大学王择深合作开发 MICRO CHORO 微型计算机制图软件，是当时国内开发最早的微型计算机制图软件之一。他于 1988 年 4 月在香港主办"微型计算机及专家系统在规划、交通运输及建筑应用国际研讨会"，1989 年 8 月在香港主办"第一届计算机在城市规划及城市管理应用国际会议。"这些国际会议都邀请国内学者参加，促进国内学者与国际学术界的交流。

因为身居香港，他的主要著作是以英文发表。但是为了促进与国内的学术交流，也有不少著作在国内学术刊物发表。其中包括《中国经济改革与城市发展规划及教育》（1994）（北京：科学出版社。许学强、叶嘉安及阎小培合编）；《香港的城市交通管理》（1996）（北京：中国筑筑工业出版社。黄良会、叶嘉安合编）；《地理信息系统及其在城市规划与管理中的应用》（1995）（北京：科学出版社。宋小东、叶嘉安合著）；《地理信息与规划支持系统》（2006）（北京：科学出版社。叶嘉安、宋小东、钮心毅、黎夏合著）；《全球化下的中国城市发展与规划教育》（2006）（北京：中国建筑出版社。许学强、叶嘉安、林琳合编）；《地理模拟系统：元胞自动机与多智能体》（2007），（北京：科学出版社。黎夏、叶嘉安、刘小平、杨青生合著）。

对促进国际、区域间的学术交流不遗余力。曾主办过多个重要国际会议。1989 创办的 Computers in Urban Planning and Urban Management 国际会议已发展成为全球每两年一次，在不同地区举行的一个非常重要的国际会议。1993 所主办的 Asian Planning Schools 国际会议促成了亚洲规划学院协会的成立，更被选为秘书长，对推动亚洲的城市规划教育有重大的贡献。1994 创办的第一届亚洲地理信息系统会议也开创了该国际会议系列，并于 2003 年在武汉大学的会议上，成立亚洲地理信息系统学会，被选为秘书长。通过努力争取和协助组织，国际著名的 Spatial Data Handling 国际会议得以于 2000 年首次在亚洲并在中国北京举行，第一届的世界规划学院大会得以于 2001 在上海同济大学举行，大大提高了中国在国际上的学术地位。

由于研究成果在国际上的显著影响，他被众多国内和国际学术研究机构邀请担任重要的学术职位，并获得一系列国际最高学术荣誉称号。多次被邀请出席联合国组织有关 GIS 的专家会议和参与世界银行有关 GIS 的项目。其专著《地理信息系统与城市规划及管理》被国内多所大学作基本教材。他在 GIS 和城市规划研究上的成就和贡献亦深为国际认同，连续两届被选举担任为国际地理协会（IGU）地理信息科学委员会主席，为华人争取到荣誉。还被国际摄影测量与遥感学会邀请做其最高层次的国际科学顾问委员会的委员，是亚洲规划学院协会和亚洲地理信息系统学会秘书长。担任多个国际著名刊物的编委，包括 *Environment and Planning B，Com-*

puters，*Environment and Urban Systems* 等。

他先后被香港规划师学会、澳洲皇家规划学会、英国皇家规划学会、英国计算机学会、英国物流交通运输学会选为会士和国际欧亚科学院选为院士，确认其在城市规划及 GIS 科研上的成就和贡献。1997 年晋升香港大学名额极其有限、并享有学术最高荣誉的讲座（杰出）教授。2001 年分别获得香港科学学术界著名的裘搓基金优秀科研奖、香港大学杰出研究员奖。2003 年当选中国科学院院士。2008 年获联合国人居署颁"联合国人居讲座奖"（UN-HABITAT Lecture Award），以表彰他对人类居住环境的发展和规划做出的杰出贡献。

二、主要研究领域和学术成就贡献与思想

他的座右铭是"狂读人间书，妙理天下事。在混乱中寻真理，在乱世中享平安"。他经常说社会、经济和城市发展是很混乱和复杂的，但是找出其规律和讲出其条理是研究者的责任。他从大学本科到研究院，广涉各类学科，从自然地理、环境科学、人文经济地理、城市和区域发展规划，到遥感和 GIS，是不折不扣的博学之士。他学识渊博，横跨众多学科，具有开阔的视野，在考虑问题时，形成比较全面的观点。因此，他的研究也横跨自然科学和社会科学领域。他的研究主要集中在两个领域。一个是 GIS 在城市和区域发展规划中的应用；另一个是香港和中国的城市发展和规划研究。两者的重点都是创造和改善城市环境。

1. 城市 GIS 模型研究

地理信息系统（GIS）到 20 世纪 80 年代初才成为一个主要研究领域，有着广泛的用途。叶嘉安是该研究领域的先驱学者之一。他的研究主要是将 GIS 作为城市规划和区域规划的工具。他在城市 GIS 模型方面的开拓性贡献为国际所公认。英国皇家规划学会对他作了高度评价，认为"他对规划研究做出了巨大的贡献，在应用计算机和 GIS 于规划中起到了领导者的作用"。被国际摄影测量与遥感学会邀请由"摄影、遥感和空间信息科学领域中的全球最杰出学者"所组成的国际科学顾问团的委员，被国际公认的 GIS 经典巨著《地理信息系统的理论与应用》编者邀请，为该书第二版撰写有关"地理信息系统在城市规划的应用"的部分，是这本经典巨著的唯一中国作者。

在利用 GIS 进行城市规划方面，他提出了如何最佳安排公共设施资源的 GIS 算法，也是国际上首先将案例推理系统（Case-based reasoning）引进城市规划中的学

者。1999 在国际权威学刊 *Environment and Planning B* 上发表的《基于案例推理系统在城市规划应用》一文，是国际上在这方面研究的第一篇论文。提出将案例推理系统与 GIS 相结合，大大提高城市规划和土地的审批的效率，在实际应用中有重要价值和巨大潜力。

他在研究方法上有重大突破，在国际上首次提出"城市细胞自动机（Cellular Automata）规划模型"，把环境因素、城市形态、城市密度等引进城市 CA 模型中，已在重要的国际刊物上发表多篇文章，是国际上该领域学术论文最多的研究者之一。8 篇 CA 论文在所发表期刊上引用排名榜前 5%，3 篇获美国摄影测量及遥感学会的最佳论文奖，成绩斐然。

他与他的博士生黎夏（现任广州中山大学教授）长期合作进行深入研究，发展了一系列可作为城市及可持续发展规划工具的城市细胞自动机（CA）规划模型。原理是通过在 CA 模型中加入一些约束性条件来控制模拟过程，以产生符合城市规划目标的城市布局，从而达到可持续发展，以节省土地资源和保护珍贵的环境。城市发展的形态是可持续发展的一个重要因素，两者之间存在着紧密的关系。中国近年来的快速城市化过程大大加剧了早已存在的土地压力。特别在一些地区，凌乱的城市发展，不必要地多占用许多宝贵的农田。他所发展的城市规划 CA 模型可以用来评估城市的发展，拟定可持续发展的城市规划方案。

与城市规划中常用的引力模型（gravity model）一样，他所提出的城市 CA 规划模型也有一系列不同的形式，包括基于环境约束性，基于城市形态约束性，基于发展密度约束性，和基于综合约束性的 CA 模型。这些不同的 CA 模型可以针对不同的规划目标，包括土地适宜性、城市形态、发展密度等而提供不同的城市发展方案。近年地理信息系统（GIS）的迅速发展大大推动了 CA 技术在城市研究和规划的应用。GIS 为 CA 的规则制定提供了重要的资讯来源。CA 的空间不再是固定不变的，而是借助 GIS 可以把实际的地理因素输入 CA 模型中，使它能够模拟实际的城市发展。现有的 GIS 在空间分析模型方面有很大的局限性，而 CA 和 GIS 的结合可以很好地增强 GIS 的空间模型运算及分析能力。通过与 GIS 的结合，这些模型可以很方便地产生不同的规划方案，以供选择。有关的模拟有助于城市规划对不同的规划方案进行客观地评估。

另外，还对 CA 模型的校正进行了研究。当 CA 用于模拟真实的城市时，需要对模型进行校正，以获得合适的参数。CA 模型的参数可以通过神经网络进行训练的方法，自动提取。由于使用了神经网络，该模型可以有效地反映空间变量之间的复杂关系。研究还探讨了利用资料挖掘技术来自动获取 CA 转换规则的新方法。

他现在研究如何利用雷达卫星遥感，监测华南地区土地、环境的变化。普通的遥感受到南方云雾的影响，通常每年只能在 11 月或 12 月份拍摄一次。而雷达卫星遥感则可全年对土地、环境的改变进行监察。南中国尤其是珠江三角洲的土地和环境破坏很严重，利用雷达卫星遥感作为一个月的短期监察，可以保障土地合理利用，减少破坏。他也在做改善多车道多层次复杂交通网络 GIS-T 汽车导航的研究。

2. 在城市发展与规划的研究

他长期从事城市与规划研究，为国际公认颇有建树的专家。对城市规划与发展有深入理论研究的创见。早年已对新城镇的"自给自足"的规划理论作出批判，从城市就业与居住位置的空间分析，证明"自给自足"不可行。提出在新城镇的规划时，要特别注意与旧城的交通规划；是第一位分析中国城市社会空间结构的学者之一；在土地有偿使用制度及其对城市发展和规划的影响上，提出土地产权对城市发展和规划的影响分析。这些研究成果多在国际权威的学刊上发表，受到国际学术界的重视。

他早年对中国城市改革和发展模式的探讨，产生了持久的影响，为至今广为引用的文献。他对中国城市体系的分布和结构规律，开展了深入研究。他编著了对中国和香港研究的文献大全，成为早期国际对该两领域的必备工具和指导文献。他在国际重要权威刊物上，如 *Journal of the American Planning Association*，*Urban Studies*，*International Journal of Urban and Regional Research* 就中国城市内部空间结构和土地开发的类型、空间分布发表了一系列重要论文。他是首位系统地分析中国城市规划体系的国际学者之一，发表在 *Progress in Planning* 的专辑对规划系统的机制、公众参与、土地产权的衔接作了系统的阐释。他所提出的中国城市化第四波理论，为中国进一步开展城市化研究提供了理论依据，开展了生产性服务业的研究，受邀于众多国际论坛，发表主题演讲，为阐释中国的城市化进程，做出了突出的贡献。

他对香港的城市规划研究，特别是对新城和公屋的研究已成为经典，是对发展中国家的城市化道路和管理方面的重要读物。他对老龄化的研究，触发和推动该领域研究在香港的开展。对香港土地出让制度的研究，为香港和内地的相关研究提供了模式和理论指导。对内地耕地的流失问题，结合 GIS 方法，开展了开创性的研究，对国内外的可持续发展和紧凑城市模型的研究提供了重要的实例和论据。结合模拟模型，为城市的发展政策制定提供了技术支撑。他对高密度环境下的城市建设提出了独到的见解，为可持续发展在城市结构和规划中的运用，做出了贡献。

在建设可持续和有竞争力的城市与区域方面，他以珠三角和香港为研究重点，撰写和编著了一系列的学术专著和论文，受到国际上的广泛注意，成为该领域的权威专家。在香港政府和企业资助下，主办多项国际和国内合作研究项目和论坛，并推动了香港政府和内地地方政府在珠三角的规划和建设的合作。

他对珠三角城市群区区域治理的研究，已经成为国际对特大城市群区域治理研究的重要文献，对治理的机制，进行了深入而独到的解释。并从土地开发和区域治理的关联角度，对特大城市群区域发展和合作提出了深刻见解，修正了国际上对中国土地制度、区域发展方面的片面认识，为未来该领域的研究，奠定了基础。

他系统而深入地分析了改革开放后中国的城市发展，得到国际权威学者们在国际刊物上以书评形式的高度肯定，奠定了中国城市研究的重要理论基础。他所开创的中国土地制度与城市发展的关系研究，为众多的学者跟进，已经形成了一个国际流派和研究团体，推动了中国城市研究的发展，使之地位上升到国际主流学派。

他在开展学术研究的同时，担任多项政府智囊和政策咨询职务，为香港和内地的城市建设和规划提供专家意见，受到普遍好评和赞誉。他以严谨和一丝不苟治学精神，鼓励城市规划同行提高研究水平，使中国城市研究能进入国际研究的舞台。

3. 研究成果和人才培养

他的研究成果在国际上有重要的影响。在国内核心刊物和国际权威刊物发表了大量的学术论文，受到国际学术界的重视。所发表的有关论文，在 SCI 和 SSCI 的学刊上，被引用超过 880 多次。在国际权威学刊 *International Journal of Geographical Information Science* 上发表的 2 篇论文被列入 2000～2007 年度该刊物"十大引用论文榜"上排名第一及第六。一篇在 *Habitat International* 上发表的论文是该学刊引用率最高的论文。另有 13 篇论文（5 篇 GIS，8 篇城市研究）在所发表期刊上引用排名榜前 5%。

他治学严谨认真，倾力培育后辈，已先后培养博士 10 多名、硕士 78 多名。他的研究生成绩斐然，达到国际先进学术水平，都能在国际权威刊物上发表论文。他对研究生采用启发式教育，密切互动，使得他们在接受研究方法的同时，对城市研究的理论有广泛涉猎，打下坚实基础。他以兢兢业业的榜样，教育和熏陶着研究生的成长。在学生们的心目中，他是一位德高望重的老师，而又可以与其深入探讨学问，对学生的学业有切实帮助。他为许多学生的学业发展，倾力相助，推荐和指导他们从事博士后研究，并帮助他们进入国际舞台。

三、叶嘉安主要论著

Yeh Anthony G O, Xu Xueqiang. 1984. Provincial variation of urbanization and urban primacy in China. The Annals of Regional Science, 18 (3): 1-20.

Phillips, David R, Yeh Anthony G O, eds. 1987. New Towns in East and Southeast Asia - Planning and Development. Hong Kong: Oxford University Press.

Yeh Anthony G O. 1990. Unfair housing subsidy and public housing in Hong Kong. Environment and Planning C: Government and Policy, 8 (4): 439-454.

宋小东, 叶嘉安. 1995. 地理信息系统及其在城市规划与管理中的应用. 北京: 科学出版社.

Yeh Anthony G O, Yeh Fulong. 1995. Internal structure of Chinese cities in the midst of economic reform. Urban Geography, 16 (6): 521-554.

Yeh Anthony G O, Xu Xueqiang, Hu Huaying. 1995. Social space in Guangzhou City, China. Urban Geography, 16 (7): 595-621.

Yeh Anthony G O, Wu Fulong. 1996. The new land development process and urban development in Chinese cities. International Journal of Urban and Regional Research, 20 (2): 330-353.

Yeh Anthony G O, Li Xia. 1998. Sustainable land development model for rapid growth areas using GIS. International Journal of Geographical Information Science, 12 (2): 169-189.

Wu Fulong, Yeh Anthony G O. 1999. Urban spatial structure in a transitional economy: the case of Guangzhou. Journal of the American Planning Association, 65 (4): 377-394.

Yeh Anthony G O, Li Xia. 1999. Economic development and agricultural land loss in the Pearl River Delta, China. Habitat International, 23 (3): 373-390.

Yeh Anthony G O, Shi Xun. 1999. Applying case-based reasoning (CBR) to urban planning - A new PSS tool. Environment and Planning B: Planning and Design, 26 (1): 101-116.

Yeh Anthony G O, Wu Fulong. 1999. The transformation of the urban planning system in China from a centrally-planned to transitional economy. Progress in Planning, 51 (3): 167-252.

Yeh Anthony G O, Li Xia. 2001. Measurement and monitoring of urban sprawl in a rapidly growing region using entropy. Photogrammetric Engineering and Remote Sensing. 67 (1): 83-90.

Yeh Anthony G O, Li Xia. 2001. A constrained CA model for the simulation and planning of sustainable urban forms by using GIS. Environment and Planning B: Planning and Design, 28: 733-753.

Li Xia, Yeh Anthony G O. 2002. Neural-network-based cellular automata for simulating multiple land use changes using GIS. International Journal of Geographical Information Science, 16 (4): 323-343.

Yeh Anthony G O, Li Xia. 2002. A cellular automata model to simulate development density for urban planning. Environment and Planning B: Planning and Design, 29: 431-450

Xu Jiang, Yeh Anthony G O. 2005. City repositioning and competitiveness building in regional development: new development strategies in Guangzhou, China. International Journal of Urban and Regional Research, 29 (2): 283-308.

叶嘉安, 宋小东, 钮心毅等. 2006. 地理信息与规划支持系统. 北京: 科学出版社.

黎夏，叶嘉安，刘小平等．2007．地理模拟系统：元胞自动机与多智能体．北京：科学出版社．

Wu Fulong，Jiang Xu，Yeh Anthony G O. 2007. Urban Development in Post-Reform China：State，Market，and Space. London：Routledge.

主要参考文献

同上。

撰写者

吴缚龙（1965～），英国卡迪夫大学（Cardiff University）城市与区域规划学院教授、中国城市研究中心主任。

姚檀栋

　　姚檀栋（1954～），甘肃通渭人。冰川学家。2007年当选为中国科学院院士。1978年毕业于兰州大学地质地理系。1986年在中国科学院兰州冰川冻土研究所获得博士学位。1992年起担任中国科学院兰州冰川冻土研究所研究员。1998～1999年，担任中国科学院兰州冰川冻土研究所所长。2001～2003年，担任中国科学院寒区旱区环境与工程研究所所长。2003年至今，担任中国科学院青藏高原研究所所长。他揭示了青藏高原现代降水中稳定同位素与气候变化关系模型，为青藏高原冰芯气候记录研究奠定了科学基础。他开拓与发展了青藏高原冰芯研究，建立了青藏高原末次间冰期以来长期连续的冰芯气候记录，这一记录成为中国西部地区气候变化的主要参考序列。他通过青藏高原冰芯中的气溶胶成分、大气化学成分、重金属成分、微生物成分等记录，揭示了历史时期青藏高原大气环境变化过程，特别是阐明了除了两极以外的唯一的中低纬度地区大气甲烷成分的历史变化过程，为认识地球历史时期大气甲烷的演化过程做出了贡献。他提出了全球变暖背景下中国现代冰川全面和加速退缩的现状及其对中国西北水资源的影响，为研究全球变化的区域响应做出了贡献。他是首批国家杰出青年基金获得者，并获得多项科技奖励。姚檀栋还在国内外一些重要的学术组织中担任职务。

一、成 长 历 程

　　姚檀栋于1954年7月生于通渭县第三铺乡尚家屲村的一个普通农家，他的少年求学之路十分艰苦。

　　1975年进入兰州大学地质地理系学习，成绩突出。后经过数次专业调配，姚檀栋正式进入冰川冻土专业学习。这是他一生中一个重要的转折点，他第一次被冰川惊心动魄的瑰丽与雄伟所震慑与吸引。他知道他的一生将坚定地去追随冰川事业。从此，怀着对自然与冰川研究的挚爱，在通往科学高峰的道路上，姚檀栋一发不可收拾。

　　毕业后考取著名自然地理学家和冰川学家李吉均先生的硕士研究生，从事自然地理学和冰川学研究，1982年以优异成绩毕业获硕士学位。在兰州大学留校任教一年后，于1983年考取中国科学院兰州冰川冻土研究所攻读博士学位，师从被誉为"中国冰川之父"的著名冰川学家施雅风先生。在两位杰出导师的指导下，加上姚檀栋的刻苦工作，他打下了冰川学的坚实基础。1986年以优异成绩通过博士论文答辩，获中国科学院博士学位。1987～1988年赴法国格勒诺贝尔大学冰川与环境地球物理研究所从事博士后研究工作。1988～1989年又赴美国Ohio大学伯德极地研究中心从事研究工作。

　　回国后他马上开展了我国中低纬冰川的冰芯研究。由于他在科学上突出的贡献，1992年成为兰州分院中最年轻的研究员，1994年获得首届"国家杰出青年基金"。

　　当时发达国家在南极与北极开展了冰芯研究工作并且已取得了突出的进展，而我国西部的高山上发育着大量的现代冰川，开展中国的高山冰川冰芯研究必将大有作为。有利的条件是，施雅风等我国老一辈的冰川学家对我国的现代冰川的分布做了大量的野外考察工作，并取得了很多资料，为我国冰芯研究提供了方便。就是在这种条件下，姚檀栋开拓与发展了我国的冰芯研究工作。

　　冰川是记录地球过去气候环境变化的一本厚厚的日记，而冰芯研究就是打开这本日记的一把金钥匙。开展我国青藏高原的冰芯研究，是以前的冰川科研工作没有涉足的领域，尤其是要到人迹罕至的海拔6000～7000多米以上的冰川与冰帽顶部开展冰芯钻取工作，必须克服无法想象的困难，谈何容易。没有前车之鉴，必须靠自己的探索精神努力去开拓一片新的天地。那时的野外考察条件仍十分艰苦，缺乏最基本的登山装备。当时对我们冰川考察队有一种说法，"远看像逃难的，近看像要饭的，一问是中科院的"，就是对这支冰芯钻取队伍的真实写照。羽绒服都是以前所里人员考察用过了20年的旧服装，有的羽毛都快跑光了；时常遇到职业登山者用怀疑的目光盯着我们的雨鞋：穿着十几块钱一双的雨鞋也能登冰川？姚檀栋就是带着这样的队伍，转战于青藏高原不同地区冰川的。他们用毅力与决心取得了一根根宝贵的冰芯。

　　1986年，姚檀栋祁连山的敦德冰帽钻取了深度近140m的透底冰川，这是世界上第一支在中低纬度地区钻取的有实质意义的高山冰川冰芯，也正式为国际上开展中低纬高山冰川冰芯气候与环境记录研究拉开了帷幕。1992年，姚檀栋院士把目光投向了位于西藏与新疆交界的西昆仑山古里雅冰帽区。古里雅冰帽是西昆仑山最大的冰帽之一，也是离人类活动区最为偏远的地区。在古雅冰帽上工作，不仅困难重重，而且危机四伏。虽然尽可能小心谨慎，但一不小心仍可能有生命之忧。他本人也在暴风雪中遭遇到冰裂隙，差点付出了生命的代价。但他以身作则、永不言败的精神支撑他战胜了困难与艰险，也是这种精神凝聚了这支野外队伍的力量。他带领冰芯钻取队在 6500m 的冰帽上成功地钻取了深达 309m 的透底冰芯，为理解过去冰期间冰间期旋回的气候环境变化提供了难得的介质，这也是目前在中低纬高山冰川上钻取的长度最长与年龄最老的冰芯。1996 年与 1997 年，他带领科研队伍转战到海拔更高的冰川——喜马拉雅山中段希夏邦马的达索普冰川位于海拔高度 7000m 以上的一个平台。7000 多米！一个对于常人无活想象的生命禁区，甚至对于职业登山队员也不敢久留的高度。要把 5t 重的打钻设备背上去，还要在如此高的高度上进行长时间的体力工作，这是对生命与毅力的一次大胆尝试。姚檀栋带领所有队员，自己走在最危险与最艰难的前面。他本人亲自在 7000 多米的打钻地点连续工作了 30 多个日日夜夜，用自己的生命与经历再一次诠释了"生命没有禁区"的含义。他的以身作则与事必躬亲的精神，使得达索普冰芯钻取获得了成功。该项野外考察被评为 1997 年中国十大科学新闻之一。此后，他还亲自领导了普若岗日冰原与幕士塔格冰川的冰芯考察，再一次亲自到 7000 米的高度进行冰芯钻取。

从 1992 年开始，他花了大量精力与心血投入到冰芯与寒区环境实验室的建设与发展中，伴随着实验室的发展，2007 年该实验室已成为国家重点实验室（冰冻圈科学国家重点实验室）。他曾于 1990～1999 年担任冰川冻土研究所副所长职务，1999～2003 年担任中科院寒区旱区环境与工程研究所副所长、所长等职务。此外，他还在国内外一些重要的学术组织如国际冰川学会（IGS）、国际气候与冰冻圈变化（CliC）中担任重要职务。

他在冰川与全球气候变化研究领域发表了大量的研究成果，并得到了国内外专家的肯定。正是他在我国中低纬高山冰川冰芯研究的突出贡献，使我国的冰芯古气候与古环境研究在国际上占有了一席之地。他本人也因此获得了多项科研奖励，并于 2007 年被评为中国科学院院士。

随着 2003 年末中国科学院青藏高原研究所的成立，他担任青藏高原研究所所长的职务。现在他把目光投向了他为之奋斗了半生的整个青藏高原。他知道他身上的担子更重了："青藏高原在中国的土地上，对青藏高原研究绝对不能落在别人的后面！"

二、主要科研成果及学术影响

（一）主要科学研究成果

姚檀栋院士从事中国西部冰川研究 20 多年，开拓与发展了青藏高原冰芯研究。

他不仅攀登了中国西部的多座冰川与山峰，而且在学术上也不断攀登科学的高峰，在冰芯气候环境记录与全球变化，以及冰冻圈变化研究领域取得了突出成就。

1. 建立了青藏高原大气降水稳定同位素与气温的关系，奠定了青藏高原冰芯研究的理论基础

自从在青藏高原钻取了第一根冰芯之后，就有专家对青藏高原冰芯中稳定同位素能否反映历史时期温度变化提出了质疑，西方学者曾根据理论模型推测青藏高原及周围地区大气降水中稳定同位素与气温之间没有关系。姚檀栋系统研究了青藏高原及毗邻地区大气降水中稳定氧同位素和降水时气温的关系，并建立了二者之间关系的定量模型，纠正了西方学者的理论模型推测。这不但为该地区冰芯记录和全球变化研究奠定了基础，也为研究这一地区的大气水分循环过程开拓了新的方向。从1989年开始，姚檀栋和他的研究群体先后在这一地区建立了19个研究站，进行了系统研究。通过10多年研究，提出青藏高原降水中稳定同位素存在南北差异，但都可以在不同的时间尺度上反映温度变化：在北部及其以北地区，大气降水中稳定氧同位素与气温在季节尺度和更长时间尺度上都呈正相关关系；在南部地区，大气降水中的稳定同位素主要反映海洋过程的变化，因此在季节变化尺度上，稳定同位素是印度季风降水的指标，但在10年及更长时间尺度上，则反映由海洋过程控制的温度的变化。这一研究成果为中国的中低纬度高山冰芯的研究奠定了坚实的科学基础。

2. 从冰芯记录中揭示了末次间冰期以来青藏高原气候环境变化过程

青藏高原是地球上海拔最高的地区之一，也是气候环境变化数据最为缺乏的地区之一。从1984年到2004年，姚檀栋和他的研究群体先后在青藏高原海拔大多在6000m以上的高度钻取了敦德、古里雅、达索普、马兰、普若岗日、慕士塔格、纳木那尼、唐古拉等冰芯。通过这些冰芯研究，揭示了青藏高原过去最长从末次间冰期以来的连续的气候环境变化过程。特别是过去2000年以来年高分辨率的详细连续的气候环境记录。这些结果成为研究中国西部乃至全球气候环境变化最重要的参考序列，有广泛的科学影响。

他提出了冰芯记录揭示的过去10多万年来5次大的气候事件：即阶段1、阶段2、阶段3、阶段4、阶段5；特别提出了过去2000年来气候变化的重要特征：过去2000年来具有温度总体升高、降水总体增多的趋势，小冰期以来有3次变冷和3次变暖的过程，而这3次变冷的程度在不同地区是不同的；他还提出了通过冰芯记录建立的印度东北部长序列降水替代指标，将其延长到过去400年；提出了古里雅冰芯记录中的El Nino年是以低温和低降水量为特征的。

3. 从冰芯记录中揭示过去 100 年来的气候变暖事实

目前青藏高原气象站的仪器记录只有 60 多年，青藏高原的冰芯记录延长了中国西部气候记录。姚檀栋根据青藏高原不同地区的 4 支冰芯（青藏高原南部的达索普冰芯、西部的古里雅冰芯、北部的敦德冰芯及中部的普若岗日冰芯）中的氧稳定同位素记录，揭示了 20 世纪青藏高原不同地域冰芯 $\delta^{18}O$ 记录分布的特征，建立了高原近 100 年来的平均温度变化曲线。指出在过去的 100 年，整个青藏高原都显示了气温升高的趋势。根据冰芯中氧稳定同位素变化趋势，指出在过去的 100 年里，青藏高原的气温至少升高了 1℃。将 $\delta^{18}O$ 记录所反映的青藏高原温度变化、青藏高原气象记录的温度变化同北半球温度变化比较研究发现，这些记录所反映的与过去 100 年总体变暖趋势是一致的。

4. 揭示了冰冻圈变化的特征及其与全球气候变化的关系

通过大规模野外实地考察、连续的定点台站观测和对航片、遥感数据、冰川编目等的室内分析，提出在全球变暖影响下，青藏高原及其毗邻地区的冰川正发生全面和加速退缩，但退缩的幅度在不同的地区是不同的：在大陆性气候主导的青藏高原腹部，冰川退缩幅度最小，只有每年 2~3m；随着向周边海洋性气候区过渡，冰川退缩幅度增大，在藏东南和喀喇昆仑地区，冰川年退缩量可达 30~40m。提出在全球变暖趋势下，青藏高原冰川物质平衡将持续处于亏损状态，雪线将不断上升，冰川规模将不断缩小，青藏高原的冻土也将不断减薄。研究认为，冰川退缩将对中国西北地区水资源产生重大影响。在最初阶段，冰川退缩会导致西北地区冰川融水补给量大的河流流量的增加，但随着冰川面积的不断缩小，这些河流的流量会逐渐减少，有的甚至枯竭。这一研究成果为全球变化的区域响应研究做出了贡献，不但具有重要理论意义，而且为中国青藏高原及西北地区社会与经济的可持续发展提供了科学依据。

5. 揭示了人类活动对气候环境的影响

人类活动对环境的影响是全球变化研究的重要内容。青藏高原作为地球上受人类活动影响比较小的地区，可以敏感地反映人类活动的影响。姚檀栋做了两方面的研究。第一是研究甲烷浓度变化与人类活动的关系。这一工作过去只限于南极、北极地区。但要研究全球变化的整体特征，中纬度是一个核心链条。青藏高原海拔 7000m 处钻取的达索普冰芯为建立这一核心链条提供了契机。研究提出，青藏高原甲烷浓度比极地高，甲烷浓度变幅比极地大。研究同时认为，公元 1800 年以来大气甲烷浓度的直线上升和两次世界大战期间的突然下降，证明人类活动对大气的扰动早在 100 多年前就开始了。第二是研究人类活动对环境的污染。根据对达索普 7000m 处铅的研究，不但浓度远高于南、北极，而且近年的增长速率也大于两极。慕士塔格 7000m 冰芯中铅浓度的变化显然与中亚五国铅矿工作的开发有关。达索普冰芯有机化合物的研究说明，这一地区已受到人类活动的污染。其污染源是南亚和东南亚工业污染排放，甚至有海湾战争期间科威特油井燃烧产生的烟尘扩散。

6. 揭示了冰芯微生物种群及数量与气候环境变化的关系

姚檀栋不断探索冰芯研究新的领域、拓展新的研究方向，开创了青藏高原冰芯中微生物记录与气候变化的关系研究。通过对青藏高原不同区域雪冰中微生物的研究发现，在寡营养和低温介质中青藏高原雪冰中的微生物类群同样具有多样性，但多为耐冷和嗜冷细菌，说明低温环境使得嗜冷细菌具有更强的竞争力；冰芯中的微生物对 UV-B 辐射的抗性随深度的减小而增大，说明最近一段历史时期内冰芯中的微生物对 UV-B 辐射的抗性在不断增强，这反映了由于臭氧层减薄引起的 UV-B 辐射增强过程及微生物的适应性；另一个重要进展是发现冰芯中的微生物与气候环境变化有密切关系：气候变冷时随着沙尘暴频率和强度的增加，冰芯中的微生物数量增加；气候变暖时则因沙尘暴频率和强度的减小，微生物数量减少。这一结果为冰芯研究提出了新的环境指标。

（二）学术研究成果的影响

姚檀栋在冰冻圈与全球变化研究方面不仅取得了突出的成绩，而且他始终关注着国际上学科的发展与最新前沿，不断开拓新的学科领域，注重学科交叉；坚持严谨的科学态度，同时提倡"勇于探索，大胆创新"的科学精神。在他所从事的研究领域，提出了要实现几个转变："从定性到定量转变、从静态到动态转变、从短期观测到长期监测转变、从面上考察到定点监测转变"。他的学术思想促进了各项研究的发展。

1. 洞察国际研究前沿，不断开拓新的研究领域

姚檀栋院士十分关注国际科学研究的最新动态，能敏锐地捕捉到最新的研究动向与研究方向。最初，冰芯的研究仅限于南极冰盖与北极格陵兰冰盖。但中低纬度高山地区，特别是青藏高原发育着大量的现代冰川，这些冰川不但离人类活动地区

更近，而且由于积累量大而具有更高的分辨率。正是在这种情况下，姚檀栋到法国与美国学习了国外冰芯研究工作，回国后最早开拓了中国的冰芯研究，使传统的冰川学研究注入了新的血液，再一次焕发了生机，并使冰芯研究发展成一门新的学科。在青藏高原冰芯研究的初期，他感到解释冰芯中的气候环境记录，必须对于冰芯中气候指示因子的现代过程搞清楚，尤其是对于青藏高原这种地理与气候都很独特的地区。为此，从 1989 年开始，他开始了青藏高原降水中稳定同位素的研究，1991年启动了青藏高原降水中稳定同位素的监测网络，最初只有 3 个站点，现在已发展到了 19 个站点。依托地域优势与科研优势，这些年在青藏高原现代降水中稳定同位素研究取得了突出的研究成果，形成了中国区域研究的一个特色领域。他特别重视冰芯科学与其他科学的交叉，将生物研究与青藏高原冰芯研究结合起来，从冰芯记录中提取微生物信息，帮助用于解释气候环境的变化，并取得了突出的研究成果。

2. 突出了冰川学定量化研究的科学理念

中国的冰川学研究是在老一辈施雅风先生的领导下不断发展壮大起来的。传统的冰川学是地理学的一支，注重宏观论述，侧重于冰川科学考察研究，倾向于定性化的科学研究。姚檀栋回国以后，更加重视冰川科学的定量化系统研究，把传统冰川学的宏观定性化研究与微观的定量化观测有机地结合起来。他与同行一起筹建了我国的冰芯研究实验室，使冰川学研究完成了从定性化到定量化研究的转变，使冰川学不再是一种依靠定性描述为主的科学，而是依靠冰芯中大量数据来严密论证的更加严谨的科学。这一新的科学理念为中国的冰川科学研究注入了新的血液，使传统的冰川学焕发了新的活力，也使得青藏高原的古气候环境研究进入了一个新的时代。

他领导的中国冰芯研究在中国西部的高山冰川上钻取冰芯，通过实验室冰芯样品的分析与测试，揭示了过去历史气候环境的变化过程。特别是在西昆仑山古里雅冰帽钻取的 319m 深的冰芯记录了过去末次间冰期以来的连续气候记录。他领导的中国不同地区开展的冰芯研究详细地记录了过去 2000 年以来的气候环境变化过程，成为研究我国古气候环境变化的经典时间序列。他在冰芯研究领域取得的突出成绩，不仅对于冰川学的发展，而且对中国古气候古环境研究也做出了突出贡献。

3. 突出了青藏高原冰芯记录与全球气候变化的关系

青藏高原的冰芯气候记录不仅是全球气候变化的区域响应，而且是全球变化的重要组成部分。姚檀栋院士从一根冰芯中看到的绝不是一点的气候环境变化，而是整个全球的气候环境变化。从古里雅冰芯中稳定同位素记录所指示的过去 10 万年以来的气候环境变化，他指出该冰芯记录所指示的气候变化仍主要是由太阳活动驱动的，一些全球性的大的气候波动，都在古里雅冰芯的稳定同位素记录中表现出来，甚至一些气候突变事件在该冰芯中都有详细记录。对于青藏高原多支冰芯记录的近 100 年以来的气候变化趋势研究中，他指出了过去的 100 年里，青藏高原冰芯记录的气候转暖趋势是十分明显的。而全球转暖一个最直接可以看到的后果就是高山冰川的变化。他十分重视冰川变化的监测工作，通过研究发现，在过去的时间里，中国西部大部分地区的冰川由于全球气候转暖而处于退缩状态。这一研究成果强化了人们对冰川变化引起的水文变化以及其他环境变化的重要性的认识。

4. 强调现代气候环境变化的过程与机理研究

古气候环境变化研究存在多种研究介质，如冰芯、湖泊沉积物、树轮、石笋、珊瑚等。这些记录之间的相互耦合作用与对比研究，甚至相同介质中古气候记录存在的空间差异的解释，都是古气候环境变化研究的一个棘手的科学问题。如何解决这些问题，从何入手来解决这些科学问题一直困扰着科学界。姚檀栋院士意识到这些问题存在的根本原因是对于各个气候环境指示因子的现代变化过程与机制的认识不足。

从 20 世纪 90 年代初开始，他就开始在青藏高原建立现代过程监测网络，最早的是现代冰川物质平衡与冰川变化监测网络，然后又开始了降水、湖水、河水中的稳定同位素监测网络，后期启动了大气温室气体、气溶胶、大气有机化学的监测网络。而且，这些先期投入的现代过程的网络监测过程已逐渐进入了产出阶段。而现在，气候环境变化的现代过程研究已成为现代科学发展的一个重点研究方向，证明了姚檀栋院士先期指定的研究方向是正确的。

姚檀栋院士多次强调地理科学的重大突破要依赖于长期连续的科学数据的积累。只有在长期积累的基础上，才能在现代的科学研究中取得重大的科学成果。在过去的 20 年来，他一直坚持着青藏高原典型冰川物质平衡与变化的监测研究工作，即使在研究经费非常困难的阶段，都没有放弃，从而获取了现在看到的非常宝贵的冰川物质平衡与冰川变化的连续时间序列。在中国科学院青藏高原研究所建所之初，他指出在青藏高原进行野外长期连续的监测工作是青藏高原研究所的重要支柱，并迅速启动了青藏高原野外观测研究平台的监测工作。

（三）人才培养

姚檀栋特别注重青年科研人才的培养，重视研究梯队的建设，保障科研事业后继有人。他目前已培养出了 6 名博士后、22 名博士，其学生有多人成为科研业务的中坚力量，有人已成为"杰出青年基金"获得者。姚檀栋本人也获得"中国科学院优秀研究生导师"称号。在研究生培养过程中，他总是以身作则；在冰川野外考察中，他总是走在最前面；在研究工作中，他也总是严于律己、兢兢业业，为学生做出了榜样。他特别重视学科的交叉，吸引不同学科的人参与到冰芯研究中，产生新的学科增长点。

三、姚檀栋主要论著

Thompson L G, Mosley-Thompson E, Yao T, et al. 1989. Holocene--Pleistocene climate ice core record from Qinghai-Tibetan. Science, 246: 474-477.

Yao Tandong, Xie Zichu, Yang Qingzhao, et al. 1991. Temperature and precipitation fluctuations since 1600 A. D. provided by the Dunde Ice Cap, China. IAHS Publ, 208: 61-70.

Yao Tandong, Thompson L G, Mosley-Thompson E, et al. 1996. Climatological significance of δ^{18}O in north Tibetan ice cores. Journal of Geophysical Research, 101 (D23): 29531-29537.

Thompson L G, Yao Tandong, Davis M E, et al. 1997. Tropical climate instability: The last glacial cycle from a Qinghai-Tibetan ice core. Science, 276: 1821-1825.

Yao Tandong, Shi Yafeng, Thompson L G. 1997. High resolution record of paleoclimate since the Little Ice Age from the Tibetan ice cores. Quaternary International, 37: 19-23.

Yao Tandong. 1999. High-resolution climatic record from Tibetan ice cores. Interactions between the cryosphere, climate and greenhouse gases. IAHS Publ, 256: 227-234.

Yao Tandong, Valerie Masson, Jean Jouzel, et al. 1999. Relationships between δ^{18}O in precipitation and surface air temperature in the Urumqi River Basin, east Tianshan Mountains, China. Geophysical Research Letters, 26 (23): 3, 473-3, 476.

Thompson L G, Yao Tandong, Mosley-Thompson E, et al. 2000. A high-resolution millennial record of the south Asian monsoon from Himalayan ice cores. Science, 289: 1916-1919.

Yao Tandong, Duan Keqin, Xu Bauqing, et al. 2002. Temperature and methane changes over the past 1000 years recorded in Dasuopu glacier (central Himalaya) ice core. Annals of Glaciology, 35: 379-383.

Yao Tandong, Liu Shiyin, Pu Jianchen. 2004. Changing glaciers in High Asia//Glaciers and Earth's Changing Environment. Black-Well Publisher: 65-78.

Yao Tandong, Wang Youqing, Liu Shiying, et al. 2004. Glacial retreat in High Asia in China and its impact on water resource in Northwest China. Science in China (Ser. D), 47 (12): 1065-1075.

Yao Tandong, Yang Meixue. 2004. ENSO events recorded in Tibetan ice cores. Developments in Paleoenvironmental Research, 9: 163-180.

Yao Tandong, Guo Xuejun, Thompson L G, et al. 2006. δ^{18}O record and temperature change over the past 100 years in ice cores on the Tibetan Plateau. Science in China (Ser. D), 49 (1): 1-9.

Yao Tandong, Zhu Liping, Tan Ge. 2006. Tibetan Plateau: geodynamics and environmental evolution——the cooperative projects based upon the memorandum of CAS and DFG. Journal of Geographical Sciences，16（3）：371-374.

Yao Tandong，Li Zexia，Thompson L G，et al. 2006. $\delta^{18}O$ records from Tibetan ice cores revealed differences in climatic changes. Annals of Glaciology，43：1-7.

Yao Tandong，Xiang Shurong，Zhang Xiaojun，et al. 2006. Microorganisms in the Malan ice core and their relation to climatic and environmental changes. Global Biogeochemical Cycles，20，GB1004，doi：10. 1029/2004GB002424.

Tian Lide，Yao Tandong，MacClune K，et al. 2007. Stable isotopic variations in West China：A consideration of moisture sources. Journal of Geophysical Research，2006JD007718RR.

Yao Tandong，Duan Keqin，Thompson L G. 2007. Temperature variations over the past millennium on the Tibetan Plateau revealed by four ice cores. Annals of Glaciology，46：362-365.

Yao Tandong，Pu Jianchen，Lu Anxin，et al. 2007. Recent glacial retreat and its impact on hydrological processes on the Tibetan Plateau，China，and surrounding regions. Arctic，Antarctic，and Alpine Research，39（4）：642-650.

主要参考文献

姚檀栋，王宁练. 1997. 冰芯研究的过去、现在与未来. 科学通报，42（3）：225-230.

马丽华. 2000. 青藏苍茫：青藏高原科学考察 50 年. 北京：三联书店：285-293.

姚檀栋，蒲健辰. 2003. 钻取海拔最高的冰芯//中国青藏高原研究会. 追寻青藏的梦. 石家庄：河北科学技术出版社：287-303.

撰写者

田立德（1968～），河北赵县人，研究员。从事青藏高原水中稳定同位素与气候记录过程研究。

20 世纪中国地理学大事记

1901 · 张相文著中国最早的地理教科书《初等地理教科书》、《中等本国地理教科书》出版。

1902 · 清政府颁布《钦定学堂章程》，规定全国高等学堂设置中外舆地课目，中小学设置地理课程。

1904 · 邹代钧的《中外舆地图》问世。

1906 · 杨守敬绘制《历代舆地图》。
· 清政府颁布《优秀师范选课章程》，规定设置地理总论、中国地理、各州分论、地文、人文地理等课程。

1908 · 张相文著《地文学》，这是最早把生物界与星界、陆界、水界、气界并列的一部自然地理学著作。

1909 · 9 月，中国地学会在天津成立，选出会长张相文。中国地学会是中国地理学会的前身，为我国历史最久的学术性群众团体之一，它是中国旧的舆地之学向近代地理学发展的标志。

1910 · 2 月，《地理杂志》创刊。

1912 · 中国地学会在上海举行年会，选出会长张相文（连任）。

1913 · 北京高等师范学堂设立史地系。

1914 · 3 月，中国地学会张相文受农商部委托赴西北调查农田水利，他对黄河后套平原考察甚详，并提出开凿计划，发表论文《河套与治河之关系》。翌年再赴五原，亲手规划灌渠，进行开垦。

1915 · 南京高等师范学校设立地理系。

1917 · 中国地学会发起编纂大中华地理志。分甲编省区地理志、乙编县地理志，至 1919 年已出版浙江地理志、安徽地理志、易县地理志多种。

1921 · 东南大学设置地理系，主任竺可桢，该系前身是南京高等师范学校地理系，1924 年改名为地学系，1930 年改组设立地理系。
· 东南大学地理系建立气象观测站。

1924 · 中国地学会负责人在北平集会，公推陈垣任会长。

1925　·翁文灏发表《中国山脉考》。

1926　·张其昀撰《本国地理》出版，是一部突破行政分区传统，按自然、人文综合分区的高中地理教材。

　　　·竺可桢提出中国地质历史时期气候脉动论。

1927　·中国和瑞典合作组织西北科学考察，历时 8 年，徐炳昶、斯文·赫定分任双方团长。

1928　·北平师范大学设置地理系，主任王谟（该系前身是北京高等师范学堂史地系）。

　　　·中国地学会恢复活动，张相文任会长。

1929　·清华大学设置地理系，主任翁文灏，1933 年改名地学系。

　　　·中山大学设置地理系，主任德国人克勒脱纳（Wilhelm Credner）。

1930　·竺可桢的《中国气候区域论》发表。

　　　·中山大学地理系组织"云南地理调查团"，是中国地理界有组织的地理考察活动之始。

1931　·葛绥成等在上海创办中华地学会，翌年创办《地学季刊》。

1932　·张其昀在南京创办中国人地学会及《方志》月刊。

1933　· 3 月，翁文灏、竺可桢、张其昀三人发起组织中国地理学会。

　　　·金陵女子大学设立地理系，主任刘恩兰。

1934　·顾颉刚在北京筹办禹贡学会，创刊《禹贡》。

　　　·中国地理学会在南京成立，会长翁文灏，干事、出版委员会主任张其昀；《地理学报》创刊。

　　　·丁文江、翁文灏、曾世英合编《中华民国新地图》及缩编本《中国分省图》出版。

1935　·胡焕庸发表《中国人口之分布》，提出瑷珲---腾冲人口分布地理线。

1936　·浙江大学设史地系，主任张其昀；1939 年设研究生部，培养硕士研究生。

　　　·5 月，禹贡学会成立。

1937　·中国地理学会第四届年会在南京举行，翁文灏连任会长，总干事胡焕庸，《地理学报》总编辑张其昀。

1939　·涂长望发表《中国气团的性质》一文，分析研究中国境内气团，并加以分类。

1940　·8 月，中国地理研究所在重庆北碚成立，所长黄国璋。1936 年原中央研究院曾决定成立地理研究所，并任命李四光为筹备组组长，后因资金而搁置。1941 年 4 月创刊《地理》。

1940　• 11 月，中国地理研究所组织多专业的嘉陵江考察，李承三、林超任考察团
　　　　正、副团长。后出版《嘉陵江流域地理考察报告》。

　　　• 11 月，中国地理研究所组织考察汉中盆地，王德基任考察队队长。1946
　　　　年出版《汉中盆地地理考察报告》。

1941　• 中央大学地理系设立地理学研究部，主任胡焕庸，培养硕士研究生。

1942　• 解放区华北联合大学教育学院设立史地系。

　　　• 中国地理学会第五届年会在重庆北碚举行，选出理事长胡焕庸，总干事李
　　　　旭旦，《地理学报》总编辑张其昀。

1946　• 中国地学会在北京恢复活动，会长张星烺。

1947　• 中国地理学会第六届年会在上海举行，胡焕庸连任理事长，总干事任美
　　　　锷，《地理学报》总编辑李旭旦。

1949　• 4 月，第 16 届国际地理联合会接纳中国为正式会员国，林超代表中国地理
　　　　学会出席。

1950　• 4 月，《地理知识》杂志创刊。

　　　• 6 月，中国科学院地理研究所筹备处成立。竺可桢、黄秉维任正副主任。

　　　• 8 月，中国地学会与中国地理学会合并为"中国地理学会"，会址由南京迁
　　　　往北京。

1951　• 5 月，中央文化教育委员会于 1951 年、1953 年组织西藏工作队，分两批
　　　　进藏进行科学考察。

1952　• 全国高等院校调整，综合大学中南京大学、中山大学、西北大学、兰州大
　　　　学地理系及北京大学地质地理系（新设）均属理科，并开始设立专业。

　　　• 林业部组织中国科学院地理研究所等单位对广东、广西沿海橡胶宜林地进
　　　　行考察。

　　　• 中国科学院对云南橡胶宜林地进行考察。1956 年成立云南热带生物资源综
　　　　合考察队。

1953　• 1 月，中国地理学会在北京召开合并后的第一次全国会员代表大会，选举
　　　　理事长竺可桢，《地理学报》主编侯仁之。

　　　• 1 月，中国科学院地理研究所成立，黄秉维为副所长、代所长。

　　　• 水利部、中国科学院、林业部、农业部等单位组成西北水土保持考察团。

1954　• 中国地理学会在北京召开第一次全国性学术讨论会，讨论中国自然及经济
　　　　区划。

1955 ・台湾大学地理系成立。

・中国科学院组成黄河中游水土保持考察队（1955～1958）进行综合考察。

・6 月，竺可桢、黄秉维当选中国科学院首批学部委员（院士）。

1956 ・1 月，中国科学院综合考察委员会（中国科学院自然资源综合考察委员会前身）成立，主任竺可桢；组织新疆综合考察队（1956～1960）、黑龙江流域综合考察队（1956～1960）等，开展科学考察。

・1～6 月，国务院科学规划委员会领导制订"1956～1967 年十二年科学技术发展规划"，其中多项条款涉及地理学。

・中国地理学会在北京召开第二届代表大会，竺可桢连任理事长，《地理学报》主编黄秉维。

・中国科学院自然区划工作委员会成立，主任委员竺可桢。

・在宁夏沙坡头建立我国第一个野外定位观测试验站。

1957 ・中国科学院华南热带生物资源综合考察队组建，并开展科学考察（1957～1962）。

・中华全国总工会登山队首次登上贡嘎山主峰，并进行高山科学考察。

・中国第四纪研究委员会成立。

1958 ・中国科学院青海甘肃综合考察队（1958～1960）、高山冰雪利用研究队（1958～1962），开展科学考察。

・中国学者首次考察北极地区。

・由中国科学院牵头组成祁连山冰雪利用研究队开展对祁连山冰川的考察，并在祁连山西部大雪山老虎沟建立了我国第一个冰川观测站。

・中国科学院南京地理研究所（现中国科学院南京地理与湖泊研究所）、长春地理研究所、广州地理研究所及河北地理研究所成立。

・7 月，中华人民共和国国家地图集编纂委员会成立，主任委员竺可桢。

・中央农村工作部、国务院科学技术委员会、国务院第七办公室召开西北六省（区）治沙规划会议，决定开展沙漠基本情况考察及有关治理措施的研究。

1959 ・中国科学院治沙队（1959～1964）、西部地区南水北调综合考察队（1959～1961）开展科学考察。

・12 月，《中国综合自然区划》等共 8 种 9 册区划说明书出版。

・中国首次组织对珠穆朗玛峰地区进行科学考察，1962 年出版《珠穆朗玛峰地区科学考察报告》。

　　•中国科学院南京地理研究所主持对江苏湖泊资源开发综合考察。

　　•中国科学院地学部召开会议，研究确定各地理机构分工及发展方向。

1960　•中国科学院西藏综合考察队（1960～1962）开展科学考察。

　　•中国地理学会、中国科学院地学部在北京联合召开全国地理学术会议。1962 年出版自然地理、自然区划、地貌、经济地理论文集共 4 册。

　　•中国科学院治沙研究所筹备委员会成立。

　　•中国科学院地理研究所成立冰川冻土研究室。

　　•黄秉维发表《自然地理学的一些主要趋势》，阐述地理环境中现代过程综合研究的三个方向。

1961　•中国地理学会开始设立专业委员会，地貌（现名地貌与第四纪）、经济地理、历史地理委员会成立。

　　•中国科学院地理研究所设立研究室、学科组，并建立分析、实验室。

1962　•2 月，国家科学技术委员会召开科学技术十年（1963～1972）发展规划会议。黄秉维主持编制"1963～1972 年地理学科基础科学规划"。

　　•中国地理学会水文地理、自然地理、气候、地理制图等专业委员会成立。

1963　•中国地理学会在杭州召开第三届代表大会及支援农业综合性学术年会，竺可桢连任理事长。

　　•竺可桢等建议开展农业自然条件与自然资源分区评价研究。农业区划编制、研究在全国展开。

1964　•1 月，中国科学院、国家体委组织对希夏邦马峰进行科学考察。

1965　•《中华人民共和国自然地图集》出版。

　　•中国科学院兰州冰川冻土沙漠研究所成立，1978 年分别建立兰州冰川冻土研究所和兰州沙漠研究所。

1966　•中国科学院、国家体委组织对珠穆朗玛峰地区进行科学考察（1966～1968）。

　　•中国科学院成都地理研究所成立（1988 年改名为"成都山地灾害与环境研究所"）。

1969　•香港地理学会创立，并出版英文刊物《香港地理学会学报》（*Hong Kong Geographical Association Bulletin*），1982 年改为《亚洲地理学家》。

1972　•3 月，竺可桢发表《中国近五千年来气候变迁的初步研究》论文。

　　•珠穆朗玛峰地区学术交流会在兰州举行，中国科学院制订"青藏高原综合科学考察规划（1973～1980）"。

1973 • 中国科学院组建青藏高原综合科学考察队，开始了新阶段的综合科学考察：70 年代开展对西藏自治区的科学考察；80 年代开展对横断山区、南迦巴瓦峰地区、喀喇昆仑山—昆仑山地区和可可西里地区的科学考察。

• 3 月，《中国农业地理丛书》开始编纂，至 1984 年，共出版《中国农业地理总论》及省区农业地理共 21 册。

• 依照周恩来总理指示，竺可桢约见黄秉维等谈"近来气候变化及其与人类的关系"。

• 11 月，《中国自然地理》编辑委员会成立，竺可桢任主任；至 1988 年，出版总论、地貌、气候、地表水、地下水、土壤地理、植物地理（上、下）、动物地理、古地理（上、下）、历史自然地理、海洋地理共 11 篇 13 册。

1975 • 中国首次将测量占标立于珠穆朗玛峰之巅，测定其高程为 8848.13m。

1978 • 中国科学院新疆地理研究所成立，《新疆地理》创刊，1985 年改名《干旱区地理》。

• 5 月，中国科学院地理研究所二部成立，负责遥感应用技术和制图自动化研究。

• 9 月，中国地理代表团访问美国。

• 9 月，招收"文化大革命"后第一批硕士研究生。

• 11 月，中华人民共和国"人与生物圈"国家委员会成立。

1979 • 12 月至次年 1 月，中国地理学会在广州召开第四届代表大会，选出理事长黄秉维、《地理学报》主编黄秉维。会议提出复兴人文地理学。

• 12 月，在中国科学院地理研究所二部基础上，正式建立中国科学院遥感应用研究所。

1980 • 1 月，中国学者首次赴南极考察。

• 5 月，首次青藏高原国际学术讨论会在北京举行，共有 18 个国家和地区的 260 位科学家与会，开始了国际合作对青藏高原科学考察研究的新局面。

1981 • 周立三等主编《中国综合农业区划》出版，1985 年获得国家科学技术进步奖一等奖。

• 11 月，中国科学院地理研究所等单位建立博士点。

• 12 月，中国科学院北京大屯农业生态系统试验站建立。

1982 • 《地理研究》等 5 种期刊创刊（1980～1982 年为我国地理期刊发展高峰期）。

• 复旦大学中国历史地理研究所成立。

　　　　• 山西大学黄土高原地理研究所成立（1998 年改名黄土高原研究所）。

1983　• 1 月，《山地研究》创刊，1999 年改名《山地学报》。

　　　　• 10 月，中国自然资源研究会（现名中国自然资源学会）在北京成立。

　　　　•《中国历史地图集》出版，至 1988 年共出版 8 集。

1984　• 国际地理联合会通过恢复中国会员国席位。

　　　　• 1 月，竺可桢野外科学工作奖委员会成立，38 名科技人员首批获奖。

　　　　• 周立三主编《中华人民共和国国家农业地图集》出版。

　　　　• 中国科学院组织黄土高原地区综合考察，1990 年结束。

　　　　•《中国大百科全书·地理学卷》、《中国大百科全书·中国地理卷》、《中国
　　　　大百科全书·外国地理卷》编辑委员会相继成立。

　　　　• 黄秉维提出应尽快组织开展大气中二氧化碳研究。

　　　　• 11 月，中国首次组织南极洲考察队。

1985　• 2 月，中国南极长城站建成。

1986　• 中国地理学会在北京召开第五届理事会，黄秉维连任理事长。

　　　　• 地理学名词审定委员会成立，林超为主任委员。

　　　　• 3 月，《自然资源学报》创刊。

　　　　• *Physical Geography of China* 出版。

　　　　• 钱学森提出"地理科学"概念。认为地理系统是一个开放的复杂巨系统，
　　　　地理科学与自然科学、社会科学并列，提倡"从定性到定量的综合集成
　　　　法"是研究此系统的可行的方法。

　　　　•《环境遥感》（现名《遥感学报》）、《干旱区资源与环境》等创刊。

　　　　• 任美锷获英国皇家地理学会维多利亚奖章。

1987　• 8 月，中国科学院资源与环境信息系统国家重点实验室建成并对外全面
　　　　开放。

　　　　• 8 月，《中国人口地图集》正式出版。

　　　　• 刘东生、施雅风、孙鸿烈等"青藏高原隆起及其对自然环境与人类活动影
　　　　响研究"成果获国家自然科学奖一等奖。

　　　　• 黄秉维、陈述彭、侯学煜、周廷儒等完成的"中国自然环境及其地域分异
　　　　的综合研究"获得国家自然科学奖二等奖。

　　　　• 国际地理信息系统讨论会在北京举行。

1988　• 第 26 届国际地理大会上，吴传钧当选为国际地理联合会副主席（任期 4
　　　　年，后连任）。

- 英文 *Chinese Journal of Arid Land Research* 创刊，在美国纽约出版发行。
- 李鸣岗与有关单位共同完成的《包兰线沙坡头地段铁路治沙防护林体系的建立》获国家科技进步奖特等奖。
- 全国自然科学名词审定委员会公布《地理学名词》(1988)，共计 1428 条。

1989
- 中国学者成功地参加第一次国际合作穿越南极大陆壮举。
- 2 月，建立中国南极中山站。
- 《国家自然地图集》编辑委员会成立。
- 《中华人民共和国国家农业地图集》、《中华人民共和国地方病与环境图集》出版。
- 10 月，由周立三领衔的国情研究小组发表分析中国国情的《生存与发展》一书。其后又陆续发表了《开源与节流》、《城市与乡村》、《机遇与挑战》、《农业与发展》、《就业与发展》、《民族与发展》、《两种资源、两个市场》等系列研究报告。

1990
- 在香港举行首届海内外华人地理学家参加的"地理研究与发展"学术会议。
- 3 月，中国青藏高原研究会成立，刘东生任理事长。
- 8 月，国际地理联合会亚太区域会议 (I. G. U. Regional Conference on Asian Pacific Countries) 在中国北京召开。国内外地理学者 1000 多人参加，是我国历史上地理学方面的空前盛会。
- 《中国大百科全书·地理学》出版，编委会主任林超。

1991
- *The Journal of Chinese Geography* 创刊。
- 中国地理学会在北京召开第六届理事会，选出理事长吴传钧、陈述彭、张兰生、施雅风，《地理学报》主编吴传钧。

1992
- 《中国海岸带和海涂资源综合调查》获得国家科学技术进步奖一等奖。
- 为期 5 年的国家攀登计划项目"青藏高原形成演化、环境变迁与生态系统研究"开始执行。

1994
- 6 月，在北京召开"地理学与持续发展——庆祝中国地理学会成立 85 周年"大会。

1995
- 中国科学院湿地研究中心成立。
- 中国首次组织远征北极点考察。

1996
- 8 月，第 28 届国际地理大会授予黄秉维特别荣誉证书。

1997
- 欧亚科学院中国科学中心成立。

1998 　•中国科学院新疆地理研究所与新疆生物土壤沙漠研究所合并成立中国科学
　　　　院新疆生态与地理研究所。

　　　•在香港举行第二届海内外华人地理学家参加的"21 世纪的中国与世界"学
　　　　术会议。

1999 　•在台北举行第三届由海内外华人地理学家参加的"跨世纪海峡两岸地理学
　　　　术会议",会议出版了《跨世纪海峡两岸地理学术研讨会论文集》(上、下
　　　　册)。

　　　•中国地理学会在北京召开"庆祝中国地理学会成立 90 周年大会暨 1999 学
　　　　术年会",出版了《中国地理学 90 年发展回忆录》、《世纪之交的中国地理
　　　　学》两本文集。中国地理学会第八届理事会推选陆大道为理事长。

　　　•中国科学院地理研究所与中国科学院自然资源综合科学考察委员会合并,
　　　　定名"中国科学院地理科学与资源研究所"。

　　　•中国科学院冰川冻土研究所、沙漠研究所和高原大气物理研究所合并成立
　　　　中国科学院寒区旱区环境与工程研究所。

2000 　•3 月,竺可桢诞辰 110 周年纪念座谈会在北京召开。

　　　•3 月,21 世纪中国人文地理学的创新发展学术研讨会暨李旭旦复兴人文地
　　　　理学 20 周年会议在南京师范大学召开。

　　　•第二届地理学名词审定委员会成立,开始对新《地理学名词》的审定
　　　　工作。

　　　•响应联合国"国际山地年"号召,"中国山地研究与发展学术研讨会"在
　　　　四川成都召开。

　　　•8 月,刘昌明当选国际地理联合会副主席,任期 4 年(后连任)。

2001 　•"海峡两岸地理学术研讨会暨 2001 年学术年会"在上海举行。会议主题:
　　　　地理学基础研究与教育发展。

　　　•"胡焕庸学术思想研讨会"在上海召开,纪念胡焕庸诞辰 100 周年。

2002 　•中国地理学会沙漠分会以"西部大开发中的中国沙漠研究之任务"为主
　　　　题,在兰州召开学术研讨会,会议选举产生了沙漠分会第四届理事会。

　　　•在成都召开"国际山地环境与发展学术讨论会"。

　　　•"第六届全国冰川冻土学大会暨国际冻土工程学术研讨会"在兰州举行。

2003 　•中国地理学会 2003 年学术年会在武汉华中师范大学举行。年会的主题:
　　　　认识地理过程、关注人类家园。

　　　•9 月,海峡两岸"新经济地理学研讨会"在北京举行。

2004
- 7 月，中国北极黄河站建立。
- "全国地貌与第四纪学术会议暨丹霞地貌研讨会和海峡两岸地貌与环境研讨会"在广东仁化丹霞山风景区召开。
- 中国地理学会第九次全国会员代表大会在天津举行。会上颁发了首届"中国地理科学成就奖"等奖项。
- 第四届青藏高原国际学术研讨会在拉萨举行，主题是：高原形成演化、资源环境与可持续发展。共有 350 余名学者与会，其中外国科学家 120 多名。

2005
- 2005 年全球华人地理学家大会暨中国地理学会 2005 年学术年会在北京举行，会议主题：地理学与中国发展。

2006
- 全国科学技术名词审定委员会公布《地理学名词（第二版）》，共 4089 条，并对每一名词给出定义性的说明。
- 中国地理学会经济地理专业委员会在北京召开"全国主体区规划理论与方法学术研讨会"。

2007
- 全面总结中国自然资源综合科学考察研究的《中国自然资源综合科学考察与研究》出版。
- 6 月，第二次全球经济地理学大会在北京召开，来自国内外的经济地理学者达 400 人。

2008
- 秦大河当选国际地理联合会副主席，任期 4 年。

（郑　度，杨勤业）

(K—1424.0101)

ISBN 978-7-03-023944-0